I0391647

REVUE

DES

MUSÉES D'ALLEMAGNE

PARIS. — IMP. DE V. GOUPY, RUE GARANCIÈRE, 5.

REVUE

DES

MUSÉES D'ALLEMAGNE

CATALOGUE RAISONNÉ

DES PEINTURES ET SCULPTURES EXPOSÉES DANS LES GALERIES
PUBLIQUES ET PARTICULIÈRES ET DANS LES ÉGLISES

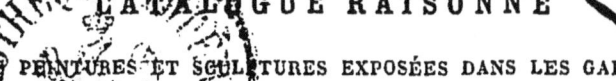

PRÉCÉDÉ D'UN

Examen sommaire des monuments les plus remarquables.

PAR A. LAVICE

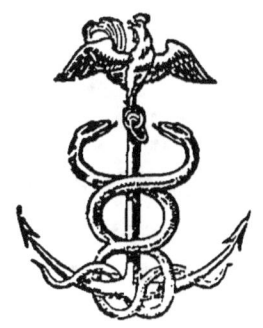

BIBLIOTHÈQUE L'APPEL — IMPR.

PARIS

Vve JULES RENOUARD, LIBRAIRE-ÉDITEUR

6, rue de Tournon

—

1867

(Droits de traduction et de reproduction réservés.)

1866

TABLE

DES

MUSÉES, GALERIES OU ÉGLISES D'ALLEMAGNE

renfermant des sculptures ou des tableaux.

NOTE DE L'ÉDITEUR

L'un des écrivains qui ont rendu compte de la *Revue des Musées d'Espagne*, publiée après celle des *Musées d'Italie*, a fait à l'auteur le reproche d'avoir omis de rappeler le numéro que porte chaque objet d'art : omission devant empêcher le visiteur de trouver, dans la *Revue*, le tableau décrit.

Le critique ignorait ou avait oublié qu'au bas de toutes les toiles de galeries publiques ou privées, se lit le nom de l'artiste. Or avec ce nom, placé à son rang alphabétique dans le catalogue de M. Lavice, et au moyen de la description de chque tableau du même maître, le touriste ne peut manquer de distinguer, dans ce catalogue, l'article concernant le tableau qu'il a sous les yeux. A la vérité, il est des galeries où le peintre n'est désigné que par son surnom; mais ce surnom inscrit à la table de la *Revue* renvoie au nom propre.

Quant aux sculptures antiques, — presque toutes sans nom d'auteur, — leur sujet est ordinairement énoncé sur le piédestal tel que l'a reproduit l'auteur de la *Revue*, et les morceaux les plus remarquables font l'objet d'une table particulière.

Non-seulement l'ouvrage que nous publions donne des renseignements et des appréciations que ne contient aucun livret du pays, — certaines galeries n'en possèdent pas ou n'en ont qu'en allemand, — mais il est avantageux au point de vue économique, puisqu'il traite de toutes les œuvres d'art existant en Allemagne, et qu'il dispense le lecteur ou le visiteur d'acheter d'autres livres ou de payer des cicerones.

L'auteur met sous presse un quatrième volume sur les musées et galeries d'Angleterre, et achève son travail en ce qui concerne la Belgique et la Hollande.

REVUE

DES

MUSÉES D'ALLEMAGNE

~~~~~~~~~~~~~~~~~~~~~~~~~

BERLIN

———

CHAPITRE PREMIER

Monuments

Berlin était encore chétif village en 1220 et petite ville en 1651. Il devint une capitale pendant le règne de Frédéric Ier, mais ne mérita ce nom que sous Frédéric II. Sa population était de 103,000 âmes en 1803. Elle s'élève aujourd'hui à plus de 400,000. Plusieurs édifices modernes de style grec placés d'une façon peu régulière dans la partie de la ville où se trouve le palais du roi, n'ont rien de bien saillant. L'un des plus beaux est le bâtiment servant de musée. Dans ce quartier, se trouve une promenade plantée d'arbres, où l'on a érigé une statue équestre en bronze au grand Frédéric II.

Le palais est de construction plus ancienne. Son extérieur massif est d'un aspect sévère. Ses cours très-vastes sont livrées à la circulation publique. Dans l'intérieur, les pièces les plus remarquables sont la salle du trône et la salle du bal. En sortant de cette dernière, on descend par un magnifique escalier dont les marches sont en marbre blanc et la rampe en fuseaux travaillés et dorés.

CHAPITRE II

Sculpture

—

ARTICLE Ier — ROTONDE

N°s 1 et 18 du catalogue : deux victoires dont l'une serait un original grec et l'autre une répétition romaine. Sa draperie dont un bout est posé sur le bras gauche, est agitée par le vent qui la fait coller au corps ; elle tient une couronne. Une espèce de bretelle croisée sur la poitrine semble destinée à maintenir les ailes.

2. Jupiter. Son manteau tombant de l'épaule gauche entoure le bas du corps. Les bras, la tête et l'aigle sont modernes. Beau débris.

3. La Fortune. Draperie descendant de la tête sur chaque épaule. La restauration lui a donné un bâton de commandement et une corne d'abondance. La tête coiffée d'un vase, comme le Jupiter Sérapis, est très-jolie.

4. Minerve tenant dans un pan de sa cotte d'armes, un enfant par trop petit. Tête moderne.

5. Cérès. Plus grande que nature. Trop de plis à la ceinture. Elle a sur la tête un voile qui tombe jusqu'au bas du corps.

6. Apollon Musagète. Sa robe montant jusqu'au haut du cou a l'aspect d'une robe de jeune fille.

7. Polymnie, une main sous son manteau ; l'autre en sort à peine. Bonne draperie. Tête moderne.

8. Vénus, l'Amour et un Dauphin. Mauvais.

9 et 10. Copies ou imitations du faune de Praxitèle. L'un a les pieds joints.

11. Apollon une lyre dans une main, l'autre posée sur sa tête. Beau torse et belle tête (nez restauré). Le reste est moderne.

12. Faune avec des fruits dans sa nébride. Mauvais.

13. Diane. Draperie dans le genre de celle du Louvre, mais plus lourde. Le reste est moderne.

ARTICLE II — SALLES DES ANTIQUES.

No 414 : Napoléon Ier en consul romain avec épée et baudrier, un papier dans une main ; l'autre est posée sur la poignée de l'épée : code civil qui organise, épée qui détruit. Cette statue est de Chauver.

No 362 : Sabina, femme d'Hadrien. Belle draperie aux plis multiples et dessinant les formes.

No 349 : Lucilla, femme de Lucius Verus. Tunique à manches courtes et très-larges. Attributs de l'Abondance.

No 350 : Julia Pia, femme de Septime Sévère, en Uranie. Draperie plus collante et moins belle que celle de la précédente.

No 329 : Antonin le Pieux. Belle tête, large, forte, énergique, bonne et franche. Une ride traverse la joue du haut en bas.

No 295 : Jules César. Tête rapportée. Mauvais.

No 294 : Buste en bronze du même. Exécution faible. Physionomie intelligente et résolue ; traits altérés, tête chauve.

No 320 : Paysan conduisant une charrue attelée de deux bœufs : charrue dont on ne voit que le haut (petite dimension).

No 304 : Buste de Vitellius, en bronze. Faible répétition de celui du Louvre exécuté en marbre. Ici on voit le commencement d'un costume romain.

No 236. Antinoüs en Mercure, imitation du Mercure du Vatican. Faible.

No 263 : Antinoüs Agathodœmon (génie bienfaisant). Grande nature. Yeux creux. Il tient le bout d'un serpent entourant une corne d'abondance.

* No 267 : Bacchante (petite nature). Elle est couchée sur une peau d'animal, le haut du corps relevé et appuyé sur le coude gauche, le bras droit allongé en avant. Tête, extrémité de la jambe droite et talon gauche modernes. Le reste est délicieux. Elle n'est drapée qu'au bas du corps. Ce corps contourné, son pied replié à la façon des descoboles sont si bien modelés et si gracieux, que nous regardons cet antique, comme la perle de ce musée.

N° 159 : Amour redressant son arc. Le corps est assez bien, mais le visage, quoique antique, est dépourvu de beauté.

N° 235 : Apollon tenant une lyre. Physionomie de femme.

* N° 160 : Hermaphrodite posé comme un empereur tenant un bâton de commandement d'une main levée. Les apparences des deux sexes sont peu développées. Les cheveux longs sont recouverts d'une petite draperie. Joli corps bien modelé.

* N° 218 : Bacchus, à la longue chevelure couronnée de pampre. Tête un peu inclinée. Il s'appuie sur un long bâton et tient une coupe. Tigre à ses pieds. Beau morceau ; marbre altéré, mais presque entier.

N° 226 : Tireur d'arc dont le torse seul est antique.

N° 227 : Jeune athlète, tenant une boîte devant renfermer de de l'huile. Bras restaurés. Médiocre.

* N° 200 : Enfant tenant contre sa poitrine des osselets. Joli corps presqu'entièrement conservé, charmante tête, la bouche entr'ouverte.

N° 214 : Ganimède en petit manteau et coiffé du bonnet phrygien. Sa chevelure frisée a l'aspect d'un amas de petites couleuvres. Il tient d'une main son pedum et met l'autre devant ses yeux comme pour les garantir d'une trop vive lumière. Bras restaurés.

N° 131 : Petit pâtre portant la nébride. Jambes croisées. Tête et bras restaurés. On lui fait tenir un chalumeau des deux mains.

N° 171 : Petite Vénus n'ayant d'antique que le corps jusqu'aux genoux. Très-joli débris.

N° 164 : Torse de faune avec les parties génitales du bouc. Le reste est moderne.

N° 150 : Hermaphrodite assis. Il tient dans ses jambes la jambe d'un faune aux formes musclées, mais plus petit que lui, il saisit, par suite de restauration, ce faune par les cheveux. Celui-ci debout tient l'hermaphrodite au corps. Sur la plinthe, flûte de pan, cymbales, tortue.

N° 151 : Imitation de la Vénus de Médicis, mais moins mignonne surtout quant aux seins et aux jambes.

N° 141 : Vénus composée de deux morceaux dont le supérieur est nu et l'autre drapé jusqu'au bas du corps. Tête penchée, nez trop incliné. Modelé faible.

N° 130 : Psyché et l'Amour se tenant embrassés. Médiocre.

* 128 : Diane ou l'une de ses nymphes. C'est, dit-on, la Diane du palais Colona de Rome. Entière à peu de chose près. La lanière du carquois fait que l'un des seins peu accusés, l'est encore moins que l'autre. Draperie simple d'un excellent effet. La tête est forte et large, la bouche petite et entr'ouverte. La délicatesse des bras et de la main et l'ampleur du corps sont disparates.

— Petite femme assise et lisant. Tête moderne.

N° 139 : Apollon Musagète (directeur des muses). Il porte une tunique longue et attachée au haut du bras par trois boutons. Manteau sur le bras gauche. Tête moderne.

N° 112 : Même sujet. Sa robe agitée par le vent dessine les formes du devant et flotte par derrière.

* N° 111 : Polymnie. Répétition de celle du Louvre, mais moins altérée. Seulement la main sortant du manteau, ayant été cassée, le restaurateur en a relevé les doigts pour lui faire soulever ce manteau d'une façon maniérée : la draperie tendue et dessinant les formes, paraît presque transparente.

N° 247 : Une des filles de Niobé. Grande nature. Tête rapportée et restaurée. Robe fermée en demi-cercle au bas du cou. Seins peu accusés. Beau visage plein d'énergie.

N° 167 : Muse dont on a fait une Flore, en lui mettant un bouquet de fleurs dans la main restaurée. La tunique s'arrête carrément sous les seins et y forme des plis en tuyaux.

N° 138 : Petit suivant de Bacchus tenant des deux mains un paquet de raisins. Il est assis, les jambes ouvertes. Le mouvement de son corps annonce qu'il cherche à soustraire ses fruits aux regards de quelque envieux. Mains et raisins fort bien traités. Une jambe, un pied et la tête sont modernes.

N°ˢ 79 et 80 : Deux Euterpe. Robes et gorges de jeunes vierges.

* N° 74 : Petite fille jouant aux osselets, excellente répétition de celle du Louvre, sans autre restauration qu'aux doigts cassés. Elle vient de lancer les osselets d'une main; l'autre s'appuie sur la pierre. Assise, les jambes repliées, sa petite robe très-fine laisse à découvert un sein naissant. Cheveux couchés en sillons. Charmante tête ingénue, pose d'un naturel parfait.

* N° 75 : Buste de femme dont la draperie soulevée a fait penser qu'elle était à genoux. On en a fait une Psyché mettant sa deuxième sandale. Joli mouvement du corps antique et bonne draperie. Tête restaurée.

N° 277 : Jolie petite Vénus tenant son vêtement qui cache le bas du corps. Marbre corrodé.

* N° 25. Débris d'un groupe qui, dans la salle des plâtres est restauré de façon à représenter Bacchus ivre soutenu par deux faunes. Ici on a simplement posé sur les épaules du torse du mi-

lieu, une tête de Bacchus imitée du beau Bacchus du Louvre. Un des faunes n'est annoncé que par une main appuyée sur le dieu, et celui de gauche n'a ni tête ni bras. Son torse est plus musclé que l'autre. Bons modelés.

N° 33 : Beau buste antique restauré en Méléagre tenant une lance, son chien à ses pieds.

N° 35 : Buste d'Homère, les yeux levés, la bouche ouverte d'une façon disgracieuse ; nez arqué, sourcils contractés. Cécité bien rendue.

N° 359 : Trajan assis sur un trône. (Semi-colossal). Le manteau tombe de l'épaule gauche sur les cuisses. Sa main droite est posée sur les genoux ; l'autre est levée horizontalement. Médiocre.

ARTICLE III — SALLE DU MOYEN AGE

* N° 656 : Tableau cintré en bas relief formant un devant d'autel et représentant la Vierge avec l'Enfant debout et quatre saints (quart de nature). Le divin groupe est trop drapé, non sans art pourtant. A droite, saint religieux tenant une petite croix et un livre. Il se penche vers la madone qui tourne de son côté sa tête belle et majestueuse. Derrière lui, sainte Récolette, tenant aussi une croix et un livre. A gauche saint Jacques avec son grand bâton de pèlerin et un livre ; jeune sainte, une palme à la main. Marie est un peu plus grande que les autres personnages. Excellent. Ce bas-relief est surmonté d'une petite madone. Au-dessous du tableau, bustes. Ces accessoirs sont très-faibles.

N° 687 : Jeune homme couché, les jambes allongées, le corps relevé sur les coudes, une main sur un disque. Bronze d'après Bosio.

Autres sculptures peu dignes d'attention.

CHAPITRE III

Peintures du musée royal

ADELFT (Guillaume van) : Pêches, coquillages, parfaits ; raisins et joli vase ciselé, noircis : le tout posé sur une table avec tapis vert bien rendu.

AERTSENS ou AERTZIN (Pierre) : Portement de croix, (figurines). Poses exagérées.

ALBANI (François) : Saint André et deux autres saints. Faible.

ALBERTINELLI (Marcello) : Christ en croix tenu par Dieu le Père et anges (demi-nature). Faible.

ALLEGRI (Antoine), dit *le Corrège* : 1°. Sainte face. Belle tête pâle. Le sang tombant en abondance de la couronne d'épines sur le front et sur les joues, les paupières inférieures mal dessinées : tout nous fait douter que cette toile soit du Corrège.

2° Io visitée par Jupiter transformé en nuage (voir ci-après la description du même tableau dont l'original est au belvédère à Vienne). Berlin n'a selon nous, qu'une vieille copie dont on dû refaire la tête. Ici la main appuyée au corps de la nymphe et le visage de Jupiter sont plus visibles; les jambes et les bras d'Io sont moins éclairés, et les épaules ainsi que le dos ont moins de relief que dans l'original. Charmante composition.

3° Léda et ses compagnes surprises au bain par trois cygnes, ou plutôt aventure de Léda en trois actes : l'arrivée dans l'eau, les ailes ouvertes, la séduction au pied d'un arbre près du bord de l'eau, et le départ, tandis que la nymphe remet ses vêtements avec l'aide d'une de ses compagnes. Cette composition si souvent reproduite par la gravure, a été décrite dans notre volume des *Musées d'Espagne* (p. 29). Ici on a ajouté, fort mal à-propos, à notre avis, une seconde soubrette regardant tranquillement sa maîtresse poursuivie par le bipède, au lieu de la défendre contre l'attaque plus sérieuse dont celle-ci est l'objet sur terre. Du reste nous défions le poëte le mieux inspiré de raconter, d'une façon plus ravissante, cette fredaine du maître des dieux. La main allongée sur le dos du cygne est mal dessinée et la tête qu'on avoue avoir été refaite nous semble moins belle que celle de Madrid.

ALLORI (Alexandre), dit *il Bronzino* : 1° Portraits d'une famille princière.

2° Portrait d'un jeune homme vêtu de noir.

Toutes ces têtes de bois ou de carton ne sont pas dignes d'un Bronzino.

AMERIGHI (Michel-Ange), dit *le Caravage* : 1° Déposition de Christ. Saint Jean lui tient les jambes et Nicodème le haut du corps. Madeleine dans l'ombre, baise une main de Jésus. Saint Jean exprime sa douleur par une vilaine grimace. Ce corps mort mal tenu, qui va tomber lourdement et de travers, fait mal à voir. La poitrine et le bras droit sont bien éclairés; le profil en raccourci ne manque pas de beauté; le reste est trivial.

2° Portrait d'un homme brun vêtu de noir. Sourcils trop contractés ; le devant du visage vivement éclairé, le reste noir. Coloris d'un rouge jaunâtre.

3° Meilleur portrait d'une jeune fille plaçant à son corsage un bouquet de fleurs blanches. Belle tête, quoique rustique, pleine de force et de résolution. Belle lumière.

4° Saint Michel en armure, lançant la foudre sur un pauvre petit amour tout nu renversé à terre ; à gauche, dos d'homme dans l'ombre. L'archange à demi-éclairé est d'une teinte terre cuite.

5° Cupidon, un genou sur une draperie blanche, un trait à la main. Il grimace un rire en nous regardant. Instruments de musique, cuirasse avec branche de laurier, sceptre, couronne, etc. Cela veut dire que les grands hommes guerriers ou artistes, sont les jouets de l'amour. Mauvaise pose et pauvre composition.

6° Saint Mathieu, assis et lisant. Grand ange près de lui. Forte nature. Visages communs ; bon coloris.

7° Jésus sur le mont des Olives. Il réveille saint Pierre, qui, au lieu de se tourner vers son maître, regarde fièrement d'un autre côté. Deux autres apôtres endormis. Jésus dans l'ombre et saint Pierre très-éclairé : contre-sens.

BACKUYSEN (Ludolff) : 1° Tempête sur mer. Barque de pêcheurs près des rochers de la côte. Naufragés dans l'eau à qui on jette des cordes. A gauche, phare. Ciel noir avec une éclaircie.

2° Ouragan en mer, près d'une jetée terminée par un phare. Pointe d'un vaisseau rempli de passagers. Sur le devant, barque avec personnages. L'eau qui se blanchit d'écume en frappant la côte est fort bien rendue.

3° Autre marine inférieure et noircie.

BARBARELLI (Georges), dit *il Giorgione* : 1° Portrait d'homme brun, en habit noir, la main sur une table. Visage intelligent, sérieux et énergique. Derrière lui, mur et bas-relief bien éclairés.

2° Portraits de deux jeunes gens dont l'un nous regarde de côté, et dont l'autre lisant une lettre est tourné de profil. Leurs visages, fort bien dessinés, ont tourné au gris noirâtre ; cependant ils sont encore d'un grand effet.

BARBIERI (Jean-François), dit le *Guerchin* : 1° Madone avec l'enfant qu'elle tient assis sur elle, en se penchant vers lui. Bouche de la vierge mal dessinée ou défigurée par le temps.

2° Portrait d'homme âgé en habit gris boutonné. Coloris uniforme. Médiocre. Est-ce là un Guerchin ?

3° Belle vierge avec l'Enfant Jésus assis sur son bras et dont la tête s'appuie contre la poitrine de sa mère. Type énergique, souvent reproduit par le peintre. Bon, un peu altéré.

BARTOLOMMEO (Fra), dit *il Frate* : Assomption. Vive lumière dans les airs, derrière la Vierge. En bas, saints Jean-Baptiste, Pierre, Dominique, Pierre de Vérone, Paul et sainte Madeleine, tous six à genoux devant le tombeau vide. Entre eux et la madone, ciel bleu et paysage dans le fond. Dessin peu correct des visages féminins et de celui de saint Jean. Est-ce un original du Frate? J'en doute.

BATTONI (Pompeio) : Mariage de l'Amour et de Psyché. Vénus sur son char les regarde; l'Hymen, son flambeau a la main, les unit. L'époux de cette grande fille est bien petit!

BEGA (Corneille) : 1° Jeune fille assise à terre et jouant du sistre. Le corps tourné à droite. elle regarde à notre gauche. Jolie paysanne en robe de soie et turban, les seins demi-nus. Table couverte d'instruments de musique.

2° Jeune femme assise avec son enfant sur elle. Le papa s'amuse du marmot en lui présentant le biberon. Une main de la mère est mal dessinée. Bon du reste.

3° Trois Buveurs, servante et valets. Peu éclairé, dessin faible.

BELLINI (Jean) : 1° Présentation de Jésus au temple (demifigures). Il est posé sur une table qu'entourent Marie avec une jeune fille derrière elle, saint Joseph et saint Joachim. Faible.

2° Madone et l'enfant. Petite nature, demi-figures.

3° Piété. Christ mort assis sur sa mère. Madeleine baise un bras. Derrière, saint Jean, Nicodème et Joseph d'Arimathie. (Demi-figures). Trop de personnages pour un petit espace.

4° Le Sauveur, un livre à la main, l'index de l'autre main levé. Belle tête d'un coloris terne. Belles draperies bien éclairées.

5° Madone avec l'enfant debout sur une table. Il nous fait face et tient une pomme. Noirci.

6° Deux portraits, dans un même cadre, d'hommes aux cheveux jaunes tombant en masse. Ils sont vêtus de noir, avec fourrures. L'un est beau; l'autre a des traits tudesques et communs. Noirci.

BENEDETTO ou BETTI (Bernard), dit *il Pinturicchio* : 1° Deux tableaux fort larges et peu élevés, offrant, en figurines, plusieurs épisodes de la vie du jeune Tobie : son mariage, ses noces. Ces cadres ont différents compartiments dans chacun desquels un fait est rapporté; puis, dans le fond, Tobie et l'Ange au bord de l'eau, etc. Jolies toiles bien conservées. Certains détails tombent dans le burlesque. Le repas de noces est le mieux traité.

1.

2° Belle Adoration des mages. Marie est assise devant des arches en ruine; saint Joseph est derrière elle. Mages, dont l'un est prosterné devant l'enfant au giron; suite. A gauche, commettant agenouillé. Fond de paysage. La Vierge, plus jolie que belle, est supérieurement éclairée. Charmant coloris, qui n'a noirci que dans les accessoires.

BERENSTRAETEN (A. van) : Paysage. Eau glacée, patineurs et traîneaux. Rangée de maisons sur le bord. Glace bien éclairée; effet de neige. Bonne toile.

* BERGHEM (Nicolas) : Une femme bien mise et debout semble adresser un reproche à une femme du peuple assise qui, une main sur la poitrine, proteste de son innocence. Mais un de ses deux garçons tient une branche garnie de fruits; n'a-t-il pas été à la maraude? Ces quatre personnages sont au premier plan et de grandeur naturelle. Près d'eux, chèvres, moutons. Plus loin, deux pâtres et leurs bestiaux. Bon, un peu noirci.

2° Jeune seigneur et dame allant à la chasse, tous deux à cheval. Pâtre causant avec une jeune fille, sur une construction en ruines; vaches, moutons. Sur le devant, femme debout filant au fuseau; chien, autres paysans. Paysage borné à droite par une roche et des arbres, insignifiant à gauche. Bon, mais noirci.

* 3° Autre paysage avec glace très-étendue, sur laquelle ne se trouve qu'un homme mené en traîneau. A gauche, arche de pont, monticule avec maisons et moulin à vent, arbres. Sur les bords de l'eau glacée, chevaux, ballots, chasseurs. Effet de neige, bonne lumière. Jolie toile.

BERNARDINO DE PORDENONE : Devant une table où se trouve un livre ouvert, un professeur montre le ciel à son jeune élève, qui, les yeux levés, une main sur la poitrine, est comme en extase. Son joli profil d'enfant, bien éclairé, contraste avec les traits accentués du maître. Malheureusement le coloris du visage de ce dernier est devenu terne et jaunâtre.

BERRETTINI (Pierre) de Cortone : Hercule assis prenant des mains de Cupidon la quenouille d'Omphale. Deux autres amours. La nymphe est trop peu en évidence.

BLES (Henri de) : Adam et Ève. Celle-ci présente la pomme à son mari qui proteste en levant une main comme pour montrer Dieu. Toutefois il a déjà le bas du corps garni de feuilles, tandis que la tentatrice est encore dans l'état de nature; elle est penchée gracieusement. Corps bien modelé, belle tête grecque, mais les pieds sont trop larges.

BLOMAERT (Abraham) : L'ange ordonne à saint Joseph, assis

près d'une table, de fuir en Égypte. A gauche, deux autres grands anges. Belle tête du saint. Au premier plan, à droite, petit chien. Bon, mais noirci.

BLOEMEN ou BLOOM (Jehan van), dit *l'Orizonte :* Halte de cavaliers devant un cabaret. Noirci.

2º Latonne, avec ses deux enfants, changeant en grenouilles des paysans qui lui refusent un peu d'eau pour se rafraîchir. Latonne, les yeux levés, invoque la vengeance du ciel; son vœu est déjà en partie exaucé. Un de ses seins nu annonce qu'elle vient d'allaiter l'enfant assis sur elle. Paysage noirci.

BLONDEL (Lancelot) : Jugement dernier, triptyque. Les anges et les démons pêchent dans une pièce d'eau les bons et les mauvais. En haut, Jésus-Christ assis, l'épée à la main. Vive lumière. Cercle d'anges, etc. Dans les volets, paradis, enfer. Mauvais dessin. Coloris d'un rouge chocolat,

BOL (Ferdinand) : 1º Vieux prêtre en riche costume d'église, lisant dans un livre posé snr un pupitre. Grande demi-figure. Bon dessin de son visage commun, mais énergique. Belle lumière.

2º Portrait de jeune homme portant cuirasse et chaîne en or. Yeux dans l'ombre, nez court et gros. N'avons-nous pas ici une répétition, — à la cuirasse près, — du jeune Rembrandt, peint par lui-même et ci-après décrit?

3º Portrait de vieille femme au petit nez retroussé, vraie flamande, dont la tête couverte d'un petit bonnet est prise dans une large fraise à tuyaux. Belle lumière, bon portrait.

BONIFACIO BEMBI : La femme adultère (petite nature). Belle tête de Jésus. Bien éclairé, ombres noircies, trop de personnages.

* BONVICINO (Alexandre), dit *il Moretto da Brescia :* 1º Grande adoration des bergers. Forte nature. Tableau placé trop bas dans une trop petite salle. En avant des ruines d'un temple à colonnes couvert d'un méchant toit de paille où se trouvent six anges, Marie adore le Messie couché sur le dos dans un berceau en osier. Bergers. Le plus jeune tenant à la main son bonnet est le personnage qui produit le plus d'illusion. Derrière, femme à genoux dans l'ombre. Pourquoi l'avoir affligée d'un goître? Au fond, autres bergers arrivant. La tête de la Vierge est belle, mais altérée; elle paraît boudeuse. Les reliefs de l'enfant sont excellents, mais ils sont comme tachetés de lie de vin. A cela près, ce tableau d'un bel effet est une pièce capitale.

2º Portrait d'un homme brun assis et écrivant. Un valet lui remet un billet. Demi-figures. Belle tête du maître. Bon, mais placé trop haut.

* Bonzi (Pierre-Paul) : Buste de jeune homme vêtu d'une veste en peau de mouton avec manches jaunes. Il tient un melon entr'ouvert. Jolie tête de paysan italien, au front trop bas pourtant. Ce portrait bien éclairé fait illusion.

* Bordone (Paris) : 1° Vénus couchée à terre sur un manteau rouge. Elle est nue avec une draperie blanche roulée à la ceinture. Son corps vigoureux, à la taille large, et son visage coloré rappellent la belle nourrice du musée de Munich, du même auteur. Bon modelé, belle lumière.

2° Vierge en trône avec saints. Mauvaise copie. Tête de bois peinte en rouge brique.

3° Portraits de deux hommes vêtus de noir et jouant aux échecs (figures jusqu'aux genoux). Au fond, joli paysage, galerie à colonnes en marbre blanc. Au bas des marches, valet apportant un plat pour une table dressée en plein air et garnie de convives. Premier plan altéré, les têtes exceptées ; le fond bien éclairé. Beaux portraits des joueurs.

* 4° Vierge en trône sous une arche, assistée de saint Jérôme, évêque, de sainte Catherine, petite blonde peu distinguée, de saint Roch (belle tête aux yeux baissés), de deux jolis petits anges et de saint Sébastien attaché à un arbre (belle tête un peu levée, belle transparence des chairs). Marie tient une pomme que convoite le Bambino debout sur elle. Le torse de la Vierge et la tête de l'enfant se détachent sur le ciel bleu. Belle toile, bien conservée.

5° Portrait d'une jeune femme aux yeux noirs, au regard dangereux, à la jolie bouche. Robe et petit chapeau en velours rouge et fourrure blanche sur l'épaule droite.

6° Saint Sébastien attaché à une colonne sur une estrade, un pied posé sur un piédestal portant un blason. Jolie tête de femme ; corps trop rond. Derrière lui, dans le fond, personnages, édifices.

* 7° La Vierge et l'Enfant Jésus, accompagnés de sainte Elisabeth et du petit saint Jean, apparaissent à d'autres saints. Plus haut, plane la céleste colombe. Sous le nuage, un ange déploie une inscription qu'il montre à l'un des saints et au donateur, tous deux en costume de récollet. Cette Sainte Famille dans l'espace est une composition originale ; les personnages en sont bien groupés, seulement leurs draperies ne sont pas assez simples. Le luxe dans le ciel est plus déplacé qu'ici-bas et nuit à l'effet.

Bosch (Gérôme) : Tryptique. Volet de gauche : Au premier plan, création de la femme ; au deuxième, péché ; au fond, sortie du paradis. La pièce du milieu et le volet de droite représentent les supplices de l'enfer : horribles scènes de mauvais gout et peu décentes. Ainsi, un diable hideux assis près d'une jeune femme semble vouloir la caresser.

BOTH (André) et BOTH (Jean) : Halte de chasseurs dans la campagne, paysage. Jolie toile, mais noircie.

BREDAEL (Pierre van) : Paysage dans le genre de van der Velde, mais moins bien éclairé sur le devant. Cavaliers, paysans montés sur des ânes, piétons, chiens, bestiaux. Beaucoup de monde, peu d'effet. Ce qu'il y a de mieux c'est une arche sous laquelle viennent de passer deux ânes chargés, suivis de leur conducteur.

BRESCIANO (Andréa del) : Sainte Anne tenant assise sur elle la Vierge qui se penche pour saisir son fils. Mauvaise imitation du tableau de Léonard de Vinci, au musée du Louvre.

BREUGHEL (Jean), dit *de Velours :* 1° Joli petit paradis terrestre avec animaux. Au fond, nos premiers parents s'égarant dans une vallée. Bon, noirci.

2° Deux nymphes de Diane et gibier tué, paysage. Bien, mais placé trop haut.

3° Saint Hubert, descendu de cheval, adore, un genou en terre, le crucifix qui apparaît entre les bois d'un cerf. (Quart de nature.) Les chiens s'arrêtent aussi. Le cheval blanc vu de face est très-bien peint. Paysage.

BREUGHEL (Pierre), dit *le Vieux :* Portement de croix, grande toile (figurines). En avant du Christ, une troupe de cavaliers armés escorte une voiture où l'on voit un condamné en chemise, avec une petite croix à la main. Quelle idée bizarre ! Au premier plan, près du Christ, Véronique ; plus à droite, Madeleine. Simon aidant Jésus est fort laid ; poses et mises parfois grotesques. Toile bien conservée.

BRIL (Paul) : 1° Joli paysage. Au milieu, eau bien éclairée, barques de pêcheurs. De chaque côté, montagnes. Dans le fond, tour sur une éminence au bord de la mer.

2° Tour de Babel, ouvrage considérable en figurines. On voit deux faces de la tour déjà très-élevée et se terminant en pyramide. Chaque étage se compose de galeries pleines de personnages. Au premier plan, le roi et nombreuse suite à cheval. Au fond, mer, ville, montagnes (par trop bleues). Le premier plan et partie de la tour sont dans l'ombre et forment un repoussoir qui rend plus vive la lumière frappant le bas de la tour et éclairant un chemin rempli de gens, de voitures et de travailleurs. Bonne perspective.

Bruyn (Barthélemy de) : Beau portrait d'homme vêtu de noir et de rouge avec une fourrure rousse, qui se confondrait avec la barbe si les poils du menton n'avaient pas blanchi. Visage carré, un peu dur. Bon dessin, mais coloris d'un rouge uniforme.

Bugiardini (Julien) : 1° Baptême du Christ ; grand tableau, bizarre, parfois même grotesque, mais non dépourvu de beautés. (Quart de nature.) Derrière Jésus, deux anges à genoux. Deux groupes de femmes, dont l'un est bien éclairé. Un homme ôte sa chemise, mais il a eu soin de mettre un caleçon de baigneur. Bon coloris, belle lumière.

2° La Vierge et quatre saints adorent l'enfant Jésus, assis à terre et bien éclairé. Sur le devant, saint Jean l'Évangéliste, et saint Jérôme, à genoux ; sur les côtés, saint André et un saint récollet, appuyé sur sa bêche ; tous deux debout. Vierge peu belle. Faible.

3° Lucrèce, assise et tenant son poignard levé après s'en être frappée. Assez jolie tête, mais trop enfantine, levée vers le ciel, et offrant un bon raccourci. Coloris terre cuite.

4° Petite Sainte Famille, c'est-à-dire Marie, assez laide, et, près d'elle, les saints enfants. Mauvais.

Burgmaier ou Burgkmair (Jean) : Deux tableaux représentant chacun un évêque en grand costume (petite nature).

Calcar (Jean, van). *Voyez* Stephnus.

Caldara (Polidore) : Beau paysage. Sur le devant, tombe, près de laquelle un homme est assis. Deux paysannes se dirigent vers la gauche. Eau dans les terres, puis roches et mer bien éclairée. Bonne perspective. Toile noircie.

Caliari (Paul), dit *Véronèse :* 1° Christ mort, soutenu par deux anges (grande demi-nature). Le devant du corps de Jésus est dans l'ombre, le visage à demi-éclairé, et le reste en pleine lumière. Bon, mais noirci en partie.

2° Présentation au temple. Marie à genoux sur la première marche de l'autel, tient le nouveau né couché sur ses bras. Près d'elle, saint Joseph tenant un cierge. Le pontife, une main sur sa poitrine, l'autre tendue en avant, regarde l'enfant d'un air inspiré. Autres personnages. Tableau non achevé ou altéré, mais traité magistralement.

3° Moïse sauvé des eaux. Répétition du tableau de Dresde (*Voy.* ci-après). Celui-ci plus noir et moins parfait d'exécution est plutôt une copie ancienne.

4° Mars et Minerve. La déesse de la sagesse semble forcer Mars à rester assis. Lauriers croissant près du dieu de la guerre.

5° Apollon nu avec draperie à reflets bleu de ciel. Il tient une lyre. Cercle du zodiaque. À gauche, Junon assise une main sur son paon.

6° Christ mort et soutenu par deux anges sur le bord de son tombeau (demi-nature). Belle tête de Jésus. Bon, mais noirci.

7° Le Temps et l'Hérésie, vieille femme renversée, une jambe enveloppée d'un linge ensanglanté. Derrière elle, la Religion dans l'ombre tenant un livre et une palme.

8° Allégorie. Jupiter assis montre un amas de joyaux, un sceptre et une couronne à l'Allemagne représentée par une jolie blonde, au sein nu tenant un sceptre. Autre déité se penchant sur ces richesses, un dé à la main. En bas, deux anges dont l'un se coiffe, avec l'assistance de l'autre, d'un bonnet d'évêque. Dans le ciel, zodiaque. Belle tête grecque de Jupiter; une de ses jambes est mal dessinée. Le visage de l'Allemagne est d'une teinte grise. Est-ce bien là un original?

CAMBIASI (Luca) : Charité. Femme à genoux succombant à la fatigue et au sommeil, avec un enfant au sein. Un autre à califourchon sur son genou, la regarde. Un troisième, une poire à la main, s'appuie sur le dos de cette bonne mère. Le peintre a pris sa femme dans le peuple. C'est là en effet que sont les familles nombreuses; c'est là que les mères nourrissent elles-mêmes leurs enfants.

CANAL (Antoine da), dit *Canaletto* : 1° Vue de Notre-Dame de la Santé (della salute); 2° La Piazetta, répétition; 3° grand canal de Venise; 4° même église de Notre-Dame de la Santé. Au premier plan, édifice surmonté d'un globe que soutiennent deux atlas et sur lequel se tient la Fortune, un pied levé.

CANO (Alonso) : 1° sainte Agnès tenant une palme. Petit mouton couché sur un piédestal. Coloris sec.

* 2° Le prophète Isaïe monté sur un âne qui recule au lieu d'avancer, quoiqu'on lève sur lui le bâton : c'est qu'un grand ange s'avance l'épée à la main. Tête du vieillard un peu trop rouge. Celle de sa monture, dont le museau blanc est levé, fait illusion. Belle lumière. Excellent tableau un peu noirci.

3° Portrait d'un homme brun vêtu de noir, la tête nue et tenant un petit livre. Physionomie sensuelle.

CARRACCI (Annibal) : 1° Charles Borromée en robe et pèlerine rouges avec surplis blanc, est prosterné devant un crucifix placé sur une table. Mauvaise pose, bon raccourci de la tête levée. Anges dans le ciel.

2° Vierge avec l'Enfant debout sur elle. Il se penche vers saint

Joseph qui lui offre des cerises. Marie a les yeux par trop grands. Jolie tête de Jésus, d'un bon raccourci.

3° Paysage. Un homme jouant du sistre et une guitariste sont assis l'un près de l'autre. Au milieu, eau, barque. Plus loin, pont de deux arches et édifice à son extrémité; nacelle près de ces arches à travers lesquelles on voit la campagne. Bel effet. Au fond, à gauche, ville, montagnes. Bon. Un peu noirci.

4° Petit Christ en croix. Marie évanouie et secourue par deux saintes femmes; saint Jean. Au fond deux soldats sur des chevaux blancs. Bon, mais noirci.

5° Différents saints. Copies plutôt qu'originaux.

CARRACCI (Louis) : 1° Miracle des pains et des poissons (grande nature). Belle tête de Christ, bonnes draperies. La robe blanche de la première femme assise sur le devant fait illusion. Bon, mais vu de trop près.

2° Marie en robe blanche, aux cheveux blonds, tressés et pendant sur les épaules, regarde son fils assis à ses pieds et caressant un mouton.

CARREÑO DE MIRANDA (don Juan) : Bon portrait en pied de Charles II, infant d'Espagne, debout près d'une table. Visage pâle, menton trop long, front carré, sourcils relevés.

CARRUCCI (Jacques), dit *le Pontormo* : 1° Portrait d'André del Sarte jeune encore, la barbe coupée. Regard observateur et spirituel, beau et long nez à la narine mobile, bouche pleine de douceur, menton proéminent; beau front penché en arrière, et en partie caché par le bonnet, os de l'œil saillant, air mélancolique. Tête presqu'aussi belle que celle de Raphaël.

2° Vénus couchée. L'Amour, un pied sur la draperie servant de feuille de vigne, embrasse sa mère; sa pose est forcée. Vénus a la coiffure et le type vénitiens. Une de ses jambes est allongée, l'autre repliée; elle montre du doigt son sein gauche où son fils l'a blessée. Beau modelé du corps nu de Vénus, aux formes prononcées, beau coloris. Mais la pose et le profil de la déesse sont peu gracieux.

CATENA (Vincent) : 1° Vieille toile insignifiante.

2° Bon portrait d'un homme vêtu de noir. Belle tête.

CAULITZ (Pierre) : Volaille. Au fond, bâtiment. Bon.

CERQUOZZI (Michel-Ange), dit *des Batailles* : Procession près de Rome. Noirci.

CHODOVICKY : Deux tableaux représentant chacun le jeu de colin-maillard. Dans le premier, une femme tenant une sonnette et un homme ont les yeux bandés; dans l'autre, un homme seul est rendu aveugle et tient un long bâton. Genre Watteau. Faible.

CIGNANI (Charles) : Vénus et le jeune Anchise tenant une lyre. Il regarde, d'un air étonné, la déesse, qui debout, une main sur la hanche, semble lui dire : « Tu m'as appelée, me voici. » Jolie femme, dont les traits respirent la candeur et la bonté ; mais sa mise est celle d'une nymphe ou d'une bergère d'Arcadie et non d'une Vénus. Paysage insignifiant. Bon.

CIMA (Jean-Baptiste), da Conegliano : 1° le Christ, en présence des apôtres, guérit subitement un cordonnier, qui s'était percé la main avec son alène. Au fond, temple avec galerie garnie de personnages.

2° Vierge avec l'enfant, assise sur un siége en marbre, derrière lequel s'étend un rideau vert. Elle est assistée des saints Pierre, Paul et de deux saints récollets. Les visages sont d'une teinte pain d'épice foncée. Marie boude et s'endort. Trop grosse tête de Jésus. Assez bonne lumière.

3° Madone en trône, dans le même genre que la précédente. L'enfant est mieux traité. Assez beau profil du commettant, dont les cheveux, taillés carrément sur le front, tombent en masses sur les oreilles.

COCXIE (Michel) : 1° grand paysage. Au milieu, fontaine ; plus loin, agneau debout sur une table, autour de laquelle des anges, portant les instruments de la passion, sont agenouillés. Groupe à chaque coin de la scène ; sur le devant, deux autres groupes tournés l'un vers l'autre : ils se composent de prélats debout et de religieux à genoux. Au fond, femme à droite et prélats à gauche.

2° Le Sauveur, assis sur un trône. Fond en or avec inscriptions. Jésus, portant le costume de pape, donne sa bénédiction. Belle tête de face. Coloris rouge.

CONTARINI (Jean) : Saint Sébastien, grande nature. Un bourreau le lie à l'arbre. Beau torse, mais position forcée du saint. Noirci.

COSIMO (Pierre de) : Mars, Vénus et l'Amour. Les amants sont couchés en sens inverse. Cupidon, près de sa mère, tient un lapin blanc, qui mange dans le creux de sa main. Mars serait trop jeune et trop efféminé même pour un Adonis. Coloris sec. Mauvais.

COSTA (Laurent) : Présentation de Jésus au temple. Au haut de l'autel, trois personnages, de chaque côté, sur les marches. Marie tient l'enfant ; elle est entre saint Joseph et saint Joachim. Au premier plan, une jeune fille, à genoux, a le tort d'être plus jolie, mieux coiffée et posée plus gracieusement que la Vierge. Trop de symétrie. Ombres noircies. Visages pain d'épice.

COURTOIS (Jacques), dit *le Bourguignon* : Paysage. Effet de nuit, clair de lune. Pont avec cavaliers, arbres, montagne.

CRANACH ou KRANACH (Lucas Sunder ou Muller), dit le *Vieux* : 1° Adam et Ève debout, avec un cerf du côté d'Adam, — est-ce une injure? — et un lion près d'Ève; la force du côté de la femme! autre injure, faite au sexe le plus noble (quart de nature). Une branche, tenue par Adam, sauve la pudeur de nos premiers parents. Ève a fait accepter une pomme maudite; elle en tient une autre, qu'elle semble cacher. Leurs carnations sont différentes : rouge chez l'homme, blanche chez la femme. Singulier type de beauté adopté par ce peintre : vaste front, petit nez arrondi du bout, bouche grande, menton petit et détaché.

2° Bon portrait d'un homme, aux longs traits intelligents, énergiques; mais la bouche, dont les coins descendent, exprime le mécontentement. Bon modelé, belle lumière.

3° Vénus nue, avec un collier rouge serrant le cou et un autre collier, de quatre rangs de corail, descendant un peu plus bas. Après un examen plus attentif, on aperçoit sur elle une tunique en gaze, aussi diaphane que possible. Corps délicat, bas du corps plus robuste, visage allemand, qui sourit.

4° Mise au tombeau. Christ trop mince et par trop maigre. Madeleine à genoux, sur le devant, en robe de velours rouge; autres saintes femmes.

5° Jésus au jardin des Olives. Il porte une robe blanche. Il prie à genoux; un ange lui apporte le calice d'amertume. Apôtres.

6° Jésus lavant les pieds des apôtres. Il parle au vieux disciple dont il tient le pied; autre apôtre, mains jointes.

7° Hercule chez Omphale. Une vieille suivante habille en femme le demi-dieu, qui file au fuseau. Son amante rit en se tenant les côtes et nous regarde. Les costumes de femmes sont ceux du moyen âge. Toile bien conservée.

* 8° La fontaine de Jouvence, grand paysage (personnages de petite dimension). A gauche, de vieilles femmes laides, impotentes, amenées en voitures, en brancard, en brouette ou à dos d'homme, vont être jetées ou descendues dans le vaste bassin placé au milieu de la scène. Celles qui y sont déjà en parcourent la moitié, toujours laides et vieilles; mais, un peu au-delà, le miracle s'accomplit et l'on ne voit plus que de jeunes vierges aux vives allures. A leur sortie du bain, elles sont reçues dans leur tenue primitive, par un jeune espagnol qui les introduit dans une tente, dont une jeune fille entr'ouvre les rideaux. C'est là que leurs jolies formes vont être ensevelies sous de lourdes robes de

velours rouges. Celles déjà costumées se promènent avec leurs vieux maris redevenus plus tendres. Repas champêtre en plein air; jeune couple tapis dans un buisson, etc. Types allemands. Toile très-fraîche et très-amusante.

9° Portrait de Jean Frédéric de Grefs, tenant des deux mains une riche épée. Visage large et carré, yeux endormis. Bon coloris.

10° Adam et Ève avec le cerf et le lion couchés, répétition.

11° Expulsion du paradis terrestre. Adam tient un arc et des flèches; Ève est assise sur un cerf. Le mari n'a pour vêtement qu'une touffe de feuilles à la ceinture, et sa compagne qu'un petit cordonnet noir autour du cou. Ève est restée la même qu'au moment de la tentation : Adam est enlaidi.

CRAYER (Gaspard) : Jésus à Emmaüs (demi-figures). Il bénit le pain. Un des apôtres se lève et l'autre s'incline vers le maître qu'ils reconnaissent à son geste. Vieille servante tendant un verre de vin au Seigneur. Cuisinier, table servie. Assez bon, mais noirci.

CREDI (Lorenzo di) : 1° Sainte Marie l'Egyptienne à genoux. Elle est nue, ses longs cheveux lui servent de manteau. Son visage altéré est encore plein d'énergie. Elle reçoit d'un ange la sainte hostie. Rochers à droite. Paysage vert et bleu.

2° La Vierge adorant à genoux l'Enfant Jésus couché sur un manteau, un doigt dans la bouche. Front large et petits traits de Marie.

CRESPI (Daniel) : Jésus au mont des Olives. Ange suspendu en haut d'une grande croix et tenant les deux lances dont l'une percera le flanc du Sauveur, tandis que l'autre lui présentera l'éponge imbibée de vinaigre. Beau et intelligent profil du Christ levé vers cette croix. Clair de lune. Premier plan orné de fleurs. On ne voit pas d'apôtres.

CRESPI (Jean-Baptiste), dit il Cerano : Évêque et corps des religieux récollets en deux groupes. Saint Dominique, sainte Claire et l'évêque au premier rang, et de grandeur naturelle; les uns agenouillés, d'autres debout. Tous les regards se tournent avec jubilation vers une inscription latine qu'une main montre dans le ciel. Cette inscription promet miséricorde à ceux qui suivront la règle de l'ordre. Au milieu, vers le fond, éclaircie, vive lumière et paysage bleu avec ville et montagnes.

CROCE (Girolomo da Santa) : Vieux tableau insignifiant.

DENNER (Balthazar) : Tête de vieillard, vêtu de brun avec collet en fourrure ; mise et barbe négligées ; visage maigre très-ridé ; air méchant. Bon modelé, coloris luisant, tête de cire.

2º Portrait d'un homme en habit de velours rouge avec perruque à la Louis XIV (demi-nature). Visage vulgaire. Moins de relief, mais coloris plus vrai qu'au numéro précédent.

DIEPENBECK (Abraham van) : 1º Fuite de Clélie, copie ou imitation restreinte du tableau de Rubens (voir ci-après musée de Dresde).

* 2º Mariage de sainte Catherine, saint François et le petit saint Jean. Jésus debout sur sa mère passe la bague à sa grande et belle épouse agenouillée. Les deux femmes sont des flamandes comme celles de Rubens. Belle lumière, enfants bien modelés, bonnes draperies, grande fraîcheur.

DIETRICH (Chrétien-Guillaume-Ernest) : 1º Mauvais mariage de sainte Catherine.

2º Paysage. L'eau tombant sur des quartiers de roches au premier plan, est ce qu'il y a de mieux.

3º Joli petit paysage, sans fond. Arche détruite, eau sur le devant, vache, berger jouant du galoubet, bergère couchée près de lui. Jeune fille agaçant le chien d'un jeune pâtre.

4º Paysage dans le même genre que le précédent. Sur le devant un jeune paysan joue de la musette.

DOLCI (Carlo) : Saint Jean l'Évangéliste avec son aigle. Il va écrire dans un livre posé devant lui et cherche une inspiration dans le ciel. Belle tête barbue. Bon, noirci.

DOSSO-DOSSI : 1º Vierge glorieuse (quart de nature). En haut, Marie, l'Enfant et petits anges. En bas, saints. Belles têtes, surtout celle de sainte Agnès. Sainte Marie l'Egyptienne est toute couverte de ses cheveux ; saint Jérôme a son lion couché à ses pieds. De chaque côté, roches, arbres. Bon, un peu noirci.

2º Assomption de la Vierge, toile plus large que haute. Pose droite et calme de la Vierge. Poses plus animées des apôtres. Jolie esquisse.

3º Les quatre Pères de l'Église. Mauvais, noirci.

* DOW (Gérard) : 1º Portrait d'une vieille femme (demi-figure, quart de nature). Elle porte une espèce de turban en étoffe blanche et fourrure. Autre fourrure couvrant le haut du corps. Belle tête quoique ridée, front intelligent. Il était impossible de donner plus de vie à un visage qui ne nous regarde pas. Pourquoi a-t-on placé si bas ce petit chef-d'œuvre.

2º Jolie Madeleine (demi-figure, quart de nature). Elle est assise, les mains jointes et croisées sur ses genoux, les yeux au ciel. Des bijoux et des pièces d'or sur une table nous disent quels sont ses remords. Belle tête pleine, un peu flamande.

DUGHET (Gaspard), dit *Poussin* : Paysage avec eau, barque, moutons et tombeau en pierres rouges sur le devant. Premiers plans noircis. Fond et ciel bien éclairés.

DUJARDIN (Karel) : Vache blanche debout (quart de nature). Ciel couvert. Pas de fond.

DURER (Albert) : Portrait altéré et faisant encore illusion. Tête énergique. Excellent dessin.

DYCK (Antoine van) : 1º Les deux saints Jean debout, l'un avec son mouton et près de lui l'épée de son supplice, le second avec son aigle. Bon, mais ombres noircies.

2º Portrait de Thomas de Carignan, en armure. Jolie tête.

3º Portrait d'une grosse religieuse au long nez, les mains l'une dans l'autre, manteau passant sur la tête. Copie médiocre.

4º Déposition de Christ. Le haut de son corps s'appuie sur saint Jean assis. Marie s'avance, en tendant les bras. Haut du corps et tête baissée de Madeleine placée derrière la Vierge. Ange tenant une main du Christ. Bon, noirci.

5º La Pentecôte. La Vierge, les mains jointes, est assise au milieu des apôtres qui, debout, regardent dans le ciel la colombe lumineuse, au milieu d'un nuage noir. Bon, mais noirci.

6º Danse en rond de jolis amours. Bon, un peu altéré.

7º Portraits des cinq enfants de Charles Iᵉʳ, roi d'Angleterre. Le plus âgé, joli garçon en costume espagnol est à peu près de la taille du mâtin assis sur lequel il pose une main. Nouveau-né tenu par la plus jeune des filles. Derrière eux, table avec vase antique et fruits dans une corbeille.

8º Portrait de l'une de ces princesses devenue plus grande. Tous ces portraits sont excellents.

* 9º Madone tenant l'Enfant Jésus debout sur elle. Des pécheurs et pécheresses réclament son appui : (grandes demi-figures). Une jeune femme nue, avec un manteau blanc en désordre, exprime son profond repentir ; un jeune homme du peuple ou pâtre et un roi en manteau doré, regardent aussi le Sauveur. La jeune femme et l'Enfant Jésus sont bien éclairés. La Vierge a les yeux baissés, mais pourquoi sa tête est-elle tout à fait levée ? Très-bonne toile, un peu noircie.

DYCK (Philippe van) : Deux jolis petits tableaux dans le genre des Miéris : 1º Femme donnant une leçon de dessin à son jeune fils ; 2º Jeune femme cueillant une fleur dans un pot et se tournant vers un jeune musicien qui chante en s'accompagnant avec un luth. Sur la table, un perroquet mange une cerise.

EECKOUT (Gerbrandt van den) : 1° Mercure endormant Argus (quart de nature). Le Dieu saisit son glaive. Io changée en vache blanche se trouve derrière eux et les regarde. Une autre vache de couleur rouge broute tranquillement. Io et son libérateur sont bien éclairés; Argus est dans l'ombre. Assez bon, surtout quant à Mercure placé plus haut qu'Argus.

2° Présentation de Jésus au temple (quart de grandeur). Visages communs. Noirci.

3° Le Christ ressuscitant la fille de Jaïre. Le visage et les mains de cette jeune fille ont encore la teinte verdâtre de la mort. Il valait mieux la représenter au moment où la vie lui est rendue, à ce moment où les pleurs se mêlent aux larmes de joie. Près de Jésus est le père; derrière, la mère désolée; un vieillard cherche à la consoler. Médecin debout près du lit. Effet de clair obscur.

EVERDINGEN (Albert van) : 1° Paysage insignifiant et noirci.

2° Paysage, genre Ruysdael, avec eau tombant sur des pierres, au premier plan; cabane, arbres, montagne surmontée d'un bâtiment. Pas de perspective. Noirci.

* EYCK (Hubert et Jean van) : Quatre tableaux hauts et étroits, les deux premiers contenant : les justes, juges et les chevaliers des croisades, tous à cheval. Ce sont des cardinaux, des rois, etc. Les deux autres renferment : 1° des ermites suivis de deux anges dont l'un tient un vase ; 2° des pèlerins, le géant saint Christophe en tête (tiers de nature). Entre ces quatre cadres étroits, sont placés deux autres cadres dont le premier contient huit anges. Ils chantent en faisant plus ou moins la grimace. Dans le second est sainte Cécile jouant de l'orgue, le tout de grandeur naturelle, et plus haut, un cœur d'anges. Ces six cadres sont des volets du grand tableau de l'église Saint-Bavon à Gand. Belle conservation.

EYCK (Jean) : Tête de Christ, yeux d'un bleu trop foncé, sourcils faibles et courts, nez trop long; teint rouge, coloris sec.

FERRARI (Gaudenzio) : 1° Annonciation. Les draperies et coiffure de l'ange sont ridicules. Son petit profil est de terre cuite. Marie est mieux ; mais sa draperie a aussi trop d'ampleur. Ils se touchent pour ainsi dire.

2° Crèche. Enfant Jésus couché à terre tendant les bras à sa mère qui l'adore à genoux. Saint Joseph aussi agenouillé. Berger tenant un mouton. Derrière, gros personnage en robe noire (*le Commettant*). Paysage avec bergers, troupeaux, etc. Il n'y a de passable que la tête du Commettant; encore est-elle d'une teinte jaunâtre.

FLINCK (Gavaert) : 1º Abraham renvoyant Agar. Leur tristesse est bien rendue, mais leurs traits sont trop communs. Ismaël se cache la figure avec une main. Bon dessin, belle lumière à la Rembrandt.

2º Religieuse assise et une toute jeune fille s'appuyant sur elle, tout en lisant. Les deux têtes inclinées paraissent trop endormies.

FONTANA (Lavinia) : Vénus couchée sur un manteau bleu dans un paysage (quart de nature). Cupidon lui prend le menton. Deux amours apportent, dans une corbeille, la toilette de la déesse ; deux autres cueillent des fruits. Coloris sec. Faible.

FONTANA (Prosper) : Grande adoration des mages. L'Enfant Jésus couché sur le dos fouille dans un petit coffret plein de bijoux. Lui et la Vierge sont assez bien peints et convenablement éclairés. Le reste est confus ou mauvais. Paysage entier.

FRANCK (Frans), dit le Vieux : Calvaire, en figurines. Madeleine enlace le bas de la croix du Christ. Près d'elle, Marie et saint Jean debout.

FRANCO (Jean-Baptiste) : Portrait d'un architecte tenant un papier et un compas, (grande demi-figure). Sa casquette, son habit troué et boutonné comme une soutane, et sa physionomie peu distinguée en font un faubourien de bas étage. Beaux yeux cependant ; ils sont comme coupés en deux par l'ombre de la coiffure. Habit, mains et visage bien éclairés.

FRANCUCCI (Innocent) da Imola : Vierge en gloire. Marie et l'Enfant Jésus debout sont portés sur un nuage au milieu d'un groupe d'anges. En bas, saint Joseph, ses outils à ses pieds. Saint Géminien tient l'église de Modène en relief de terre cuite. Fond de paysage où ce dernier saint opère deux miracles : il rapproche et soude les deux parties de la jambe d'un cheval qui avait été coupée et il convertit un musulman. Bon coloris, belle lumière ; ombres un peu charbonnées.

FYT (Jean) : 1º Diane au retour de la chasse (demi-nature). Elle s'appuie sur son arc et caresse un chien blanc. Gibier tué, chiens, arbres, montagnes. Faible.

2º Chasse au chevreuil ; il est saisi par l'oreille. Grande toile noircie.

3º Lièvre accroché par une patte, raisins, oiseaux tués, déposés à terre et sur une table. Bon.

GELÉE (Claude), dit le Lorrain : 1º Paysage. Le jeune Télémaque, à la chasse, présenté par une nymphe à Eucharis, qui tient une lance et un grand lévrier en laisse ; couple assis à terre. Au fond, campagne, pont et montagne enveloppée d'une vapeur bien rendue.

2° Armide lève le poignard sur Renaud endormi ; mais un amour retient son bras. A gauche, deux nymphes au bain ; l'une nage, l'autre debout, un doigt sur la bouche, recommande à sa voisine le silence. Paysage noirci en partie. Le fond éclairé ést bien insignifiant pour un Lorrain.

3° Affreuse bacchanale. Deux femmes obèses dont l'une est portée par un satyre. Silène sur un char et près de lui satyre et bacchante. En avant, deux jongleurs taillés en hercule : l'un monté sur des échasses, l'autre faisant la roue. Temple rond à colonnes, arbres, roche, montagne. Est-ce bien là une œuvre du correct *Lorrain ?*

GHIRLANDAJO (Ridolfo) : 1° Vierge en trône dans une niche, assistée de saint Dominique et de saint Bischof, évêque. Visage de Marie bien éclairé ; ses bras sont minces et raides. Coloris gris.

2° Vierge en trône, saints Paul et François, saintes Claire et Catherine. Saint François et sainte Claire sont trop peu éclairés.

3° Résurrection du Christ.

4° et 5° Un saint récollet de chaque côté du tableau précédent.

6° Assomption. Belle tête calme et mélancolique de la Vierge levant les yeux vers le ciel. Têtes d'anges dont les yeux ont l'iris entièrement noir. Visages d'apôtres — portraits sans doute — trop communs.

GHIRLANDAJO (Ridolfo) et GRANACCI (François) son élève : Vierge en gloire, avec cercle lumineux derrière elle. Son visage et le corps de Jésus sont à demi-éclairés. Ils sont adorés par saint Mathieu, ayant son lion près de lui, par saint François, tous deux agenouillés, saint Jean l'Évangéliste, à barbe blanche, la plume à la main et accompagné de son aigle, et par saint Jean-Baptiste. Assez belles têtes des deux Jean debout. Corps de Matthieu mal dessiné.

GIORDANO (Lucas) : Jugement de Pâris (grandeur naturelle). Les Déesses portent une étoile lumineuse au haut du front. Vénus, seule debout, lâche son manteau et place une main devant sa poitrine. Pâris a la peau rouge ; les nus des femmes sont blancs. Dessin peu correct, surtout quant aux bras et aux jambes des femmes et de Cupidon.

GOSSAERT (Jean van), dit *Mabuse* : 1° Pluton et Proserpine, devant une architecture et comme sur un balcon. Ils se tiennent par le corps. Le dieu coiffé de la couronne dentetée n'a pour vêtement qu'une légère branche de feuille à la ceinture ; un coquillage fait l'office de feuille de vigne, — quelle idée ! — Sa moitié a négligé ces précautions.

2° Adam et Eve vêtus d'un feuillage pudique. Pieds trop larges ; visages plutôt laids que beaux.

3° Vierge aux cheveux bouclés et tombant. Un sein nu annonce qu'elle vient d'allaiter Jésus assis sur une table.

4° Jeune et jolie fille pesant de l'or (demi-figure, petite nature). Sa coiffure originale et gracieuse se termine par un velours descendant en demi-cercle sur le visage, tombant par derrière, puis ramené sur la poitrine par deux pattes croisées.

5° Christ en croix (demi-nature). Son corps est trop fluet et trop maigre. Visages allemands peu distingués. Madeleine est à genoux près de la croix ; à ses pieds tête de mort. Au fond, paysage.

6° D'après Michel-Ange : Noé endormi dont un des fils s'apprête à couvrir la nudité. Coloris trop terne.

GRANACCI (François) et GHIRLANDAJO : Voy. *Ghirlandajo.*

GREUZE (Jean-Baptiste) : Deux charmants bustes de jeunes filles. La tête de celle qui tient un cahier de musique est moins achevée que l'autre.

HALS (François) : Deux portraits d'homme et de femme, vêtus de noir. Traits communs de l'homme.

HARLEM (Rollen Kornelis van) : 1° L'enfant prodigue chez les courtisanes, (petite dimension). Il est entre deux femmes nues. Un de ses convives donne un baiser à sa voisine drapée, les seins nus ; autres personnages. Au fond, vieille servante marquant la dépense sur une planche. Jolie toile qu'on a placée trop haut, avec intention.

2° Bethzabée au bain (demi-nature). Un bout de gaze abrite seul sa pudeur. Petit voile blanc sur le derrière de la tête et étoile en or sur le haut du front. C'est une beauté vulgaire, brune assez jolie pourtant. La soubrette qui l'essuie est également nue. Les trois autres suivantes sont légèrement vêtues. Les nus, hors les jambes, sont assez bien modelés et éclairés.

HEEM (Jean-David de) : Madone de grandeur naturelle (jusqu'aux genoux). Elle tient en souriant l'Enfant Jésus qui la caresse d'une main. La Vierge aux longs traits empreints de bonté ressemble à une jolie Suissesse. Fond de paysage. Jolie toile d'une bonne couleur. Dessin laissant à désirer. Ce groupe est dans un cadre en pierre orné de têtes d'anges et couvert d'une guirlande de fruits et de fleurs.

HEMLING ou MEMLING (Hans ou Jean) : 1° L'Enfant Jésus couché à terre sur le dos et adoré : par sa mère dont le front est orné d'une ferronnière, par deux saints, par trois petits anges couverts de longs manteaux, avec une petite croix en or sur le front, et au milieu par saint Joseph debout, son bonnet à la main. Sainte portant une robe verte sous laquelle pendent des chapelets. Fond de paysage d'un vert épinard. Le profil de la Vierge serait beau si le front était moins vaste et le menton moins détaché. Le dessin de l'enfant, dont le corps semble balonné, est trop sec.

2° Séraphin apparaissant au prophète Elie endormi sur le sol. L'ange, aux ailes colorées, porte une robe blanche avec reflets bleu de ciel. Paysage, et dans le fond, le même Elie gravissant une montagne.

3° La Pâque (quart de nature) : Pontife entamant l'agneau rôti. Trois hommes et deux femmes coiffées d'un turban sont debout autour de la table, un bâton à la main. Au fond, porte par laquelle entre un valet avec un plat.

HERSCHOP : 1° Portrait d'un roi nègre jeune et assez laid. Il tient une boîte dans ses mains fort mal peintes.

2° Buste d'un jeune homme aux traits ronds et charnus. Son turban est formé d'un châle rouge dont les bouts retombent. Passable, noirci.

HOLBEIN (Jean) le jeune : Quatre tableaux de demi-nature : 1° Saint Laurent et sainte Catherine. — 2° Sainte Elisabeth de Thuringe et saint Henri II. — 3° Saint Vit et sainte Marguerite. — 4° Sainte Madeleine et saint Joseph. — On vante ces tableaux. Je ne les ai pas vus, parce qu'on les réparait.

HONTHORST (Gérard), dit delle Notti : 1° Un ange délivrant saint Pierre dont le visage et la main qu'il porte au front sont vivement éclairés. Cette lumière est produite par l'ange, en robe blanche.

2° Hommes et femmes jouant au tric-trac, buvant et faisant l'amour. L'assistance se compose de trois jeunes soldats, d'un vieillard et de trois femmes, plus de deux valets dans l'ombre. Pas d'effet de lampe. Joli, un peu altéré.

3° Esaü revenant de la chasse avec un lièvre tué, vend son droit d'aînesse pour un plat de lentilles, à son frère Jacob ; ils nous font face ; entre eux se tient la vieille Rébecca. Bel effet de la lumière produite par une chandelle.

HONTHORST (Guillaume) : 1° Portrait de jeune homme cuirassé.

2° Portrait de femme vêtue de rose. Ses seins demi-nus sont de pierre ; le reste est de bois colorié.

3° Autre portrait de femme sur le retour, vêtue de noir. Elle tient le portrait d'un homme cuirassé : c'est sans doute celui de son mari dont elle porte le deuil. Ce tableau vaut mieux que les précédents.

HORFT (G.) : Continence de Scipion. Trivial, mauvais.

HUYSUM (Jean van) : 1° Fleurs et fruits. Bon.

2° Vase rempli de fleurs et posé sur une table près d'autres fleurs éparses ou rampantes. Fond clair sur lequel les fleurs se détachent.

JANSENS (Abraham) et SNEYDERS (François) : 1° Vertumne déguisé en vieille et laide femme, tenant au-dessus de sa bouche ouverte une grappe de raisin blanc. Pomone, jolie femme couronnée de fleurs ; fruits.

2° Méléagre présentant à Attalante une hure de sanglier. Visage trivial du chasseur, profil noirci de son amante.

Trop de choses dans ces deux toiles altérées.

JANSENS (Cornelis) : Assez bon portrait d'homme vêtu de noir.

JORDAENS (Jacob) : Repas de famille, trivial, noirci.

KAUFFMANN (Marie Angelique ou Angelina) : Son portrait. Elle est vêtue de blanc avec une couronne de feuilles sur un turban. Elle nous regarde en souriant ; sa tête un peu baissée offre un raccourci faiblement rendu ; joues un peu trop rouges. Je préfère à ce portrait celui de Munich.

KONING (Salomon) : Crésus montrant ses richesses à Solon. Le philosophe a la mine d'un mendiant et le roi nous offre les traits d'un pêcheur hollandais.

2° Copie d'un buste de vieillard, de Rembrandt. Plus noir que l'original.

3° Jésus, ayant derrière lui trois apôtres, appelle à lui le banquier Mathieu (petite dimension). De leurs quatre têtes une seule est en lumière ; encore l'est-elle à demi. Deux tables sont occupées, l'une par le vieux Mathieu qui se retourne vers le Christ d'un air étonné, l'autre par ses commis. Plus au fond, autre employé dans une espèce de tribune. Les commis du premier plan, à droite, sont d'un bon dessin et éclairés à la Rembrandt. Si le Sauveur était aussi bien éclairé, cette toile serait un petit chef-d'œuvre.

KUPETZKY (Jean) : 1° Portrait d'un homme vêtu de noir, la pipe à la bouche. Pose triviale. Sa tête ressemble au portrait de l'au-

teur que nous verrons au belvédère de Vienne, mais elle est moins
éclairée.

2° Jeune femme en satin blanc, les seins presque nus, une
houlette à la main. Front trop large et trop petit menton. Genre
Boucher.

3° Deux religieux dans le désert : l'un assis et nous regardant
d'un air méditatif. Visage éclairé à la Rembrandt. L'autre agenouillé un peu plus loin et dans l'ombre. Altéré.

LAECK : grosse nymple flamande demi-nue, fouettant l'amour,
dont l'arc brisé gît à terre. Il allonge les bras et nous regarde en
criant; sa pose est plaisante.

* LAIRESSE (Gérard de) : Bacchant et Bacchante assis et se tenant par le corps. La femme tient levée une grappe de raisin que
le Bacchant reçoit dans une tasse. Un tout jeune satyre allonge sa
main vers la grappe, ce qui fait rire la Bacchante.

2° Achille enfant, trempé dans un bassin d'eau du Styx. Cinq
nymphes et un homme assistent à cette incomplète immersion.
Grand réchaud allumé et deux autres nymphes, à droite. Plus
loin, à gauche, paysage, et à droite édifice orné de bas-reliefs et
de statues, puis fontaine. Jolie toile.

LANCRET (Nicolas) : Divertissement à la campagne. De grands
seigneurs, singeant les petits bergers dont ils ont pris les costumes,
font semblant de s'amuser. Un couple danse un menuet au son
du galoubet et du timpanon, joués à la fois par un jeune paysan.
Autres personnages dont l'un fait lever la patte à son beau chien
de chasse. L'homme et la bête sont ce qu'il y a de mieux dans cette
froide pastorale.

LANFRANCO (le chevalier Jean) : Saint André en prières, tête
levée, vulgaire, peu éclairée ; bonnes draperies.

* LEBRUN (Charles) : Le banquier Eberhard Jabach et sa famille,
de Cologne, portraits en pied de grandeur naturelle. Ce banquier
est assis près de bustes de grands hommes, d'une sphère etc. posés
en tas et d'un mauvais effet. Au fond de la pièce, est le peintre
dans l'ombre, à peu près comme Velasquez dans son tableau de
las niñas. (Voy. *Musées d'Espagne*). Quelle différence entre le visage du bon bourgeois et celui de l'artiste! Lebrun, avec ses grands
yeux perçants, ses sourcils relevés, sa bouche éloquente et son nez
plus effilé, est l'homme de la pensée, comme l'autre est l'homme
de la finance. La famille se compose en outre de la maman, excellente allemande au teint lymphatique, de deux petites filles et d'un
tout jeune enfant nu sur un siége élevé. Toile fort bien peinte et

d'une fraîcheur qui l'a fait attribuer par M. Viardot à Philippe de Champaigne. Mais le portrait de Lebrun détruit cette assertion.

* LESUEUR (Eustache) : Saint Bruno en prières, debout devant une petite table sur laquelle se trouvent un crucifix et une tête de mort. Son beau profil penché en avant et sa pose annoncent une foi fervente. Sa robe blanche est bien drapée et bien éclairée. A droite, paysage vu par une porte ouverte. Composition simple et touchante.

LICINIO (Jean-Antoine Régille), dit *Pordenone* : Portrait d'un homme tenant une boule traversée par deux cercles creux, et une pierre longue, étroite et cannelée à l'une de ses extrémités. Sa culotte porte un singulier étui que la mode a bien fait de supprimer. Sa tête jeune et jolie ne peut être celle d'un homme supérieur par ces deux raisons que l'os de l'œil ne présente aucune saillie et que le menton manque d'ampleur. Par une fenêtre ouverte, coin de la place Saint Marc, avec l'horloge au lion, bon portrait.

2° Jésus lavant les pieds des apôtres. Le Christ à genoux tient la jambe d'un vieux disciple qui a le pied dans un vase plein d'eau et dont la tête levée exprime l'étonnement et la reconnaissance. Beau profil de Jésus, bien éclairé; jolie tête du jeune saint Jean. Bon, noirci en partie.

3° La femme adultère. Sa tête de 3/4 se tourne à droite, tandis que le corps se tourne à gauche. Cette tête baissée au long nez effilé est très-belle et la fierté qu'elle exprime contraste avantageusement avec sa position humiliante. Costume vénitien orné de perles. Vieux docteurs, deux soldats. M. Viardot attribue cette toile à Sébastien del Piombo. Les types de visages me font adopter l'avis du catalogue.

LIEVENS (Jean) : 1° Portrait en pied d'un enfant de huit à dix ans, en costume de velours vert, un feutre gris à la main. Bon.

2° Isaac bénissant Jacob pour Esaü. Jacob s'appuie d'un air câlin contre le lit, en se tournant de profil, la bouche ouverte. La vieille Rebecca s'approche avec un plat de viande. La longue et belle tête du patriarche aveugle rend plus choquante la laideur de sa femme. Belle lumière sur le lit, le haut du visage de Jacob et sur les deux autres têtes.

LIPPI (Fillippino) : Portrait de jeune homme brun en habit gris, belle tête nue, intelligente et un peu mélancolique. Coloris jaunâtre. Bon.

LONGHI (Lucas) : Vierge en trône avec Saint François récollet, et Saint Sébastien, aux traits féminins, attaché à un tronçon de

2.

colonne. L'enfant debout sur sa mère bénit l'assistance. Nus trop-secs.

LUCIANO (Sébastien), dit *del Piombo* : 1° Portrait d'homme barbu en robe et bonnet noirs. Peau tendue, pas de relief, noirci.

2° Dieu le père tenant, par le haut, le corps mort de son fils (demi-figures, semi-colossales). On ne voit que la tête de sainte Madeleine, et sa main tenant un bras du Christ. Belle tête de Dieu le père ; beau torse et beaux bras du Christ.

LUINI (Bernard) : 1° Madone avec l'enfant (petite nature). Cheveux en turban, léger voile tombant jusques sur les sourcils. L'enfant renversé sur sa mère la regarde, une fleur blanche dans une main, une pomme dans l'autre. Il est bien modelé. Marie a la tête large du haut, maigre et terminée en pointe par le bas. Sa bouche assez grande sourit à la façon de Léonard de Vinci.

2° Tête de Vierge (petite nature). Cheveux blonds pendants, mains jointes par le bout des doigts, yeux baissés ; léger voile jusqu'au milieu du front. Tête jolie, mais trop longue, menton trop détaché. Noirci.

3° Crèche (quart de nature). Tête de Marie bien traitée, mais non plus dans le style de Léonard. Le reste est dans l'ombre. Au fond, montagnes, bergers auxquels apparaît l'Ange. Teinte pain d'épice.

LUTI (Lorenzo) : 1° Le Christ prenant congé de sa mère. Il est à genoux, la tête penchée de côté, la main contre la poitrine ; il semble sourire. Au milieu, Marie évanouie est soutenue par une sainte femme et Saint Jean ; autre Marie, Saints Pierre et Paul sous un portique, la donatrice à genoux. Au fond, jardin. Assez bon.

2° Saint Sébastien attaché debout à un arbre ; jolie tête blonde, dans l'ombre. Dans le même cadre, mais séparé par une ligne dorée, Saint Christophe, les jambes dans l'eau, porte l'enfant Jésus qui, appuyé d'une main sur son épaule et levant l'autre, semble escalader une redoute en criant : Victoire ! sa jolie tête baissée et en raccourci, est bien éclairée.

LUZZO (Lorenzo) *da Feltre* (le ravisseur de la maîtresse du Giorgione, son maître) : Vierge en trône avec saints Laurent et Maurice. Mauvais.

2° Autre Vierge en trône avec Saint Georges en armure et portant un drapeau rouge dont l'enfant Jésus saisit un bout, Saint Laurent en chasuble tenant un vase et un livre. Assez jolie Vierge, d'un type adopté par Giorgione et par le Titien. Faible, noirci.

MACHESI (Jérôme), *da Cotignola* : Couronnement de Marie dans le paradis, où l'auteur a construit une salle avec arche et gradins.

Au-dessus de l'arche, Dieu le Père assis sur un nuage, et sous lui la sainte Colombe. Au haut des gradins, le Christ assis couronne sa mère agenouillée. Derrière eux, couple d'anges de chaque côté, sonnant de la trompette. Au premier plan, à droite et à gauche, saint Jean Baptiste et saint Vincent récollet. Au milieu, ange jouant du luth; autres anges musiciens près de la voûte de l'arche. 'Faible d'exécution.

MANTEGNA (André) : 1° Portrait d'un personnage en surplis blanc et manteau rouge. Air chagrin. Teinte d'un gris noir.

2° Madone tenant Jésus assis sur une table. Derrière elle, fruits. L'enfant crie d'une façon ridicule. Traits noirs et comme faits à la plume. Cette toile est dans un cadre plus grand qu'elle. Dans l'intervalle, petits anges tenant les instruments du supplice de Notre-Seigneur.

3° Christ mort soutenu par deux anges (demi-figures). Belle lumière sur le corps assez bien modelé; avant-bras droit trop mince. Deux autres anges, tous quatre drapés et deux saints.

4° Vierge tenant l'enfant emmaillotté et saints (bustes). Formes plates sans lumière et noircies.

5° Vierge en trône. Plus bas, au premier plan, Sainte Catherine assez jolie, mais plus petite que les autres saintes. Pourquoi? Saintes dont l'une donne l'aumône à un mendiant.

MARATTE (Charles) : 1° Assomption. Marie monte au ciel entourée de quatre anges. Belle tête un peu en raccourci, belle pose. La robe fait à l'endroit d'un sein un pli désagréable. Bon du reste. Frais.

2° Saint Antoine de Padoue à genoux. Un ange placé près de lui lui montre l'Enfant Jésus dans le ciel (demi-nature). Jésus bénit le Saint. En bas à gauche, deux autres anges. Bon, altéré.

MAZZUOLA (François), dit *le Parmesan* : Mariage de Sainte Catherine, le petit Saint Jean, Saint Paul, — ce dernier est bien grand! — Sainte Barbe et plus bas un saint évêque à mi-corps.

* MEERT (Pierre). Jolis portraits de deux petites princesses allemandes portant chacune une riche couronne sur la tête. Elles nous regardent quoique l'une d'elles nous tourne le dos. L'autre de face tient une pêche et des cerises; sa joie naïve est bien rendue. Bons reliefs, bonne perspective.

MENGS (Antoine-Raphaël) : 1° Sainte Famille. Marie tient au giron l'enfant vêtu d'une chemise. Saint Joseph est en lecture. La tête de Marie jolie, peu idéale, est sans doute un portrait. Sa mise moderne, ses seins demi-nus, le donnent à penser. Bon coloris.

2° Portrait du peintre, la tête nue, cheveux gris et courts. Belle tête aux deux mentons, au front rond.

METZI (François) : Vertumne et Pomone belle brune souriant à la Léonard, les seins nus. Son manteau serre trop les cuisses dont l'une est mal dessinée. Elle tient une corbeille de fruits, au centre de laquelle s'élève une petite fleur blanche que convoite Vertumne. Le séducteur est déguisé en vieille, un bâton dans une main, l'autre posée sur l'épaule de la nymphe. Paysage borné avec ponts et roches. Bien conservé.

METZU (Gabriel) : 1° Médecin tâtant le pouls d'une dame (demi-nature). Il lui montre le portrait d'un homme âgé, attaché au haut de la muraille. La malade, au beau profil pâle, énergique, intelligent, lève ses grands yeux vers ce portrait.

* 2° Portraits d'une famille hollandaise (quart de grandeur). Plaisante réunion dont tous les membres et même la servante sont favorisés d'un nez creux à sa racine et se relevant du bout. Le père vêtu de noir, assis dans un fauteuil, un poing sur la hanche, l'autre main étendue sur un livre, lève fièrement son gros visage de Silène. La mère tient sur une table l'enfant de l'année dernière ; celui de l'année courante est sur les bras de la domestique. Petite fille offrant du sucre à un chien ; petit garçon écrasé par son riche vêtement, tenant un perroquet sur son doigt. Un chien debout et un chat couché sur le dos plaisantent à leur façon. Très-bon, un peu altéré.

METZYS (Quentin) : l'Avare, vieillard assis à une table sur laquelle sont épars des bijoux, des pièces d'or et d'argent et une saccoche. C'est un homme maigre coiffé d'un bonnet rouge aux longs plis. Il inscrit, lunettes sur le nez, un payement dans un livre. Un autre vieux assis à la même table nous regarde d'un air moqueur.

2° La Vierge et l'Enfant se baisant, d'une façon peu gracieuse, sur la bouche, les lèvres ouvertes. Ils sont sur un trône en pierre ; paysage de chaque côté de ce trône. Au premier plan, à gauche, table sur laquelle se trouvent des cerises, une pêche, un pain, un verre et une motte de beurre.

3° Adoration des Mages (grande demi-nature). Les visages sont laids et la perspective est manquée.

MIÈRIS (Guillaume) : 1° Dame en satin bleu de ciel, donnant à manger à un perroquet ; valet servant à boire dans une coupe à l'antique ; servante. Table couverte d'un velours cramoisi. A terre, instruments de musique. Bon.

2° Dame à sa toilette, en corsage de satin blanc et jupon noir.

Son par dessus rouge bordé d'une fourrure blanche est jeté sur une chaise. Elle se regarde dans une glace. Profil flamand au long nez, au double menton. Elle et sa plisse sont bien éclairées.

* MIGNARD (Pierre) : Portrait de Marie Mancini, jolie brune, au teint éblouissant, aux grands yeux noirs, à la bouche en accolade et aux lèvres vermeilles d'où s'échappe un sourire dangereux. Sa chemise ou tunique grecque tombe d'un côté, de manière à laisser nus une épaule et un sein. Elle soutient d'une main son manteau bleu et a dans l'autre un petit ruban rouge auquel est suspendue une perle. Pose des mains et air de visage prétentieux. Mais on doit passer un peu de coquetterie à cette vive et séduisante personne. Bon portrait bien éclairé.

MOL (Pierre van) : Jacob surprenant la bénédiction paternelle. Le vieillard, une main sur la tête de son fils, lève au ciel ses yeux privés de lumière. La vieille Rébecca se tient souriante près de la table préparée contre le lit. Genre Jordaens. Un peu altéré.

MOLA (François) : Joli petit triomphe de Galathée. Nymphes et Tritons. L'une enfourche un cheval marin. Le voile blanc flottant est tenu par Galathée, une nymphe et en haut par deux Amours. Bon, noirci.

MORALÈS (Louis de), dit *le Divin* : Petite madone avec l'Enfant. La longue tête de Marie est trop pointue par le bas. Jésus regarde la petite croix qu'il a à la main avec la mine d'un profond philosophe.

MORONI (Jean-Baptiste) : Portrait d'homme en habit noir fermé jusque sous le menton. Physionomie malveillante d'un homme peu maître de ses passions. Bon portrait.

2º Autre bon portrait d'un homme brun. Bonne tête, mais menton trop peu proéminent.

MURILLO (Bartolome Esteban) : 1º Portrait d'un cardinal. Son menton trop plat, trop volumineux et sa lèvre inférieure se relevant par le côté droit, troublent l'harmonie de sa physionomie noble et bonne et lui impriment un cachet de sensualité. Belle lumière, bon dessin.

* 2º Saint Antoine de Padoue à genoux, tenant dans ses bras le petit Jésus qu'il baise. L'Enfant à son tour caresse le saint avec ses petites mains. Anges au premier plan. Dans le ciel, grande obscurité à droite, vive lumière à gauche où l'on voit d'autres anges. Très-belle toile, un peu altérée.

3º Petit saint Jean dans le désert (tiers de nature). Assis, il reçoit dans une tasse l'eau tombant d'une roche. Jolie tête, beau corps.

4° Sainte Madeleine (buste) un gros sein est nu et l'autre caché par ses cheveux. Appuyée d'un coude sur une pierre, le corps un peu renversé en arrière, elle regarde le ciel, les mains jointes. Tête jolie plutôt que belle.

NALLI (Plantilla) : Le Christ chez Marthe (demi-figures). Ce sujet est singulièrement traité. Il y a ici une double scène. D'abord le Christ est assis sur un trône au fond de la pièce, ayant auprès de lui la Vierge, saint Joseph, saint Jean et un autre saint, tous assis. — Ensuite plus bas, Madeleine assise au pied du trône, deux saints et un autre personnage debout que je crois être Jésus. Deux jeunes personnes apportent des fruits, un vase et des verres ; une table est servie à droite. — Plus bas encore, homme, femme et deux petits enfants dont l'un tient un chardonneret. Au fond, colonnes. Bonne pose abattue de Madeleine, bon coloris ; visages de carton.

NASON (Pierre) : Fruits, huîtres, pain, vases, etc.

NEER (Arthur van der) : Au premier plan, eau et lune s'y reflétant. Au deuxième plan, dans l'ombre, édifices et maisons en silhouettes. Dans le fond, ville en flammes, noirci.

NEER (Jean van der) le jeune : Deux tableaux de brebis, vaches chiens et pâtre. Le plus grand est devenu noir ; l'autre est assez bon.

NETSCHER (Gaspard) : 1° Femme en satin blanc assise, ayant sur ses genoux un épagneul qu'un cavalier agace du doigt. Fontaine avec bassin. Visages larges, tudesques.

*2° Jeune et jolie flamande, aux lèvres et au nez charnus (tiers de nature). Elle est assise et tient un couteau ; près d'elle deux oranges et autres fruits. Une vieille femme s'appuyant d'une main sur son épaule, lui fait je ne sais quelle récit ou quelle proposition qu'elle écoute en souriant. Jolie toile.

3° Vieille femme assise et plumant une volaille ; autres oiseaux morts sur une table, instruments de cuisine. Bonne tête, attentive et pleine de vérité.

OSTADE (Adrien van) : 1° Joueur de vielle et ses auditeurs devant une cabane. Médiocre, altéré.

2° Petits mendiants, joueur de violon et chevaux devant une auberge. Visages ignobles. Est-ce un original ? Le défaut de lumière m'en fait douter.

PALAMEDESZ (A.) : Repas sous les arbres. Portraits. Le visage le plus apparent est fort laid.

PALMA (Jacques), dit *le Vieux* : 1° Marie, toute jeune, adorant l'Enfant Jésus (demi-nature). Bons. Saint Joseph assis, a des nus rouge brique.

2° Madone avec le Bambino debout sur un de ses genoux (petite nature, demi-figures). Une main sur celle de sa mère, l'Enfant bénit de l'autre la jolie sainte Catherine tenant sa palme et sa roue. Un peu altéré.

PENS (Georges) : Trois portraits : 1. Homme jeune au type asiatique. 2. Homme fait et barbu. 3. Femme coiffée d'un chapeau de feutre regardant de côté d'un air mélancolique. Tête pâle et belle surtout dans sa partie supérieure.

PERUZZI (Balthazar) : Charité. Grande et belle blonde tenant dans ses bras un enfant qui pose ses deux mains sur l'un des seins de sa mère. Deux autres enfants debout : tous trois sont nus.

PESNE (Antoine) : Portraits d'homme et de femme. Le premier tient un livre et nous regarde ; visage gras, sensuel. La femme assise devant lui se tourne de son côté en souriant ; physionomie agréable. Bonne lumière.

PIPPI (Jules), dit *Jules Romain* : 1° Vierge en trône assistée d'un jeune saint en costume d'évêque, une couronne d'or à ses pieds (son visage est laid et contourné), et de saint Roch (physionomie de jeune espiègle.) Au pied du trône, petit ange jouant du sistre. Toile peu digne de Jules Romain.

2° Déposition de Christ. Jolie tête en raccourci de Madeleine. Jésus est trop maigre, mais sa tête est belle ; saint Jean et deux saintes femmes grimacent en pleurant. Derrière, quatre vieillards debout. La Vierge a des traits trop vulgaires.

3° Salomé recevant dans un plat la tête de saint Jean-Baptiste. Sur le front de la jeune fille tombent des marabouts en saule pleureur. Son visage rouge-brique exprime un sentiment pénible. Tête de suivante dans l'ombre. Profil du bourreau en clair-obscur. Tête coupée vue en raccourci. Altéré.

4° La grossesse de Calixte découverte (grande nature). Diane et deux de ses nymphes se tenant toutes trois par le haut du corps, sont nues, à la ceinture près. Trois autres suivantes drapées amènent la coupable deshabillée. La pose et le visage trop anguleux de cette dernière la rendent peu intéressante.

5° Les amants couchés et surpris. Le couple est assis sur un lit, les pieds sur des tabourets. Leur pose est forcée et peu décente. Leurs visages grimacent d'une façon déplaisante. Corps assez bien modelés et éclairés. Une vieille femme les regarde, en entr'ouvrant une porte. Bonne perspective. En somme, mauvaise œuvre bien conservée.

PISTOJA (Léonard de) : La Vierge Marie, tenant sur un doigt un chardonneret. L'Enfant Jésus est étendu sur elle. Mauvais dessin.

* POELEMBURG (Cornelis) : Jeune berger couronné par une bergère vers laquelle une autre veut s'élancer ; une vieille la retient. Nymphes peu drapées. Gibier. Plus loin, quatre bergères dont deux se livrent à la danse au son des instruments joués par les deux autres. Au fond, éminence avec ruines. Corps et visages vulgaires. Belle lumière, jolie composition.

PONTE (François da), dit *Bassano* : 1º Enlèvement d'Europe (quart de nature). On la voit dans le fond sur le taureau blanc. Elle se retourne vers une femme debout sur la rive. Ce fond est presque effacé. Par devant, troupeau de vaches, chèvres et moutons, gardé par Mercure coiffé d'un feutre avec deux petites ailes. Altéré.

2º Christ en croix ; avec saint Jean, la Vierge et Madeleine. Soldat à cheval ; lances d'autres cavaliers qu'on ne voit plus. Assez bon, noirci.

3º Le bon Samaritain (demi-nature) : Puissant effet de lumière sur le corps du blessé et sur l'opérateur à genoux. Fond de paysage avec le récollet tournant le dos à la scène.

PONTE (Jacopo da), dit *Bassano* : Portrait de vieillard vêtu de noir. Tête peu belle ; coloris sec.

POPE (Adrien) : Vieux maître d'école, lunettes sur le nez, corrigeant des leçons d'écriture, ce que regardent deux de ses élèves. Joli tableau dans le genre de Gérad Dow.

POUSSIN (Nicolas) : Enfance de Jupiter (demi-nature). Il est presque renversé sur le genou levé d'une nymphe qui lui donne à boire. Une autre recueille sur un petit plat du miel et de la manne tombant du ciel. Pâtre tenant un pis de la chèvre Amalthée. Assez frais : ombres seules noircies.

2º Grand paysage noirci sur le devant. Cupidon offrant à Cérès un bouquet de fleurs des champs. Au milieu, Io, vache blanche exprimant par des gambades, sa joie d'être délivrée de son gardien. A droite, Junon s'approche du corps inanimé d'Argus, afin de le changer en paon. Char de la déesse sur lequel est un paon. Fond insignifiant.

3º Armide, aidée par les Amours, transporte Renaud endormi dans ses jardins enchantés. A droite, nymphe et fleuve nus regardant en riant ce cortége. Armide et deux amours sont seuls éclairés.

* 4° Le Temps marchant et nous amenant tour à tour les chaudes et froides saisons (demi-nature). 1. Vieillard assis et se réchauffant entre deux braseros (l'Hiver). 2. Suivant de Bacchus endormi et cuvant son vin (Automne). 3. Phœbus assis, la lyre à la main et Flore tenant des fleurs qu'elle va jeter sur la terre (le Printemps). 4. Jeune villageois à genoux rendant grâce au dieu du soleil d'avoir mûri ses moissons et jeune femme assise près de gerbes de blé et tenant un miroir (Été). Ce miroir indique le milieu de la vie, l'âge où les femmes sentent le besoin de plaire, de se parer, comme l'été est le milieu de l'année. Près d'elle, marche le Temps en criant, avec un porte-voix : « Hâtez-vous de jouir tandis que vous êtes jeune, car chacun de mes pas vous rapproche de la vieillesse. » Les heures, aux ailes de papillon, contiennent, non sans effort, les coursiers attelés au char d'Apollon. Bon. Un peu altéré. L'Été a pris la teinte d'une négresse.

PROCACCINI (Camille) : L'Ange apparaissant à saint Joseph (petite dimension). Les deux têtes traitées en raccourci sont en partie éclairées. Au fond, Marie allaite Jésus assis dans son berceau. Jolie esquisse.

PYNACKER (Adam) : 1° Berger ramenant son troupeau au son de sa corne. Petite cascade tombant d'une haute roche. Montagne vivement éclairée. Le premier plan est devenu noir.

2° Rocher d'où s'échappent deux cascades. Dans la pièce d'eau bien éclairée ou sur ses bords, bestiaux et leurs conducteurs. Le premier plan élevé et dans l'ombre rend plus vive la lumière du fond.

QUELLINUS (Erasme) et SÉGHERS (Daniel) : Deux tableaux de fleurs au centre de chacun desquels est un médaillon représentant en bas-reliefs : deux amours et une Sainte-Famille. Bons, noircis.

RAFAELO DEL GARBO : 1° La Vierge tenant Jésus endormi sur elle, et de chaque côté, un ange musicien (demi-nature).

2° Vierge en trône avec saint Sébastien et saint André (grandeur naturelle). A la droite du trône, grand ange tenant un lis ; derrière, deux autres anges. Têtes plates, pas de relief ni de perspective.

3° Vierge en gloire. Derrière elle, rideau tendu par deux grands anges. En bas, et debout, saint Pierre l'*Inquisiteur* avec un large couteau enfoncé dans le crâne et saint Dominique. A droite et à gauche, un saint évêque. Symétrie ridicule.

RAIBOLINI (François) : 1º Vierge en gloire dans un cercle lumineux bordé de têtes de chérubins, et sous ses pieds, autre petit ange nageant sur un nuage. L'Enfant debout sur sa mère bénit les saints qui l'adorent ; il tient un petit oiseau dans une main. En bas, quatre saints et deux saintes. Partie du tableau est attaquée par le noir, à l'endroit des saintes surtout. Bonnes poses. Coloris poussant au rouge-brique.

2º Piété. Marie assise tient sur ses genoux la tête du Christ. Une sainte femme a, comme elle, le manteau posé sur la tête. Excepté celles des anges, chaque tête est entourée d'un cercle d'or. Un peu noirci.

3º Madone tenant l'Enfant assis à terre ; il bénit le petit saint Jean. Au fond, paysage. Assez mauvais dessin. Est-ce bien un Francia original ?

4º Autre petite Sainte-Famille (demi-figures). Jésus est debout sur une table et saint Joseph à gauche. Trop mauvais pour être de Francia.

5º Saint Jean-Baptiste dans l'attitude d'un prédicateur et saint Etienne évêque, tenant trois pierres sur la couverture d'un livre ; yeux baissés.

6º Vierge en gloire. Marie est debout sur un nuage. Derrière elle, tenture lumineuse que tiennent et entourent de petits anges. En bas, trois saints et sainte Catherine, tous debout.

7º Madone (demi-figure) tenant l'Enfant Jésus debout sur une table. Derrière, jeune saint récollet. Les trois têtes contournées, avec un regard de côté, sont d'un mauvais effet.

8º Sainte Famille trop confondue avec les saints qui l'entourent. Tout le monde est debout. Couleur vive, dessin sec, surtout quant au visage trop long de la Vierge. La tête de saint François est, sans doute, un portrait.

RAZZI (le chevalier Jean-Antoine) : *Ecce homo* (bustes). Les têtes des bourreaux sont ignobles. Faible.

REMBRANDT (Van Ryn Paul) : 1º Jacob luttant avec l'ange (demi-figures). Le patriarche, au visage mâle et barbu, nous tourne le dos et se trouve dans l'ombre. L'ange qu'il enlace et qui nous fait face est en pleine lumière ; il regarde avec bonté son adversaire. Sa tête est assez belle pour un mortel, pas assez pour un ange ; ombres noircies. Bon d'ailleurs.

* 2º Le duc Geldem menaçant son père qu'il tient en prison. Le duc, en riche costume et suivi de deux petits nègres, ouvre une bouche énorme et lève le poing vers son père dont la tête, à barbe blanche, apparaît à une fenêtre. Bel effet de lumière sur la robe dorée du fils et sur les deux visages. Le premier a quelque ressemblance avec le peintre. Les deux têtes sont trop vulgaires.

3° Moïse jette à terre les tables de la loi, à la vue des Hébreux adorant le veau d'or (grandes demi-figures). On ne voit plus que la tête commune, à barbe rousse, du prophète. Le reste est noir.

* 4° Superbe portrait de jeune femme coiffée d'un bonnet noir ou turban et richement vêtue. Son visage long et de type flamand est d'une expression agréable ; beaux yeux noirs ; bouche entr'ouverte et souriante. La main qui tient le manteau, et le visage sont fort bien déssinés et éclairés.

5° Portrait de l'auteur, jeune homme, à la moustache relevée, les yeux et le côté gauche du visage dans l'ombre, l'autre côté vivement éclairé. J'ai vu ailleurs ce portrait.

6° Portrait d'homme brun en manteau et bonnet rouges. Il tient un papier et nous regarde en souriant. Physionomie se rapprochant de celle du satyre. Tête et main bien éclairées ; le reste est noir.

7° Le vieux Tobie assis près d'un feu, tourne la tête vers une porte ouverte et semble reconnaître le bruit des pas de son fils qui revient de voyage. Sa femme est debout à ses côtés. Une vive lumière entre par cette porte et par la fenêtre. Noirci.

8° L'ange apparaissant à saint Joseph endormi. A droite, la Vierge dort tout habillée.

Ces trois derniers tableaux sont en figurines.

REMBRANDT (école de Van Ryn Paul) : Bon portrait d'homme assis dans un fauteuil, ayant près de lui une pile de livres sur une chaise (figure presque entière). Au fond, rideau.

RENI (Guido), dit *le Guide :* 1° La Fortune nue et debout sur notre globe. Cupidon s'accroche à ses longs cheveux. Répétition ou copie du tableau par nous décrit à l'article du musée de Saint-Luc à Rome.

2° Jolie tête de Madeleine, levée vers le ciel. Le cou a noirci. Belle expression d'amour divin et de repentir.

3° Christ en croix (petite dimension). Un grand ange drapé se tient de chaque côté de la croix. En haut, Dieu le Père en costume de pape, les bras ouverts et nous regardant ; devant lui, le Saint-Esprit ; anges à leurs côtés. La partie supérieure est sur fond jaune, lumineux. La tête baissée du Christ a noirci. Le reste est bien.

4° Jolie Notre-Dame au rosaire, petite esquisse un peu altérée. Saint Dominique reçoit de sa main un chapelet. Sainte Claire à genoux tient un crucifix. Ange assis sur une marche d'autel et tenant un lis. Jolie Vierge.

5° La Vierge, tenant l'Enfant Jésus, apparaît à saint Antoine et à saint Paul l'hermite (grande nature; première manière). Madone proportionnellement trop petite. Le saint de droite, éclairé à la Caravage, est bien dessiné. Le reste est faible et noirci.

6° Vénus debout tient levé l'arc que son fils s'efforce d'atteindre. Autre amour cueillant un œillet dans un vase. Couple de colombes. Vénus est svelte et blanche; Cupidon est plus rouge et sa jambe droite est mal dessinée.

RIBERA (le chevalier Joseph), dit l'*Espagnolet*: 1° Sainte Famille. Marie tenant sur elle l'Enfant endormi, se tourne, l'air soucieux, vers saint Joseph qui regarde Jésus en souriant. Le petit saint Jean est debout entre eux. Marie est une paysanne espagnole. Grosse face de l'Enfant. Est-ce là un Ribera?

2° Saint Jérôme décharné feuilletant un livre (grande demi-figure). La teinte terre cuite de cette toile altérée, nous la fait prendre pour une copie.

* 3° Martyre de saint Barthélemy. Attaché à l'extrémité d'une pièce de bois, les bras étendus, il est hissé contre un corps d'arbre; trois hommes regardent cette exécution. Le patient lève les yeux au ciel. Son corps tiraillé, amaigri par cette tension est admirablement modelé et éclairé. Les autres personnages sont vivants. Ombres noircies. Mieux conservé que les autres martyres de ce saint, du même auteur.

RIGAUD (Hyacinthe): Portrait d'un homme assis, une main sur un masque antique; c'est, dit-on, le sculpteur Pignard. Assez belle tête aux cheveux grisonnants et coiffée à la Louis XIV.

ROBUSTI (Jacopo), dit *le Tintoret*: 1° Vierge en gloire. Marie soutenue par un ange, les pieds sur un croissant, tient l'Enfant Jésus par le corps; ils se penchent vers la terre où l'on voit assis saint Marc et son lion, saint Luc et son bœuf. Le haut est vivement éclairé; le reste a noirci. Bon du reste.

2° Portrait d'un sénateur vénitien en robe rouge. Yeux fatigués, regards durs, beaux traits.

3° Autre sénateur, plus âgé et chauve. Visage pâle et maigre, son front et ses sourcils sont intelligents; air calme et digne.

4° Portrait d'un homme jeune encore mais dont le front commence à se dégarnir. Belle tête au long nez, menton peu énergique. Vêtement presque effacé par le noir. Bon.

* 5° Diane assise et renversée dans un char doré à quatre roues, sur le devant duquel est une nymphe-cocher peu vêtue. On ne voit pas les animaux attelés au char; une autre va couronner de feuilles la déesse, une troisième suit le char; cette dernière et

Diane sont armées d'une lance. En haut, l'écrevisse du Zodiaque. Composition originale et gracieuse, excellents modelés, coloris peu noirci.

* 6° Saint Marc et trois sénateurs. Le saint est assis sur un piédestal dont une face porte les écussons de ces sénateurs agenouillés. Derrière eux, bustes des commettants; colonne; pavé jaune, eau. Au fond, langue de terre avec édifice. Beau et énergique profil de saint Marc. Bonne toile peu altérée.

ROMANELLI (Jean-François) : Zénobie au pied du trône d'Aurélien (petite demi-nature). Jolie toile.

Roos (Jean-Henri) : 1° Paysage avec taureau rouge dans l'eau au premier plan. Au second plan, chèvre, mouton et petit pâtre. Celui-ci et le mouton sont aussi dans l'eau et bien éclairés, tandis que le taureau du premier plan et d'une dimension plus grande est dans l'ombre. On ne doit pas employer pour repoussoir, l'objet principal. Beau ciel.

2° Autre paysage. A droite, femme et son jeune enfant. Au milieu, bestiaux. A gauche, homme et femme à cheval arrêtés près d'une fontaine. Plus loin, grandes ruines; maison. Fond de montagnes. Bon, un peu altéré.

Rosa (Salvator) : 1° Paysage. Mer battant la plage, bateaux, rocher. Noirci.

* 2° Portrait d'un personnage tenant une statuette en bronze. Tête brune aux cheveux pendants. Sa bouche est contractée, comme s'il sifflait. Front et yeux spirituels; air original. Bon portrait bien éclairé.

3° Grand paysage très-borné. A droite, roche d'où tombent des filets d'eau; à gauche, arbres dont l'un est cassé par le tronc; eau courant sur des pierres, bien éclairée et bien rendue. Pas le plus petit être; désert complet.

Rosa DA TIVOLI : Orphée assis au milieu d'animaux féroces, rend les loups doux comme des moutons, en leur jouant un air de violon. Noirci.

Rossi (François), dit *il Salviati*: Psyché et l'Amour. Cupidon est couché d'une façon peu décente. Psyché tient une lampe et le rideau; je ne vois pas le poignard. Assez bons modelés, style un peu maniéré, teinte uniforme.

ROTARI (Pierre) : Bon portrait d'homme en costume d'abbé, avec une décoration (demi-figure). Il tient un livre posé sur une table.

ROTTENHAMMER (Jean) : Combat et défaite des amazones (petite dimension). Au premier plan, femmes nues tuées. Un soldat en emporte deux vivantes, une sous chaque bras, vrai tour de force. Confus, noirci.

RUBENS (Pierre-Paul) : 1° Trois cavaliers montés et coiffés du feutre gris avec plume (grande demi-nature). Visages altérés, Bon, du reste.

2° Le Christ chez Marthe. Elle adresse la parole à Jésus, qui lui montre Madeleine assise à ses côtés. Celle-ci, dont les cheveux sont ornés de perles, a la contenance d'une repentante. Oiseaux morts sur une table, et sur le sol légumes, par Sneyders. Au fond, cuisine et marmitons; fenêtre ouverte. La longue tête du Christ est belle, éloquente et empreinte de douceur. Le joli profil de Marthe, quoique d'un dessin sec, exprime une joie intérieure.

3° Sainte Cécile chantant, les yeux levés vers le ciel, en s'accompagnant sur le clavecin. Trois petits anges. La sainte est une dame flamande.

4° Résurrection de Lazare. On le débarrasse des bandes de linge qui l'enveloppent et de son suaire. Sa tête est celle du ressuscité du Jugement dernier de Munich. Deux jeunes femmes à genoux et deux vieillards debout. Le visage et la pose du Christ ont de la raideur.

5° Groupe de petits génies, dont un seul, — celui qui tient un agneau, — a des ailes. Répétition du tableau de Vienne, au Belvédère.

6° Persée et Andromède (demi-nature). Un amour délie la belle. D'autres grimpent sur le Pégase qui, quoique à terre, tient ses ailes ouvertes. Paysage borné par la roche, au pied de laquelle sont les acteurs principaux. Toile très-jolie et très-fraîche. Mais les ombres des nus sont bleues et le coloris est sec. Est-ce un original?

7° Jolie esquisse d'une Vierge en trône, assistée de quinze saints et saintes, entre autres saint Joseph derrière Marie, et saint Jean-Baptiste montant les marches du trône, suivi de son mouton, que tient un ange. Le tableau est au musée royal de Madrid. (Musée d'Espagne, page 140.)

8° Les saints Enfants caressant un mouton (petite dimension). Altérés. Joli paysage.

9° Marie couronnée dans le Ciel par Dieu le Père et Dieu le Fils. La sainte colombe plane au-dessus d'eux. En bas, trois anges d'un coloris altéré. Sont-ils sortis de la palette de Rubens?

10° Portrait en pied d'une jeune flamande en satin blanc dont on a fait une sainte tenant sa palme. Dans ce visage souriant, je crois reconnaître la Ferman, seconde femme du peintre.

11° Esquisse d'un buste d'enfant blond. Il agace une petite perruche verte, qu'il tient perchée sur une branche.

12° Portrait d'un gros homme vêtu de noir. Médiocre.

Rubens (Pierre-Paul) et Sneyders (François) : Grande et belle chasse aux cerfs. Deux hommes et deux femmes, dont l'une perce le cerf de sa lance. Flamand joufflu sonnant de la corne. Biche qui se sauve. Les personnages sont traités avec autant de négligence que Sneyders a mis de soin à peindre les bêtes.

Rubens (École de Pierre-Paul) : 1° Madone (jusqu'aux genoux) avec l'Enfant Jésus debout sur une table. Elle le soutient d'une main et feuillette de l'autre un livre dont les pages ont un encadrement colorié. Fruits, fleurs. Au fond, arbres. Faible.

2° Copie du tableau de Rubens ci-avant décrit 8°.

Roelas (Jean de Las) : Vierge en gloire debout, les mains jointes. Deux grands anges drapés tiennent au-dessus de sa tête une couronne d'or. Un autre se regarde dans un miroir. De la coquetterie dans le ciel! Derrière Marie, fond jaune entouré de têtes de chérubins, partie restaurée, je crois. En bas, saint Loyola présentant au saint couple un livre contenant les règlements de l'ordre des Jésuites. Il se trouve au milieu d'un jardin rempli de fleurs. Au fond, édifice. Longue et belle tête de Marie, au regard mélancolique. Bon, altéré.

Rugendas (Georges-Louis) : 1° Malades qu'on transporte à dos d'homme. Un autre est pansé sur le devant. Au fond, pont, tour. Noirci.

2° Fête de village. On ne voit plus qu'un homme jouant de la trompette. Paysage insignifiant et altéré.

Ruthars ou Ruthard (Karel ou Charles) : Deux chasses, l'une aux ours, l'autre aux cerfs, bien peintes, mais confuses.

Ruysch (Rachel) : Fleurs et fruits. Bonne toile.

Ruysdael (Jacques) : 1° Deux paysages d'un vert devenu noir.

2° Marine. Mauvais tableau qui serait, tout au plus, de Salomon, frère de Jacques.

Ruysdael (Salomon) : La partie de gauche, où l'on voit des barques, dont l'une est remplie de passagers, et plus loin des arbres, et une église, est presque entièrement dans l'ombre. A droite, eau vivement éclairée et d'un bel effet avec barques, nacelles, canards sauvages.

2° A droite, eau, chemin avec voitures, maison, clocher, dans l'ombre. A gauche, eau éclairée, pêcheurs sur la rive. Au fond, barque et petite langue de terre séparant la terre d'un ciel trop terne.

SABBATINI (Laurent): Vierge en trône, avec Saints. Coloris brillant. Têtes de femmes jolies, maniérées, à la façon de Franceschini.

SACCHI (André): Noé ivre couché sur le dos, avec une vraie feuille de vigne. Un de ses fils le montre en riant. Ses deux frères enveloppés dans le même manteau, nous tournent le dos. Belle tête et bon modelé de Noé bien éclairé. Visage trop commun du fils irrévérent.

SALVI (Jean-Baptiste) *da Sassoferrato :* Grand ou plutôt long saint Joseph ayant l'Enfant Jésus sur un bras et tenant de l'autre un globe et un lis. Ils se regardent. Faible, froid.

2° Petite Sainte Famille (demi-figures): Marie avec Jésus sur ses genoux. Saint Joseph baise une main de l'Enfant qui tient une branche d'œillets rouges. Jolie tête de Jésus ; les autres sont vulgaires.

3° Piété (demi-nature): Le Christ est posé sur les genoux de Marie évanouie ; ses jambes sont étendues sur les genoux de Madeleine. Trois saintes femmes secourent la Vierge. Saint Jean, à droite ; Joseph d'Arimathie à gauche. Paysage mal rendu. Excepté le visage attendri de saint Jean, les physionomies sont froides. Marie a une grande bouche et un gros nez.

SANDRART (Joachim de): Mort de Sénèque (petite nature). On le saigne des pieds. Plus de la moitié est noire ; poses forcées.

* SANZIO (Rafaelo), dit *Raphaël :* 1° Sainte Famille avec l'Enfant au giron. Jésus et le petit saint Jean tiennent chacun par un bout le liston de ce dernier ; autre enfant vu en partie. La longue et belle tête de la Vierge est bonne, calme et exprime une joie contenue. Sous sa robe plissée, pas d'apparence de seins. Le corps de Jésus et la main qui le tient sont dans l'ombre ; le reste est bien éclairé et modelé. Fond de paysage. Est-ce là un Raphael original ? J'en doute.

2° Petit cadre avec trois médaillons contenant : le premier, un saint évêque en manteau vert; le deuxième, l'Enfant Jésus assis sur une table ; grande croix derrière lui; belle tête, beau corps vu jusqu'aux genoux bien modelé et éclairé ; le troisième, un saint évêque en manteau rouge. L'Enfant Jésus est bien mieux peint que les évêques qui ne peuvent être de Raphael.

3° Madone lisant dans un livre, avec l'Enfant Jésus sur ses genoux. Il tient un chardonneret. Le visage trop joufflu et inintelligent de la Vierge, la grosse tête et le gros ventre de Jésus n'ont jamais été dessinés par le divin jeune homme. Bon coloris, bonne lumière.

4° Autre madone (demi-nature, demi-figure). Voile jaunâtre puis voile noir sur le haut et le derrière de la tête. L'Enfant assis sur sa mère, nous regarde, la main droite levée. A gauche, tête de cardinal ; à droite, tête de saint récollet. Fond de paysage avec deux roches. Marie, dont la tête se penche, est plus belle que la précédente ; mais sa trop petite bouche cerise et son teint bistre et grisâtre, me font douter que Raphael soit son père.

* 5° Troisième madone, tenant l'Enfant par le corps et un livre de l'autre main. Jésus assis sur elle se penche en arrière pour nous regarder, la bouche ouverte. La tête de Marie tournée vers son fils m'a rappelé la madone du musée Brigevater de Londres et la même dite à la colonne de la galerie Pallavicini à Gênes. Les mains me paraissent peu achevées. Le coloris est pâle quoique les joues soient rosées ; on dirait que ce tableau a été frotté. Toutefois entre les cadres attribués ici à Raphael, c'est cette madone qui est la moins contestable. Charmante toile.

* 6° Miracle de saint Antoine de Padoue (petite dimension). Deux jeunes religieux (lequel est le saint ?) sont à genoux devant une mesure d'avoine et une hostie. Un âne, à qui on a présenté l'avoine, s'en détourne pour se prosterner, en pliant les genoux devant l'hostie. Femmes, récollets et jeunes seigneurs. Au fond de la pièce, quatre personnages dont l'un jeune homme au corps élancé à la jolie tête imberbe, rappelle Raphael. Tableau plus large que haut ; esquisse sans doute, très-jolie et peu altérée ; groupes bien disposés, bonne perspective. Mais Raphael, même dans ses débuts, eût-il voulu traiter un sujet religieux pouvant prêter à rire ?

* 7° Adoration des bergers. Ce tableau sur étoffe de soie et les deux suivants sont, je ne sais pourquoi, renfermés dans une pièce non ouverte au public. Les personnages du premier plan sont à peu près de grandeur naturelle. Les vêtements, ont changé de couleurs ; les nus sont ternes. L'Enfant est couché à terre sur un tapis dont une extrémité roulée lui sert d'oreiller. Marie est entre deux grands anges : tous trois adorent le Messie. Saint Joseph, debout et appuyé sur son bâton, regarde aussi le nouveau-né. Derrière eux, on voit le pignon de l'étable avec la vache et l'âne qui passent la tête par la porte. A droite, mages dont l'un est prosterné et présente un vase en or à Jésus. Soldats. Au fond, caravane descendant d'une montagne avec les bagages des mages. Dans les airs, trois grands anges drapés, tenant l'inscription : *Ecce agnus Dei.* L'encadrement de cette toile est peint en grisailles : arabesques

3.

sur les côtés, bas-reliefs au bord inférieur, tête de saint à chaque
coin. Grande et belle composition de la jeunesse du peintre. La
tête de la Vierge est dans le style du Pérugin, mais il y a déjà
progrès.

8° Christ sorti du tombeau jusqu'à mi-cuisses (quart de nature).
Il est nu avec un linge à la ceinture. Altéré.

9° Madone et les Bambini : c'est tout au plus un Pérugin.

SANZIO (d'après Rafaelo) : Saint Jean l'évangéliste à califourchon
sur son aigle noir. Il écrit sur une tablette et s'interrompt pour
chercher une inspiration dans le ciel. Belle tête, belle pose. Exécution faible.

* SAVOLDO ou SAVOLDA (Jérome) *de Brescia*. Femme enveloppée dans un manteau de soie brune dont un pan est posé sur la
tête. Une main passée sous ce manteau et venant s'appuyer au
menton, lui donne un air méditatif. Son visage dans l'ombre, à
l'exception du nez, nous émeut sans qu'on sache d'abord pourquoi : c'est que sa jolie tête tournée vers nous respire la douceur
et la tristesse et qu'on est d'autant plus disposé à la trouver belle,
qu'elle dérobe ses charmes et sa taille. Composition originale.

SCARCELLA (Hypolite), dit *il Scarcellino* : Ange gardien vu jusqu'aux genoux portant au bras un bouclier et conduisant un jeune
enfant auquel il montre le ciel. Son petit protégé en robe blanche,
les mains croisées sur la poitrine, la tête levée, formule une
prière. A droite, le diable dans sa fournaise allonge vers lui ses
griffes. Toile assez bien éclairée, mais visages de bois peint.

SCHIDONE (Bartolommeo) : Petite madone tenant Jésus. Tête
vulgaire et pose peu dignes de la mère du Christ.

* SNEYDERS (François) : 1° Chasse aux ours, drame sanglant,
où par bonheur, nul homme ne figure. L'un de ces animaux tient
embrassé un chien qui crie, tandis qu'un autre chien se jette sur
lui. A droite, buste d'ours broyant la patte d'un de ses ennemis
qui tombe à la renverse ; un autre chien l'attaque à son tour. Enfin
un cinquième aboie sans oser approcher. Scène animée fort bien
rendue, mais un peu altérée.

2° Oiseaux domestiques et autres à terre, dans l'eau ou perchés.
Parmi ces derniers, on distingue une chouette levant une patte
au-dessus d'un livre ouvert et suspendu à une branche. Paysage
nul. Assez bon.

3° Bataille de coqs ; l'un est renversé sous son adversaire. Poule
regardant le combat. Une autre béquette tranquillement un épi
de blé. Bon.

STALBENT (Adrien) : Jolie petite crèche. Dans les airs, anges. Bon effet de lumière.

STEPHNUS (Jean van), dit *Calear* : Assez bon portrait d'homme vêtu de noir, tenant ses gants d'une main et son épée de l'autre. Blond aux gros yeux, au teint coloré.

SUSTERMANS (Lambert), dit *Lambert Lombard* : 1º Madone avec l'Enfant. La tête de Marie a l'aspect d'une statue grecque. L'enfant endormi est d'une teinte terre cuite. Jolies poses.

2º Mise au tombeau. Une cuisse du Christ est vivement éclairée ; le reste du corps l'est moins et les autres personnages sont devenus noirs. Bon du reste.

3º Derniers moments de Socrate. Il est posé comme le Socrate de David. Au milieu, un officier semble l'interrompre en adressant la parole aux disciples éplorés. La femme du condamné sort, en pleurant, de la prison, avec ses deux enfants. Bon, noirci.

TEMPEL (Abraham van den) : Couple debout se tenant par un bras et nous regardant. Le mari est costumé à l'espagnole ; la femme porte une robe de satin blanc bien rendue. Son visage massif est altéré ; l'homme est mieux. Au fond, avenue où des personnages sont assis.

TENIERS (David) le jeune : 1º Tentation de saint Antoine. A gauche, deux paysans, l'un debout tenant un balai levé, l'autre assis, un papier à la main et nous regardant en riant. Une flamande dodue, aux seins apparents, s'avance vers l'anachorète, en lui présentant un verre de vin. Elle est suivie d'une vieille duègne portant au front deux petites cornes. Le Saint regarde la donzelle, en joignant les mains. Diables hideux ; œuf avec une tête de poulet faisant des saletés sur un bœuf décharné. Dans l'espace, deux lutins montés chacun sur un requin rompent une lance. Fond de paysage.

2º Joueurs de tric-trac, debout. Trois paysans les regardent. Un domestique inscrit sur le mur le nombre des pots de bière vidés. Au fond, buveurs autour d'un bon feu.

3º Vieil alchimiste dans son laboratoire, étiquetant ses fioles. Fourneaux allumés, philtres, vases de toutes sortes. Au fond, trois ouvriers. Un peu altéré.

4º Concert de famille. Un jeune couple chante accompagné par un violoncelle. Singe sur un mur. Jeune homme tenant un pot à boire et se tournant de notre côté. Sur le seuil de la porte, un passant enveloppé dans un manteau écoute sans se montrer. Au premier plan, deux gros flacons dans l'eau. Au fond, église, village. Copie plutôt qu'original.

5° Saint Antoine obsédé par les démons. Bonne tête blanche du saint. Vieille, au front cornu ; diables affreux ; chauve-souris faisant le Saint-Esprit. Au fond, ouverture de la grotte, ciel.

* TERBURG (Gérard) : Un jeune officier, assis, regarde une jeune blonde en satin blanc, debout et nous tournant le dos. Au milieu, autre femme assise et vidant un verre de vin. Au fond de la pièce, lit rouge. A gauche, table avec livres, etc. Très-jolie toile. Mais pourquoi ce jeune homme a-t-il, comme la plupart des femmes de Terburg, un visage triangulaire ?

2° Remouleur repassant un outil qn'attend un jeune charpentier. Une femme assise fait une vilaine chasse sur la tête de sa fille. Maison rustique avec appentis sous lequel travaille le gagne-petit. Très-bonne toile, la droite bien éclairée, la gauche dans l'ombre.

THEALDEN (Théodore van) : Triomphe de Galathée. A genoux sur un monstre marin, elle tient levée son écharpe. Quatre nymphes peu vêtues l'accompagnent. Ces cinq femmes sont trop près l'une de l'autre. Sur quoi posent-elles? Tritons et néréides. Dans les airs, troupe d'amours. Ombres noircies.

THÈCLE (Alexandre) : Paysage avec une haute roche de chaque côté. Éclaircie, campagne, pont, ville, montagne.

TIARINI (Alexandre) : Saint Jean l'évangéliste tenant un calice d'où s'échappe le serpent tentateur. Un côté de son visage est seul éclairé. Belle tête grecque dont la pose vise à l'énergie.

TISIO (Benvenuto), dit *Garofolo* : 1° Adoration des Mages. 2° Ascension (petites figures). La première, plus grande et moins altérée quoique noircie, me semble être une mauvaise copie. L'autre ne vaut plus rien.

3° Mise au tombeau. Les yeux ouverts et le teint du Christ annoncent la meilleure santé.

4° Annonciation. L'ange, un lis à la main, montre à Marie le ciel, en souriant. A genoux devant son prie-dieu, une main sur la poitrine, elle regarde Gabriel. Au fond, lit éclairé. L'ange est par trop drapé et le visage de la Vierge est peu fini ou altéré. Jolie toile du reste.

TOBAR (Miguel de Alonso) : Saint Joseph tenant un lis, avec l'Enfant Jésus sur ses bras, tableau rond dans un cadre carré. Belle tête brune et encore jeune du saint. Bel enfant bien éclairé.

TURAS (Cosimo), dit *il Cosimo* : Vierge sur un trône dont la face de devant est ornée de deux bas-reliefs aux fonds d'or. En bas au premier plan, aigle posant sa patte sur un globe en verre entouré de deux cercles et sur lequel se reflète une ville et un lion. Allégorie de l'Évangile devant régir l'univers. Saints. Gothique, mauvais.

VALENTIN (Moïse) : Jésus lavant les pieds des apôtres. Le visage du Christ est ignoble, noir.

VANNUCCHI (André), dit *del Sarto* : 1° Vierge en gloire dans une niche posée sur un nuage. La mère et l'enfant se tiennent embrassés. La bouche de Marie s'entr'ouvre d'une façon si disgracieuse, que j'ai peine à l'attribuer au peintre surnommé *senza errori*. Huit Saints. Sainte Julie et la Vierge ressemblent à la femme du peintre. Grande et belle composition. Le visage terne de sainte Catherine et la bouche de la Vierge annoncent une main étrangère, une restauration maladroite peut-être.

2° Ébauche du portrait de la Fede, femme d'André, dont l'original est à Madrid, dit M. Viardot. Il y a, je crois, erreur. Ici le visage est plus large, moins long ; la pose et le costume sont différents.

VANNUCCI (Pierre), dit le *Pérugin :* Belle Vierge en trône ; arcades. Fond de montagnes. En bas, saint Jacob le jeune, saint Antoine ermite, saint François et saint Bruno. La tête du premier saint et celle de la Vierge sont éclairées ; les autres sont dans l'ombre noircie.

VASARI (Georges) : Saint Jean et saint Pierre prêchant.

VECELLIO (Tiziano), dit *le Titien :* 1° Vierge en trône avec saint Pierre et saint Jérôme. Au pied du trône, deux petits anges musiciens. Mauvaise croûte qu'il est injurieux d'attribuer au Titien.

2° Son portrait inachevé. Les mains et le visage, peu éclairés et d'une teinte rouge, ne sont qu'ébauchés. C'est dommage ; car ici nous avons plus qu'un profil ; la tête un peu levée est tournée vers notre droite. Vêtement en soie lilas à reflets bleus et pardessus en fourrure, calotte noire. Front chauve, barbe grise ; bonnes rides. Longue et imposante physionomie au regard assuré, énergique.

* 3° Portrait de sa fille Lavinia tenant levé, en tournant la tête vers nous, un plateau ciselé contenant des fruits et des fleurs. Répétition modifiée de la Salomé de Madrid et de la femme au coffret de la collection du comte de Grey. Celui-ci est très-frais et fort beau. Que cette pose contournée est gracieuse !

4° Portrait de l'amiral Mauro. Tête nue au front chauve, grosse barbe et cheveux noirs, grande bouche vulgaire, teint rouge-brique, air dur. La cuirasse est noire ; les parties blanches n'apparaissent plus que comme des taches. Ce portrait, trouvé excellent par Viardot, est un des plus faibles et des plus altérés de l'auteur.

5° Deux petits tableaux d'amours luttant (grande demi-nature). Toiles devenues rouges.

6° Deux petites Nativités, l'une plus petite et d'une composition plus simple.

7° Petite visitation. Il y a cinq personnages debout sous un péristyle à colonnes.

8° Adoration des bergers. 9° Circoncision. 10° Parabole des ouvriers travaillant à la vigne. 11° Parabole de la dette remise.

Ces sept derniers tableaux de petite dimension sont altérés.

VALASQUEZ (Don Diego Rodriguez de Sylva y) : Portrait d'un jeune seigneur en habit brodé en or, la tête nue. Bon. Toutefois je ne reconnais pas ici la touche de Valasquez.

VELDE (Adrien van de) : 1° Retour du pâturage. Deux jeunes pâtres et leurs chiens font marcher devant eux vaches et moutons. Paysanne avec une corbeille sur la tête, mulet chargé marchant près d'elle. Roche au haut de laquelle est assise une jeune fille; plus haut, homme debout, arbres. Pas de fond. Joli petit paysage, en partie noirci.

2° Bon portrait de vieille femme accoudée sur une table (demi-figure, quart de nature). Vieille et laide paysanne.

VELDE (Guillaume van de) : mauvaise marine.

VERENDAEL : Vierge avec l'Enfant, bas-relief entouré de fleurs. Le bas-relief est presque effacé par le noir.

VEROCCHIO (Andrea del) : Madone et l'Enfant qui se penche pour caresser saint Jean dont le gros profil est mal dessiné.

VITI ou VITE (Thimothée) ou *della Vite* : 1° Vierge en trône. De chaque côté, le petit saint Jean et un enfant, dont la robe s'ouvre d'une façon peu décente. Saints. Paysage insignifiant. Visages de carton gris.

2° Petit saint Jérôme en robe blanche, à genoux devant un crucifix. Lion couché, roches. Assez beau profil du Saint ; altéré.

VITTI (Emmanuel) : Deux intérieurs d'églises. Bons, mais noircis.

VIVARINI (Bartolommeo) : Adoration des mages. Vieille croûte pain d'épice, dont les ornements en or sont en relief.

VOIS (Henri de) : Adonis et Vénus, assis et se tenant embrassés. (Petite dimension.) Un Amour joue avec les deux chiens du chasseur. Jolie toile.

VOS (Cornelis de) : Portraits en pied d'un homme au teint gris et d'une femme au teint blanc, vêtus de noir, assis et se tenant par la main. Médiocres.

VOS (Martin de) : Pêche miraculeuse. Saint Pierre, dans l'eau, regagne le rivage, en regardant le Christ debout sur la rive. Barque avec les apôtres qui retirent un filet rempli de poissons.

VOUET (Simon) : Annonciation. L'ange, avec son nuage, tient trop de place ; Marie a le profil d'une petite paysanne.

VRIENDT (Franz), dit *Franz Floris* : 1° Vénus et l'Amour. (Demi-nature.) La déesse, assise sur un lit, attire à elle Cupidon, aux ailes coloriées. Il a une cuisse sur celle de sa mère et nous regarde.

2° Loth et ses filles. (demi-nature). L'une tend sa coupe, que remplit sa sœur. Le vieillard, ayant la première dans ses bras, regarde, d'un air hébété, le vin qui coule. Mauvais dessin, coloris sec.

* WATTEAU (Antoine) : 1° Paysage, avec grands arbres de chaque côté. Au milieu, éclaircie, pièce d'eau, puis maison et tour au fond. A gauche, au premier plan, vase antique et gros bouleau, à l'écorce luisante. Près de cet arbre, groupe de quatre personnes : un jeune homme jouant de la flûte, deux femmes, dont l'une tient un cahier de musique, tous trois assis sur l'herbe, et une jeune personne, debout et nous tournant le dos. Celle-ci en robe de soie jaune et la dame au corsage rose, bien éclairées, sont d'un charmant effet. Plus loin, deux hommes pêchent à la ligne. Ciel vivement éclairé. Très-joli tableau.

* 2° Mascarade au flambeau, divertissement italien. C est un paillasse réjoui qui tient le flambeau. Pierrot joue (de la guitare. Entre eux, un peu plus loin, Arlequin, au masque de chat. Près du guitariste, deux dames démasquées. A droite, jeune homme vêtu de noir, affublé de longs cheveux blancs, et singeant la vieillesse. Joli effet de lumière. Excellente toile.

* 3° Divertissement à la campagne. Une femme, jolie et dodue, et un cavalier vêtu de rouge, les mains réunies sur le dos, exécutent un menuet. A droite, deux couples les regardent. L'un des hommes, vêtu à la Scapin, nous montre sa trogne aux deux mentons. Au milieu, un jeune homme, couronné de raisins et assis sur un banc de pierre, trinque avec un chasseur en habit rose et carquois sur le dos. Entre eux se tient une jolie petite personne, portant une collerette à gros plis. A gauche, musiciens et spectateurs. Très-joli tableau.

WÉENIX (Jean) : 1° Fleurs. Médiocre.

2° Cygne, faisan, lièvre, etc., tués. Plus haut, à gauche, chien de chasse, regardant ce gibier en grognant. Un peu plus haut, vase orné d'un bas-relief. A droite, éclaircie, jardin. Bon, noirci.

3° Deux pigeons, s'*aimant d'amour tendre ;* oie, poule.

4° Herminie chez les bergers. Elle porte une cuirasse avec un jupon bleu. Son visage de virago est, sans doute, un portrait.

Assez bon profil du vieux berger, assis près de ses petits enfants; il regarde la fausse héroïne, d'un air étonné. Altéré.

WERFF (le chevalier Adrien Van der) : 1° le vieux Jacob, sur son lit de mort, bénit les enfants de Joseph; celui-ci debout, vu de profil, a des traits grecs par trop jeunes.

2° Isaac bénissant Jacob. La vieille Rébecca les regarde avec satisfaction. Quoique dans l'ombre, c'est elle qui donne du mérite à ce tableau.

3° Petite Sainte Famille. Noircie.

4° Déposition de Christ. La tête de la Vierge et celle du Christ, en grande partie, sont noircies. Bon du reste.

5° Bacchant embrassant une bacchante, dont nous ne voyons guère que le dos, très-éclairé, mais de marbre. Sa belle chevelure blonde, ornée de fleurs, est bien rendue. Sa tête, renversée en arrière, se voit du front à la nuque. En se défendant, elle saisit la branche d'un arbre, près duquel est un Priape Hermès. Plus loin, à gauche, un berger et deux bergères regardent ce débat. Dans le fond, pyramide. Effet de nuit.

6° Nymphe de Diane, assise sur son manteau. La tête et le haut du corps sont dans l'ombre, le reste est éclairé. Jolie toile.

WEYDE (Roger Van der) : Descente de croix. Grand tableau, dont le cadre est surélevé au milieu pour le haut de la croix. Un homme, sur l'échelle appuyée contre cette croix, tient l'un des bras du Christ. Saint Nicodème et Joseph d'Arimathie soutiennent le corps mort. A droite, Madeleine, affaissée par la douleur. Derrière elle, saints à barbe blanche. A gauche, la Vierge évanouie, une main posée à terre, près d'une tête de mort; elle est secourue par saint Jean et par une sainte femme. Autre sainte en pleurs. Le corps de Jésus est bien modelé et éclairé.

WILLEBORTS (Thomas) : Mariage de sainte Catherine; elle porte un vêtement de deuil. Mauvais.

WOUWERMANS (Philippe) : Paysage. A droite, deux chevaux tenus par la bride; cavalier sur un cheval blanc qui se dresse. Près d'une colonne et de bâtiments en ruines, pauvres gens, entre autres deux femmes, l'une portant, sur la tête, une corbeille pleine de légumes. A gauche, eau, baigneurs, barques. Fond de montagnes. Bon, mais en partie noirci.

WYCK (Thomas) : Paysage, avec roche surmontée d'une tour et de bâtiments. A gauche, fontaine, portique en ruines. Au fond, eau bien éclairée. Noirci.

ZACKTLEEVEN (Herman). Clorinde, le corps traversé par une flèche, est soutenue par son vieux père. Silvio, un genou à terre, se découvre la poitrine et présente à sa bien-aimée une flèche, afin qu'elle le perce à son tour. Un Amour, dans les airs, décoche au malheureux chasseur un trait, qui, en augmentant son amour, doit aggraver sa douleur. Paysage insignifiant. Les personnages sont plutôt laids que beaux. La même composition figure au musée de Dresde comme œuvre du Guerchin. Nous n'avons, sans doute, ici qu'une copie.

ZAMPIERI (Dominique), dit *le Dominiquin* : 1° Déluge. A droite, un homme gravit une roche au haut de laquelle se sont réfugiées plusieurs femmes battues par le vent et terrifiées. Un autre naufragé, les bras ouverts, implore en vain la clémence de Dieu. Au milieu, vieillard dans l'eau, cramponné au cou de son cheval, etc. J'ai vu ailleurs ce tableau. Ici les nus d'une seule teinte, le défaut de lumière et le coloris noirci, attestent une main étrangère. C'est une ancienne copie, sans doute.

2° Saint Jérôme assis, le corps nu par le haut, les mains posées sur un livre ouvert, lève vers le ciel sa tête chauve. Cette tête est belle, mais le front labouré par des rides irrégulières et la bouche entr'ouverte et privée d'une dent, nuisent à sa physionomie. Bon dessin du corps et du bras droit; le manteau rouge est bien rendu.

3° Portrait de vieillard dont les traits se rapprochent de ceux de Michel-Ange, mais sont moins imposants. Il tient un crayon. Bon.

4° Saint Jérôme tenant d'une main un crucifix sur une roche, et de l'autre une pierre (demi-nature). Il se retourne vers un grand ange drapé. Un autre séraphin, derrière le premier, montre le Saint. Leurs traits ronds, leur mine souriante, contrastent avec la tête longue et sérieuse du personnage principal. Belle lumière et bon dessin du corps dont la partie supérieure est nue.

ZELOTTI (Batista) : Vierge en trône, Sainte Catherine à genoux, Saint Joseph et le petit Saint Jean tenant son mouton, grand ange drapé et Saint Sébastien attaché à un arbre. Le corps et le visage de ce dernier sont mal dessinés. La Vierge serait jolie si son menton n'était pas trop petit.

* ZURBARAN (François) : Très-beau Christ à la colonne, la tête et le corps penchés en avant. La jambe droite portée en arrière est cachée par la colonne. Il est nu avec un linge roulé à la ceinture. Belle tête, belles formes, belle lumière.

* 2° Saint Pierre de Nolasque ouvrant un rideau de sa bibliothèque et découvrant un Christ en croix bien éclairé. Le saint est de-

bout devant une table couverte de livres ; de l'autre côté, fauteuil de bois : accessoires faisant illusion. Derrière lui, religieux à qui il montre le crucifix. Ce moine porte un manteau noir sur sa robe grise ; ses compagnons n'ont que la robe. Le saint et un récollet placé derrière lui ont d'assez belles têtes : les autres têtes sont vulgaires. Draperies bien rendues, celles du Saint surtout.

COLOGNE

CHAPITRE PREMIER

Monuments

La cathédrale nouvellement réparée est un des plus beaux monuments gothiques de l'Europe.

CHAPITRE II

Sculptures

1. Bustes antiques plus ou moins altérés. Le plus remarquable est celui désigné comme étant celui de Junon (grande nature). A en juger par les contours arrondis et charnus, ce serait plutôt un buste de Vénus. Beau morceau.

2. Autres débris antiques.

CHAPITRE III

Camées, médailles, armures

Dans un autre local, se trouvent quelques vieilles armures, et dans une salle voisine, des camées et pierres gravées, recueillies sur les lieux, ainsi que les bustes et débris antiques.

Dans le musée de peinture se trouve une petite collection de médailles et monnaies plus ou moins occidées, trouvées également dans le pays.

CHAPITRE IV

Peinture

—

ARTICLE Ier — ÉGLISES

1. DURER (Albert). — Eglise de Sainte-Marie en Capitole. — Les apôtres au moment de se disperser pour répandre la religion du Christ.

2. RUBENS (Pierre-Paul). — Eglise de Saint-Pierre. — Crucifiement de saint Pierre, belle toile peu altérée.

ARTICLE II — MUSÉE PUBLIC

ACHEN (Aubertin van) : Déposition de Christ. Saint Jean le tient par les pieds et le vieux Nicodème par le haut du corps. Marie debout derrière eux, regarde son fils, en joignant les mains. Madeleine, sa boite de parfum à la main, est sur le devant, un genou en terre. Panier rempli des instruments du supplice avec l'inscription dérisoire que les juifs avaient placée au haut de la croix. Marie est mieux que Madeleine dont la pose est peu gracieuse et le profil trop vulgaire. Assez bon.

CRANACH (Lucas Sunder ou Muller) le vieux : Jésus et Saint Jean. Ce dernier a sous le pied une affreuse tête de démon. Autre diable rampant. Composition d'un effet désagréable.

DURER (Albert) : Deux musiciens. L'un jeune joue de la flûte; l'autre moins jeune et portant une longue barbe blonde, joue du tambourin, en riant. Plus bizarre qu'intéressant.

GUILLAUME (Maître) de Cologne : 1° Triptyque. Dans la pièce du milieu, Madone et l'Enfant. Jésus, un chapelet à la main, prend de l'autre le menton de sa mère. Dans le volet de droite, Sainte Barbe tenant sa tour. Dans celui de gauche, Sainte Catherine appuyée sur la longue épée de son martyre. Ces femmes sont par trop fluettes. Leurs bras et leurs mains sont d'un mince et d'un plat ridicules.

2° Christ en croix avec huit apôtres debout, quatre de chaque coté. Sur le devant, Marie aussi debout. Le corps de Jésus est tout d'une venue et par trop mince.

HOLBEIN (Hans) le jeune : 1° Portrait de femme vêtue de noir, avec une étoffe blanche doublée de bleu sur la tête.

2° Portrait d'un homme en habit noir rayé de rouge. Il tient un papier roulé.

HONTHORST (Gérard), dit *delle notti* : 1° Portrait d'un ecclésiastique au teint vermeil, aux deux mentons, tenant une tête de mort, comme pour faire contraste. Bon relief.

2° Crèche. Saint Joseph appuyé sur la tête de la vache regarde le Messie en riant. A gauche, vieux berger à genoux. Un autre derrière lui, ôte son chapeau, et un troisième plus jeune se retourne vers le précédent en lui montrant le Sauveur. Tout le monde est réjoui. Marie elle-même sourit en levant les deux bouts du lange sur lequel est couché l'enfant qu'elle contemple. Il est blanc et comme frotté. C'est lui qui produit la lumière, moins vive ici que dans les autres toiles de Gérard traitant le même sujet. Nous n'avons, je crois, qu'une copie ou imitation du tableau du musée Degli uffici à Florence. (*Musées d'Italie*, p. 41.)

*MARATTE (Charles) : Déposition de Christ. Un grand ange soutient le corps mort presque levé et nous faisant face. A droite, Marie debout, les yeux baissés, les mains jointes près de son menton. Petit ange de chaque côté. Sur le devant, bassin en cuivre rempli d'une eau ensanglantée. Grande et belle toile.

RENI (d'après Guido), dit *le Guide* : Copie d'une Charité romaine. Belle tête et belle poitrine bien éclairée de la jeune femme. Elle a son manteau posé sur la tête. Le vieillard est dans l'ombre noircie.

ROBUSTI (Jacopo), dit *le Tintoret* : Portrait d'homme vêtu de noir — grossièrement peint et mal éclairé. — Mauvaise copie.

SCHOOREL (Jean) : Mort de la Vierge (quart de nature). Deux apôtres portent et soufflent un encensoir. Marie est trop rouge pour une mourante. Elle a les yeux fermés ; un cierge est dans ses mains. Bonne perspective, belle couleur. Quelques visages sont grotesques.

STÉPHAN (Maître), de Cologne : Petite Vierge pâle tenant l'Enfant et anges.

2. Jugement dernier où la vérité est remplacée par l'exagération et le bon gout par le burlesque (petites figures). A droite, affreux démons torturant les réprouvés ; on remarque parmi ces derniers, des évêques, des religieux. Quelle irrévérence ! L'un des moines placé sur le devant, a le visage blanc d'une statue. A gauche, les élus montent avec l'aide des anges en paradis où ils sont introduits par une porte étroite. Ils nous tournent le dos. Perspective en toit. Mauvais tableau.

ARTICLE III — COLLECTION DE MM. VEYER, MERLE, etc.

AUTEURS DIVERS : Grand nombre de vieilles toiles mauvaises ou altérées, la plupart sans noms d'auteur ou désignées comme étant des écoles anciennes. Je n'ai pas eu le courage de les décrire.

* BARBARELLI (Georges), dit *il Giorgione* : Femme nue jusqu'à la ceinture. Girandole suspendue à son cou et cordellière enrichie de pierres fines descendant de l'épaule entre les seins et disparaissant sous son manteau rouge. Cette coquette tient suspendue au-dessus d'un vase en or, une énorme perle de la forme d'une poire. A-t-on voulu faire de cette jolie brune une Cléopâtre ? Est-ce bien là un original du Giorgione ?

BERGHEM (Nicolas) : Petit paysage assez joli.

* COCXIE (Michel) : Jolie Sainte Famille et paysage à droite. Les Bambini sont entiers. Les autres figures sont vues jusqu'aux genoux. Un voile jaune, artistement roulé autour d'une tresse de cheveux, couronne la belle et longue tête de Marie qui baisse les yeux. De plus, une petite guirlande de perles descend jusques sur le haut du front. Jésus au giron se renverse avec un fruit dans une main. Sa mère prend une grappe de raisin posée sur une table entre une pêche et un melon. A gauche, Saint Joseph ; à droite, le petit Saint Jean offrant son agneau à Jésus. Un ange tient une couronne de fleurs au-dessus de la tête de Marie et relève, par un bout, le rideau vert suspendu derrière elle. Jolie tête du Bambino. Celle de Marie a le menton trop petit. Beau coloris. Belle lumière.

CRANACH (Lucas Sunder), dit *le Vieux* : 1. Vénus nue et tenant une petite écharpe cachant à peine la ceinture. Cupidon porte un bandeau tellement transparent qu'on aperçoit ses yeux. Il fait l'aveugle, mais voit très-bien. Les cheveux bouclés de la déesse tombent sans goût. Son cou est orné de deux colliers, l'un rouge et l'autre de perles. Seins trop distants l'un de l'autre. Jambes trop grêles.

2. Le Christ caressant des enfants que lui présentent leurs mères. Il va baiser l'un d'eux, tout en posant une main sur un autre enfant. Les femmes ont de grands fronts et de petits traits.

CUYP (Albert) : Joli paysage. A droite, pâtre chassant devant lui plusieurs vaches; arbres, montagnes. A gauche, eau entourée d'arbres; au delà, éclaircie, montagne. Au milieu, sur le devant, eau, pont rustique.

DAMMESZ (Lucas), dit *Lucas de Leyde* : Mariage de la Vierge, (petites figures). Singuliers costumes, entre autres celui d'une jeune femme nous faisant face. Elle a sur la tête un chapeau ou bonnet avec deux pointes avançant sur les côtés et ornés à leur extrémité d'un large ruban jaune qui descend en demi-cercle sur la poitrine. Coloris encore très-frais.

DOLCI (Charles) : *Mater dolorosa*, avec voile jaune, et un manteau bleu posé sur la tête (grande demi-nature, demi-figure). Tête jolie, mais noircie.

DYCK (Antoine van) : 1° Deux Portraits que je prends pour des copies.

2° Danse en rond de petits génies. Joli, mais altéré.

EYCK (Jean van) : Saint Lucq peignant la Vierge en deux petits cadres (demi-nature). Dans celui de droite, est le saint. Dans celui de gauche, la Vierge avec l'Enfant qui la regarde; elle tient entre deux doigts le mamelon d'un sein nu et s'apprête à allaiter son fils. Cette Vierge au front carré et large n'est plus belle, le temps en est cause, sans doute.

HOLBEIN (Jean), le jeune : Deux portraits d'hommes (petite nature), l'un en habit et toque noirs, ses gants dans une main; l'autre blond dont la barbe presque blanche ne se détache pas assez. Il porte une robe noire avec fourrure : tête nue, large et carrée. Sont-ce des originaux? J'en doute.

JORDAENS (Jacob) : Sainte Famille (grande demi-figure). Un ange couronne de fleurs la Vierge ; l'Enfant est aussi couronné de roses. Debout sur un genou de sa mère, il bénit le petit saint Jean. Saint Zacharie, pontife, sainte Élisabeth soutenant son fils à genoux sur son mouton, puis à gauche, deux grands anges drapés apportant des fruits.

METZU (Gabriel) : Jeune femme assise et se coupant les ongles. J'aimerais mieux la voir autrement occupée. Une servante apporte un vase sur un plateau. Noirci.

METZYS (Quentin) : Saint Jérôme en costume de cardinal, la main sur une tête de mort qu'il montre du doigt. Deux livres ouverts, l'un sur un pupitre. Au fond, à gauche, paysage. A l'extrémité de la pièce à droite, niche avec lampe, un petit crucifix et un pot de fleurs ; plus bas, au milieu du mur du fond, grande niche où l'on voit une bouilloire suspendue sous un plat creux : le tout en cuivre ; à droite cage d'oiseaux et plus à droite encore, livres sur un rayon : accessoires fort bien rendus. Deux saints Jérôme posés de même étaient attribués, à l'exposition de Manchester, l'un à Bruyn, l'autre à Dammetz, dit *Lucas de Leyde*.

NETSCHER (Gaspard) : 1° Femme nue à sa toilette, aidée de deux soubrettes dont une négresse. Joli.

2° Portrait en pied de sa maîtresse, dit-on. Femme forte, aux seins demi-nus, d'une beauté peu distinguée. Le dessin du visage est médiocre.

PELLEGRINI (Tibaldo) : Les trois grâces se tenant comme dans le groupe antique de Sienne : celle du milieu vue de dos, les autres de face : la première tenant une couronne et la seconde un bouquet.

POUSSIN (Nicolas) : Petite adoration des bergers, avec cinq anges dans les airs (quart de nature). Noirci.

REMBRANDT (van Ryn Paul) : Portrait d'un officier, coiffé d'un haut turban orné d'une aigrette (demi-nature). Il porte la cuirasse et des bottes larges du haut. Table sur laquelle sont deux vases et des pièces d'or et d'argent. Visage peu distingué, mais bien peint et bien éclairé.

2° Petite Présentation au temple (figurines). Belle lumière.

3° Petite Descente de croix, comme celle de Munich. Copie.

4° Vieille femme montrant des pièces d'argent à une jeune fille (demi-nature). Celle-ci a la tête dans l'ombre, ce qui nous empêche de voir si elle rougit de la proposition qui lui est faite. La vieille est bien éclairée ; sa bouche entr'ouverte n'a plus toutes ses dents.

RENI (Guido), dit *le Guide* : L'Enfant Jésus couché et endormi, adoré par sa mère vue de buste.

2° *Ecce homo*, buste. Altéré.

ROSA (Salvator) : Paysage. Bestiaux et chiens dans l'eau, sur le devant. Plus loin, homme conduisant un cheval chargé. Au delà, berger à cheval et son troupeau. Le milieu seul est éclairé et profond, mais perspective en toit.

RUBENS (Pierre-Paul) : 1° Sainte Famille. La Vierge et Jésus sont des portraits de la Ferman et de son fils, comme ceux du musée de Munich, aux costumes près. Sainte Élisabeth et saint Joseph sont, dit-on, les père et mère de l'épouse du peintre.

2° Trois femmes entourent et regardent d'un air étonné un enfant dont chaque cuisse se termine par une queue de serpent (demi-nature).

3° Portrait de l'infant don Ferdinand, frère de Philippe IV. Mauvaise copie du tableau de Munich.

VÉLASQUEZ (don Diego Rodriguez de Sylva y) : Portrait de l'infant don Carlos, à l'âge de quatorze à quinze ans. Il porte une robe à franges ornée de perles, avec des manches larges, et s'appuie sur un long sceptre. Sa jambe nue est chaussée d'un cothurne — Costume bizarre — grand chien près de lui. Je doute que ce portrait soit un original.

VRIES (Jean Fredeman de) : Joli paysage. Au milieu, rang de maisons dont un pignon seul est éclairé. Sur le devant, eau avec barque aussi dans l'ombre, à peu de chose près. A gauche, eau vivement éclairée, puis petit pont rustique, autre repoussoir ; au delà, petite éclaircie. Ciel bien éclairé.

WÉENIX (Jean) : Portrait d'une famille se composant des père et mère et de six enfants dont l'aîné porte un fusil. Traits peu distingués ; ombres charbonnées.

WERF (Adrien vander) : Vénus assise montrant à Cupidon des pêches posées sur une table (petite dimension). L'Amour tient une colombe blanche. Faible.

DRESDE

CHAPITRE UNIQUE

Galerie de peinture

ABATE, ou ABBATE ou ABBATI (Nicolo del) : Martyres de saint Pierre et de saint Paul. Deux bourreaux tiennent le premier ; le second va avoir la tête tranchée d'un revers d'épée : tous deux sont à genoux. Dans le ciel, l'Enfant Jésus tenu par sa mère remet à deux anges deux palmes pour les martyrs. Cette scène céleste est vivement éclairée et bien composée ; la tête de Marie s'y détache, ainsi que celles de plusieurs anges. Mais la madone montre trop le blanc de l'œil, ce qui annonce chez elle l'émotion d'une simple mortelle. Entre les deux scènes, paysage avec ville.

ALBANE (François), dit *l'Albane :* 1º Petite Nativité bien modelée et éclairée. Saint Joseph montre, aux bergers arrêtés sur le seuil de la porte, le Messie adoré par des anges.

* 2º Enlèvement de Proserpine, paysage (petite dimension). Autour d'un piédestal surmonté de trois amours en marbre, une bande d'amours, tournés vers nous et se tenant par la main, danse en rond. L'un d'eux tient la fourche et l'autre la couronne de Pluton. Au fond, la scène du rapt. La mère dans l'eau s'accroche vainement au char. Plus loin, paysage. Dans le ciel, Vénus complimente Cupidon de sa victoire et le baise. Toile très-fraîche et très-jolie.

3º Vénus dont le bas du corps seul est drapé, est assise sur un lit et donne ses ordres à Cupidon ; groupe d'amours. Dans les airs, deux autres portent chacun un flambeau. Noirci.

* 4° Diane debout et de face, nue à une petite gaze près, tend une main vers Actéon, et déjà la tête du chasseur est ornée de deux petites cornes. Nymphes dans l'eau ou sur le bord. Joli, bien conservé.

5° Création de la femme (petite demi-nature). Dieu le Père, avec trois petits anges dans son manteau, apparaît dans le ciel. Ève, un genou en terre le regarde, mains jointes. Adam dort sur le dos. Bon ; coloris plus rouge que d'ordinaire.

6° Adam et Ève chassés du paradis, vêtus de manteaux. — Quel anachronisme ! — Ils se retournent en criant vers l'ange qui crie plus fort. Ces trois bouches ouvertes et les poses semblables des fuyards, aux jambes massives, sont d'un effet désagréable. Paysage insignifiant. Bonne couleur.

7° Petite Sainte Famille. Jésus tenu par sa mère et un pied dans son berceau, embrasse saint Jean. Derrière, Elisabeth dans l'ombre noircie. Au milieu, saint Joseph lisant appuyé sur son établi. Anges dans les airs jetant des fleurs. Au fond à gauche, deux colombes blanches sur un toit.

8° Repos en Égypte. Marie allaite Jésus qui regarde saint Joseph assis. Derrière, grands anges. Petits chérubins voltigeant sur des arbres.

Ces deux derniers tableaux sont jolis, mais altérés, le dernier surtout.

* ALLEGRI (Antoine), dit le Corrège : 1° Vierge en trône dite madone au saint François. Ce saint, un genou en terre, et saint Antoine de Padoue sont à gauche au pied du trône. A droite, sainte Catherine tenant une épée et une palme, un pied sur le moyeu d'une roue brisée, lève sa charmante tête vers Jésus. Sur le devant, saint Jean-Baptiste de face montrant le Sauveur : admirable tête dont les cheveux, la barbe, le cou et le bas du visage ont noirci : physionomie pleine d'éloquence, d'enthousiasme et de douceur. La scène se passe sous une arcade à colonnes. Le siége de la madone est posé sur un piédestal représentant en bas-relief Moïse avec les tables de la loi. Jésus bénit les saints récollets. Charmante tête de Marie, les yeux baissés, la bouche prête à sourire (type grec).¡Derrière elle, éclate une vive lumière, son corps s'y détache en entier. Dans les airs, planent deux délicieux chérubins. Fond de paysage. Magnifique toile d'une conservation parfaite, où la majesté s'allie à la grâce.

* 2° Vierge en gloire dite madone au saint Sébastien. Marie-tenant l'Enfant est au milieu d'une gloire d'anges et portée par des nuàges blancs. Quatre chérubins lui servent d'escorte : deux drapés, à ses côtes, deux nus volant sous ses pieds. En bas, à gauche, saint Sébastien nu et lié à un arbre ; au milieu saint Géminien et près de lui un ange tenant le modèle en relief de l'église de Modène. A droite, saint Roch endormi, une main sur sa tête. Marie sourit légèrement en regardant le bel endormi, à la physionomie mâle, énergique. Jésus tend une main vers saint Sébastien. La madone est belle, mais d'un coloris un peu altéré. L'Enfant, au contraire, est on ne peut mieux modelé et éclairé. Sa petite tête blonde est aussi charmante que possible.

* 3° Vierge en trône dite madone au saint Georges. Ce trône, — sans dos, — orné de deux anges en marbre, est sous une voûte à travers laquelle on voit des arbres et un beau ciel. Au haut de cette arche, et, de chaque côté, un ange sculpté en bois doré, le corps entouré d'une guirlande de fleurs. Au-dessus de la frise, guirlande de fruits et de feuilles, d'une grande fraîcheur. Saint Géminien offre à l'Enfant Jésus le plan en relief de son église qu'un ange porte sur ses épaules. Au premier plan, saint Jean-Baptiste adolescent au corps trop musclé. A droite, saint Pierre de Vérone, en costume de dominicain : joli profil encore jeune. Devant lui, saint Georges en costume de guerre, un pied sur la tête tranchée du dragon. Délicieux visage de Marie, dans le genre de celui du fameux couronnement de l'église du Duomo à Parme. Il est vivement éclairé, le cou et le haut de la tête dans l'ombre.

Ce tableau, le plus vif en couleur des quatre, est d'une admirable composition. Mais a-t-il été exécuté par *le Corrège ?* j'en doute. Dans ses plus belles toiles, les parties ombrées ont noirci. Ici tout est frais, brillant, et je n'aperçois pas dans les nus ce coloris moelleux, cette morbidezza qui donnent aux tableaux de ce peintre un charme tout particulier.

* 4° La sainte nuit ou crèche. Chef-d'œuvre célèbre. Le Sauveur est endormi sur un pan de muraille en ruine que recouvre un peu de paille. Marie l'entoure de ses bras et le regarde avec amour ; elle a, je crois, un genou en terre. L'Enfant resplendissant de lumière illumine le visage de sa mère. Rien de charmant comme ce visage baissé et vu en raccourci. Derrière elle, saint Joseph, dans l'ombre, regarde les bergers dont le premier sur le devant, à gauche, est un vieillard un peu plus grand que ne le comporte la perspective. Il rappelle le saint Jérôme de Parme.

Fond de paysage; effet de nuit. Les ombres noircies n'en font que mieux ressortir les clairs.

* 5° Madeleine pénitente (demi-grandeur). Elle est couchée sur le ventre et enveloppée d'un manteau bleu dessinant ses formes ; sa tête est soutenue par sa main droite dont le coude pose à terre. Elle tient de la gauche un livre ouvert sur lequel se posent ses seins nus. Le bras droit, dont la main est passée dans les cheveux, l'épaule et l'arrière-bras gauche sont bien éclairés. Mais la gorge et les pieds nus me semblent d'un dessin faible, et quoique ce tableau si souvent reproduit passe pour l'original, quoique le visage en soit délicieux, j'ai trouvé le tout moins parfait que dans la copie de Christophe Allori du musée de Florence, peut-être parce que cet original a souffert, si toutefois c'est bien l'original.

6° Portrait d'un homme vêtu de noir, tenant ses gants et un grand livre. Belle tête sérieuse ; cependant les plis courts et réguliers du front annoncent un jugement peu sûr. C'est, dit-on, François Grillenzoni, médecin du peintre.

ALLEGRI (d'après Antoine) : 1° Petite madone avec l'Enfant (quart de nature). Faible.

2° Cupidon adolescent se taillant un arc. Sa cuisse gauche, dont la jambe est portée en avant, est dans l'ombre et forme un repoussoir ; belle lumière, excellents reliefs. Un petit amour placé plus bas entre ses jambes, nous regarde, la bouche ouverte d'un air contrarié ; il serre par le haut du bras un autre enfant qui crie. Bonne et vieille copie.

ALLEGRI (école d'Antoine) : sainte Marguerite tenant un livre et une petite baguette (n'était-ce pas une petite croix ?). Le visage de la sainte rappelle celui de la madone du Louvre dans le mariage de sainte Catherine. Elle a la tête baissée ; les coins de sa bouche se relèvent un peu comme pour sourire. Tableau mis sous verre je ne sais pourquoi, car cette sainte, quoique d'un ton moelleux, est inférieure à celles du maître.

AMBERGER (Christophe) : Jeune fille tenant un épagneul sous un bras et donnant la main à son frère plus jeune qu'elle. Celui-ci porte un panier plein de pêches et de raisins ; tous deux nous regardent. Bons portraits.

AMERIGHI (Michel Ange), dit le *Caravage* : 1° Soldats jouant aux cartes dans un corps de garde en compagnie de deux jeunes filles, l'une jouant, l'autre la regardant (figures jusqu'aux genoux). Coloris rouge ; ombres noircies.

2° Reniement de saint Pierre. Il lève une main comme pour

4.

jurer. Une servante l'accuse ; un soldat fait mine de l'arrêter. Deux autres soldats, dont l'un est endormi. Bon, mais noirci.

3° Deux jeunes soldats jouant aux cartes (demi-figures). Le plus jeune a près de lui un camarade qui voit son jeu et fait à l'autre joueur un signe avec deux doigts levés. Ce débutant doit perdre nécessairement. Ombres noircies.

4° Neuf soldats assis où debout autour d'une table (figures jusqu'aux genoux). Deux de ces soldats tiennent des cartes ; quatre d'entre eux sont tout jeunes. Ils sont élégamment vêtus ; leurs manches en soie ressortent très-bien. Bons effets de lumière ; ombres noircies.

5° Saint Sébastien assis, les mains au dos (jusqu'aux genoux). Il est nu avec un linge à la ceinture ; une flèche est entrée dans son côté. Beau visage noir d'un côté, très-éclairé de l'autre ; bouche entr'ouverte, yeux au ciel.

ANGETTI (G.-B.) : Apollon écorchant Marsyas. L'auteur a suspendu le satyre par sa patte de bouc, comme Wœnix accroche son lièvre, la tête en bas. Apollon détache avec un couteau la peau de cette patte.

ASPER ou ASPERN (Jean) : portrait d'un vieillard de face. Coloris sec.

ASSELYN (Jean), dit *Crabetti* : 1° Paysage avec ruine à droite. 2° Laboratoire d'un alchimiste. Noirci. 3° Paysage. Pâtre, vaches, ruines et arche. Altéré.

BACKUYSEN (Ludolphe) : Deux marines. 1° Bataille navale. 2° Tempête. Faibles ou altérés.

BALEN (Henri van) : 1° Nymphes entourées d'enfants sous des arbres fruitiers : l'une montrant son dos blanc et l'autre ses volumineux appas. Petit génie entre elles. Une troisième tient un enfant sur ses genoux.

2° Repos de Diane et de ses nymphes, à l'ombre sous des arbres. La déesse couchée est abritée par une tenture rouge. Elle et sa suite sont presque nues.

3° Banquet des dieux. On distingue Vénus nous tournant le dos et Cupidon à ses côtés. Jolie petite toile, un peu altérée.

4° Actéon s'avançant la lance en arrêt. Nymphes effrayées pelotonnées sur la rive. Formes flamandes, poses peu gracieuses.

5° Noces de Pélée et de Thétis. Le marié est trop gras ; son épouse a les jambes trop charnues. Deux déesses, sans attributs, l'une nous tournant le dos, l'autre de face, sont nues.

6° Enfants dans une grotte regardant une grande croix couchée à terre.

7° Les quatre éléments, c'est-à-dire quatre petits génies. L'un se chauffe (le feu), le second tient une pomme (terre) ; un autre montre un poisson (eau), et le dernier un perroquet (air).

BARBARELLI (Georges), dit *il Giorgione* : 1° Adoration des bergers (demi-grandeur). La Vierge découvre le nouveau-né qui lève les bras et les jambes ; il est bien modelé, mais non assez éclairé. Trois bergers adorent le Messie. Au fond, arche et personnages. Le visage de Marie est beau et bien éclairé ; mais sa teinte terre-cuite n'est pas celle de ce peintre si bon coloriste.

2° Femme qu'un homme presse contre lui (bustes). Je remarque que le manteau de celui-ci est orné d'une fourrure, comme celui de la Béatrix de Florence. Il nous regarde en ouvrant sa vilaine bouche. La dame renversée sur son épaule, est une grosse mère aux seins trop développés. Elle ouvre aussi la bouche et tourne vers nous ses yeux à demi-ouverts et dans l'ombre. Coloris chaud, bel effet de lumière.

* 3° Jacob embrassant Rachel, les mains l'une dans l'autre. Ils ont les jambes écartées comme lorsqu'on marche, ce qui annonce beaucoup de vivacité dans leur abord : couple charmant aussi naïf que tendre. A gauche, deux pâtres dont l'un assis regarde les amants ; l'autre donne à boire aux moutons. Excellente peinture.

BARBIERI (Jean-François), dit *le Guerchin* : 1° Procris, est étendue à terre, le haut des seins percé d'une flèche. Céphale assis sur une pierre, les yeux au ciel, exprime son désespoir. Au premier plan, deux chiens au repos. Dans les airs, amour en pleurs.

2° Diane, une lance à la main, tenant un levrier en laisse (demi-figure). Belle tête, mais dont la bouche et les yeux dénotent un portrait.

3° Vénus accourant près du cadavre d'Adonis. Elle n'a pour vêtement qu'une écharpe rouge. Jolie tête, aux cheveux blonds frisés par devant, flottant par derrière. Belle pose et bel effet de la draperie. Le berger est couché sur le dos ; une large plaie saignante se voit au côté gauche. Entre eux, Cupidon en larmes. Frais paysage.

4° Même sujet. Le berger couvert de ses vêtements en désordre et laissant la plaie à nu, est étendu mort. Au fond, à gauche, Cupidon amène par l'oreille le sanglier coupable de ce meurtre. Toile moins bonne et moins fraîche que la précédente.

5° Diane, sur le bord de l'eau, recueille un petit enfant (Adonis, je suppose). Trois nymphes du fleuve couronnées de roseaux l'assistent. L'une d'elles tient un large plat. Je doute que cette toile soit un original.

6° Loth et ses filles. Le vieillard assis tend sa coupe que lui remplit l'une des femmes; l'autre assise offre une bouteille en grès pour remplacer celle qui se vide. Sa jolie tête au long nez pointu est du type favori du Guerchin. Au fond, leur mère changée en statue de sel et Sodome en flammes. Belle tête de Loth. Tout en blâmant le choix du sujet, nous dirons qu'en ne représentant qu'un vieillard enivré, le peintre est resté loin du texte de la Bible.

7° Un officier de Sémiramis vient lui annoncer qu'une révolte éclate dans Babylone (grandes demi-figures). La reine à sa toilette et tenant une mèche de ses cheveux, mais la couronne déjà posée sur la tête, exprime sa surprise par une main levée. Ses traits longs, majestueux, respirent l'énergie. Toile d'une fraîcheur suspecte.

* 8° Clorinde blessée à mort est soutenue par son père, qui montre à Silvio la blessure de sa fille. Celui-ci à genoux découvre sa poitrine et tend son arc et une flèche, comme pour subir la peine du talion. La jeune femme, pour toute réponse lui tend les bras et dans ses yeux pleins de tendresse, on peut lire un pardon. Leurs visages beaux, expressifs et leurs poses simples et pathétiques, sont faits pour arracher des larmes au spectateur. Belle lumière, bon dessin, excellentes draperies. Cette toile est une des plus belles de l'auteur. Mais n'est-ce pas le sujet de Céphale et Procris, traité pour la seconde fois?

9° Sainte Véronique tenant une couronne d'épines et le linge. Beau profil. Noirci.

10° Saint Jean l'évangéliste lisant avec recueillement. Les mains et le front sont encore éclairés, le reste est devenu noir.

11° Saint Marc taillant sa plume, les sourcils relevés. Beau profil bien éclairé. Lion en pierre une patte posée sur cette inscription : *Pax tibi merce.*

12° Le vieux saint Matthieu écrivant dans un registre tenu par un ange. Le visage et l'épaule de l'ange et le crâne du saint sont éclairés ; le reste est noir.

13° Saint Luc, tenant sa palette et ses pinceaux, regarde, accoudé sur une table, son tableau de la madone vu par un coin.

BARROCCI (Frédéric), dit *Fiori d'Urbino :* 1° Vierge glorieuse apparaissant à saint François et à saint Dominique. Au fond, édifices, paysage. Saints bien peints, vierge insignifiante. Noirci.

2° Agar donnant à boire à son jeune fils. Elle est coiffée et posée comme la Zingarella du musée de Naples. Noirci.

Battoni (Pompeo) : 1° Sainte Madeleine couchée à terre, en chemise avec un manteau bleu, un sein nu, cheveux pendants, le corps relevé. Elle lit, les mains croisées et appuyées sur une pierre ; une tête de mort est sous son livre. Joli visage rêveur et presque souriant. Pose un peu maniérée. Fond noirci.

2° La Sculpture tenant un marteau, la Peinture avec sa palette et l'Architecture tenant un compas et un papier roulé (grandes demi-figures). La première, presque nue, cause avec la seconde vêtue à l'italienne ; elles sont assises. La troisième se tenant raide et debout nous regarde. Maniéré.

3° Beau saint Jean-Baptiste assis, s'appuyant d'une main sur le sol et montrant de l'autre le Sauveur dans un joli paysage. Mouton près du saint.

Bellini (Antoine). Vénus nue, tenant une colombe et lui donnant à manger. Cupidon, à ses pieds, a dans une main le cordon attaché à la patte de l'oiseau. Jolie tête et beau corps de profil de la Déesse dont le dos est à demi éclairé. Paysage.

Bellini (Jean) : 1° Madone avec l'Enfant couché sur le dos. La grosse et informe tête de Jésus, est-elle de Bellini ?

Belotti ou Belotto (Bernard), dit mal à propos *Canaletto* : Vue d'une écluse et du cabaret *il Dolo*, sur le chemin de Venise à Padoue. Édifices, mur de l'écluse avec jardin.

*2° Vue de Vérone et du fort Saint-Pierre. Au milieu, fleuve, barques. A droite, maison plongeant dans l'eau. Au fond, campagne en talus, ville en amphithéâtre ; eau bien rendue, excellente perspective. Ce tableau est le meilleur des trois.

3° Vue de l'ancien pont de bateaux à Vérone. Jetée ou rampe en terre avec mur de chaque côté. Au fond, ville, eau.

Bembi (Boniface) ou Bonifazio : 1° Petit Moïse sauvé des eaux. Joli ; mais teinte terre-cuite uniforme ; 2° Sainte Famille avec sainte Catherine et saint Antoine, ermite (grande demi-nature), médiocre.

Berghem ou Berchem (Nicolas) : 1° Grand paysage. A droite, haute roche au bas de laquelle on voit une jeune paysanne jouant, tout en marchant, avec son chien ; chèvres, vaches. Jeune femme à cheval avec une charge de bois devant elle et s'arrêtant pour prendre en croupe l'enfant d'une pauvre mère ayant un autre enfant au sein. Deux bergères, troupeaux. Au fond, montagne, viaduc , ciel vivement éclairé.

2° Autre grand paysage. Passage d'un gué par deux femmes portant chacune un poupon, l'une sur un âne, l'autre marchant les pieds dans l'eau, puis par deux pâtres et une jeune fille qui relève ses jupons en forme de culotte et enfin par un troupeau de vaches, moutons, chèvres, etc. Bon, un peu noirci.

3° Paysage de même dimension. Pâtre à cheval; femme sur un âne, dans l'ombre; paysanne bien éclairée venant à nous en relevant ses jupons, un panier d'artichauts au bras. Troupeaux.

4° Grand paysage. De chaque côté, hautes roches, avec torrent roulant sur des pierres. A droite, deux troupeaux; plus haut, autre troupeau. C'est à la fois du Salvator Rosa et du Ruysdael.

5° Seigneur assis dans un fauteuil près de sa maison; jeune dame se tenant debout devant lui. Nègre, soldat, etc. Noirci.

BERGHEM (Thierry van) : 1° Pâtre couché, troupeau, paysage;

2° Jeune servante avec un enfant près d'elle, faisant tenir un chien assis, les pattes de devant levées; troupeau. Bon, noirci.

BERETTINI (Pierre), dit de *Cortone :* Mercure signifiant à Enée qu'il ait à quitter Carthage. Le héros tire l'épée. Pourquoi? Les préparatifs de départ se font : à quoi sert le divin message? OEuvre noircie, confuse, mal peinte, peu digne d'un grand maître.

* BIGIO (François) : Histoire en quatre scènes des amours de David et de Bethzabée (quart de nature) : 1° En commençant par notre gauche, salle de bain surmontée d'un balcon garni de personnages. Bethzabée debout dans un bassin, est essuyée par ses femmes, scène peu décente. L'une des soubrettes en enjambant le bord du bassin fait rougir la pudeur ; 2° Profil de la façade du logis d'Ulric dont la salle de bains forme l'extrémité. En avant de cette façade, cour et jardin entourés d'un mur sur lequel est étendu le maître du logis, parce que revenant de l'armée, il n'a pas voulu d'un lit moelleux tandis que ses compagnons couchent sur la dure ; 3° Corps de bâtiment du palais-royal dont la façade a deux arches sous lesquelles un repas est servi; Ulric est parmi les convives. Au bout de ces arches, terrasse sur laquelle le vieux roi entouré de ses courtisans, contemple les charmes de l'épouse d'Ulric. C'est du moins ce que dit le catalogue de Dresde, mais ce qui n'apparaît guères de la disposition des lieux ; 4° Autres bâtiments du palais vus de profil, avec péristyle au haut des marches duquel le roi s'avance, une dépêche cachetée à la main. Ulric à genoux reçoit cette lettre par laquelle le bon roi David recommande à son général de faire tuer le porteur à la première rencontre. Belle perspective, pas de confusion, belle architecture, conservation parfaite. Costumes vénitiens.

BISCAINO (Barthélemy) : La femme adultère. Belle tête de Jésus. Sa pose et celle d'un vieillard montrant la femme coupable sont un peu tourmentées. Les têtes de vieux sont traitées à la Rembrandt et sont laides. Profil assez beau mais trop endormi de la femme richement mise, la poitrine demi-nue et bien éclairée.

BLOEMAERT (Abraham) : 1° Portement de croix ; 2° Copie du tableau du Caravage représentant le crucifiement de saint Pierre.

BLOEMEN (Johan van) : Six paysages avec personnages, chevaux et bestiaux, savoir : 1° Camp ; 2° Bataille ; 3° Pêche à la nasse ; 4° Chevaux chargés de volailles pour le marché ; 5° et 6° vues avec édifices antiques.

BOL (Ferdinand) : 1° Joseph présentant son père au roi. Ce dernier est un gros flamand en costume asiatique, regardant de travers le vieillard agenouillé. Jolie tête de Joseph.

2° Repos en Égypte. Marie, un sein nu, tient l'Enfant emmaillotté et endormi. La Vierge et la tête du Bambino sont bien éclairées.

*3° David, remettant à Ulric, en le touchant de son sceptre, la lettre cachetée qui condamne ce dernier à la mort, attendu que sa jolie femme plaît au roi. Un vieux conseiller mis dans la confidence paraît effrayé. David, l'œil grand ouvert, la narine dilatée, nous montre son profil beau, mais altéré par le remords. Ulric est calme, heureux même de la confiance que lui témoigne son souverain. Bon dessin, belle couleur.

4° Vieux religieux en robe grise tenant un livre ouvert devant lui. Sa tête bien éclairée vaut un Rembrandt.

BOONEN (Armand van) : Deux jolis cadres. 1° Vieillard lisant une lettre. 2° Jeune dame donnant à manger à un perroquet.

BORDONE (Paris) : 1° Sainte Famille dans un paysage (grande demi-nature). Marie, accoudée sur une pierre, tient l'Enfant qui se penche, la main tendue, vers saint Joseph. Ce dernier est occupé à cueillir des fruits. Saint Jérôme presque nu, sainte Élisabeth assise derrière lui. Au milieu, le petit saint Jean appuyé sur son mouton et tourné vers Jésus. Bon, noirci.

2° Madone adorant Jésus, mains jointes. L'Enfant lui tend les bras. Joli tête de Vierge. Mauvais raccourci des jambes ; mains mal dessinées.

3° Diane assise, tenant une lance et un chien en laisse. Robe bleue, collier avec perles, seins nus. Deux nymphes. Têtes de carton.

BOTH (André) : 1° Nécromancien assis et lisant une lettre, en présence d'un spectre. 2° Charretier devant une hôtellerie. Altérés.

BOTH (Jean) : Cinq paysages noircis. Le moins altéré présente une ruine ayant à peu près l'aspect d'un clocher, et des gens assis en bas. Paysan sur un âne. Au fond, porte avec tour. Eau, barque. Ruine et ciel bien éclairés.

BRANDI (Giacinto) : Dédale attachant les ailes d'Icare. Mauvaise pose de ce dernier. Visages communs. Peinture mal soignée.

BRAUWER (Adrien) : 1° Bataille de buveurs dans un cabaret. Belle lumière, laids visages.

2° Quatre petites scènes de buveurs de mauvais goût. Dans deux, on se bat. Dans une autre, un homme torche un enfant.

BREDAEL (Jean-François) : Deux petits paysages avec ruines. Personnages mal peints.

BREUGHEL (Jean), dit *de Velours :* 1° Création de la femme, par Dieu le Père en costume de pape. Au milieu du paysage, Adam et Ève mordant au fruit défendu. Au fond, ange les chassant du paradis. Sur le devant, cheval bizarrement tacheté, couple de panthères dont l'une se roule ; autres animaux, fleurs, etc. Figures par François Franck.

2° Vue du lac de Génézareth, sur le bord duquel Jésus, debout dans une barque, prêche la foule assemblée sur la rive. Même composition que celle du musée de Munich. (Voir ci-après.)

*3° Halte de cavaliers sur une vaste place, près d'une auberge dont les fenêtres sont garnies de buveurs. Entre deux groupes d'ivrognes qui se battent, un homme vêtu de jaune avec des grelots et tenant un tambour de basque met en émoi des gamins gambadant autour de lui. Sur le devant, marchand de gibier et très-jolie marchande de légumes assise et pelant une pomme. Au deuxième plan, sept couples vêtus à l'espagnole, défilant bras dessus bras dessous. Au fond, rivière, pont traversé par la foule. Plus loin, roche, mer, vaisseaux, etc.

4° Flore et un petit génie au milieu d'un jardin. A droite, éclaircie avec eau et montagne. (Le Printemps.)

5° Cérès tenant des épis et des fruits ; homme assis, tenant une gerbe de blé. Petits génies. (L'Été.)

6° Trois paysages : deux avec eau ; barque dans l'un, moulin à vent dans l'autre. Dans le troisième, clocher de village et voitures descendant une côte.

7° Bataille. Altéré.

8° Paysage meilleur, avec effet de neige.

9° Deux paysages avec personnages sur le devant. Pêcheurs, poissons déposés à terre, cavaliers, etc. Au fond, eau, barques, montagnes surmontées d'édifices.

10° Quinze autres petits paysages, plus jolis les uns que les autres. Seulement, les teintes sont un peu trop vertes.

11° Deux petits cadres ronds : 1. Charretier conduisant des chevaux dételés, devant une auberge. 2. Église, eau et barque élégante.

BREUGHEL (Pierre) le jeune, dit *d'Enfer :* 1° Proserpine, au milieu des enfers. J'aurais pris cette scène pour un sabbat. Groupe nombreux très-éclairé au milieu ; emploi heureux des repoussoirs. Au fond, eau, et à l'extrémité, ville en flammes.

2° Tentation de saint Antoine. Une diablesse mise et couronnée comme une reine s'avance vers l'ermite déjà entouré d'une légion de démons. Que ne venait-elle seule ? Au fond, édifices, feux rouges.

BREUGHEL (Pierre) *le Vieux :* Bataille dans un cabaret (tiers de nature). Trivial.

BRIL (Paul) : 1° Paysage avec ruines. 2° Joli paysage avec eau. Noirci. 3° Quatre petits paysages avec des ciels trop bleus.

BRONZINO (Angelo) : Moïse lève pour les briser les tables de la loi, en voyant les Hébreux à genoux devant le veau d'or (demi-nature). Singulière pose de trois femmes effrayées et se baissant. Au fond, mont Sinaï trop à pic pour que l'ascension en soit possible à un simple mortel. Toutefois, Moïse est parvenu au sommet, où il reçoit ces tables du Père éternel, dont on ne voit qu'une main. Vive lumière, toile bien conservée.

BUONAROTTI (d'après Michel-Ange), dit *Michel-Ange :* 1° Léda caressée par Jupiter-Cygne. Pose peu décente de la nymphe aux formes vigoureuses.

2° Homme nu, dont un pied enchaîné est posé sur un brasier. Formes herculéennes. Médiocre.

BURGMAÏR (Jean) : Massacre des onze mille vierges, avec volets. Dans la pièce du milieu, Christ en croix entouré d'un cercle lumineux très-bizarre. Sur le devant, massacre dans les vaisseaux. Au fond, file de maisons. Dans le volet de droite, arrivée des navires remplis de ces vierges. Dans le volet de gauche, chef avec couronne dentelée, commandant le supplice ; soldats. Au fond de chaque volet, paysage. Les personnages des premiers plans sont de demi-grandeur. Les vêtements rouges dominent par trop. Mauvaise perspective. Confusion dans les groupes.

CAIRO (François) : Vénus sur son lit et tenant une flèche, les yeux fixés à terre. Adonis couronné de feuillages la contemple, un arc à la main. Sur le pied du lit, Cupidon joue de la lyre (quart de nature). Maniéré.

* CALIARI (Paul) dit *Véronèse* : 1º Grande Adoration des mages et des bergers, cadre d'un tiers plus large que haut. La Vierge assise sur le haut des marches d'un bâtiment en ruine tient sur elle l'Enfant Jésus qui se penche vers un vieux roi agenouillé. Autres mages et suites. Derrière, bergers debout. Sur le devant, deux moutons. Belle tête au long nez de Marie, bien éclairée; excellent modelé de l'Enfant. Presque toutes les têtes sont vivantes. Belle page très-peu noircie.

* 2º Noces de Cana, pendant du précédent. Ce tableau moins grand est plus beau que celui du Louvre, à l'architecture près. La table est à gauche. Nous n'en voyons que l'extrémité où se trouvent le Christ et sa mère nous faisant face et plus en évidence que les autres convives. Près de Jésus, un gros homme chauve se retourne pour regarder le miracle. Personnage debout tenant une coupe pleine de vin ; jeune homme buvant, une main sur l'épaule d'un vieillard assis. Galerie éclairée à l'extrême droite. Arche par laquelle on aperçoit une autre galerie. Des personnages circulent dans les deux. A gauche, profil d'édifices. Ciel avec quelques nuages. Belle tête de Marie regardant son vis-à-vis d'un air pensif, les mains croisées et appuyées sur la table. Charmants visages des deux jeunes blondes assises à l'extrême gauche. Elles, la Vierge et l'homme obèse sont bien éclairés. Disposition savante, ensemble parfait. Toile peu noircie.

* 3º La famille Concina présentée à la Madone par la Foi, l'Espérance et la Charité : belle idée fort bien rendue. Marie sur un trône, tient Jésus devant elle ; il regarde, les bras ouverts, les personnes recommandées. La Foi, jolie blonde en satin blanc, et la Charité, jeune femme en robe rose, la poitrine plus découverte, tiennent et présentent le père de famille et l'aîné de ses fils. Près de deux colonnes du portique sous lequel est assise la Madone, se trouvent deux hommes bruns, l'un est à genoux, l'autre debout, mains jointes ; puis vient la mère ayant contre elle un tout jeune garçon et sa fille. Enfin deux autres garçons, le premier entre la Charité et l'Espérance placée derrière et dans l'ombre ; le second plus jeune se tenant des deux mains à la colonne de devant sur laquelle sa tête se détache : il est très-gentil et bien éclairé. Près du trône, à gauche, saint Jean-Baptiste avec sa croix et son mouton ; à droite, saint Jérome un livre à la main, tous deux agenouillés. Grande et belle toile, un peu noircie.

* 4º Portement de croix, grand tableau de même forme que les précédents. Le Christ, au milieu, est tombé sur ses genoux. Un soldat repousse sainte Véronique qui a essuyé le visage du Sauveur. Deux bourreaux tirent brutalement l'auguste victime ou la frappent avec une corde pliée. Officier imberbe à cheval. Belle et longue tête brune mais noircie de Simon qui soulève la croix. A gauche, marche un des larrons entre deux cavaliers. Très-belle toile, plus noircie que les trois autres.

5° Calvaire (petite dimension). Le larron placé à la droite du Christ porte un caleçon vert : c'est le plus vêtu des trois crucifiés. Madeleine est au pied de la croix du milieu et Marie, sur le devant, est évanouie et soutenue par une sainte femme. Saint Longin descendu de cheval adore le Sauveur : cheval énorme et mal dessiné. Le reste est excellent et bien conservé. Ciel sombre, éclair perçant la nue.

6° Portrait d'un homme brun, grisonnant, vêtu d'une robe noire bordée d'hermine. Tête de terre cuite. Copie.

7° Résurrection (quart de nature). Jésus qu'entoure un oval lumineux s'élève au-dessus de son tombeau, les bras ouverts, la tête tournée vers le ciel. Il est nu avec un manteau sur les épaules. Parmi les soldats effrayés, l'un se sauve en opposant son bouclier à la vive lumière que projette le Christ. Au fond, à droite, un ange apparaît aux saintes femmes priant sur le sépulcre. Jésus est très-beau, le fond est bien éclairé; le reste est altéré. Esquisse, je crois.

8° Le bon Samaritain. Le chien du blessé regarde la blessure de son maître sur laquelle le Samaritain verse une liqueur. Bon, altéré.

* 9° Le Centenier de Capharnaum, implorant à genoux la guérison de son valet. Soutenu par un soldat, il s'est prosterné devant le Christ qui s'arrête sur les marches d'un portique et se retourne vers lui. Très-beau profil du Sauveur, empreint de charité. Disciples, homme obèse, petit page. Belle tête expressive de l'officier romain. Belle page, noircie dans certaines parties.

* 10° Moïse sauvé des eaux; autre grande et belle page un peu altérée. A droite, femme nue tenant le panier vide; une autre apporte l'enfant; une vieille s'est emparée du linge qui l'enveloppait. La princesse richement vêtue à la vénitienne est debout : jolie tête longue, blonde et bien éclairée. Plus loin, son char. Sur le devant, nain difforme tenant un lévrier par le cou et un autre en laisse. A droite, à l'opposé d'un garde debout, fortement ombré et formant repoussoir, se déroule un paysage bien éclairé où l'on voit la mère de l'enfant courant en regardant de notre côté. Elle s'empresse d'aller annoncer au palais cette nouvelle et de s'offrir pour nourrice.

11° Suzanne et les vieillards. Elle s'essuie un pied. Corps et visage de carton. Mauvaise copie.

12° Sainte famille. Jésus tenu par sa mère se penche pour recevoir du petit saint Jean des fruits que celui-ci lui apporte dans un pan de sa nébride; mouton, sainte Elisabeth, saint Joseph. Bon; altéré.

13° Jésus à Emmaüs, vieille copie ou répétition très-altérée.

14° Petit calvaire. Les deux larrons ne sont vus qu'à moitié. Madeleine au pied de la croix; la Vierge évanouie et secourue par les saintes femmes; saint Jean. Jolie toile, noircie. Madeleine n'est pas du type adopté par Véronèse pour cette sainte. Le tableau est-il de lui?

CALIARI (École de Paul) : 1° Présentation au temple de l'Enfant Jésus qu'on inscrit sur le registre des naissances, grande toile. On aperçoit le ciel à travers les voûtes du temple. Assez bon, altéré.

2° Le cygne et Léda. Mauvais.

3° Martyre de sainte Catherine. Un nègre tient sa couronne de reine. Le bourreau ouvre la robe à l'endroit de la poitrine et saisit son poignard. Officier à cheval. Deux anges apportent couronne et palme. Au fond, édifice, ville.

CALLOT (Jacques) : Jolie petite bataille. A droite, troupe de fantassins vue seulement en partie. On y distingue au premier plan, un hallebardier vêtu de rouge. A gauche, régiment d'infanterie opposé à l'autre troupe. Cinq hommes de ce régiment se portent en avant; deux ouvrent le feu. Drapeau, général monté sur un cheval blanc. Entre les deux troupes quelques soldats gisent à terre. Au premier plan, trois hommes assis et un chien. Au fond, colline avec forteresse, ville. Les personnages du fond sont microscopiques.

CANAL (Antoine de), dit *Canaletto :* 1° Vue du grand canal à partir de Notre-Dame-de-la-Santé. C'est, en plus petit, plus noir et moins beau, le tableau de la grande galerie du Louvre. (n° 113.)

2° Vue de la Piazzetta, prise de l'autre côté du grand canal. On a en face le port avec ses deux colonnes, le campanile à gauche et le palais des doges à droite.

3° Vue de la place et de l'église Saint-Jacques, près du pont de Rialto.

4° Vue de la place Saint-Marc. La droite occupée par le palais dei procuratori était dans l'ombre, elle est noire maintenant.

CANO (Alonso) : 1° Vieux saint Paul en pied tenant sa longue épée et un livre. Belle tête; coloris rouge; ombres noircies.

2° Saint Rodriguez en costume d'évêque, tête nue, avec une ligne de sang autour du cou, annonçant son genre de supplice.

Une palme à la main, il lève les yeux, tandis qu'un petit ange le couronne de fleurs. Vive lumière de ce côté. Beau visage du jeune saint, bien éclairé. Sur le devant de sa chasuble, deux petites peintures offrant les figures de saint Paul et de saint André. Ombres charbonnées. Bon.

CARPI (Jérôme) : Vénus marine. Elle est assise de face sur une coquille traînée par deux cygnes. Près d'elle, Cupidon, et derrière lui, néréides dans l'eau. Deux autres presque nues sont assises sur la rive. La déesse est mieux modelée et éclairée que les nymphes. Elle tient un trait levé. Cupidon n'a que son arc. Coloris sec. Joli tableau du reste.

CARPIONE (Jules) : Le vieux Neptune poursuivant une nymphe qui, changée en oiseau par Minerve, ne vole encore que d'une aile, attendu qu'un côté du corps a conservé la forme féminine, ce qui est d'un mauvais effet, quoique cette moitié du corps soit bien modelée et éclairée. Le reste est faible et noirci (quart de nature).

CARRACCI (Annibal) : Assomption de la Vierge (grande nature). Elle est posée presque horizontalement, les bras écartés ; elle nage au lieu de voler : ce qui tient à la forme étroite du cadre déterminée par la place réservée au tableau. Dans la tête de la madone, on retrouve quelque ressemblance avec la Vierge couronnée du duomo de Parme, tête tant de fois copiée par Annibal. Anges musiciens. Au premier plan, apôtres autour du tombeau vide.

2° Vierge tenant un livre, avec le Bambino assis sur une table. Il porte une pomme à la bouche. Le petit saint Jean, plus bas, montre un pigeon bleu perché sur un de ses doigts. Grande et belle tête de Marie. Cadre si bas que la tête de saint Jean n'est pas vue en entier. Nus d'un coloris sec.

3° Saint Roch distribuant des aumônes, grand tableau. Le saint, beau jeune homme imberbe, est assis au haut des marches d'un portique, et bien en évidence. Il donne une pièce de monnaie à une jeune femme qui la reçoit dans un plat. Belles tête et pose d'une autre femme descendant les marches, avec un enfant sur les bras. Homme amené dans une brouette par un hercule, etc. Au fond, colonnade et galerie avec trois arches, d'où l'on découvre la ville et sous lesquelles sont des personnages. Parties noircies paraissant confuses ; bon du reste.

4° Vierge en trône, assistée de saint Jean-Baptiste, de saint François et de saint Matthieu (grande nature). Saint François dont la tête est celle d'un mort baise un pied de l'Enfant Jésus. Le beau profil de saint Matthieu tenant une tablette est bien éclairé ; l'autre saint est devenu noir. Profil grec de Marie. Elle et Jésus sont d'un coloris sec. Au premier plan, ange assis tenant un papier imprimé. Altéré.

5° Le Génie de la gloire couronné de laurier, tient une lance et une couronne de feuilles. Trois autres couronnes sont passées à son bras gauche. (Mauvais effet de toutes ces couronnes.) C'est un tout jeune homme absolument nu. Un amour vole près de lui.

6° Tête de Christ aux traits trop communs.

7° Portrait d'un homme brun jouant du luth.

CARRACCI (Antoine Martial) : Portrait de femme. Elle tient une paire de cerises près d'une table où l'on voit le manche d'un luth. Mauvais.

CARRACCI (Louis) : Christ couronné d'épines soutenu par deux anges. Sa tête est dans l'ombre noircie. Belle poitrine, mais creux d'estomac trop prononcé et côtes trop saillantes (demi-figure).

CASTIGLIONE (Jean-Benoît), dit *il Greghetto* : Déménagement de Jacob. Il est à cheval et nous tourne le dos. Rachel avec un enfant au sein est assise sur un autre cheval. Sa tête baissée a noirci. Valets, chiens, troupeaux, ustensiles de ménage. Altéré.

CATENA (Vincent) : Madone et saints (demi-figures). Mauvais.

CELESTINO ou CELESTI (André) : 1° Grand massacre des Innocents. Vive lumière et vapeur à droite, édifices. Détails horribles et confus. Faible exécution.

2° Les Israélites livrent leurs bijoux pour la fabrication du veau d'or. On distingue deux femmes ayant chacune un enfant sur les bras. Au fond, personnages parmi lesquels je crois reconnaître Moïse et Aaron. Médiocre.

CESARI (Joseph), dit *Josépin* ou *le chevalier d'Arpino* : Grande bataille romaine, dit le catalogue. Mêlée d'hommes à pied et à cheval. Noirci.

CIGNANI (Charles) : Continence de Joseph (grandes demi-figures). Cadre octogone. L'épouse de Putiphar, n'ayant pour vêtement qu'un manteau bleu sur les cuisses, saisit, en sortant de son lit, le jeune et beau Joseph. Effrayé de la passion qu'expriment les grands yeux noirs de cette femme, il détourne la tête en levant les bras. Bonne peinture.

CIMA (Jean-Baptiste), *da Conegliano* : Présentation de Marie au temple. Elle est sur les marches du milieu d'un triple escalier bien éclairé, un cierge à la main. Le pontife s'avance à sa rencontre, les bras ouverts. Au bas des marches sont les parents. Plus loin, à gauche, autre temple avec galerie à colonnes surmontée d'une terrasse. Sous cette galerie, personnages; l'un d'eux s'y réfugie pour éviter un cheval blanc qui se cabre. Fond de paysage d'une teinte pain d'épice avec des montagnes trop bleues. Coloris sec. Belle lumière ; belle conservation.

CITTADINI (Pierre-François), dit *il Milanese :* Gibier tué ; lièvre dont on voit l'intérieur du corps ensanglanté, détail déplaisant; oiseaux. Bien peint.

COQUES (attribué à Gonzalès) : 1° Famille sur le palier d'un escalier de deux marches, à l'entrée d'une grande maison (petite dimension). Instruments de musique au premier plan. Visages d'un jaune morbide. Mauvais coloris.

2° Deux portraits en pied (esquisses de huitième de nature) de Charles Ier, roi d'Angleterre, et d'Henriette-Marie, son épouse, tous deux sous une voûte de palais. Nous sommes de ceux qui attribuent cette œuvre — bien supérieure à la précédente — à Van Dyck.

CORREA (Bastiano) : Hérode donne audience aux trois mages, afin de découvrir le but de leur voyage. La reine, placée sur un trône à côté de celui du roi, regarde avec certaine coquetterie le mage noir qui porte la parole. Grande toile, avec beaucoup de figures, bien éclairée, mais faible d'exécution.

CRANACH (Luc), le jeune : Portraits dans le même cadre de l'Électeur Maurice de Saxe et de son épouse. Faible.

2° Crucifiement. Mauvais.

CRANACH (Lucas Sunder), le vieux : Salomé présentant à l'impassible Hérode la tête de saint Jean-Baptiste (petite nature, jusqu'aux genoux). La reine, assise à table près de son époux, semble expliquer ses griefs contre ce moraliste trop sévère. Pas de perspective.

2° Résurrection de Lazare. Il sort de terre, avec un linge à la ceinture. Christ, disciples, etc. Personnages trop entassés.

3° Massacre des Innocents. Au milieu, amas de cadavres d'enfants. Sur le devant, une mère désolée, soldats et cavaliers (figurines). mauvais.

4° Trois saintes,

5° Martyre par l'épée de sainte Catherine. Sec.

6° Jésus au mont des Olives.

7° Deux bustes d'hommes.

8° Portraits de Luther et de Melanchthon (quart de nature). Répétition de ceux de Munich, mais plus altérés.

9° Portrait de Christine Eileneau, son type favori (petite dimension), yeux tirés par les angles, menton détaché, grand front. Joli portrait. Mais pour qu'un grand peintre ait vu là le beau idéal, il faut que l'amour soit bien aveugle.

10° Jésus caressant des enfants que leurs mères lui présentent sans prendre soin de cacher leurs gorges plus ou moins nues. L'un de ces marmots regarde le ciel d'un air inspiré, les bras croisés; il est à pouffer de rire.

11° Présentation de l'Enfant Jésus au temple (demi-nature, demi-figures). Il est assis sur une table, dans une chambre, dirait-on. Têtes collées l'une contre l'autre.

12° Bethzabée, un pied dans l'eau, l'autre essuyé par une soubrette (quart de nature). Trois autres suivantes. Toutes quatre sont vêtues en velours cramoisi. Eau blanche, mal rendue.

13° Idolâtrie de Salomon (quart de nature). Le vieux roi est agenouillé devant une statue de déesse. Quatre femmes debout derrière lui. Fond de paysage vu par une porte ouverte.

14° La femme adultère (demi-figures). Il y a là deux visages ignobles. Coloris sec, pas de perspective aérienne. Sujet traité comme à Munich et à Vienne.

15° Adam et Ève tenant chacun une pomme dont le feuillage abrite leur pudeur. En deux tableaux. Femme trop mince et trop courte du corps, trop longue des jambes.

16° Crucifiement (demi-nature). Ciel couleur de sang. Mauvais.

17° Adam et Ève, séparés par une tringle en bois. Derrière Ève, cerf couché.

18° Judith et Lucrèce, séparées comme Adam et Ève. Elles sont nues : la gaze qui les couvre étant à peine visible. Mêmes formes qu'au tableau précédent. Belle lumière. Ombres un peu charbonnées.

19° Jésus-Christ apparaissant à sa mère (petite nature, demi-figure). Derrière elle, Madeleine en pleurs. Deux autres têtes de saintes femmes. Sec.

20° Hercule combattant les Pygmées qui l'avaient assailli pendant son sommeil. Il en tient deux d'une main et lève sur l'armée liliputienne son énorme massue, tout en nous regardant d'un air encore endormi. Au fond, chasse aux ours, aux sangliers et aux cerfs. Toile absurde.

CRANACK (École de Luc), le vieux : 1° Sainte Cécile. 2° Sainte Barbe. Corps par trop exigus. Jambes trop longues.

CRESPI (Joseph-Marie), dit *la Spagnolo di Bologna* : 1° Madone et l'Enfant assis devant elle sur une large pierre. Elle tient le liston de saint Jean sur lequel Jésus pose un doigt. Ce dernier est bien modelé et éclairé. Marie, en demi-lumière, paraît altérée.

2° *Ecce homo*. Christ, yeux au ciel, et deux bourreaux (demi-figures. Altéré.

CRIVELLI (Charles) : 1° Ruines de thermes romains ; figures par Alessandrino. Deux grandes arcades à travers lesquelles on voit : d'un côté, un édifice rond détruit en partie, et de l'autre, la campagne. Sur le devant, personnages déguenillés. 2° Ruines voûtées, Scieurs de bois ; charpentier rabotant. Arbres noircis, Bonnes toiles.

CROCE (Girolamo da santa) : Crèche et bergers, sous un hangar. Trois petits anges à genoux près de l'Enfant couché. Marie et saint Joseph adorent aussi le Messie. En haut, anges. A droite et à gauche du hangar, paysage. Jolie toile, encore fraîche.

DENNER (Balthazar) : 1° Portrait d'un vieillard décrépit et laid. 2° Vieille femme coiffée de nuit. Air commun, mais intelligent. Visage ridé et, comme le précédent, tacheté de rouge. Étonnants reliefs. Altérés ou ébauchés.

DIETRICH (Chrétien-Guillaume-Ernest) : Anges apparaissant aux bergers, au milieu d'une vive lumière. Les bergers effrayés s'enfuient ; ils sont par trop dans l'ombre.

DIEPENBECK (Abraham van) : Neptune et Amphitrite presque couchée sur lui, les jambes écartées. Néréides, Tritons etc. Composition absurde.

DOLCI (Charles) : 1° Salomé tenant sur un plat la tête de saint Jean-Baptiste (demi-figures). Ombres noircies.

2° Institution de l'Eucharistie (demi-figures). Jésus tient le pain et le calice, les yeux au ciel. Belle tête aux cheveux trop frisés et pendants, barbe naissante.

3° Sainte Cécile jouant de l'orgue. Charmant profil. Creux de l'œil très-ombré. Jolie toile, d'un bon coloris, peu noircie.

DOLCI (École de Charles) : Vierge assez jolie, la tête et les yeux baissés. Mais cette tête est passée au bleu.

DOSSO-DOSSI : 1° La Justice tenant un faisceau consulaire et une balance. Vases pleins d'or, renversés (justice incorruptible). Belle tête d'un coloris sec. Fond de paysage.

2° La Paix, femme éteignant sur des armures le flambeau de la guerre. Elle pose un pied sur un casque et porte une corne d'abondance. Un mouton couché la regarde.

3° Une des Heures faisant sortir les chevaux d'Apollon (catalogue). Jeune et jolie fille tenant les rênes de quatre chevaux dont on voit passer les têtes qui sont à l'état d'ombres.

4° Diane surprenant Endymion endormi. Un genou en terre, elle le regarde et lui prend le menton. Ses appas très-développés

5.

sont peu cachés. Plus loin, son char attelé de deux taureaux. Il y a du bon dans cette toile noircie ; mais la posture de Diane est peu digne d'une grande déesse.

5° Rêve. Une femme aux bras musclés qu'on pourrait prendre pour un joli garçon, est couchée les bras croisés. Diables de toutes formes autour d'elle, et derrière, homme tenant une espèce de goupillon. Au fond, paysage, ville en flammes. Bonne perspective. Toile originale et mieux conservée que les précédentes.

6° Les Pères de l'Église, en méditation sur l'immaculée conception (catalogue). Dans le ciel, Dieu le père bénissant la Vierge. Sur le devant, pape obèse écrivant dans un livre. Ce tableau est un éloge de l'opinion de ce pape, appuyée de l'autorité des docteurs.

7° Judith assise, les yeux baissés, tenant la tête d'Holopherne. Grande et belle femme, à la bouche souriante. Fond noirci.

Dow ou Dou (Gérard) : 1° Jolis petits tableaux dont cinq avec effet de lampe : en prose, avec effet de chandelle. Dans le premier, vieille que je crois être sa mère cherchant le bout du fil perdu de sa bobine : excellente tête fort bien dessinée. Dans le second, jeune fille ayant posé sa lanterne à terre et tenant un vase plein ; elle est surprise à la cave, près du tonneau, par un jeune homme qui survient avec une chandelle allumée. Il semble lui dire en levant un doigt : « Ah ! je t'y prends, tu voles mon vin ! » Dans le troisième, une jeune et jolie femme regarde en haut, tout en arrosant une plante, à la clarté de sa chandelle.

2° Ermite à genoux, mains jointes, appuyé sur une pierre. Là sont déposés un livre imagé, un crucifix, une tête de mort, etc.

3° Vieillard taillant sa plume. Excellent.

4° Arracheur de dents à une fenêtre. Une main sur la tête d'un jeune homme, il montre au public la dent extraite. L'opéré, la tête baissée sous la pression de la main du charlatan, relève des yeux effarés et met un doigt dans sa bouche, d'une façon très-comique.

5° Gérard Dow dessinant à la plume dans un grand livre. Longue tête, mais charnue, au long et beau nez. C'est un bon Flamand, d'une nature distinguée. Il est fâcheux que son visage ne soit pas mieux éclairé. Sur la table, globe, statuette, violon, etc.

6° Nous le revoyons à une fenêtre, jouant du violon devant un cahier ouvert, son épée près de lui.

7° Buste de jeune Flamande, aux jolis traits, avec des perles dans les cheveux et aux oreilles.

8° Bon vieillard chauve, un bonnet violet sur le haut de la tête (demi-figure). Il lit. Vase à eau bénite renversé et goupillon.

9° Autre vieillard, lunette sur le nez, lisant une feuille imprimée avec image. Robe garnie de fourrure ; chaîne en or.

10° Chat tigré guettant une souris. Étonnant de vérité.

Tous ces tableanx de dimensions réduites sont jolis et très-frais.

11° Jeune homme près d'une jeune fille qui tient une chandelle allumée ; très joli petit cadre.

12° Madeleine, grosse Flamande, aux volumineux appas, à genoux devant un livre ouvert, crucifix, tête de mort, etc. Est-ce bien un Gérard Dow ?

DROST (van W.) dit *Terle* : Jeune homme tenant un parchemin qu'il montre, en se retournant, à un vieillard. Jolie tête du premier. Bel effet de lumière. C'est du Rembrandt de second ordre.

DUGHET (Gaspard), dit *Poussin* : Quatre paysages dont les fonds vivement éclairés sont jolis (surtout celui avec ville et montagnes), mais dont les premiers plans sont devenus noirs.

DUJARDIN (Karel) : 1° Diogène, proprement vêtu, s'apprête à casser son écuelle, en voyant un jeune homme qui boit dans le creux de sa main. Profil assez beau, non conforme à l'antique.

2° Jeune paysanne occupée à traire une chèvre. Chevreau, etc.

3° Taureau debout, chèvre et mouton couchés. Une autre chèvre broute les feuilles d'un arbre ; petit pâtre assis, son chien à ses côtés.

Ces deux dernières toiles plus petites que la première. Bonnes toutes trois.

DURER (Albert) : Lièvre couché sur le ventre, ses grandes oreilles dressées. Gouache sur parchemin (demi-nature).

2° Portement de croix en figurines, espèce de grisaille devenue d'un noir verdâtre. Trop de personnages, pas assez de perspective.

DYCK (Antoine van) : Saint Jérome assis, une pierre à la main, grotte, paysage. Coloris rouge. Œuvre non achevée.

2° Silène ivre soutenu par une bacchante qui jette un regard très-expressif à un faune placé de l'autre côté de l'ivrogne (jusqu'aux genoux). Ce faune, tirant la langue, la regarde de manière à montrer le blanc de ses yeux. Esquisse.

* 3° Danaé nue, avec une petite draperie au bas du corps est couchée sur un lit et tend les mains vers la pluie d'or. Une suivante en reçoit une partie dans son tablier. Amour s'appuyant d'un genou sur le devant du lit. Tête de Danaé en raccourci, très-jolie. Son corps aux formes élancées est bien modelé et très-éclairé.

4° Madone en costume de reine avec la couronne et le sceptre (jusqu'aux genoux). Jésus debout sur ses genoux, nous sourit en nous tendant la main : charmant visage d'enfant, gai, spirituel. Le nez de Marie est trop long et la ligne grecque est trop monumentale.

5° Portrait d'un homme jeune, brun, au regard de côté et dur, une main sur son fauteuil, l'autre levée. On dit que c'est le portrait de Rickaert. Il aura voulu prendre un air imposant. Est-ce bien de Van Dyck?

6° Portraits d'homme et femme vêtus de noir, avec collerette plate. Bonne peinture.

7° Femme en satin blanc. Visage long et pâle; poitrine plate. Altéré.

8° Les enfants de Charles 1er, roi d'Angleterre (Charles, Jacques et Henriette). L'un vêtu de jaune a un joli épagneul assis à ses pieds. L'autre en robe blanche a une main dans celle de son frère. Henriette est aussi vêtue de blanc. Colonne; rideau de velours formant le fond.

9° Portrait du roi Charles Ier (grande demi-figure), en habit et manteau noirs avec collerette ; barbe blonde, cheveux tombants, plus foncés ; une main sur une table, l'autre tenant ses gants. Belle tête longue, triste.

10° Autres portraits trop mauvais pour être de Van Dyck et une tête de vieillard, esquisse.

11° Portrait d'homme vêtu de noir avec fraise épaisse. Tête jeune, déjà dégarnie. Son œil à demi-voilé par la paupière supérieure et son nez un peu relevé me rappellent Talleyrand. Bonne toile.

12° Homme plus âgé, en habit noir. Ce coloris m'est suspect.

ELZHEIMER (Adam) : Judith tenant son grand sabre d'une main et de l'autre la tête d'Holopherne qu'elle dépose dans un sac tenu ouvert par sa vieille servante. Judith est une flamande aux deux mentons (demi-figures, demi-nature). Assez bon.

ESCALANTE (Jean) de Séville : Déposition du Christ. Belle lumière sur le corps mort; visage d'un gris vert. Bonne composition. Têtes médiocres.

ESPINOSA (Jacinthe-Jérôme) : 1° Portement de croix (figures jusqu'aux genoux). Le visage du Christ a noirci ; dos de bourreau bien éclairé.

2° Beau buste de saint François tenant un livre et regardant un crucifix. Près de lui, tête de mort.

EVERDINGEN (Albert) : quatre paysages, noircis.

* EYCK (Jean van) : Charmant petit triptyque. Dans la pièce du milieu, Vierge en trône sous un dais. Son manteau rouge est orné de pierreries. Elle tient l'Enfant au giron ; il a à la main un liston. Sa jambe gauche est assez mal dessinée. Le reste est très-fini. Dans le volet de droite, l'archange Michel armé de pied en cape, une main posée sur le commettant. Ses ailes ont les couleurs du prisme. Dans le volet de gauche, sainte Catherine tenant une épée et un livre, sa roue à ses pids. Ces deux saints se trouvent dans une église dont on voit les voûtes et les vitraux. Les volets fermés offrent à l'extérieur l'archange Gabriel, et Marie posés chacun sur un piédestal en bois sculpté, le Saint-Esprit volant au-dessus de Marie. Cette partie de volets est en grisaille, avec des reliefs blancs.

2° La Vierge et l'Enfant. Devant elle, sainte Anne tenant une poire. Vers le fond, saint Joseph et saint Joachim.

FASSOLO (Jean-Antoine) : Portrait d'une jeune Vénitienne blonde richement vêtue. Visage joufflu, peau trop tendue.

FERRABOSCO (Girolamo): Jeune femme potelée, belle brune, aux seins développés, la tête mal coiffée de fleurs (demi-figure). Elle se tourne vers nous en poussant un cri d'effroi. C'est que la mort la saisit par la taille. On ne voit du squelette que l'avant-bras. Coloris gris-noir.

FERRARE (Ecole de) : Jésus chez les docteurs (petite dimension). Assez bonne perspective. Altéré. Teinte pain d'épice.

FETI ou FÉTY (Dominique) : 1° Quatre petites toiles : 1. Martyre de sainte Agnès. 2. La parabole de l'aveugle voulant en conduire un autre. 3. La pièce d'argent perdue et retrouvée (vieille femme cherchant, une lampe à la main). Assez bon, effet de clair-obscur. 4. L'agneau égaré rapporté au troupeau. Assez bon, en partie noirci.

2° David assis, tenant la grande épée et la tête de Goliath. On dirait que le vainqueur va s'endormir.

3° Saint Sébastien attaché à un arbre et criant. Corps dans l'ombre, jambes éclairées. Altéré.

4° Le Samaritain chargeant sur son âne le blessé secouru.

5° Tobie tirant de l'eau un gros poisson ; ange. Assez bon.

6° Quatre petites toiles faisant suite aux quatre premières : 1. Retour de l'enfant prodigue. 2. Parabole de l'homme riche et des invités au repas. 3. Parabole de celui à qui le maître a fait remise de sa dette et qui se montre inexorable envers son débiteur. Ils se battent. 4. Parabole du propriétaire d'une vigne payant de même les ouvriers ayant travaillé plus ou moins longtemps.

FICHERELLI (Félix), dit *Felice Riposo* : Copie affaiblie du tableau de Canlassi, de l'Académie de Saint-Luc à Rome, représentant l'attentat du jeune Tarquin sur Lucrèce.

FICTOOR ou VICTOOR (Jean) : 1° Moïse sauvé et confié à sa mère Jocabed qui lui donne le sein en présence de la Reine et de ses femmes.

2° La coupe retrouvée dans le sac de Benjamin.

Visages flamands; coloris sec, surtout dans le dernier tableau.

FLINCK (Govaert) : Deux têtes de vieillards, assez bonnes, mais de teinte uniforme.

FLORENTINE (Ecole) : Annonciation. Mauvais dessin. Vieux style.

FONTANA (Lavinia) : Petite sainte Famille (quart de nature). Faible.

FRANCESCHINI (Marc-Antoine) : 1° Madeleine, entourée de femmes qui cherchent à la consoler (catalogue). Elle a plutôt l'air d'une malade que d'une pénitente. Un nègre ramasse les bijoux qu'elle a jetés à terre. Il n'y a de bon qu'un joli torse de femme.

2° Naissance d'Adonis. Une nymphe assise présente l'enfant a l'une de ses compagnes qui le reçoit un genou en terre (petite dimension). Autre nymphe et deux amours. Jolie toile.

FRANCK (Ambroise) : 1° La femme adultère.

2° L'Innocence et la Calomnie devant un juge intègre. Paysage.

3° Saint Pierre sauvé par le Christ. Figurines.

4° Combat des Amazones, vaste composition en figurines. Au milieu, ville en flammes sur une éminence. A droite, camp, combat, fuite. Tableau curieux, mais un peu noirci.

* FRANCK (Frans), dit le *Vieux* : 1° Petite fuite en Egypte. Très-jolie toile. Marie est sur son âne. Saint Joseph, portant l'Enfant dans son bissac, s'entretient avec elle. Trois cadavres d'enfants couverts de sang. Paysage, arbres, éclaircie avec eau.

FRANCK (Jérôme) : Petite décollation de saint Jean-Baptiste.

FRANCK (Sébastien) : Petite Tentation de saint Antoine. Bizarre.

* GELÉE (Claude), dit le *Lorrain* : 1° Acis et Galathée. A gauche, triomphe de Galathée. Au premier plan, les amants abrités par un tapis se regardent de près très-tendrement. Petit amour levant son fouet sur deux colombes amoureuses. Polyphème joue de la flûte sur un rocher. A gauche, la nymphe est balancée sur l'eau. Fond de paysage, barques. Belle grande toile, un peu noircie.

* 2° Fuite en Egypte. La sainte Famille est précédée d'un ange qui cause avec la Vierge montée sur un âne, au deuxième plan. Au premier plan, jeune pâtre jouant du chalumeau, bergère debout devant lui. Plus à droite, jeune fille à la fontaine. Deux voyageurs costumés à l'antique. Langue de terre faisant repoussoir, eau éclairée : bel effet. Pont, ville, montagnes, hautes roches ; beau ciel. Toile très-fraîche, plus belle encore que la précédente.

GEMIGNANO (Vincent) : Petite sainte Famille (demi-nature). Assez jolie Vierge (jusqu'aux genoux). Bambini mal dessinés.

GENNARI (Benedetto): Vieillard tenant un dessin qu'une femme est en train de peindre, copie du tableau du Guerchin, musée du Capitole à Rome. (Voy. *Musées d'Italie*.)

GÉRARD (François) : Portrait de l'empereur Napoléon Ier en grand costume. Étoffes bien peintes ; visage mal rendu. Copie.

GESSI (François) : Madeleine tenant un petit crucifix. Teinte pâle et grise. Manière du Guide.

GHERINGH (Jean) : Intérieur d'église avec colonnes grecques de couleur. On ne voit que deux des trois nefs. Bonne perspective.

GIORDANO (Luca), dit *Fa presto* : 1° Persée pétrifiant Phinée et ses compagnons, en leur présentant la tête de Méduse ; 2° Saint Sébastien, sainte Irène et sa suivante. Effet de nuit. Imitation de Ribera ; 3° Bacchus et sa suite surprenant Ariadne endormie sur un rocher (genre Titien) ; 4° Hercule filant aux pieds d'Omphale ; 5° Enlèvement des Sabines ; 6° Jacob levant la pierre du puits et regardant tendrement Rachel ; 7° Le jeune Tarquin et Lucrèce, d'après Canlassi ; 8° Mort de Sénèque ; 9° Suzanne et les vieillards, etc. Faibles.

GOLZIUS (Hubert) : Apollon et les Muses, au premier plan d'un paysage en toit, assez bon d'ailleurs. Figures mal peintes.

GOYEN (Jean van) : 1° Joli paysage. A droite, eau bien éclairée ; voitures et gens arrêtés devant des maisons de paysans. A gauche, village et terre entre l'eau et le ciel.

2° Effet de neige et de glace avec patineurs devant une ville. Pendant du précédent. A droite, sur le devant, maisons. Très-joli.

3° Autre excellent paysage. A droite, cabanes sur le devant, puits dont on tire l'eau au moyen d'une perche à bascule.

GRANDI (Hercule) : 1° Arrestation du Christ, et à gauche, Jésus sur le mont des Olives ; 2° Portement de croix. Tableaux larges, peu élevés. Gothiques ; mauvais.

GRAFF (Antoine) : Son portrait en pied. Il va peindre et nous regarde. Petite physionomie allemande ne manquant pas d'intelligence. Bonne peinture ; pose d'un bon effet.

GRIFFIER (Jean) : 1° Joli paysage très-frais. A droite, montagne rocheuse avec édifice. A gauche, barques vers le milieu de l'espace. Forteresse sur une éminence. Fond de montagnes bleues.

2° Deux paysages avec eaux, assez bons; mais tout est vert, excepté les montagnes du fond aussi bleues que le ciel.

HACKERT (Jean) : Paysage. Au milieu, chemin en demi-cercle dans la montagne; paysan à cheval, bergers et moutons. A droite, arbres; au fond, montagnes. Assez bon; un peu altéré.

HAENSBERGEN (Jean van) : 1° Un grand ange entouré de petits chérubins annonce aux bergers la venue du Messie (petite dimension). Un pâtre effrayé se sauve en se cachant la tête dans les mains. Le corps nu de cet homme est bien modelé et éclairé.

2° Assomption. La Vierge est trop joufflue et trop pâle. Les anges prennent toutes sortes de poses. Il en est qui marchent dans l'espace.

HALS (François) : 1° bon portrait de femme, vieille, laide, mais bonne, coiffée d'un serre-tête (demi-figure).

2° Jeune seigneur qui nous regarde en sifflant. Tête assez jolie, mais vulgaire.

3° Homme jeune vêtu de noir. Il tourne vers nous d'un air fier sa tête campagnarde. (Buste.)

HAUFMANN ou KAUFMANN (Marie-Anne-Angelina) : 1° Deux portraits de femmes en robe blanche, avec voile.

2° Amour en larmes et attendrissant une nymphe qui lui tend les bras.

HEINTZ (Joseph) : 1° Le Christ à la colonne. Pose forcée, noirci.

2° Petit enlèvement de Proserpine. Pluton l'enlève dans ses bras pour la placer sur son char dont les chevaux sont déjà partis au galop. La nymphe se débat et tend les bras vers sa mère. Troupe de jeunes filles au bain. Joli; mais trop de mouvement et poses un peu maniérées.

HELST (Barthélemy van der) : 1° Portrait d'homme jeune et brun se retournant vers nous. Visage énergique, de mauvaise humeur et peu distingué. Bons reliefs, belle lumière.

2° Buste de grosse femme, la main sur un sein et nous regardant en souriant. Elle se croit jolie. Assez bon.

HEM (Jean-David de) : 1° Deux tableaux de fruits et fleurs.

2° Fruits, fleurs, nid d'oiseau dont un œuf cassé est tombé près d'un escargot, chardonneret mort. Le même est à Munich.

3° Deux tableaux de fruits; l'un avec un homard, l'autre avec une écrevisse. Les raisins et les cerises du premier de ces tableaux, nous font venir l'eau à la bouche.

HEYDEN (Jean van der) : Deux petits paysages avec couvent et église gothique.

HOLBEIN (Hans ou Jean), le jeune : Beau portrait de jeune homme en habit et toque noirs, nez busqué, menton pointu.

2° Portrait d'une femme vêtue de noir avec pèlerine, le tout en velours. Bonnet simple comme un bonnet de nuit. Longue et excellente tête assez distinguée et bien éclairée.

3° Portrait d'homme sans barbe, tenant un livre (petite nature). Assez belle tête allemande. Ici et dans d'autres portraits d'Holbein, je note une particularité dont je ne me rends pas compte : l'œil droit bien à découvert et plus près de nous est sensiblement plus petit que l'autre.

4° Portrait d'homme moins jeune, avec de petits favoris noirs, nez arqué, jolie bouche charnue, menton proéminent, fendu et double. Physionomie bonne, spirituelle et sensuelle. Il porte la date de 1577. Un peu plus grand, moins éclairé, mais mieux ombré que le précédent.

5° Portrait d'homme brun et barbu. Visage bon, énergique; beau nez, jolie bouche, sourcils baissés et un peu contractés.

6° Portraits d'un père et de son fils : le premier écrivant, le second placé derrière lui, un papier à la main. Chez tous deux pommettes trop saillantes; teinte uniforme de terre cuite, plus foncée chez le père. Et pourtant il y a de la vie dans ces deux visages.

7° Portrait sous glace d'un grand seigneur portant une barbe rousse qui commence à blanchir (grande demi-figure). Habit bleu, pardessus en fourrure. Il est décoré de la toison d'or. Sa main serrant le poignard passé à sa ceinture et ses traits durs sembleraient annoncer une conscience peu tranquille. Teinte grise, uniforme, excellent dessin.

8° Beau portrait de vieillard vêtu et coiffé de noir, avec barbe blanche coupée carrément. Long nez, petits yeux. Physionomie sérieuse et digne. J'ai vu ailleurs ce visage.

* 9° Madone au donateur, chef-d'œuvre d'Holbein. Le bourgmestre Jacques Meyer de Bâle est prosterné, avec sa famille, devant la Madone. Marie, avec son fils dans ses bras, est debout dans une niche dont le cintre taillé en coquille est supporté par deux colonnettes carrées en marbre bleu. On voit qu'elle s'est levée pour recevoir ses visiteurs à genoux et groupés : les hommes à notre gauche et les femmes à notre droite. Par cette disposition heureuse, la Vierge bien en évidence domine la scène. Quoiqu'elle baisse les yeux, son attitude est majestueuse et simple à la fois.

Il est vrai qu'elle porte le costume et la couronne d'une reine. Ses cheveux blonds se répandent par derrière sur son manteau bleu. Sa robe d'un vert très-foncé et dont les manches sont jaunes tombe en plis serrés jusque sur les pieds. Une écharpe rouge roulée à sa ceinture, est nouée par-devant. L'Enfant Jésus, une main sur l'é-paule de sa mère et la tête couchée sur cette main, tend l'autre bras vers le groupe féminin en nous regardant d'un air calin et un peu endormi. La Vierge au contraire dirige son regard vers le bourgmestre et ses fils. Sa tête, quoique un peu trop lon-gue et trop ronde du haut, est fort belle et d'une charmante ex-pression de tendre sympathie. Son nez bien effilé a la pureté grecque, sa bouche est bonne ; son menton à fossette et un peu détaché surmonte un second menton naissant. Cette tête et le cou, admirablement éclairés, sont d'une blancheur éblouissante ; les joues ont l'incarnat de la pêche ; l'ensemble de la personne cons-titue à lui seul un chef-d'œuvre. Comme portraits, le groupe placé à notre gauche est un autre chef-d'œuvre. Le père agenouillé, les mains jointes et croisées, la tête et le cou nus, regarde la Madone avec une admiration respectueuse : bonne et honnête physionomie aussi vivante que possible. Devant lui, un genou en terre, est l'aîné de ses fils de quatorze à quinze ans, portant un élégant costume de chevalier du moyen-âge, tête et cou nus. Il tient des deux mains son tout jeune'frère debout. Rien de joli comme ces deux enfants : le pre-mier tournant les yeux à notre gauche, quoique la tête s'incline à droite ; le second regardant à terre, un bras tendu le long du corps, la main ouverte. Il est tout nu comme le Bambino ; comme lui, il est tout frisé. Leurs corps sont on ne peut mieux modelés et éclairés. Deux femmes en robes noires de visitandines, la tête et le cou enveloppés de linge blanc, et une jeune fille de douze ans vêtue tout en blanc, sont agenouillées à droite. La plus vieille, près de la Vierge, a la tête empaquetée au point qu'on ne voit que son-nez de profil ; la seconde, dont le visage au teint animé est seul décou-vert, est tournée vers la gauche, un peu plus que de profil ; elle tient un long chapelet, et la plus jeune, les mains croisées sur le ventre, regarde de profil son tout jeune frère. Sa coiffure est singulière. Elle se compose d'un bonnet en étoffe rouge qu'enveloppent deux larges bandes brodées en or et argent, sous l'une desquelles descendent des nattes de cheveux blonds. Ce trio féminin est beaucoup moins intéressant que l'autre, à cause des costumes et des poses ; les visages sont vivants ; celui de la mère placée au milieu est assez beau ; mais ils sont bien plus froids que les autres. Au bas du trône est étendu un tapis rouge faisant illusion. Cette belle toile mise sous glace occupe une place d'honneur au milieu d'une salle, à l'extrémité du Musée, comme la vierge Sixtine est placée seule dans un salon, à l'extrémité opposée. Il semble qu'on ait voulu opposer un chef-d'œuvre allemand à un chef-d'œuvre italien.

10° Portrait d'une femme obèse aux joues pleines, animées, à la bouche charnue, au menton détaché. Petit bonnet emboîtant la tête. Bon portrait, un peu sec et d'une teinte particulière.

HOLBEIN (Ecole de Jean) : Portrait d'Érasme. C'est, en petit, celui du Louvre. (n° 208.)

HOND (Abraham) : Petit combat de cavalerie, très-altéré.

* HONTHORST (Gérard), dit *Gherardo delle notti :* 1° Arracheur de dents. Il est éclairé en rouge par une chandelle que tient un jeune homme. Le visage de ce dernier et celui du patient, renversé et vu en raccourci, sont éclairés à blanc. Vieillard à genoux sur le devant également en lumière. Trois autres têtes à demi dans l'ombre. Bien conservé. L'effet de lampe produit sur le visage de l'opéré, est surtout remarquable.

2° Vieille femme tenant une chandelle allumée, une main placée devant la flamme. Visage très-ridé, bien éclairé.

HOOGHE (Pierre de) : Jeune fille à la fenêtre, tenant une lettre. Son profil est assez bien éclairé ; poitrine plate. Derrière elle, rideau tendu d'un effet original. Par-devant, fruits sur une table que recouvre un tapis.

HUTIN (Charles) : Petite femme en robe gris d'ardoise avec fourrure. Elle tient une lettre. Mauvais ou altéré.

HUYSUM (Jean van) : Tableau de fruits et fleurs.

INCONNUS (auteurs) : 1° Adoration des Mages, avec fond de paysage. Costumes bizarres des deux Mages debout. Frais. Genre gothique.

2° Assez bon portrait d'homme vêtu de noir et dont la barbe se confond aujourd'hui avec l'habit (buste).

3° Buste d'une jeune femme qui ouvre une boîte (demi-nature). Elle a sur la tête un cercle en or recouvert d'un voile noir. Sec.

4° Adam et Ève, mauvais.

5° Sept petits tableaux de la vie de Jésus-Christ, mauvais ou altérés.

6° Noces de Cana, altéré.

7° Madone avec l'enfant, saint Joseph et sainte couronnée d'épines. Genre Tintoret, mais faible.

8° Samson tuant mille Philistins avec une mâchoire d'âne. Un cadavre renversé sur le dos, offre de bons reliefs et de savants raccourcis.

9º Sainte Marguerite et le démon : ce sont deux monstres.

10º Bonne copie un peu noircie de la sainte Cécile, de Raphaël (Musée de Bologne),

11º Jeune homme allumant sa pipe, avec une braise tenue par des pincettes. Derrière lui, une femme lui apporte, en riant, un pot de bière qu'elle pose sur une table où se trouve une chandelle allumée. Il tourne les yeux de son côté d'un air distrait. Physionomie énergique et régulière, genre Gérard Dow.

12º Les saintes femmes, Madeleine en tête, au tombeau du Christ où l'ange leur apprend la résurrection du Sauveur, noirci.

JACOBEZ (Jurieu) : Sanglier aux prises avec des chiens. Masse informe.

JORDAENS (Jacob) : 1º Paysans, bestiaux et vieille versant, en riant, de l'eau dans un bac. Belle lumière.

2º Diogène tout nu, cherchant un homme, avec une lanterne en plein jour. Il rit et fait rire les paysans. La scène se passe sur un marché au milieu d'animaux, de fruits et de légumes.

3º Marie, saint Jean, saint Joseph d'Arimathie et les saintes femmes regardant avec étonnement le suaire vide dans le tombeau du Christ. Têtes trop rapprochées les unes des autres. Effet de lumière de la chandelle portée par une vieille. Ce tableau est dit-on, l'un des meilleurs de ce peintre, dans le genre sérieux ; d'où il faut conclure qu'il n'aurait jamais dû aborder ce genre.

4º Ariadne assise, entourée de trois nymphes, toutes quatre flamandes d'Anvers très-peu vêtues, et de faunes et bacchantes. Vieux satyre portant une corne d'abondance remplie de légumes, de fruits et de fleurs.

5º Présentation au temple, grande toile. Belle tête levée et à demi éclairée du vieux pontife Siméon. Saint Joseph à genoux tient un panier avec des colombes. La Vierge et Jésus ont des traits flamands. Bon coloris.

KAUFMANN (Angelina). Voyez Haufmann.

KEULEN (Janson van), portraits d'un homme et d'une femme vêtus de noir, pendants. Beau visage de l'homme, traits vulgaires de la femme.

LAAR (Pierre van), dit *des Bamboches* : 1º Gueux étalés au soleil sur une place, partie altérée. Bâtiments du fond très-bien éclairés et se detachant sur le ciel bleu.

2º Deux autres toiles plus petites. Même genre, mêmes défauts, même mérite.

3º Valet revêtant de son harnais un cheval blanc, choisi parmi ceux qu'on traite de rosses. Femme avec un enfant, maison ; le tout se détachant sur un ciel vivement éclairé.

LANCRET (Nicolas) : 1º Grand tableau de bergers et bergères masqués. Dans une allée, berger exécutant un pas, entre deux groupes de curieux, au son de la flûte, etc.

2º Autre divertissement champêtre beaucoup plus petit ; menuet au son d'une vielle. Paysage, faible.

3º Mariés de village. On leur offre le vin d'honneur. En tête de la noce, vieux et vieille, bras dessus bras dessous. Meilleur que le précédent.

LANFRANCO (le chevalier Jean), dit *Stefano* : Saint Pierre à genoux, mains jointes, se repent d'avoir renié son divin maître. Tête chauve éclairée à la Ribera, mais grossièrement peinte.

LANZANI (Polydore), dit *de Venise :* Madone et saints (petite nature), genre Palma. Mauvais, altéré.

2º Vierge en trône à l'entrée d'un portique (grande demi-nature). La charmante sainte Catherine s'approche de l'enfant qui lui tend une couronne de mariée. Ange soulevant le rideau derrière la Vierge. Commettant à genoux tenant un enfant que saint Joseph présente à Jésus. Paysage.

LARGILLIÈRE (Nicolas) : portrait d'un homme bardé de fer, avec une perruque à la Louis XIV. Belle et bonne tête sensuelle : Mais ce n'est pas de la chair, c'est du bois. Copie sans doute.

LIBERI (chevalier Pierre), dit *Libertini* : 1º Le Jugement de Pâris. Il a l'air d'une femme stupide. Mauvais, altéré.

2º Vieillard tenant un petit livre rouge et un groupe en bois représentant les trois figures de l'apocalypse. Un jeune homme semble se jeter dans ses bras. Belle et forte tête de vieux. Joli visage de l'autre.

LICINIO (Jean-Antoine-Régille), dit *Pordenone* : Buste d'une dame en deuil (Cornara, reine de Chipre, dit-on). Gaze noire avançant jusqu'au bas du front. Belle tête charnue.

LIMBORGH ou LIMBORCH (Henri van) : Vénus et Cupidon. Effet de nuit. La déesse est nue et couchée. Une colombe s'avance vers l'Amour, les ailes ouvertes. Noirci.

LIOTARD (Jean-Etienne) : La chocolatière de Vienne (demi-nature) : Jeune et jolie fille coquettement mise, apportant sur un plateau, une tasse en porcelaine du Japon remplie de chocolat et un verre d'eau. Charmant petit tableau très en vogue à Dresde.

LOO (Charles-André van) : Paris et Ænone, dit *le Catalogue*, n'est-ce pas plutôt Angélique et Médor? Le jeune homme debout trace leurs noms sur l'écorce d'un arbre au pied duquel son amante est assise. Elle lève une couronne de fleurs. Ils sont peu vêtus. Un peu maniéré.

LUCIANO (Sébastien), dit *del Piombo* : Christ à la colonne, flagellé par deux bourreaux (petite dimension). Esquisse, je crois, du tableau de l'église mentionné dans ma *Revue des Musées d'Italie* (p. 281).

LUTI ou LUTTI (le Chevalier Benoît) : 1° Buste du Sauveur. Visage sans barbe, trop féminin, cheveux tombants.

2° Vierge ayant les mains croisées sur la poitrine ; yeux baissés, bouche prétentieuse.

MARATTE (Charles) : Jolie petite Vierge avec l'Enfant couché sur elle. Il se réveille et tend les bras à sa mère. A gauche, le petit saint Jean à mi-corps.

2° Crèche (demi-figures). La Vierge en robe rose, a, par exception, les seins demi-nus. Elle tient le nouveau-né couché sur elle, près de son lit de paille et le regarde avec amour. Trois têtes d'anges les entourent. Le visage baissé de Marie et l'effet de lumière sont imités de la nuit du Corrège. Comme dans ce dernier tableau, l'Enfant est emmaillotté.

MAZZUOLA (François), dit *le Parmesan* : 1° Madone debout dans le ciel au milieu d'un rayon lumineux. Sur la terre, saint Etienne tenant une pierre et saint Jean-Baptiste. Altéré.

2° Vierge avec le Bambino. Un ange leur présente un enfant. Saint George à genoux, et plus haut, son cheval blanc. La tête de Marie, par trop grecque, est mal dessinée.

3° La sainte Vierge avec son divin Fils qui tient un globe dans une main et une rose dans l'autre. La robe de Marie est plissée d'une façon ridicule ; sa tête est belle, mais froide.

4° Madone avec les saints Enfants, saint François et saint Sébastien. Ce dernier ressemble à une statue. Archi-mauvais.

5° Enlèvement de Ganimède (grande demi-nature). Ce jeune homme tout nu, un vase à la main, est tenu à la jambe par une serre de l'aigle et s'appuie d'un bras sur l'une de ses ailes. Draperie pendante dont on ne voit pas l'utilité.

MECHARINO (Dominique), dit *Beccafumi* : Vierge agenouillée devant Jésus qui joue avec un agneau. Au fond, le petit saint Jean et saint Joseph. Ce dernier dans l'ombre offre de bons reliefs. Mais le précurseur se démène trop pour lui montrer le Sauveur, et Marie a un visage de cire. Coloris frais.

MEER (Jacques van der) : Trois hommes chez une courtisane, placée devant une table couverte d'un tapis et tenant un verre. L'un d'eux posé derrière elle lui prend les seins et lui met des pièces d'argent dans la main. Loin de se fâcher, elle lui sourit. Jolie personne au teint animé ; mais son visage tout d'une pièce manque de renseignements.

MEER (Jean van der), dit *de Jonge* : Paysage avec berger, bergère et moutons. Faible.

MENGS (Antoine-Raphaël) : 1° Bonne copie de l'Isaïe de Raphaël (*Musées d'Italie*, p. 282).

2° Portrait d'homme brun.

3° Portrait d'une princesse en robe de satin blanc et manteau bleu doublé d'hermine. Elle porte une croix suspendue à un grand cordon rouge et a, pour coiffure, une toque rouge. Genre Louis XV.

4° Petite Madeleine, genre Franceschini.

5° Douze portraits au pastel, entre autres le sien et celui de son père. Le meilleur, à mon avis, est celui du peintre Sylvestre ; bonne tête déjà âgée, à l'œil vif et spirituel. La plupart de ces portraits ont des teintes d'un blanc rose peu vraies. Ils ont aussi certains airs prétentieux.

METZU (Gabriel) : 1° Jeune femme en robe de soie lilas et pelisse bleue bordée en peau de cygne. Elle a pour coiffure un vrai bonnet de nuit. Elle fait de la dentelle : longue tête flamande nous regardant avec un sourire.

2° Homme en veste grise et feutre noir. Il est assis tenant une flûte de Champagne, l'autre main posée sur l'épaule d'une femme, jeune blonde, en riche costume flamand, les cheveux relevés à la chinoise, l'air impassible.

* 3° Jeune femme portant au bras un panier d'où sort une tête de bécasse. Elle présente un lièvre à une vieille gouvernante assise. Gibiers au croc. Poulets dans une de ces prisons cellulaires qu'on a, dans mon pays, l'irrévérence d'appeler séminaires. Au premier plan, poule blanche d'une vérité étonnante. Derrière la jeune et jolie marchande en casaquin rouge, se tient un petit bonhomme qui la regarde. Excellente toile, visages vivants, mains fort bien dessinées.

* 4° Vieux marchand de volaille assis sur un cuvier renversé et tenant un coq blanc qu'il offre à une belle dame portant au bras, un élégant cabas. Elle regarde le marchand d'un air triste. Pourquoi ? Volailles mortes et vivantes, bouvreuil dans une cage. A droite, édifice dans l'ombre. Charmant tableau.

5° Jeune femme lisant une lettre. Joli visage aux deux mentons ; air très-attentif.

* 6° Vieillard vêtu de noir et dont un bas descendu laisse à nu le haut d'une jambe. Il fume dans une longue pipe en terre. Profil parfait, avec les sourcils relevés d'une façon particulière aux fumeurs qui, entendant un colloque animé, commencent à sortir de leur apathie, sans toutefois abandonner la pipe chérie. En effet près de lui une cuisinière tenant par les pattes une poule plumée, en offre un prix trop modique, puisque la vieille marchande allonge la main pour reprendre cette volaille, en faisant une grimace de mécontentément, tandis que la servante conserve son air placide. Voilà une petite scène de comédie que tout le monde peut comprendre. C'est la nature prise sur le fait.

METZYS (Quentin) : 1° Le compteur d'or avec son énorme et absurde coiffure en laine rouge (demi-figure). Près de lui, une jeune et jolie femme, les mains croisées et posées sur un livre ouvert, regarde les jaunets. Sa coiffure, rouge comme sa robe, se termine en pointe par derrière.

* 2° Banquier assis établissant verbalement un compte dont un paysan s'apprête à payer la solde. Pendant ce temps, la vieille femme du débiteur offre à la fille du banquier une poule et des œufs. Le teint basané de la paysanne contraste avec la blancheur de la demoiselle. Au premier plan, un petit campagnard, un œuf à la main, nous regarde. Livres, pièces d'or, etc.

Ces deux tableaux sont bons et bien conservés.

MEULEN (Antoine François) : 1° Deux tableaux de moyenne dimension représentant : l'un Louis XIV se dirigeant avec sa suite sur Fontainebleau ; l'autre le grand roi et la reine se rendant à Arras, escortés d'une troupe, avec suite nombreuse. Bonnes perspectives. Toiles encore fraîches.

2° Escarmouche dans un bois. Louis XIV à cheval au premier plan, donne des ordres à un aide-de-camp. Faible, altéré.

MIEL ou MEEL (Jean) : 1° Chèvres et pâtre. Celui-ci joue de la musette ; son chien dort près de lui. A gauche, fort. Excellent.

2° Deux jeunes pâtres et vaches. Bon, mais noirci.

MIERIS (François van), dit *le Vieux* : Femme écrivant sur ses genoux, un encrier à la main, et regardant à notre droite. Sa tête, ses bras, ses seins sont nus. Longue tête brune assez jolie.

2° L'artiste faisant le portrait de sa femme qui nous tourne le dos mais dont le tableau nous donne de face son visage lymphatique. Miéris avec son nez court et un peu retroussé, et sa grande bouche, a l'air plus spirituel que distingué. Il est à demi éclairé, afin d'avantager sa femme.

3º Le même Miéris, — bien éclairé, — montrant, dans son atelier, un tableau à un personnage tout à fait dans l'ombre et mis là comme repoussoir. Le peintre est debout, costumé comme un grand seigneur, ce qui rend son visage plus trivial encore.

4º Femme jouant du luth et regardant un homme âgé placé derrière elle (son maître, je suppose). Visages se faisant opposition : l'un brun, l'autre blanc ; lui occupé de la leçon de musique, elle pensant à toute autre chose. Table avec vase et cuvette. Fond d'architecture à colonnes.

5º Étameur examinant un poêlon troué — comme son habit.— Un jeune ouvrier est derrière lui. Jeune servante commandant la réparation. Deux enfants. Vase d'étain couché sur un tonneau et faisant illusion.

* 6º Femme assise, dont la toilette en désordre laisse un sein nu. Elle tient derrière elle une lettre qui la rend soucieuse. Un luth est posé devant elle sur une table. Une vieille servante, la bouche ouverte, les doigts d'une main posés sur ceux de l'autre main, semble établir le calcul des jours d'absence qui chagrinent sa jeune maîtresse. Bon visage de vieille.

7º Jeune femme, en robe jaune et pelisse rouge, donnant à manger à un perroquet bleu.

8º Vieille femme assise plantant un pied d'œillet dans un pot de terre placé sur une table. Elle paraît très-affairée.

9º Jeune et joli garçon à la barbe blonde, en riche costume de velours et soie. Le coude appuyé sur une table, il fume avec une longue pipe. Sur le sol, cuirasse, trompette, drapeau ; élégante épée contre une chaise.

* 10º Vieillard taillant sa plume. Devant lui, manuscrit commencé. Sa tête un peu inclinée, les yeux baissés, est fort bien éclairée. Sphère d'un relief étonnant ; grand bassin en cuivre sur une fenêtre.

11º Buveur âgé tenant son pot et sa pipe. Profil dans l'ombre. Bon, un peu noirci.

12º Une dame assise devant son miroir, un cure-dents dans la bouche, l'air distrait. Petit chien sur ses genoux. Un peu altéré.

13º Soldat nous regardant d'un air de matamore, buste, teinte uniforme.

MIÉRIS (Guillaume van). 1º Vieux cénobite dans un désert. Placé devant un livre ouvert, ses yeux sont levés au-dessus d'un petit crucifix. Belle tête très-éclairée.

2º Vieille femme cherchant dans la main d'une jeune et jolie personne, les signes favorables ou fâcheux de ses amours futures.

3º Bacchus debout tenant par derrière Ariadne dans ses bras. Satyres, bacchants, bacchantes dansant au son d'une musique champêtre. Silène sur son âne, etc.

4º Élégant joueur de trompette à une fenêtre sur l'appui de laquelle on voit une large bouteille, un verre, une pipe et un tapis. Sur la face extérieure de cet appui, Silène en goguette (bas-relief). Imitation du trompette de Gérard Dow, du Louvre, nº 124.

* 5º Un homme assis, une pipe à son chapeau, ses bas tombés, regarde en coulisse une jeune femme qui lui pose une main sur l'épaule et tient de l'autre un verre. La commère lui rend œillade pour œillade. Derrière eux, un buveur debout les examine tout en nettoyant sa pipe. Table avec tapis ; ustensiles de ménage, etc. Excellente toile.

* 6º Preciosa reconnue par sa mère et par une servante. Elle est assise, la poitrine nue. J'aperçois sur l'un des seins un petit signe qui achève la reconnaissance. Une jeune fille à genoux sur le devant et nous tournant le dos, montre une sandale posée à terre. Derrière la mère, trois femmes dans l'ombre, dont l'une déjà âgée adresse la parole aux deux autres. N'est-ce pas la nourrice expliquant le fait? A gauche, arche par laquelle entre un homme âgé, en costume de chevalier. C'est, j'imagine, le père attiré par l'exclamation de sa femme. Son visage exprime une agréable surprise. Épagneul couché et relevant la tête au bruit qui se produit; meubles. Beau vase antique entouré d'une guirlande de fleurs et de feuilles d'acanthe (parfait de relief et de couleur). Très-jolie toile, fraîche.

7º Homme âgé allumant sa pipe. Tabac dans un papier ouvert sur une table où se trouve son instrument (vielle). Il se retourne vers une servante qu'il regarde d'un air provocateur.

8º Vénus couchée dans un paysage et Cupidon près d'elle avec son arc et un trait. Belle flamande. Très-petit et joli tableau.

9º Vieille femme en casaquin gris, tenant sur une table un brochet dans un panier en fer blanc. Trois petits pains (demi-figure).

10º Pâris présentant la pomme à Vénus (très-petite dimension). Cupidon est le seul spectateur de cette scène. Le jeune berger a pour vêtement une peau de tigre. Pose peu gracieuse de la déesse.

11º Marchande de gibier, à une fenêtre, tenant un lièvre par les pattes. Panier plein d'oiseaux tués. Au bas de cette fenêtre cintrée et garnie de vignes, bas-relief représentant des enfants qui jouent avec un bouc. Fond noirci, jolie toile.

12° Céphale, un genou en terre étanche avec un mouchoir la plaie de Procris, au-dessus d'un sein. Elle est nue; le linge ensanglanté cache le haut des cuisses. C'est une grosse flamande. Derrière, grands arbres. A gauche, éclaircie, campagne. Joli.

* MIGNON (Abraham) : 1° Sur une table, panier de gibier d'où pend un cou de canard ; autres gibiers tués. Grand et bon tableau.

2° Beau tableau de fruits.

3° Fruits et fleurs avec un nid dans lequel un chardonneret se dispose à entrer. Bon.

4° Chardonneret mort près d'un œuf jeté hors du nid et cassé. Moins de lumière. Pendant du numéro précédent.

5° Coq pendu maladroitement par la patte ; animaux tués.

6° Sujet du même genre mieux traité, surtout quant au lièvre accroché par les pattes et dont la tête tombe sur une table où se trouvent des oiseaux morts ; et sur un tapis vert un plat de pêches et de raisins très-appétissants.

MIREVELT (Michel-Jean) : Deux portraits d'hommes vêtus de noir, avec fraise : l'un vieux, l'autre plus jeune. Plus un portrait de femme, en robe noire, obèse et pâle. Bons, mais nus trop secs.

* MOLA (Pierre-François) : Mort de Lucrèce (petite dimension). Elle est assise, la poitrine nue et percée au-dessous des seins. Elle se meurt, en invoquant la justice divine. Son père (selon le catalogue), Brutus (selon moi) , le poignard ensanglanté à la main, excite les assistants à la révolte. La mère soutient la victime ; une jeune sœur exprime sa douleur d'une façon touchante. Toile noircie. Quel dommage !

MOLINARI (Jean-Baptiste) : Noé ivre, nu, assis à terre, le pied sur un panier de raisins. Un des fils montre la nudité de son père. Derrière, trois jeunes hommes à mi-corps, parce qu'ils sont placés sur un sol plus bas. L'un tient un linge dont il va couvrir son père. Noé n'avait que trois fils. Quel est le cinquième acteur?

MONPER (Joseph), dit *Eervrugdt* : Trois paysages rocheux, deux assez mauvais. Le troisième, avec pont et eau d'un côté ; maison, puits, montagne et haute roche surmontée d'un édifice, de l'autre côté, est mieux éclairé et mieux conservé.

MORO (Jules dal). Voy. *Torbido.*

MOUCHERON (Frédéric) : Sept paysages, altérés.

*MURILLO (Barthélemy-Etienne): Madone assise avec le Niño sur ses genoux. C'est une espagnole plus jolie que distinguée. Elle lève les yeux au ciel, avec une belle expression de douleur résignée. Et quelle vérité dans le regard tourné vers nous de l'Enfant Jésus ! Quelle belle lumière !

NAZZARI (Bartolo) : 1° Buste de Vierge. 2° Buste de vieille femme, toutes deux en robe noire. Très-bons, surtout le dernier éclairé à blanc.

* NEEFS (Louis) : Intérieur d'une vaste cathédrale gothique à sept nefs, avec vitraux peints ; très-bien éclairé. Un prêtre dit la messe où sont groupés de nombreux assistants. A droite, prédicateur avec son auditoire. Bonne toile, peu noircie.

NEGRI (Pierre) : Agrippine mourante amenée devant Néron. Elle est couchée, la poitrine nue, avec une plaie saignante sous le sein gauche. Le parricide debout regarde devant lui en affectant le calme ; mais ses bras croisés s'appuient sur la poitrine comme pour en comprimer les battements. Son visage ne ressemble guère aux portraits antiques. Beau corps et belle tête d'Agrippine, trop jeune près de son fils homme fait et barbu.

* NETSCHER (Gaspard) : 1° Jeune et jolie dame richement vêtue et accoudée sur une table couverte d'un beau tapis. Elle tient un bouquet de lis et de roses, sans doute pour nous faire remarquer que sa peau a la blancheur de l'une de ces fleurs et l'incarnat des autres. Elle tourne à notre droite des yeux un peu trop gros, les sourcils relevés ; le reste du visage est beau. Excellent portrait.

2° Jeune homme jouant de la harpe. Ses cheveux tombent sur les épaules. Un petit amour dont la tête est énorme joue de la guitare à ses pieds. Moins bon, noirci à gauche.

3° Le médecin des urines. Jeune femme assise, pâle, une main sur la poitrine, l'autre confiée au médecin qui lui tâte le pouls. Celui-ci regarde en même temps le contenu d'une fiole qu'il tient levée et que regarde aussi la malade inquiète.

* 4° Autre jeune femme assise que coiffe une soubrette et qui tient un épagneul sur ses genoux. Jeune valet portant un plateau. Robe de satin blanc sur un fauteuil. Excellent.

* 5° Jeune personne en satin blanc, debout, les mains sur les touches d'un clavecin et se retournant vers nous. A gauche, un jeune seigneur richement mis est assis dans un fauteuil, un livre à la main. A droite, jeune femme assise. Au fond, valet portant un plat. Très-joli.

6° Jeune dame appuyée sur un riche tapis, à une fenêtre, et tenant un cahier de musique ; jeune homme brun jouant de la guitare. Joli, un peu noirci.

7° Vieille femme avec son rouet. 8° Jeune couturière. Petits tableaux altérés.

NEYTS (A.-L.) : Deux grands et bons paysages, peu noircis :

1° Départ pour la chasse. Terrain montueux avec ruines et tour, puis beau débris de château gothique.

2° Même sujet. Une dame et deux seigneurs, à cheval.

NOGARI (Joseph) : 1° Beau buste de saint Pierre, les yeux au ciel. Il tient une clef et un papier. Belle lumière.

2° Vieil avare vidant dans une sébile une bourse pleine d'or (buste). Tête maigre éclairée àblanc, yeux creux et avides, sourcils rabattus, bouche entr'ouverte.

3° Pour pendant à l'avare, vieillard venant de terminer une lecture. Visage calme et bon. Il réfléchit doucement à ce qu'il a lu. Le peintre oppose ici à la vie agitée et coupable de l'avare, le bonheur tranquille que procure l'étude.

4° Vieille femme vêtue de noir et se chauffant les mains au-dessus d'un brasero en terre. Tête énergique et peu sensible.

5° Autre tête d'avare, vieillard assis, tenant ses lunettes d'une main qui s'appuie sur l'autre. Sourcils que l'inquiétude fait baisser, bouche fermée sans lèvres apparentes, air dur, mécontent. Sur la table, deux pièces d'or.

Ces quatre dernières têtes sont traitées avec soin et bien éclairées.

ORRENTE (Pierre) : Jacob enlevant la pierre qui fermait un puits vers lequel s'avance Rachel au milieu de ses moutons. Un berger la montre à Jacob. Troupeau de ce dernier, au premier plan. Bon, noirci.

OSTADE (Adrien van) : Dans une pièce voûtée : à gauche, tonneau, grands vases en cuivre, cruche, etc.; à droite, chèvres, vaches. Noirci.

2° Un peintre à l'ouvrage. C'est l'auteur, dit-on, mais pourquoi ne nous montre-t-il que son dos et une joue dans l'ombre?

3° Buveurs assis à une table, un verre et une pipe à la main. Plus loin, une vieille verse à d'autres buveurs une tournée de petits verres. Bon tableau, sans trivialité. Pas le moindre bonnet de laine sur les yeux !

OSTADE (Jean van) : Joli paysage avec glace et patineurs. Chien blanc d'une vérité extraordinaire.

PALMA (Jacques), dit le Jeune : 1° Saint Sébastien attaché à un arbre par un bras relevé et un autre baissé. Son corps nu avec linge à la ceinture se détache bien. Sa tête jolie et bien modelée retombe sur sa poitrine. A gauche, bourreau. Noirci.

2° Entrée d'Henri III, roi de France, à Venise. Il est vêtu de noir ; son visage maigre et d'une teinte verdâtre est passablement laid. Il s'avance entre deux sénateurs et suivi des autorités en grand costume. Riche galère à l'entrée du port.

6.

3° Erection de la croix de saint André. Mauvais, noir.

4° Présentation de la jeune Marie au temple. Elle est en robe rose et manteau bleu, et s'avance, un cierge à la main, suivie de ses père et mère. Le pontife la reçoit en haut des marches du péristyle. Assistants. Passable.

PALMA (Jacques), dit *le Vieux* : Femme blonde absolument nue couchée sur un lit et nous regardant. Ce lit est un gazon émaillé de fleurs et couvert d'un drap blanc. Paysage. Jolie tête aux yeux noirs. Beau corps gracieusement posé et ombré.

2° Les trois filles du peintre (demi-figure). La femme de gauche tourne les yeux de notre côté, les autres se regardent. Elles sont fort belles, celle du milieu surtout; mais les visages et les cous sont mal dessinés et leurs chevelures sont des bottes de lin.

3° Sainte famille dans un paysage (grande demi-nature). Marie, assise près d'un arbre, se penche en arrière pour soutenir le Bambino qui s'est élancé dans les bras du petit saint Jean, tout en se retournant vers sa mère. Belle tête de saint Joseph encore jeune, sainte Catherine regarde Jésus avec émotion. Mauvais dessin.

4° Autre sainte famille plus grande, plus soignée que la précédente (demi-figures). Les têtes de la mère et de l'enfant se touchent. Charmant visage, à demi éclairé, de sainte Catherine, les yeux baissés. Saint Jean, homme barbu, ayant à la main son liston que Marie tient par l'autre bout. Beau profil du précurseur. Joli visage de la Vierge bien éclairé, un peu pâle. Mais la séparation de la tête d'avec le cou est trop peu indiquée. Bons reliefs.

PALTRONIERI (Pierre), dit *il Mirandolese* : 1° Forge allumée et forgerons à l'ouvrage sous une arche en ruine.

2° Ruines d'édifices antiques, statue de femme drapée. Deux soldats assis. Personnages sur les marches d'un monument détruit.

PANINI (Jean-Paul) : Deux beaux tableaux. Le premier, avec arche en ruine à l'entrée et édifice au fond, est bien éclairé; l'autre présente deux arches précédées d'un escalier; longue voûte à droite. Bâtiments, personnages.

PAUDITZ (Christophe) : Homme dans l'ombre, assis comme pour écrire sous la dictée d'une dame, au profil de vierge orné d'un double menton. Elle s'appuie des deux mains sur la table. Bon.

2° Tête de vieillard bien éclairée; habit et bonnet fourrés

PENNI (attribué à Jean-François), dit *il Fattore* : 1° Saint Georges, sur un cheval blanc, perce le dragon de sa lance. Au fond, la charmante princesse Cléodelinde, à genoux, les mains jointes, priant pour le guerrier qu'elle regarde. N'est-ce pas plutôt l'orthodoxie personnifiée? Le petit profil du saint est éclairé. Cheval de carton. Noirci.

2° Archange Michel terrassant Satan. Archi-mauvais.

PEREIRA (Vasco) : Communion de saint Paul Ermite, nu, avec une guirlande de feuilles à la ceinture (petite nature). Un ange lui présente une hostie ; autres anges. Paysage avec deux scènes de la vie du saint Assez bon. Mais le corps et les jambes du principal personnage ont tourné au pain d'épice.

PESNE (Antoine) : 1° Son portrait. Belle grosse tête ; sourcils levés, os de l'œil peu saillant, menton peu prononcé.

2° Jeune fille tenant des pigeonneaux. Ses seins demi-nus sont placés bien bas. Le haut du visage est dans l'ombre de son petit chapeau de paille.

PETERS (Bonaventure) : Paysage avec barques. Sur le rivage, personnages bien peints par David Teniers, mais un peu altérés.

PIPPI (Jules), dit *Jules Romain* : 1° Vieux satyre voulant caresser un jeune berger qui jouait de la flûte de Paon. Tous deux grimacent. Le jeune homme exprime sa répulsion. Imitation de l'antique.

2° Sainte Famille (figures jusqu'aux genoux. Les enfants vus en entier). La Vierge debout soutient l'Enfant Jésus qui a un pied dans un bassin en cuivre et l'autre sur le bord du vase. Le petit saint Jean verse de l'eau sur le corps du Bambino qui lui sourit. Sainte Élisabeth tenant un linge. Saint Joseph dans l'ombre. La tête de Marie est belle et bien éclairée. La vieille tête de la sainte est d'une teinte pain d'épice. Du reste le tableau est plus frais qu'aucun autre de ce peintre. N'est-ce pas une copie?

PLATZER (Jean-Victor) : Quatre tableaux allégoriques. Les éléments. Genre Breughel, mais inférieurs.

POELEMBURG (Cornelis) : 1° Diane et ses nymphes juchées sur une roche au bas de laquelle sont des pièces de gibier. C'est le plus grand et le plus mauvais tableau de ce peintre.

2° Minerve, entièrement drapée et coiffée d'un casque, semble reprocher aux neuf muses l'état peu décent de leurs toilettes. Pégase, cheval ailé, à l'état de repos. (Plus petit et meilleur que le précédent.)

3° Huit petites toiles représentant des femmes nues au bord de l'eau, ou des sujets religieux. Je remarque quatre femmes sortant du bain que j'ai vues au Musée du Belvédère à Vienne.

* 4° Autre tableau plus remarquable. A gauche, six femmes sorties de l'eau et demi-drapées, sont assises à terre et s'essuient. Trois autres sont dans l'eau jusqu'au bas du torse. Joli.

PONTE (François da), dit *Bassano :* Adoration des bergers, (petite dimention). Au fond, paysage, jour à son déclin ou à son aurore. Toile bien éclairée.

* PONTE (Jacques da), dit *Bassano :* 1° Un ange annonce aux bergers la venue du Messie (petite dimension). La lumière céleste dont l'ange est entouré éclaire les objets au milieu de la nuit. Bel effet de clair-obscur. Visages vrais et bien modelés.

2° Deux grands tableaux avec troupeaux et comme toujours dos penchés et petits garçons avec pan de chemise au vent. Bons, un peu noircis.

3° Deux tableaux avec animaux et paysans, noircis.

4° Paysage avec personnages sur le devant. Femme à cheval, petit bonhomme à genoux en pan volant, etc. Noirci.

PONTE (Léandre da), dit *Bassano :* 1° Assez laide tête du Christ couronné d'épines et portant sa croix.

2° Deux portraits (grandes demi-figures) : 1° d'une grosse dame âgée, au visage commun ; 2° du doge Cigogna, en grand costume. Visage noir et trivial. Mains bien dessinées, visage éclairé.

* 3° Jésus-Christ guérissant un aveugle (quart de nature). Vers le fond, apôtres, temple. Belle tête de Christ, bien éclairée. Bonne toile à la Véronèse.

POORTER (Wilhem, c'est-à-dire Guillaume van) : Esther devant Assuérus.

POORTER (d'après Wilhem van) : 1° La femme adultère (petite dimension). Jésus, tout courbé vers le sol où il trace des caractères, semble un coupable s'inclinant devant la justice ; car la femme dont les mains sont libres, dont la mise est soignée, se tient droite et fière. Assez bien peint. Clair-obscur à la Rembrandt.

2° Présentation au temple. Faible.

PORTA (Joseph) : Christ mort assis sur une pierre et soutenu par un grand ange ; deux autres anges (petite nature). Bon.

* POTTER (Paul) : Deux vaches, un taureau, un cheval, deux brebis et deux agneaux, les uns couchés, les autres debout. Arbres. Taureau rouge moucheté de blanc, parfait. Paysage simple et d'un grand effet.

POUSSIN (Nicolas) : 1° Portrait de profil d'homme vêtu de noir. Bien éclairé, mal peint. Donc ce n'est pas un Poussin.

2° Noé et sa famille offrant un sacrifice, à la sortie de l'arche (quart de nature). Au milieu, feux allumés. Femme à genoux tenant un enfant qui bégaye une prière, mains jointes. Cette femme et un jeune homme portant un candélabre sont seuls éclairés. Le reste est noir.

* 3° Vénus endormie et couchée sur un lit de verdure d'une façon trop indécente, les jambes écartées ; une gaze mince comme un ruban protége seule sa pudeur. Cupidon est assis au premier plan ; autre amour aux pieds de la déesse. A droite, deux bergers et bacchantes dans les arbres. L'un d'eux regarde la belle endormie, ce qui en ferait à mes yeux une simple nymphe. Cupidon, tenant deux flèches d'une main, semble la menacer de l'un de ces traits sauf à blesser de l'autre l'indiscret berger. Dans le fond, couple de bergers, en conversation sentimentale près de leurs moutons qui broutent. Jolie toile, mieux conservée que la précédente.

4° Narcisse à la fontaine. Il est si préoccupé de sa charmante image qu'il n'aperçoit pas deux jolies nimphes assises à gauche, ni Écho blanche comme du marbre debout contre un rocher. Elle est beaucoup plus grande que les autres personnages : c'est qu'elle s'allonge en se changeant en rocher. Narcisse est bien dessiné et bien posé. Mais pourquoi lui a-t-on mis la tête dans l'ombre ? Toile noircie,

5° L'empire de Flore. Héros changés en fleurs. L'un d'eux (Ajax peut-être) s'est percé de son épée tombée à terre. Près de cette épée pousse une fleur. Un jeune couple regarde dans un grand vase rempli d'eau quelqu'autre métamorphose, celle d'une grenouille, par exemple. C'est de la métempsichose. Frais et comme non achevé. N'est-ce pas une copie ?

6° Martyre de saint Erasme. Il est étendu sur le dos, la tête renversée et tombante, la bouche ouverte ; il se meurt. Tandis qu'un prêtre païen lui montre la statue d'Hercule, un bourreau lui tire un long boyau du ventre entr'ouvert. J'ai partagé l'horreur des assistants et me suis hâté de passer outre.

PRETI (Mattia), dit *le Calabrais* : Saint Pierre délivré par l'ange. Deux gardes endormis, l'un presque nu couché sur le dos, l'autre sur le ventre.

* PROCACCINI (Camille) : 1° Saint Roch visitant les pestiférés. Il arrive par le fond, et dans l'ombre qui a noirci, de sorte qu'on a peine à découvrir le personnage principal, ce qui est une faute. Des malades se prosternent devant lui. Ici un jeune homme gît mourant auprès de son père qui implore le saint. Là un homme emporte sur son dos une femme morte, les seins découverts, sur lesquels elle a cherché à ramener son vêtement par une dernière idée de pudeur. La tête renversée, la bouche et les yeux ouverts, elle semble crier. Dans les airs, un ange remettant son épée au fourreau, annonce que Dieu pardonne et que le fléau va cesser. Grande et belle toile.

2° Sainte Famille. En examinant l'Enfant Jésus plus grand que d'ordinaire et les poses maniérées du fils et de la mère, on croirait d'abord voir Vénus et Cupidon. Marie est plus jolie que belle. Anges. Saint Joseph, noirci.

* 3° Enlèvement d'une jeune fiancée. Dans un bateau qu'on amarre à la rive, un jeune homme nu, l'épée à la main, tient devant lui une femme également nue, hors la ceinture. A ses pieds, est le corps d'un personnage percé à la gorge. Dans le même bateau, un homme âgé (le père) et une jeune fille (la sœur) tendent les bras vers le meurtrier. A droite, combattants dont l'un a saisi la draperie de l'enlevée. Beau dessin, belle lumière. Mais le visage du ravisseur est encore mal à propos dans l'ombre, et la femme qu'il tient, dont la tête levée est vue en raccourci, semble bouder et non crier.

RAIBOLINI (François), dit *Francia* : 1° Grand baptême du Christ. Saint Jean, un genou en terre, vient de puiser de l'eau dans une tasse et regarde, en se relevant, le Sauveur. Il y a de l'habileté dans cette pose : il semble qu'il s'humilie devant son maître avant que Jésus se courbe devant lui. Deux grands anges. Dans les airs, le Saint-Esprit. Fond de paysage. Visages d'une seule teinte terre cuite; jambes du Christ trop grêles. Est-ce bien là un Francia original?

* 2° Sainte famille. Marie (demi-figure), dont les seins ne sont pas indiqués, prend par le corps et lève l'Enfant au-dessus de ses genoux. Jésus tient un oiseau qui crie. On ne voit guère que le buste du petit saint Jean appuyé des deux mains sur l'épaule de la Vierge. Les trois têtes sont belles. Le regard rêveur de la Madone qui se tourne à notre gauche est d'un effet piquant. Bon tableau, très-frais.

3° Adoration des Mages. Au haut des marches d'un portique sont assis saint Joseph et la Vierge tenant l'Enfant. Deux vieux rois se prosternent au bas de ces marches. Autre mage debout et suite. Derrière le Messie, deux bergers l'adorent : ils portent d'élégantes bottines. Paysage.

RAMENGHI (Barthélemy), dit *Bagnacavallo* : Vierge glorieuse. Elle tient debout sur elle l'Enfant qui montre le ciel à quatre saints. Ceux-ci placés plus bas regardent le divin couple. Genre Bartholommeo. Jésus a noirci. Les nus sont en partie d'une teinte rouge-brique.

RAVENSTEIN (Jean van) : Deux portraits. Femme vêtue de noir.

Homme bardé de fer. Bons ; reliefs trop peu indiqués cependant.

* REMBRANDT (van Ryn Paul) : 1° Homme jeune dans un état de jubilation communicatif. Il tient une flûte remplie de vin et de l'autre main une jeune femme sur ses genoux : main admirable de dessin et de lumière. Il se retourne vers nous en riant aux éclats. C'est Rembrandt lui-même en partie fine avec sa femme, vraie flamande au double menton, au nez arrondi. Pâté sur une table. Excellente toile, un peu noircie dans les parties de droite mises dans l'ombre.

* Portrait de vieillard coiffé d'un toquet noir orné à sa base de petites perles. Il tient ses besicles d'une main et de l'autre un tube de la forme d'une lunette d'approche (demi-figure). Accoudé sur une table, il nous regarde et semble livré à quelque triste méditation. Une grande barbe encadre son visage supérieurement dessiné et éclairé.

3° Ganimède, enfant d'un an, enlevé par l'aigle qui le tient par sa robe lilas retroussée et ornée de glands d'or. Ce moutard crie en faisant une affreuse grimace et pisse de peur ; il est vivement éclairé, tandis que Jupiter-oiseau est dans l'ombre. Grande toile faisant bien peu d'honneur au goût du peintre et aux directeurs du Musée qui lui ont donné place à côté de vrais chefs-d'œuvre.

4° Repas d'Esther et d'Assuérus (demi-nature). La reine, se tenant trop droite sur son siége, nous regarde ; elle est bien éclairée. Le roi, assis près d'elle, se retourne pour donner un ordre, en comptant sur ses doigts : visage royal par trop ignoble. Esther est une flamande au double menton. Un convive me paraît embrasser sa voisine assise à la turque, les pieds sous elle. En partie noirci.

5° Un grand ange, peu beau, apparait à Jacob assis à terre et dormant (tiers de nature). Un petit ange lui répète à l'oreille ce que lui a dit de loin le séraphin. Belle lumière tombant sur le jeune et joli dormeur.

6° Sacrifice de Manné et de sa femme. Un ange vient leur annoncer la naissance d'un fils (Samson). Ils sont agenouillés près d'un autel où le feu consume la chair et les os de la victime : spectacle dégoûtant. Petit profil flamand de la femme. Grande toile. Fond noirci.

7° Portrait de l'auteur, sur le retour. Il écrit. Visage aux deux mentons, à barbe négligée. Il a pour coiffure un bonnet de velours noir.

— 8° Petite mise au tombeau dans une grotte à travers laquelle on aperçoit le Calvaire. Grande lanterne allumée. Saint assis sur le bord du sépulcre; son turban descend jusqu'aux yeux. Têtes et bras éclairés par une lumière jaune.

9° Jeune homme pendant au croc une volaille. Oiseau bien rendu. Jolie tête de Flamand. Il est dans l'ombre et vu presque en entier.

* 10° Vieille femme pesant de l'or (demi-figure). C'est, dit-on, la mère de l'auteur. Sa physionomie à demi éclairée, vivante au possible, est moins longue et moins distinguée que celle du musée de Lichtenstein à Vienne — désignée mal à propos, à notre avis, comme mère de Rembrandt. — Ici, le type se rapproche davantage de celui du peintre.

* 11° Portrait de vieillard portant une longue barbe et des cheveux gris. Il tient une canne : son visage de trois quarts est tourné vers nous. Sa longue tête annonce la bonté. Excellent.

12° Portrait d'une jeune femme qu'on dit être la fille de l'auteur. Elle a une main sur la poitrine et tient un œillet. Visage coloré, au double menton, sourcils peu apparents. Belle lumière.

13° Tête de vieillard aux longs traits, à la grande barbe blanche, coiffée d'un bonnet noir. Les rides entre les sourcils annoncent la souffrance ou le mécontentement.

14° Portrait d'un jeune homme vêtu de noir. Tête d'une teinte jaune, assez jolie, mais bouche méchante.

15° Trois bons portraits : 1. Vieillard vêtu de noir. Air peu distingué, au nez arqué, gros et court. 2. Jeune femme, portant sur l'oreille un chapeau à larges bords ombrageant le front et un œil. Visage commun riant d'une façon assez niaise. Bel effet de lumière. Je ne pense pas, comme l'auteur du catalogue, que ce soit la femme du peintre. 3. Gros homme joufflu, la bouche entr'ouverte, air bon et jovial. Habit vert, bonnet noir enfoncé jusqu'aux yeux. C'est le plus faible des trois.

16° Buste de vieillard en riche costume noir, avec grand chapeau en velours de même couleur. Le devant de l'habit est orné de pierreries.

17° Portrait d'un jeune homme cuirassé, avec manteau brun.

18° Paysage. Moulin au pied d'une colline.

RENI (Guido), dit *le Guide* : 1° Ninus et Sémiramis (grande nature). Ils sont assis, la main l'une dans l'autre, et se regardent tendrement. On voit sur une table un petit vase en verre avec quelques fleurs délicates. Ces fleurs ne veulent-elles pas dire : « Leur amour durera ce que durent les roses, l'espace d'un matin. » Le visage de la reine n'est pas assez énergique ; le profil de Ninus est celui du Christ au type jupitérien.

2º Vierge en trône avec saint Jérome, saint Cyprien et saint Crépinien. Dans les airs, deux anges tenant chacun une couronne. La Madone est très-jolie avec ses yeux baissés. Les saints tournent au noir.

3º Le Christ ressuscité apparaît à sa mère agenouillée qui le regarde les bras ouverts. Entre eux, grand ange tenant un drapeau. Saint Borromée. Adam et Eve nus, dans l'ombre.

4º Vénus assise saisit par le haut un trait que tient Cupidon. Joli corps nu, à une petite gaze près. Son air est suppliant. Fond de paysage.

5º Petit suivant de Bacchus buvant à même d'une carafe. Appuyé contre un petit tonneau, un genou en terre, il rend l'équivalent de ce qu'il avale. Son visage et son corps très-gros offrent de beaux reliefs.

6º Deux *Ecce homo* (bustes). Dans l'un, le Christ lève la tête vers le ciel. Dans l'autre, il a les yeux baissés. Excellents modelés; coloris un peu trop blanc.

7º Saint Jérome, une petite croix à la main et tenant de l'autre une pierre. Beau profil; coloris rouge brique. Bonne étude. Est-ce un original?

8º Tête de Christ couronnée d'épines, les yeux au ciel. Belle, mais devenue verte.

RIBERA (le chevalier Joseph de), dit *l'Espagnolet* : 1º Saint Paul l'ermite dans sa grotte, les yeux au ciel. Vivement éclairé en partie.

2º Saint Jérome traité de même. Ce sont deux grands bustes dont les visages sont comme barbouillés de rouge.

3º Un ange drapé apparaît à saint François d'Assise couché sur des épines et lui montre un point dans l'espace. Le saint se retourne vers lui en ouvrant les bras et la bouche. Parties bien éclairées; ombres noircies.

4º Jacob gardant les troupeaux de Laban. Un genou en terre, une main sur la poitrine, l'autre sur un mouton, il regarde à notre droite, la tête un peu levée. Les moutons sont passés du blanc au noir.

5º Martyre de saint Barthélemy. Le saint nu, à la ceinture près, est assis, un bras attaché à un arbre, l'autre tenu par un bourreau qui lui a fait des incisions avec un couteau. Un autre exécuteur tire la corde qui fixe le bras à l'arbre. Le couteau, resté dans une plaie béante, fait mal à voir. Le saint, les yeux au ciel, la bouche entr'ouverte, est bien éclairé.

*6º Martyre de saint Laurent. Un bourreau le saisit pour l'é-

7

tendre sur le gril. Le patient formule une dernière prière, les yeux tournés vers un point lumineux dans le ciel noir. Belle expression de foi courageuse. A gauche, on aperçoit deux jeunes hommes, l'un au-dessus du feu qui éclaire son visage, l'autre ramassant les vêtements du martyr. Plus haut, homme portant du bois. A droite, beau profil de vieillard éclairé, puis autre tête dans l'ombre. Très-bonne toile qui malheureusement n'a plus de demi-teintes.

7° Saint Paul l'ermite dans une caverne, priant, les yeux fixés sur une tête de mort. Beau profil. Pose recueillie. Ombres noircies.

* 8° Sainte Marie l'Égyptienne en prières près de sa tombe. Elle tient par un bout son suaire dont un ange tient l'autre extrémité. Sa jolie tête, ornée d'une chevelure abondante, est trop jeune et trop fraîche peut-être. Belle tête de l'ange vu en partie. Composition simple et pathétique.

9° Saint Pierre en prison est délivré par un ange. L'envoyé céleste montre la porte ouverte au saint déjà délivré des fers qui comprimaient ses mains; ceux des pieds vont aussi se détacher lorsque le saint couché se lèvera. Belle tête de l'apôtre. Bonne expression de surprise et de reconnaissance.

10° Buste de saint Paul l'ermite. Bon, un peu altéré.

11° Diogène avec sa lanterne, grand buste. Visage assez beau, énergique, à l'air sévère, au regard scrutateur. Le côté gauche est dans l'ombre; l'autre, très-éclairé, est d'un grand effet.

RICCI (Sébastien) : 1° Sacrifice au dieu Pan. Un berger appuyé sur un agneau, une mère de famille et un jeune homme sont agenouillés devant le buste du dieu. Un prêtre vêtu de blanc, une main sur ce buste et l'autre levée, parle au berger d'un air prophétique. Au fond, temple devant lequel un pâtre joue du chalumeau.

2° Sacrifice à Vesta. Une jeune fille, un bras sur l'autel, les yeux baissés tristement, fait vœu de chasteté. Un homme, assis à terre et tenant des fleurs, la regarde. Pasteurs à genoux offrant des présents, etc. Au fond, édifice.

Ces deux tableaux d'une petite dimension sont jolis, mais noircis.

* RIDOLFI (Claude): Charmante Annonciation. L'ange à genoux sur un nuage, un lis à la main, montre de l'autre le ciel. Marie, à son prie-Dieu, se retourne, les bras ouverts, les yeux au ciel. Elle est très-belle et bien éclairée.

RIGAUD (Hyacinthe) : Portrait du prince Auguste, frère du roi de Pologne. — antichambre du musée — médiocre.

ROBERTI (Dominique) : Quatre tableaux d'architecture offrant chacun un portique grec en ruines et un édifice au fond. Dans l'un, on voit au premier plan la statue de l'hercule Farnèse. Bons ; noircis.

* ROBUSTI (Jacopo), dit *le Tintoret* : 1° La femme adultère. Le Christ est assis au bas d'un escalier au haut duquel se trouvent de nombreux personnages sous une arcade. Il se retourne vers ses disciples placés au fond à gauche. Son beau profil est bien éclairé. Sentence tracée sur le pavé. La femme cherchant d'une main à rajuster sur la poitrine ses vêtements en désordre, baisse humblement la tête. De chaque côté, infirme venant demander guérison. Bons raccourcis, bon dessin, belle lumière de l'infirme de droite. Celui-ci, dont le corps et les jambes sont pliés, est soulevé par une jeune femme.

2° Archanges précipitant du ciel les démons, à coups de lance. En haut, Dieu le père, la vierge avec l'enfant, un pied sur un croissant. Bon, mais altéré et se ressentant de la fougue de l'auteur.

3° Le Parnasse (petite nature). Au milieu d'un cercle lumineux, Apollon tenant un violon. Mercure d'un côté et la Géographie de l'autre, volent la tête en bas. Les trois grâces enlacées et vêtues de gazes légères sont entourées par les muses. Nus et visages de carton. Altéré.

* 4° Six femmes presque nues s'apprêtant à faire de la musique. L'une va jouer d'un petit orgue dont une autre fait mouvoir les soufflets. Celle-ci, le corps penché en arrière et regardant celle qui tient un tambour de basque, est très-jolie ; sa pose est heureuse et originale. Les autres tiennent l'une une flûte, la seconde un violoncelle, et la dernière aussi fort jolie, un cahier de musique. Belle toile.

5° Homme, entre deux âges assis, et jeune blondin tous deux vêtus de noir. Celui-ci apprend une terrible nouvelle au premier dont les yeux grands ouverts, expriment la colère et l'effroi.

ROOS (Jean Henri) : 1° Jeune fille assise et dormant le dos contre une pierre. Près d'elle, taureau debout, vaches et moutons couchés, chèvres. Plus loin, autres bestiaux et pâtre, traversant une mare. Bon.

2° Taureau debout, moutons couchés et vieille bergère assise. Noirci.

3° Deux tableaux de grandeur presque naturelle, dont on ne voit plus que le blanc de quelques bêtes.

4° Taureau blanc couché, vache rouge debout, etc. Petite toile.

5° *Autre tableau du même genre. Altéré.*

6° Trois grandes toiles dont deux de grandeur naturelle et l'autre de demi-nature. Bestiaux. Dans l'une, une femme qui allaite et un homme, tous deux à peu près nus, sont assis sur le devant. Noircis.

Roos (Philippe-Pierre), dit *Rosa de Tivoli :* Bestiaux. Noirci.

Rossi (Pasquale), dit *Pasqualino :* 1° Très-petite adoration des bergers, esquisse sans doute. Front trop bas de la vierge; tête trop ronde et trop peu éclairée de l'enfant. Chaque berger a la tête dans l'ombre et le dos nu éclairé.

2° Saint Jean prêchant dans le désert (petite dimension). Noirci.

Rotari (Pierre): 1° Buste de sainte Madeleine, cheveux tombants, une main sur la poitrine. Tête d'une jolie paysanne ingénue.

2° Nativité. Au premier plan, un âne boit à la fontaine sur le haut de laquelle est couché Jésus. Vive lumière à la Honthorst. Bon.

Rubens (Pierre-Paul) : 1° L'empereur Charles-Quint, couronné par la gloire, foule au pied un Silène. Près de lui, Vénus assise et Cupidon en larmes. On le voit à peine. Original, je crois, dont une copie est à Munich.

2° Le *Quos ego !* de l'*Enéide.* Le vieux Neptune debout sur sa coquille menace Borée qui se sauve dans l'espace. Les bras de ce dernier sont des ailes et son torse se termine par deux corps de serpents. Néréides d'Anvers, triton, cheval marin. Toile peu achevée.

* 3° Méléagre et Atalante. Une main sur sa poitrine nue, elle regarde tendrement son amant appuyé sur son épaule et lui offrant la hure du sanglier de Calydon. Dans le ciel, furie faisant un geste de menace. Fond de paysage. Femme trop flamande. Jolie toile, fraîche.

4° Chasse aux lions. Chasseurs dans le fond à gauche. En avant, lion rugissant, et plus près, tigresse allaitant sa portée. Plus haut, tigre endormi. Arbres. Bon.

* 5° Salomé recevant dans un plat la tête de saint Jean-Baptiste que le bourreau tient par les cheveux. Une petite servante de Flandre soutient aussi ce plat. La belle tête brune de Salomé m'a rappelé la Judith d'Allori (musée Pitti à Florence). Belle toile.

6° Portrait des deux enfants de l'auteur. L'aîné a les traits lymphatiques de sa mère; l'autre tient du père; il porte le perchoir d'un chardonneret attaché par la patte. Excellente toile très-soignée dont la galerie de Lichestein possède une reproduction avec quelques variantes.

7° Deux beaux portraits d'hommes vêtus de noir et portrait d'une femme pâle, déjà âgée et tenant un enfant sur ses genoux. Lumière blanche à la Vélasquez.

8° Grand et beau paysage. Cascade, montagne. Au premier plan, vayageurs.

9° Trois satyres portant des fruits; de l'autre côté, nymphes chargées de gibiers (jusqu'aux genoux). Ces drôles, aux pieds fourchus lancent aux chastes suivantes de Diane, des regards qui forcent l'une d'elles à baisser les yeux.

* 10° Même sujet, plus entier, plus complet et plus achevé. Derrière les chasseresses, têtes d'un jeune homme et d'une vieille. Il n'y a ici que deux satyres. Le troisième est remplacé par un berger embrassant l'une des Flamandes jouant le rôle de nymphes, les seins nus. La première portant un manteau est beaucoup mieux que celle du tableau précédent. Deux petits génies apportent des fruits au satyre de devant qui les reçoit d'un air distrait.

11° Hercule ivre soutenu par un couple de satyres. Derrière, bacchante dansant, les bras levés. Tigre couché. Le demi-dieu est vaincu par Bacchus, mais non troublé de façon à perdre toute dignité. La femme satyre a des chairs flasques et des tétons pendants d'un aspect désagréable. Peinture achevée; coloris parfait.

12° Même sujet avec une corbeille de fruits renversée, en plus. Ébauche du tableau précédent, selon nous.

13° Dame à sa toilette. Elle est nue, avec une très-légère draperie autour d'un bras et un manteau noir cachant le bas du corps. Ses jambes ont la forme et la couleur lymphatiques que nous avons signalées dans la *Fermann* du musée du Belvédère, à Vienne. Une femme de chambre la peigne, tandis qu'un petit nègre lui apporte une lettre qu'elle regarde d'un air animé. Epagneul aboyant le nègre.

* 14° Satyre tenant une corbeille de fruits et nous regardant en riant. On peut dire des raisins : « ils sont trop verts. » Bacchante riant aussi. Excellent.

15° Le gros Silène assis, un pied posé sur le cou de son tigre couché et tenant une coupe qu'emplit un bacchant. Un autre suivant boit à même d'un grand vase. Sur le devant, un petit polisson relevant sa chemise imite le vaurien qui satisfait certain besoin dans la bacchanale du Titien (voy. *Musées de Madrid*, p. 183). Une bacchante, dont la poitrine est demi-nue, s'appuie sur l'épaule de Silène.

16° Clélie et ses compagnes s'échappent du camp ennemi, en traversant le Tibre, les unes à la nage, les autres à cheval. Poses très-variées et parfois comiques de ces héroïnes tremblantes. Plus loin, pont rompu. Au fond, montagne du haut de laquelle les soldats de Porsenna lancent des flèches et des pierres aux fugitives.

17° Très-beau saint Jérome nu avec manteau rouge, un genou en terre.

18° Satyre pressant une grappe de raisin dont un enfant reçoit le jus dans un plat. Autre enfant. Tigresse couchée et allaitant.

19° Chasse aux lions, ébauche.

20° Joli portrait de femme en robe noire dont le corsage est brodé en or sur le devant. Petit bonnet sur le derrière de la tête.

21° Chasse au sanglier. Groupe compact de chiens d'un aspect désagréable. Quatre chasseurs à cheval, autant à pied. Que de mouvement pour tuer une pauvre bête! Le sanglier est devenu noir dans sa partie inférieure.

22° Meilleure chasse au sanglier. L'un des chasseurs, sans remarquer que le sanglier le touche presque, retire un pieu entré par mégarde dans la cuisse d'un chien. Les animaux de ces chasses, sont de Sneyders.

23° Jeune homme contant fleurette à une jeune cuisinière qu'il tient par un bras. Chienne avec ses petits encore peu solides sur leurs pattes. Gibier mort: marcassin, chevreuils, etc.

24° Tête de vieille femme, assez laide. Peinture peu achevée.

25° Adoration des bergers, jolie esquisse achevée. Mauvaise pose de l'enfant sur sa mère.

26° Quatre portraits que nous méconnaissons comme originaux.

27° Portrait d'une jeune blonde (demi-figure) en robe noire et manches vertes; coiffe noire s'avançant en pointe sur le front. Elle tient des fleurs. Beaux yeux noirs avec sourcils blonds peu fournis, long nez, bouche souriante. Jolie tête, bon portrait.

28° Le Jardin d'amour, reproduction réduite du tableau de Madrid (*Musées d'Espagne*, p. 146).

29° Joli jugement de Pâris (demi-grandeur). A droite le berger et Mercure assis au pied d'un arbre. Junon nous tourne le dos et se recouvre; Minerve est de profil et Vénus ôte son dernier vêtement. Ce tableau existe aussi dans la galerie nationale de Londres. Le Louvre en possède une copie réduite.

30° Quatre portraits qui, s'ils sont de Rubens, n'ont été qu'ébauchés.

31° Esquisse achevée du Jugement dernier de Munich (tiers de nature).

32° Mercure ayant endormi Argus s'apprête à lui trancher la tête. Io changée en vache blanche est à droite. Corps d'Argus vigoureusement dessiné.

33° Deux portraits de femmes. Médiocres.

34° Vénus cherchant à retenir, par un doux regard, Adonis partant pour la chasse (quart de nature). Les formes de la Déesse sont peu séduisantes. Cupidon s'accroche aux jambes du chasseur. Char de Vénus attelé de deux cygnes qui se béquètent. Bonne lumière.

35° Belle tête de vieillard à barbe blanche, profil.

Ruiz (Pedro) : Jésus à la colonne adoré par saint Pierre en grand costume de pape ; auréoles ou plaques jaunes entourant chaque tête. Sec. Gothique.

Ruthart (Charles) : 1° Ulysse, l'épée nue, force Circé, qu'il serre par un poignet, à rendre à ses compagnons leur forme première. Animaux de différentes espèces. Faible.

2° Chasse aux ours. Comme celle du comte Harrach (Vienne). Médiocre.

3° Singe, oiseaux sur une éminence. Faible.

4° Chasse aux cerfs. Meilleur.

Ruysdael (Jacques) : 1° Petit paysage. Sur le devant, deux nappes d'eau et deux petites cascades. Plus loin à droite, éminence avec arbres à travers lesquels on aperçoit la campagne et un troupeau de moutons. A gauche, arbres ; pas de fond.

2° Paysage. Au milieu, voûte de verdure par laquelle on découvre la campagne. Personnages sous cette voûte. Arbres. Bouleau de chaque côté au premier plan.

3° Eminence et arbres à gauche ; à droite éclaircie insignifiante.

* 4° Très-joli paysage avec eau et pont rustique sur le devant. Massif d'arbres que domine l'élégante lanterne d'une tour d'église. Au premier plan à droite, bouleau. Plus loin, deux moulins à vent, maisons.

5° Paysage sombre avec sapins et montagne à gauche ; à droite, massif d'arbres et cabane. Au premier plan, eau courant sur des rochers.

6° Paysage presque nu. Eau, prés, champs offrant une éclaircie à l'extrémité. Au fond, ligne d'arbres, clocher et maisons.

7° Sur le devant, eau roulant sur des quartiers de roches. Arbres au fond. Noirci.

* 8° Grand paysage d'un bel effet. Au premier plan, trois bouleaux dont un est mort. A droite et au milieu, arbres à travers lesquels on voit un pré bien éclairé. Jeunes arbres se reflétant dans l'eau. Chasseur descendant au galop une côte à la sortie du bois et poursuivant un cerf qui se jette dans cette eau. A gauche, monticule couvert d'arbres éclairés par le haut.

* 9° Deux autres paysages d'un effet tout différent. Tous deux sont empreints de tristesse. Dans l'un, au premier plan, eau tombant sur de grosses pierres. Bouleau mort, et un peu plus loin, massif d'arbres dans l'ombre. Au delà, tombeaux et pierre tumulaire en marbre noir et en marbre d'un blanc jaunâtre. Au fond, à gauche, muraille d'église en ruines. Ciel très-sombre. Dans l'autre, même effet d'eau sur les pierres ; près de là, peintre esquissant un paysage ; pêcheurs à la ligne. Vache et pâtre monté sur un âne traversant le gué. A gauche, tour en ruines et église, éclairées d'une façon heureuse. Au fond, à gauche, colline boisée avec roche. A droite, au premier plan, bouleau mort, puis maisons dans les arbres. Toiles bien conservées.

10° Paysage avec torrent tombant sur des rochers. Deux troncs de bouleaux sont couchés et posent dans l'eau par leur extrémité. A droite, haute montagne et bâtiment surmonté d'une tour. Arbres, maisons, sapins ; éclaircie à gauche.

11° Autre paysage. Eau que franchit avec peine une charrette dont le conducteur bat les chevaux. A droite, vaches ; au fond, arbres. Au milieu, éclaircie, vieux chêne, vieux bouleau et massif d'arbres à gauche. La charrette est bien éclairée et la cime des grands arbres se détache à merveille sur les nuages blancs courant dans un ciel bleu.

12° Massif d'arbres et monticule au haut duquel est un château fort avec bâtiments très-éclairés à droite ; à gauche, éclaircie. Tout est noir, excepté le château et ses dépendances.

* RYCKAERT (David) : 1° Famille de paysans. Une femme offre à son poupon un sein abondamment pourvu de lait. Au milieu, un vieillard, une pipe à la bouche, nettoie une autre pipe ; il est d'une vérité parfaite. A droite, enfants. J'en remarque un tenant une pipe qu'il aura voulu fumer ; car il est étendu à terre dans une posture pouvant faire supposer qu'il paye, du mal de mer, son envie d'imiter le grand papa. Un autre pisse sans façon au milieu de la chambre ; une petite fille joue du flageolet, etc.

2° Réunion de fumeurs et de buveurs (demi-nature) : A gauche, groupe d'enfants. A droite, une mère fait boire un verre de bière à son poupon. « Il faut l'habituer de bonne heure, se dit-elle. »

SABBATINI (Lorenzo), dit *Lorenzino da Bologna* : Madone avec l'Enfant et sainte Catherine, mains jointes. Mauvais.

SALVI (Jean-Baptiste), *da Sassofenato* : Deux vierges endormies tenant sur elles l'Enfant qui dort : l'une de grandeur naturelle, l'autre de demi-nature : la première entourée de têtes d'anges.

SAMMACHINI (Orazio), dit *Fumaccini* : Marie avec Jésus à qui le petit saint Jean présente une pomme. Sainte Catherine à genoux. Au fond, saint Joseph. Mauvais.

* SANZIO (Rafaelo), dit *Raphaël* : Madone, dite Sixtine (grande nature). Tableau capital de ce musée : aussi l'a-t-on placé seul dans un salon où des siéges sont disposés pour les visiteurs. Selon nous, il eût été mieux à sa place dans une galerie élevée. Marie, drapée comme d'ordinaire et tenant l'Enfant Jésus dans ses bras, apparaît à saint Sixte, revêtu du costume pontifical et agenouillé sur un nuage, comme l'est de l'autre côté la jeune sainte Barbe. La Vierge est dans la position d'une personne qui marche, le corps porté en avant. Son voile que le vent soulève tombe sur l'épaule gauche et descend jusqu'à sa ceinture, où elle le retient d'une main. Ses pieds nus placés dans l'ombre épaissie par le temps ne sont plus d'un heureux effet : on dirait qu'ils n'ont pas été achevés. — Cherchant à me rendre compte de cette apparition, j'ai été frappé, plus que je l'avais été en face des gravures, de la vivacité du regard de la Vierge. Ses grands yeux noirs, surmontés de sourcils très-prononcés, se fixent sur un point d'un air irrité. Ce point paraît être celui que lui indique du doigt le pontife. Jésus, lui-même, ouvre les yeux de façon à nous en montrer le blanc et les dirige du même côté. Ses cheveux se relèvent en désordre, sa physionomie dénote un mécontentement prononcé. C'est la première et la seule fois que nous voyons Raphaël imprimer à ces deux visages une expression voisine de la colère. La Vierge de Foligno nous regarde aussi en face, mais tout en elle respire le calme et la mansuétude.

Ce tableau n'a-t-il pas été commandé par quelque prélat intolérant qui aurait vu en rêve ce que nous voyons en peinture. Le divin couple n'est-il pas venu, pendant la nuit, témoigner au chef de l'Église son indignation des hérésies qui se produisaient alors dans certaine contrée ? Ne voulait-on pas donner aux persécutions religieuses une sanction divine ? Si c'est là le thème imposé à Raphaël, il a dû ne l'accepter qu'à contre-cœur, comme a dû faire l'auteur du fronton des Niobé ? Mais il semble que dans sa sainte Barbe, Sanzio ait voulu nous offrir, en opposition avec la scène principale, sa façon particulière d'envisager le rôle de Marie toujours prête à intercéder pour les faibles humains. En effet cette sainte, sœur de la Vierge à la perle, de Madrid, abaisse sur la terre un regard angélique : regard plein d'amour et d'espérance qui tombe comme un baume sur les souffrances humaines. On ne peut se lasser de contempler ce délicieux visage aussi bon que distingué. Voilà un des types de Raphaël qui, se rapprochant le

7.

plus de celui de l'Apollon, constituent, à nos yeux, la souveraine beauté.

Le profil du Pape, quoique un peu altéré, se détache très-bien, ainsi que ses cheveux et sa barbe, sur le ciel vivement éclairé. Tout en bas du cadre, deux charmants petits anges, appuyés sur un rebord ou balustrade, lèvent les yeux vers la Madone.

Cette œuvre, d'une composition grandiose et sublime, est l'une des plus parfaites du peintre, quant à l'exécution.

SANZIO (Ecole de Rafaelo) ou d'après Raphaël : 1° Copie de la Vierge à la chaise du musée Pitti à Florence. Le maître y a mis la main, dit-on ; nous en doutons. Il aurait effacé cet œil insignifiant tourné de côté, pour y substituer celui de l'original ; car là est le charme de cette Madone.

2° Sainte famille. Le Bambino et saint Jean tiennent chacun par un bout le bâton du précurseur (demi-figures). Maniéré.

3° Adoration des bergers (petite dimension). Tandis que Marie présente au nouveau-né un gros sein nu, l'Enfant couché sur elle se débat d'une façon ridicule. Le reste est mieux. Fond de paysage.

4° Adoration des Mages (petite dimension). Sous un hangar portant, à la pointe de son fronton en bois, un rayon ressemblant à un soleil d'artifice. Marie, assise avec l'Enfant au giron, reçoit les hommages des rois. Maniéré, un peu altéré.

SAVERY (Roland) : Cinq mauvais paysages dont l'un est une chasse au sanglier dans les broussailles, vue à Munich. Celle-ci mieux peinte doit être l'original.

SCARCELLA (Hypolite), dit il Scarcellino : 1° Madone avec saint et sainte, non sainte Catherine comme le dit le catalogue, mais sainte Barbe. Mauvais.

2° Intérieur de la Sainte Famille. Marie coud, saint Joseph scie et Jésus rabotte. Le visage levé de saint Joseph est seul éclairé. Fond de paysage. Petite toile assez jolie, mais noircie.

3° Fuite en Egypte. Celle-ci est encore mieux que la précédente, quoique plus noire. Tête de l'âne, puis saint Joseph, puis la Vierge tenant le Bambino par la main. La jambe de l'Enfant est bien grosse.

SCHALKEN (Gottfried) : Trois femmes tenant chacune une chandelle allumée. L'une lit une lettre, une autre mire un œuf. Demi-teintes noircies.

SCHIAVONE (André) : Déposition de Christ. Ombres noircies. Ensemble désagréable.

SECRETA (Charles) : Bustes de saints. Genre Ribera, mais inférieur.

SEGHERS (Gérard) : Deux tableaux de fleurs avec bas-reliefs au centre de chacun. Fonds noirs. Faibles.

SEIBOLD (Chrétien) : Deux portraits. Garçon et fille très-jeunes. Visages tout d'une pièce, mauvais dessin.

2º Son portrait déjà vu plusieurs fois, moins mauvais que les précédents. Bonnet vert à plis irréguliers. Ce visage éclairé d'un seul côté est levé et nous regarde de haut. Air vain et visant à l'originalité.

SLINGELAND (Pierre) : 1º Un jeune homme qui a laissé son violon debout sur une chaise, agace l'épagneul que la maîtresse de la maison tient sur ses genoux, ce à quoi s'oppose la dame, grosse flamande aux traits communs. Le visage de l'homme est fort bien modelé et éclairé.

2º Marchande de volaille, offrant, par la fenêtre, une poule morte à une jeune blonde. Le profil flamand de celle-ci est bien éclairé ; la tête de trois quarts de la vieille marchande, est plus ombrée.

SNAYERS (Pierre) : 1º Joli paysage. Arbres, voitures, hommes, bestiaux.

2º Voyageurs attaqués dans un chemin creux par des brigands attaqués à leur tour par des paysans à coups de fusil.

3º Paysage. Longue voiture chargée de monde et traversant un marécage. Des cavaliers entourent ce véhicule.

SNEYDERS (François) : 1º Animaux vivants : lion, loup, taureau, renard, oiseaux domestiques. Médiocre.

2º Fruits, fleurs, gibier tué et jolie femme debout. Bon.

3º Chienne avec ses petits, gibier mort, fruits, légumes. Bonne toile. La chienne, qui grogne à l'aspect d'un chien, est une répétition.

4º Sanglier aux prises avec des chiens. Un peu noirci.

5º Chevreuil et cygne morts étendus sur une table ; poissons entiers ou coupés par tranches, etc. ; chien et chat prêts à se battre. Bon.

* SOLE (Joseph del) : Hercule et Omphale. Le demi-dieu assis tient un paquet de laine et un fuseau ; il regarde sa maîtresse qui s'est parée de la peau du lion de Némée et de la terrible massue. Elle est debout et tend une main vers le héros. Bonne pose, belles formes nues par devant, jolis traits, cheveux blonds, frisés et tombants. Le coloris de son visage est altéré et les nus d'Hercule tournent au rouge-brique. Bon.

* Solimena (François) : 1° Jeune berger à qui apparaissent deux divinités : l'une debout dans l'espace, couronnée de roses, est drapée à l'antique (n'est-ce pas l'Aurore?) ; l'autre sur qui la première s'appuie, nue avec de grandes ailes déployées, montre le berger à sa compagne, (n'est-ce pas la Renommée et le berger n'est-il pas Céphale?). Il tient une houlette, un chien dort à ses pieds. Son profil levé est bien éclairé. Jolie tête et beau corps de la déité ailée. Amours. Bon. Ombres noircies.

2° Hercule et Thésée exterminant les Centaures et les Lapithes aux noces d'Hippodamie (grande demi-nature). Je ne vois qu'un des deux héros en armure, avec la massue. Deux jeunes femmes, debout à gauche, regardent tranquillement ce massacre.

3° Madone avec l'Enfant et saint François de Paul, à genoux (demi-nature). Un séraphin montre Jésus à un enfant. Belle tête andalouse de la Vierge.

4° Ange envoyé pour récréer saint François d'Assise et lui jouant un air de violon (demi-nature). Le religieux risque un œil pour voir l'exécutant. Il est blanc comme un mort. Autres anges. Noirci.

5° *Mater dolorosa* assise, mains jointes, yeux au ciel, la bouche entr'ouverte (petite nature, demi-figure). Belle expression de douleur résignée.

Spada (Leonello) : Christ à la colonne, en partie éclairé, le reste noir. Belle tête nous regardant en criant. Contre-sens.

Sperling (Jean-Chrétien) : Pomone nue assise sur un quartier de roche près de Vertume déguisé en vieille drapée, offre des fruits à sa perfide visiteuse. Jolie toile, très-fraîche.

Steenwyck (Henri van) : Quatre intérieurs d'églises : figures par Diétrich; deux bien éclairés, les autres noirs. Jolis du reste.

Stoom (Matthieu) : 1° Bataille. 2° Cavaliers, après la bataille, tués et blessés. Bons, mais noircis. 3° Combat de cavalerie. Noirci.

Storck (Abraham) : Marine. Vaisseaux nombreux et chaloupes pleins de personnages. Assez bon. Eau mal rendue.

Strozzi (Bernard) : 1° David, portant sur l'épaule le cimetère de Goliath (grande demi-figure). Il est comme barbouillé de rouge.

2° Esther à genoux devant le vieil Assuérus au regard hébété. La nourrice va lui donner à manger comme à un enfant. Visage trop commun d'Esther; celui de la vieille nourrice est bien mieux avec ses traits longs et ses grands yeux noirs braqués sur nous.

3° Rébecca donnant à boire à l'envoyé d'Abraham, petit jeune homme costumé bizarrement et dont on ne voit presque rien du visage. Rébecca, les seins demi-nus, nous montre sa grande, belle et bonne tête, au menton détaché.

Ces trois toiles sont fraîches et artistement éclairées. La première seule est un peu altérée.

SYLVESTRE (Louis) : 1° Entrevue de l'impératrice Amélie, veuve de Joseph Ier, avec son beau-fils Auguste III, roi de Pologne et sa famille, à Neuhaus en Bohême le 24 mai 1587. 2° Portrait de la princesse Amélie, fille de l'empereur Joseph Ier. Peintures de l'antichambre. Médiocres.

TAMM (François Guernard) : Joli couple de pigeons pattus.

* TENIERS (David) le *jeune* : 1° Fête de village. Deux couples dansent au son du violon et de la musette. Personnages assis. Je remarque un farceur tenant une commère et glissant une main qu'on arrête à temps. Vieillard assis et isolé ; sa pipe dans une main et un pot dans l'autre, il se penche en avant plus qu'il ne le ferait à jeun. Il est impayable. Eclaircie, campagne où l'on voit trois buveurs s'en retournant, l'un portant l'autre. Au fond, maisons, clôture en planches devant laquelle de nombreux convives sont attablés. Grande et excellente toile dont le fond seul a noirci.

2° Trois tableaux de moindre dimension. Dans deux, gens attablés jouant aux cartes d'un côté, mangeant de l'autre. Dans chacun, un homme portant un tablier de charron, tient sa pipe de la main droite et essaie de glisser la gauche chez sa voisine qui riposte par un soufflet. La troisième toile placée au centre, représente des soldats dans un corps de garde, jouant aux dés, fumant et se chauffant. Elle est bien de Teniers. Les deux autres sont des répétitions ou des copies.

3° Vieillard costumé à la turque avec ample manteau doublé de fourrures. C'est un alchimiste assis près d'une table couverte de pots, de fioles, etc. Un paysan regarde ces fioles d'un air méditatif.

4° Buveur s'endormant, pendant que sa pipe fume encore. Devant lui, banc avec pot, choppe, etc. Dans le fond, servantes et buveurs. Bonne petite toile.

5° Tentation de saint Antoine. Son visage à barbe blanche est bien éclairé. Autour de lui, diables hideux. Fenêtre ouverte sur l'appui de laquelle est une bouteille en compagnie d'une tête de mort. Je ne vois là rien de tentant.

6° Corps de garde. Soldats à table auprès du feu, dans le fond. Au premier plan, jeune homme tenant un habit rouge, armures, caisse. Très-frais.

7° Paysage. Effet de lune à travers les arbres. Pâtres faisant du feu, vaches, etc. Très-noirci.

8° Autre paysage très-fini. A gauche, pâtre assis; moutons et vaches sur le devant. Au milieu, eau vivement éclairée ; à droite, hautes roches. Au fond, à gauche, arbres, montagnes.

* 9° Fête villageoise. Ménétrier sur un tertre. Trois couples dansent en rond, nous faisant face. Sur le devant, une dame assise à terre et gênée par son corset, recourt à l'assistance d'un paysan qui ôte son bonnet et l'aide à se relever. A droite, maison, gens causant debout. Au premier plan, compagnie attablée. Buveur ivre ronflant à terre ; un porc, touché de l'état de son confrère, s'en approche et le flaire.

10° Deux scènes de buveurs fumant et trinquant autour d'une table, et comme presque toujours, pièce du fond avec d'autres paysans près d'une cheminée. On remarque dans l'un de ces tableaux un vieillard debout, apostrophant un jeune homme qui baisse la tête d'un air penaud.

11° Festin et danse devant un cabaret de village. Un jeune couple bien éclairé exécute un pas de deux : c'est ce qu'il y a de mieux. A droite, éclaircie avec maisons. Ciel très-noir. Gare l'averse !

Autres toiles dans le style de Teniers, sans nom. Copies, je crois.

TERBURG (Gérard) : 1° Deux soldats dans un corps de garde (quart de nature). L'un écrit, l'autre nous jette un regard de matamore. Bon.

2° Dame blonde en satin blanc avec pèlerine noire. Lit avec ciel et rideaux rouges. Elle nous tourne le dos. Le sujet du tableau est donc une robe de satin bien rendue : petit mérite.

3° Jeune dame et grosse servante lui versant de l'eau sur les mains. Chacune des mèches de cheveux de cette dame tombant le long des tempes se termine par un ruban noir. Robe de satin blanc. Petit profil souvent reproduit par le peintre qui ne savait pas combien il était dépourvu d'intelligence et surtout d'énergie : front rond, nez retroussé, menton fuyant.

* TILBORG (Gilles van) : Fête de village. Sur le devant, deux groupes dont l'un dans l'ombre forme repoussoir et fait mieux ressortir l'autre. De part et d'autre, hommes et femmes assis buvant, fumant, dormant. Entre ces groupes, trois mères assises à terre ayant chacune un enfant près d'elle. Amas de volailles. Au deuxième plan, au milieu, gens à table mangeant la fine tranche de jambon. Au fond, maisons. Bon.

* Tisio (Benvenuto), dit *il Garofolo* : 1° « Mars montrant à Vénus le combat qui se livre sous les murs de Troie. » (Catalogue.) Il y a erreur : c'est au contraire Vénus debout qui montre le champ de carnage au Dieu de la guerre tranquillement assis. Mars est un jeune damoiseau coiffé d'une toque avec plumes blanches, portant une armure du moyen âge. Il se tourne langoureusement vers la déesse ayant le devant du corps presque entièrement nu ; un manteau est jeté sur ses épaules. Petit amour drôlement affublé du casque de Mars. Au premier plan, profil d'édifice, colonnes, roche faisant repoussoir. Char de Mars attelé de deux chevaux blancs. A droite, plus loin, combat, ville, montagnes. Tout l'intérêt se porte sur la blonde Déesse. Sa belle tête grecque, son corps parfaitement modelé, ombré et éclairé, sa pose simple et digne, sa bouche ouverte, éloquente, son regard, son geste : tout en elle est ravissant.

2° André Doria, presque nu, sous la figure de Neptune, le pied sur un dauphin et près de lui, la Paix, femme debout, un long javelot à la main et un casque sous le pied. Fond de paysage. Nus trop secs.

3° Madone adorant l'enfant Jésus couché sur le sol. Un grand ange, un genou en terre, tient la couronne d'épines destinée au Christ et le linge dont se servira Véronique. Édifices en ruines. Au fond, joli paysage. Dans le ciel, deux rangées d'anges tenant les instruments de la passion. Plus haut, autre réunion d'anges autour d'une inscription.

4° Saint Pierre, saint Georges debout et un vieux saint récollet assis et écrivant. Fond de paysage. Dans les airs, Marie et l'enfant au milieu d'une gloire d'anges. Pus haut, groupe d'anges. Bon, mais noirci.

* 5° Noces de Bacchus et d'Ariadne, d'après un carton de Raphaël. Dans le ciel, Jupiter assis sur un nuage et Junon couchée sur le ventre, avec son paon derrière elle. En bas, les jeunes époux s'avancent dans un char attelé de deux panthères ; une Déité les couronne en volant. Près de l'autel de l'hymenée, couple se tenant embrassé. On relève Silène pour le hisser sur un lion. Bacchants, bacchantes, satyres avec des instruments de musique et des fruits. Un jeune homme a pour monture un éléphant. Trois autres sont montés sur un deuxième éléphant. Entre ces deux énormes bêtes, s'allonge l'élégant cou d'une girafe. Style antique bien saisi. Jolie toile dont le fond seul a noirci.

6° Madone assise sur un siége en pierre, avec l'enfant que prend sainte Cécile en fléchissant un genou. Près d'elle, instru-

:ments de musique. (Demi-nature). Derrière elle, deux saints récol
lets. L'un porte sur la couverture de son livre trois petits bonnets
d'évêque. À droite, pape agenouillé montrant une inscription. Au
fond, bâtiments, paysage. Dans le ciel, cercle d'anges au centre
duquel est une colonne.

TORBIDO ou TURBIDO (François), dit *il Moro :* Portrait d'un grand
seigneur en armure dorée, blond, presque chauve ; physionomie
très-sensuelle. Bon tableau bien éclairé.

TOORNVLIET (Jacques) : trois petits cadres : 1º Buste d'une marchande de poissons, bien éclairé. — 2º Vieillard montrant une
inscription. — 3º Concert (demi-figures petite dimension). Vieux
joueur de vielle, jeune homme et jeune femme chantant ; autre
vieillard. Les deux derniers, altérés, manquent de lumière.

TORRE (Flaminio) : 1º Martyre de sainte Apoline (petite dimension). Elle est attachée à une colonne. Un bourreau va lui arracher
la langue avec une pince. La sainte lève les yeux vers un point lumineux du ciel où l'on voit un ange tenant une couronne. Fond
de paysage. Bonne toile.

2º Belle copie du Jésus et le Pharisien du Titien (*voy.* ci-après
Vecellio). Elle est assez exacte. Seulement le copiste n'a pas su
rendre les ombres légères autour de l'œil et dans l'espace de la
narine à la bouche : ombres qui donnent la vie à l'original.

TREVISANI (François) : 1º Joli repos en Egypte (demi-nature).
La Vierge, dans un paysage, tient assis sur sa hanche l'enfant
Jésus à qui deux anges offrent des fruits. D'autres en cueillent,
montés sur un arbre et les jettent à saint Joseph qui les reçoit
dans son manteau.

2º Massacre des innocents. Un homme presque nu tient d'une
main un enfant qu'il va frapper de son épée ; la mère veut s'em-
parer de ses deux bras. Un autre soldat dirige sa lance sur un enfant prenant le sein. La malheureuse mère saisit l'arme pour la
détourner. Il y a de la confusion à gauche, partie altérée par le
noir.

3º Jésus, agenouillé au mont des Oliviers, tombe en défaillance ;
un ange le soutient par derrière (petite dimension). Un second
ange lui présente, en volant, le calice d'amertume ; deux autres
petits chérubins ; vive lumière. En bas, à gauche, trois apôtres endormis dans l'ombre ; médiocre.

4º Sommeil de Jésus. Marie découvre son fils endormi, le contemple avec amour et le montre au petit saint Jean qui l'adore,
mains jointes. Les doigts de ces mains paraissent trop courts.
Table avec livre et un vase contenant une rose rouge. Charmante

tête un peu souriante de la vierge. La main levée tenant le voile se détache fort bien. Jolie toile.

5° Saint Antoine de Padoue guérissant un paralytique (quart de nature, cadre haut et étroit). Il tient le malade par un talon relevé. Cet homme, assis au haut des marches d'un temple et dont le haut du corps est nu, se penche en arrière. Au premier plan, femmes à genoux.

6° Saint François, récollet, endormi dans une grotte, tenant une tête de mort posée sur un livre (petite dimension). Un ange lui joue un air de violon. Autre religieux lisant, vu par l'ouverture de la grotte.

7° Petite sainte Famille, avec sainte Anne, saint Joseph et deux petits anges. Dans les airs, deux autres chérubins. Assez bon; altéré.

TURCHI (Alexandre), dit Véronèse ou l'Orbetto : 1° Adoration des bergers. La Vierge, à genoux, tient l'Enfant Jésus — bien grand pour un nouveau-né. — Saint Joseph et un berger l'adorent. Mouton couché sur le flanc. Plus haut, sur une marche de l'étable, deux autres pâtres dont l'un montre le messie : belle tête de ce dernier, mais jambes mal dessinées. Vache et âne mal peints. Dans les airs, trois anges : celui du milieu, plus grand, a les mains jointes. Marie, Jésus, le profil de saint Joseph et les anges sont bien éclairés

2° Petite vierge allaitant Jésus : belle lumière. Mains mal dessinées.

3° Corps mort du Christ assis et renversé sur les genoux de Dieu le père. Deux anges se précipitent la tête en bas. Plus haut, le Saint-Esprit et têtes de chérubins. Bon, mais noirci.

4° Vénus baisant le corps inanimé de son cher Adonis. Chien du chasseur. Cupidon debout sur une pierre. Belle lumière sur le corps mort et le bras droit de la Déesse. Les têtes sont trop dans l'ombre.

Ces quatre toiles sont de petite dimension.

5° Petit jugement de Pâris, trop mauvais pour être un Orbetto.

6° Vénus devant le corps d'Adonis dans une grotte. Pose trop tourmentée de ce corps mort entouré de quatre amours. Le visage et le corps de la déesse sont devenus noirs. Amour levant son arc comme pour en frapper le sanglier homicide — qu'on ne voit pas. — Autres amours. Ils ont tous des fesses de femmes. Faible. Est-ce un original ?

7° Judith, en riche costume orné de fourrures, tient l'énorme épée d'Holopherne dont la tête est coupée et posée sur une table.

L'héroïne aux cheveux noirs, courts et sortant du bonnet, nous regarde, la bouche ouverte. Assez bonne, mais bizarre composition.

UBERTINI (François) dit *Bacchiacci* : « Trois prétendants au « trône, provoqués par les grands du Royaume à percer de leurs « flèches le cœur du défunt roi leur père. » Tel est le sujet indiqué par le catalogue qui ajoute que Zasinger le regarde comme un martyre de saint Sébastien, ce qui ne nous paraît pas vraisemblable. Grande toile en figurines. Au centre, édifice sous le portique duquel sont de vieux personnages richement costumés. Un jeune homme à genoux sur la dernière des marches, une main sur la poitrine, son arc à terre, fait un serment ou peut-être une protestation. Le cadavre est pendu par les poignets à un arbre, comme le Marsyas du Louvre. Un homme fait, l'arc tendu, vise ce corps. A droite, personnage assis, entouré d'une suite nombreuse. Le fond,— ciel et édifices,— est gris et donne une teinte sombre à cette scène étrange. Exécution médiocre.

UDEN (Luc van) : Grand paysage avec roches surmontées de maisons. Vaste plaine, en partie innondée ; village au milieu. Sur le devant, paysans hollandais. Assez bon, mais perspective en toit.

UTRECHT (Adrien van) : Fruits, gibier tué, chien, chat, instruments de musique. Faible, noirci.

VACCARO (André) : Le sauveur ressuscité apparaît à sa mère agenouillée devant son prie-Dieu. Jésus, la bouche entr'ouverte, lève une main vers le ciel et tend l'autre vers la terre. Derrière lui, saint Jean-Baptiste tenant la croix, instrument du supplice. Au delà du prie-Dieu, Abraham levant le couteau sur son fils. Leurs têtes, celle du premier baissée et l'autre bien éclairée, sont très-belles. Au fond, tête couronnée de David ; Adam et Eve avec la ceinture de feuilles ; saint agenouillé ; Moïse et Aaron, etc. Bonne toile, mais noircie. La tête du Christ serait belle si le front était moins bas.

VALDÈS (Léal) : Miracle de saint Basco ou Vasco de Portugal, dominicain. Composition peu intelligible. Sur le devant, saint en robe blanche avec pardessus noir, la tête et les bras levés et criant ; visage grimaçant d'une teinte grise. Dans le fond noirci, autres religieux sous des arcades.

VALKENBORG (Martin van) : Construction de la tour de Babel. Elle est de forme conique. Une tour devant toucher le ciel ne doit pas sitôt se terminer en pointe. Ces trois rangs de galeries sont encombrés de personnages. En bas, le Roi et sa suite, ouvriers, ville, mer à gauche. Noirci.

* VANNUCCHI (André), dit *del Sarto* : 1° Sacrifice d'Abraham. Le jeune Isaac tout nu, avec un petit linge à la ceinture, les mains liées au dos et debout, un genou sur une pierre, le corps penché, la tête se relevant comme pour crier. Belle tête et beau corps bien éclairés et offrant des tons moelleux à la façon du Corrège. Abraham lève le couteau, mais un petit ange rassure le malheureux père en lui montrant un mouton blanc, seule victime exigée. Bonne tête en raccourci du vieillard qui se retourne vers l'ange. Paysage ; domestique couché près d'un âne bâté. Plus loin, ville, montagnes. Bonne toile, un peu noircie.

2° Vierge en trône assistée de sainte Catherine — très-altérée — et de sainte Marguerite avec le monstre ou démon qu'elle a subjugué. Le petit saint Jean tenant son agneau par le cou est sur la première marche du trône.

VARATORI (Alexandre), dit *le Padouan* : 1° Judith tenant la tête d'Holopherne : charmant visage de femme aux longs cheveux châtains à reflets jaunes. Elle a un sein nu (figure jusqu'aux genoux).

2° Belle tête de femme en robe blanche, à la chevelure brune très-fournie et relevée en grosses tresses ; les yeux levés mélancoliquement (petite demi-figure).

VECCHIA (Pietro Della) : Personnage vêtu de soie blanche avec toque noire ornée de plumes blanches, le même qui figure au Louvre sous le n° 457 et que nous croyons être une copie d'après le Giorgione.

VECELLIO (Tiziano), dit *le Titien* : 1° Portrait (jusqu'aux genoux) d'une jeune femme en riche costume rouge et tenant une fourrure noire. Corsage en pointe. Joli visage, distingué. Cheveux noirs frisés, courts sur le devant et maintenus par un large cordon orné de pierreries. Sa robe de soie collante fait illusion. Beau portrait ; coloris un peu altéré.

* 2° Madone assise tenant Jésus debout sur elle. Saint Jean-Baptiste, homme fait, tient par un bras l'enfant qui, ainsi que sa mère, regarde avec intérêt sainte Madeleine debout. Derrière elle, saint Jérome. Au delà de la Madone, saint Paul avec son épée levée. Colonnes à droite ; rideau vert à gauche. Ciel. Long et beau profil de Madeleine, les yeux baissés ; plus beau profil de la vierge ; le corps et le profil de Jésus sont très-éclairés. Toile magnifique, malheureusement altérée en partie.

3° Un mari présentant à la Madone sa femme (jusqu'aux genoux). Vieux saint près de la vierge. Derrière, enfant nous faisant face, les mains jointes. Nous ne reconnaissons pas ici le Titien.

4° Deux portraits de femmes (grandes demi-figures) : l'une blonde, en robe de satin blanc, joues colorées, cheveux relevés carrément sur le front (genre Véronèse). L'autre en robe lilas, une rose entre les seins. Elle tient un vase ; cheveux blonds relevés de même. Belle tête à la grecque, un peu trop monumentale. Sa robe a la forme antique. Ce n'est pas là le dessin ni le coloris du Titien.

5° Portrait d'une dame blonde, en robe et voile noirs (demi-figure).

6° Portait d'un homme brun, chauve, en grande robe noire, tenant une plume. — Ces deux derniers ne sont point des originaux, selon nous.

7° Portrait d'une jeune dame en robe de velours vert, tenant un éventail à plumes. Tête longue, aux sourcils relevés, tournée de côté. Visage mieux éclairé que les précédents. — Mais est-ce un vrai Titien ?

8° Vénus, couchée sur un lit blanc surmonté d'un grand rideau cramoisi, est couronnée par l'Amour. Elle est nue avec une petite gaze servant de feuille de vigne. Elle tient un chalumeau. Un jeune homme en toque noire, l'épée au côté, est assis au pied du lit et joue du luth en la regardant. Paysage insignifiant. Cette composition rappelle l'admirable Vénus à l'orgue du musée de Madrid. Mais ici le corps nu est si blanc, si rose ; le visage, à la peau tendue, est si peu vivant, que je ne puis reconnaître le peintre de Cadore.

* 9° Jésus et le Pharisien ou le denier de César (bustes). Voilà un vrai, un superbe Titien. Le Christ, en robe rouge, la tête un peu penchée, regarde le vieux Pharisien, au nez busqué, aux petits yeux, au crâne presque chauve, au teint bazané : extérieur grossier contrastant avec le visage blanc et distingué du Seigneur : long nez, barbe brune, moustache moins foncée. Trois petits points lumineux entourent la chevelure. Ce qui impressionne à l'aspect de cette tête, ce n'est pas seulement l'intelligence du front et la bonté de la bouche : c'est surtout l'expression mélancolique du regard. Le Pharisien tient levée une pièce de monnaie. Il en a une seconde dans le creux de l'autre main.

VECELLIO (d'après Tizianos) : Deux Vénus ayant chacune une main sur les seins et accompagnées d'un amour qui tient un miroir (grandes demi-figures). Beaux corps, belles têtes. La seule différence existant entre ces deux Vénus, c'est que l'une d'elles est mieux reflétée par la glace.

Velasquez (don Diego Rodriguez de Silva y) : 1° Portrait
d'homme âgé, en habit noir, aux cheveux presque blancs. Ne
porte-t-il pas un toupet? grande moustache grise, mouche blanche, visage gras aux deux mentons, nez long, busqué, la narine
évasée et mobile. Sourcils peu fournis. Regard de côté assez
dur. Portrait bien faible pour un Velasquez !

2° Portrait du comte-duc d'Orléans tenant un papier. Tête nue,
nez long, un peu gros du bout, à l'épine large ; yeux perçants,
spirituels ; bas de visage large comme était celui de Louis-Philippe.
Air de bonhomie cachant beaucoup de finesse. Moustache dont
chaque extrémité est roulée et forme comme une boule ; front
haut aux plis réguliers, cheveux noirs coupés carrément et retom-
bant sur les côtés : on dirait qu'ils sont collés à la peau. Ce visage
ne manque pas de vérité ; mais la couleur et la lumière ne sont
pas celles de Velasquez.

* 3° Portrait d'homme âgé vêtu de noir. — Pour le coup, nous
avons ici un Velasquez et un Velasquez de premier ordre. Ce personnage, une main sur la poignée de son épée, n'a point un
physique avantageux. Son front droit, le pli d'entre les sourcils, son nez creusant et un peu relevé, ses lèvres charnues, fendues, sensuelles, son menton proéminent et très-énergique, son
regard dur offrent un ensemble désagréable. Mais quelle lumière !
quels reliefs ! Comme cette tête est vivante ! Oui, je le répète, Velasquez est le premier portraitiste du monde.

* VELDE (Adrien van der) : 1° Paysage. A gauche, pont en ruines
par les arches duquel on découvre la campagne. Roche, personnages et bestiaux. Par devant, à droite, peintre esquissant le
paysage. Bâtiment avec deux voûtes superposées, en ruines comme
le pont qui leur donnait accès. Bon.

* 2° Patineurs dans les fossés d'une place de guerre. Effet de
neige. Personnages sur le bord ; arbres dépouillés. A droite, construction circulaire. Bon.

3° Deux tableaux. Dans l'un, vaches, brebis, arbres cassés,
paysage restreint. Dans l'autre, une jeune Flamande, un pot à
la main, vide une flûte (quart de nature, figure jusqu'aux genoux).

4° Vaches, brebis, cochons debout ou couchés ; cheval dans
l'ombre. Au deuxième plan, femme qui trait une vache et nous
regarde. Un pâtre, appuyé sur cette bonne bête, regarde aussi de
notre côté ; mais peut-être s'occupent-ils des évolutions de deux
petits cabris exerçant leurs cornes en faisant de ces sauts irréguliers
d'où nous est venu le mot cabriole.

VÉNITIENNE (École) : 1° Vénus toute nue et endormie, un bras sur la tête. L'autre main sert de feuille de vigne. Fond de paysage. Coloris vénitien, mais visage gris ; nus de la déesse trop secs et pied mal dessiné.

2° Madone et saints. Visages de terre cuite.

VERTANGEN (Daniel) : Adam et Eve chassés du paradis (petite dimension). Le serpent rampe à leurs pieds. Ève, blonde au teint blanc, s'enfuit. Adam, à la peau rouge-brique, est appuyé contre un rocher. Il tend une main suppliante vers l'ange qui les poursuit l'épée à la main. Faible.

* VIANI (Dominique Marie) : Vénus couchée sur le ventre, le bas du corps enveloppé d'un manteau bleu. Ses bras levés sont repliés sur le traversin de son lit dont la couverture est rose. Elle lève sur nous un regard câlin. Le bas de son visage est dans l'ombre, mais ses yeux sont beaux et expressifs. Son dos est artistement modelé et d'une belle forme. Cupidon, assis sur la couche de sa mère, nous la montre en disant : « Qu'elle est belle ! » Un amour subalterne relève les deux rideaux cramoisis entourant le lit. Même dimension, même draperie bleue et à peu près même pose que celles de la Madeleine couchée du Corrège. Très-joli cadre.

VINCI (école de Léonard de) : Salomé, le corps tourné vers nous mais regardant en bas à notre droite, tient le plat qui contient la tête de saint Jean-Baptiste. Tête maussade, d'une seule teinte verte, absurde.

VINKENBOOMS (David) : Fête de village. C'est du Téniers caricaturé.

VIVIANI (Octave) : 1° Grand temple avec colonnes torses au premier plan à gauche. Large escalier et portique grec. A droite, obélisque. Au fond, arche en ruines. Plus loin, montagne. Personnages sur le devant. Noirci.

2° Tableau moins grand, mais mieux éclairé que le précédent. A gauche, portique à demi détruit. Plus loin, au milieu, arc de triomphe antique et clocher moderne. Je crois reconnaître le forum, au bas du capitole, avec la colonne Phocas encore enterrée. Groupe de religieux, etc., noirci en partie.

VLIEGER (Simon van) : 1° Hautes roches dont l'une est entièrement entourée et battue par les flots.

2° Glaces et gens en traîneaux sans autre accessoire, pour ainsi dire. Jolie toile, bien éclairée.

VOIS (Henri de) : Jeunes femmes au bain. L'une est nue et s'essuye ; une autre sort de l'eau ; une troisième dort. Celle-là est revêtue d'une robe jaune, mais sa gorge est à découvert. Chèvres et moutons. Elégant chapeau de paille, houlette et manteau posés à terre.

VRIENDT (François), dit *Frans Floris* : 1° Portement de croix. le Christ est par trop tombé sur la face. Il relève un peu la tête. Véronique lui place un linge sous le nez, comme pour lui faire respirer quelque réactif. Je ne vois pas Simon. Gros personnage coiffé d'un turban, à cheval, derrière Jésus. Confus, noirci.

* 2° Loth et ses filles (grande demi-nature ; figures presque entières). Le vieillard est plus drapé que d'ordinaire. Une de ses filles nue, avec un manteau lilas sur une cuisse, le prend dans ses bras ; sa jolie tête un peu pâlie touche presque celle de son père dont le beau profil, les cheveux et la barbe sont bien traités. Sa sœur, assise, dort appuyée sur un bras. Au fond, statue de sel et Sodome en feu. — Beau modelé de la femme nue, bonnes draperies. Jolie toile, très-fraîche.

* WATTEAU (Antoine) : Paysage. Onze couples se promènent ; d'autres personnes en plus grand nombre sont couchées sur le gazon à l'ombre des arbres et dans des endroits plus ou moins écartés. On voit, entre autres, sur le devant, un personnage en berger, aux cheveux blonds, frisés et très-fournis, qui se montre trop entreprenant près d'une dame assise et nous tournant le dos. On se défend tant bien que mal. Par bonheur, la petite fille de la dame croyant qu'on veut battre sa mère, intervient comme pour la défendre. Un couple passant près de là se retourne pour regarder ce débat devenu peu dangereux. Les visages de ces promeneurs et celui du berger galant, vu en raccourci, sont très-finement touchés. A droite, statue de Vénus de style Louis XV. A gauche, éclaircie, arbres, montagnes. Beaux effets de lumière entre les arbres et les couples dont plusieurs dans l'ombre forment d'habiles repoussoirs. — On peut voir ici la différence bien tranchée entre les peintures de Watteau, plus spirituelles, mieux dessinées, mieux ordonnées, et l'imitation pâle et sans verve de Lancret très-inférieur aussi pour les effets de lumière.

WÉENIX (Jean) : 1° Gibier mort ; lièvre accroché par une patte. Joli vase antique avec bas-relief représentant une scène d'enfants. Bon.

2° Une poule d'un plumage distingué se trouvant tout à coup en face d'un chien qui sort de sa niche, se redresse et prend un air belliqueux : c'est ainsi que la peur nous rend parfois braves. Mais qu'a-t-elle à craindre ? elle est ailée et le chien a la chaîne au cou. Deux autres poules sont couchées dans l'ombre.

3° Chevreuil mort, oiseaux, fruits, singe sur un vase en terre renversé. Noirci.

4° Deux tableaux nous offrant chacun le spectacle désagréable d'un coq tué, suspendu par une patte, le plumage s'ouvrant en désordre.

5° Jacob et Esaü, avec leurs familles, se rencontrent et se réconcilient. Les deux frères, en s'embrassant, s'humilient à tel point qu'ils ont presque la face contre terre : on pourrait croire qu'ils se battent. Femme en robe rouge à genoux. A gauche, architecture ; éclaircie et campagne à droite. Bon ; noirci.

WERF (Adrien van der) : 1° Annonciation. Marie, en robe grise et manteau bleu, est assise, la tête baissée, une main sur la poitrine. L'archange, en robe rose et manteau rouge, est agenouillé près d'elle. Bâtiment percé par un corridor, édifices et pont dans le lointain.

* 2° Joli jugement de Pâris, très-frais. Le berger presque nu vient de donner la pomme à Vénus vêtue de ses charmes ; elle le remercie par un tendre regard. Les deux autres concurrentes s'éloignent. Junon, une main sur l'épaule de Minerve, jette sur la déesse de la beauté un regard envieux. Cupidon est près de sa mère et Mercure dans le fond. Charmants amours dans l'espace.

3° Vénus et l'Amour. Cupidon, aiguise ses traits. La déesse très-peu vêtue est assise près de son fils, les jambes écartées, une main sur le haut de la poitrine. Jolie toile.

4° Petite Madeleine dans le désert. Elle est assise, les jambes allongées, son manteau jeté sur le bas du corps. Jolie toile.

* 5° Abraham congédiant Agar (quart de nature). Sara se tient debout derrière Abraham, à l'extrême gauche. Par devant, le petit Isaac s'accrochant au manteau du vieillard, regarde, comme à la dérobée, son demi-frère. Abraham, sur le pas de sa porte, les bras ouverts, regarde Agar et lui dit adieu ! Celle-ci, un mouchoir sur les yeux, répond par un sanglot. Ismaël que sa mère tient par la main se penche en arrière pour voir une dernière fois son petit camarade. Excellente toile.

6° Berger nu assis sur une pierre, un manteau rouge sous lui, une main posée sur la gorge d'une jeune fille en robe de satin blanc détachée d'un côté ; il la regarde tandis qu'elle se tourne vers nous. Tous deux rient, ce qui dépare leurs physionomies : tant il est difficile de rendre le rire en peinture. Têtes de deux moutons couchés. Statue de faune dansant avec cymbale. A gauche, sous un arbre, groupes d'amours derrière les amants ; éclaircie à droite et petit paysage. Jolie toile.

* 7° Le peintre et sa famille. Vêtu d'un habit lilas boutonné jusqu'au cou et coiffé d'une énorme perruque, il est debout au milieu, appuyé d'un bras sur un vase antique. Sa femme est plus bas à gauche, vue jusqu'aux genoux. Elle est en satin blanc et prend des pêches sur l'appui d'une fenêtre. Trois charmants garçons sont groupés à droite, près de cette fenêtre d'où pend un riche tapis. Celui du milieu a lancé en l'air une bulle de savon : — image de l'illusion, — que ses frères suivent des yeux dans l'espace. Peinture soignée.

8° Partie d'échecs conjugale. Le mari peu modeste nous montre qu'il a fait sa femme échec et mât. Sa femme avoue sa défaite en montrant aussi le champ de bataille. Couple, aux deux mentons, fort bien nourri.

9° Loth et ses filles. A gauche, le vieillard vu à mi-corps avec une de ses filles derrière lui : tous deux dans l'ombre. L'autre fille assise verse à boire ; elle est nue. Son corps trop large du bas est dans l'ombre. Médiocre, noirci.

WEYDE (Roger van de) : Petit Christ en croix. Marie enlace le bas de la croix, en regardant son fils ; elle est soutenue par saint Jean. Madeleine est en larmes. Christ trop long et trop maigre. Genre gothique.

WOUWERMANS (Philippe) : Neuf paysages ornés chacun d'un cheval blanc. Peu remarquables.

* 2° Quatre tableaux, dont une bataille de cavalerie noircie ; deux jolis paysages avec eau, personnages et chevaux ; fonds négligés. Le quatrième est le plus beau. Rue ou chemin de village avec un hangar à son extrémité sous lequel se trouvent la plupart des personnages ; à gauche, route par laquelle sort un cavalier qui salue un paysan et se détache fort bien du ciel bleu. Au milieu, deux autres cavaliers dont l'un met ses bottes et s'apprête à enfourcher un cheval blanc. Autres chevaux dans l'ombre, chien, chèvres, gamin, etc. Dans le fond, faneurs, voitures de foin. Très-bon. Un peu noirci.

3° Deux haltes de chasse. Altérées.

4° Huit autres paysages plus ou moins noirs.

5° Autre halte. Un jeune seigneur assis sur un tronc d'arbre et sa femme assise sur une chaise, se reposent devant une auberge. La dame vient de déguster un petit verre qu'elle rend vide à la servante. Cavaliers dont un avec un faucon au poing. Petit nègre tenant un cheval blanc en bride, etc. A droite, éclaircie.

* 6° Cavalcade de chasseurs. L'un vêtu de jaune avec manches vertes est au galop sur un cheval blanc. Personnages descendant une côte rapide. Bêtes et gens se détachent en silhouettes sur le ciel. Toile très-fraîche.

7° Autre chasse. Une dame, peu solide sur son cheval blanc qui a pris le galop, montre déjà sa jambe. En sera-t-elle quitte pour cela? Un peu altéré.

8° Quatre tableaux de moyenne grandeur : 1. Bataille; norci. 2. Seigneur à cheval frappant de sa cravache un vilain qui ne s'est pas assez tôt détourné, pour faire place à l'équipage qui s'avance; une paysanne a été renversée. 3. Paysage profond avec beaucoup de gens à pied ou à cheval au premier plan. Perspective excellente. 4. Partie de chasse, sans fond pour ainsi dire. Une petite langue de terre au milieu d'une pièce d'eau est franchie par des cavaliers. La bande joyeuse se dirige vers le bois, avec valets et chiens.

9° Sept tableaux plus petits, moins bons ou plus altérés.

10° Six paysages, dont deux batailles. Plus ou moins noirs.

* 11° Six tableaux dont trois batailles noircies, une halte de cuirassiers et deux haltes de chasseurs mieux conservées : l'un nous offre un jardin élevé à gauche et un paysage étendu à droite; l'autre, des bâtiments et un portique entourés de lierre, puis une fontaine avec un petit génie de Bacchus versant l'eau dans le bassin; homme et chien s'y désaltèrent. Un domestique descendu de cheval présente un lièvre à la dame du logis debout sous le portique. Deux autres valets débottent le seigneur châtelain dont le cheval blanc pisse. Cet animal est vivant. Toile très-fraîche.

12° Combat de cavalerie sur une éminence près d'un fleuve: barques avec combattants; hommes et chevaux dans l'eau. A gauche, un cavalier emporte un drapeau ennemi.

* 13° Deux tableaux assez grands. 1. Eau au pied d'une haute roche, vaisseaux, barque, baigneurs. Camp, tentes, soldats disséminés. Sur le devant, officier supérieur sur un cheval blanc. 2. Chasse aux cerfs. Deux de ces animaux viennent de franchir la rivière. Des chasseurs à cheval — une dame est du nombre — les poursuivent au galop ou traversent cette rivière. D'autres sur la rive attaquent les cerfs à coups de lances; une dame à cheval, entre autres. Les hommes et les chevaux se détachent sur l'eau. Excellente perspective à droite. Edifice, jardin de luxe, etc. Altéré, mais encore très-beau.

14° Dix tableaux, en grande partie altérés : deux avec eau dans laquelle sont entrés des chevaux. Dans l'un, ville sur le bord d'un grand fleuve (jolie toile). Six haltes dont la dernière a lieu au bord de la mer, bonne toile encore fraîche. Le neuvième plus grand est aussi fort bon. A gauche personnages à cheval, dont une dame tenant un long parasol fermé, une autre avec un enfant qu'elle va rendre à sa nourrice, j'imagine. Ces cavaliers cherchent à rejoindre un riche carrosse qui s'éloigne et que vont atteindre deux chasseurs au galop. Le dixième est une belle chasse au cerf avec éminence et tour en ruines au sommet. A droite, eau, roche, etc.

WYCK (Thomas) : Paysage. Profil de maisons avec une arche à chaque extrémité de la rue. Ciel bien éclairé ; bâtiment s'y détachant bien.

WYNANS (Jean) : 1° Grand paysage insignifiant, sinon par un couple de paysans à cheval et des troupeaux de vaches et de moutons.

2° Paysage plus petit, mais plus profond. Paysanne aussi chargée que son baudet. Allée d'arbres. Berger assis ; maisons dans les arbres.

ZACHT-LEVEN (Hermann) : Seize petits paysages très-soignés et très-jolis, ayant pour la plupart une pièce d'eau.

ZAMPIERI (Dominique), dit le Dominiquin : Charité. Femme couchée à terre ayant sur elle deux enfants, l'un au sein, l'autre dormant. Elle donne une pomme à un troisième debout. Visages et nus de carton. L'enfant debout est mal dessiné. Comment ose-t-on attribuer cette croûte au Dominiquin ?

* ZURBARAN (François) : 1° Saint François en prières. Il est accoudé sur une table où la couronne papale est déposée dans un plat d'argent. Il lève les yeux au ciel vers un ange. Au fond, par une arche, on voit une pièce où se trouvent trois personnages en barrettes noires assis dans l'ombre et plus loin des cardinaux debout bien éclairés. La tête du jeune saint est belle et expressive ; celle de l'ange est moins bien.

2° Sainte Madeleine assise, ayant près d'elle sa boite au parfum et une tête de mort. Paysage dans le fond. Belle tête aux yeux langoureux levés vers le ciel, la bouche ouverte.

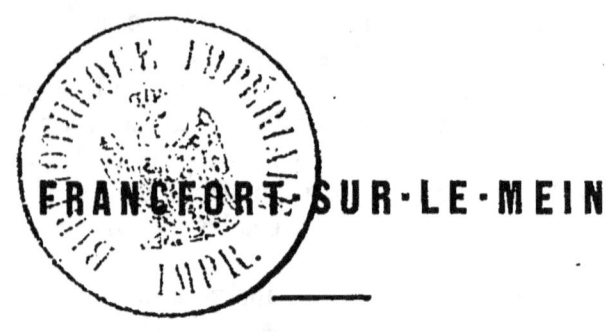

CHAPITRE UNIQUE

Peintures du musée.

BARTOLOMMEO (Fra), dit *il frate* : Sainte Famille. La vierge aux longs traits est fort belle. Jésus, debout à gauche, montre en riant le petit saint Jean qui, le corps penché en arrière, semble crier. Cette scène naïve et gaie est bien plutôt dans le genre d'André Delsarte que dans celui du sévère Frate. Toile jolie, mais altérée.

BELLINI (Jean) : Madone adorée par sainte Barbe et par saint Jean-Baptiste aux cheveux par trop crépus (demi-figure). La tête de Marie est de carton.

2º Vieux personnage assis à un prie-Dieu. Ses traits longs et distingués m'ont rappelé ceux du Titien. Bonne toile.

CANAL (Antonio), dit *Canaletto* : 1º Grand canal de Venise à partir de la Piazzetta, et quai vers la promenade publique. Palais des Doges.

2º Grand canal. Église de Notre-Dame de la Santé à gauche; palais des Doges à droite. Barques, gondoles.

3º Charmante maison de forme originale avec une rampe, sur le bord du grand canal.

Belles toiles bien conservées.

BOL (Ferdinand) : 1º Portrait d'un beau jeune homme vêtu de noir avec collerette plate. Tête longue, nue.

2º Autre portrait d'un homme gras vêtu de même, tête nue. Bons.

* BORDONE (Paris) : Jolie petite esquisse d'un tableau de l'Académie de Venise : le pêcheur de saint Marc (voy. *Musées d'Italie*, p. 456).

CALIARI (Paul), dit *Véronèse :* 1° Mars et Vénus. La blonde déesse est presque nue. Mars semble vouloir l'enlever par une draperie formant comme un cordon sous les seins. Amour couché. Lui et sa mère ont pris une teinte rouge brique ; Mars tourne au noir.

2° Mariage mystique de sainte Catherine. La vierge avec l'enfant est sur un trône élevé, adossé à une colonne. Neuf grands anges l'entourent. D'autres plus petits volent dans l'espace. La sainte a son costume de reine. Jolie petite esquise.

CANTARINI (Simon), dit *il Pesarese :* Jolie petite Madone donnant à un saint sa main à baiser (demi-figures).

CIMA (Jean-Baptiste) *da Conegliano :* Petite Madone boudeuse.

* CRIVELLI (Charles) : La jeune vierge Marie en prières, petit tableau très-remarquable dont le cadre est de forme sexagone. Les reliefs sont si bien accusés qu'au premier aspect, on croit voir une faïence peinte en bosse. Marie, agenouillée sur le devant, porte un costume moyen âge, bizarre mais non disgracieux. Au fond, à droite, est son lit. Un rayon lumineux et doré traverse la pièce voisine et vient lui annoncer la visite de l'ange Gabriel ou celle du Saint-Esprit. La perspective est excellente et le coloris très-vif.

* DYCK (Antoine van) : Très-beau portrait d'un jeune homme brun, aux yeux vifs surmontés de sourcils bien arqués et un peu relevés. Sa jolie tête penchée en arrière regarde de haut en bas. Il a beau prendre une mine sérieuse : on n'y verra pas moins la gaieté et la sensualité qui distinguent ce personnage vraiment français. Il porte à la tête une de ses mains dont il nous montre la paume, les doigts du milieu pliés. Cette main est un chef-d'œuvre ; l'autre placée plus bas tient un papier d'où pend un sceau.

* EYCK (Jean van) : Petite vierge allaitant. Ses cheveux sont maintenus par une ferronnière. Son siége somptueux est orné de draperies dorées. C'est toujours cette longue tête septentrionale, presque endormie, très-estimée des amateurs de l'immobilité gothique. Jésus tient une pomme d'une main, s'appuie de l'autre contre le bras de sa mère et saisit avec la bouche le bout du sein que lui présentent deux doigts effilés. Jolie toile, bien conservée.

FRANCUCCI, dit *Innocent da Imola :* Vierge montant au ciel. En bas, saint Sébastien d'un côté et saint Jean-Baptiste de l'autre.

8.

Donateur à genoux, au milieu. Anges dans l'espace. Au fond, les douze apôtres. Paysage. Bien conservé.

HEMLING ou MEMLING (Jean) : Vierge en trône avec Jésus, au milieu d'une gloire circulaire. Inférieur au Van Eyck, ou altéré.

INCONNUS (auteurs). L'hôtel de ville a une collection de portraits d'empereurs d'Allemagne en pied, intéressante au point de vue historique, mais généralement mal peinte.

LEYS : Joli paysage. Près d'une maison, une vieille assise a devant elle une petite fille. Buveurs, jeune servante, chiens, etc.

LICINIO (Régile) du Pordenone : Bon portrait d'un cardinal à longue barbe blanche. Visage au long nez, bien éclairé.

LUCIANO (Sébastien), dit del Piombo. Portrait d'une dame en robe verte, portant deux colliers très-riches. Son long visage est beau, mais d'une peinture sèche.

* MARATTE (Charles) : Vierge en trône. Son siége en marbre blanc est placé sous une triple arcade dont chaque compartiment est traversé, au bas de la voûte, par une guirlande de feuilles et de roses. Elle tient debout sur elle Jésus qui saisit des deux mains la tête de sa mère pour l'embrasser. Au bas du trône, quatre prélats : les pères de l'Église, je crois. Leurs visages un peu noircis sont d'une teinte trop uniforme. Belle toile du reste.

METZYS (Quentin) : Portrait d'un homme à la trogne avinée d'un Flamand. Il est coiffé d'un chapeau à cornes enfoncé sur le front, la partie large par devant. Son visage est devenu rouge brique. C'est dommage, car il est parlant. Fond de paysage.

MORONI (Jean-Baptiste) dit il Moretto : Vierge en trône et saints. A gauche, saint Antoine, abbé, en habit de pèlerin, avec sa sonnette. A droite, saint Sébastien attaché à une colonne, la tête et le corps penchés vers Jésus. Son visage, au long nez busqué et pointu, est assez beau, un peu vulgaire : portrait, sans doute. Marie est belle, mais il y a de l'analogie entre sa physionomie et celle de saint Sébastien ; elle paraît être sa sœur.

RAIBOLINI (François), dit Francia : Beau portrait d'homme à la face large sans barbe, vêtu d'une robe et d'un toquet noirs. Un peu altéré.

RENI (d'après Guido), dit le Guide : Saint Joseph avec l'enfant Jésus couché sur le dos et tenant une pomme.

ROBUSTI (Jacopo), dit le Tintoret : Portrait d'un vieux doge en grand costume. Le haut de cette toile est encore bien éclairé, le bonnet doré surtout. Les mains sont faibles. Peut-être sont-elles altérées par le temps.

RUBENS (Pierre-Paul) : Cheval blanc avec une selle rouge et des étriers en or (demi-nature). Il attend un cavalier.

VANNUCCI (Pierre), dit *le Pérugin* : 1° Sainte Famille. L'Enfant Jésus trop petit — selon moi — est assis sur sa mère. Le petit saint Jean, à gauche, l'adore à genoux. Marie regarde à notre droite, d'un air rêveur.

2° Saint Joseph, Marie et **des anges** adorant l'enfant Jésus couché à terre (cadre rond). Je doute que ce tableau soit un original du maître.

VECELLIO (d'après Tiziano), dit *le Titien* : Jolie Madone (petite nature) avec Jésus debout sur ses genoux. Plus bas, à gauche, le petit saint Jean — à mi-corps — tenant son liston.

ZAMPIERI (Dominique), dit *le Dominiquin* : Saint Sébastien détaché de l'arbre. Son corps tombe en s'affaissant; il est soutenu par sainte Irène. Une jeune servante délie l'un de ses bras encore fixé à cet arbre. Le saint entr'ouvre les yeux. Le coloris de son beau corps tourne au pain d'épice. A voir la blancheur lymphatique de la jeune fille, j'aurais cru que ce tableau était du Guide.

MUNICH

CHAPITRE PREMIER

Monuments

Munich se compose de deux villes d'aspects tout différents : l'une, vieille, aux rues étroites, aux portes massives flanquées de grosses tours d'un style barbare ; l'autre, moderne, n'ayant que des rues très-larges et des places immenses. Aussi dit-on en Allemagne, à propos de Munich comparée à Vienne, qui n'a qu'une petite enceinte séparée de ses grands faubourgs par de vastes promenades, que la première attend des habitants, tandis que les habitants de la seconde attendent une ville.

Ainsi la rue Ludwigi-Strass (rue Louis) a 1,800 pieds de longueur sur 60 de largeur : dix voitures pourraient y passer de front et les piétons ont en outre de larges trottoirs. On rencontre dans son parcours des places ornées de statues en bronze ou en marbre dont l'exécution laisse beaucoup à désirer. A son extrémité, on a érigé une porte ou arc de triomphe surmonté d'un char attelé de quatre lions conduits par une divinité : le tout de forme colossale, en bronze et d'un travail médiocre. De ces places, la plus étendue est la place Maximilien ; de larges rues bordées d'arbres y aboutissent. L'une d'elles conduit à une autre grande place au centre de laquelle est un obélisque composé à l'extérieur de plaques de bronzes superposées. Sur une des faces de son piédestal est une inscription en allemand portant : « monument érigé à « la mémoire des 30,000 Bavarois qui ont péri en 1812, en com- « battant contre les Russes. » Et sur la face opposée, celle-ci : « Eux

« aussi ont péri pour l'affranchissement de leurs concitoyens. »
J'avoue à ma honte ne pas comprendre le sens de cette dernière
phrase. Trois grandes rues partent de cette place. L'une d'elles
mène à la Pinacotèque, temple du style grec servant de musée de
peinture ; une autre aboutit à la glyptotèque, musée de sculpture
en face duquel est un temple grec du même genre et destiné
peut-être aux statues modernes, comme, à côté de la pinacotèque,
est un édifice pour les peintures modernes. Les murs de ce dernier édifice sont ornés à l'extérieur de fresques dans lesquelles on
célèbre les artistes et les princes ayant concouru à enrichir la ville
de monuments et d'objets d'art. Le premier des tableaux est, si
j'ai bien compris, la glorification du romantisme personnifié par
un jeune homme, en costume contemporain, monté sur un cheval
blanc ailé. Il s'élance, l'épée haute, sur un monstre à trois têtes
ornées de perruques et gambadant au sommet d'un autel des sacrifices dont la base est voûtée. Cette voûte est fermée de notre
côté par des barreaux de fer à travers lesquels on aperçoit une
jeune femme gisant à terre, l'air abattu. Ses traits et ses draperies me font penser qu'elle est la personnification de l'art grec,
comme le nain à trois perruques représente l'art de la renaissance (peinture, sculpture et architecture). De l'autre côté de l'autel se présentent des défenseurs qui, à en juger par leurs poses
décontenancées, vont être pourfendus par l'art moderne. Un autre
tableau nous donne l'explication de l'enthousiasme des artistes de
Munich : On y voit la brillante apparition de la statue de la Bavière, chargée sans doute de détrôner le Jupiter olympien de Phidias. La partie supérieure de l'un des murs d'enceinte contient
les portraits des artistes qui brillaient naguère à Munich. Séduit
par les magnifiques promesses du dehors, le visiteur s'empresse
de pénétrer dans le temple où l'art moderne va prouver sa supériorité. Mais hélas ! on a beau chercher, on ne trouve rien de ce
que promettait l'enseigne.

* La statue colossale de la Bavière est placée au haut du talus
qui termine une grande plaine appelée la Ruhmesalle. Elle a vingt
mètres de hauteur et son piédestal en a neuf. L'escalier de sept
mètres de large, établi sur le talus en face de la statue, a quarante
huit marches, de sorte que sa partie supérieure se trouve à envi-
ron quarante mètres au-dessus du sol de la plaine. Un escalier de
soixante-six marches, pratiqué dans le piédestal et dans la statue,
conduit à son genou ; de là on arrive, par des degrés en fonte, à
la cavité de la tête où l'on a placé un banc en bronze pouvant
contenir huit personnes. Des ouvertures invisibles d'en bas et pra-

tiquées notamment aux yeux, permettent de découvrir la ville et les Alpes allemandes. Cette statue est de Schwanthaler. Elle a été coulée en bronze et ajustée de 1844 à 1850 par Ferdinand Miller. La Bavière est représentée par une femme fortement constituée, à la taille large, ayant à ses pieds un lion et pour vêtement une peau de lion. Elle lève de la main gauche une couronne au-dessus de sa tête ; elle se décerne modestement le prix du courage ou du talent. Vue de près, cette œuvre est trop massive ; la peau de lion qui lui sert de manteau est trop lourde et fort peu gracieuse. Vue de loin, et c'est ainsi qu'il faut apprécier une figure beaucoup plus grande que nature, on a de la peine a bien saisir l'ensemble, à cause d'un petit temple en marbre blanc, érigé derrière elle ; car elle dépasse l'édifice de tout le torse qui se détache sur la campagne ; le bas autrement éclairé semble comme attaché au temple. Alors on se demande si la statue a été placée là pour écraser le temple, ou si le temple a été construit pour détruire l'effet de la statue, et l'on est tenté de dire au sculpteur : « Enlevez votre statue pour qu'on voie le temple ; » ou plutôt de dire à l'architecte : « Enlevez ce temple joujou afin que la déesse de la patrie apparaisse au loin dans toute sa majesté. »

Les autres monuments sont : 1° L'Isarthar (porte de l'Isar) restaurée par le roi Louis. Ce sont trois tours unies par des murs percés de huit entrées. Sur la façade principale et extérieure, Neker et Kagel ont, d'après Cornélius, peint à fresque, au-dessus des voûtes, l'entrée à Munich, par cette porte, de l'empereur Louis de Bavière le 28 octobre 1322, après sa victoire sur son compétiteur Frédéric Lebeau. Cette fresque de plus de vingt-deux mètres d'étendue est altérée, quoique récente. Ce qu'il y a de mieux aujourd'hui, c'est le cheval blanc de l'empereur marchant au pas relevé ; il est bien peint et bien conservé.

2° Siegesthor ou porte de la victoire commencée en 1844. C'est une imitation, en calcaire blanc, de l'arc de triomphe de Constantin à Rome.

3° La Résidence, palais du roi. Il se divise en trois parties : l'ancienne résidence, la nouvelle et le palais des fêtes. A l'extérieur et dans les cours, se trouvent un assez grand nombre de statues en bronze, sans mérite remarquable.

4° Le Wittelsbacher-Palast. Son extérieur peint en rouge, avec ses quatre tours et ses murs terminés en créneaux, offre un mélange des style des XIV⁰ et XV⁰ siècles. D'abord destiné au Prince-Royal, ce palais est aujourd'hui affecté à la résidence de l'ex-roi Louis.

5° Palais du duc de Leuchtenberg, aujourd'hui résidence du prince Léopold de Bavière, place de l'Odéon.

6° Palais du duc Maximilien de Bavière.

7° Palais du prince Charles, à l'entrée d'un jardin anglais. (Style renaissance.)

8° La Villa de la Reine dans la Lands, près du Siegester.

9° Le Herzog-Manburg, château du duc Max.

10° La Frarunkirche (Notre-Dame), église métropolitaine bâtie de 1468 à 1488, sur une petite place : masse informe en briques, surmontée de deux tours avec coupoles en cuivre et boule en or. On voit dans l'une des chapelles le tombeau de l'empereur Louis de Bavière érigé en 1622, par ordre de l'électeur Maximilien Ier. Il est en marbre avec ornements en bronze : c'est la principale curiosité de cette église. Je me suis arrêté dans une autre chapelle devant un bas-relief de quart de nature représentant, en bronze, la résurrection de Lazare. Les figures du premier plan sont presque entières et finement exécutées. Ce bas-relief moderne, je crois, a sans doute été fait d'après un tableau de maître.

11° L'église protestante. C'est une rotonde presque ovale derrière laquelle s'élève une tour carrée de cinquante et un mètres. Le tableau d'autel est le crucifiement du Christ, et celui du plafond, son ascension.

12° L'église Saint-Louis, construction moderne.

13° Notre-Dame de Bon-Secours, autre église moderne dans le faubourg d'Au. Elle est bâtie en briques et a quatre portes d'entrée, une à chaque face. Son clocher, hérissé de pierres en saillie, est à jour. Sur les vitraux de cette église, à trois nefs, sont peintes des scènes du Nouveau-Testament : peintures généralement faibles. Les têtes sont d'une seule teinte terre cuite. Il faut excepter cependant le premier sujet à droite. Au-dessus de la crèche, on voit, dans les airs, trois anges lumineux. La tête de la Vierge, celle du vieux roi prosterné et l'Enfant Jésus sont éclairés. Dans le tableau du mariage de la Vierge, le visage du pontife, mieux éclairé encore, est d'un excellent effet. Pourquoi n'avoir pas procédé de même partout où la lumière devait se produire?

14° L'église de Tous-les-Saints, ou la nouvelle chapelle de la cour, attenante au palais du Roi et à la place. Quatre tribunes y sont disposées pour la suite du Roi, qui a la sienne vis-à-vis de celle de la Reine. Cette église est riche en marbres, en dorures et en peintures. Les tableaux les plus saillants sont : les Patriarches des pendatifs ; Moïse faisant jaillir l'eau du rocher ; le Christ de la coupole ; les apôtres et surtout l'apparition du Christ aux saintes femmes, après sa résurrection.

15° La basilique ou église Saint-Boniface. C'est, en proportions réduites, l'église de Saint-Paul hors des murs, à Rome. Les colonnes sont aussi des monolites en marbre gris de 7 mètres 50 centimètres de hauteur. Les cinq nefs sont formées de quatre rangs de seize colonnes chacune ; il y en a en outre deux autres sous les orgues. Comme à Rome, chaque voûte est ornée d'un portrait de pape. La nef du milieu a 78 mètres de longueur et 25 mètres de hauteur ; celles latérales n'ont que 13 mètres d'élévation. Les murs ont été peints à fresque par des artistes de Munich. Ils ont, entre autres sujets, retracé les faits principaux de la vie du saint patron. Tout cela est généralement sec, sans lumière ou renseignements suffisants. La teinte des visages est aussi de terre cuite. La façade sur la rue se compose d'un péristyle à neuf arcades supportées par huit colonnes de calcaire blanc. De chaque côté du portail est une statue, saint Pierre et saint Paul. Les portes offrent des bas-reliefs assez bien traités.

Ces deux derniers édifices sont aussi de construction nouvelle.

16° Bibliothèque publique dans la grande rue Louis. Le pallier de son double escalier est orné à l'extérieur de quatre statues, celle d'Homère entre autres.

17° Jardin botanique, peu remarquable. Mais on y a construit un palais en fer, répétition réduite du palais de cristal de Londres. Il est destiné aux expositions d'art et d'industrie. Entre-temps on y étale chaque année une collection des plus belles fleurs de tous les pays, exécutées en papier.

CHAPITRE II

Glyptotèque, musée de sculpture.

1re Salle des Égyptiens.

Nos de 1 à 4. Quatre pierres creusées avec bas-reliefs à l'extérieur et incrustées dans le mur : canopes destinées à recevoir l'eau lustrale ou les entrailles des corps embaumés.

5 et 6. Deux statues en marbre noir représentant les gardiens des temples. Leur tête est serrée avec une étoffe dont les bouts tombent sur la poitrine. Dans leurs mains allongées le long du corps, est un petit bâton. Une légère draperie leur serre les hanches et le haut des cuisses.

7 et 8. Deux sphinx en balsate, couchés, l'un vert, l'autre noir.

* 15. Belle statue d'Antinoüs en marbre rouge. Semi-colossale. Il est coiffé à la façon des dieux d'Egypte. Son corps est nu jusqu'à la ceinture. Les reliefs en sont bons mais peu accusés, ainsi que cela se pratiquait pour les natures divines.

16. Homme et femme assis côte-à-côte, un bras de celle-ci sur le dos de son mari : les trois autres mains appuyées sur les cuisses. Visages plats, yeux saillants, lèvres épaisses. Gorge volumineuse de la femme dont les hanches sont étroites (petite dimension). Sujets coloriés.

* 17. Belle statue d'Isis en marbre noir. La coiffure en cheveux est à peu près de la forme d'une ruche à miel. La déesse tient dans chaque main un anneau d'où pend une espèce de croix : c'est le *tau* sacré, c'est-à-dire la clef du ciel. Les seins sont rapprochés l'un de l'autre et très-développés ; les hanches étroites comme toujours. M. Viardot, qui en fait une mère nourrice, s'est trompé en lui attribuant des hanches larges.

18. Gardien du temple en marbre de couleurs mélangées. Il est posé et costumé comme les précédents.

21. Jolie petite tête en marbre jaspé. Coiffure égyptienne sans bande.

23. Homme vêtu d'une robe légère et collante, au milieu de laquelle règne un ruban avec un trou pour donner passage à la verge. Une main semble vouloir cacher l'indécence ; l'autre tient un petit bâton. Sa tête est coiffée d'une calotte plate. Style se rapprochant du grec.

24. Homme et femme comme au n° 16. Plus grands et non coloriés.

29. Belle tête en marbre noir, un peu rongé. Lèvres trop grosses, cheveux frisés dont une partie est relevée sur le sommet en forme de cône, à la façon des Éthiopiens. Les oreilles se trouvent très-allongées par un ornement bizarre.

30. Ramsès III, surnommé *Sésostris*, à l'état de momie ; car dans sa position, on ne voit que sa tête sortant comme d'une baignoire.

2ᵉ *Salle des Incunables* (*incunabula — au berceau*).

De 32 à 38. Bas-reliefs en bronze devant orner un char triomphal. Ils reproduisent, dit-on, des fables babyloniennes, etc. Ils ne sont pas coulés, mais composés de lames dressées au marteau et unies avec des clous.

De 39 à 43. Bas-reliefs incrustés dans le mur, représentant des divinités grecques.

44. Tête de guerrier en marbre blanc.

45. Tête d'homme sans barbe, en terre cuite, qu'on devait colorier.

46. L'Espérance (selon le catalogue). Pourquoi ne pas voir l'Abondance dans une femme tenant une corne d'abandance d'une main et relevant son manteau de l'autre ?

47. Candélabre en bronze d'un bon travail. On y voit Hercule et Junon.

49. Vénus Aphrodite. Cheveux tenus sur sa tête avec un cordon. Corps traité à l'Egyptienne ; robe mal drapée.

50. Jolie tête d'Athlète.

51. Prêtre de Bacchus. Tête longue, souriante, coiffée de pampre, les cheveux tombant sur chaque tempe en deux longues boucles frisées. Il tient une patène et un pot. Sur sa robe fine et collante, est un peplum en peau d'animal dont une lanière terminée par une tête de tigre, vient faire l'office de feuille de vigne ; deux autres bouts descendant sur les hanches, ont à leur extrémité les griffes de l'animal. La tête n'est-elle pas moderne?

52. Autre prêtre de Bacchus, moins bon que le précédent.

53. Sacrificateur, à la longue barbe, la bouche ouverte, buste de petite dimension.

55 A 55 B. Monuments dédiés au sacrifice d'un petit garçon et d'une personne âgée (catalogue). L'enfant est couché. — Je n'ai pas compris. Mauvaise exécution.

3ᵉ *Salle des Éginètes.*

Au bas d'un fronton simulé et sur des bans placés l'un à gauche, l'autre à droite, dans toute la longueur de la salle, sont disposés deux groupes de figures en marbre blanc, comme on suppose qu'ils l'étaient aux frontons du temple de Jupiter Panhellénien, découvert en 1811 dans l'île d'Egine.

* Le groupe de gauche représente le combat livré sur le corps de Patrocle, savoir : n° 66. Grec blessé, renversé et à demi couché. En le restaurant, on lui a fait retirer la flèche qui lui est entrée dans la poitrine. Les cheveux liés autour de sa tête nue, offrent sur le devant un double rang de mèches frisées de la forme de boutons et tombent carrément sur le dos.

65. Le deuxième est Ajax, fils d'Oïlée, à genoux, le corps penché, une pique à la main.

64. Le troisième est Teucer aussi à genoux, mais le corps droit et lançant une flèche.

63. Le quatrième est Ajax le Télamonien. Il est debout, armé du bouclier et de la lance.

61. Au milieu, Minerve plus grande que les autres personnages vus de profil. La déesse au contraire nous fait face. Elle porte le casque et la lance. Son vêtement est une draperie grossière avec l'égide.

62. A ses pieds, Patrocle appuyé sur un coude et presque couché.

67. La septième figure est celle d'Hector debout avec le bouclier et la lance.

68. La huitième est Paris coiffé du bonnet phrygien dont le haut est recourbé en avant. Il est à genoux, le corps droit, l'arc tendu.

69. Le neuvième est Enée aussi à genoux, le corps penché. Le restaurateur lui a mis dans la main un long poignard.

70. Le dixième et dernier est un Troyen blessé et renversé sur le côté droit. Il est coiffé à peu près comme son pendant (n° 66). Le restaurateur a frisé le Troyen comme l'était le Grec.

* Le fronton de droite représente le combat d'Hercule et de Télamon contre Laomédon, roi des Troyens, dont la fille Hésione, exposée à la fureur d'un monstre envoyé par Neptune, avait été promise à Hercule s'il la délivrait. Laomédon, après la mort du monstre, ayant retiré son consentement, Hercule le tua et donna Hésione à Télamon.

56. En procédant comme pour le groupe précédent, le premier acteur est Hercule étroitement coiffé d'une peau de lion et n'ayant qu'une petite jacquette ; il est bâti comme les autres et lance une flèche, un genou en terre.

57. Le deuxième est Laomédon debout, le corps penché en avant. Sa barbe est une masse informe. Il a le bouclier et la lance.

C'est, dit-on, le meilleur du groupe; je le mets cependant après le n° 60, mieux modelé encore.

58. Le troisième est Télamon, la lance au poing. Tête restaurée.

59. Le quatrième est un guerrier blessé et renversé sur le dos, son bouclier sous lui; il lève encore son épée.

60. Le dernier est un guerrier debout, le corps penché, les deux mains en avant comme un homme qui vient pour ramasser un blessé. Je trouve sa tête sans barbe et son corps au moins aussi bien traités que ceux du n° 57, et sa pose me semble plus naturelle et plus intéressante. Du reste ses bras et ses pieds sont modernes.

Il y avait d'autres combattants, mais il a été impossible de les trouver ou de se servir des débris qui en restaient.

Dans l'un et l'autre de ces frontons, si l'on en excepte le Grec et le Troyen, renversés le premier tête nue et Paris coiffé du bonnet phrygien, tous ces guerriers portent un casque avec une longue crinière massive; leurs corps sont assez bien modelés, mais leurs visages sont peu achevés; les têtes avec leur grande barbe et leurs cimiers de pierre, paraissent relativement trop fortes et donnent à la figure un aspect passablement grotesque. Pour expliquer ces bizarreries, on a dit que, par certain scrupule religieux, l'artiste a dû conserver, quant aux traits du visage, les types du style hiérotique, types immuables hérités des Égyptiens.

Entre ces débris de frontons plus anciens et ceux du Parthénon il y a une énorme différence à l'avantage des derniers; et cependant il ne s'est écoulé que quarante ou cinquante ans, dit-on, entre ces deux compositions.

Contre le mur sont déposés des fragments de colonnes et de chapiteaux du temple de Jupiter.

4e Salle, dite d'Apollon.

* 81. Dame romaine en Cérès. Belle statue en marbre blanc, plus grande que nature et bien conservée. Elle tient des pavots et des épis d'une main et de l'autre un sceptre. Poitrine large, seins couverts par la robe; belle tête un peu penchée, les yeux levés au-dessus d'elle. Cheveux arrondis sur les tempes et surmontés d'un diadème. Robe et manteau artistement drapés.

82. Vase funéraire avec reliefs d'un assez beau travail.

83. Tête de femme élégamment coiffée de ses cheveux bouclés (grande nature). Un peu altérée.

84. Apollon Cytharède en porphyre. Il joue de la lyre, en marchant. Les nus sont blancs. En partie restauré. Semblable statue se trouve au musée de Naples (voir *Revue des musées d'Italie*, p. 173).

85. Achille. Sa tête, surmontée d'un casque portant des figures en reliefs, a beaucoup d'analogie avec celle de l'Achille du Louvre, mais elle est moins bien exécutée ; la bouche est entr'ouverte.

* 86. Buste de Pallas, bouche entr'ouverte. Ce serait, dit-on, une copie réduite de la fameuse Minerve du Parthénon. Tête de Méduse avec serpent sur l'épaule droite et descendant sur la poitrine. Une draperie est jetée sur son épaule gauche. Casque simple avec deux trous pour les yeux et une ouverture à l'endroit du nez, recouverte d'une petite bande de fer. Ses cheveux relevés sont attachés en une grosse tresse tombant sur le dos. Sa tête un peu penchée en avant a l'expression méditative.

87. Diane marchant contre le vent (petite nature). Sa robe dessine le corps et les jambes, et le manteau est soulevé en arrière. Ce manteau dont un bout est tenu par la couronne, couvre le haut et le derrière de la tête : couronne se terminant par une guirlande de petits chevreuils placés deux à deux, l'un en face de l'autre.

* 88. Cérès. Copie antique d'une belle statue grecque. Ici la tête et les pieds sont modernes. Belle draperie imitant un linge mouillé.

89. Bacchus barbu. Les cheveux de devant ressemblent à une triple couronne composée de choux de Bruxelles. On a longtemps regardé ces têtes comme des hermès de Platon. Visconti a démontré l'erreur.

90. Jupiter-Amon dont le catalogue vante la belle tête. Elle est ornée de cornes de bélier et de longues oreilles produisant un effet peu gracieux. Les yeux expriment une certaine langueur.

91. Amphore avec bas-reliefs bien sculptés, mais très-altérés. Vu d'en bas, ce vase offre presque la forme d'une boule.

92. Tête de jeune homme aux cheveux courts. — Athlète, je crois. — Bon style.

93. Belle tête d'homme, semi-colossale ; barbe et cheveux bien traités.

94. Minerve, buste (grande nature). Elle porte sur la poitrine, — assez plate, — une cuirasse en peau de chèvre avec une tête de Méduse au milieu. Visage mal dessiné et inintelligent.

5e *Salle de Bacchus.*

* 98. Satyre endormi designé par Winckelmann sous le nom
du Faune dormant du palais Barberini ; statue semi-colossale très-
remarquable. Sa pose est peu décente ; il est couché sur le dos,
les cuisses écartées, une main passée derrière la tête. Son visage est
rustique ; lèvres très-charnues, nez court et large à son extrémité, sourcils légèrement contractés. La queue qu'il porte au bas
de l'échine est plus longue que d'ordinaire. Mais quelle vérité dans
ce visage empreint de naïveté ! Comme il respire bien ! Sa bouche
entr'ouverte semble parler, en rêvant. Les parties antiques sont
traitées avec un grand talent. Portion de la cuisse et le pied gauches, le bout de l'autre cuisse, la jambe droite jusqu'au-dessus de
la cheville, ainsi que la partie pendante du bras gauche et les
doigts de la main droite, sont modernes. Il en est qui attribuent cette
statue à Praxitèle ou à Scopas. Je n'admets cette version qu'avec
difficulté. Ces sculpteurs étaient trop voués au culte du beau, pour
avoir traité ce sujet vulgaire d'une façon si triviale.

* 99. Ino surnommée Leucothée, nourrice de Bacchus (grande
nature). Le catalogue l'attribue à Phidias. Le fait est que cette statue n'est pas une œuvre ordinaire. Ino porte sur le bras gauche
le petit Bacchus, en même temps que la main tient par le ventre
un vase dont l'enfant saisit l'anse. Le bras droit est levé, de sorte
que la robe s'entr'ouvre et laisse voir à nu l'aisselle et un peu du
corps. Son manteau, en tombant sur les plis de la ceinture, produit
un bel effet, d'une extrême vérité. Ses cheveux abondants se répandent, en grosses boucles, sur les épaules. Sa tête penchée vers
son nourrisson est fort belle et son regard respire la tendresse. Lui
est nu jusqu'à mi-cuisse ; une draperie cache le reste jusqu'aux pieds.
Le bras droit, la main gauche et le vase sont seuls modernes. Cette
statue a fait partie du musée Napoléon, qui n'en a plus que le plâtre.

* 100. Hermaphrodite. Il est debout et tient une lyre. Ses cheveux retroussés à la manière des femmes et ses traits délicats sont
les seuls signes de son double sexe. Jolie tête, beau torse ; lyre,
cuisses et jambes modernes.

* 101. Silène (petite nature). Quoique nu, il a des souliers. Son
corps est très-velu. Sa tête penchée comme celle d'un ivrogne offre
une cavité au milieu du visage qui lui donne l'air d'un baskire. Il
s'appuie sur une outre que supporte un tronc d'arbre et tient de
l'autre main une petite coupe. Le marbre a jauni. C'était, dit-on,
un ornement de fontaine. Il est probable que l'auteur, homme de

talent, — car le corps un peu contourné est fort bien traité, — à voulu faire rire les passants, au moyen de cette tête et de cette pose grotesques.

* 102. Buste d'un faune dit *Faune à la tache*, à cause d'une teinte métallique dont la joue et l'épaule droite sont marquées (petite nature). Il a fait aussi partie du musée Napoléon. Il est jeune, sans barbe ; ses oreilles sont pointues ; ses cheveux courts ; un mamelon de la peau, comme en ont les boucs, se détache du col. Sa physionomie riante est bonne, naïve, gracieuse. Travail parfait.

* 103. Sarcophage sur lequel on a représenté, en bas-reliefs, les noces de Bacchus et d'Ariadne. A gauche, le vieux Silène est soutenu par deux satyres ; jeune faune debout, la main droite levée. Puis vient le char où sont couchés les époux, en sens opposé. A l'extrémité de ce char traîné par des centaures est le génie de l'hyménée tenant un flambeau. Sur la face latérale du monument, bacchant, bacchante ; enfin, satyres dont l'un danse, en agitant un tambour de basque, tandis que son tigre saute près de lui.

104. Faune couché, le bras droit appuyé sur le coude, la tête couronnée de pampre. La tête et le buste sont seuls antiques. C'est une imitation médiocre du beau bronze de Pompei (*Musées d'Italie*, p. 176).

105. Buste d'un jeune satyre, aux traits longs, à l'air rêveur, la bouche entr'ouverte. Il est très-beau pour un satyre. Deux grosses mèches de cheveux tombent sur les tempes.

* 106. Bacchus ayant à ses pieds un tigre grossièrement sculpté. Deux boucles de cheveux descendent sur la poitrine du dieu. Son corps jeune et bien modelé est penché sur la jambe droite. Sa jolie tête est coiffée de pampres. Jambes restaurées.

107. Petite Vénus ayant près d'elle un dauphin. Sa main est levée à la hauteur mais assez loin des seins, comme pour recevoir le prix de la beauté ; l'autre main est placée plus bas et près du corps. Tête moderne.

108 et 109. Répétitions médiocres du faune de Praxitèle.

110. Auguste (petite nature). La tête, la jambe et le bras droits sont modernes. Le corps est assez bien traité, mais le marbre en est dégradé. Il a été restauré en vainqueur de jeux publics, une palme à la main.

111. Bacchus. Son visage au double menton, est vulgaire. Trop de raisins et pas assez de cheveux sur la tête. Le corps est mieux.

Une draperie couvrant le dessous des hanches, est passée sur le bras gauche.

* 112. Charmant petit Bacchus marchant vite et portant une outre sur l'épaule droite.

113. Buste semi-colossal de Vénus. Beau, mais dégradé.

* 114. Polémon. Dieu marin assis sur un dauphin mal travaillé. C'est un jeune et bel enfant n'ayant pour vêtement qu'une petite peau d'animal en sautoir. Sa tête penchée sur l'épaule gauche, semble triste ou boudeuse. L'iris de ses yeux est creusé. Il tient par le cou un serpent dont le corps est posé sur sa tête. Joli petit marbre bien conservé.

115. Ariadne, selon le catalogue. Sa robe tombe et laisse à nu le sein droit. Elle porte en outre un manteau, et sur l'épaule gauche une peau d'animal. Elle tient d'une main une petite coupe et des raisins dans l'autre. C'est, selon nous, une simple bacchante.

116. Cérès. Belle draperie antique. Tête, bras et corne d'abondance modernes.

117. Silène portant Bacchus, tout jeune enfant, répétition médiocre du Faune à l'Enfant du Louvre. Restauré en partie.

* 118. Bas-relief posé contre le mur et représentant le mariage de Neptune et d'Amphitrite. Les personnages en commençant par notre gauche, sont : trois néréides, moitié femmes moitié poissons, une femme tenant un enfant sur un taureau marin, une autre assise sur un cheval marin, ayant dans chaque main un flambeau allumé, un triton tenant une lyre et un autre sonnant de la conque, ensuite Neptune et sa jeune épouse assis dans un char que traînent ces deux musiciens ; derrière le char, une autre femme assise sur un cheval marin et deux amours. Une colonne plate ferme cette scène. Au delà, contre cette colonne, se tiennent deux amours et un triton barbu entre deux néréides. Les têtes de ces trois derniers sont modernes. Le reste est intact et d'un beau travail. Les figures sont presque de demi-nature. Ouvrage remarquable.

119. Education du jeune Bacchus, bas-relief, médiocre.

6e *Salle des Niobides*.

123. Figure assise, couverte d'un manteau.

124. Jeune garçon, tenant des deux bras, sur son épaule, une amphore. Fragment d'un bon travail.

125. L'Enfant à l'oie. Il tient l'oiseau par le cou et par une aile relevée. Répétition de celui du Louvre.

* 126. Le fils de Niobé blessé à mort et renversé sur le dos. L'exécution de cette statue m'a semblé plus parfaite encore que celle de la galerie *degli uffici* de Florence qui, sans doute, n'en a qu'une répétition. Ce qui me fait croire que Munich possède l'original, c'est que la partie postérieure de la tête n'est pas achevée et que cette figure fait corps avec la pierre, comme cela devait être dans un fronton.

* 127. Magnifique torse d'un autre fils de Niobé, tombé à genoux et regardant le ciel, en levant les bras comme pour garantir le corps. Ce fragment est en marbre de Paros encore éclatant de blancheur. Quel beau travail! Pourquoi faut-il que les bras, la tête et le cou manquent entièrement? De plus, une extrémité du pied droit est cassée.

128. Tête de jeune fille, un peu inclinée. Coiffure très-simple. Sa chevelure nouée sur la nuque offre une raie au milieu du crâne. Ses oreilles sont percées.

129. Copie antique du soi-disant Mercure du Vatican. Ici on l'a restauré en véritable Mercure ; il porte un caducée du bras droit. Sur ce bras est posé un manteau dont un pan est passé sur l'épaule gauche. L'autre main s'appuie sur la hanche. Bras et mains modernes.

130. Tête de femme dont on a fait une image de Rome en y ajoutant un casque sur lequel est représentée la louve. Cette tête est tournée de droite à gauche. Nez trop court. Bon du reste.

131. Muse (petite nature, demi-relief). Son bras droit est enveloppé dans le manteau ; la main en sort près de l'épaule gauche et tient levé un pan de ce manteau. Tête et mains modernes.

132. Isis et Harpocrate enfant, groupe très-dégradé. Isis est de forme semi-colossale. Sa tunique tombant en petits plis sur les pieds est couverte par un manteau à franges, noué sur la poitrine. La tête — moderne — porte un voile également frangé dont les bouts descendent de chaque côté entre le sein et l'épaule. Le petit dieu du silence est presque nu. Un manteau jeté sur son épaule gauche, tombe par derrière. Il a un doigt sur la bouche. Médiocre.

133. Joli petit bas-relief connu sous le nom de Vacarelle. Paysage représentant un sacrifice champêtre aux dieux Priape et Hercule-Sylvain. A gauche, éminence, hermès, Priape indécent. Vis-à-vis cet hermès, Hercule assis tenant une grande branche de pin ; il tourne la tête à droite où se trouve une levrette. Dans la partie basse, quatre bœufs, les uns couchés, les autres debout,

faisant illusion. Ils sont sans doute destinés à un double sacrifice.

  * 134. Méduse connue sous le nom de Méduse Rondanini (demi-
buste). Belle femme au sourire glacé. L'extrémité du nez et la
partie des serpents qui forment sa chevelure, sont modernes.

  135. Tête de Minerve en beau marbre de Paros. On l'a affublée
d'un casque en marbre noir, pour en faire une Minerve; mais sa
tête un peu penchée en avant et pensive, ses traits plus arrondis
et moins nobles que ceux du n° 86, nous font douter que le restaurateur ait deviné le sujet. Belle chevelure.

  136 Vénus avec le dauphin, imitation faible de la Vénus de Médicis. Elle est plus grande et a les mains plus rapprochées du
corps. Son ventre est plus plat et les seins sont plus développés.
Tête et bras modernes.

  * 137. Belle Vénus de Gnide. Elle tient par un bout un linge dont
l'autre extrémité plus large tombe sur un vase. Son autre main
est posée contre un sein virginal. Charmante tête, un peu penchée en avant et tournée vers la gauche; regard langoureux. Un
petit pli à la joue, un autre au coin de la bouche, la font légèrement sourire. Coiffure de jeune fille. L'avant-bras droit, les
jambes, le nez, et la bouche ont été restaurés.

  138. Fragment tout cassé d'un groupe en pierre grise. Nous ne
voyons pas, comme l'auteur du catalogue, que ces débris aient un
grand mérite.

  139. Haut-relief que l'on regarde comme un fragment d'une
œuvre plus considérable représentant le combat d'Hercule contre
l'un des fils d'Hippocoon. Le demi-dieu tient, par un bras, son
adversaire renversé et lève sur lui sa terrible massue. Le jeune
homme paraît mort. Pourquoi le frapper de nouveau? Est-ce pour
offrir le contraste des muscles tendus de l'un et le corps adolescent
et inerte de l'autre? La tête, le haut de la poitrine, le bras droit
d'Hercule, la jambe droite et le pied gauche du vaincu sont modernes.

  140. Jolie tête de femme (petite nature). Une gaze légère roulée
sur le front se relève par un pli qui couvre le sommet de la tête,
en laissant voir les cheveux de derrière noués sur la nuque.

  141. Jolie tête de Paris un peu penchée et rêveuse, — nez restauré.

  * 142. Hommage à Bacchus, précieux demi-relief dont les figures sont presque de grandeur naturelle. Une jeune nymphe, la
jambe levée en avant, décore de bandelettes l'hermès de Bac-

chus-barbu. Une draperie collant sur le ventre et tombant par derrière, laisse voir de profil son corps élégant et cambré. La jambe droite portée en arrière me semble trop forte. A droite et en face de l'hermès, est assise une femme plus âgée, ses cheveux en partie restaurés sont roulés sur le haut du front en forme de diadème. Elle lève la jambe droite et se penche pour saisir une petite draperie suspendue au bout du pied de cette jambe. De l'autre main, elle tient un pan de son manteau ; son visage est tourné d'un air suppliant vers le dieu des vendanges ; sa robe d'une étoffe très-fine s'échappe de l'épaule droite ; cependant les seins petits et très-écartés restent couverts. Cette robe si mince et dont on aperçoit à peine les plis sur la poitrine, sur le ventre et sur les bras, est d'un exécution merveilleuse et vaut celle de la Vénus Victrix du Louvre. Beau morceau. Le devant de la tête de l'hermès, la tête et le bras droit de la jeune fille sont modernes.

143. Assez beau torse aux reliefs peu accusés.

144. Clio. Muse restaurée en Clio. Tête et bras modernes. Le corps est serré dans le manteau passé sur l'épaule droite puis sur le bras gauche. Un gros pli de ce manteau descend de l'épaule gauche entre les seins.

145. Vénus (buste). Jolie petite tête, bouche entr'ouverte ; cheveux relevés en corymbe comme à la Vénus de Médicis.

7e Salle des Héros.

150. Buste de Démosthènes. La lèvre inférieure offre une ligne irrégulière ; cette ligne s'abaisse à l'angle gauche de la bouche : signe de bégaiement, dit-on.

151. Apollonius de Tyane. Belle et bonne tête, plus grande que nature, bouche ouverte. Les cheveux avec une raie et la barbe sont peu travaillés.

152. Jason mettant ses sandales, répétition moins bonne et plus restaurée que celle du Louvre. La tête, rapportée, a des traits mignons peu dignes de Jason ; elle est d'ailleurs trop petite.

* 154. Statue d'Alexandre le Grand, la seule vraiment ressemblante, dit Winckelmann qui, sans doute, l'a comparée aux médailles antiques. Ce savant l'attribue à Lysippe. Elle est de grandeur naturelle en marbre blanc. La tête levée, il regarde fièrement devant lui. Il y a dans ce regard de l'intrépidité et une volonté inébranlable. Sa bouche est charnue, gracieuse, éloquente ; le menton est un peu fendu, le nez long et légèrement busqué ; le

cou et le buste sont vigoureux. Le corps est celui d'un homme petit mais fortement musclé. Ses cheveux relevés sur le front, à la Jupiter, retombent sur les cotés avec un certain désordre et ajoutent encore à l'animation de sa physionomie. Une jambe sur une pierre, il a le corps adossé à une cuirasse surmontée de la clamyde, et tient une fiole.

154. Buste d'Annibal en hermès. Un des yeux plus petit que l'autre paraît privé de la vue.

156. Hippocrate qu'on avait nommé Xénocrate, avant Visconti.

157. Statue qu'on croit avoir été un Adonis et dont on a fait un empereur Commode en chasseur. La tête, les bras et portion d'une jambe sont modernes.

158. Buste de Périclès, avec le casque à la Pallas (n° 86). Sa tête est haute et pointue, d'où lui était venu le sobriquet de tête d'oignon. Son visage long, régulier, avec une forte barbe frisée, est très-grave.

159. Néron, en jeune héros, médiocre.

160. Thémistocle, médiocre.

161. Héros barbu qu'on dit ressembler à l'empereur Commode, (grande nature); médiocre.

162. Prétendu Xénophon.

163. Pancratiale, ou vainqueur au pancrace. Le catalogue le donne comme un gladiateur. En effet le restaurateur lui a mis une victoire dans une main, et une poignée d'épée dans l'autre. Cependant ses oreilles écrasées, c'est-à-dire collées contre la tête, ses traits communs, durs même, sa légère barbe en collier, ses cheveux courts et crépus, font penser à un pancratiale. Les jambes, les cuisses et les bras sont modernes. La victoire — antique — est rapportée.

164. Statue, dite de Zénon, dont la tête moderne est la copie d'un portrait antique quelconque. Tête large, forte, barbue, aux sourcils tombants; traits vulgaires.

165. Hermès de Méléagre. Médiocre.

* 166. Athlète versant sur lui l'huile d'une fiole qu'il est sensé tenir levée de la main droite. Il a les jambes un peu écartées, la tête penchée et le corps contourné. Sa pose est néanmoins naturelle et gracieuse. Ses cheveux sont courts et frisés. La main et le bras droits, ainsi que l'avant-bras gauche sont modernes; le reste est bien conservé : seulement la blancheur du marbre est altérée.

167. Buste grossier de Socrate.

8e *Salle des Romains.*

De 168 à 171. Quatre Caryatides.

* 173. Petit génie assis sur une oie. Il est nu avec une peau d'animal en sautoir. On l'a restauré en Harpocrate ; visage souriant. Statue placée sur une table en pierre dont chaque pied nous offre une tête et une patte de lion.

174. Candélabre.

176. Tasse ornée d'une tête de Méduse.

177 et 178. Candélabres.

179. Autel de sacrifice dont deux pans offrent chacun une figure de Mercure de petite dimension et les deux autres, une muse ou une prêtresse. A chaque angle supérieur, une chimère, à la tête et aux seins de femme, avec un corps de lion et des ailes. A chaque angle inférieur, un lion ailé. Le haut est creux et destiné à recevoir le vase contenant le feu du sacrifice.

180. Vase cinéraire.

*185. Belle statue d'Agrippine debout, artistement drapée. Pose majestueuse, traits énergiques au long nez arqué et au menton proéminent. Le bras et la main gauches sont pris et roulés dans le manteau ; le bras droit en sort et s'avance comme lorsqu'on parle.

188. Germanicus.

189. Lucilla (en pied) tenant une corne d'abondance et des épis mêlés à des têtes de pavot. Belle draperie ; le reste médiocre.

De 190 à 204. Portraits médiocres (bustes).

198. Les Muses, bas-relief, médiocre.

205. Jolie buste d'Aelius César, visage long, distingué et bon, menton à fossette, peu proéminent ; barbe en collier.

* 208. Buste d'Antonin le pieux, belle tête, au menton énergique, et pleine de dignité et de franchise ; front large, regard et bouche respirant la bonté ; barbe et cheveux courts et frisés.

211. Buste de Geta. Belle tête longue avec peu de cheveux et pas de barbe. Expression mélancolique.

215. Mort des Niobides. Sept fils et sept filles se pressant l'un contre l'autre, puis les sept fils tués et les sept filles atteintes par les flèches. Bas-relief incrusté dans le plafond.

221. Buste de Julie, fille de Titus, belle femme aux deux mentons. Sa coiffure frisée offre sur le front l'aspect d'un énorme diadème.

232. Aventures d'Oreste, bas-relief, médiocre.

236. Statue en pied de Livie Drusille, épouse d'Auguste. Elle

porte deux vêtements d'étoffe légère finement traités ; le premier
est un manteau appelé *palla* et le deuxième une robe traînante
nommée *stola*. Elle est chaussée de souliers. Belle tête médiocrement sculptée.

242. Cérès, statue médiocre; tête rapportée.

243. Portrait en pied de Matidia en Cérès, un bouquet de pavots
et d'épis à la main. La palla est posée sur la tête ; la frisure maintenue sur le front avec un ruban a l'apparence d'une perruque.

248. Vitellius, buste semblable à celui du Louvre, mais moins
bien sculpté et plus complet; on voit ici à l'épaule la draperie placée sous la cuirasse recouverte par le *paludamentum* frangé. Verrue à la joue.

253. Buste de Gallien, belle tête énergique, au front droit, aux
cheveux crépus ; nez arqué dès sa naissance, menton proéminent.
Altéré.

282. Buste d'un jeune Romain, très-beau, sans barbe. Quoique
son visage soit long, il se termine par un deuxième menton. Cuirasse et paludamentum.

289. Buste de Pertinax, médiocre.

9° *Salle des Sculptures avec couleurs.*

294. Buste de Socrate, en bronze. Médiocre.

295. Cérès cherchant sa fille. L'épaule nue du fragment découvert était en marbre blanc, tandis que le manteau très-agité
par le vent est en marbre noir. On a restauré cette statue en
Cérès marchant rapidement, un flambeau à la main.

* 296. Buste de jeune satyre souriant. Bronze un peu corrodé
(petite nature). Il porte en sautoir une peau de bouc nouée sur
l'épaule. Elle est en cuivre doré. Les yeux sont creux ; ils ont dû
être peints, cheveux courts et crépus, relevés sur le front ; physionomie d'une gaîté naïve. Bon style, belle exécution.

297. Fleuve couché, en marbre noir. Restauré, médiocre.

* 298. Tête de jeune athlète en bronze jadis doré (petite nature).
C'est une de ces figures appelées Ptolomée. Ses cheveux disposés
en petites mèches sont retenus par le bandeau appelé *tœnia*. Poitrine moderne avec un ruban doré en sautoir. Traces d'or à la
bouche ; yeux creux. Beauté classique.

299. Athlète en pied, en marbre noir (petite nature). Pose simple et noble ; bras droit descendant le long des hanches ; l'autre
avant-bras est levé horizontalement et tient une fiole. Statue romaine assez bonne.

300. Beau buste de Marc-Aurèle, marbre gris un peu rongé. Bon travail des cheveux non fouillés à la pointe. Bas de visage restauré.

* 301. Très-belle statue en bronze d'Alexandre (demi nature). Il est debout, une pique dans une main, une petite victoire dans l'autre. Ses cheveux sont relevés comme aux statues de Jupiter dont il se prétendait le fils. Belle tête imberbe un peu tournée à sa droite (le derrière cassé en est plat). Pose et corps d'un excellent effet. Un petit manteau, dont un pan tombe de l'épaule gauche sur le bras, est aussi d'une bonne exécution.

303. Candélabre.

304. Faune dansant sur la pointe des pieds, les jambes rapprochées, marbre noir. Il a une main sur la hanche et tient son *pedum* cassé de l'autre. Cheveux courts avec une mèche tombant sur l'oreille et destinée à être offerte à quelque divinité, d'après l'usage des Ephèbes grecs. Travail passable ; pose contournée, peu gracieuse ; visage laid d'un dessin peu correct.

305. Buste d'un jeune homme qu'on suppose être Gordien le Pieux. Il est composé de sept espèces de pierres.

306 307. Candélabres.

308. Buste d'un homme maigre d'âge mûr, en granit d'un rouge foncé ; le haut des vêtements en marbre de cinq couleurs.

309. Charmant buste en bronze de la Vénus de Médicis.

310. Candélabre.

* 315. Dame debout dont la pose des bras fait présumer qu'elle filait au fuseau. Elle a sur la tête nue un ornement de la forme d'un diadème ; ses cheveux sont élégamment retroussés. Le bras droit est nu ; l'autre est enveloppé dans le manteau dont un pli traverse le corps depuis l'épaule droite jusqu'à la hanche gauche. Cette belle statue en bronze trouvée à Vulci, a été placée dans une niche.

10ᵉ *Salle des sculptures modernes.*

33 Vénus surprise au bain, par Canova. Elle tourne la tête à sa gauche et cache sa gorge avec un linge en croisant les mains. La joue droite, le cou et la moitié de l'épaule sont d'une seule pièce sans indication de limites. Formes trop rondes et manquant de renseignements ; physionomie insignifiante, plutôt souriante que troublée.

Paris, du même auteur. Il est debout, le bras gauche appuyé sur un tronc d'arbre qu'entoure son manteau ; les doigts de la main posés avec affectation et en s'écartant, sur le derrière de la tête. Sa main droite est contre la hanche et tient la pomme de discorde. Il se tourne de gauche à droite : pose convenant peu à un berger, en face de trois grandes déesses.

321. Conversation sentimentale entre une Muse et l'Amour par Eberhard (Conrad). Cupidon est venu interrompre les travaux de la Muse dont la lyre est posée à terre. Elle tient de ses deux mains ce dangereux enfant qui se lève sur la plante des pieds pour lui donner un baiser. Loin de s'y refuser, la belle rêveuse fait la moitié du chemin ; ses yeux ne sont plus qu'à demi-ouverts et l'on devine que ce n'est pas le sommeil qui les ferme. Composition jolie, mais tant soit peu érotique. Quant à l'exécution, il ne faut pas trop s'arrêter aux détails, à la main droite de Cupidon, par exemple.

330. Buste de l'Empereur Napoléon 1er. Visage assez ressemblant, mais trop large et trop gras. On dirait qu'on a voulu transformer la physionomie la plus intelligente et la plus énergique, en celle d'un bourgeois vulgaire.

332. Adonis par de Torwaldsen. Il est debout, appuyé sur une pique. Le corps et les jambes sont comme faits au tour.

Les voûtes de ces salles sont ornées de peintures modernes dont les sujets sont pris dans l'Iliade ou dans la mythologie. Nous n'avons pas à nous en occuper.

CHAPITRE III

Pinacothèque, musée de peinture

AELST (Guillaume Van). Perdrix mortes et instruments de chasse sur une table. Coloris mine de plomb. Mauvais.

ALBANI (François), dit l'Albane : 1° Sainte Ursule avec un dragon (demi-figure). Robe collante, seins par trop modestes, couronne en perles avec une espèce de diadème. Tête assez belle. Est-ce bien un Albane ?

* 2° Vénus endormie dans une contrée charmante, est épiée par Mars, dit le catalogue. Le Dieu n'épie nullement ; il arrive. L'a-

mour placé aux pieds de la déesse, fait signe au guerrier de s'approcher. Mars ôte ses vêtements et son casque, aidé par deux petits amours qui voltigent. Trois autres se fourrent entre ses jambes. J'en vois deux causant debout près de la belle endormie et regardant Mars; une foule d'autres ont envahi la scène. Celui-ci, un éventail de plume à la main, est chargé de rafraîchir ce beau corps étendu ; celui-là, à plat-ventre par terre, son menton dans les deux mains, les yeux fixés sur l'amant, semble se livrer à des réflexions philosophiques sur l'inconstance du beau sexe. En voilà quatre qui vont se jeter à l'eau ; deux nagent : le premier en allongeant les bras, le second, relevant le corps et faisant des brasses comme un vrai marinier. Un autre, aidé par un camarade, sort de l'eau. Enfin il en est qui prennent dans l'air leurs ébats. Vénus, couchée sur un manteau bleu, n'a pour vêtement qu'un tout petit bout de ce manteau pudiquement posé : son lit se compose d'un large coussin en velours cramoisi. Son corps est fort bien éclairé; mais la tête soutenue par une main, est dans l'ombre. Jolie toile pleine de mouvement, de gaîté et bien sonservée.

* 3° Vénus et Adonis. Le catalogue suppose une arrivée, je crois plutôt à un départ. D'abord le chien que le jeune chasseur tient en laisse se tourne vers la forêt et flaire déjà le gibier ; ensuite on aperçoit dans le fond, à gauche, un char poussé par deux amours et sur lequel est un troisième, un flambeau à la main ; or ce char qui, sans doute, doit rapporter le gibier, a pris le devant et s'enfonce dans le bois. La déesse n'ayant que ses charmes pour parure, est étendue sur un matelas, le haut du corps appuyé contre un traversin rouge. Près d'elle, est un poste de trois petits amours en sentinelles. Une tenture rouge suspendue aux arbres la protége contre les vapeurs du matin et la garantira des premiers rayons de l'indiscret Phœbus. Adonis jette un dernier regard sur sa céleste amante. Au deuxième plan, arbres dans l'ombre de chaque coté ; au milieu, éclaircie. Charmant paysage vivement éclairé avec eau d'abord, puis fond de montagnes. Cette toile, moins grande que la précédente, est encore plus fraîche.

ALBERTINI (Mariotto) : Annonciation avec saint Sébastien et sainte Otile. La main droite de Marie levée est bien dessinée. La tête du saint offrant un bon raccourci, est aussi belle que celle de la sainte est laide et altérée. Le reste ne vaut rien.

ALDEGRAEVER (Henri) : 1° Le Christ en croix, saint Jean et sainte Marie. Gothique, mauvais.

2° Portrait d'homme dont la barbe rousse du menton tombe en

deux mèches pointues et dont les sonrcils sont froncés outre mesure. Belle tête, bon coloris.

3° Buste d'homme en habit noir. Longue tête, petits yeux trop
éloignés l'un de l'autre et plus attentifs qu'intelligents ; nez
vulgaire.

4° Madone en gloire avec l'Enfant ou vierge au rosaire couronnée. C'est une grosse paysanne dont le bonnet couvre le front
d'une gaze fine. Jésus est un enfant joufflu, aux cheveux tombants.
Anges drôlatiques faisant de la musique. Ce qu'il y a de mieux,
c'est le paysage du bas avec temple et ville au pied d'une montagne.

5° Le bon Samaritain versant de l'huile sur les pieds du blessé.

6° Le même, ayant installé le blessé dans une hôtellerie où on
le voit dans son lit placé sous une voûte, paye la dépense sans
descendre de cheval.

Ces deux tableaux de petite dimension sont assez bons, mais
noircis.

ALLEGRI (Antoine), dit *le Corrège :* 1° Madone avec l'Enfant,
assise sous un arbre et adorée par saint Ildephonse d'un côté et
par saint Jérôme de l'autre. Le visage de Marie et celui de Jésus
sont énormes du haut et tout petits du bas. Un ange regarde la
Vierge comme ferait un amoureux qui dit : je vous aime ! Saint
Joseph est tourné vers le Bambino. Les autres saints et l'ange sont
devenus tout noirs. Je ne reconnais pas ici le pinceau du Corrège.

2° La Madone apparaît dans une gloire au donateur du tableau,
sur l'intercession de saint Jacques et de saint Jérôme. Dessin bien
plus correct que dans le tableau précédent. Marie tient son fils
par le bas du corps. Tous deux regardent les personnages d'en
bas. Le joli visage de la Vierge conviendrait mieux à un séraphin.
— Lion mal peint au premier plan.

3° Tête d'ange peinte à fresque ; il nous regarde en souriant ;
ses cheveux blonds sont agités par le vent. Jolie esquisse pour la
belle fresque du couronnement de la Vierge, au Duomo de Parme.

4° L'Amour lisant une lettre, esquisse sur papier. Corps bien
éclairé, modelé moelleux. Extrémité du profil noirci. Grosse tête
aux cheveux blonds et frisés, petites ailes bleues et jaunes. Oreille
trop longue et trop rouge. Raccourcis des mains mauvais, altérés
sans doute.

5° *Ecce homo.* Longue tête du Christ, pâle, tachée de sang et de
plus barbouillée de noir par le temps. Sa robe est blanche. Ses
mains liées et posées l'une sur l'autre s'appuient contre une fenêtre.

6° Buste de saint Pierre. Petit profil tout noir.

7° Tête d'un jeune Faune, aux cheveux courts, crépus et descendant sur le front, avec deux petites cornes. Excellent raccourci de sa bonne grosse face baissée et riant avec naïveté (demi-lumière).

8° Faune assis sur une pierre et jouant de la flûte de Pan. (Catalogue.) Petit corps nu de jeune homme avec une petite draperie bleue qui ne cache rien ; cheveux noirs très-crépus. Il tient sa flûte dont il ne joue pas et nous regarde. Le creux des yeux a noirci. Espèce de guitare posée contre un mur.

ALLORI (Christophe), dit *Bronzino* : Jupiter et Mercure reçus par Philémon et Baucis : hospitalité aussi mauvaise que celle de saint Julien du palais Pitti est belle. Ce tableau n'est pas de Christophe.

ALTDORFER (Albert) : Bethzabée au bain (petite dimension). Elle est assise dans un jardin, près d'une fontaine. Une servante lui brosse les pieds ; une autre tresse sa chevelure d'une ampleur démesurée. A droite, grand édifice se composant de galeries superposées et remplies de convives. On y cherche David sans le trouver. Ouvrage annonçant plus de patience que de génie.

2° Victoire d'Arbelles. Alexandre poursuit, la lance dans les reins, le roi Darius que son char emporte. Mauvais.

AMBERGER (Christophe) : 1° Dieu le père debout sur le globe terrestre, tient devant lui le Sauveur attaché à la croix et de dimension plus petite. Son regard sévère semble nous reprocher cette mort. L'ensemble ferait rire aujourd'hui, tant le Christ est mince et maigre.

2° Marie debout sur un croissant avec l'Enfant dans ses bras. Allemande au visage long, insignifiant ; manteau rouge mal peint. Jésus qui se renverse pour nous regarder, est trop petit.

3° Saint Roch avec un ange (petite dimension). L'ange met à nu le genou du saint et bénit la plaie qui s'y trouve, tandis que le chien présente un pain à son maître. Au fond, paysage. — Pauvre toile !

AMERIGHI (Michel-Ange), dit *le Caravage* : Saint Sébastien mourant. Attaché à un arbre par les bras, son corps s'affaisse. Sa cuisse gauche encore relevée et dont le pied s'appuie contre l'arbre est traversée par une flèche. Trois autres traits l'ont atteint. Linge roulé à la ceinture. Pose naturelle, tête régulière et à demi éclairée, mais le dessin en est moins soigné que celui du corps dont les reliefs sont bien accusés et bien éclairés. L'épaule droite, qui se présente en saillie, fait illusion.

2° La sainte Vierge, debout sur une marche, montre à des pèlerins l'Enfant Jésus assis sur ses bras. Vieux couple agenouillé. Au fond, dans le ciel, têtes de chérubins. Les jambes nues du pèlerin de devant sont d'un bon relief.

3° Adoration des bergers, en deux scènes : 1. En haut, dans une éclaircie, dôme céleste dont la voûte est vivement éclairée. Au milieu, un grand ange couronné de roses, à genoux sur un nuage, montre aux bergers l'inscription : *Ecce agnus Dei.* Autres anges plus petits. Le dernier placé sous le nuage est très-joli et mieux éclairé que tout autre. — 2. En bas, crèche. Tête aux gros yeux et assez laide du Messie. Le joli profil de Marie, les cuisses et les jambes croisées de l'enfant Jésus ; un mouton, pattes liées ; le dos d'un vieux berger agenouillé, le bras droit et le front d'un grand ange, sont éclairés ; le reste est devenu noir.

4° Couronnement d'épines. Deux bourreaux enfoncent la couronne sur la tête du Christ inclinée et devenue noire. L'épaule droite et les plis du manteau d'écarlate devenu rose sont fort bien éclairés et font illusion.

ANTOLINEZ DE SARABIA (don François) : Saint Jérôme nu avec un manteau rouge, est assis dans une grotte, accoudé sur une pierre, la main sur une tête de mort. Il lève les yeux au ciel, la bouche entr'ouverte. Nez trop rouge. La grotte a deux ouvertures sur la campagne. Bons reliefs ; ombres charbonnées devenues trop noires.

ARTOIS (Jacques van) : Paysage avec grands arbres et vue sur un fleuve. Le chemin à travers le bois est animé par une chasse au cerf. Bon.

ASAM (Cosme Damien) : Vierge en trône, assistée de saint Dominique et de sainte Rosalie en costume noir de Bénédictins. — Mauvais dessin.

ASPER (Jean) : Buste d'un nommé Weiss, portant la date de 1553. Grose face carrée, petits yeux, légère barbe blonde. — Fond de paysage.

ASSELYN (Jean), dit *Crabetti* : 1° Paysage italien. A droite, château en ruines sur une rive, où l'on voit une espèce de pigeonnier à la fenêtre duquel on a pendu du linge. Grande route avec des voyageurs. Au milieu, un homme monté sur un cheval blanc tient par la bride le cheval noir de son compagnon descendu pour satisfaire certain besoin. Au fond, eau, montagne. Bon, mais noirci, aux premiers plans surtout.

2° Paysage. Pont de pierre sur un fleuve navigable. Vaisseau en chargement. Noirci.

ASSEN (Jean Watter van) : 1° Triptyque (quart de nature). Dans la pièce du milieu, Descente de croix. Formes grêles ou trop maigres. Physionomie de Marie plutôt boudeuse qu'affligée. Fond de paysage. Dans le volet de gauche, Hugues, abbé des Chartreux, et le donateur. Près de Hugues coiffé de la mitre et portant la crosse abbatiale, une oie allonge son cou comme pour lui baiser la main. Derrière le donateur agenouillé, arbres. — Dans le volet de droite, sainte Catherine et la femme du donateur en costume de sœur de Charité. La sainte debout, lisant dans un livre, tient l'épée de son supplice. En bas, tête d'homme en bonnet rouge. N'est-ce pas celle de l'un des bourreaux de la martyre ? Fond de paysage.

BACKER (Jacques) : 1° Buste d'homme de profil. Bonne tête d'Allemand, ombres larges, excellents reliefs.— Genre Rembrandt.

2° Buste en profil d'une toute jeune fille que j'aurais prise pour une petite paysanne si je n'avais pas vu des pierres fines à son corsage. Bon.

BACKHUYSEN (Ludolf) : Le port d'Anvers. Vaisseau entrant à pleines voiles dans le port. Sur le devant, barques, personnages, etc. Les voiles gonflées de ce vaisseau s'avançant majestueusement font illusion. Bon.

BALDOVINETTI (Alexis) : L'Enfant Jésus couché à terre est adoré par la Vierge et trois anges. Marie est devenue verte. Gothique, mauvais.

BALDUNG GRUN (Jean-Baptiste) ou Jean BAUDOUIN GRUN : Buste du margrave Philippe Christophe de Bade. Mauvais portrait d'un jeune homme qui regarde par trop de côté.

BALEN (Henri van) : Neuf tableaux dont les paysages sont de Jean Breughel. Savoir : 1° Bacchanale. Le gros Bacchus, le visage rubicond et comme barbouillé de vin, la tête couronnée de pampre, est assis dans un char traîné par des chiens et entouré de faunes, satyres, bacchants et bacchantes. Tout ce monde chante, saute ou fait l'amour. On distingue une satyresse portant sur ses jambes de chèvre un joli torse de femme aux charmants appas. Au fond, dans la forêt, danse échevelée entre hommes et femmes fort peu vêtus. Formes à la Rubens, mais coloris inférieur à celui de ce maître.

2° Diane se repose des fatigues de la chasse en causant avec une nymphe tenant deux chiens en laisse. Chiens. Arbres avec une allée sombre, au tapis vert. A gauche, gibier mort.

3° Nymphes à la pêche. Tableau plus joli que le précédent,

son pendant; il est mieux éclairé. Deux nymphes vident leurs filets. Poissons, gibier. Au deuxième plan, nymphes se baignant; meute au bord de l'eau.

4° Le Printemps. La déesse Flore, belle personne bien nourrie, est assise dans un jardin sur un tapis. Elle est nue avec un manteau rose sur une cuisse et tient un énorme bouquet; ce qui ne l'empêche pas de prendre d'autres fleurs dans une corbeille qu'une nymphe agenouillée pose devant elle. Un homme lui en apporte encore. Quelle avalanche de fleurs! Dans ce séjour profane, on voit avec surprise s'avancer une visitandine et deux récollets. Ceux-ci ne seraient-ils pas les auteurs et la religieuse la femme de l'un d'eux?

5° L'Été. Cérès nue avec un manteau bleu cachant le bas du torse, est assise à l'ombre et reçoit les présens que lui offrent deux petits génies à genoux. Nymphe debout avec une corbeille de fruits sur l'épaule. Deux autres dans l'ombre tenant : l'une un panier de cerises, l'autre une couronne de bleuets. Jolie éclaircie avec gens et bétail; moissonneurs.

* 6° L'Automne. Au premier plan, gibier mort, enfants dans l'ombre. Le gros Bacchus assis sous un pommier, reçoit les raisins que lui présentent deux nymphes nues, à genoux. La première a eu soin de se munir d'une branche dont une vraie feuille de vigne met sa pudeur à l'abri; deux autres nymphes dans l'ombre. Suite de Bacchus. Très-jolie toile.

* 7° L'Hiver. Repas auprès du feu dans un bâtiment. Un vieillard assis au bout de la table, lance un regard d'Othello à une jeune et jolie femme dont les seins se sont échappés du corsage. Colonne. A gauche, ville, canal gelé couvert de patineurs. Très-beau tableau.

8° Nymphes de Diane après la chasse. Deux d'entre elles conduisent, par la bride, un baudet chargé de gibiers. D'autres, encore saignants, sont déposés au premier plan. Nymphes : l'une caresse un chien; au fond, chasseresses assises, debout dans l'ombre, chiens. Belle éclaircie au milieu.

9° Banquet des dieux. La table est dressée, au milieu du paysage, dans une allée d'arbres avec une éclaircie au fond. Les convives sont rangés sur deux files, et le bout de table de devant étant vide, nous pouvons fort bien voir la divine assistance. Jupiter occupe la place d'honneur. Neptune et Pluton sont assis plus près de nous. Hercule et Pan-satyre portent au festin le gros Bacchus, qui dormait dans une grotte. Concert donné par les nymphes. Au premier plan, des amours folâtrent avec un bouc, ou apportent des fruits. L'un d'eux veut faire sa partie dans ce concert, ou peut-être y apporter du désordre; il frappe de toutes ses forces sur un tambour. Il est amusant, avec ses bras haut levés et son air capable. Sur le devant à gauche, Minerve, en casque bleu et long manteau, et Vénus toute nue, nous tournant le dos, sont bien modelées et d'un bon coloris, mais leur embonpoint n'a rien de divin.

10° Saint Jérôme en méditation (demi-figure, grandeur naturelle). Bonne tête vulgaire, chauve et blanche, portant lunettes. Il a les mains posées sur son livre. Manteau rouge sur les épaules; le reste du corps est nu. Table chargée de livres, plumes, tête de mort. Bon raccourci de la tête baissée.

BALESTRA (Antoine) : Madone tenant l'Enfant qui vient de se réveiller : gros poupon mal dessiné. Ses nus, les joues de Marie et sa robe rose sont d'une même teinte et se confondent.

* BARBARELLI (Georges), dit le Giorgione : « 1° La Vanité ou la Fragilité humaine » (catalogue). Demi-figure. N'est-ce pas plutôt Madeleine détrompée? Le désordre de sa belle toilette, sa pose, sa tête penchée nous regardant de côté d'un air triste, découragé : tout décèle en elle la désillusion, le repentir. D'une boîte octogone qu'elle tient levée et ouverte vont s'échapper ses bijoux et ses pièces d'or, vains simulacres du bonheur. Sa grande et belle tête rappelle la maîtresse du Titien du Louvre, nommée Flore au musée degli uffici (musées d'Italie, page 53). Beau front, yeux superbes, long nez, bouche ravissante, joli menton, sous lequel un autre semble se former, petite oreille, cou bien attaché à sa large poitrine, charmante main tenant la boîte. Le visage a perdu une partie de sa fraîcheur : le temps en est cause sans doute. L'intérieur de la boîte a noirci. Le reste s'est bien conservé.

* 2° Portrait de l'artiste (demi-figure). Je me rappellerai toujours avec plaisir l'émotion que m'a causée cette tête manquant à la collection de Florence. Le voilà donc, me suis-je dit, ce génie transcendant, ce vrai fondateur de l'art vénitien, ce malheureux amant, mort de chagrin à 34 ans. Voilà bien le visage d'un homme supérieur, doué d'une persévérance qu'aucun obstacle ne peut lasser et d'une de ces intelligences créatrices qui caractérisent le génie. Il est vu de dos, mais sa tête se tourne vers nous. Son regard de côté est vif et profond; il perce le nuage des préjugés pour s'attacher à la vérité. Le front haut, penché en arrière, l'os de l'œil saillant et surmonté de légères bosses près du nez, ce

nez bien taillé et dont les narines dilatées décèlent la passion ; ces cheveux noirs et fournis descendant sur les épaules : tout annonce une nature d'élite. L'artiste qui voudrait produire dans un tableau un de ces chefs aussi intelligents qu'intrépides, comme on en trouve dans les romans de Walter-Scott, ne pourrait adopter un type plus convenable que celui du Giorgione. Son vêtement est singulier. C'est une fourrure couvrant tout le dos jusqu'au cou resté nu. Cette manie de fourrure chez un Vénitien est une des raisons qui me le font regarder comme l'auteur de cette belle femme de la tribune de Florence, nommée fort mal à propos Fornarina. Le pourpoint n'est vu que par ses manches jaunes. Une main s'appuie sur un objet difficile à distinguer, mais que je crois être un carton aux esquisses. Le noir ayant envahi la partie inférieure de la toile nous cache quelques détails ; mais le portrait est superbe de dessin, de couleur et de lumière.

* BARBIERI (Jean-François), dit *il Guerecino da Cento* ou *le Guerchin* : 1° Couronnement d'épines (figures jusqu'aux génoux). Un personnage en turban bleu, à longue barbe rousse, tenant le bout du manteau écarlate jeté sur le Christ, nous regarde d'un air chagrin. N'est-ce pas Pilate? Jésus, le corps nu, la ceinture exceptée, les poignets liés avec une corde, tient le roseau de la main droite. Un soldat enfonce la couronne d'épines. Belle tête du Sauveur à demi éclairée, levant au ciel un regard résigné. Beau dessin et belle lumière du corps et du bras. La bouche ouverte et la contraction des sourcils décèlent seules une douleur physique. L'armure en fer du soldat est bien rendue et bien éclairée. Ce soudard est un jeune homme exécutant tranquillement l'ordre qu'on lui a donné.

2° Madone (jusqu'aux genoux), et l'Enfant. Jésus, assis sur un genou relevé de sa mère, tient un bout de son lange et une branche de narcisse. Au fond à droite, ouverture par laquelle on voit le ciel bleu. Coloris altéré, aspect désagréable. Est-ce bien un Guerchin original?

3° Le Sauveur du monde (demi-figure). Ici je reconnais le Guerchin au type du Sauveur, dans le genre de celui qu'il adopte pour sa femme de prédilection. Beau profil, les yeux baissés sur un globe qu'il bénit après y avoir trouvé la mort.

BAROCCIO (Frédéric), dit *dei Fiori* : 1° Le Christ apparaissant à Madeleine. Jésus est un joli garçon comme on en voit tant ; le profil de Madeleine est celui d'une grisette. Les demi-teintes sont devenues noires.

* 2° Communion et mort de sainte Marie l'Egyptienne. Elle est à genoux, penchée en arrière, le haut du corps nu. Un grand ange la soutient. Ses seins sont pâles et les mamelons très-rouges. Uu bras tombe comme déjà privé de mouvement, l'autre est tenu levé par un petit ange. Un séraphin, en volant, présente l'hostie, qui touche à la bouche entr'ouverte de la sainte. La tête renversée de celle-ci, les yeux au ciel, offre un bon raccourci bien éclairé et d'une belle expression de foi et de repentir. Beau torse. Coloris ferme et régulier qui n'est pas celui du Baroccio. D'ailleurs le mérite de ce tableau me paraît au-dessus des moyens de ce peintre.

BARTOLOMMEO (Fra), dit *il Frate* : 1° Sainte Famille (jusqu'aux genoux). Têtes de carton indignes du Frate.

2° Vierge adorant Jésus (petite dimension). Marie, à genoux, a le derrière de la tête couvert de son manteau. Saint Joseph, assis, regarde au-dessus du bambino d'un air méditatif. L'Enfant est couché à terre, la tête contre un sac. Fond de paysage. Jolie toile ; coloris un peu sec.

3° Madone assise, tenant par le corps Jésus debout sur elle. Il a une main sur le haut de la poitrine de sa mère et saisit, de l'autre, l'index de la main qui le tient. Son visage est joli et son corps gracieusement ombré, mais la partie inférieure en est trop courte. Le visage de Marie, gracieux du bas, trop long du haut, avec des yeux trop distants l'un de l'autre et à demi fermés, le coloris tout frais de cette toile, la peinture soignée, léchée même, tout cela nous fait douter qu'elle soit l'œuvre du sévère Bartolommeo.

BASAÏTI (Marco) : Déposition du Christ, avec le personnel ordinaire. Tableau gothique, plus singulier que beau.

BASSETTI (Marc-Antoine) : Saint Vit debout, le corps nu, dans une chaudière d'huile bouillante, les yeux au ciel. Près de lui, saint Wolfang, saint Georges et un autre saint évêque regardant le ciel peuplé de séraphins et de bienheureux, entre autres Samson, aux formes herculéennes. Ce dernier et l'évêque sont bien éclairés. Beau dessin.

* BATTONI (Charles-Pompée) : Portrait en buste de l'auteur vêtu de rouge. Sa main gauche, tenant la palette, est bien dessinée. Beau front penché avec un pli entre les sourcils relevés ; œil tendre et perspicace, beau et long nez, bouche charnue, entr'ouverte, menton rond, un peu détaché, joue pleine, homme sanguin, ardent au plaisir, plein d'esprit et d'imagination, peu sérieux, peu profond.

BEGA (Corneille) : Paysans hollandais au cabaret. Un jeune paysan, débraillé, une main dans celle de sa promise, chante en ouvrant sa grande bouche. Un vieillard vide sa chope. Un amoureux courtise de très-près sa petite voisine. Chacun prend son plaisir où il le trouve. Assez bon.

* BEHAM, aussi BOHN (Barthélemy) : 1" Une femme morte est rappelée à la vie, en présence de sainte Hélène, par l'imposition de la sainte croix, tableau portant la date de 1530. A gauche, et sur une estrade, trois dames d'honneur de l'impératrice, richement vêtues et très en évidence. Plus bas et plus à droite, sainte Hélène près d'un évêque : tous agenouillés. Autres grands personnages entourant la ressuscitée. Grande variété dans les visages, très-achevés, et dans les costumes, — moyen-âge et assez bizarres. — Sage ordonnance. La seule critique à faire, non à l'auteur, mais au sujet, est cette énorme croix posée sur le ventre d'une femme de façon à lui ôter plutôt qu'à lui rendre la respiration. Belle expression de surprise et de gratitude de cette femme, les yeux au ciel, mains jointes. Deux personnages, placés derrière elle, soutiennent les deux autres croix du Calvaire. Au fond, bâtiment, paysage, peuple. Certaines teintes, les rouges tendres, par exemple, ont pâli. En somme le coloris est bon, et la perspective passable pour l'époque.

2° Martius Curtius se précipitant dans le gouffre, pour arrêter la peste (petites figures) : Le généreux Romain, richement armé, semble vouloir plutôt escalader le ciel sur son cheval, qui se cabre, que tomber dans un trou. Foule immense acclamant le héros. Ce tableau est d'une autre teinte que le précédent. Les édifices avec galeries à colonnes, très-rapprochés l'un de l'autre, sont vivement et trop uniformément éclairés ; les uns sont peints en jaune, d'autres en rose, en bleu, en blanc : le tout cause un certain éblouissement offensant les yeux et la vérité. La composition n'est pas sans mérite, et l'on découvre aux balcons et aux fenêtres, à gauche, des figures qui se détachent très-bien.

BEICH (François-Joachim) : 1° Paysage avec lac au milieu. Bon.

2° Paysage moins grand que le précédent. « Des enfants qui se moquent du prophète Élie sont déchirés par des lions et des ours (catalogue). » On ne voit, à droite, qu'un enfant nu, assis sur le bord d'un ruisseau et saisi par un lion, et à gauche, un vieillard, dans l'eau jusqu'à mi-corps, les mains levées. Cette eau, occupant le milieu de la toile, est habilement rendue.

3° Paysage, pendant du premier, moins bon.

4° Saint Jean-Baptiste prêchant dans la montagne. Manquait.

BELLINI (Jean) : Vierge en trône assistée de saint Jean et de saint Sébastien. Marie pose une main sur l'occiput du commettant, dont on ne voit que la tête et le bout des mains jointes. Mauvais raccourci d'une cuisse et d'une jambe du Bambino. Saint Jean a la barbe et les cheveux blancs, son bras gauche est mal dessiné. Coloris sec. Pauvre toile.

*2° Portrait de l'auteur vêtu de noir. OEil bleu, regard d'une âme droite et supérieure ; sourcils un peu relevés, beau nez, menton plein et légèrement proéminent. Belle tête, jeune et imberbe, d'un caractère noble et imposant. Le front, quoique couvert par le bonnet noir, doit être incliné en arrière, ce qu'indique la ligne du nez.

* BELOTTI ou BELOTTO (Bernard), neveu d'Antoine Canal : 1° Vue de Munich prise du côté de l'Est, toile de sept pieds de large. Magnifique panorama dont on reconnaît l'exactitude, malgré les changements apportés depuis à cette ville. Les premiers plans où se trouvent des personnages sont de dimensions plus grandes que dans les Canaletto.

BELLUCCI (Antoine) ; Psyché (à mi-corps), regarde, à la lueur d'une lampe, Cupidon endormi et vu en entier. Les seins de la femme sont si peu accusés que ces deux corps nus pourraient appartenir au sexe masculin. Pourquoi ce cri d'effroi jeté par Psyché ? Au lieu d'un monstre prêt à la dévorer, elle trouve le plus beau jeune homme. Son visage devrait plutôt exprimer une surprise agréable. Assez jolis nus.

2° Vénus assise dans une conque et Cupidon près d'elle. L'Amour tient le bout de la voile gonflée, dont une extrémité vient en aide à sa mère, absolument nue. Pose gracieuse. Assez bien modelé, mais coloris terre cuite.

* BERGHEM (Nicolas) : 1° Laban partage le labourage entre ses domestiques, grande et belle toile dont le milieu seul a un peu noirci dans les parties fortement ombrées. Le vieux Laban debout parle à une jeune mère et à un vieillard tous deux assis à terre et bien éclairés. Le visage de ce dernier est d'une extrême vérité. Autres personnages, bestiaux. Au fond, édifices ronds, montagnes.

* 2° Paysage avec des ruines sur des rochers escarpés. « Une servante assise sur un cheval blanc cause avec un pâtre. » (Catalogue.) Énoncé inexact : ce pâtre et la femme ne causent pas ; ils se désaltèrent, lui au moyen des cornes de son chapeau qui lui servent de vase, l'autre dans une grande tasse. Bestiaux, dont deux veaux

garrottés, qu'on conduit au marché. Ruines avec colonnes sur une montagne. — Belle toile. Bonnes poses : on comprend avec quelle avidité boit le paysan courbé sur son chapeau et le *Ah !* de contentement que pousse la jeune fille désaltérée. Ombres noircies.

* 3° Paysage italien. Passage d'un gué. Il est franchi, au milieu, par une servante montée sur un âne qu'un homme suit de près et par deux vaches et un chien. Sur le bord de l'eau et plus près de nous, une jeune femme en manches de chemise et pieds nus, à califourchon sur un cheval blanc, tend le bras en signe de commandement. Bonaparte montrant à ses soldats les pyramides n'avait pas une pose plus majestueuse. Un domestique à pied, la regarde en ôtant son bonnet ; il a compris l'ordre et va l'exécuter. Vache, mouton, âne chargé. Campagne. Toile plus noire que la précédente. C'est dommage.

4° Paysage. Au milieu, ville au pied d'une montagne. Sur le devant, on charge une charrette. Plus loin, laboureur à la charrue attelée de deux bœufs. Au fond, ville, montagnes. Au premier plan, paysan endormi près d'un panier.

5° Paysage. Animaux. Deux jeunes filles, l'une filant au fuseau, l'autre tenant un linge dans l'eau et nous regardant. Vaches. Jolie petite toile, noircie.

6° Paysage italien avec montagnes éclairées par le soleil couchant. Au premier plan, un pâtre à cheval fait passer la rivière à son troupeau. Assez bien conservé.

* 7° Paysage avec une haute montagne d'un ton argenté. Tour en ruines au bord d'un large fleuve qui traverse la toile. Servante sur un âne et pâtre sur un cheval blanc causant pendant que leur troupeau va traverser la rivière. Autres personnages et animaux. Belle toile plus grande que les précédentes.

* 8° Paysage italien. Un cavalier ayant en croupe un sac vide, tend à un mendiant une pièce de monnaie. Près de celui-ci, femme mal vêtue, avec un enfant sur les bras, et derrière elle, un autre caressant un chien. Le cavalier se détache si bien sur le fond de montagnes, qu'il vaut à lui seul un bon tableau.

BERETTINI (Pierre), dit *de Cortone* : La femme adultère. On ne distingue bien que la femme. Le personnage placé derrière et qu'on voit à peine est sans doute le Christ. Au fond et plus encore dans l'ombre, est un homme qui doit être l'accusateur. La coupable, les vêtements en désordre et les mains liées, baisse sa belle tête, un peu trop grecque peut-être et dont le haut paraît trop développé. Elle n'a rien de commun avec le type ordinaire des femmes de ce peintre dont les visages sont presque toujours plutôt ronds qu'allongés. —Il y a du bon dans cette toile.

BEUCKELEAR ou BEUCKELAER (Jean-Henri) : «Marchand de poissons, sa femme et sa fille. » (Catalogue.) Les poissons placés dans des baquets et des paniers et une carpe dans un chaudron, sont bien rendus. La fille présentant son dos tourne la tête de notre côté ; la femme nous regarde aussi fort tranquillement, tandis qu'un chaland allonge indiscrètement les mains vers les appas que veut cacher la Vénus de Médicis. Nous disons un *chaland*, car il est difficile d'admettre qu'un mari ait une semblable velléité en plein marché, près de sa fille. Le visage de l'homme est mieux peint que celui de la femme d'un coloris trop sec.

* 2° Un marché près du palais de Pilate où le Christ est montré au peuple, vaste composition en figurines. Jésus est en haut d'une galerie de ce palais. Autres édifices à droite fermant la rue. — Sur le devant, marchands de poissons, de légumes, etc. Ce tableau vaut un bon Bassan.

BLES (Henri van) : 1° La salutation angélique (petite dimension). Jolie tête de Marie agenouillée à droite, les yeux baissés, les mains jointes. L'Ange, en riche costume sacerdotal, un sceptre dans la main, lève deux doigts de l'autre main pour bénir la Vierge. Campagne vue par deux fenêtres ouvertes.

2° Adoration des bergers (figures encore plus petites). Arche au premier plan. Personnages trop longs, aux costumes par trop bizarres. Mais le fond est remarquable : belles ruines, joli paysage.

BLOEMAERT (Abraham) : 1° Résurrection de Lazare. Bel effet de lumière sur le corps du réssuscité et sur la robe de soie d'un vert clair d'une jeune femme nous tournant le dos. Jésus debout, une main en avant, commande au mort de se lever. Sa tête longue et belle n'est éclairée qu'à demi.

2° Diogène montre à ses disciples un coq plumé, en leur disant : « Voilà l'homme de Platon. » Faible.

BOEL (Pierre) : Deux lévriers près d'un sanglier, d'un cygne, d'un dindon et d'un renard morts. Ces chiens, bien éclairés, sont vivants. Les animaux tués sont altérés, excepté pourtant le renard qui semble vouloir dégager sa tête couverte en partie par celle du cygne. Genre Wéenix. Ombres noircies.

BOL (Ferdinand) : 1° Sacrifice d'Abraham. Le malheureux père pose une main sur la bouche de son fils pour l'empêcher de crier, puis au moment où l'ange lui arrête le bras, il ouvre la main tenant le glaive. L'enfant est renversé, les mains liées au dos. Ses

jambes repliées font un dernier effort pour se dégager. Belle lumière sur le père et le fils. Ombres noircies.

2° Portrait d'un homme chauve tenant à la main son bonnet.
Il y a de l'éloquence dans cette bouche, mais peu de franchise dans
les yeux. Tête et mains bien dessinées et éclairées.

* BORDONNE (Paris) : 1° Admirable portrait qui se trouvait au
Louvre avant 1815 et que le catalogue parisien désignait ainsi
« n° 822 : Portrait de femme vêtue de rouge et vue jusqu'aux genoux ; elle passe pour la nourrice d'un prince de la maison de
Médicis. » En effet, sa taille large est celle d'une nourrice ; mais
combien de princesses envieraient ses traits et sa fraîcheur ! Quel
teint éblouissant et vrai pourtant ! Le duvet de la pêche n'a point
encore abandonné ses belles joues. L'oval du visage, la bouche aux
lèvres charnues et un peu serrées, le menton rond avec une légère
fossette, le nez : tout est d'une pureté de lignes, d'un gracieux,
d'un charme que les mots ne peuvent rendre. Les sourcils sont fins
et peu fournis, surtout à leur extrémité, mais l'arc en est parfait ;
le front est superbe. Ajoutez à tant d'avantages, des cheveux abondants et du plus beau blond, avec des yeux noirs très-expressifs.
Seulement le spectateur regrette que le regard ne se dirige pas vers
lui, en s'adoucissant. Car ces yeux tournés à notre droite, ces lèvres
un peu contractées et cette main posée à plat sur le devant de la
hanche, lui donnent comme un air de défi ; air qui la rend plus piquante peut-être, mais nuisant à l'harmonie de cette physionomie
si gracieuse d'ailleurs. Elle porte un collier de perles et une chaîne
d'or très-fine à laquelle est suspendu un médaillon passé dans le
corsage, entre les seins dont on ne voit que le haut. Sa robe en
velours cramoisi a de longues manches à gigot, avec des crevés
noirs. Ce velours, quoiqu'un peu bruni par le temps, produit
encore beaucoup d'illusion. Le bas du torse est serré par une forte
chaîne en or composée de petites boules. Les bords du corsage
un peu entre-bâillés, sont unis par de longues agrafes en acier
bruni. Une légère broderie en mousseline entoure le bord de la
robe, non-seulement sur la poitrine qu'elle traverse carrément,
mais aussi jusque sur l'épaule. Elle tient de la main droite un petit
éventail en plumes blanches. Un portrait de la même personne,
mais moins parfait, ou plus altéré, se voit dans la *national gallery*
de Londres.

* 2° Madone avec l'Enfant et saints. (Grande demie-nature).
Marie est assise sous une branche de vigne enroulée à une colonne
de portique et allant rejoindre l'édifice, ce qui forme une espèce

de berceau. Le Bambino assis sur ses genoux, nous fait face. Son corps nu parfaitement modelé et l'une de ses jambes pliée et offrant un bon raccourci sont bien éclairés et d'un excellent effet. Il y a dans ce corps d'enfant, le moelleux, la transparence qui nous charment dans les nus du Corrège et d'André del Sarte. Devant le divin couple, se prosternent saint Roch et la blonde Madeleine. Le premier, en habit rouge et manteau de pèlerin, saisit l'extrémité d'un chapelet dont l'autre bout est tenu par la Vierge et par Jésus. Il a dans une main son long bâton de voyage. Ses cheveux sont noirs et crépus; son profil est mâle et distingué. La sainte a le visage plus long et plus énergique que celui de la Vierge; il est pâle et d'une touchante expression de tendre mélancolie. On dirait que le temps en lui enlevant ses couleurs a voulu rendre cette sainte plus intéressante. Marie, en robe rouge avec un manteau bleu sur les genoux, a sur la tête un voile de gaze orné d'une légère broderie en fil d'or. Ses cheveux d'un châtain doré tombent sur le dos et les épaules. Au fond, à droite, tour crénelée et église sur une éminence. Tout au fond, montagnes. Bonne perspective, fond vaporeux bien éclairé. Charmante toile d'une conservation parfaite.

BOTH (Jean): Paysage montagneux, vue étendue. Un berger portant une femme traverse la rivière; un autre fait défiler son troupeau le long d'un rocher. Arbres, rochers encore éclairés, à droite; campagne à gauche. Joli tableau, noirci.

BOTH (Jean et André) frères: 1° Mercure endormant Argus. Il doit plutôt le réveiller, car il lui met tout contre l'oreille le pavillon de sa clarinette. Ils sont assis sur un rocher, à l'ombre d'un grand arbre. A droite, plus bas, la sentimentale vache Io s'avance dans le pré vers ses viles campagnes. Vive lumière au fond, derrière les arbres. Noirci, surtout au deuxième plan où sont les vaches. Le paysage est de Jean et les figures d'André.

2° Argus décapité par Mercure est étendu sur une pierre. Junon assise près de la tête coupée, en extrait les yeux dont elle orne la queue de son paon. Sa parure est celle d'une simple mortelle: chemise, robe de soie laissant voir un sein nu et manteau. Ce cadavre renversé, une jambe levée, cette tête saignante touchant presque la robe de la déesse, sont d'un aspect déplaisant. Elle a devant elle son paon accompagné d'un canard qu'elle va sans doute métamorphoser en un second paon pour y loger l'âme d'Argus. Un peu plus loin, Mercure s'envole à tire d'ailes, pour rendre compte à Jupiter de ce qu'il a fait et de ce qu'il a vu. Paysage. Figures plus grandes que dans les paysages ordinaires.

3° Les ruines du temple de la Concorde, à Rome. Au deuxième plan à gauche, colonnes et débris du temple. Au premier plan, deux hommes assis sur des pierres jouent aux cartes; deux autres debout, et un troisième assis les regardent; puis deux petits mendiants. Sur le devant, remouleur que considère un oisif. A droite, au deuxième plan, joueurs de boules, cavalier, homme conduisant un âne chargé. Eclaircie entre les ruines, campagne. Toile autrefois très-belle; noircie.

BOTH (Jean) et DUJARDIN (Karel) : Paysage avec grands arbres et hautes montagnes. Le terrain marécageux est animé par des vaches et des brebis que garde une servante. Figures de Dujardin. Le fond éclairé est joli; le reste est presque effacé par le noir.

* BOTH (Jean) et WOUWERMANS : Paysage avec de grands arbres et une chute d'eau. Coucher de soleil. Sur le devant, des voyageurs à cheval sont attaqués par des brigands. Cette toile, moins grande que celles des frères Both, est encore très-fraîche et très-jolie.

BOTTICHELLI ou BOTTICHELLA (Sandro) : Piété. Corps du Christ soutenu par la Vierge. Sur les côtés, saints Pierre, Paul et Jérome. Mauvaise toile devenue verte.

* BOURDON (Sébastien) : Un four à chaud près de Rome. Au premier plan, hommes du peuple assis ou causant; chiens qui se battent, trois ânes dont un chargé. Au fond, à droite, vive lumière derrière le fort Saint-Ange. La tour que le catalogue prend pour le tombeau de Cécilia Metella est une simple dépendance du four à chaux. Amas de chaux, ouvriers. Bonne perspective, bonne toile, noircie.

BREENBERG (Barthélemy) : Moine agenouillé dans une grotte devant un livre ouvert; il prie. Une jeune fille est assise à l'ouverture de la grotte. Vient-elle tenter le saint homme? Campagne. Jolie perspective, bel effet de lumière.

* BREUGHEL (Jean), dit de Velours : Figures peintes par Rubens. Flore assise au milieu d'un jardin tient un gros bouquet, tandis qu'une nymphe place d'autres fleurs dans ses cheveux. Un petit génie tient la glace dans laquelle se mire la déesse. C'est une fort belle fille vigoureusement constituée, le bas du corps seul couvert par un manteau jaune. D'autres nymphes et génies apportent des fleurs : la scène en est encombrée. « Aimez-vous les *bouquets*, on en a mis partout. » Parmi ces génies, j'en remarque deux, dont l'un, très-blond, est coiffé comme une petite fille. A gauche, bâtiment avec voûte, statues. A droite, éclaircie entre les arbres,

troupeaux, campagne, eau. Charmant tableau d'un coloris très-
frais, mais par trop fleuri.

2° Route conduisant à la ville, joli petit paysage. Sur cette route
voitures contenant des voyageurs, tombereau plein de légumes,
cheval, vaches, etc. Perspective excellente. Toile très-fraîche.

3° Voyageurs se rafraîchissant près d'une auberge. Tableau
plus petit et peut-être plus joli que le précédent. Mais pourquoi
l'avoir placé si haut? A droite, plaine avec eau, voiture et personnages dans le lointain. Canards barbotant près des maisons ou se
promenant gravement sur la route.

4° Paysage. Sur une éminence — pain d'épice, — bergers et
moutons. Plus haut, deuxième éminence — d'un blanc de neige —
au sommet de laquelle tourne un moulin à vent. Le fond à droite
est bleu, mais une ville bâtie au milieu de la plaine est éclairée à
blanc. Au premier plan, hommes, chevaux, voitures. Bonne perspective.

5° Guirlande de fleurs figurant la première lettre du nom de la
Vierge. Au milieu, Marie tenant sur elle l'Enfant Jésus presque
renversé. Il porte une main sur les seins de sa mère dont la robe
est entr'ouverte. Le petit saint Jean, vu de buste, lui présente du
raisin. Trois anges, saint Joseph. Près de la Sainte Famille, des
singes, dont l'un porte l'habit bigarré des fous de princes, prennent
ou tiennent des fruits. Dans le fond, éclaircie, chevreuils, daims.
En haut, deux anges tenant chacun un bout de la guirlande dont
les branches latérales ont pour base des légumes.

* 6° Petit paysage fort joli, très-animé. A droite, eau, barques;
au fond, clocher. Sur le devant, d'abord vers la gauche, fête de
village, danse, cercle nombreux sous un grand arbre, puis plus
près de nous, danse flamande, en trois groupes. A gauche, voiture
pleine de gens qui regardent cette danse, marchand de poissons,
curieux. Au fond à gauche, église, maisons. Très-frais.

* 7° Crucifiement du Christ, grande composition en figurines.
Jésus et un larron sont attachés à la croix; on élève celle du
deuxième larron. Foule de curieux au bas de la colline. Sur le
devant, Marie assise et soutenue par une sainte femme et par saint
Jean. Madeleine, un genou en terre, a la tête dans un mouchoir
qu'elle porte à ses yeux; autre sainte en larmes. Au premier plan,
soldats se disputant les vêtements du Christ; l'un d'eux lève son
poignard sur l'autre. Au fond, Jérusalem, montagnes; ciel très-
noir à gauche, plus clair à droite. La croix et le groupe principal
sont bien en vue et bien traités. Bonne perspective.

8° Paysage. Bois traversé par un chemin, près d'une rivière. De l'autre côté, eau, puis village couvert d'une brume épaisse; arbres, personnages, à gauche; ombres noircies de ce côté.

9° Fleuve navigable près d'un village, charmant petit cadre rond. Voitures, auberge, personnages, etc. Bel effet de lumière sur l'eau.

10° Cabane au bord d'un ruisseau sur lequel un petit pont de bois est jeté pour gagner la forêt. Joli, un peu noirci.

11° Chemin à travers une forêt. Charriots, village. Le paysage à droite est inférieur aux précédents. Un peu noirci.

* 12° Saint Martin, en traversant un village, est entouré par la foule. Il tient sur son gros cheval blanc, un bout de son manteau rouge, tandis que deux gueux tirent au plus fort l'autre bout; scène trop grotesque. Au fond, à gauche, maisons, moulin à vent. A droite, groupe assis sur l'herbe, file de maisons entourée d'arbres. Le ciel bleu est très-éclairé à gauche jusqu'au moulin qui s'y détache en silhouette. Au contraire, la lumière frappe, à droite, les maisons qui se dessinent en blanc sur un ciel plus sombre; idée originale, bien rendue.

13° Bouquet de fleurs dans un vase en terre posé sur une table; déchets de fleurs sur lesquels sont posés deux papillons, etc.

14° Paysage dans le genre des nᵒˢ 2 et 11 ci-dessus, moins grand que le premier, plus grand et plus frais que le second. Il offre deux fonds : l'un, à gauche, très-joli avec maisons et église, l'autre plus étendu mais moins bien indiqué. Village sur une éminence, etc.

* 15° Continence de Scipion l'Africain, paysage, grande composition en figurines. A gauche, mer trop blanche et comme frottée; jetée au milieu; sur la rive, Numance. Éminence couronnée de grands arbres. Entre le premier plan et la ville, cavalerie romaine en ligne, fantassins détachés, bestiaux, butin. Un peu au-dessous du monticule, est établie, à droite, la tente de Scipion. Son élégant costume tricolore est peu convenable. Il est assis au haut des marches de sa tente couverte en rose. En bas, sont placés en demi-cercle, la fiancée debout, son prétendu et leurs parents, ceux-ci à genoux et tendant en suppliants leurs mains chargées de riches présents. Un officier portant le bâton de commandement s'avance au galop. Près de la tente, chevaux de la famille. Au premier plan, prisonniers conduits par des soldats romains. La fiancée — aux traits flamands, — l'air abattu, les yeux baissés, et surtout les poses et les visages du futur et des parents, sont d'une bonne ex-

pressi3n et forment une scène touchante. Au fond, villas, arbres, etç.

* 16° Autre grand paysage avec scène en figurines. Au milieu,
à droite, Jésus-Christ debout à la pointe d'un bateau prêche devant
le peuple accouru sur la rive. Autres barques en mer. Au fond,
îlot rocheux; à gauche, ville sur le rivage reliée à cet îlot par un
pont. Au troisième plan, monticule avec tour. Par devant, pêcheurs
et leurs poissons étalés. La scène principale est trop éloignée; il
faut chercher le prédicateur. La disposition du tableau précédent
est meilleure, mais son paysage ne vaut pas celui-ci.

BREUGHEL (Pierre), l'aîné : 1° Saint Jean-Baptiste, prêchant
dans le désert. Masse compacte d'auditeurs disposée en toit, formant un tout absurde. Eclaircie à droite. Mauvais.

2° Paysans dansant et buvant devant un cabaret, sous des arbres;
pendant du précédent, ignoble, ridicule.

* BREUGHEL (Pierre) le jeune, dit d'Enfer : 1° Au fond, la ville
de Sodome en flammes. Sur le devant, Loth et ses filles dans une
grotte. L'une absolument nue, une main sur l'épaule de son père,
l'autre appuyée sur une table; joli groupe. Les nus sont modelés
avec perfection et suffisamment éclairés. Il n'y a à blâmer que le
choix du sujet. Les flammes du fond sont de deux couleurs : rouge
foncé et jaune soufre, sans doute parce que les unes sont plus
rapprochées de nous.

* 2° La ville de Troie incendiée par les Grecs. Le fond offre
plus de perspective que celui du tableau précédent; il se comprend
mieux; mais abstraction faite du choix du sujet, le premier plan
de celui-ci ne vaut pas l'autre. Trop de personnages, confusion.
Le groupe d'Enée et de sa famille, et un homme et une femme se
disputant une statuette de dieu lare, approchent de la trivialité.
A gauche, vaisseau à l'ancre avec une lanterne allumée à la proue.
Au fond, fuyards, combat acharné dans une vaste place près du
cheval de bois. Ville, monuments en flammes, d'un effet original et saisissant.

* BRILL (Paul) : 1° Paysage avec vue sur la mer. Au premier
plan, Jésus-Christ accompagné de ses apôtres, guérit un possédé.
A droite, troupeau de porcs descendant la colline en soulevant une
poussière verte qu'on pourrait prendre pour des arbrisseaux. L'eau
est d'une teinte blanc de lait. Le fond est bleu comme les montagnes et se confond avec elles. Mais la vive lumière éclatant au
sommet de la roche de droite, tandis que la partie du rocher s'a-
vançant sur l'eau est dans l'ombre, cette lumière glissant sur

l'eau, la barque avec ses quatres hommes, le fort : tout cela est d'un bon effet. Perspective exacte.

2° Paysage du même genre, tout petit cadre assez joli, surtout sur le devant où l'on voit des pêcheurs. Au fond, la mer, le ciel et les montagnes se confondent dans une même teinte bleue.

BRONZINO (Angelo) : Tête couronnée de laurier, la bouche ouverte, les yeux levés, mine piteuse. Ce n'est pas là un Bronzino.

BROU ER (Adrien) : 1° Paysans jouant aux cartes dans une tabagie. L'un montre son jeu à son voisin, d'un air triomphant. Assez bien éclairé.

2° Soldats espagnols jouant aux dés dans un cabaret. Pas suffisamment éclairé.

3° Réunion de fumeurs (petites figures jusqu'aux genoux). Tous les visages sont altérés.

4° Concert rustique. Un paysan assis sur un tonneau et nous faisant face joue du violon, un œil ouvert, l'autre fermé, la bouche ouverte, chantant et riant à la fois ; il est d'un comique excellent. Les autres paysans nous tournant le dos et assis près de la cheminée chantent aussi. Je les trouve mauvais.

5° Deux paysans se battent ; un troisième cherche à les appaiser, dit le catalogue. Non, il crie au secours, les bras ouverts ; il est aussi absurde avec son ignoble bonnet de laine à la van Ostade, que les deux autres sont excellents. Le premier tient la tête de son adversaire et semble vouloir l'enfoncer dans une futaille vide.

6° Joueurs de cartes aux prises dans un cabaret. Le plus fort en tient un autre par les cheveux et va le frapper avec un pot. Son adversaire cherche à dégaîner un sabre qu'on s'étonne de voir au côté d'un paysan. Un troisième montre le poing au premier. Tableau moins altéré que les précédents généralement noircis dans les parties ombrées.

7° Un chirurgien de village lève un emplâtre du bras d'un paysan, qui fait une laide grimace. De plus, la plaie n'est pas belle.

8° Paysans chantant dans une chambre au fond de laquelle une femme donne à manger à son petit enfant. Genre Téniers. — Noirci.

9° Un barbier-chirurgien, dans sa boutique, sonde, avec un couteau, la blessure au pied d'un paysan, tandis que la femme du premier prépare l'emplâtre à appliquer. Le *aye* ! du patient est bien rendu. Altéré.

BRUYN (Barthélemy) : Saint Cunibert évêque, dans une niche (demi-nature). Profil tout bossu, absurde.

2° Saint Suibert, évêque, aussi dans une niche. Vieux et laid profil.

3° Triptyque. Pièce du milieu, Déposition du Christ. Le corps mort est de carton. Saint Jean le soutient par le dos. Marie à genoux, mains jointes, penche son long visage vers son fils. Le visage allongé de Madeleine ne manque pas de régularité, mais les yeux sont trop rougis par les larmes. Plus loin, à droite, personnages s'occupant des apprêts de la sépulture.

Le volet, à notre gauche, contient saint Etienne au deuxième plan et le donateur au premier. Le saint patron en riche costume, porte trois pierres dans un pli de sa robe et un livre sous le bras. Sa grosse face est celle d'un jeune paysan allemand. Le commettant agenouillé est un gros père respectable, mais peu intelligent.

Dans le volet de droite, saint Gérion tenant un large drapeau, s'appuie de l'autre main sur son bouclier. Un jeune homme que je prends pour l'héritier du donateur est aussi à genoux. Il est costumé comme le saint, à la seule différence que sa pèlerine est couleur cerise. Chacun d'eux a près de lui son blason posé à terre.

La plupart des visages de ce triptyque ont tourné au rouge brique.

BUONACORSI (Pierre), dit *Perino del Vaga* : Le Parnasse. Apollon, la lyre en main, est entouré des muses. Un jeune homme donne du cor de chasse, un autre est assis et écrit.

* BUONAROTTI (Michel-Angelo), dit *Michel-Ange* : Jésus au mont des Olives (huitième de nature). A gauche, le Christ à genoux sur une éminence. Un peu plus à droite, on le voit debout une main tendue vers saint Pierre qui se réveille ; les deux autres apôtres dorment profondément. Bon, un peu altéré. Nus vigoureusement dessinés.

BURGKMAÏR (Jean) : 1° Victoire de Scipion l'Africain sur Annibal à Zama. Paysage en toit dont plus de la moitié est couverte de cavaliers tellement près les uns des autres que leurs chevaux lancés au galop ne pourront jamais relever leurs jambes de derrière. Les Africains portent des turbans. Mauvaise croûte.

2° Saint Jean dans l'île de Pathmos (demi-nature). Dans le ciel, Dieu le Père au milieu d'un cercle lumineux d'où s'échappe un rayon qui vient frapper le saint. Celui-ci tournant son profil anguleux vers la céleste apparition, suspend son travail de l'Apocalypse. Il est dans un paysage, entre trois grands arbres où sont perchés de jolis oiseaux. Tableau moins mauvais que le précédent.

3º Saint Erasme, en habits pontificaux. Son profil et surtout son menton plat et rentrant dénotent l'ineptie.

4º Saint Nicolas distribuant des aumônes. Son visage baissé est commun, mais bon et souriant. Il donne une pièce de monnaie à un cul-de-jatte. Bonne couleur.

5º La reine Esther au pied du trône d'Assuérus. Bonne perspective, belle architecture. Ce tableau est le meilleur des dix; mais c'est aussi le plus maltraité par le noir.

6º Trois tableaux de saints.

7º Buste du duc Guillaume V, de Bavière, en riche costume carmélite. Il a un œil plus grand que l'autre ; air dur.

8º Buste de la princesse Marie Jacobée de Bade, épouse du duc Guillaume IV, de Bavière, pendant du précédent.

BYZANTINE (Ecole) : 1º Treize figures d'apôtres debout, sur fond d'or uni, séparées par des arcades en or. Il y a, dans le nombre, quelques belles têtes, mais le temps en a altéré le coloris, et les parties nues des corps, les pieds surtout, sont mal dessinées.

2º Madone avec l'Enfant, tableau grec de petite dimension (demi-figure). Ils sont tous deux richement vêtus : le tout affreusement dessiné est devenu noir.

CALCAR (Jean de) : La mère de douleurs (demi-nature). Son manteau bleu est posé sur la tête. Elle a une main levée et l'autre sur la poitrine. Visage de terre cuite sur fond d'or.

CALIARI (Paul), dit *Véronèse* : 1º La Justice et la Prudence. Je vois bien la Justice dans cette blonde frisée tenant le glaive et la balance. Mais que cette femme assise à terre, se coiffant en se regardant dans un miroir, soit la Prudence, cela se comprend moins.

2º La Charité, jolie blonde debout, la tête et les yeux baissés, un sein nu. Elle porte son jeune fils sur un bras, et abrite sous son manteau rose deux petites filles debout, nous faisant face.

3º La Foi et la Piété. La première, un calice à la main et assise sur un siége élevé à notre gauche, a la tête presque effacée par le temps ; sa robe de soie blanche est bien éclairée. Sa compagne à genoux plus bas, nue, avec un manteau cachant les cuisses, regarde à notre gauche d'un air plus curieux que dévot. Elle n'est qu'à demi éclairée ; son visage est joli.

4º La Force et la Tempérance. La Force nous tourne le dos, tient le haut d'une pierre d'édifice et pose le pied sur une colonne. L'autre debout tient dans le creux de sa main un vase ayant l'aspect d'une boîte de parfum et un pot à l'eau dans le pan de sa robe.

Ces quatre toiles peu soignées et altérées sont sans doute des esquisses.

5° Portrait, jusqu'aux genoux, d'une grosse dame aux cheveux blonds relevés et roulés sur le devant. Grands yeux durs tournés vers notre gauche, petit nez, bouche maussade, petit menton suivi d'un autre, cou très-gras. Derrière elle, rideau rouge. Le mari de cette femme a du souffrir de ses exigences et de son humeur. Tête fort bien modelée et fort bien conservée.

6° Sainte Famille (figures jusqu'aux genoux) : Jolie Vierge regardant devant elle d'un air sérieux. L'Enfant tenant des deux mains un chardonneret, se tourne vers saint Joseph qui le contemple. Ce saint placé plus bas ne montre que son buste. Les bras, le haut du corps et la tête du Bambino sont bien peints et bien éclairés; mais son nez peu distingué, me ferait penser que sa tête est un portrait.

7° Mort de Cléopâtre. Jolie, mais teint devenu verdâtre. La poitrine et les seins nus sont encore bien éclairés. Robe blanche, manteau rose.

8° Repos en Egypte (petite nature). A droite, deux anges cueillant des fruits; à gauche, deux autres dont l'un va prendre sur une branche d'arbre une robe d'enfant séchée au soleil. Marie présente, en souriant, le sein à Jésus renversé sur elle. Saint Joseph derrière la Vierge va déboucher la gourde de voyage. Ce tableau a noirci et c'est vraiment dommage.

* 9° La femme adultère (petite nature). C'est notre jolie blonde, à la robe jaune, à la tête effilée, si souvent reproduite par le peintre. Son engouement pour cette forme de tête ne venait-il pas de ce que sa femme avait la tête trop ronde, trop jouflue et trop rouge? La coupable, les mains liées, le corsage en désordre, les yeux tournés vers notre droite, la bouche entr'ouverte, est si charmante que personne n'aurait eu le courage de lui jeter la pierre. Le Christ debout, à gauche, lui parle une main sur la poitrine, l'autre ouverte, et portée en avant. « Allez et ne péchez plus, lui dit-il. » Son profil, d'un bon style, a noirci. Un soldat s'éloigne en le regardant; on ne comprend pas bien la pose du corps ni celle des jambes de ce dernier. Sans doute cela vient de l'altération des couleurs. Beau tableau quoique noirci.

10° Le Centurion, à genoux devant le Seigneur, le supplie de guérir son domestique. Belle tête de soldat, à cheveux blancs, vue de profil. Les militaires qui l'accompagnent et le soutiennent sont costumés trop richement. Le Christ tient son manteau d'une main et tend l'autre vers le solliciteur. Au fond, balcon garni de personnages. Au premier plan, tête de cheval du Centurion : cheval que tient un soldat par la bride.

11º L'Amour tenant deux chiens en laisse. Ces animaux de forte taille, blancs et tachetés de noir, sont assis et sortent la langue tant ils sont essoufflés de leur course. Cupidon, les ailes entr'ouvertes, regarde a notre gauche. Jolie tête blonde et frisée. Toile noircie ; les têtes de chiens sont presque invisibles.

12º Adoration des Mages (quart de nature). La Vierge et l'Enfant nu couché sur ses mains, sont encore très-bien ; le reste a noirci ; on ne comprend plus la pose du Mage prosterné.

13º Portrait en buste de l'auteur. Je nie énergiquement que cette tête longue et plate, au front droit, au nez concave et commun, à la bouche charnue, aux yeux souriants, les sourcils levés, je nie que ce visage tout au plus spirituel, soit celui du grand Véronèse dont le portrait qu'il nous a donné de lui-même dans les noces de Cana du musée du Louvre, décèle, bien autrement que celui-ci auquel il ne ressemble en rien, l'imagination vive et supérieure de l'artiste.

* CANAL (Antoine), dit *Canaletto* : 1º Vue d'un traghetto (débarcadère pour le service des gondoles). Barques, pêcheurs, gondoles ; au fond, maisons. Au premier plan, demi-façade d'une maison au haut de laquelle un homme monté sur une échelle paraît nétoyer un conduit de cheminée avec un goupillon au bout d'une perche. Bonne lumière, excellente perspective.

* 2º Vue de la Piazzetta, aboutissant à la place Saint-Marc. Campanille ; palais des Doges, palais des Procuratori. Barques. Bien éclairé, le haut du palais des Doges surtout. Très-frais.

3º Vue de Notre-Dame della salute (de la santé), sur le grand canal. C'est, en plus petit, le tableau du Louvre (nº 143). Ici le canal paraît plus large : le dôme de l'église n'est qu'au deuxième plan. Au premier, porte avec fronton. Jolie toile.

4º Vue du marché aux herbes sur le bord du grand canal. Ce tableau est généralement bien peint ; mais pour indiquer les ondulations d'une mer calme, on a parsemé le grand canal de petites lignes blanches et circulaires qui lui donnent l'aspect d'une glace rayée par des patineurs. A gauche, grand bâtiment bien éclairé. La façade donnant sur la mer est dans l'ombre.

* CANLASSI (Guido), dit *Cagnacci* (*cagneux*) : 1º Sainte Madeleine, les mains jointes, enlevée aux cieux par un ange. Le temps a presque effacé la tête de cet ange placé sous la sainte, de sorte que ses jambes pendantes près de celles de Madeleine ne se comprennent pas d'abord. Heureusement le personnage principal a échappé aux griffes du temps. Toute la figure absolument nue de la pénitente, est fort belle. Sa tête levée et déjà illuminée par les joies célestes, offre un excellent raccourci. Ses cheveux blonds très-abondants tombent sur elle.

2° Madeleine dans une grotte. Sa chemise couvre l'épaule gauche et le sein. L'épaule, la poitrine et le sein du coté droit sont nus, le bas du corps est enveloppé d'un ample manteau rouge. Elle tient un crucifix. Ouverture de la grotte et éclaircie à droite. Le visage dont les yeux sont baissés est un peu incliné et offre un léger raccourci ; il est assez beau, mais trop calme. Cette toile est l'une des mieux conservées de ce peintre.

* Cano (Alonso) : Saint Antoine de Padoue à qui la Vierge vient d'apparaître, tient, un genou en terre, l'Enfant Jésus dans ses bras. Marie, sur un nuage à gauche, soulève un linge sur lequel elle paraît inviter le saint à remettre le *Niño*. Saint Antoine porte le costume de récollet ; sa tête levée et vue à peine de profil a beaucoup d'analogie avec celle du fameux tableau de Murillo que nous avons vu dans la cathédrale de Séville (*Musées d'Espagne*, p. 271) : mais il nous est impossible d'expliquer pourquoi la Vierge a le crâne démesurément grand, avec un bas de visage chiffonné. Est-ce que cette mode allemande se serait introduite en Espagne, avec la conquête ? Tableau très-frais et excellent d'ailleurs.

Cantarini (Simon), dit *il Pasarese* : 1° Le Christ apparaissant à Madeleine (demi-figures). La sainte se trouve plus bas, sans doute parcequ'elle est à genoux ; mais il faut le deviner. — C'est-là l'inconvénient des demi-figures. — Sa jolie tête de profil, bien éclairée, est levée vers le Sauveur qu'on ne voit aussi que de profil et dans l'ombre noircie. Profil trop vulgaire. Dessin vigoureux. Les bras, en grande partie dans l'ombre, se détachent bien du corps très-éclairé.

2° L'incrédule saint Thomas met ses doigts dans la plaie du Christ (demi-figures). Jésus tient des deux mains le manteau dont il vient de se découvrir. Son profil est à demi éclairé. Le crâne seul du saint est en lumière. Les deux têtes du fond sont devenues presque invisibles. Visages généralement beaux et énergiques, celui de Jésus trop peu intelligent. Tableau noirci.

3° Sainte Cécile jouant de l'orgue. Elle porte une couronne de violette. Ses seins sont à peine indiqués; son visage long, sa petite bouche ouverte et ses yeux levés vers le ciel, ne disent rien. Elle est assistée de deux anges, l'un tenant un papier de musique, l'autre jouant de la basse. Les mains de la sainte posées sur les touches de l'orgue, sont assez bien peintes. L'ensemble est d'un mérite contestable.

CARDI (Louis) da Cigali : 1° Portement de croix (demi-figures.)
Au milieu, Jésus nous faisant face, accablé du poids de sa croix,
est tombé à terre. Un soldat le saisit par les cheveux pour le forcer
à se relever. Simon prend le bout de la croix, afin d'en alléger le
poids. Son bras bruni est bien dessiné ; mais son profil à la Socrate est enlaidi à plaisir, afin de contraster avec le visage noble
et calme du Sauveur qui toutefois trahit une douleur physique en
fronçant les sourcils. Plus loin, à droite, sainte Véronique à genoux, avec son linge. La tête de Jésus et sa robe en soie noire bien
drapée sont très-éclairées.

* 2° Saint François en prière (petite dimension). A genoux devant
un crucifix posé sur une table, les mains croisées, il regarde devant
lui. Un livre est ouvert sur cette table. Vive lumière à gauche,
dans le ciel chargé de nuages bleus. La tête, la main et une
manche du saint sont bien éclairées. Cette tête pâle est belle, expressive, ascétique.

CARRACHE (Annibal) : 1° Suzanne et les vieillards. Si, comme
cela est présumable, le Guerchin a connu cette composition, son
tableau du musée de Madrid (voy. p. 3 des *Musées d'Espagne*) en
est une imitation perfectionnée. Ici Suzanne à demi dans l'ombre,
est assise à droite, une jambe levée qu'elle lave à une fontaine, ce
qu'il faut deviner, tant les ombres se sont épaissies à cet endroit.
Son profil est devenu illisible. Les deux vieillards sont aussi presque effacés. La pose et les formes de Suzanne sont très-gracieuses.

2° Massacre des innocents. Pêle-mêle devenu plus affreux depuis
que le noir a envahi les personnages.

* 3° Les amours Eros et Anteros luttent devant Vénus qui, assise
à terre, tient une palme réservée au vainqueur. Sa bouche entr'ouverte et son regard animé annoncent qu'elle excite l'ardeur des lut-
teurs. Son joli profil respire la candeur et la joie enfantine. Le haut
de son torse est, pour ainsi dire, nu ; ses cheveux blonds sont ornés d'une guirlande de perles. Cupidon le plus rapproché d'elle, un
peu penché sur son adversaire qu'il a saisi par les cheveux, semble
avoir l'avantage. Anteros, la tête baissée, le corps chancelant,
cherche à prendre l'autre par le corps. Il est moins éclairé et
a la peau plus rouge que celle de son frère. Belle lumière, bon
dessin, pose et contours gracieux. Le coloris et le visage de Vénus
me faisaient d'abord prendre cette toile pour un Dominiquin.

4° *Ecce homo* (demi-figure, quart de nature). Le Christ revêtu
du manteau d'écarlate, la tête couronnée d'épines, le roseau placé
dans ses mains liées, lève vers le ciel son beau profil. On voit à
droite un flambeau allumé. Beau dessin, belle lumière.

5° Déposition du Christ. Jolie petite esquisse. Beau corps mort couché, le torse relevé contre une pierre. Plus bas, à droite, Madeleine avec sa boîte, accoudée sur cette pierre, regarde tristement le Sauveur. Marie, au milieu, tient un des bras de son fils. Saint Jean est à gauche, mains jointes.

6° Portrait de l'artiste, espèce d'esquisse. Nez aquilin creusant à sa naissance, yeux grands et enfoncés, cou court, air dur et peu distingué. Son profil au palais Pitti et au musée de Naples diffère de celui-ci en ce que le nez est moins aquilin, ce qui est plus vrai : la forme du crâne comportant un nez retroussé.

CARRACHE (Augustin) : Saint François recevant les stygmates. Il est placé de façon que nous ne le voyons qu'à mi-corps. Devant lui, tête de mort sur un livre et chapelet. Ses mains sont déjà percées. Dans les airs, deux groupes d'anges, entre lesquels apparaît le séraphin rouge figurant un Christ en croix ailé. Le ciel se termine par un demi-cercle lumineux sur lequel se détache la tête du saint dont la physionomie est celle d'un homme fort et bon.

CARRACHE (Louis) : 1° Saint François récréé par un ange pendant son sommeil. L'avant-bras droit et la main de l'ange jouant du violon sont mal dessinés ou altérés. Noirci.

2° Mise au tombeau. Corps du Christ contourné ; cuisses encore éclairées, le reste noir.

3° Autre saint François avec un ange, cadre rond. Joli petit visage rose du Séraphin contrastant avec la face pâle et défaite du saint. Cet ange tient un crucifix bien éclairé et d'un bon relief. Noirci.

4° Saint François en méditation (petite dimension). Il est debout près d'une table, le corps penché en avant, les mains croisées et appuyées sur cette table. Son visage fixant une tête de mort est pâle et défait. A gauche, lampe allumée. La tête bien éclairée est d'un bon style. Le reste a noirci.

CARRUCCI (Jacques), dit il *Pontormo* : Sainte Famille. Par une arcade ouverte à droite, on aperçoit tout au fond un personnage à une fenêtre, puis, plus près de nous, une femme tenant un livre. C'est, je crois, Zacharie et sainte Élisabeth. Saint Joseph paraît monter sur son établi ou en descendre en baissant la tête vers le petit saint Jean qui reçoit peut-être de lui quelque objet. Tout cela est peu clair ; car la toile a beaucoup noirci. La Vierge est assise à terre, un livre à la main. L'Enfant Jésus à genoux se renverse sur elle en riant. Il pourrait être plus joli et sa mère mieux drapée.

*CASTIGLIENE (Jean Benoît), dit il *Greghetto* : 1° Jeune Maure conduisant un chameau (grandeur naturelle). Il a la tête nue et nous montre, en riant, ses dents et le blanc de ses yeux. Son riche costume et son manteau sont verts. Devant lui, lévrier ; le chameau est en partie dépourvu de poils. Au fond, caravane en marche, arbre exotique. Beau tableau, frais.

2º Repos d'une caravane (demi-nature). Même chameau, dont on ne voit que le cou, même lévrier. Sur le devant, au milieu, malle, instruments de musique, vases. A droite, volaille, chèvres, et au deuxième plan, âne chargé; à gauche, dindon faisant la roue, et plus loin, chameaux, chevaux, chiens, etc. Dans le fond noirci, montagne. On ne voit pas un être humain ; s'il y en avait, ils ont disparu sous le noir.

CAVEDONE (Jacques) : 1º Le corps mort du Christ posé sur une pierre et sur son linceuil (demi-nature). Un ange à demi éclairé et aux ailes colorées, tient une main de Jésus et la baise. Corps de marbre. Du reste bon dessin, belle lumière, plis du suaire bien rendus.

2º Même sujet, en figurines. Jambes trop longues, genoux trop pointus. Belle lumière sur le corps et sur l'ange.

CELESTI (André Chevalier) : Madeleine pénitente aux pieds du Sauveur. On ne voit plus guère : de la sainte lavant un pied du Christ, que son petit nez retroussé ; un vieillard rouge-brique éclairé à la Gherardo, et la tête baissée et très en raccourci du Christ; le reste est noir.

* CERQUOZZI (Michel-Ange), dit *des Batailles* : 1º Rafraîchissement après la chasse. Une pauvre femme avec un enfant se présente à de riches seigneurs accompagnés de leurs valets. Vue étendue au delà d'une rivière. Vers le fond, un homme tenant son cheval par la bride, et un autre placé devant lui au haut d'une éminence, se détachent très-bien sur le ciel empourpré. Par devant, gibier, chiens. Excellente toile, si elle ne tournait pas au noir.

* 2º Savetier assis dans sa chaumière et une femme en dehors lui présentant un soulier dont partie de la semelle est détachée. Chien buvant dans un plat en terre. Un âne sur la croupe duquel est assis un petit bonhomme, lève la tête, les oreilles, la queue et pousse un formidable *hi! han!* L'animal et son cavalier coiffé d'un feutre gris se détachent d'autant mieux sur le ciel clair, qu'ils ont pris, avec le temps, une teinte noire. Ils sont très-plaisants.

CESARI (Joseph), dit *Josépin* ou *le chevalier d'Arpin* : Vierge et l'Enfant entourés d'anges ; sainte Claire et pape agenoullés. Trop de personnages dans ce cadre étroit ; noirci. Faible. Est-ce bien un Josépin ?

* CHAMPAIGNE (Philippe de) : Buste d'Henri de la Tour d'Auvergne, vicomte de Turenne, maréchal de France. Il porte la cuirasse et une écharpe blanche en sautoir. Tête nue, cheveux gris pendants. La bouche descend du côté droit d'une façon disgracieuse ; le bas du visage est trop lourd et le front trop bas ; yeux creux, sourcils relevés, nez bien fait : physionomie respirant la franchise et la bonté. Mais je ne puis y voir l'énergie et l'intelligence dont ce fameux général a donné tant de preuves. Bonne peinture manquant aujourd'hui de lumière.

CIGNANI (Charles) : 1° Jupiter nourri du lait de la chèvre Amalthée et deux nymphes. Très-altéré.

2° Assomption de la Vierge, toile immense placée au fond de la salle, en face de celle du Guide. Un jeune apôtre soulève, en tournant la tête, la large pierre qui couvrait le tombeau et que dix forts de la halle auraient peine à tenir ainsi suspendue. Les autres têtes d'apôtres sont dans l'ombre noircie. Le peintre a réservé la lumière pour la scène supérieure ; mais au lieu de détacher sur le ciel la Vierge s'élevant dans la position verticale, Cignani a assis la sienne au milieu d'une foule confuse d'anges de toutes sortes de tailles, de costumes. Il y a surtout, au flanc de son nuage, un grand séraphin se tenant droit, tournant le dos à Marie et mal affublé d'un manteau violet, qui suffirait pour gâter cette partie de la composition. La tête levée et en raccourci de la Vierge est bien éclairée ; sa main droite levée est d'un bon dessin et d'un excellent relief. En résumé, grande toile prétentieuse, petit effet.

3° La Vierge à genoux devant l'Enfant endormi dans son berceau, derrière lequel le petit saint Jean se penche vers Jésus. Profil grec, inanimé de Marie. Tête trop en raccourci de son fils couché sur le dos. Petit cadre oval. Peinture médiocre, maniérée.

4° Sainte Madeleine en méditation près d'une tête de mort (demi-figure). Le visage levé et offrant un léger raccourci, la bouche entr'ouverte, le cou, l'épaule et le sein gauche sont fort bien éclairés ; le reste est noir.

CIMA (Jean-Baptiste) da Conegliano : Madone avec l'Enfant, assistée de saint Jérome et de sainte Madeleine. Marie, dont le visage a noirci, porte sur la tête un linge blanc couvrant le front et par-dessus un pan de son manteau vert doublé de jaune. L'enfant Jésus debout sur les genoux de sa mère est éclairé à blanc. Il saisit la boîte de Madeleine, belle personne aux cheveux blonds tombants et à la poitrine par trop virginale. La vieille tête de Jérome a pris une teinte de pain d'épice.

11.

- CIMABUE (Jean) : Buste de sainte Vierge, les mains jointes. Grosse face informe. Son corps ridiculement mince, ses mains plates, tout cela est affreux.

* COCXIE ou COXCIE (Michel) : Marie en lecture. Elle a sur la tête une couronne d'or ornée de roses et de lis entrelacés. Son costume est riche comme celui d'une reine. C'est une jolie flamande au front large, aux sourcils arqués, un peu trop éloignés des yeux baissés, à la jolie bouche entr'ouverte et au petit menton. Ce qui la dépare c'est son beau nez grec fort peu en harmonie avec les autres traits. Le coloris a dû être bon, mais le noir en a altéré l'éclat. Cadre cintré avec deux lignes en demi-cercle contenant des versets en latin, sur fond d'or.

* 2º Saint Jean-Baptiste, assis, réfléchissant sur sa haute mission, pendant du précédent. Même encadrement avec versets. Le saint les montre en tenant le feuillet d'un livre qui fait illusion. Sa bouche est entr'ouverte. Sa robe brune est garnie de fourrures et recouverte d'un manteau vert. Belle toile, noircie en partie.

3º Buste de sainte Catherine (petite nature). Elle porte une cuirasse en or ciselé sur son corsage de femme et lit dans un livre. Tête assez jolie, mais peinture sèche.

4º Buste de sainte Barbe (petite nature), pendant du précédent. Derrière elle, on voit sa tour. Jolis traits, regards langoureux; peinture sèche.

COELLO (Don Claudio) : Saint Pierre d'Alcantara, ayant laissé son vaisseau au bord du rivage, marche, avec un frère lai, sur les ondes de la mer et encourage son craintif compagnon, en lui montrant le point où Dieu leur ordonne de se rendre. Sa tête, surmontée d'un point lumineux, annonce le secours qu'il reçoit du ciel. Bonne pose et assez belle tête du saint. Toile un peu altérée.

* COLLANTÈS (François) : Paysage traversé par un fleuve. On dit que les figures sont de Murillo. Au premier plan, chasseur précédé de son chien; deux femmes assises; un homme debout près d'elles, leur montre des vaches qu'on aperçoit dans l'eau et dans l'ombre. Plus loin, un paysan derrière son âne file au fuseau; chiens. Toutes ces figures sont fort bien traitées. Jolie petite toile très-fraîche.

COSZIAU (Jean-Job van) : Grand et beau paysage bien conservé auquel on peut pourtant reprocher de n'avoir pas de demi-teintes. Au premier plan sont une vache et des personnages trop rouges. Maisons, bâtiments, petit temple rustique dans le genre du temple de Vesta à Rome, pièces d'eau, grande ville, etc.

* COURTOIS (Jacques), dit *le Bourguignon* : 1° Champ de bataille couvert de morts et de mourants. Sur le devant, cadavre mis à nu, à sa chemise près. Cavaliers. Ce tableau n'est ni confus, ni noirci : double avantage très-rare chez le Bourguignon. Mais pourquoi le champ de bataille, resté aux Français, a-t-il des morts dépouillés avant qu'on ait relevé tous les blessés ? C'est dire que nos soldats sont plus avides qu'humains.

2° Bataille. A droite, au deuxième plan, fragment de portique. Dans le fond, à gauche, port. Campagne où l'on se bat, montagne, jolie perspective. Toile bonne jadis, bien noire aujourd'hui.

CREDI (Lorenzo di) : La Vierge, à genoux devant l'Enfant Jésus couché à terre, et qu'adore aussi le petit saint Jean. Un ange tient ce dernier par le corps et le présente au Sauveur.

CRESPI (Joseph-Marie), dit *lo Spagnolo* : Religieuse affligée, en manteau blanc, tête maigre et blanche comme son voile. Mauvais.

CUYP (Albert) ou KUYP : 1° Cavalier, — devenu noir, — tenant par la bride un cheval jadis blanc. Bon, altéré.

* 2° Un coq et une poule se tournant le dos, au repos dans une écurie. Étonnant de vérité.

* CUYP (Jacques-Géritz) l'aîné : Ville au bord d'une large rivière. Un petit filet de terre avec clochers et une tour d'église, sépare le ciel de l'eau. Vaches, personnages ; barques, dans l'eau ou sur le bord, se dessinant en silhouettes sur cette eau éclairée. Bac avec gens et une diligence. La ville du fond et le ciel se reflètent bien dans l'eau.

DAMMEZ ou HUYGENS (Lucas), dit *Lucas de Leyde* : 1° Vierge allaitant dans une chambre. A gauche, lit couvert d'une étoffe rouge ; à droite, cheminée avec flamme ; au fond, fenêtre. Vieux style ; coloris sec, d'un rouge brique uniforme. Frais.

2° Trois tableaux de saints (demi-nature), ou triptyque sur fonds d'or : 1. Sainte Catherine et saint Jacques le Mineur ; 2. Saintes Agnès et Cécile et saint Barthélemy ; 3. Saint Jean l'Evangéliste et sainte Marguerite. Le deuxième est la pièce du milieu, dont les deux autres sont les volets. L'extrême fond de chacun contient un petit paysage. Coloris altéré, visages noircis, pieds mal dessinés, visages de femmes jouflus, endormis comme ceux du Pérugin, avec des yeux et une bouche d'une petitesse ridicule. Les étoffes, trop riches peut-être, sont ce qu'il y a de mieux peint.

* 3° Vierge en trône. Sainte Madeleine présente à Jésus le donateur (petite nature, figures jusqu'aux genoux). Marie, au grand front tudesque, aux cheveux d'un blond d'enfant, tient Jésus sur elle; il a dans la main un nid d'oiseaux. Madeleine, en costume compliqué, mais élégant, a le visage d'une forme et d'une couleur lymphatiques ; du reste, le regard qu'elle dirige vers Jésus est d'une belle expression de sainte tendresse. Le donateur, en saint Joseph, porte un lis et un sac plein d'outils suspendu à son bâton. La scène se passe sous un portique, près de deux arches. La Vierge est sous un petit dôme. Le donateur ou saint Joseph est le peintre, dit-on. C'est un gros homme, dont le front intelligent est penché en arrière, l'os de l'œil saillant, le nez long, un peu busqué, les yeux spirituels, la bouche, aux lèvres fines, se fermant en ligne droite ; le menton peu proéminent. L'ensemble indique une bonté intelligente et non dépourvue d'énergie. Très-jolie toile pour l'époque.

4° Circoncision (quart de nature). Saint Joseph tient l'Enfant Jésus, pendant l'opération du pontife. Marie, la tête et le haut du buste enveloppés d'un linge blanc, ne nous montre qu'une partie de son profil ; puis sainte Anne, dont on ne voit que la tête. De chaque côté, enfants de chœur avec un cierge allumé. Bon.

DAKKER (Cornélius) : Cabane ombragée devant laquelle des paysans travaillent. Figures par Adrien Van Ostade. Noir.

DENNER (Balthazar) : 1° Petit buste de vieillard, coiffé d'une casquette en velours puce, la visière relevée. Visage bien éclairé et d'un bon relief ; l'œil est parlant. Les plis horizontaux de la joue, le regard et la bouche fermée sans lèvres visibles, décèlent l'avarice.

2° Petit buste de vieille femme, pendant. Sa robe, comme l'habit du vieillard, est ornée de fourrure. Ses yeux, sa bouche, son nez affligé de vilaines rides, font de son visage, un vrai type de mégère. Cependant une fossette à la joue annoncerait qu'elle a été bonne dans sa jeunesse. N'est-ce pas aussi l'avarice qui aurait enlaidi son âme et son visage ?

* DIEPENBACK (Abraham) : 1° Abraham traitant les trois anges (demi-nature). L'un de ces envoyés assis à table, la bouche entr'ouverte, un doigt tendu, adresse la parole au patriarche agenouillé qui regarde avec étonnement l'orateur. Cet ange est très-beau. Excellent effet de lumière sur lui, sur le bout de la table à droite et sur la tête chauve d'Abraham. Le reste a noirci. Bonne toile.

2° Distribution de pains aux pauvres, à laquelle assistent du haut des yeux le Christ et la Vierge (quart de nature). Un homme vêtu de noir donne un pain à une femme déguenillée ayant un enfant au sein. Cet homme posé prétentieusement, nous regarde d'un air satisfait de lui-même. Son visage doit être un bon portrait. Écrivain tenant des notes. Composition médiocre.

DIÉTRICH (Chrétien-Guillaume-Ernest) : 1° Aveugle en conduisant un autre au moyen d'un bâton dont chacun tient un bout (quart de nature). Le premier,— bien éclairé, — lève une jambe au-dessus d'un précipice où il va entraîner son compagnon. Ils crient. Une chèvre crie aussi.

2° Lazare dans le sein d'Abraham et le mauvais riche dans les flammes (quart de nature). En haut, Lazare nu à la ceinture près, est assis, et pose ses mains jointes sur les genoux de Dieu le père. Le riche tout nu, un doigt à la bouche, crie et tombe, en montrant Lazare. Les figures du haut sont à l'état d'ombres. Le mauvais riche est bien éclairé et bien dessiné; mais sa pose est forcée. Ici, comme presque partout, le peintre vise trop à l'effet.

3° Paysage avec vue sur la mer. Ciel orageux. Au premier plan, montagne aride, deux hommes et une femme, vache couchée. Ce ciel, éclairé à gauche, très-noir à droite, est effrayant.

4° Paysage. Cabanes de pêcheurs sur le bord d'un ruisseau. Quatre personnes sur un pont élevé ayant pour garde-fou une simple gaule ; barques avec pêcheurs, église de village, maisons. Jolie toile.

DOLCI (Charles): 1°Madone tenant debout sur une table l'Enfant qu'elle couvre d'une draperie blanche. Jésus a dans la main une branche contenant trois roses dont l'une a encore un bouton. N'y a-t-il pas ici une allusion à la trinité? Sa mère lui présente un bouquet de lis avec une fleur rouge. Elle a la beauté grecque. Les mouvements de sa tête et de ses doigts sont un peu maniérés. Auréoles ou légers cercles jaunes au-dessus des têtes.

2° Une jeune fille, symbole de l'innocence, serre dans ses bras un agneau. Sa tête souriante tournée vers nous et ses yeux en coulisse, annonceraient l'amour naissant plutôt que l'innocence proprement dite. Le visage, à la vérité, incliné en avant, paraît trop long du haut.

3° Madeleine pénitente, les cheveux épars. Elle est à genoux sur une éminence, une main sur la poitrine ; un livre est ouvert devant elle. Son visage levé vers le ciel exprime bien la tristesse et le repentir, mais les ombres en sont devenues verdâtres.

4° Jésus enfant, en robe rouge et manteau bleu, porte sur l'épaule une couronne de roses rouges et blanches, ce qui est peu gracieux. La tête est jolie, mais d'un ton de chair trop foncé pour un jeune blondin. Ses yeux en coulisse et son vêtement tombent dans le maniéré.

5º Sainte Agnès avec sa palme (demi-figure) ; l'autre main est levée. Elle tourne vers nous son visage triste et joli, mais devenu verdâtre.

6º *Ecce homo* (demi-figure) : Le Christ, la tête entourée d'un rayon lumineux et couronnée d'épines, la corde au cou, la bouche entr'ouverte, nous regarde d'un air triste et résigné. Son visage est pâle et maigre.

7º Madeleine accoudée sur une table, l'autre main sur une tête de mort (demi-figure). Elle a la tête un peu levée, les yeux au ciel, la bouche entr'ouverte. Ses cheveux tombants sont par trop fournis. Toile meilleure que la précédente, mais également altérée.

DORNER (Jacques) : Une marchande dans son magasin. C'est, dit-on, l'épouse de l'artiste (figure jusqu'aux genoux). Son bonnet est presque de la forme d'un bonnet de grenadier de la garde. Elle tient une pièce d'étoffe ouverte et une aune. Sa tête longue, au front large et carré et ses yeux trop distants l'un de l'autre, n'annoncent pas une vive intelligence. Au fond de la boutique, une jeune fille lève les bras pour prendre une autre pièce.

* DOUFFET (Gérard) aussi DOUFFAIT : 1º Le pape Nicolas V visitant le tombeau de saint François d'Assise. Au premier plan, à gauche, dans une chambre basse ou caveau, le pape est prosterné aux pieds de saint François mort (la pâleur de son visage l'annonce), mais se tenant debout. Religieux de son ordre debout près de lui. A droite, une jeune fille relève un homme enveloppé de son linceuil et qu'un miracle rappelle à la vie : prélat en robe rouge tenant un livre ouvert et personnages. Au fond de l'église et dans une galerie assez élevée, une femme attachée avec des cordes et le corps renversé de façon à mettre en relief sa belle poitrine nue, est frappée avec une verge par un bourreau qu'excite un prêtre. C'est encore un miracle sans doute, mais d'un spectacle peu décent, en pleine église.

* 2º Érection de la vraie croix. A droite, l'impératrice Hélène, sur un cheval blanc, tend une main vers l'énorme croix que deux hommes s'efforcent de lever. Elle porte un riche costume et ses cheveux gris sont surmontés d'une couronne. Un vieillard ressuscité se met sur son séant. Un spectateur s'approche de lui en se baissant et se bouchant le nez. Mais en retrouvant la vie, le cadavre a dû perdre sa puanteur. A droite, trois femmes, dont deux à genoux, soldats, etc.

Ces deux grandes toiles, traitées largement, annoncent les progrès de l'art au XV° siècle ; le dessin est exact, les groupes sont disposés sans confusion ; il y a bonne lumière et bon relief ; Mais le coloris a noirci.

3° Portrait d'un homme, en habit de velours rouge, tenant ses gants dans une main. Tête de soldat, avec un seul pli au front, éclairée à demi à la Rembrandt et bien modelée, mais noircie.

4° Portrait d'un homme coiffé d'un chapeau de la forme d'un gibus, mais plus haut, avec des bords plus étroits. Et ce chapeau ridicule est posé sur le derrière de la tête. Il tient un papier roulé. Sa barbe rousse, mal peinte, masque la bouche et se confond avec la mouche. Tête d'Allemand bien éclairée et bien modelée.

Douven (Jean-François van) ou Douwen : Portrait de l'électeur Jean Guillaume, à cheval. Bon et grand tableau, noirci dans sa partie gauche. La tête et le poitrail du cheval blanc sont surtout bien éclairés et bien peints.

Dow (Gérard) ou Dou : 1° Bonne vieille Flamande, regardant par une fenêtre, et ouvrant assez la bouche pour y laisser voir les ravages du temps. Pourquoi lui jouer ce mauvais tour ? Profil placide et bon. La fenêtre, avec deux colonnettes, est élégamment cintrée. Joli.

* 2° Portrait d'un vieux peintre qu'on croit être Jurian Ovens. Il tient un pinceau et sa palette ; bonne vieille tête blanche, presque chauve, avec lunettes sur un nez assez bien fait. Front droit, voûte du crâne allongée. Sur sa table, faisan, buste, vase en cuivre, à l'usage des laitières, appelé câne en Flandre, livre, etc. Cette tête, parfaitement dessinée et éclairée, est l'œuvre d'un grand artiste mettant tous ses soins dans le portrait d'un ami.

* 3° Vieille marchande de légumes, sous une voûte. Tandis qu'une acheteuse lui compte de l'argent, un mendiant s'approche, en tendant la main ; mais la vieille avare, penchée sur ses choux et ses fruits, fait un geste qui veut dire : « Je n'ai rien à donner. » Et pourtant la chapelle et l'arbre dépouillé de ses feuilles, que nous voyons dans le fond, devraient la rendre plus compatissante pour ceux qui ont faim et froid. Bon.

4° Pâtissière âgée, assise près d'une table sous une voûte qu'éclaire une chandelle. De l'autre côté de la table, une jeune servante debout se penche vers elle et lui compte de l'argent dans la main. Noirci en partie.

* 5° Portrait de l'artiste (grande demi-figure, tiers de nature). Il est debout sous une voûte de portique soutenue par quatre colonnes, le coude appuyé sur une table. Il tient une canne et nous regarde, le corps un peu penché. Un bonnet en velours peu gracieux nous cache son front, sans doute parce qu'il est dégarni de cheveux.

Belle tête que nous connaissons déjà : beau nez, joli bouche, menton légèrement proéminent et fendu, beaux yeux au regard limpide. Ses sourcils un peu froncés et les rides des paupières inférieures gonflées, sont des indices de chagrin ou d'un travail assidu, minutieux, fatigant. Visage long, charnu, bon et spirituel. Jolie toile.

* 6° Dame assise devant sa toilette et coiffée par sa femme de chambre (quart de nature). Celle-ci fixe les cheveux blonds de sa maîtresse, relevés par devant et roulés par derrière. La dame a déjà fait sa toilette ; car elle est en robe de satin jaune avec une pelisse rouge bordée d'une fourrure blanche. Elle se regarde dans un miroir posé sur une table, ce qui nous permet d'admirer de face son charmant visage, dont elle ne nous montrait que le profil. Parmi le riche ameublement de la pièce, je remarque, au plafond, une cage vide dont la porte est ouverte. La dame ne va-t-elle pas, comme l'oiseau, s'échapper de sa cage ? Très-jolie toile.

* 7° Une vieille femme, assise dans une chambre, nettoie la tête d'un petit garçon accroupi devant elle. La grand'mère, avec ses lunettes et la bouche ouverte, est aussi attentive dans sa recherche que l'enfant est distrait. En effet, celui-ci tourne, en riant, la tête vers un autre bambin qui gonfle une vessie en la soufflant. Ce visage épanoui de l'enfant nous montrant ses jolies dents forme, avec la mine sérieuse de la vieille édentée, un contraste qui plaît d'autant plus qu'on devine leur affection réciproque.

• 8° Ermite en prières dans une grotte (tiers de nature). Il est à genoux devant un crucifix, les mains jointes sur un livre ouvert. Arbre auquel est suspendue une lanterne. Au premier plan, mare garnie de joncs. Sur son bord, grand et beau chardon, emblème de la vie rude du cénobite. Jolie toile.

9° Même sujet. Ici l'ermite tient à la main le crucifix. Sur une table, baril, etc. Tableau mieux éclairé encore que le précédent.

* 10° Le charlatan (quart de grandeur, sur le devant). Il est costumé à l'espagnole et coiffé d'un petit toquet bleu. Placé sous un parasol, le corps penché en avant, une main sur la poitrine et montrant de l'autre son spécifique guérissant tous les maux, il captive bien mieux la foule que ne ferait un philosophe développant la thèse la plus vraie et la plus utile. L'un des spectateurs est tellement attentif qu'un adroit filou pourrait le débarrasser du lièvre qu'il porte sur le dos au bout d'un bâton, en y substituant un objet du même poids. Près de là une marchande de beignets interrompt sa fabrication pour essuyer son enfant, détail dont nous

nous passerions fort bien. Au fond, à droite, on reconnaît le peintre nous regardant par une fenêtre. Jolie toile.

11° Repas d'une fileuse, vieille femme assise devant une petite table portant son dîner. Rouet, vase, chien endormi. Fenêtre ouverte.

* 12° Vieille femme pelant des pommes (demi-figure). Tout en épluchant une pomme au-dessus d'un vase en terre posé sur ses genoux, elle regarde devant elle et se souvient ! Table avec baquet dressé contre le mur et contenant des harengs salés, etc. Jolie toile. Figure plus grande de moitié que celle de la fileuse. Bon.

13° Servante vidant une câne d'eau par la fenêtre. Dans le fond, femme donnant du pain à un petit garçon. Sur l'appui de la fenêtre cintrée, pot de fleurs et draperie ; en dehors, joli bas-relief représentant des amours qui luttent. Contre le mur, cage. Au fond, à gauche, fenêtre ouverte, femme et jeune mendiant.

14° Une vieille dans une chambre éclairée par une lampe, coupe du pain. Sur la table est un plat de viande ; deux enfants vont souper avec elle. Déjà le plus petit lève sa cuiller en nous regardant. Joli tableau.

15° Servante tenant à la main une chandelle allumée qu'elle va placer dans une lanterne : charmante tête levée et souriant, dont le haut est dans l'ombre. Ombres noircies.

16° Encore un ermite en prières dans une grotte, devant un crucifix. Son profil et ses mains sont fort bien éclairés. On ne voit pas le crucifix annoncé par le catalogue ; il est dans la coulisse. Sablier, tête de mort, arbre desséché, images chères au cénobite. Joli, noirci.

* DUJARDIN (Karel ou Charles), surnommé *Barbe de bouc* : 1° Chèvre malade que soignent deux servantes. L'une, la tête entortillée disgracieusement d'un mouchoir, s'appuie d'une main sur l'animal et semble consulter un pâtre sur cette maladie ; l'autre femme regarde d'un air peiné le berger-médecin, dont le regard donne peu d'espoir de guérison. Couple de pigeons béquetant à terre quelques grains. La physionomie mâle, intelligente du berger, est vivante. Bonne toile.

2° Jeune pâtre occupé à traire une chèvre ; autre chèvre et trois moutons conchés, dont deux blancs et bien éclairés et un noir dans l'ombre. Le visage du pâtre et sa chèvre sont aussi éclairés. Paysage peu étendu. Jolie toile de petite dimension.

DURER (Albert) : Chevalier avec casque, visière levée, tenant une lance, à la façon des anciens preux ; il a son cheval près de lui. Son visage, très-maigre, est d'une grande vérité.

2° Autre chevalier du moyen âge bardé de fer, tenant la lance et le bouclier. Il a des bas rouges. Son cheval est au deuxième plan. Son visage, plus gros, est moins bien que celui du précédent.

3° Portement de croix attribué au même peintre et dont le catalogue vante le fini merveilleux. Jésus, la croix sur l'épaule, lève vers le ciel un regard triste et résigné. Un bourreau le frappe avec une corde, un autre regarde en riant son compagnon. A droite sur le devant, Marie, debout, les yeux fermés, l'air triste, mais calme. Entre elle et le Christ, sainte Madeleine, puis sainte Véronique portant la sainte face et levant les yeux au ciel. Ces deux femmes sont belles, la dernière surtout ; son coloris est parfait. Derrière Marie, saint Jean. A gauche, marchent les deux larrons. Un homme du peuple montre à un jeune homme la sentence de mort du Christ inscrite sur une planchette. Dans le fond, ville, montagne. Bonne toile, perspective médiocre.

4° Portrait d'un homme qu'on croit être Jacques Fugger peint en tempera sur toile. Tête d'homme âgée et ridée, pleine de renseignements et d'une grande vérité, quoique uniformément éclairée. Il porte une robe noire avec une houppelande à larges revers.

* 5° Les apôtres saint Pierre et saint Jean l'Evangéliste debout (grandeur naturelle, cadre étroit). Le dernier est vu en entier. Quoiqu'il soit jeune, son front commence à se dégarnir ; cheveux blonds frisés ; profil imberbe mais énergique. A droite, on ne voit que la tête chauve de saint Pierre et sa clef d'or : tête à barbe grise penchée sur le livre ouvert de son voisin. Draperies et coloris admirables.

* 6° Saint Paul et saint Marc, pendant du précédent. Le premier tient un livre ouvert et une épée. Son profil, tourné vers notre gauche tandis que son œil nous regarde de côté, est presque effacé par le noir. La tête de saint Marc, au contraire, fort bien éclairée, est d'un relief parfait et produit une grande illusion. On ne voit que le haut de son buste, il tient un livre et un rouleau de papier. Ses yeux vifs, surmontés de sourcils épais et bien arqués, sa bouche entr'ouverte, ses cheveux crépus et frisés, sa forte barbe noire et jusqu'à son teint un peu basané : tout annonce l'inspiration et une volonté inébranlable. A la vérité son nez épaté et ses lèvres épaisses décèlent l'homme du peuple ; mais on sent que sa parole ardente n'en aura pas moins sur les masses un ascendant considérable.

7° Lucrèce se donnant la mort. Elle est nue ; la ceinture n'est cachée que par le bout d'une draperie qu'elle tient de la main gauche et dont l'autre extrémité est posée sur son lit. Elle s'enfonce sous le sein un long poignard, en jetant de côté un regard plutôt irrité que triste. La lumière éclairant son visage et le haut du corps ressemble trop à de la neige. Ses formes trop élancées ne présentent pas assez de saillies aux hanches.

8° Déposition du Christ. Le corps mort, presque noir et décharné, est hideux à voir. Singulier bonnet blanc d'une des saintes femmes. Tableau bien inférieur au portement de croix.

9° Portrait d'Oswal Kiel sur bois, signé de 1499 (demi-nature). Tête nue aux cheveux abondants tombant sur les épaules. Visage regardant de côté, eu fronçant les sourcils, ce qui donne un air dur à cette tête assez belle, du reste, quoique le nez soit trop gros du bout. Vêtement noir et houppelande garnie de fourrure. Fond de paysage.

10° Saint Joachim et saint Joseph, tableau de demi-nature, peint sur fond d'or, à l'instar de l'école du Bas-Rhin. Barbes ressemblant à la mousse de savon. L'un de profil est chauve, l'autre tourne à gauche sa tête couverte par un capuchon qui descend sur les yeux. Il n'y a de bon que les vêtements.

11° Saint Simon et l'évêque Lazare (demi-nature), sur fond d'or. Pendant du numéro précédent. Simon, vieillard à barbe blanche, a la tête prise dans une coiffe rouge; mains jointes portées en avant; l'évêque, en long manteau rouge dont les manches très-larges sont doublées de fourrure, regarde devant lui en fronçant les sourcils.

12° Portrait du peintre en habit brun avec fourrure. Je prenais d'abord cette tête pour celle du Christ, tant elle est régulièrement belle. Longs cheveux blonds tombant sur les épaules en petites mèches frisées, barbe naissante, front haut, intelligent, sourcils arqués se relevant un peu vers les tempes, nez long et d'un dessin plus grec que vrai, petite bouche aux lèvres charnues, menton proéminent et très-fendu, os de l'œil saillant, doigts longs et minces : tout dénote une nature d'élite. La main tenant la fourrure de son habit est fort bien dessinée et éclairée. Ce portrait très-soigné est signé de 1500 par l'auteur, accusant l'âge de vingt-huit ans.

13° Portrait du père d'Albert Durer à l'âge de soixante-dix ans, daté de 1497 (demi-nature). Il porte le petit bonnet de velours noir dont est coiffé Raphaël au musée de Florence. Cette tête placée près de celle du fils, en devient plus intéressante. Nous pouvons toucher ici du doigt l'influence du moral sur le physique. Les sourcils du père ont la même forme que ceux du fils; mais chez le premier, la paupière supérieure s'affaisse vers l'angle extérieur à l'endroit même où se relève le sourcil, ce qui établit déjà une différence notable dans leurs physionomies. Le nez est bien fait, sans atteindre la perfection de celui du fils, même en s'en rapportant à ses autres portraits ; la bouche plus grande avec des lèvres beaucoup plus minces est moins poétique. Le menton est proéminent, mais non fendu. Evidemment ce vieillard est un homme droit, méthodique et ferme, mais il n'a ni la sensibilité ni l'élévation du fils dont le physique annonce clairement une civilisation plus avancée.

14° Portrait de Michel Wohlgemouth, maître du peintre. Cette tête de juif souffreteux et décharné, au nez arqué, au cou ridé, est aussi inférieure à celle de son élève, que le visage du Pérugin est inférieur au visage de Raphaël.

15° Portrait, daté de 1500, d'un homme qu'on dit être Jean Durer, né en 1478. Tête dure dénotant l'énergie d'un sot, c'est-à-dire l'entêtement, ce qu'indiquent son front, ses yeux et surtout son menton saillant et carré.

16° *Mater dolorosa.* Le voile blanc descendant jusqu'aux yeux et tombant sur ses épaules et sur ses longs cheveux blonds, ôte tout mérite à son beau visage bien jeune pour une mère des douleurs. Les mains croisées sur sa poitrine, elle regarde le ciel, en penchant la tête à droite, ce qui n'est pas d'un heureux effet. D'ailleurs ses yeux levés ne sont pas d'un dessin assez correct.

* 17° *La Vierge mourante* entourée des apôtres. Belle composition en figurines. Marie couchée dans un lit que surmonte dans toute son étendue, un baldaquin vert, reçoit de saint Jean un petit cierge allumé qu'elle tient d'une main. Derrière cet apôtre, un autre dit les prières des agonisants. Entre eux, mais plus au fond, saint Pierre, en costume de pape, aspergeant d'eau bénite la mourante ; deux vieux disciples en robe jaune, l'un debout, un encensoir à la main, l'autre assis et lisant. Enfant de chœur à genoux tenant une longue croix d'église. Ces trois derniers se détachent très-bien au premier plan. Autre sainte près du lit. Excellente toile, un peu noircie.

18° *Nativité* (demi-nature). Marie, en robe et manteau bleus, avec voile blanc, les mains croisées sur la poitrine, et saint Joseph en manteau rouge tenant une lanterne, adorent à genoux l'Enfant Jésus couché au milieu de cinq petits anges nus comme lui. A gauche, une vieille tête le regarde par une ouverture. Au fond, un vieillard soutenu par un jeune berger s'avance vers la crèche. A droite, ou aperçoit l'âne et la vache à travers d'élégantes arcades que soutiennent des colonnes de marbre rougeâtre. Plus au fond, anges annonçant aux bergers la venue du Sauveur. La vierge est une allemande aux cheveux blonds tombant sur les épaules. Bon tableau.

DURER (Ecole d'Albert) : Mauvaise déposition de Christ.

DUWETT (Jacques) : Sacrifice d'Abraham. Le père et le fils sont assis sur la même pierre. Le premier tient l'autre par le haut d'un bras. Le jeune Isaac, la tête penchée, l'air abattu mais résigné, est bien peint. Son corps et les têtes sont bien éclairés; mais les poses n'indiquent point assez le sujet du tableau.

DYCK (Antoine van) : 1º Buste d'un jeune homme. Bel ovale, tête distinguée, lèvre inférieure d'un dessin imparfait. Il regarde à notre gauche, une main ouverte sur la poitrine. Bon, un peu noirci.

* 2º La Vierge (jusqu'aux genoux) et les saints enfants. Marie tient Jésus debout sur elle et regarde le petit saint Jean placé plus bas. Sa tête longue est assez belle, mais l'extrémité du nez trop ronde et les coins de la bouche un peu relevés, impriment à sa physionomie un cachet trop vulgaire. Le précurseur avec son mouton à peine ébauché, présente son liston au sauveur qui regarde d'un autre côté. On dirait que déjà cet œil perce l'avenir. Sa tête forte, distinguée, et son corps très-bien éclairés suffiraient pour donner du prix à ce tableau.

* 3º Portrait de l'organiste Henri Liberti d'Anvers. Joli visage aux deux mentons, sans barbe; physionomie sensuelle et joyeuse. Cependant il tourne à notre droite un regard désolé. La lettre qu'il tient ouverte lui a sans doute apporté une triste nouvelle; mais on peut prédire que son chagrin sera court. Il porte une chaîne en or sur la poitrine. Bel effet de lumière. Bon portrait.

4º Martyre de saint Sébastien. Debout au milieu du deuxième plan, la tête nue et trop levée, il offre à Dieu sa vie en sacrifice. Un bourreau le saisit pour le placer contre l'arbre, tandis qu'un autre lui passe une corde aux pieds. Nègre armé d'un arc. Commandant romain sous une tenture rouge. Le beau corps nu du saint est très-bien éclairé; le surplus a noirci.

5º Bataille gagnée par Henri IV sur Mayenne près de l'église Saint-Martin (demi-nature) : Sneyders a fait les chevaux, dit-on. Le roi accompagné d'un jeune officier est au milieu, sur un cheval blanc tacheté. Cavalier à gauche. Ce premier plan qui n'est guère qu'esquissé a noirci. Au deuxième plan, troupes qui se battent et d'autres qui s'avancent. Au fond, église de village, tentes, campagne. Les derniers plans s'élèvent trop; mais ils sont plus finis et mieux conservés.

6º Piété. Le corps inanimé du Christ est à terre sur son linceuil, et appuyé du dos contre les genoux de la Vierge assise.

Ce corps presque debout, mais affaissé, est bien éclairé et d'un bel effet. Marie lève vers le ciel son beau visage pâle et affligé. Mais saint Jean tenant un des bras de Jésus, a l'air d'un campagnard qui crie en sanglotant. Une autre Marie, debout derrière la vierge, imprime à sa bouche un mouvement de tristesse affectée. Bonne toile dont le fond a noirci.

7° Autre Piété, traitée à peu près de même. Le corps mort est bien dessiné et éclairé ; la tête à demi dans l'ombre est belle, mais les jambes et les bras sont devenus verts. A droite, deux grands anges, l'un à genoux, l'autre debout.

8° Martyre de saint Sébastien. Un bourreau lui lie les pieds, un second le saisit par les cheveux. Un officier monté sur un cheval blanc ordonne de hâter le supplice. Beau corps et surtout belle tête du saint nous regardant un peu en dessous. Le reste est noir.

9° Portrait en buste de François Sneyders. Long et beau nez, front penché en arrière, yeux bien ouverts tournés à notre gauche, jolie et bonne bouche, menton peu énergique et descendant plutôt que se recourbant en avant. Sa pose, son air inspiré, sont-ils bien en rapport avec son genre d'esprit qui ne s'est exercé que sur des bêtes ? Nous avons vu un bien meilleur portrait de ce peintre à l'exposition de Manchester.

* 10° Portrait de l'auteur. Cette tête est d'un tout autre caractère que la précédente. Elle est moins longue, surtout par le bas. Le nez un peu busqué est plus énergique ; le menton légèrement fendu est plein et proéminent. Les yeux noirs nous regardent et nous scrutent profondément. Ses sourcils, un peu relevés et moins fournis à l'extrémité qu'à la base, dénotent une imagination vive. Son front haut, penché en arrière est très-intelligent. Sa peau blanche et ses doigts effilés annoncent une nature délicate. Portrait précieux dont le coloris rougeâtre ferait penser que l'auteur ne l'a pas achevé.

11° Portrait du caléographe Charles Malery d'Anvers, vêtu de noir. Ses cheveux noirs, courts, abondants et relevés sur le front commencent à grisonner. Front haut, un peu penché, beau nez, yeux spirituels, menton prononcé reposant sur un grand pli qui s'élargit par le bas, homme intelligent et sensuel. Tête bien renseignée mais ayant perdu sa première lumière et dont les ombres ont noirci.

12° Portraits du peintre Jean de Weil et de son épouse. Lui vieux, au visage septentrional peu distingué ; elle pâle, maigre, aux yeux creux et sérieux, aux lèvres minces et fermées : physionomie sévère, imposante, à travers laquelle perce la bonté. Noirci.

13° Jésus guérissant un paralytique. Le Christ regardant le malade est très-beau ; sa tête bien éclairée et ses mains allongées sont d'un excellent dessin. Le moribond se dégageant d'une couverture en laine lui servant de suaire, tonrue vers Jésus un regard étonné, attendri ; ses traits et son teint hâlé annoncent un homme du peuple. Autres personnages. Excepté les deux figures principales du premier plan encore éclairées, tout a tourné au noir.

* 14° Suzanne et les vieillards. L'un deux, sans barbe, tire d'une main le manteau rouge dont Suzanne avait enveloppé le bas de son corps nu, et fait de l'autre main, un doigt levé, un geste de menace. Son complice, à barbe blanche, pose une main sur l'épaule de la chaste femme qui frissonne et avance le corps pour se dégager de ce contact impur. Elle crie: au secours! en cherchant à abriter sa pudeur. Cette femme pourrait être plus belle de visage et de forme, mais le peintre a su rendre d'une façon saisissante l'horreur dont elle est saisie et l'énergie de sa défense. Sa tête est nue : ses cheveux tombent en désordre sur ses épaules. Le visage du vieux à barbe blanche, celui un peu altéré de Suzanne et surtout son corps et ses jambes sont bien éclairés. Le reste a noirci. Composition simple d'un grand effet.

* 15° Portrait du peintre Jean Breughel. Front carré, presque droit, cheveux noirs, grandes oreilles, yeux honnêtes et observateurs, beau nez, pli prononcé du bas de la joue à partir du nez, bouche entr'ouverte, vulgaire, peu éloquente, pli entre les sourcils, teint pâle, barbe rousse : physionomie allemande en rapport exacte avec son genre de talent. La main gauche dont les doigts sont en partie pliés, se détache fort bien de son vêtement noir.

* 16° Portrait en pied du bourgmestre d'Anvers vêtu de noir, la tête nue. Cheveux noirs et courts, moustache et mouche ; beau front, nez bien fait, jolie bouche. Son visage de face, encore jeune, plutôt maigre que gras, n'est pas d'une distinction parfaite, mais il fait plaisir à voir, tant il est bon, gai, intelligent. Et comme cette tête est vivante! quelle étrange illusion elle produit !

* 17° Portrait aussi en pied de l'épouse de ce bourgmestre, également vêtue de noir, costume avantageux parce qu'il fait mieux ressortir les nus. Sa tête tournée à notre droite, nous lance un regard de côté qui n'est pas sans danger, car ses beaux yeux noirs surmontés de sourcils arqués, ont quelque chose de caressant. Cette tête, encore mieux éclairée que celle de son mari, est plus forte, plus énergique, mais un peu moins intelligente. Nez long et d'une belle forme, jolie bouche, menton rond, plein

et court. Elle a une main sur la poitrine. L'autre bras est pendant. Admirable portrait! Couple intéressant ressuscité par un miracle de l'art!

*18° Sainte Famille (figures jusqu'aux genoux). La Vierge presse contre elle l'Enfant Jésus dormant sur ses genoux, les jambes écartées, une main sur l'un des seins encore nu. Elle tire, pour l'en couvrir, son voile jaunâtre. On voit qu'elle craint de le réveiller et son regard de côté annonce un chut! à l'adresse de saint Joseph : composition aussi touchante que naturelle.

19° Portrait du sculpteur Colin de Nole (demi-figure), vêtu de noir, une main sur le bras de son fauteuil. Il nous regarde, la tête un peu penchée en arrière. Son joli regard, sa bouche, son front dégarni et son double menton, disent qu'il a usé, jusqu'à l'abus peut-être, des occasions de plaisir qui se sont offertes. Bon portrait, inférieur aux deux précédents pour la lumière et l'illusion.

*20° Portraits de la fille et de l'épouse de van Dyck, comtesse de Gorée, fille de lord Ruthen. La mère assise dans un fauteuil et la fille debout, se tenant enlacées, nous regardent avec une expression de tristesse qui étonne d'autant plus que ce double regard se portait sur le peintre mari de l'une, père de l'autre, sur le visage d'un homme jeune, beau, célèbre. Est-ce que cette femme pâle, encore très-belle et distinguée, avait perdu la santé, ou bien souffrait-elle du mal cruel de la jalousie? Mais alors comment l'auteur de ces souffrances eût-il trouvé le courage de s'en rendre l'interprète? Toile admirable, tableau pathétique.

* 21° Portrait en pied de Charles-Alexandre duc de Croï, marquis du Havre. Il est vêtu de noir ; son baudrier en sautoir semble composé de trois chaînes d'or formant ruban. Le poing appuyé sur le haut de son épée, une main tendue vers une porte ouverte par laquelle il va entrer dans une galerie, le duc tourne vers nous son visage au front penché, aux grands yeux noirs, au nez long un peu busqué surmontant une jolie bouche et un menton bien dessiné. Malheureusement à ce menton succède un énorme pli qui détruit toute illusion. Bien évidemment ce beau seigneur s'est laissé séduire plus encore par son cuisinier que par les jolies femmes. Mais lorsqu'on rapproche sa tête à la Louis XIV de celle de son épouse, on ne peut s'empêcher de déplorer les mésalliances naturelles contractées pour éviter des mésalliances de rangs. Portrait achevé et très-frais.

* 22° Portrait en pied de Geneviève d'Urphe, épouse du duc Charles-Alexandre de Croï. Elle est debout, un petit épagneul est couché à ses pieds. Tête trop large, trop longue du haut, trop

courte du bas, pommettes saillantes, yeux durs trop distants l'un de l'autre, lèvres pincées, menton rentrant et terminé en pointe, comme chez les races félines : tout dénote une nature aussi pauvre d'esprit que dépourvue de sensibilité. Riche costume en satin blanc. Sa tête, sa poitrine et sa robe sont supérieurement éclairées. Elle tient une rose qui contraste avec son teint pâle. Belle toile.

* 23° Portrait en pied d'homme vêtu de noir, à l'espagnole. Sa jolie bouche surmontée d'une élégante moustache et son double menton, devraient appartenir à la physionomie gaie, expansive d'un bon vivant. D'où vient donc ce regard furibond ? C'est que le sujet pauvre d'esprit et faible par caractère, veut se donner les airs d'un penseur énergique. Sa pose, une main sur la hanche et la tête droite, vise à la dignité. Combien de fois les peintres sont-ils forcés de se prêter à de sottes prétentions ! Mais ici van Dick nous dit que cette colère des yeux est factice ; car aucun pli ne se forme entre les sourcils. Le nez un peu arqué est d'une forme régulière, mais il fait suite à un front trop bas. Au fond, colonne, ciel. Belle lumière, belle conservation.

24° Portrait en pied du duc Wolfgand-Guillaume de Neubourg. Sa tête au front plus haut et un peu penché en arrière, au regard de côté, est bien plus intelligente que la précédente ; mais les taches rouges des joues et du nez, la bouche quoique cachée en partie par la moustache relevée, et son peu de cheveux sur une tête encore jeune, annoncent une grande intempérance. Le nez est long et busqué. Son vêtement noir se confond avec le fond ; il tient ses gants dans une main et pose l'autre sur la garde de son épée. Près de lui, se tient debout un beau mâtin. Au fond, rideau rouge, colonne. Beau portrait, un peu altéré.

25° Esquisse du tableau ci-avant (6°).

26° Esquisse en grisaille du portrait de Marie de Médicis, tenant des fleurs, dont l'original est au musée Borghèse à Rome (*Musées d'Italie*, p. 354).

27° Esquisse plus achevée du portrait de l'abbé Scaglio. Assez beau et long visage ; yeux creux, cheveux longs et frisés, moustache et mouche. Il porte un manteau noir sur sa soutane.

28° Esquisse du portrait du comte de Nassau, en armure de fer poli. Belle tête chauve, au front large, au regard franc, loyal.

29° Esquisse du portrait de Gustave-Adolphe, roi de Suède, aussi en armure. Sa tête longue au front haut et penché et ses sourcils relevés annoncent de l'imagination et des capacités peu communes ; mais la ligne du nez au menton est trop courte.

30° Esquisse du portrait du bourgmestre d'Anvers (n° 16 ci-
avant).

31° Esquisse du portrait du peintre Palamèdes : Front penché,
os de l'œil saillant, sourcils très-relevés, bouche un peu grande
et entr'ouverte, menton proéminent, nez trop gros du bout, pommettes prononcées ; cheveux très-fournis tombant en désordre.
Plus d'esprit que de distinction.

32° Portrait en buste de Pierre Sneyders (demi-nature). Tête
levée, regardant le ciel et coiffée d'un feutre aux larges bords.
Nez aquilin, jolie bouche, menton trop petit. Joli portrait.

33° Esquisse du portrait du peintre Lucas van Uden, ayant un
dessin à la main. Vilaine bouche ouverte, nez un peu concave,
menton long : physionomie comportant peu de délicatesse et d'élévation d'âme.

34° Esquisse du portrait de la princesse Marguerite de Lorraine,
jeune, jolie, mais dont les sourcils élevés au-dessus d'yeux trop
petits n'annoncent pas une haute intelligence. Double menton de
forme agréable.

35° Esquisse du portrait de Pierre-François-Thomas de Carignan, avec le bâton de commandement. Longue tête aux cheveux
flottants. Une main appuyée sur son casque, il se redresse et nous
regarde d'un air prétentieux.

36° Esquisse du portrait du général Tilly. Vieille et longue tête
où l'on voit l'intelligence et la bonté unies à l'énergie.

37° Esquisse du portrait du duc Albert de Friedland, comte de
Wallenstein, tête plus longue, plus dure et moins spirituelle que
la précédente.

38° Buste colorié d'un enfant portant une draperie sur l'épaule.
Jolie tête, aux yeux levés, à la bouche entr'ouverte. C'est sans
doute l'esquisse du petit saint Jean. Le bas du visage est dégradé.

39° Esquisse du portrait du duc Wolfgang (n° 23 ci-avant).

40° Petit Christ en croix vivement éclairé. Un linge taché de
sang enveloppe sa ceinture. Le mouvement de côté du corps rend
saillante la partie osseuse de sa poitrine. Fond noirci.

ECKHOUT (Gerbrand van der) : Abraham congédiant Agar et
Ismaël. Le patriarche empaqueté dans une lourde robe jaune et
coiffé d'un gros turban enfoncé jusqu'aux yeux, une main sur la
poitrine, l'autre sur l'épaule d'Agar, la renvoie avec regret. Elle
le regarde d'un air plutôt résigné que triste. Son costume est aussi
très-lourd et disgracieux ; ses traits sont ceux d'une Flamande pur
sang. L'enfant descend les marches de la maison, la tête baissée
comme s'il avait peur de tomber. Il porte un arc et un carquois.

Son chien jappe de joie. La vieille Sara est devant sa porte et son fils Isaac regarde tranquillement partir son demi-frère. Tout cela est trivial et froid. Du reste belles lumière et couleur. La main tendue d'Agar est d'un excellent relief.

2º Jésus parmi les docteurs. Très-noirci.

* ELZHEIMER (Adam) : 1º Apprêts du martyre de saint Laurent. Un tout jeune bourreau délie sa robe, tandis qu'un autre tient levé le gril près d'un brasier. Un vieux prêtre payen présente au patient une idole et l'engage à renoncer à son Dieu. Le saint, pour toute réponse, lève les yeux vers le ciel. Officier, soldats romains et autres personnages. Le visage du martyr et son vêtement bien éclairés, sa pose simple et digne sont d'un bel effet.

2º Triomphe de la religion chrétienne sur la payenne. « Sur le devant se trouve une procession de sacrificateurs qui sont repoussés. » (Catalogue.) C'est au contraire dans le dernier plan qu'on voit des hommes nus à pied et à cheval se précipiter sur une procession payenne. Dans les airs, apparaissent deux figures de femmes dont l'une est enveloppée d'une longue draperie jaunâtre pendant jusqu'à terre ; un sacrificateur saisit le bas de cette draperie qu'il tire de toutes ses forces. Cette femme est presque couchée sur sa voisine qui porte des ailes à la tête. Sur le devant, foule regardant l'apparition. A gauche, jeune nymphe peu vêtue tenant dans une corbeille deux pigeons blancs. Tout cela est d'autant moins intelligible que la toile tourne au noir.

3º Enée sauvant son père et ses dieux lares. Mauvais. Noir.

4º Fuite en Egypte. Saint Joseph tient une torche allumée près de Jésus qu'elle n'éclaire plus ; il lui offre un fruit. Effet de lune. A gauche, feu projetant une faible lumière sur des bergers, moutons, vaches. Au delà masses noires devenues informes.

5º Saint Jean-Baptiste prêchant dans le désert sous des arbres touffus. Il est au milieu, sa croix de roseau à la main. Guerriers à cheval avec casque et panaches élégants. Médiocre.

EVERDINGEN (Albert van) : 1º Paysage au déclin du jour. Étroite vallée plantée de sapins où l'on voit, au premier plan, une eau courant sur des quartiers de roches près d'une forge à marteaux et se précipitant dans un gouffre. Trois hommes se dessinent en silhouettes sur l'écume de cette eau. Le devant seul est encore d'un bon effet.

2º Tempête. Au premier plan, vaisseau écoué sur une falaise. Des passagers ont gagné la plage; d'autres sont encore sur le bâtiment. Ciel très-noir à droite, peu éclairé à gauche; flots furieux bien rendus.

3º Paysage avec une chute d'eau écumante. Cabane au bout d'un bois de sapins ; pêcheurs sur le devant.. Bon, mieux éclairé que le précédent.

* EYCK (Jean van) : 1º Adoration des Mages. Marie vêtue de bleu, tient au giron l'Enfant tout nu. Saint Joseph tendant son bonnet semble faire une quête. Derrière eux, étable avec les animaux ordinaires. Un homme sans barbe, la tête nue, avance son visage par une fenêtre de l'étable et se retourne en riant. Au fond, cavaliers, maisons, campagne. Dans le ciel, deux anges. Les têtes sont d'une grande vérité. Celles de saint Joseph et du Mage le plus rapproché de la Vierge sont sans doute des portraits.

* 2º Triptyque. — Dans la pièce du milieu : Adoration des Mages. La Vierge a la tête serrée par une draperie blanche dont les bouts retombent sur le cou : coiffure originale et d'un bon effet. Je retrouve dans la tête aux yeux louches du Roi prosterné, dans le visage trop long du haut de Marie, dans le saint Joseph debout, tenant un petit cierge allumé, trois personnages d'un triptyque du musée royal de Madrid, attribué à Hemling (voir *Musées d'Espagne*, p. 84). Derrière saint Joseph, à gauche, est agenouillé, le chapelet à la main, un homme jeune et beau, au visage spirituel et charnu, appuyé sur un petit mur. Est-ce le commettant ? Est-ce le peintre ? La vache, pain-d'épice, se tourne vers le Messie d'un air comique. Par les vides ou fenêtres de l'étable on découvre un joli paysage, avec la ville de Bethléem. La partie de droite peu éclairée fait repoussoir et rend plus vive la lumière que se partagent la Vierge, l'Enfant, le Roi à genoux et saint Joseph.

Dans le volet de gauche : Annonciation. L'Ange Gabriel entre dans la chambre où se trouve Marie, en descendant deux marches. Un sceptre à la main, il lève l'autre pour bénir la Vierge. Sa belle chevelure blonde .et bouclée est maintenue par un cordon noir. Au haut de son front, est une petite croix et vis-à-vis sa bouche, une trace lumineuse contenant les premiers mots en lettres d'or de la Salutation angélique. Marie, en robe et manteau bleus, est à genoux devant son prie-Dieu, les yeux baissés. Ses cheveux blonds tombent sur ses épaules. Derrière, son lit avec rideaux et baldaquin rouges. Au milieu de la chambre, plane la céleste colombe. Le visage de l'Ange, sa pose et son vêtement bien éclairé, sont d'un charmant effet.

Dans le volet de droite : Présentation au temple. Marie debout tient son fils que reçoit dans ses bras le pontife Siméon, aux traits durs, anguleux et basanés. Derrière, saint Joseph vêtu de rouge et une jeune fille mise coquettement et tenant un petit panier renfermant deux pigeons blancs. Son visage plairait s'il était moins long et si les formes en étaient plus arrondies. Bel effet de lumière sous la coupole du temple. Au delà des personnages, magnifique rotonde éclairée par des vitraux de couleur avec des ouvertures cintrées ornées de colonnettes et donnant sur une galerie. A travers deux de ces arcades, paysage d'un côté, ciel de l'autre. Tableau d'un grand mérite.

* 3° Saint Luc peignant la Madone (demi-nature). Marie, en longue et riche robe de velours cramoisi et manteau bleu, présente, entre des doigts trop efilés, son sein nu au Bambino, qui se renverse sur elle et regarde le saint d'un air étonné : pose trop tourmentée. La Vierge contemple son divin fils, les yeux baissés. Elle a, comme toujours, un front trop vaste, un nez long et un double menton. Ces lignes offrent peu de relief et le coloris uniforme tourne au rouge-brique. Le peintre, à genoux sur un petit coussin vert, tient un papier et un crayon sur une étroite tablette. Déjà la tête de la Madone est esquissée. Derrière, chambre vue par une porte ouverte. Au milieu, entre deux colonnes, gazon fleuri que termine un parapet à larges créneaux, près d'un fleuve. Un homme et une femme nous tournant le dos regardent la campagne par les ouvertures de ces créneaux. Au delà du parapet, paysage d'une bonne perspective ; mais l'eau, avec ses petits flots jaunes, est mal rendue. Toile encore riche en couleurs et d'un bel ensemble.

EYCK (Jean van) ou de son école : Adoration des rois (en figurines). Toile assez bonne ; l'Enfant Jésus y est même mieux modelé que dans les tableaux précédents ; mais elle a noirci.

EYCK (École de Jean van) : Vierge avec l'Enfant au giron, entourée de quatre anges, en figurines. Altéré, mauvais.

FABRIANO (Gentile da) : « Un petit autel avec deux ailes. Au mi-« lieu, Marie dans une gloire, entourée d'anges faisant de la mu-« sique. En haut plane Dieu, et au-dessous de lui apparaît le « couronnement de la Vierge. — Sur bois et fond doré. Sur les « ailes plusieurs saints, et dans les coins d'en haut la salutation « angélique (petites figures à tempera). » (Catalogue.) Composition bizarre très-soignée, mais de mauvais goût. Le manteau de la Vierge, doublé en velours noir, est bleu avec dessins en or.

FERRI (Ciro) : 1° Repos en Égypte. Petite tête ronde de la Vierge dans le style de Pierre de Cortone, son maître. Toile retouchée.

2° Même sujet (quart de nature). Marie, trop encombrée de draperies, est assise à terre. Le Bambino, à genoux sur une de ses

12.

cuisses, tient des fleurs et reçoit des fruits que lui présente un grand ange agenouillé : beau jeune homme aux cheveux blonds frisés. La Vierge, dont le visage arrondi est trop villageois, regarde en souriant ce séraphin. A droite, saint Joseph au milieu d'un paysage. Jolie toile.

FESELEN ou FESSELIN (Melchior) : La ville Alexia (aujourd'hui modeste village de l'Auxerre), occupée par les Manubiens, est assiégée et conquise par Jules César : sujet qu'on n'eût jamais deviné si l'auteur n'avait pas écrit au bas :

« Quanta strage virum Alexia cessit
« Cæsareis aquilis, picta tabella notat.
(M. F. 1533.)

Les soldats, en costume de la Renaissance, ont des canons ou des arquebuses. Quel affreux et ridicule pêle-mêle d'hommes armés de sabres se lançant contre de longues piques. On dirait qu'on a voulu faire une caricature.

2° Rome assiégée par Porsenna (petites figures). Autre croûte absurde. Une députation de jeunes filles est arrêtée devant le roi d'Etrurie, monté sur un cheval blanc et coiffé d'un immense chapeau plat bordé de plumes. Cet épisode est le moins mauvais. A gauche, foule immense dans laquelle on distingue une marchande de friture allemande.

FETI (Dominique) : 1° L'apôtre saint Paul (demi-figure). Assez beau profil tacheté de rouge, — ébauche peut-être. — Bonne draperie jaune. Ce vieillard n'est pas le saint Paul des grands maîtres.

2° Tancrède blessé, dans les bras de son écuyer; cadre rond (demi-nature). Le guerrier est assez bien. Mais quelle est cette femme assise à gauche, nous regardant la bouche ouverte?

3° Herminie en armure, chez les bergers; cadre rond (demi-nature). Cette amante sans amant, se tenant droite comme un cierge avec une cuirasse emprisonnant sa poitrine plate, ressemble trop à un jeune soldat.

Ces deux dernières toiles sont médiocres ou altérées.

FIESOLE (Fra Giovanni da), dit *Beato Giovanni Angelico frate dominicano* : 1° Une gloire. Dieu le Père entouré d'anges, sur un demi-cercle : laid vieillard aux pommettes saillantes, à la grande bouche ouverte. Visage devenu vert.

2° Saints Cosme et Damien sont précipités, avec leurs frères, du haut d'un rocher dans l'eau et sauvés par des anges.

3°. Les mêmes saints, avec leurs trois frères, devant le juge Lysia, refusent de sacrifier aux idoles. Costumes bizarres.

4° Les mêmes saints attachés chacun à une croix. Leurs trois frères, au-dessous, sont assaillis par des pierres et des flèches qui les touchent sans les blesser.

5° Mise au tombeau par saint Joseph d'Arimathie, saint Jean et la Vierge. Le Christ est emmailloté comme un enfant.

Toutes ces toiles, tant admirées de leur temps, sont d'un mauvais goût qui révolte aujourd'hui tout le monde, excepté les amateurs de croûtes gothiques.

FISCHER (Jean-Georges) : Jésus saisi par les Juifs (petites figures). Mauvais, noir.

FLINK (Govaert) : 1° Isaac bénissant Jacob. L'élève des Rembrandt a pris la trivialité de son maître. En voyant cet intérieur, on croirait être en présence d'une famille russe. Isaac, en habit de velours avec ornements en or, a sur le dos un carquois. L'oreiller du vieillard, mieux éclairé que tout le reste, est peut-être ce qu'il faut le plus admirer.

2° Corps de garde de la milice bourgeoise (demi-figures). Les soldats civils jouaient aux dés, mais la partie se trouve interrompue par l'un d'eux en habit de velours rouge, avec un feutre pointu. Celui-ci, le coude appuyé sur la table, la bouche ouverte, se livre à je ne sais quelle narration à laquelle tous les assistants prêtent leur attention, excepté pourtant le plus jeune, assis, la tête baissée (bon raccourci). La ligne du profil de l'orateur est seule éclairée. Les autres têtes sont bien en lumière, mais les traits en sont communs, insignifiants.

FRANCESCHI (Paul) : Déposition de Christ. Il semble vivant, seulement on dirait que se sentant défaillir, il fait signe à saint Jean d'aller chercher un médecin. Cet apôtre presque souriant semble dire à la Vierge vers qui il se penche : « Ne craignez rien, ce n'est qu'une pamoison. » Saint Joseph d'Arimathie soutient Jésus par le dos. Saint Jean et le profil de la Vierge sont bien éclairés.

* FRANCK (Dominique-François) l'aîné : Une société réunie dans une salle ornée d'objets d'art, y prend un repas joyeux, au son d'une musique qu'elle n'écoute pas. Parmi les tableaux, on distingue le saint Thomas incrédule de Rubens (Musée d'Anvers) moins frais que l'original. Table trop surchargée d'huîtres. Jeune femme vidant une flûte de champagne; une autre se levant et tendant son verre. Au fond, près d'une fenêtre, chaudron bien éclairé. Jolie toile.

FRANCK (François) le jeune : 1° Combat de cavalerie (petite dimension), cadre large et peu élevé. Cavalier perçant un guerrier coiffé d'un turban que surmonte une couronne ; autre soldat renversé sous les chevaux ; deux cavaliers démontés combattent en fuyant : officier avec panache rouge sur un cheval blanc au galop, sans bride. Il tient une épée et un bouclier. Comment dirige-t-il sa monture? L'homme et la bête bien dessinés et bien éclairés font le principal mérite de cette toile. A droite, rocher, mauvais paysage dans une éclaircie, camp. Bon coloris.

* 2° Les sept œuvres de miséricorde. A gauche, distribution de pains par un couple vêtu de noir et dont les beaux visages sont empreints de charité. Un homme lève dans ses bras un moribond devant le distributeur, position exagérée. Aveugle joueur de vielle conduit par sa petite fille. Vers le fond, à gauche, une femme au lit reçoit des secours ; à droite, autre foule. Fond de paysage. Toile importante et d'un grand mérite.

3° Allégorie. Peuple rassemblé pour adorer Jupiter apparaissant dans le ciel. Plus au fond, des convertis au christianisme prennent le chemin du paradis ; on ne les aperçoit guère qu'à l'état d'ombres dans une traînée blanche. En bas, roi, cardinal, général, etc. Statue de la Force. Près de Jupiter, se tient cette déité, tenant une colonne, la tête coiffée d'un casque et la gorge découverte. Assez bonne toile, mais froide comme toutes les allégories.

FRANCUCCI (Innocent) da Imola : Vierge en gloire et Saints. Marie, un pied sur la tête d'un ange, vole dans l'espace, entre deux séraphins, le corps posé horizontalement, et regarde en coulisse à notre droite. Jésus qu'elle tient sur elle bénit les saints d'en bas. On dirait que l'auteur s'est appliqué à donner à chaque visage une émotion différente. Marie incline la tête d'un air boudeur, Jésus a la gaîté de son âge, saint François est dans l'état d'extase, saint Géminien tenant son église en miniature lève les yeux sous des sourcils rabattus et contractés ; la religieuse à genoux que le catalogue désigne, on ne sait pourquoi, comme étant une Madeleine, semble inspirée par l'esprit divin ; sainte Claire baisse timidement les yeux. Un autre saint, bon curé de village, nous regarde d'un œil paterne. Ce tableau, exécuté il y a plus de 350 ans, est d'une fraîcheur éblouissante et n'a subi aucune restauration.

FRIES (Jean Conrad) : 1° Portrait d'une dame vêtue de noir. Sa poitrine est bien éclairée. Vilains yeux, long et beau nez, bouche et menton fort mal dessinés. Mauvais coloris.

FYT (Jean) : 1º Chevreuil poursuivi par deux chiens dont un le mord à la cuisse. Autre chevreuil ; chiens blessés ou mourants.

2º Chasse à l'ours. Quatre chiens plus ou moins blessés crient comme des malheureux. Un ours énorme a sa griffe posée sur un de ses ennemis renversé, tandis que deux autres chiens le saisissent l'un à l'oreille, l'autre au dos. Paysage insignifiant..L'acteur principal est si altéré par le noir qu'on a peine à le distinguer d'un sanglier.

3º Sur la table d'une halle, chevreuil et cygne morts, singe vivant et fruits. A terre, gibier gardé par deux chiens. Très-altéré.

GABBIANI (Antoine-Dominique) : 1º Saint François soutenu par un ange, reçoit les stigmates (petite nature). Têtes mal dessinées.

2º Le Sauveur ranime, avec de l'eau froide, saint Pierre d'Alcantara (petite nature). Dans le fond, sainte Thérèse et une religieuse, à table, expriment leur surprise à l'apparition du Christ suivi de jolis petits chérubins. La tête de Jésus est trop vulgaire. Celle du saint pâle et maigre, est devenue grise. Vive lumière à gauche ; table à droite, bien éclairée et d'une bonne perspective.

GABRON (Guillaume) : Vases à boire et jambon entamé sur une table dont la nappe est presque de la couleur des vases d'étain. Un petit pain rond, sur le devant, est ce qu'il y a de mieux rendu.

GAZZI (Louis) : Repos en Égypte. L'Enfant tenant le sein que lui a présenté sa mère nous fait une petite mine assez comique. Marie est une toute jeune paysane. Saint Joseph apportant des cerises serait assez bien, si le temps n'en avait pas fait un nègre.

GELDER (Arnold van) : Deux soubrettes parent une fiancée dont le visage est à demi effacé et comme frotté. Riche costume. Noirci, altéré.

GELDORP (Gorzius) : Buste d'homme en habit rouge. Grosse face stupide, mal dessinée.

GELÉE (Claude), dit *le Lorrain* : 1º Sur le devant, vaches noircies, jeune homme et deux filles assis au bord d'une large rivière. Troupeau passant un gué à gauche. Le soleil couchant éclaire les montagnes du fond. Il n'y a plus guère de lumière que là.

2º Port de mer éclairé par le soleil levant dont les rayons tracent une ligne du fond au premier plan. Là, barque, vaisseau qu'on charge. A droite, arc de triomphe. Vapeur bien rendue ; eau par trop bleue.

3º Agar et Ismaël renvoyés par Abraham. Paysage. Effet de

soleil levant. A droite, édifice à colonnes, paysage trop nu. Abraham est tout noir.

 * 4° L'ange montrant à Agar une source qui jaillit d'une éminence rocheuse (quart de nature). Le séraphin en robe bleue collante est bien éclairé ainsi que le haut du corps d'Agar portant un panier et un vase vide. Ismaël couché et dormant n'est plus un enfant. Montagnes de roches, voûte naturelle. Noirci, surtout au premier plan où l'on voit à peine les animaux qui broutent. Deux arbres du premier plan à droite, et les roches à gauche, un peu plus loin, sont fort bien rendus. Bel effet de lumière sous l'arche naturelle et au delà. Ce tableau est le meilleur des quatre.

GERAERT d'Harlem : 1° Jésus-Christ prenant congé de sa mère.

2° Déposition de Christ.

3° Sa résurrection, genre gothique. Mauvais.

GHIRLANDAJO (Dominique) : 1° Déposition de Christ. Le corps devenu vert et taché de sang est couché sur les genoux de Marie, les pieds soutenus par Madeleine : ensemble peu séduisant. A droite, saint Jean l'évangéliste, à genoux et saint Jean-Baptiste debout. A gauche, saint Jacques debout et Madeleine prosternée. En haut, anges dans une gloire, tenant les instruments de la passion. Noirci, mauvais.

2° Triptyque. Pièce du milieu. La madone apparaît avec l'enfant à saint Dominique et à sainte Madeleine. Marie se détache dans le ciel, sur un double cercle lumineux au haut duquel volent deux grands anges. Immédiatement sous ce cercle, se tiennent l'archange aux ailes à demi déployées et le précurseur, tous deux debout. A voir les traits et la poitrine de Madeleine, on la prendrait pour un homme. Au fond, jardin avec édifice. Composition bizarre et de mauvais goût.

Dans le volet de droite, sainte Catherine de Sienne, sous une niche cintrée. Elle tient un livre et une croix. Sa tête penchée regarde à notre droite.

Dans le volet de gauche, saint Laurent, portant son gril et une palme et levant les yeux au ciel. Jeune et belle tête.

GIORDANO (Luca), dit *Fa presto* : 1° Massacre des Innocents (petite nature). Poses exagérées. Ainsi le même soldat foule aux pieds un enfant, comprime la tête d'une femme renversée et allonge une main pour saisir une autre mère qui se sauve. Noirci.

2° Erection de la croix (petites figures). Meilleures poses; mais encore trop de personnages, trop de confusion. On lève la croix du Christ; celle de l'un des larrons est déjà dressée. On s'apprête à exécuter le second, sur le devant, Marie évanouie soutenue par saint Jean et Madeleine, la tête dans les mains, regardant la croix de Jésus. Noirci.

3° Portrait du père de l'artiste. Ses traits, le nez surtout sont assez beaux ; mais la bouche est triviale. Pouvait-il en être autrement ? Cette bouche criant sans cesse au fils : « Fa presto ! » ne pouvait que prendre un mauvais pli. Et ce qui vous montre cet homme comme un avare, c'est aussi son habit rapiécé de diverses couleurs. Il tient un livre. Sur une table, papier et plume.

4° Portrait de l'artiste. Il est plus maigre et sa tête moins positive indique une imagination inquiète, fougueuse. Le front est intelligent, l'œil vif, le nez long et assez bien fait ; mais le bas du visage se termine trop en pointe, le menton manque de caractère. L'ensemble est peu distingué et le débraillé de sa toilette sert d'enseigne à l'incohérence de ses idées. Il avait, ainsi que son père, des prétentions comme écrivain ; car il tient un rouleau de papier et montre du doigt un autre écrit étalé sur la table.

Ces deux portraits, à la Ribera, ont d'assez puissants effets de lumière, mais les parties ombrées sont devenues noires.

5° Mort de Lucrèce, grande toile. Ce gros Collatin, cuirassé, tête nue, un pied posé sur un tabouret et regardant tranquillement sa femme morte, renversée de côté ; celle-ci, avec ses traits à la Roxelane, et Brutus, tenant baissé le poignard qu'il montre de l'autre main : tout cela est froid. Ce que je trouve de moins mauvais, c'est la petite blonde debout derrière la victime et se penchant pour la regarder. Sa jolie tête en raccourci est éclairée et se détache bien.

6° Miracle des pains et des poissons (petites figures), pendant du n° 2 ci-avant, meilleur et mieux conservé. Toutefois la tête du Christ est trop grosse, trop commune et trop inintelligente. Il y a de l'exagération dans ce gros père se tenant le ventre des deux mains comme pour montrer qu'il est bien repu. Le cercle formé autour du Christ présente un vide, afin de le mettre bien en évidence. Une jeune mère très-jolie, assez rapprochée du Christ, a près d'elle un jeune fils qui donne son superflu à un grand chien.

7° Philosophe cynique, affreux visage d'ivrogne.

8° Autre philosophe, tenant un livre avec des figures géométriques. Traits moins ignobles, mais manteau brun avec une grande pièce blanche.

9° Vieillard, les yeux au ciel. La face levée et vue en raccourci est assez bien traitée, genre Ribera exagéré.

10° Jésus et la Samaritaine. La tête de Jésus a la forme de celles des femmes : physionomie commune et peu intelligente. La femme est une grosse villageoise, en robe blanche. Ses cheveux blonds sont retroussés avec grâce ; elle est bien éclairée.

11° Le Sauveur tenté par le démon. Le diable a pris l'habit et cache sa tête dans le capuchon d'un moine. Sous cet habit, on voit que le corps est entouré de feu. Sa face est celle d'un ivrogne flamand. Il dit à Jésus en lui offrant des pierres qu'il tient dans le pan de sa robe : « Si vous êtes le fils de Dieu, changez ces pierres en pains. »

GIOTTO (Angelo), dit *Bondone* : 1° Saints Etienne, Nicolas, Dominique, Maurice et Pierre (petite-nature). Jolie tête du premier, qu'on pourrait prendre pour une femme. Visages d'un gris verdâtre.

2° Cinq autres saints. — Pendant du précédent. — Têtes plus noires.

3° La Cène (figurines). Quatre des apôtres, nous tournant le dos, et leurs larges auréoles en plaques dorées cachent en grande partie les visages de leurs vis-à-vis. Le jeune saint Jean est couché sur Jésus. Altéré, mauvais.

4° Le Christ en croix. Marie évanouie est soutenue par les trois saintes femmes dont deux ont les visages en partie cachés par les auréoles des autres personnages. Saint François, agenouillé au pied de la croix, baise les blessures des pieds du Christ. A gauche, saint Jean, Nicodème, et Joseph d'Arimathie. Jésus faiblement modelé est devenu gris. Un gros jet de sang s'échappe de la plaie du côté. Mauvaises draperies ; tableau altéré.

5° Tableau en quatre compartiments : 1° Un ange adressant la parole à un saint; 2° Baptême du Christ; 3° Saint Augustin; 4° Prédicateur et auditeurs (petites figures sur bois), fond doré. Mauvais dessin.

6° Portrait en buste de François Braccius, vêtu de noir et tenant une pomme en or. Affreux dessin ; coloris de pistache et de cacao.

GIOTTO (École de) : Quatre mauvais tableaux du genre gothique.

GLAUBER (Jean) : Paysage italien, figures par Gérard de Laisse. Grands arbres ; rivière dans laquelle des nymphes se baignent; d'autres encore nues sont sur les bords de l'eau — peu éclairée — et sortent du bain ou vont y entrer. Deux sont assises et drapées. Au fond, éclaircie. Toile tournant au noir, bonne d'ailleurs.

2° Paysage avec des monuments. Ville sur la cime d'une montagne, éclairée par le soleil couchant. Bel effet de lumière dans le fond à droite, à travers les arbres et entre les nuages, etc. Le devant a noirci.

*Goes(Hugues Van der) : 1° Annonciation. Aux visages près, moins bien dessinés, ce tableau serait digne de Van Eyck, maître de Goës. Le coloris en est d'une fraîcheur extrême et la perspective de la chambre est parfaite. Marie, en prières, se retourne à dem. vers l'ange et se montre à nous de face, les yeux baissés. L'ange, en costume ecclésiastique, tient un sceptre de la main gauche et lève l'autre vers Marie qu'il regarde. Fenêtres cintrées. De chaque côté de celle du fond est un médaillon représentant en bas-relief : l'un, Satan sous la figure d'une femme ailée avec une queue de serpent entre les jambes et Ève acceptant de lui la fatale pomme ; l'autre, Abel en prières. Par la fenêtre de droite ouverte, on voit une pièce voûtée. A gauche, par la porte que vient de franchir l'archange, et où se produit une vive lumière, on découvre la campagne à travers une fenêtre du fond. Riche pavement de la pièce principale en marbres coloriés, avec dessins.

2° La Vierge, accompagnée des saintes femmes et de saint Jean, pleurant près du corps inanimé de Jésus (demi-nature). Têtes de terre cuite.

3° Saint Jean assis dans le désert et montrant l'agneau sans tache (petites figures). Paysage. Rochers mal rendus. Médiocre.

4° Madone sur un trône avec dôme, artistement découpé dans le genre gothique. Derrière une colonne de ce trône, un ange présente une fleur à l'Enfant Jésus. Fond de paysage. Le visage rouge-brique de Marie est assez mal peint.

GOSSAERT (Jean) dit *Mabuse* : 1° L'archange Michel (grandeur naturelle). Son armure dorée le couvre de la tête aux pieds. Debout, les ailes demi-ouvertes, il lève d'une main une large croix en argent et s'appuie de l'autre sur le haut d'un bouclier. Belle et charmante tête inclinée vers la terre, calme, un peu endormie même. A gauche, commettant à genoux. Bonne toile, en partie noircie.

2° Danaé (demi-nature). Le bas de son corps nu est couvert d'un manteau mal drapé ou altéré. Elle regarde tomber du plafond une petite pluie d'or qu'elle reçoit sur ce manteau. Joli minois chiffonné, un peu poupard, aux yeux vifs, à la bouche sensuelle, au teint animé. Corps potelé et bien modelé, d'un blanc devenu un peu gris. A travers les arcades à colonnes, édifices.

3° Jolie petite Sainte Famille (demi-figures). Marie et Elisabeth tiennent chacune de leur côté l'Enfant Jésus. Derrière elles, saints Joseph et Joachim, ce dernier appuyé d'une main sur l'épaule de sa femme. Fond de paysage. Elisabeth a le double tort d'être aussi jeune et d'être plus jolie que la Vierge. Coloris altéré.

4° Vierge en trône (petite dimension). Son siége, en marbre artistement sculpté, se termine par une voûte. Sainte Anne, ayant un livre ouvert sur ses genoux, présente à Jésus une grappe de raisin. Deux têtes d'hommes de chaque côté. En bas, au premier plan, deux jeunes mères, l'une cueillant une fleur pour son fils, l'autre entourée de quatre enfants. Jolie Vierge, au front trop haut pourtant. Genre Hemling.

* 5° Crucifiement, grande composition (deux tiers de nature) en deux cadres. 1 Dans le tableau principal, Madeleine embrasse le pied de la croix. Marie à genoux, mains jointes, regarde son fils : sa douleur est plus calme que celle de la sainte ; autres femmes et saint Jean. A droite, au fond, descente de croix. A gauche, Jésus dans les limbes. 2 Sous ce tableau, on en a fixé un autre contenant deux scènes séparées par une colonne : la flagellation et le couronnement d'épines par trois bourreaux ; un quatrième salue ironiquement le Christ, en fléchissant le genou droit ; la cuisse et le genou gauches de cet homme sont fort bien éclairés. Dans ces scènes, les grimaces des exécuteurs sont trop grotesques. Paysage vu par une fenêtre ouverte.

* 6° Madone avec l'Enfant, charmante petite toile que je regarde comme la perle de Mabuse, au musée de Munich. Marie est assise sur un entablement avec voûte portant une inscription latine ; elle a les pieds sur un élégant tabouret. Sa robe d'un rouge foncé fait illusion. Un manteau d'un rouge clair entoure ses reins. Elle tient Jésus, qui, un pied levé et l'autre sur l'entablement, le corps très-penché, les bras ouverts, la tête tournée vers le ciel, semble prêt à s'élancer dans l'espace. Marie a, comme toujours, le front trop vaste, mais elle est belle d'ailleurs. Ses jolis cheveux bouclés, arrondis sur les tempes, et son air rêveur ajoutent aux charmes de son visage. Jésus plaît par sa jolie petite mine animée et par sa pose tout originale et ne manquant ni de naturel ni de grâce.

GRAFF (Antoine) ou GRAF : Portrait en buste de l'artiste vu presque de profil. Beaux traits, front penché, yeux souriant en se tournant de côté ; petite cicatrice au sourcil. Le coloris pousse au rouge-brique. Visage agréable, où perce un peu de vanité.

GRANACCI (François) : 1° Saint Jérôme barbu, en costume de cardinal, tenant un livre. Coloris rouge-brique. Bonne tête maigre.

2° Sainte Apolline : jeune blonde dont le profil, à demi éclairé, est un peu noirci. Elle tient sa palme et une tenaille avec une dent arrachée.

3° Saint Jean-Baptiste, tenant un livre sur lequel est une petite figure d'agneau. Dessin imparfait. Coloris chocolat.

4° Sainte Madeleine. Assez belle tête nous regardant, trop longue du haut.

Dans ces quatre cadres, les saints de petite nature sont chacun sous une niche dont le haut figure une coquille.

GRUNEWELD (Matthieu): 1° Saint Lazare.

2° Conversion de saint Maurice obtenue par saint Erasme, représenté sous les traits d'Albert de Brandenbourg.

3° Sainte Marthe.

Tous trois plus grands que nature, mauvais, noircis.

GUILLAUME DE COLOGNE, dit *maître Guillaume* : Quatre tableaux contenant des figures d'apôtres debout entre des arches dorées, avec ornements architecturaux gothiques en or (demi-nature). En haut, sur des colonnes, statues de saints. Visages mal peints et altérés.

* HACKERT ou HAKKERT (Jean): Le stathouder de Hollande arrive à un parc où va avoir lieu une chasse. Chasseurs avec leurs chiens. Allée d'arbres éclairée au milieu et non sur le devant où l'on voit un homme tenant un cheval par la bride, puis un piqueur et sa meute. Plus loin, dans l'espace éclairé de l'avenue, chevaux nus conduits par un domestique et personnages assis à terre : gens et chevaux, éclairés ou se détachant en silhouettes. Excellente toile.

HALS (François de): Tableau de famille dont je soupçonne le peintre d'être le chef : homme brun à moustaches, nous regardant la tête un peu levée, la bouche entr'ouverte et souriante, les yeux vifs et intelligents. Sa physionomie contraste avec l'air placide de sa femme, assise près de lui. Trois jeunes garçons, dont un espiègle tenant une grappe de raisin et trois petites filles autour d'une corbeille de fruits: ces quatre derniers grimaçant un peu. Grande et bonne toile bien conservée, mais placée trop haut.

HAMILTON (Jean-Georges d'): Lièvre suspendu par une patte sous un cor de chasse; oiseaux morts formant un paquet confus. Bon coloris.

HAMILTON (Philippe-Ferdinand): Lièvre accroché et oiseaux morts dans un garde-manger. Un chat gris pénétrant par une fenêtre regarde ces oiseaux avec convoitise; sa tête est fort bien peinte. Gibiers sur une table, un peu confus. Sur une autre table, oiseaux tués, très-bien rendus. Jolie toile, encore fraîche.

HEEM (Corneille de) : 1° Fruits, fleurs, bien peints, et un jambon un peu trop rouge, sur une table.

2° Fruits sur une plaque de marbre. Joli petit cadre.

3° Citron entamé et autres fruits sur une assiette. Joli.

HEEM (Jean-David) : 1° Diverses plantes, insectes, serpent caché sous le feuillage.

2° Fruits sur une assiette d'argent, tasse en porcelaine. Assez bons.

HELST (Barthélemy Van der) : 1° Portrait de Martin Harpertz Tromp, amiral hollandais, vêtu de noir (demi-figure). C'est un homme obèse, aux cheveux couvrant le front, trop bas, paraît-il. Du reste, beau nez, air plus franc que spirituel. Quelle idée de cambrer fièrement, une main sur la hanche, ce bon gros papa !

2° Portraits de la famille de Hutten, avec fond de jardin. Bons ; cependant il manque des ombres aux visages des père et mère.

3° Portrait d'Adrien de Montesquiou Montluc, comte de Carnien, prince de Chabannais. Gros nez busqué, petits yeux, jolie bouche, menton tombant ; grands cheveux noirs. Il porte une armure, trop bleue.

HEMLING (Jean) : 1° La manne dans le désert (demi-nature). Peu de personnages, tous costumés comme des princes du moyen âge. On voit un des affamés à genoux, presque à quatre pattes, avec un toquet orné de pierreries, une robe de soie blanche et un manteau bleu avec bordure en or. Coloris brillant ; peinture très-soignée, très-finie, mais froide.

* 2° Triptyque. 1. Pièce du milieu : Adoration des Mages (quart de nature). Marie assise et tenant des deux mains le nouveau-né le regarde, les yeux baissés. Derrière elle, une jeune femme, tout d'une venue et droite comme un piquet, regarde le vieux roi agenouillé. Feu dans l'âtre ; étable avec la vache et l'âne. Deux autres Mages en costumes aussi riches que bizarres et leurs suites. Fond de paysage. L'Enfant Jésus est dessiné et ombré avec finesse et talent. 2. Premier volet. Saint Jean-Baptiste debout, tenant un livre sur lequel est une petite figure d'agneau couché. Il nous regarde tristement. Sa tête est trop forte pour son petit corps. 3. Deuxième volet. Saint Christophe traversant une rivière avec l'Enfant Jésus sur les épaules. La tête brune et barbue de ce géant est fort belle et bien peinte. Le Bambino, une main dans ses cheveux crépus, l'autre avec deux doigts levés comme pour bénir, est beau de visage et gracieux dans sa pose ; il nous regarde de face. Fond vivement éclairé ; bel effet de lumière sur l'eau. Paysage. Beau ciel avec des nuages dont le soleil nuance les couleurs.

3° Tête de Christ, mal dessinée : ainsi la ligne du nez au menton offre un creux peu naturel. Coloris rouge-brique.

4° Autre tête de Christ couronnée d'épines : couronne par trop volumineuse. Yeux presque fermés. Tête pâle dont les ombres ont noirci, mieux dessinée que la précédente.

5° Le patriarche Abraham allant à la rencontre du roi Melchisédech et lui offrant du pain et du vin (demi-nature). Abraham est un beau vieillard. Le roi tend une main comme pour accepter le don offert et porte l'autre à son bonnet à la façon de nos troupiers saluant leurs chefs. Quelques personnages de leur suite. Au fond, armée descendant dans la plaine. Paysage épinard. Riches costumes du moyen âge. Coloris brillant et frais.

* 6° Les sept joies de Marie, grande composition en figurines. Au milieu et au premier plan, Adoration des Mages, scène capitale, avec la ville de Bethléem dans le fond. Au deuxième plan, arrivée des trois Mages précédés de trois écuyers portant leurs bannières et suivis d'une escorte de cavaliers; ce cortége entre dans un défilé. Plus haut et plus à gauche, on le voit en sortir guidé par une étoile. Vers la droite, six autres scènes : En haut, Jésus-Christ montant au ciel, en présence de Marie et des douze apôtres placés sur une éminence. — Plus bas, le Christ, tenant une longue croix, apparaît à Madeleine prosternée et lui pose une main sur la tête. A la droite de ce groupe et un peu plus haut, deux femmes s'entretiennent en marchant; forteresse. — Sous la scène précédente, Jésus sort de son tombeau, sa longue croix avec banderole à la main. Un des gardes, la tête levée et en raccourci, est bien dessiné et éclairé : effet de lumière rare dans les vieilles peintures. — A l'extrême droite : en haut, Jésus, les bras ouverts, apparaît sous une arcade, à sa mère assise et priant. — A côté de cette composition et plus à droite encore, mort de Marie, au milieu des apôtres. — Sous ces deux derniers sujets, on voit Marie assise au milieu des apôtres et le Saint-Esprit descendant sur eux sous la forme d'une colombe lumineuse; puis une jeune femme. N'est-ce pas Madeleine? Plus bas, à gauche, un singe assis sur un mur tient par une lanière, un écusson avec armoiries, celles du commettant sans doute. A l'extrême gauche, l'auteur a tracé trois autres épisodes: 1. en haut, la Salutation angélique; 2. en dessous, l'ange, — il est très-beau, — annonçant aux bergers, assis en rond près de leurs troupeaux, la venue du Messie; 3. plus bas, la Vierge et un grand ange adorant à genoux le Messie nu et couché sur le sol. Saint Joseph, vêtu de rouge, s'avance avec une chandelle allumée dont il garantit du vent la flamme avec une main. Bergers, etc. Plus haut, massacre des innocents, dont les scènes forment comme deux tableaux distincts. Tour au fond : à droite, mer avec vaisseaux ; à gauche, eau, pont, montagnes.

A part le sol et les éminences des premiers plans, d'un vert-épinard ; à part la confusion résultant d'une vingtaine de scènes distinctes réunies dans le même cadre et du défaut de perspective de ces plans superposés, dont les derniers atteignent presque le bord supérieur de ce cadre, on peut dire de cette vaste composition que c'est un chef-d'œuvre d'art et de patience, remarquable par le fini des figures et par la fraîcheur du coloris.

HEMSEN (Jean van) : 1° Isaac bénissant Jacob, composition singulière. Le jeune homme apporte sur une table un plat de viande, en se mettant à genoux devant son père qu'il regarde et qui allonge une main sur sa tête pour le bénir. Mais ce qu'il y a d'original, c'est la posture de Rebecca couchée par terre sur le dos, le haut du corps appuyé contre le lit d'Isaac, qu'elle regarde en renversant sa tête, ce qui produit un raccourci prononcé fort bien rendu et fort bien éclairé ; elle caresse d'une main un petit épagneul qui veut monter sur elle. Presque tout le reste étant devenu noir, la vieille tête de Rebecca fait tout le mérite de ce tableau.

2° Saint Jean-Baptiste prêchant dans le désert en présence d'hommes en turban pour la plupart (petites figures). Mauvais.

3° Petite Sainte Famille (demi-nature). Le petit saint Jean agenouillé à droite se pose et gesticule en déclamateur. Nus de carton.

HEMSKERK (Martin), dit *Van Veen* : 1° Saint Benoît lisant (petite figure). Visage rouge-brique.

2° Sainte Catherine, petite figure en pied avec le donateur et les armoiries de ce dernier.

3° Sainte Barbe et la donatrice, avec ses armoiries, pendant.

4° Saint Maurice en armure, un drapeau à la main. Rouge-brique. Mauvais.

5° Portrait d'homme coiffé d'un bonnet noir. Derrière lui, apparaît la Mort. Il est assis devant une table et s'appuie des deux mains sur un livre ouvert. La Mort est un squelette qui entr'ouvre un rideau en nous regardant. Heureusement le temps a enveloppé de son ombre cette désagréable image. Portrait bien dessiné, mais coloris tourné au rouge-brique. Assez belle tête.

6° Saint Henri, empereur, portant une cotte d'armes de bronze doré (petite nature). Il tient d'une main le modèle de la cathédrale de Bamberg et une épée de l'autre ; sa couronne bombée est enrichie de pierreries. Il regarde sainte Hélène placée devant lui et portant la vraie croix — bien lourde pour une femme déjà âgée. — Donateur et ses quatre fils ayant tous cinq des traits fort peu distingués.

7° Saint Jean l'Évangéliste, pendant du précédent. Il tient son calice penché dans la main droite, l'autre main levée loin du calice qu'il ne bénit pas, ainsi que l'énonce le catalogue. A droite, sainte Catherine, un livre dans une main et s'appuyant de l'autre sur la garde d'une longue épée; elle regarde sentimentalement le jeune saint. Donatrice, Flamande bien sérieuse, suivie de quatre filles, aux traits arriérés.

La disposition de ces deux pendants est à peu près la même. Saint Henri et sainte Catherine surtout sont très-bien de visage, de pose et d'expression. Malheureusement les nus ont tourné au rouge-brique.

8° Saint Eward, missionnaire dans la Frise, est assommé par des hommes porteurs de masses. L'un pose la main sur la tête du saint que deux autres vont briser; mais ils briseront aussi cette main. Prince à droite, paraissant mécontent de cette violence. Paysage épinard.

9° Conversion d'une jeune femme. Elle a les jambes dans un bassin. Son corps est nu jusqu'à la ceinture, où vient tomber la draperie jetée sur ses bras. Un jeune saint bénit la néophyte en détournant pudiquement les yeux des appas mis à découvert. A droite, grande femme en robe verte, etc.

10° Saint Edward défend sa foi devant le juge. Il est debout, les bras levés. Une femme couchée à terre sur un coussin, une couronne sur la tête, lève vers lui une main comme pour lui dire: « N'achevez pas, » figure allégorique, sans doute.

11° Décollation d'un missionnaire dans la Frise. Son profil est fort laid.

12° Saint Edward prend congé du roi son père. Rien de touchant.

13° Saint Edward devant l'empereur romain.

Dans ces six tableaux, de quart de nature, les draperies seules sont assez bien traitées.

HERRERA (François de), le jeune : 1° Mercure apparaît à deux vieillards (catalogue), demi-figures. Le dieu a les traits et le costume d'un jeune paysan espagnol. Un caducée dans une main, il montre de l'autre on ne sait quoi à l'un des vieillards. Entre eux est un homme de moyen âge, nu, plus beau que les deux autres, quoique sa physionomie naïve décèle l'homme des champs. Le profil du vieillard a été mis dans l'ombre; le reste est fort bien éclairé, d'un relief exact et d'une grande vérité.

2° Suzanne et les vieillards (demi-figures). Elle est nue avec une écharpe entre les seins et une légère draperie assez élégante qu'elle maintient au bas du torse. Elle lève l'autre main en signe de détresse et baisse la tête, dont les cheveux blonds tombent en désordre. Son visage est presque souriant. Un vieillard lui fait un raisonnement qu'appuie son complice. La main levée de Suzanne se détache à merveille sur son corps qui malheureusement tourne au rouge-brique; ses formes sont charnues et gracieuses; sa pose est excellente; mais son visage est trop calme.

* Heyden (Jean van der): Vue d'une place avec arbres, joli paysage où l'auteur a fait un emploi habile des repoussoirs. Premier plan dans l'ombre; lumière entre deux bâtiments; construction à gauche dans l'ombre et à leur extrémité, lumière traversant toute la toile et mettant en évidence un derrière d'église, des bâtiments et un clocher à travers les arbres. Au milieu de la place, cavalier vêtu de blanc; autres personnages. Edifices, ruines, etc. Bonne toile bien conservée; excellente perspective.

Hobbema (Minderhout): Cabane derrière un vieux chêne; chemin longeant une colline sur laquelle sont d'autres cabanes; éclaicie, arbres. Plus loin, à droite, autre éclaircie, eau. Bon, un peu noirci.

Holbein (Jean), l'aîné: Jésus à la montagne des Olives et quinze autres tableaux dont les sujets sont pris dans le Nouveau Testament. Dix sont compris dans un même cadre avec des arabesques dorées. Les figures de demi-nature sont assez mal dessinées. Par exemple, dans la flagellation, les jambes du Christ sont par trop minces et les pieds trop larges. Mauvaise perspective, groupes disposés sans goût. Un autre cadre contient: 1° l'Adoration des Mages, et 2° en bas le Saint-Esprit descendant sur les apôtres. Dans l'Annonciation, l'ange Gabriel touche Marie au ventre qui grossit sous cette pression.

Il y a en outre deux tableaux plus simples et meilleurs que les autres. Leurs cadres offrent chacun deux colonnes dont le sommet est aussi surmonté d'arabesques dorées: 1° sainte Barbe, en costume de reine, tenant un calice d'où sort une hostie. On la reconnaît à la tour qui se trouve derrière elle. Sa tête, peu distinguée, se détache bien sur un ciel bleu; ses draperies sont fort belles. Fond de jardin. 2° Sainte Elisabeth, aussi en tenue de reine, soulageant des infirmes. Elle verse à boire à un vieillard accroupi dont le genou est bandé. A droite, au fond, belle tête levée d'homme brun, exprimant l'admiration et la reconnaissance. Au fond, arbres, édifices avec colonnettes et fenêtres gothiques.

HOLBEIN (Jean), le jeune : 1° Portrait du margrave Christophe de Bade, vêtu de noir et coiffé d'un toquet en velours avec une espèce de couronne en or (demi-nature). Tête longue et sans barbe d'un jeune et bon Allemand.

2° Portrait en pied du comte Fugger, en habit noir orné de fourrures. Yeux fixes, sévères, nez busqué, barbe rousse. Bon dessin.

3° Portraits des enfants de ce seigneur. Simple trait. Visages de carton.

4° Bon portrait d'un homme vêtu d'un habit fourré (demi-figure). Physionomie d'Allemand honnête, mais têtu ; mains très-bien peintes, visage et barbe bien renseignés.

5° Autre bon portrait d'homme en habit noir. Une de ses mains levée avec trois doigts tendus, est d'une vérité étonnante. Le visage est peu éclairé, et c'est fâcheux. Tête forte, énergique, lèvres minces, bouche souriante et bonne, regard direct, franc. Type tudesque.

6° Portrait d'un jeune homme en habit rouge et manteau noir. Il tient un papier. Petits yeux, menton fendu, barbe légère — bien traitée, — mains de femme. Fond de paysage, sans perspective.

*7° Portrait d'un ecclésiastique tenant ses gants dans une main. Derrière lui apparaît la Mort, qui lui montre du doigt un sablier. En voyant la belle et bonne tête du religieux aux yeux vifs, spirituels, à la bouche charnue et souriante, on pourrait croire qu'il ne s'occupe guère de sa déplaisante voisine et qu'il pense plutôt à bien vivre qu'à bien mourir.

8° Portrait de Jean de Carondelet, chevalier de Flandre. Ses armoiries sont au dos du cadre. Belle tête, plus sérieuse, dans le genre de celle d'Erasme, quoique la bouche soit plus charnue ; nez à l'épine large. Tête intelligente et sévère en principes, mais peu sensible. Habit noir avec manches en soie blanche ; cheveux grisonnants.

HONDEKOETER (Melchior) : 1° Combat entre un coq et un dindon. Le premier, perché sur le haut du corps du second renversé, la queue étalée, est devenu tout noir. Une poule blanche effrayée s'éloigne avec ses poussins ; l'un d'eux regarde le combat en battant des ailes d'un air belliqueux. Cette partie accessoire est bien éclairée et bien rendue.

2° Mêmes acteurs. Préludes du combat. Le dindon se rengorge. Le coq le regarde fièrement. A gauche, la poule blanche, prévoyant la lutte et tremblant pour ses petits, les rappelle et ouvre ses ailes afin de les y mettre à l'abri. La poule et le dindon sont excellents. Fond noirci ; cependant, par une éclaircie on aperçoit encore la campagne avec des maisons.

Honthorst (Gérard), dit *Gherardo delle notti* : 1° L'ange délivrant saint Pierre. Deux soldats endormis. Au milieu, l'ange, en robe de satin blanc, pose une main sur l'épaule du captif et lui montre la porte ouverte. L'apôtre, assis devant un livre, sentant ses mains dégagées de leurs fers, se retourne étonné vers l'envoyé céleste. Son vieux visage, partie de son vêtement et toute la figure de l'ange sont vivement éclairés. Le reste est presque noir. Physionomies vulgaires.

2° Cérès changeant en lézard le fils d'une vieille femme parce qu'il se moque d'elle. J'avoue que si j'avais rencontré cette Cérès dans cet accoutrement, avec cette face commune et son pot de terre à la main, j'aurais pu, comme ce polisson, lui manquer de respect. De sa robe s'échappe un sein basané comme son visage. Son profil n'est pas seulement commun, il est méchant. Aussi s'intéresse-t-on plutôt à l'enfant, dont la jolie mine et la pose sont pleines de naturel et de gaîté. Sa vieille grand'mère, placée debout entre eux, une chandelle allumée dans une main, lève l'autre en s'inclinant vers la déesse. Effet de lumière assez bon, mais mauvaises draperies et formes peu attrayantes.

* 3° Cimon et Pera, ou la charité romaine. Voici une simple mortelle bien plus belle que la déesse des moissons. C'est une bonne fortune, car, en général, MM. les peintres de clair-obscur ne brillent pas par le choix des types. Debout, cette jeune mère tient d'une main une chandelle allumée et presse de l'autre un sein qu'a saisi la bouche de son vieux père. Elle regarde avec inquiétude à notre gauche : peut-être en ce moment sa ruse sublime est-elle découverte ! Ce grand arc sourcilier rendant plus émouvant l'effet d'un regard plein d'angoisse, ce nez long, effilé, d'un dessin si pur ; cette jolie bouche que la frayeur entr'ouvre et qu'on croit entendre, ce menton énergique, puis la lumière venant illuminer ce beau visage : tout donne à cette scène touchante un intérêt palpitant. Le père assis et dont les mains sont fixées par des fers à un billot, a le corps nu et dans l'ombre, sauf les pointes des épaules. Son visage un peu en raccourci, au front ridé, est bien rendu et bien éclairé. La mise de la femme est simple et de bon goût. En somme, ce tableau est un des meilleurs de ce peintre.

4° L'enfant prodigue à table avec des courtisanes (figures jusqu'aux genoux). Le jeune homme, au nez busqué, au menton

saillant, est sur le devant et nous tourne le dos. Le bord de son
profil est vivement éclairé, le reste est dans l'ombre. Il lève un pot
à boire et rit, la bouche ouverte. La femme assise à sa droite et à
demi éclairée, pose une main sur son épaule. Une autre, debout au
côté opposé de la table, joue de la guitare et chante en riant; nous
la voyons de face et en pleine lumière. Au fond, vieille tenant un
enfant et riant aussi. Livre ouvert avec gravure, posé sur la table
et faisant illusion. Femmes peu belles. Au milieu de la table,
chandelle allumée. Bel effet de cette lumière. Bonne conservation.

HOOGHE (Pierre van): Femme en lecture dans une chambre.
Coffre couvert d'un tapis vert et chaise en cuir rouge sur laquelle
est posée une assiette contenant des fruits. La dame, assise au
milieu, nous tourne le dos; elle porte un casaquin rouge et un
bonnet à barbes. La lumière entrant par la fenêtre vient frapper
assez heureusement cette femme. Mais quel intérêt peuvent présenter : un coffre, une chaise et un dos?

HUGTENBURG (Jean van) : 1º Bataille, paysage. Au fond, ville;
au milieu, colline avec arbres : c'est là qu'est le fort du combat.
Sur le devant, mêlée de cavalerie. A droite, autre colline, avec
maisons. Belle lumière de ce côté. Coups de feu bien rendus.

2º Attaque d'un convoi militaire, sur la pente d'une montagne,
paysage. Cavaliers se sauvant, en tendant le dos. Pendant du précédent.

HUYSMANN (Corneille) : 1º Trois vaches descendant la pente
d'un bois, personnages, éclaircie à gauche; le reste noirci.

2º Paysage avec chemin creux. Le premier plan à gauche, les
quatre personnages qui s'y trouvent réunis et surtout un cinquième, le haut du corps nu, sont bien éclairés, ainsi que le ciel.
Le milieu a noirci.

3º Port de mer. Au premier plan, colonnes antiques devant
lesquelles on décharge un vaisseau, ce que regardent des curieux.
Bout de portique, gens sur les marches, barque de pêcheur, etc.
Moins noir que le précédent.

HUYSUM (Jean van): 1º Panier plein de fleurs, sur une table. Joli;
mais les roses ont pâli.

2º Abricots, cerises, autres fruits et fleurs sur une table de
marbre. Bonne toile. Une fleur lilas, posée entre le raisin et les
pêches, ne se comprend pas. Une guêpe et une petite mouche se
promenant sur les fruits font illusion.

INCONNUS (auteurs): 1º Amateurs des arts visitant une salle remplie
de tableaux, un entre autres de Jordaëns, où l'on voit Apollon en man-

teau rouge, Vénus en chemise et Mercure encore moins vêtu. Faible.

* 2° Saint Christophe portant le monde, c'est-à-dire l'Enfant Jésus tout petit, mais tenant le globe de la terre. A droite, vieux religieux à genoux sur la rive, une lanterne à la main et regardant Jésus. A gauche, jeune homme appuyé sur une pierre de l'autre bord. L'eau est peuplée de diables de diverses formes. Confus; noirci, le saint surtout.

3° Jésus-Christ au jardin des Olives. Il est à genoux, à droite, au haut de la montagne. Plus loin, vers la gauche, son arrestation (figures plus petites). Sur le devant, les trois apôtres endormis. Profil anguleux du Christ, mauvais dessin, coloris sec.

4° Portraits des trois frères Landfried, Waldran et Eliland, fondateurs du couvent de Benedictheuern sous Othon, en 740. Cadre en trois compartiments contenant chacun un buste d'évêque ou d'abbé, en pèlerine noire, une crosse dans une main, un livre dans l'autre, et chacun avec son écusson armorié. Bustes noircis et d'un dessin sec; vieux style.

5° Saint Bernard à l'assemblée de l'Empire à Spyre. Affreuse croûte.

JORDAENS (Jacques): 1° La fête hollandaise dite des Trois Rois, célébrée par une joyeuse société. Une jeune femme, assez jolie, pose une main sur l'épaule d'un enfant qui chante debout, un cahier de musique dans les mains; son autre main s'appuie sur le dos d'un vieillard qui chante aussi, un pot à boire à la main; tous trois nous regardent: scène de grosse gaîté.

2° Le satyre à table chez le paysan, qui lui reproche de souffler le chaud et le froid (catalogue). Je crois que c'est le satyre et le passant de La Fontaine. Ici, comme dans la fable, c'est le satyre qui dit à l'homme :

> Arrière ceux dont la bouche.
> Souffle le chaud et le froid.

En effet, le satyre, ayant devant lui sa jatte et ses fruits, — mal peints, — rit au nez de son hôte qui le regarde en levant sa cuillère. Ce passant est un fort laid personnage. La femme du satyre, debout près de lui, est assez jolie, mais son front est bien nu. Une vieille femme tient devant elle un enfant à table. Chat sous la chaise du passant; chien sous la table. Tout cela est trop entassé dans un petit espace. Le visage du satyre et celui de la vieille sont éclairés par un feu qu'on ne voit pas. La jeune femme et l'enfant reçoivent la lumière du jour.

KABEL (Adrien van) : Contrée unie, avec une maison sur le de-

vant, homme à cheval ; femme avec un petit enfant et un chien
descendant le monticule au haut duquel est la maison. Paysage
joli, mais par trop simple.

KAUFFMANN (Marie-Angélique) : 1° Son portrait. Elle tient un
porte-crayon d'une main posée sur un portefeuille. Ses cheveux
sont relevés sur le front en grosses touffes formant guirlande et
sont surmontés d'un léger turban blanc. Visage joli plutôt que
beau, bon, souriant et d'un aspect agréable. Sa tête large, avec
des pommettes un peu saillantes, son teint d'un blanc rosé, ses
yeux tendres, sa bouche de moyenne grandeur, avec lèvres peu
charnues, mais fraîches : tout annonce une bonne, spirituelle et
sémillante Allemande.

2° Jésus et la Samaritaine, au puits (jusqu'aux genoux). Ce tableau avait été enlevé ; je n'ai pu le voir.

KEYSER (Théodore) : Vieille femme dans un fauteuil à qui un
intendant rend ses comptes, — du moins, je le suppose. — Assez
bien ; mais les ombres, qui se sont élargies, forment des lignes
trop prononcées aux plis des joues, au creux des yeux et entre les
deux mentons de la femme qu'elles séparent. L'homme est mieux.

KIERINGS (Alexandre) : Paysage. Forêt de vieux chênes à travers
laquelle on a vue sur un fleuve. Beaux arbres et belle lumière
dans les vides qu'ils présentent. Beau ciel bleu parsemé de petits
nuages blancs. A droite, coin d'eau ; à gauche, eau, montagnes.

* KNOLLER (Martin) : La Madone recommandant à la sainte
Trinité saint Benoît et sainte Scholastique. Marie, une main posée
sur le dos de la sainte agenouillée à droite, montre de l'autre à
son divin fils le vieux saint à genoux, à gauche. Cette dernière
main, fort bien dessinée, se détache du fond. Le visage levé de la
Vierge est bien éclairé, mais les traits en sont trop enfantins.
Beau et candide profil de la sainte baissant les yeux. Le calice
d'où sort le serpent est posé devant elle. Elle est, comme le saint,
vêtue de noir. Au premier plan, un ange, dans l'ombre, excepté
une jambe et un pied très-éclairés, porte la crosse de ce saint. Un
autre ange, dont le charmant visage levé touche presque le sein
droit de Marie, tient un lis d'une façon un peu maniérée. Dans le
ciel, la colombe lumineuse plane entre le Christ et Dieu le père.

* KRANACH ou CRANACH (Lucas), le père : 1° La femme adultère,
tableau agrandi par Georges Fischer (jusqu'aux genoux). Cette
femme au vaste front sur un petit visage effilé, est penchée comme
une personne qui écoute avec attention. Le Christ se distingue par
de longs traits d'une régularité trop classique ; il lève une main

et parle. Par contraste, les hommes du peuple qui l'entourent sont d'une trivialité approchant du grotesque. L'un d'eux, dont la bouche dégarnie est méchante, tient une pierre de la main gauche et lève l'autre. Son laid visage fait illusion. Par une porte ouverte, on aperçoit des maisons dans le lointain. La pièce est éclairée par un lustre composé de petits verres pleins d'huile. Ce tableau, d'un coloris très-vif laisse à désirer au point de vue de la perspective. Toutefois je le regarde comme le chef-d'œuvre de ce peintre.

2° Lucrèce se donnant la mort (figure entière). Son corsage jaune, baissé à gauche, laisse le bras et la poitrine nus. Ce bras gauche relève le jupon rouge, de façon à montrer le bas des cuisses et les jambes recouverts seulement par une gaze très-transparente. Elle porte au cou un riche collier, et sur le haut de la poitrine une tresse en étoffe de couleur tombant en demi cercle. Elle est debout et s'enfonce un poignard bien affilé au-dessus des seins. Son visage, un peu large du haut, joli du reste, nous regarde d'un air langoureux; le coloris en est uniforme et un peu bistre. Cependant il produit de l'effet. L'un de ses pieds porté en avant offre une bizarrerie assez commune dans les vieilles peintures : le pouce et l'index se trouvent très-séparés l'un de l'autre.

3° Adam et Ève dans le paradis (huitième de nature). Ils sont debout, tenant chacun une pomme. A celle de l'homme est attaché un bout de branche qui cache sa nudité. La femme ne met la sienne à l'abri qu'en croisant les jambes. Son corps est plus blanc que celui d'Adam. Au milieu, arbre entouré du serpent. Un peu altéré; les chairs tournent au pain d'épice.

4° Bustes de Martin Luther et de Philippe Mélanchton, en deux compartiments, avec cette inscription : *In silencio et spe erit fortitudo vestra*. La première tête, coiffée d'un toquet noir, est grasse, spirituelle, énergique, un peu sensuelle : c'est celle de Mélanchton; celle de Luther est maigre. La bouche, plus grande, aux lèvres plus minces, sourit légèrement : physionomie plus franche et plus fine; très-légère moustache, cheveux blonds et rares.

5° Petite Vierge à la grappe (demi-nature, demi-figure). Marie est une toute jeune blonde qui penche sentimentalement vers son fils sa jolie tête au front trop vaste. Derrière elle, deux petits anges lèvent une draperie rouge pour l'abriter. Elle présente une grappe de raisin blanc au Bambino debout sur ses genoux, un coussin vert sous ses pieds. Au fond, paysage. Coloris très-frais.

6° Loth et ses filles (petite dimension). Dans le fond, Sodome en flammes, puis Loth fuyant avec ses filles et laissant derrière lui sa femme pétrifiée. Sur le devant, le patriarche à barbe blanche assis, une main sur l'épaule, l'autre sur la poitrine de l'une de ses filles, aussi assise, la regarde d'un air animé. Celle-ci, appuyée sur son père, lève une coupe qu'emplit sa sœur, debout. Loth est en robe verte, avec des bas rouges; ses filles portent des robes de velours cramoisi. Le père me paraît avoir la tête trop grande, relativement à la taille du corps.

7° La Passion, en trois parties: 1. Au milieu, crucifiement. Au premier plan, la Vierge évanouie soutenue par saint Jean et deux saintes femmes, debout. Ce groupe est ce qu'il y a de mieux. — 2. A gauche, dans trois compartiments superposés : Jésus au jardin des Olives. Couronnement d'épines. Portement de croix. — 3. A droite, trois scènes disposées de même. La flagellation. *Ecce homo.* La résurrection. Ces sujets en figurines, d'un coloris de faïence bleu pâle, sont généralement confus et d'une exécution médiocre.

* 8° Charmante petite Vierge embrassant l'Enfant Jésus qui la tient par le cou et nous regarde d'un air câlin (cadre rond). Le voile transparent de Marie s'avance jusque près des yeux; ses cheveux flottent sur ses épaules ; sa robe est rouge, son manteau, vert. Cette miniature est un vrai chef-d'œuvre auquel je ne reproche que la pose un peu roide de l'enfant et la main droite un peu trop forte de la mère.

KULMBACH (Jean), élève d'Albert Durer : 1° Vieux saint en robe rouge, tenant une palme de laurier. Il est tourné et regarde à notre droite, la bouche ouverte.

2° Saint Zacharie, pendant du précédent. Il tient son manteau vert d'une main et avance l'autre, dont deux doigts sont pliés. Cette main est assez bonne, l'autre ne vaut rien. Bonne tête regardant à notre gauche.

3° Tableau en deux compartiments (petite nature): 1. Adoration des Mages. En haut, arches brisées, singulière lumière en lignes larges et jaunes. Sur le devant, Marie — dont les mains sont mal dessinées, — avec l'Enfant sur ses genoux; les trois Mages, dont un prosterné et les autres debout, tenant chacun un vase. — 2. Descente du Saint-Esprit. Marie est assise au milieu, entre le jeune saint Jean et le vieux saint Pierre ; autres apôtres. La céleste colombe apparaît au milieu d'un rond jaune cerné par un cercle de nuages.

4° Autre tableau à scène double et faisant pendant au précédent. 1. Le Christ, sorti du tombeau resté fermé et scellé, apparaît, un pied sur le bord du sépulcre, dans un ovale jaune qu'entourent des nuages surmontés d'anges. Un soldat endormi de chaque côté du tombeau. — 2. Couronnement de Marie par Jésus-Christ en manteau rouge et Dieu le père en costume de pape. Le fond du tableau est doré ; celui de la partie supérieure est bleu. Ce cadre et son pendant ont beaucoup noirci. On voit que, pour le coloris comme pour le dessin, l'élève est resté loin du maître.

KUPETZKY (Jean): Portrait, jusqu'aux genoux, de l'évêque de Hutten. Il est vêtu de noir, la tête nue. Sur une table, on voit un bonnet rouge dont le bord est garni d'hermine, et sur un coussin rouge, une riche épée. Beau et long nez, un peu trop gros du bout, bouche aux lèvres charnues, double menton : physionomie intelligente, bonne, aimable et sensuelle. Coloris un peu sec. Bon portrait du reste.

LAAR ou LAER (Pierre de), dit *des Bamboches* : Soldats morts ou blessés, dévalisés par des cavaliers. Bon, mais très-noir.

LAIRESSE (Gérard de): Deux allégories. Maniérées et altérées.

LANFRANCO (Charles-Jean): 1° L'ange du Seigneur montre à Agar une source d'eau (figures jusqu'aux genoux). L'ange, en volant, saisit le voile d'Agar et met ainsi à découvert ses seins demi-nus; de l'autre main il lui montre la source. Agar marchait rapidement, un paquet sous le bras; elle se retourne vers l'ange, comme pour lui dire : « Lâchez moi! » L'enfant, couché par devant, regarde l'ange, en criant: « J'ai soif! » Cet ange nu, avec un manteau rouge flottant est un joli blond, aux cheveux frisés. La femme est trop chargée de vêtements et de son paquet; son visage levé est bien éclairé; mais le nez paraît trop court. Ces trois personnages sont trop près l'un de l'autre ; pas de paysage; ombres noircies.

2° Jésus sur le mont des Olives. Son beau profil est bien éclairé. Un ange lui montre la croix. Bon effet de clair-obscur. On ne voit plus guère que deux des apôtres. Bonne toile, tournant au noir.

3° Buste de la mère des douleurs, la bouche ouverte, les yeux au ciel : belle tête au nez aquilin. Ce tableau, de forme octogone est si frais qu'il me fait douter de l'exacte indication du peintre.

LANGJAN (Jean van), proprement BECKHORST: 1° Mercure, dans les airs, devient amoureux d'Hersé, fille de Cécrops, amour fatal qui amena la mort violente d'Hersé et de sa sœur Aglaure, sa complice d'abord, sa rivale ensuite.

2° Ulysse découvre Achille travesti en femme, parmi les suivantes de Deidamie, fille de Lycomède, roi de Scyros.

Deux esquisses assez jolies.

LARGKMAIR (Jean): 1° Portrait de Martin Schonganer, dit Martin *Schon*, son maître (petite nature). Coins de la bouche descendant disgracieusement. Physionomie allemande. Portrait médiocre et noirci.

2° Crucifiement, avec saint Jean, la Vierge et Madeleine. Mauvais.

LEBRUN (Charles) : 1° Portrait de Mlle de Lavallière en sainte Madeleine (demi-figure). Cheveux blonds tombants, dont une mèche cache partie d'un sein. La tête penchée en avant sur ses mains jointes, les yeux fermés, elle prie devant un livre ouvert et une tête de mort. Son visage pâle est tacheté de rouge, ce qui donne à ce portrait l'aspect d'un pastel. Nez long, presque pointu, aux ailes larges. Belle personne, flattée peut-être.

2° Saint Jean l'Évangéliste, dans l'île de Pathmos. Visage devenu vert.

LEDUC (Jean) : 1° Corps de garde. Une soubrette ajuste un éperon à la botte d'un Espagnol. Faible.

2° Soldats jouant aux cartes. L'un vêtu de soie verte, l'autre d'une jaquette jaune avec cuirasse. Leur table est une caisse roulante. Ils sont assis, l'un sur un panier renversé, l'autre sur un banc. Bon.

* LEMOINE (François) : Société de chasseurs prenant des rafraîchissements en plein air, près d'un moulin (quart de nature). Un jeune homme, assis entre deux belles, présente à l'une un verre de vin. Les trésors peu cachés par leurs corsages, les feux de leurs regards, du soleil et du vin, menacent à la fois la raison du galant. Joli tableau dans le genre Watteau, avec des poses et des costumes plus vrais.

LEPRINCE (Jean-Baptiste) : La Jalousie. Vieillard endormi dans un jardin près de sa jeune femme, tenue par une énorme chaîne fixée à son bras, et dont il tient le bout. Un jeune Espagnol, la tête nue, le visage passionné, sort d'un buisson où il s'était tapi, se penche vers la belle et lui baise la main. C'est joli, si on veut, mais peu vrai. Cette grosse chaîne est absurde. Nous comprenons l'allégorie qu'elle exprime ; mais en peinture, il faut éviter d'exprimer une idée, quelle qu'elle soit, par une image déplaisante.

LESUEUR (Eustache) : 1° Jésus, avec plusieurs apôtres, chez Marthe. Madeleine, assise devant le Sauveur, l'écoute avec recueillement (catalogue) — demi-nature. — Je crois Madeleine à genoux et non assise. Les plis de ses vêtements tombent à terre en désordre ; son air contrit annonce le repentir. Marthe, debout, la montre au Sauveur, qui lève un doigt tendu vers le ciel. Dans une chambre voisine, une femme revêt la table d'une nappe. Au fond, à gauche, deux hommes descendent un escalier, l'un tenant un plat de viande et l'autre un panier; une femme leur indique la salle à manger. Ce tableau, d'une bonne perspective et d'un coloris plus ferme que d'habitude, serait excellent, si des parties essentielles n'en étaient pas noircies. Ainsi, la tête du Christ, mise mal à propos dans l'ombre, est noire aujourd'hui.

2° Saint Louis assiste à une messe où se produit un miracle : à l'élévation, l'hostie prend la forme lumineuse de Jésus en chair. Esquisse de petite dimension; cadre ovale. Louis IX s'incline sans regarder le miracle que lui montre un de ses courtisans. Le diacre servant la messe se prosterne, et les deux vicaires expriment leur étonnement en levant les bras. Jolie esquisse. Toutefois, il y a là, l'un près de l'autre, au milieu de la scène, trois habits blancs brodés en or qui occupent trop de place.

LIBERI (le chevalier Pierre) : Angélique et Médor dans un paysage. Deux jambes, l'une de l'homme, l'autre de la femme, allongées dans le même sens, sont de même forme. Médor grave leurs noms sur un arbre; son bras levé est mal dessiné; de l'autre main, il prend le menton de son amante. Grosse face de l'un; profil de pierre de la nymphe. Mauvaise toile placée entre deux chefs-d'œuvre (la Suzanne du Dominiquin et l'Offrande à Vénus du Titien).

* LICINIO (Jean-Antoine-Régille), dit *Pordenone* : Concert d'amateurs (demi-figures). Aux bouts de la table, sur laquelle est ouvert un cahier de musique, se trouvent un jeune homme et un vieillard chantant, la bouche ouverte. De l'autre côté de la table, au milieu, une jeune fille, la tête baissée sur le cahier, chante en souriant. Sa poitrine, aux seins demi-nus, accuserait un âge plus avancé que ne l'annonce son visage. Un autre jeune homme, aux traits anguleux et maigres, montre du doigt le passage à exécuter. Au fond, à droite, le peintre debout se tourne pour nous regarder. Licinio est un brun portant la barbe en collier, avec une petite moustache : front penché en arrière, yeux noirs, vifs, perçants, jolie bouche, menton proéminent, sourcils levés : tout annonce l'imagination dans cette belle tête. A l'extrême gauche, quatre autres têtes, deux dans l'ombre et deux en lumière. La jeune fille, le vieillard à demi éclairé et l'artiste sont bien dessinés; les autres visages sont moins soignés.

LIÉVENS (Jean) : 1° Portrait d'un vieillard à longue barbe et cheveux blancs, vêtu de noir, buste. La barbe est bien rendue; le visage est plein de renseignements, d'un bon dessin et bien éclairé.

2° Autre portrait de vieillard à barbe grise, tenant un sablier (demi-figure). Barbe large et très-fournie, mais comme savonnée; rides par trop prononcées au front. Bonne peinture, du reste.

LINGELBACH (Jean) : Récolte de foins. Je ne vois rien de bien intéressant dans ce tas de foin carré, dans ce cheval blanc dont on peut compter les côtes, ni dans cette faneuse déguenillée.

LIPPI (frère Philippe) : 1° Salutation angélique. Marie, debout, porte au bout d'un corps long et mince, un énorme crâne avec un petit visage. L'ange, agenouillé à gauche, est couronné de roses. Ses traits communs sont comme frottés. Au fond, paysage vu à travers des arcades. Assez mauvaise toile.

2° Madone assise dans un jardin, ou plutôt dans un affreux paysage en échelle. Elle a pour siége un fauteuil de bois et tient par le corps son fils en chemise, qui la regarde avec sa grosse face insignifiante. Marie nous lance en dessous une œillade de côté. Visages communs, sans relief, et à demi effacés par le temps.

LIPPI (Lippino). Le Christ apparaît avec les stigmates, à sa mère debout dans un paysage. Un genou en terre, il lève la tête vers le ciel, où l'on voit Dieu le père. A en juger par les poses, les rôles sont ici intervertis. Mauvais dessin.

Au bas de ce cadre est une mise au tombeau en figurines, moins mauvaise.

LORME (Antoine de) : Intérieur d'église de style grec. La grande nef noircie détruit toute illusion.

LOTH (Charles) : 1° Saint Dominique recevant de la Vierge le rosaire. La tête du saint est entourée d'épines. Deux anges couronnent Marie; grand ange tenant un livre et un lis. Plus haut, deux autres petits chérubins. Assez bonne toile, un peu noircie.

2° L'ange Gabriel, ou plutôt ange gardien. Il a terrassé l'Envie, qu'il précipite ainsi que les autres vices. Nu, avec un manteau bleu à la ceinture, la tête coiffée d'un casque, les ailes déployées, il s'incline vers un enfant et lui montre le ciel, où apparaît la sainte Trinité. L'enfant lève la tête de ce côté. Le raccourci de cette tête laisse à désirer. Les jambes de l'un et de l'autre sont trop courtes et trop grosses; le reste est bien (genre Rubens).

3° Portrait de l'auteur. Il est costumé à la Louis XIV. Long nez descendant en pointe au delà des narines, menton énergique, belle bouche; arcs sourciliers mal dessinés et contractés de façon à donner un air sinistre à ce visage dont le coloris est noirâtre. Altéré sans doute.

4° Sara présente Agar à Abraham. Ce tableau, plus altéré que le précédent, est mieux dessiné, surtout quant à la poitrine d'A-

braham. Mais Agar debout, une main dans celle du patriarche
assis, est grossièrement modelée. Son profil noirci est devenu
illisible. Sara, quoique dans l'ombre, se voit encore un peu. Je ne
sais pourquoi le peintre a placé là un petit garçon.

. LOTTO (Laurent) : Mariage mystique de sainte Catherine (grandes
demi-figures). La Vierge de face, la tête baissée, nous offre un
visage insignifiant depourvu de sourcils pour ainsi dire. A gauche,
sainte Catherine à genoux n'est pas plus attrayante avec ses deux
mentons et le profil coupé en deux par les cordons de sa ferronnière. Jésus, debout sur sa mère, se lève d'une façon peu gracieuse
pour poser la bague. Saint Joseph regarde cette scène avec un
mouvement de bouche dédaigneux. Coloris vif, dessin sec. —
Médiocre.

LUCIANO (Sébastien), dit *del Piombo* : Saint Nicolas, évêque,
saint André et saint Jean-Baptiste. Un ange emporte dans les airs
le bonnet de l'évêque. Têtes d'un bon style, mais noircies.

LUINI (Bernardino) : 1° Sainte Catherine, richement vêtue,
tenant sa palme d'une main et levant l'autre, l'index tendu, nous
regarde de face. Sa tête, un peu trop longue du haut, est animée
de ce sourire charmant imité de Léonard de Vinci. Roue brisée.
Fond de paysage.

* 2° La Vierge allaitant Jésus (figure jusqu'aux genoux). Elle
tient sur elle l'Enfant ayant un chardonneret dans la main. Une
ouverture faite à la chemise permet de mettre un sein à nu après
avoir dégrafé le corsage. Au fond, joli paysage avec édifices. Ce
tableau est plus frais que le premier ; mais le nez trop carré, trop
grec de Marie rend sa physionomie froide : c'est dommage, car sa
bouche est délicieuse.

3° Sainte Famille (huitième de nature). Le petit saint Jean agenouillé à droite vient de donner une fleur à Jésus. Vierge sérieuse
comme la précédente, le haut de sa tête paraît trop long.

LUTI (chevalier Benoît) : Saint Charles Borromée administrant
l'extrême-onction à des pestiférés (petite nature). Mauvais.

* LYS (Jean van der) : Paysage avec ruines romaines. Pan,
sur une éminence à gauche, danse de telle façon qu'on pourrait
prendre ses pieds de bouc pour des échasses. Plus loin, trois
jolies nymphes, dont deux forment l'orchestre. Un autre satyre et
un enfant regardent le danseur. Très-jolie toile. Mais le dieu est
bien isolé.

MAAS (Nicolas) : Portraits d'un homme jeune et de son épouse.
La pose de l'homme, une main sur la hanche, est prétentieuse.
Son nez un peu retroussé et son petit menton ne comportaient pas

cet air énergique. Sa femme, richement mise, mais dont les traits sont peu distingués, est aussi un peu maniérée. Bonne peinture, belle lumière.

* MANFREDI (Barthélemy) : Couronnement d'épines (figures jusqu'aux genoux). Belle tête de Christ inclinée, l'air résigné. Deux bourreaux lui enfoncent la couronne, le premier avec ses mains recouvertes de gantelets de fer, le second avec un bâton. Deux soldats placent un roseau dans la main de Jésus et le saluent avec ironie; deux autres, derrière, montrent le patient; Bonne toile, bel effet de clair obscur.

MANTEGNA (André) : 1° Vierge en trône et deux saints (petites figures). Ce trône est cintré et très-enjolivé. A gauche, évêque en bonnet blanc; à droite, cordelier avec une auréole. Visages de terre cuite. Noirci.

2° Lucrèce se poignardant (demi-figure, grande demi-nature). Petits yeux, sourcils presque nuls, front haut, large et droit, cheveux blonds avec coiffure en rubans sur le côté droit; physionomie allemande. Elle s'enfonce la pointe d'une épée au milieu de la poitrine, sous les seins. Elle n'est vêtue que d'une gaze très-transparente. Toile assez bien conservée.

3° Le Sauveur du monde. Il a dans une main une petite croix de bois, et tient de l'autre l'une de ses tresses de cheveux tombant sur les épaules. Visage trop tendu. Un pli à la joue annonce un léger sourire. Coloris terre cuite.

* MARATTA (Charles) : 1° La Vierge apparaissant à saint Jean l'Évangéliste, dans l'île de Pathmos (petite dimension). Ce saint, beau jeune homme, en robe verte et manteau rose, est assis à notre gauche, tenant une plume et un livre. A droite, dans les airs, Marie, en robe blanche, sur un nuage noir, les yeux au ciel, les mains jointes; elle est entourée d'une gloire d'anges. Au deuxième plan, à droite, deux anges se baisent. Au fond, à gauche, arbre, ciel bleu. Charmante toile.

2° La Vanité sous les traits d'une femme endormie (petite nature). Joli corps nu bien éclairé. Elle a le bras droit sur la tête penchée en arrière. Bon raccourci de cette tête; celui du bras gauche est mal dessiné. Sur le devant, tête de mort; au fond, vase de parfum fumant dans un jardin. Amours, dont l'un tient une chaîne d'or; un second tombe sur la terre, la tête en bas, une couronne à la main. Bon. Belle lumière.

* MARÉES (Georges des) : 1° Portrait du peintre François-Joachim Bech. Il a les mains posées sur un portefeuille. Belle et longue tête de vieillard ; physionomie anglaise, sérieuse. Excellent dessin des mains.

* 2º Portrait de l'auteur assis, à qui sa fille présente les pinceaux. Belle tête d'homme mûr ; physionomie gaie, spirituelle, portée à la volupté, vraie tête d'artiste. Sa fille, debout, est jolie.

3º Portrait d'Erhard Winterhalter, médecin de la cour de Bavière, et beau-fils du peintre, avec sa famille. L'homme et les petits garçons à gauche sout assez bien peints. La femme et la fille à droite sont mauvaises, la femme surtout, dont la grosse face est très-mal dessinée.

4º Triptyque. 1. Pièce du milieu, crucifiement. — 2. Volet de droite, saint Maurice refusant de sacrifier aux idoles. — 3. Volet de gauche, décollation de ce saint. Ce triptyque, sur bois et sur fond d'or, moins grand que nature, est mal peint et noirci.

MASACCIO (Tomaso Guidi) ou DI SAN GIOVANNI : 1º Saint Antoine de Padoue opère un miracle sur un hérétique dans un temple en présence de la foule. Peint à *tempera.* C'est le miracle du baudet qui, placé entre une ration d'avoine et une hostie, refuse la première et s'agenouille devant l'autre. Temple tout bariolé de blanc, de bleu, de rouge ; bas-reliefs sur les murs ; costumes bizarres et discordants. Mauvaise toile indigne de porter le nom de ce peintre.

2º Tête d'un moine peinte à fresque (demi-grandeur). Tête chauve à barbe blanche, enveloppée d'une draperie jaunâtre. Bouche peu gracieuse, yeux vifs et spirituels. Esquisse dont le dessin est bien supérieur à celui du précédent.

3º Portrait de l'artiste coiffé d'un bonnet rouge, la main droite entortillée dans un linge. Grand et beau nez arqué dénonçant un front penché en arrière, petite bouche aux lèvres charnues, menton proéminent, regard très-sérieux. Une petite draperie rouge posée sur son bonnet rond et étroit tombe par un bout à notre gauche. Habit violet avec manches lilas à ramages. Dessin et coloris trop secs, corps trop plat. J'ai vu un portrait différent de ce peintre à l'exposition de Manchester.

4º La Foi et la Dévotion. Ce sont deux vieillards ne montrant guère que leur tête. L'un tient un chapelet dans ses mains jointes ; sa tête chauve, baissée et souriante annonce la bonté et la joie d'une conscience libre. L'autre s'appuyant sur l'épaule de son voisin est fort laid. Bon tableau dont le titre devrait être : la vraie et la fausse dévotion.

MASSOLINO ou MASSIMO DA PANICALE : Salutation angélique. Marie est un long fantôme coiffé de blanc avec un manteau bleu. L'ange, vêtu en enfant de chœur, a de singulières ailes. Au fond, colonnes trop minces. Campagne. On dirait que l'auteur a voulu parodier ce sujet.

MAXING ou MAXIMIN : Homme d'affaires à qui trois paysans, dont l'un a le front déprimé, viennent faire un payement. Le banquier est un gros père ayant je ne sais combien de mentons et paraissant réjoui à la vue du sac d'écus qu'on vide sur la table. Ce que je trouve de mieux dans ce tableau c'est un modeste commis tenant note du payement. Sa tête, assez belle et intelligente, contraste avec celle de l'homme au front aplati; elle offre d'ailleurs un bon raccourci, et l'auteur l'a soigneusement éclairée.

MAZZOLINI (Louis), dit il Ferrarese : Repos en Égypte. Marie avec son auréole et sa grosse face, Jésus avec son nez et son menton aussi ronds l'un que l'autre, saint Joseph, muni du long nez italien, Dieu le père avec sa chevelure ébouriffée, regardant la terre d'un air de mauvaise humeur : tout cela, rendu plus ridicule encore par un coloris sec, ne vaut rien du tout.

MAZZUOLA (François), dit le Parmesan : Sainte Famille. Marie, une jambe sous elle, l'autre allongée, le pied nu, présente le sein à l'Enfant couché sur elle. Jésus regarde à notre droite le jeune saint Jean, de moitié plus grand que lui. Celui-ci pose une main sur l'épaule de la Vierge. Derrière, saint Joseph dans l'ombre. Les bras croisés de ce saint, la jambe de Jésus accrochée au bras de sa mère et le sein emmaillotté de la Madone, me paraissent d'un goût très-contestable.

MEHLEM (Jean van) : 1° Saint Jean l'Évangéliste (demi-nature). Cadre étroit, visage anguleux d'une seule teinte.

2° Saint Henri, empereur, dans une niche. Grisaille de demi-nature. Il tient une grande épée d'une main et une tour dans l'autre et porte une armure complète, couronne en tête. Belle lumière; mauvais dessin.

3° Quatre autres saints et saintes, dont l'une (sainte Hélène) est le pendant de saint Henri ; le tout, mauvais.

4° Buste de l'artiste. Bon Allemand joufflu, aux traits allongés cependant et assez beaux, yeux trop petits. Une glace convexe près de laquelle il est assis renvoie son image. Bon portrait, quoique trop rouge.

MEKENEN (Israël de) : Six tableaux de demi-grandeur. Saints et faits du Nouveau Testament. Coloris et dessin passables pour l'époque, mais maigreur ridicule.

MEMMI (Simone) : Le Sauveur assis sur des nuages, tenant un livre et donnant sa bénédiction. Croûte noire sur fond d'or.

* MENGS (Antoine-Raphaël) : 1° Son portrait. Belle tête encore jeune : barbe noire coupée, tête nue, beau front penché en arrière, sourcils bien arqués, os de l'œil un peu saillant ; bouche entr'ouverte, aux lèvres charnues, menton fendu et peu énergique. Tête trop large au sommet. Les yeux cernés et la contraction des sourcils annoncent de la fatigue et une composition peu facile. En somme, physionomie d'un homme bon, loyal, intelligent, mais non celle d'un génie supérieur.

2° Buste d'un capucin à barbe blanche, presque chauve, la bouche entr'ouverte, un bâton à la main. Bon de lumière et de dessin, mais coloris trop sec, trop terre cuite.

METZU (Gabriel) : 1° Cuisinière tenant une volaille embrochée, jeune fille en casaquin rouge, cheveux relevés sur son grand front, yeux trop éloignés l'un de l'autre. Elle sourit d'un air plus naïf que spirituel.

2° Le roi de la fève. Vieux bonhomme, une couronne de papier doré sur la tête et trônant au bout de la table. Il vide une longue flûte, aux cris de : « Le roi boit! » Une jeune femme assise sur le devant, une main sur la hanche, le regarde d'un air sérieux, presque triste. Près d'elle, un enfant enfermé dans un fauteuil en bois ; la mère et l'enfant très-éclairés ; les autres le sont à demi ou se trouvent dans l'ombre. Touche délicate et soignée.

METSYS ou MATSYS (Quentin) : 1° Homme et femme comptant de l'argent sur une table (demi-figures). Coiffure absurde du mari, en laine rouge ; il tient des louis dans une main. Sa femme est coiffée plus simplement et avec grâce. Coloris uniforme. Et pourtant visages pleins de vie. Mains par trop minces.

* 2° Circoncision (quart de nature). Fond d'architecture gothique, légère, élégante. La mère tient son fils étendu sur une table, tandis que le prêtre procède à l'opération. Derrière Marie, sainte Anne, saint Joseph et assistants parmi lesquels on distingue une jeune femme se tenant droite et cambrée et s'efforçant de tourner la tête de notre côté, comme pour nous faire admirer sa jolie taille, sa toilette en étoffe rouge et son joli bonnet flamand avec voilette et barbes. Dans le dernier plan, on voit le Messie adoré par la Vierge, saint Joseph et les Mages. Au premier plan, commettants (homme et femme) à genoux, de chaque côté, devant un prie-Dieu. Leurs visages sont finement traités. Coloris bien conservé.

3° Saint Barthélemy avec un livre et son couteau, saint Jean l'Évangéliste avec son calice et saint Jean-Baptiste tenant un livre sur lequel est un petit agneau en relief (demi-nature). Au fond, à droite, homme et femme en voyage, traversant une rue sur le seuil de laquelle se tient une mère avec son enfant dans les bras. Tours, eau, montagne. Le dessin des pieds et des mains laisse à désirer; le coloris tourne au rouge-brique. Joli tableau, du reste.

4° Sainte Barbe, près d'une tour, tenant une plume de paon, sainte Catherine portant sa roue, et sainte Madeleine, un livre ouvert dans une main, sa boîte de parfums dans l'autre. Costume coquet. Fond de paysage. Tableau moins bien peint et moins éclairé que le précédent, son pendant.

MEULEN (Antoine-François van der) : 1° Prise de la ville de Dôle par Louis XIV. Au premier plan, un cheval blanc, que va enfourcher un jeune officier vêtu de rouge, fait illusion. Bien conservé.

2° Siége de Tournai, en Flandre.

3° Siége de Lille. Groupe de seigneurs à cheval ayant le roi leur tête et précédé d'un piquet de cavalerie. Ils débouchent entre des arbres et descendent dans le chemin qui conduit à la ville. Rivière, village.

4° La ville d'Oudenarde, en Flandre, canonnée par Louis XIV, qu'on voit, avec sa suite, sur le devant à droite. Plus loin, batteries en demi-cercle tirant sur la ville qui riposte.

Ces trois dernières toiles sont un peu altérées. Perspective étendue mais dont le fond monte presque jusqu'au haut du cadre.

* MICHELI (André), dit *il Vicentino* : Congrès où figurent dans le fond, sur deux trônes élevés et entourés des sept électeurs, les rois de France et d'Espagne et vis-à-vis le doge de Venise, le duc de Savoie et le grand-duc de Toscane. Au-dessus de ces grands personnages, planent les figures allégoriques de la Religion, de la Force, de la Modération, et de la Justice. Au deuxième plan, sénateurs, magistrats. Sur le devant, trois seigneurs de grandeur naturelle : l'un vêtu à l'espagnole et nous tournant le dos, un second nous faisant face, mais regardant le trône de gauche; il est accoudé sur un coffre, et le troisième appuyé sur une table, les yeux tournés vers nous : belle tête d'artiste, au regard vif, spirituel. Je désire que ce soit le portrait de l'auteur. Le premier plan surtout est peint avec un grand talent.

MIELICH (Jean) : 1° Portrait d'homme brun en habit noir. Front et yeux d'un Allemand flegmatique. Dessin sec, sans relief.

2° Portrait d'une femme enveloppée jusqu'au cou dans sa robe noire. Un voile jaunâtre s'avance sur les yeux et emprisonne le menton. Même dessin sec.

MIÉRIS (François van), l'aîné : 1º Guerrier cuirassé tenant une pipe d'ont il va nous lancer la fumée. Excellent raccourci de sa tête jeune et joviale, bien éclairée.

2º Enfant appuyé du coude sur son tambour posé sur une table. Plus au fond et dans l'ombre, autre bambin jouant du flageolet.

3º Bonne et grosse dame flamande, aux deux mentons, au long nez, à la grande bouche souriante, regardant, en baissant les yeux, son petit épagneul. Sa poitrine demi-nue est fort bien éclairée.

Les personnages de ces tableaux de petites dimensions sont à mi-corps.

* 4º Dame tombant en faiblesse (figures entières, huitième de nature). La tête penchée sur une épaule, les yeux fermés, les bras écartés et pendants, le désordre de son corsage, une jambe allongée sur le talon : tout dénote qu'elle vient de perdre connaissance. Son visage au long nez et en raccourci, fait illusion. Une vieille et grosse servante la tient par les épaules, d'un air effrayé. Deux jeunes filles, dont l'une est en larmes, sont placées dans l'ombre. Un médecin, à la mine refrognée regarde au travers d'une petite bouteille contenant de l'urine de la malade. Excellent tableau.

5º Buste de l'artiste enveloppé dans son manteau, la tête couverte d'un bonnet rouge avec une plume d'autruche : grosse face souriant désagréablement en se tournant vers nous.

6º Le même artiste causant avec la maîtresse d'une hôtellerie. Même sourire disgracieux. Son visage large, gras, avec deux mentons, et ses yeux vifs, spirituels annoncent une imagination plus sensuelle qu'élevée. Ils sont tous deux dans l'ombre, par modestie sans doute. La gorge de la femme est presque nue. Miéris rit du quolibet qu'il vient de lancer à la belle. Au premier plan, attirail d'un cavalier, pistolet compris, bien mieux éclairé que les figures.

7º Buste d'une jeune blonde en robe blanche entr'ouverte sur la poitrine. Nez long et pointu, yeux fixes, bouche jolie, un peu boudeuse, double menton trop petit.

8º Jeune soldat endormi, à gauche, sur une chaise. Un visiteur assis un peu plus loin offre, en mettant un doigt sur sa bouche, une pièce d'or à une jeune femme debout derrière le dormeur. Table avec vase. La tête de la femme est devenue noire, ce qui l'empêche de nous montrer son indignation.

9º Dame jouant du luth, son cahier de musique devant elle

(demi-figure). Ses doigts sont bien posés sur l'instrument. Sa robe en soie jaune fait illusion ; ses oreilles et ses cheveux sont ornés de perles dont l'une tombe sur le haut du front. Jolie Flamande au nez légèrement retroussé, à la poitrine demi-nue. Toîle bien éclairée et très-fraîche.

10° Jeune dame présentant une amande à son perroquet. Cet oiseau bleu avec queue rouge et son perchoir font illusion. Visage du même genre que le précédent, yeux rouges, moins beaux.

11° Intérieur d'une chambre rustique. Entre un paysan hachant son tabac et un autre buvant à même d'un pot, tous deux assis près d'une table, se trouve une jeune femme dont le mouchoir couvrant la tête aurait dû plutôt nous dérober ses grossiers appas. Sur le devant, moules dans un plat en terre, tonneau. La femme, le buveur et la nappe sont bien éclairés, le reste a noirci.

12° Dame devant son miroir. Elle ne nous présente qu'une joue et le bout du nez, mais son miroir moins discret nous montre son visage de face. Maintien droit et fier, traits assez jolis, mais peu animés. Epagneul, pantoufles, fauteuil. Large rideau bleu. Jolie toile.

13° L'auteur présente une huître à une dame qui déjà en tient une de la main gauche, un verre dans la droite. Elle est assise à une table ; ils se regardent en coulisse. Je ne sais quelle plaisanterie accompagne l'offre du cavalier, mais il rit à la façon de Tartufe en frais de galanterie. Voilà deux scènes un peu scabreuses bien en rapport avec la physionomie sensuelle du peintre, dont le front penché en arrière et le menton proéminent annoncent du reste des moyens peu ordinaires.

14° Militaire cuirassé, tenant une pipe (jusqu'aux genoux). Grand nez, bonne tête de vieux troupier à la barbe grise. Excellent.

MIÉRIS (François van), le jeune : Marchand de poisson offrant un morceau de saumon à une femme assise qui tient un enfant sur ses genoux. Près d'elle, berceau, chien. Au fond, à gauche, servante mettant une bouilloire sur le feu. Très-joli, bien conservé.

MIÉRIS (Guillaume) : Petit garçon accompagnant de son tambour le flageolet de son camarade, placé dans l'ombre, ou plutôt interrompant son tapage pour regarder à notre gauche, avec cet air distrait, curieux des enfants de son âge. Son visage et sa pose sont charmants. Bonne toile.

MIGNON ou MINJON (Abraham) : 1° Corbeille de fruits près du tronc d'un chêne. Sur l'arbre, deux chardonnerets, avec leur nid rempli d'œufs, et une mésange. A terre, fruits, épis et fleurs, etc. Très-joli.

2° Arbre au pied duquel sont des fleurs; oiseaux sur les branches. Roche avec arcade naturelle. Une rose et des volubilis bleus font surtout illusion.

3° Un coq, un pigeon et autres oiseaux morts. Le coq accroché par une patte, les plumes se renversant en désordre, n'est pas d'un aspect agréable.

4° Plantes, fleurs et oiseaux dans un paysage. Pont avec un bel effet de lumière sous l'arche. Noirci, les grandes fleurs exceptées.

MILLET ou MILLE (François), dit *Francisque* : 1° Paysage italien. Bâtiments antiques. Grands chênes bien rendus. Au premier plan, vieillard assis et montrant une écuelle près d'un bâton. N'est-ce pas Diogène? Un jeune couple, costumé à la grecque, s'arrête pour causer avec lui. Berger reconduisant son troupeau.

2° Paysage. Vue sur la mer. Au premier plan, femme cueillant des fruits pour ses enfants, assis à l'ombre.

Ces deux grands paysages et un autre plus petit (vendange) ont noirci.

MIREVELT (Michel-Jean) : 1° Buste d'un homme dont la barbe ressemble à une fourrure de renard. Bien éclairé, pauvre de dessin.

2° Buste d'homme à barbe et à cheveux blancs. Bien faible pour un Mirevelt.

MOLA (Pierre-François) : 1° Madeleine agenouillée devant un crucifix. Noir.

2° Abraham renvoyant Agar. Sara, plus jeune que d'ordinaire, tient serré dans ses bras son jeune fils, qui tend une main vers Ismaël. Le patriarche, en montrant Sara lève l'autre bras comme pour dire à sa servante : « J'ai un fils, je n'ai plus besoin de toi. » Pose trop théâtrale. Agar crie d'une façon disgracieuse; son enfant se frotte les yeux des deux mains. Sa jambe droite, trop grosse, est mal dessinée. Quelle différence entre cette toile et celle du Capitole, à Rome! (*Musées d'Italie,* p. 333.)

3° Buste d'homme en habit noir. Il nous regarde en allongeant une main d'un bon raccourci. Tête mâle, énergique, œil profond un peu triste; bouche entr'ouverte et moins bien que le reste. Type se rapprochant de celui de Molière.

MORONI (Jean-Baptiste) d'Albino : 1° Portrait d'un ecclésiastique tenant un livre et un mouchoir. Beau front, yeux intelligents et scrutateurs, nez beau, un peu gros; bouche à ligne droite dénotant l'esprit d'ordre. Bon, bien éclairé.

2° Buste d'une femme vêtue de noir avec fourrure. Physionomie d'une usurière intelligente et méfiante. Portrait bien renseigné mais manquant de lumière.

Mosaïques exécutées à Rome (copies) : 1° Une sibylle du Guerchin. Belle tête, turban trop volumineux. 2° Buste de Béatrix
Cenci : jolie tête aux cheveux blonds pendants, d'auteur inconnu.
3° Temple de Vesta à Tivoli, par Volpini : arbres et temple bien
rendus ; le reste médiocre.

MOUCHERON (Frédérich) : Paysage avec des animaux peints
par Nicolas Berghem. Noirci.

* MURILLO (Barthélemy-Etienne) : 1° Deux jeunes garçons du
peuple se régalant au soleil. Le premier, un morceau de pain dans
une main, suspend sa grappe de raisin au-dessus de sa bouche, la
tête renversée ; l'ombre de la grappe se projette sur son gentil visage ; un panier de raisin est près de lui. L'autre, au teint hâlé, tient
d'une main son couteau et de l'autre une tranche de melon. La
bouche pleine, il regarde en riant son camarade. Reliefs, lumière, vérité : tout est parfait.

* 2° Deux autres *muchachos*, toile faisant pendant à la précédente. L'un assis, tenant, au-dessus de sa bouche très-ouverte,
une tranche de melon ; l'autre, à genoux, prend je ne sais quelle
friandise dans une petite boîte et regarde aussi son voisin en
riant. Près du premier, un chien réclame sa part du festin. Panier
de fruits. Excellent.

* 3° Deux polissons espagnols assis et jouant aux dés, tandis
qu'un troisième, debout, assiste à la partie tout en mangeant son
pain ; chien roux près de lui. Fruits dans une corbeille, petite
cruche ébréchée et renversée.

* 4° Quatre espiègles du même genre devant une cabane. Deux
jouent aux cartes ; les autres les regardent : trois, dont l'un aussi
élégant dans sa mise que les autres le sont peu, sont couchés à
terre ; le quatrième est debout, mais placé plus bas. On ne voit
pas leurs jambes.

* 5° Une jeune fille, assise sur un panier, compte de l'argent
à un petit marchand de fruits à genoux près d'elle. Rien de charmant comme le profil baissé et très-attentif de la fillette, et le visage épanoui du garçon qui la regarde en souriant.

* 6° Grand'mère épouillant son petit-fils. Tandis que cette
femme aux traits longs, maigres et empreints de bonté, cherche à
débarrasser l'enfant des hôtes qui l'incommodent, celui-ci, assis
à terre, le derrière de la tête enfoncé câlinement entre les jambes
de la vieille, mange son pain de compagnie avec le joli chien

14.

roux du n° 3. Sa miche dans une main qu'il retire en arrière
comme pour dire : « Ceci est à moi, défense d'y toucher, » il lève
l'autre main tenant un morceau, ce qui signifie : « Ceci est pour
toi. » L'animal a compris ; il a posé ses pattes blanches sur une
cuisse de son jeune maître et guette, immobile, le cou tendu, le
moment de s'élancer après sa proie, en faisant retentir les grelots
de son collier. Son attitude divertit fort l'enfant, dont la bouche
pleine s'ouvre pour rire de la façon la plus naturelle. Une belle lumière pénètre dans l'humble logis par une fenêtre du fond. La
bonne maman a déposé sur un banc sa quenouille et son fuseau,
qu'elle va reprendre après s'être servie du pot à eau et du linge
préparés sur la table. Cette scène est rendue avec une verve et une
vérité étonnantes. L'illusion est poussée si loin, ces détails d'intérieur sont animés par de si douces affections, par une gaîté si
naïve, que je n'hésite pas à placer ce petit chef-d'œuvre au premier rang des productions de ce genre.

MYN (Herman van der) : Jolies fleurs dans un bocal.

NEEFFS (Pierre) : Petit intérieur d'église ; effet de nuit. Un
prêtre va porter le viatique à un malade. Bon, mais noirci.

* NEER (Arthur van der) : Paysage. Étang réfléchissant les
grands arbres d'une forêt. Une langue de terre qui coupe en
deux cet étang est plantée d'arbres dont l'image se reproduit aussi
dans l'eau. Charmant effet.

NEER (Églon Hendrick van der) : 1° Une dame hollandaise, en robe
violette et jupon de satin blanc, accorde son luth (jusqu'aux genoux, petite dimension). Une boucle de sa chevelure, ornée de
perles, tombe sur l'épaule. Beau profil trop masculin, tête penchée ; belle poitrine, seins demi-nus.

2° Jeune dame en satin blanc, évanouie après une saignée. Elle
est soutenue par son père, sa mère et une femme de chambre. Sa
tête au double menton n'a pas encore perdu ses belles couleurs.
Cependant son état tire des larmes à une jeune personne. Bonne
toile, ne valant pas toutefois celle de Miéris l'aîné.

NETSCHER (Constantin) : Berger assis, presque nu, tenant dans
ses bras une jeune fille peu vêtue, et dont le regard, tourné vers
nous, est tant soit peu troublé. A droite, fontaine, statue, chien,
flûte. Joli, mais mal à propos posé au-dessus d'une porte sous
laquelle on ne peut passer sans voir cette composition tant soit
peu érotique.

NETSCHER (Gaspard) : 1° Bethsabée au bain. Elle n'a sur elle
qu'un châle rouge et un peignoir laissant un sein à découvert.
Une vieille, debout derrière elle et s'appuyant sur son épaule,

attend la réponse à une 'lettre que tient la baigneuse. David a le double tort de vouloir séduire une femme mariée et d'en choisir une si peu belle.

* 2° Amusement musical. Une dame, assise devant une table et tenant un petit chien, chante un duo avec un joueur de luth. Sa robe de satin blanc fait illusion. Charmant petit tableau.

3° Une jeune dame présente une amande à son perroquet, perché sur son doigt. Derrière elle, jeune homme dans l'ombre, la considérant avec un certain intérêt, tandis qu'elle nous regarde en dessous et sourit gentiment.

4° Jeune garçon jouant du flageolet. Effet de nuit. Ce musicien, coiffé d'un large feutre, est éclairé par une lampe posée près de lui sur une table. Un peu noirci.

NEUFCHATEL (Nicolas), dit *Lucidell* : Portrait du célèbre mathématicien Jean Neudorfer. Assis près d'une table, il tient un morceau de bois présentant des signes algébriques dont il explique la signification à son jeune fils : le premier, calme, sérieux, le front plein d'imagination. Têtes trop peu éclairées, la première d'une teinte de terre cuite, la seconde paraissant de marbre.

OEFELE (François-Ignace) : Son portrait à l'âge de soixante-treize ans. Il y a dans sa mise chiffonnée, dans la façon de nous regarder au-dessus de ses lunettes mal assises sur le nez, dans sa bouche et dans les rides nombreuses de son beau visage, quelque chose qui décèle une vieillesse déchue.

ORLEY (Bernard van) : Saint Norbert réfute les opinions de l'hérétique Teuchlin devant un nombreux auditoire (quart de nature). Le saint, dans sa chaire, fait avec ses doigts une démonstration aussi claire que celle-ci : un et un font deux; aussi regarde-t-il son adversaire, debout à droite, d'un air triomphant. Dans le fond, on voit, par une arche, le même hérétique couché à terre avec un livre ouvert devant lui, deux hommes debout, et dans le ciel, un ange tenant sur une bande de papier l'approbation divine donnée à la réfutation. Au premier plan, deux femmes. La longue robe verte de l'une est fort bien rendue.

ORSI (Lelio) da NOVELLARA : 1° Sainte Madeleine repentante. Joli profil, les yeux baissés; cheveux tombants et encadrant un sein nu d'une façon peu naturelle. Noirci.

2° Tête d'homme de profil. Beau et grand nez, bouche entr'ouverte, menton saillant; vêtement bizarre; coiffure illisible. Noirci. La partie éclairée a quelque rapport avec le coloris moelleux du Corrége.

3° Buste d'une dame tenant des deux mains son voile jaunâtre. Tête belle, énergique, teint pâle, yeux cernés. Altéré.

OSSINGER (Michel) : Dieu le père dans une gloire, assis sur un trône, avec l'agneau (figure de l'Apocalypse). Mauvais, altéré.

OSTADE (Adrien van) : 1° Dans une cabane, fruits, poissons, lièvre mort. Deux figures dans le fond. Presque effacé par le noir.

2° Bataille dans un cabaret. Une femme tient sous elle son mari, afin de lui éviter un coup de bâton : beau devoûment! Un autre, retenu par sa femme, lève un couteau. Pêle-mêle peu gracieux.

3° Société de paysans dansant dans un cabaret. Noirci.

4° Buveur (demi-figure). Un verre plein dans une main, un pot dans l'autre, il nous regarde. Altéré.

5° Fumeurs dans une chambre rustique. Un homme, assis à terre, tient une maritorne qu'il cherche à coucher sur lui; une femme nous montre qu'elle sait fumer comme un homme : le tout assez déplaisant.

6° Autre scène de cabaret. Sur le devant, femme et son petit enfant.

7° Compagnie joyeuse dans un cabaret. Un paysan veut porter un toast aux charmes de sa femme. Celle-ci lui ferme la bouche avec une main, ce qui fait rire trois hommes dont les faces ignobles sont enfouies dans de sales bonnets gris. Taisnières copie la nature, van Ostade en fait la charge.

OSTADE (Isaac van) : 1° Paysage. Ane chargé de meubles, arrêté au milieu de la route. Son conducteur se repose assis sur une éminence. Altéré.

2° Paysage. A droite, patineurs sur un canal. A gauche, un cheval, attelé à un traîneau plein de marchandises, gravit une rampe au haut de laquelle on voit une maison. Bon.

PACCHIARETTO (Giacomo) : 1° Saint Bernardin entre deux anges. 2° Madone avec l'Enfant et quatre anges. Mauvais dessin, teinte faïence.

PALMA (Jacques), le jeune : 1° Saint Sébastien attaché par un bras à un arbre. Son corps s'affaisse, mais ce bras n'est pas tendu comme il devrait l'être. Tête noire.

2° Déposition de Christ (petite nature). La Vierge, ayant sur ses genoux les cuisses du Christ, tombe évanouie à la renverse. Posture peu convenable. Une jolie blonde la soutient. Près de là, Madeleine en robe verte. Altéré.

3° Autre déposition de grandeur naturelle. La tête du Christ penchée sur l'épaule est d'un bon style. Ses jambes étendues sont croisées comme seraient celles d'un vivant. Le visage trop vulgaire de la Vierge grimace en voulant paraître triste. Toile mieux conservée que les précédentes.

4° Sainte Madeleine, un crucifix à la main, les yeux levés au ciel d'une façon ridicule. Noirci.

PALMA (Jacques), le vieux : 1° Saint Jérôme avec son lion. Il va écrire. Sa pose trop courbée manque de dignité. Du reste, bons reliefs, bonne tête à barbe blanche..

2° La sainte parenté. Ce sont les portraits de la famille de l'artiste : visages communs, voire même celui de la Vierge. Altéré.

3° Flagellation peinte sur marbre (figurines). Le corps du Christ un peu éclairé ; sa tête et les bourreaux, noirs.

PALMEZZANUS (Marc) de Forli, dit *Palmegiano* : Vierge en trône sous une voûte, assistée des saints Pierre, François, Antoine et Paul ; ange musicien. Grande et mauvaise toile.

PANTOYA DE LA CRUZ (Jean) : 1° Portrait de l'archiduc Albert, époux d'Isabelle, vêtu de noir. Mauvais.

2° Portrait d'Isabelle. Son corset comprime les seins au point de les supprimer en quelque sorte. Sa collerette ne lui permet pas de baisser la tête. Jolie personne plutôt autrichienne qu'espagnole. Coloris sec ; mains mal dessinées.

PATÉNIER (Joachim) : Fuite en Égypte (petite dimension). Marie sur un âne de carton gris, est enveloppée jusqu'aux yeux d'un manteau couvrant aussi Jésus, dont on ne voit que la tête. Saint Joseph tenant l'âne par la bride, ressemble à Sancho Pança. Son visage, du reste, est bien dessiné et éclairé. Paysage insignifiant.

PAUDITZ (Christophe) : 1° Loup déchirant un agneau et renard s'approchant, par l'odeur alléché. L'agneau est dégoûtant, le renard mauvais. La tête du loup est bien peinte et bien éclairée.

2° Buste d'un joueur de luth qui chante. Bon portrait d'un homme heureusement doué, mais que l'inconduite a fait déchoir.

PENS ou PENEZ (Georges) : Vénus assise, nue, excepté à la ceinture, tire une flèche du carquois de Cupidon occupé à en décocher une autre. Nus de carton gris.

PEREDA (don Antoine de) : 1° Société espagnole. Un couple joue aux cartes ; un autre est distrait par l'Amour. Un jeune domestique est ce qu'il y a de mieux. Toilettes ébouriffantes. Noirci en partie.

2° Deux officiers espagnols jouant aux dames (petite dimension). Joli, mais noirci.

3° Un jeune et élégant seigneur, aux traits féminins, se fait dire la bonne aventure par une bohémienne, tandis qu'un jeune homme de la troupe lui prend sa bourse en riant. Officier éclairé, le reste noirci.

4° Portrait d'un gentilhomme espagnol accompagné de son chien. Longue tête riant d'une façon disgracieuse. Ce portrait est si frais qu'il ne paraît pas être du même peintre.

PESNE (Antoine) : Jeune fille, une main sur la hanche, l'autre sur son panier plein de fruits. Elle a un chapeau de paille. Sa poitrine est demi-nue et pourtant sa robe est ornée d'une fourrure.

PETERS (Jean) : Tempête. Vaisseaux jetés contre un rocher escarpé que surmonte un château fort. L'eau battant la roche est bien rendue.

PEY ou PAY (Jean van) : Portrait d'homme en habit noir (demi-figure). Avec un visage enluminé, un double menton et le regard sensuel, devrait-on se faire peindre dans une attitude fière, une main sur la hanche, l'autre sur un livre et les sourcils tragiquement froncés ? Je trouve ses joues bien tendues. Est-ce parce qu'il se gonfle comme la grenouille de la fable ?

PIPPI (Jules), dit *Jules Romain* : 1° Saint Jean-Baptiste assis devant une source. Le visage un peu baissé présente un arc sourcilier par trop prolongé. Le menton — fendu — se relève plus qu'il ne faudrait. Une main appuyée sur la pierre qui lui sert de siége, il regarde en bas, comme un Narcisse qui se mire dans l'eau. Fond de paysage. Bon dessin ; ombres noircies.

2° Thésée abandonnant Ariadne endormie (quart de nature). Thésée drapé comme un consul romain, un pied sur son vaisseau, regarde pour la dernière fois la belle qu'il délaisse. Sur le tillac, une jeune et jolie femme, la main au gouvernail contemple Thésée avec inquiétude. Est-ce une rivale ? est-ce une figure allégorique? Ariadne dort profondément. Le contraste de ces deux physionomies de femmes est d'un bon effet. Teinte noir bleu. Bien conservé.

3° Buste de femme q.. à son air on peut prendre pour une Judith. Bien éclairé.

PISANO (Victoire), dit *Pisanello* : Madone avec l'Enfant. Au-dessus d'elle plane Dieu le père. Croûte gothique.

POELEMBURG (Corneille) : 1° Adoration des bergers (petite dimension). Le visage de Marie est trop vulgaire et le corps de l'Enfant moins éclairé que celui d'un des anges qui l'adorent, ce qui ne devrait pas être.

2° Paysage avec des ruines romaines. Des vaches paissent sur le devant, tandis que le pâtre s'entretient avec quatre nymphes nues jusqu'à la ceinture. Joli.

3º Paysage. Chemin passant devant un rocher et conduisant à une habitation. Un homme et une femme descendent ce chemin.

POLLAJUOLO (Antoine) : 1º Tableau en deux compartiments. Dans le premier, saint François se voue à la pauvreté ; il touche une femme affreuse ayant à la main des doigts de trop et superposés. Dans le second, il impose les obligations de son ordre à un jeune moine.

2º Saint Georges et saint Sébastien.

3º Vierge en trône et donateurs. — Le tout laid, mauvais.

PONTE (Jacques), dit *Bassano* : 1º Déposition de Christ. Corps couché sur le dos, les genoux relevés, éclairé par une chandelle. Le voile blanc qui couvrait la tête et le dos de la Vierge a noirci, ce qui produit un effet désagréable ; on en est dédommagé par la jolie petite blonde qui soutient Marie et dont la tête baissée près de la lumière offre un bon raccourci.

2º Vierge en trône assistée de saint Antoine et de saint Étienne (petite nature). Joli et spirituel visage du jeune évêque, bien éclairé, ainsi que celui de la Madone.

3º Saint Jérôme priant dans le désert. Posture guindée, vêtement mal disposé. Bon dessin, belle lumière, visage d'un bon style. Ane et tête du lion.

* POTTER (Paul) : Vaches et moutons couchés devant une maison rustique. Une femme tient à la lisière un enfant, dont la grosse face atteste son origine campagnarde. Près d'elle, le papa nous regarde en riant comme un artiste enchanté de son œuvre. A gauche, une jeune fille trait une vache ; un chevreau tête sa mère. Fond négligé. Belle toile.

PORBUS (François), le fils : 1º Buste d'un homme vêtu de noir, paysan flamand en costume de gentilhomme.

2º Buste d'une femme laide, ridée, vêtue de noir.

Bustes assez bien peints.

* POUSSIN (Nicolas) : 1º Le roi Midas, prosterné, un genou en terre, devant le dieu Bacchus, beau jeune homme nu tenant une coupe d'or, le supplie de retirer le don qu'il lui a fait, attendu qu'il est las de ne toucher que de l'or. Bacchus tend sa coupe vers le roi, en signe d'adhésion. Nymphe nue couchée, enfants, dont l'un est renversé par un bouc ; le vieux Silène et sa panthère. Puis au fond, personnages cueillant des fruits, jouant du chalumeau ou chantant. Bon dessin, belles formes, belle lumière, coloris un peu sec et trop uniforme. — Peut-être faut-il s'en prendre au temps. — Bien conservé, du reste.

2º Adoration des bergers (quart de nature). Marie, dont le

visage pourrait être mieux dessiné, et un berger sur le devant sont seuls éclairés. Bonne composition, bonnes draperies. Fond noirci.

3° Apprêts de sépulture. Le corps du Christ est posé sur les cuisses de la Vierge assise à terre. Ses pieds, relevés par le bout, sont d'un effet désagréable. Autre Marie vêtue de blanc, et qu'on croirait en chemise. Noirci, la tête de la Vierge surtout.

4° Saint Norbert, agenouillé, reçoit l'habit religieux des mains de la Vierge, qui lui apparaît avec l'Enfant (petite dimension). Un ange assiste la Madone, dont le profil grec, baissé, est très-beau.

5° Portrait de l'artiste, copie, sans les accessoires.

PRETI (le chevalier Matthieu), dit le Calabrais : Sainte Madeleine repentante, ayant devant elle les instruments de la Passion. Visage devenu gris et par trop tranquille.

PROCACCINI (Camille) : Sainte Famille. Jésus, plus grand que d'ordinaire, est debout sur les genoux de sa mère et prend la pêche qu'elle lui offre. L'Enfant montre le ciel d'un air inspiré. Sa tête levée et bien éclairée est d'un bel effet. Élisabeth, le petit saint Jean, puis saint Joseph s'apprêtant à cueillir d'autres pêches. Physionomie trop vulgaire de la Vierge.

PROCACCINI (Jules-César) : 1° Sainte Famille. Saint Joseph regarde l'Enfant par-dessus l'épaule de Marie. Un ange à genoux présente des fleurs à Jésus. Mauvaises poses, mauvais dessin; noirci.

2° Autre Sainte Famille. Jésus est assis sur sa mère et se renverse en levant les bras. Un ange lui présente en riant une pêche et des fleurs. Corps blanc de Jésus, enfant de six ans, dont la tête, d'un bon relief, est bien éclairée. Vierge jolie plutôt que belle. Bon, mais un peu maniéré.

PRUCKER (Nicolas) : Portrait d'un jeune homme en habit noir. Visage intéressant, mais trop long pour être énergique; mise élégante.

PULZONE (Scipion), dit Scipion de Gaëte : Portrait d'une dame richement mise. Joues pleines, beaux yeux, jolie bouche, nez un peu gros.

PYNAKER (Adam) : 1° Paysage. Chute d'eau sous un pont qui s'écroule au moment où des mulets chargés y étaient engagés. Médiocre.

2° Paysage. Joli coucher de soleil après une chaude journée. Au premier plan, mare d'eau où sont entrés un homme à cheval et une vache blanche. Au delà, chevrier et paysanne causant ensemble ; chèvres dispersées, etc. La vache, bien éclairée, dans sa partie supérieure surtout, fait illusion.

RAIBOLINI (François), dit *Francia* : 1° La Vierge adorant Jésus. Elle fléchit les genoux devant l'Enfant — pose peu gracieuse. — Derrière elle, haie de petites roses, dont les tiges sont maintenues par un treillage. Au fond, campagne d'un vert uniforme.

* Madone et deux anges. Marie tient le Bambino debout sur une table. L'Enfant, les bras croisés, regarde devant lui d'un air préoccupé. Un pauvre petit chardonneret est emprisonné dans une de ses mains. Ce tableau, d'une fraîcheur éblouissante, a pourtant 400 ans d'existence.

RAVENSTEIN (Jean van) : 1° Portrait d'un homme vêtu de noir, tenant des papiers.

2° Portrait d'une dame en robe noire avec longue et riche pointe au corsage. Son cou est enfermé dans une énorme collerette. En revanche, sa coiffure est des plus simples : elle a sur les cheveux, relevés à la chinoise, une petite bande de mousseline en demi-cercle. Physionomie flamande, bonne, peu spirituelle.

RAZZI (le chevalier Jean-Antoine de), dit *Sodoma* : Sainte Famille (figures jusqu'aux genoux). La Vierge, trônant sous un baldaquin rouge, présente une fleur à l'Enfant assis sur elle. Près d'eux, saint Joseph. Fond de paysage. Nus gris. Mauvais.

* REMBRANDT (Paul van Ryn) : 1° Portrait d'un vieillard en riche costume flamand du moyen âge. Il est assis dans un fauteuil, les mains appuyées sur sa canne. Physionomie distinguée, énergique, un peu colère même, aux lèvres minces et serrées. Ce visage, ces mains, sont dessinés et éclairés d'une façon merveilleuse. On oublie qu'on est devant un tableau, tant est vivant ce personnage dont la bouche entr'ouverte va parler. Aucun peintre, sans excepter Vélasquez, n'a poussé plus loin l'illusion.

2° Buste d'un Turc en habit vert brodé en or ; il tient une canne. Quelle différence entre cette tête et la précédente ! Sous son turban enfoncé jusqu'aux yeux, apparaît un visage laid, grossier, soudé à un cou de taureau.

3° Portrait de l'auteur à un âge avancé, vêtu de noir avec fourrure, et coiffé d'un chapeau à forme basse et larges bords. Ses traits ont noirci, et pourtant on comprend encore cette tête commune mais spirituelle.

* 4° Portrait du peintre Govaert Flinck, coiffé d'un bonnet de velours noir. Quoique ses traits soient jeunes, sa barbe grisonne. Belle tête au double menton, au regard vif et scrutateur. Mais

nous avons aussi le droit de la bien examiner, et je me trompe
fort, ou cet homme était passionné pour les femmes, le jeu et les
bons repas. Il faut le lui pardonner, car il était convive aimable
et plein d'esprit. Sans connaître la haine, il s'est plus d'une fois
mis en colère.

* 5° Portrait de l'épouse de Flinck. Cette femme, roide dans
son maintien comme dans sa physionomie, n'avait, à coup sûr,
ni les défauts, ni les charmantes qualités de son mari.

Ces deux excellents portraits sont d'une teinte un peu jaunâtre
assez ordinaire à ce peintre : la teinte est plus blanche chez le
vieillard (n° 1).

6° Portrait d'un jeune homme vêtu de noir. Belle tête à laquelle
les sourcils relevés donnent un air étonné.

7° Jeune dame aux cheveux retroussés qu'on voit à peine. Visage
flamand. Ses yeux enfoncés et dans l'ombre, ont néanmoins un
certain charme.

Ces deux portraits sont bien blancs. Ne seraient-ils pas plutôt de
Bol ?

8° Buste de vieillard en casaque rouge et bonnet noir : vieille
tête annonçant une vie tourmentée et peu digne. Son regard, sa
bouche ouverte, ses rides causent une impression pénible.

Six toiles de petite dimension placées dans un des cabinets du
musée, savoir : 9° Nativité, 10° Descente de croix, 11° Érection
de la croix, 12° Le Christ sortant du tombeau, 13° Mise au tombeau, 14° Ascension. Elles sont toutes d'un excellent travail et
très-remarquables par leurs effets de lumière. La descente de
croix surtout est un petit chef-d'œuvre. Mais les ombres, trop prononcées d'abord, puis épaissies par le temps, ont fait succéder la
nuit au demi-jour. D'un autre côté les types, trop vulgaires, trop
flamands, se trouvent déplacés dans des scènes comme celles-ci.

15° Tête de jeune homme. La bouche, dont la lèvre supérieure
se lève d'une façon des plus irrégulières, est tellement mal dessinée
et le ton de ce visage est si différent de ceux ordinaires du peintre,
que j'ai peine à voir ici un Rembrandt.

* 16° Abraham renvoyant Agar, paysage noirci (figures de petite dimension). C'est dommage, car il y a du sentiment dans cette
toile, chose rare chez ce peintre. Sur une dernière marche de la
maison, le vieillard debout, calme, mais affectueux, une main
levée, l'autre posée sur l'épaule de sa servante, lui dit : « Sépa-
rons-nous, Dieu le veut! » Agar, penchée en arrière, les mains
jointes et les yeux au ciel, semble demander la grâce de ne pas
succomber au désespoir. Le petit Ismaël, un paquet à la main,

un autre sous le bras, regarde sa mère vers qui se tourne aussi le chien de la maison. Le petit Isaac, ému, voudrait suivre son frère ou l'embrasser une dernière fois; Sara le retient; elle seule paraît peu touchée de cette séparation. Une femme, voulant peut-être faire une politesse à la pauvre renvoyée, sort d'une maison voisine avec un pot et un verre. L'ensemble de cette composition est pathétique. On ne pourrait guère reprocher à l'auteur que le nez retroussé d'Agar, personnage principal.

17° Paysage. Cabanes de pêcheurs au bord d'une rivière; petite toile ou tout ce qui n'est pas noir a tourné au pain d'épice.

18° Jésus et les docteurs. On ne voit plus, pour ainsi dire, qu'un gros homme sur le devant, personnage à la grosse face, au nez camard déjà vu dans la Descente de croix ci-dessus et ailleurs.

RENI (Guido), dit le Guide : 1° Apollon écorchant le satyre Marsyas. Je ne puis croire qu'un grand peintre se soit acharné contre un satyre au point de l'écorcher une multitude de fois. Il y a des contrefaçons sans doute. Ici l'Apollon est d'un blanc fade de la dernière manière du Guide; en revanche, Marsyas a la peau très-brune.

* 2° Assomption de la Vierge, morceau capital. Marie en robe rouge et long manteau bleu, les pieds sur un nuage que supportent deux grands anges drapés, est enlevée au ciel, les bras ouverts, la tête un peu inclinée à notre gauche et offrant un bon raccourci. Ses cheveux blonds et son voile encadrent son bel ovale, qu'embellit encore la vive lumière qui s'y produit.

3° Saint Pierre repentant (demi-figure), les mains croisées sur la poitrine. Ses clefs sont posées sur une table. Esquisse.

4° Saint Jean l'Évangéliste écrivant dans un livre.

RIBERA (le chevalier Joseph de), dit l'Espagnolet : 1° Saint Pierre repentant (figure jusqu'aux genoux). Belle tête chauve que soutient la main droite, dont le coude est appuyé sur une table. Tête et mains bien éclairées; le reste a noirci.

2° Sénèque mourant. On le sort d'un bain pour l'asseoir sur une pierre. Son corps nu est vivement éclairé. Sa bouche édentée s'ouvre pour parler; ses disciples, qui l'entourent, prennent note de ses dernières paroles. Ombres noircies.

3° Bourreau montrant la tête de saint Jean-Baptiste. L'exécuteur aux longs traits, à la barbe épaisse, la tête serrée dans un linge, est seul éclairé.

4° « Archimède tenant son miroir ardent, en métal » (catalogue). Vieille et laide tête, avec barbe et cheveux en désordre. Je vois dans la main une boule qui semble être de verre et non de métal. Altéré.

5° Le corps de saint André descendu de la croix. Une de ses mains est encore fixée à l'arbre par une corde ; l'autre tombe sur le dos du soldat qui le soutient sous l'aisselle avec son épaule. La jambe droite de ce soldat est bien dessinée et éclairée. La pose inerte du corps mort et celle tendue du bourreau sont d'un bel effet. Le reste est noir.

6° Vieille femme tenant par les pattes une poule noire et portant un panier plein d'œufs. Le visage de cette femme, à la bouche entr'ouverte et édentée, fait illusion : elle est assez bien conservée.

7° Philosophe tenant un livre contenant des lignes algébriques. Tête triviale. Méchante satire de la philosophie.

8° Vieillard contemplant une tête de mort (petit cadre). Profil plus énergique que bienveillant. Bonne lumière. Les chairs, présentant des rugosités, paraissent altérées.

9° Manassé, roi des Israélites. Côté droit éclairé, le reste noir.

10° Martyre de saint Barthélemy, si souvent répété par ce peintre. Il est à peu près nu ; un de ses bras est lié à une potence. Sa tête levée est très-altérée. Le corps, bien dessiné et encore éclairé, est devenu verdâtre. On distingue à peine le bourreau tenant le couteau.

RIGAUD (Hyacinthe) : Portrait en pied de Chrétien III, roi des Deux-Ponts. Il porte une perruque énorme et une armure en fer avec écharpe bleue. Tête rouge et ronde sans barbe, féminine. Médiocre.

ROBUSTI (Jacopo), dit *le Tintoret* : 1° Adoration des bergers. Marie a perdu sa beauté ; elle ressemble à une grosse paysanne. Quelques bergers et une jeune fille sont encore passables. Altéré.

2° Madeleine aux pieds du Seigneur chez le Pharisien Simon. D'une main elle rassemble ses cheveux comme pour en cacher sa poitrine nue ; de l'autre elle passe une éponge sur le pied du Christ qui, les bras ouverts, la regarde d'un air étonné. Le profil baissé de la sainte et le visage du Christ sont trop vulgaires. Un jeune homme, placé entre deux vieillards, se lève pour regarder la belle pénitente. Au fond, colonnes. Belles draperies, bonne perspective ; ombres noircies.

3° Portrait d'une femme vêtue de noir et de son jeune fils. Altéré.

4° « Portrait de l'artiste qui recommande son fils au Doge » (jusqu'aux genoux). La tête du père ne ressemble en rien aux autres portraits du Tintoret. Le Doge, assis, tenant à la main la pétition cachetée, est devenu vert. Grosse face commune de l'enfant. Bonne toile d'ailleurs.

5º *Ecce homo* (petites figures). Le haut du Christ est bien conservé. Sa tête baissée est entourée d'une vive lumière. Le reste est devenu noir.

6º Buste d'André Vasale, célèbre anatomiste. Tête aux traits courts, ne ressemblant en rien au Vasale du Titien, du palais Pitti.

7º Buste d'homme en habit noir que l'on croit être l'auteur. Cette tête, dont le menton descend en pointe, ne peut être celle de l'énergique Tintoret. Elle n'a aucun rapport avec le portrait du Louvre, et je ne crois pas qu'elle ait été peinte par lui.

Rocco (Michel¹, de Parme : Nativité. Bel effet de lumière à la Gherardo sur le corps de l'Enfant, d'où elle se répand sur les autres personnages. Visage de la Vierge, rouge et mal déssiné. Bonne tête d'une paysanne aux seins demi-nus; une autre, plus jeune, nous montre en riant sa jolie denture. Dans le ciel, grand ange et petits chérubins.

Rodriguez (Blanez Benoît) : Portrait d'un guerrier (jusqu'aux genoux). Grosse tête commune avec moustache. Il a une main sur la hanche, l'autre sur un livre. Altéré, mauvais.

Romanelli (Jean-François) : Salomé portant la tête de saint Jean-Baptiste. Elle a le visage d'une soubrette. Mal déssiné.

Romeyn ou Romayn (Guillame) : 1º Pâtre et troupeau couchés sur un chemin. Petite toile médiocre. 2º Pâtre que précèdent sur une colline deux ânes chargés; il cause avec une femme. Paysage insignifiant. Bon, mais noirci.

Rombouts (Théodore) : Société de chanteurs. Joueur de guitare chantant. Son visage animé est levé d'une façon comique. Deux autres jeunes gens assis près d'une table; l'un montre, en riant, le guitariste. Un troisième regarde son papier de musique avec grande attention. Assez bon.

Roncalli (le Chevalier Christophe) : Martyre de saint Simon de Canne. Sa tête, renversée en arrière et très en raccourci, et sa robe sont encore éclairées; le reste est noir.

Roos (Henri) : 1º Paysage avec des rochers, des ruines, un taureau couché au premier plan, puis chèvres, moutons, etc.

* 2º Taureau blanc traversant un ruisseau et chien qui l'aboie, grands arbres. Au fond, à droite, haute roche, pont, forêt. Taureau bien peint, ciel chaud. Bonne perspective. Grande toile.

3º Vaches couchées, chèvres, moutons et bergers.

4° Portrait de l'artiste, croûte rouge brique. On serait en droit de lui dire, comme à madame Deshouillères : « retournez à vos moutons, » Traits peu distingués.

5° Troupeau au repos. Berger apportant un agneau à une jeune fille étendue à terre sur le ventre. Bestiaux. Plus frais que le n° 1.

6° Deux paysages italiens avec personnages et troupeau.

7° Troupeau au repos. Un pâtre et une bergère s'amusent d'un bouc qu'ils excitent et qui se dresse en inclinant la tête.

8° Cavalcade de grands seigneurs précédée de musiciens aussi à cheval. Une des amazones rappelle ces jolies flamandes de Miéris. Au premier plan, une femme s'apprêtait à nettoyer son petit enfant : un chien lui en épargne la peine : plaisanterie grossière donnant une triste idée du goût de l'auteur.

9° Paysage italien avec des animaux domestiques. A gauche, ruines et deux figures. A droite, paysanne assise sur un cheval, grande toile.

10° Paysage avec ruines. Une vache posée sur un sol inégal, ce qui lui fait tendre l'échine, est très-bien peinte. Ruines pyramidales d'un côté, forteresse de l'autre. Femme assise et allaitant, homme et chien couchés près d'elle et dormant si bien que le hi ! han ! du baudet ne les réveille pas.

11° Coucher de soleil, joli paysage, très-frais. Homme, femme et enfant près d'une fontaine, se désaltérant au moyen d'une gourde et d'une tasse. A gauche, ruines d'un temple grec.

12° Taureau, bélier et moutons en repos dans un paysage.

Rosa (Salvator) : 1° Les soldats de Gédéon étanchent leur soif au bord d'un fleuve. Une grande roche ferme le paysage, excepté à l'extrême gauche où se trouve une pièce d'eau dans une éclaircie. Les soldats en partie éclairés, mais dont les autres sont devenus noirs, offrent un singulier aspect.

2° Paysage rétréci par des roches escarpées et découpées en demi-cercle, afin de nous laisser voir un peu de ciel. Au premier plan, arbre à demi mort faisant illusion.

3° Paysage avec vue sur la mer. A part un petit morceau de roche au premier plan, le terrain est plat. Est-ce bien un Salvator? homme assis ; trois cavaliers.

* 4° Quatre bandits armés délibèrent sur un rocher ; d'autres vont se joindre à eux. Chute d'eau. Une face de la roche présente des fissures dont les lignes figurent un profil humain, au front droit, au nez pointu, à la bouche rentrante, au menton saillant. Est-ce une erreur de mon œil? Est-ce une plaisanterie de l'auteur? Toile assez bien conservée.

5° Edifice avec tour et arcades en ruines sur le bord rocailleux· de la mer. Des bateliers ont abordé et se trouvent sur une roche au premier plan. A droite, un autre dirige une barque ; à gauche, personnages debout ou assis. Au fond, mer, montagnes.

6° Roche accaparant la toile au point de ne laisser voir le ciel que comme par une lucarne. Pêcheurs dans l'eau jusqu'à mi-jambes ; un autre vient de leur côté. Torrent entre les rochers.

ROSHOOF : Loup mangeant un agneau à la barbe d'un renard. Imitation médiocre du tableau de Pauditz ci-avant décrit.

ROTARI (Pierre comte de): 1° Jeune fille assise et pleurant après la lecture d'une lettre qu'elle a dans la main. Une compagne accoudée sur une table la regarde en riant. Oh ! le mauvais cœur! Peut-être est-elle une rivale préférée.

2° Jeune fille endormie sur une chaise, et que va réveiller un jeune homme en lui passant un épi sous le nez (jusqu'aux genoux). Elle dort de ce bon sommeil de l'innocence. Elle tient un livre bon à quelque chose puisqu'il l'a endormie. Le plaisant resté en partie dans la coulisse pourrait être pris pour une fille. Dessin faible, colori sec. Du reste, assez joli tableau (genre moderne).

ROTTENHAMMER (Jean) : 1° La Madone avec l'Enfant dans une gloire et entourée de bienheureux, apparaît à saint Augustin. Grande toile, petit effet.

2° Vierge sur un trône, entourée d'anges, petit tableau valant mieux que le grand. D'un côté, saint François ; de l'autre, saint Jean l'Évangéliste ; ombres noircies.

* 3° La Vierge, accompagnée par des anges, est assise dans un jardin : groupe délicieux. Au premier plan, sainte Elisabeth présente à Jésus le petit saint Jean. A gauche, deux anges portent une corbeille de fruits en se dirigeant vers la Madone, près de qui sont d'autres corbeilles de fruits et de fleurs. Charmant chérubin voltigeant dans l'espace. Le paysage, les fruits, les fleurs sont de Brenghel.

4° Actéon surprenant Diane au bain (figurines). Une nymphe couchée au premier plan et n'ayant pour vêtement qu'une écharpe en gaze très-transparente, est seule bien éclairée. Le reste est joli, mais plus ou moins noirci.

* 5° Le Jugement de Pâris (petite dimension). Il n'y a ici d'altéré que le manteau bleu de Vénus. Belle tête de Minerve ; tête moins spirituelle de Vénus. Mais il ne s'agissait pas d'une joute d'esprit. Jolis nus; dos de Junon très-bien éclairé. Cupidon s'est glissé entre sa mère et Pâris qu'il a influencé peut-être. Mercure est dans l'ombre.

* 6° Noces de Cana, grande composition en figurines. Deux tables sont entourées de convives, celle du fond plus éclairée, ce qui produit un bel effet. Physionomies et parures plus vénitiennes que flamandes. Une blonde en robe jaune, avec un vase sur l'épaule, au premier plan, rappelle la compagne chérie de Paul Véronèse. Groupe de musiciens formant entre les tables un repoussoir habile. Bonne perspective. Excellente toile, à laquelle je reproche pourtant la vulgarité des têtes de Marie et du Christ, ainsi que le point noir de l'iris de chaque œil qui s'est élargi, comme aux têtes du Poussin.

7° Le jugement dernier, autre bon tableau en figurines. La partie supérieure est encore éclairée ; le reste est noir.

* RUBENS (Pierre-Paul) : 1° Milord Arundel, debout et appuyé sur le fauteuil de son épouse assise. Tous deux nous regardent. La dame touche de la main la tête de son grand chien de chasse. Un jeune page vêtu de rouge porte au poing le faucon. Un nain difforme ouvre un grand rideau rouge. L'épouse, plus en évidence au premier plan, est une blonde au long nez et aux yeux noirs. Son visage est plus imposant que spirituel. Belle et grande toile, un peu altérée.

2° Chasse aux lions. Animaux peints par Sneyders. Combat entre sept hommes à cheval et deux lions (mâle et femelle). Un chasseur tué est étendu au premier plan ; un second, en costume de Bédouin, est renversé et mordu à la hanche par un lion que frappent à la fois trois lances. Un autre combattant, aussi renversé, enfonce son poignard dans la gorge de la lionne arrivant sur lui la gueule ouverte. Scène effrayante bien rendue, mais en partie noircie. Et puis, perspective en toit.

3° Saint Pierre et saint Paul debout. Au-dessus du premier, vole un petit ange qui lui apporte sa crosse de pape. Un autre, debout près de saint Paul, porte son livre. Têtes, poses, draperies, tout est beau.

4° Le consul Décius, couronné de laurier après sa mort héroïque, est étendu sur un lit de parade. Esquisse de petite dimension, confuse.

5° Guerrier couronné par une victoire blonde, peu achevée et d'un ton gris. Ce héros est Rubens dans la force de l'âge. Armes jonchant le sol — noirci.

* 6° Combat à la suite de l'enlèvement des Sabines. Romulus, homme fait, revêtu de la cuirasse et portant le bâton de commandement, s'avance à cheval et lève la main, en criant à ses soldats de cesser le combat. Tatius, le corps penché sur sa monture, va

lancer un javelot, mais sa fille Hersilie debout devant lui, le visage baigné de larmes, lui présente sa poitrine nue, et semble, en soulevant sa robe, lui montrer qu'elle est enceinte. Rien de touchant comme sa jolie tête. Le reste du tableau présente des soldats aux prises et des femmes s'interposant. Si l'on s'arrêtait aux détails on trouverait des négligences, par exemple dans les visages et les jambes de deux adversaires dont l'un est arrêté par le bras, tandis que l'autre a devant lui une femme à genoux : mais l'ensemble rachète ces défauts. Combien David est resté au-dessous de cette composition !

7° Saint Michel, avec les anges vengeurs, se précipite du ciel sur les réprouvés et les jette dans l'enfer (petite dimension). Affreux gâchis de corps rendus dégoûtants par leur forme et leur couleur.

8° Portrait de Don Ferdinand, infant d'Espagne, portant la cuirasse avec écharpe rouge et un grand feutre relevé par devant. Il monte un cheval bai et tient le bâton de commandement. Jolie tête mignonne aux cheveux blonds bouclés, à la moustache retroussée, au trop petit menton.

9° Adoration des bergers. Dans les airs, trois grands anges et beaucoup d'autres petits chérubins. Joli pêle-mêle. L'enfant Jésus emmaillotté est roide et plat sur son lit. Marie, par trop flamande, a l'un des seins à peu près nu. Tout cela est trivial. Il n'y a de bon, dans la scène d'en bas, qu'un berger à genoux et nous tournant le dos au premier plan : il fait illusion.

10° Latone, poursuivie par Junon, va s'arrêter avec ses enfants (Apollon et Diane) près d'un étang, afin de s'y désaltérer ; mais des paysans en ayant à dessein troublé l'eau, elle les métamorphose en grenouilles. L'un d'eux en chapeau de paille a déjà changé de tête. Latone, trop charnue, paraît vieille et laide ; mais les enfants, l'un blotti derrière son cou, l'autre cramponné à son bras, sont parfaits.

11° Samson trahi par Dalila. Assise sur son lit, elle tient des ciseaux et regarde en riant sa victime. Samson, déjà garrotté, se débat en furieux contre ses agresseurs. Trop de mouvement, confusion. Dalila est seule éclairée.

*12° Portrait de l'auteur encore jeune, et de sa première femme (Elisabeth Brants). Ils ont mis leurs plus beaux vêtements et sont assis, elle un peu plus bas que son mari — chacun est à son rang — Elle était alors plutôt maigre que grasse : jolis yeux, beau nez, bouche un peu grande mais agréable, menton trop court. Rubens, au lieu de sa physionomie animée, poétique, que nous lui connais-

15.

sons, est ici rêveur, presque ennuyé. Assisterions-nous au déclin de la lune de miel ?

13° Mort de Sénèque. Debout dans un bassin, comme le prétendu Sénèque en marbre noir, du Louvre, il s'entretient d'un air tranquille avec ses disciples, tandis qu'on lui ouvre une veine du bras. Un jeune homme écrit sur ses genoux les dernières pensées du maître. Eux et l'éxécuteur sont bien éclairés; le reste a noirci.

* 14° Jugement dernier, l'un des plus grands tableaux de Rubens. Tout en haut, Dieu le père ; sous lui, le Saint-Esprit, et plus bas, le Christ, le corps nu, couvert en partie par son manteau rouge. A sa droite, dans l'espace, le sceptre, et à sa gauche, l'épée flamboyante. La Vierge, en robe blanche, s'incline vers son fils. Près d'elle, saint Pierre, et derrière, autres saints. A droite, rois et patriarches de la bible assis sur des nuées, anges, vive lumière. Ces bienheureux sont presque à l'état d'ombres, tant leurs reliefs sont peu accusés. Sous les pieds du Christ, s'élance, la foudre en main, l'archange Michel. Des groupes dont les personnages se tiennent et sont aidés par des anges, s'élèvent à notre gauche, pour arriver à la droite de Dieu ; d'autres sont précipités, à notre droite, par les démons dans les flammes de l'enfer. Parmi ces derniers, on remarque un pêcheur mordu par un serpent, comme l'est Bigio dans la fresque de Michel-Ange : emprunt de mauvais goût. Plus bas, un diable-satyre tient sous un bras une jeune femme renversée et de l'autre un homme tout plié par la peur. Ce groupe du premier plan est d'un effet saisissant. A gauche, ressuscités. L'un encore pâle, sort de la fosse, les yeux levés vers le ciel : le sang commence à circuler dans les veines du corps. Au-dessus de lui, une jeune vierge nue, les jambes repliées sous elle, les mains croisées sur la poitrine, nous regarde en rougissant: elle est encore trop près de la terre, pour en avoir perdu les préjugés. Parmi les élus, on distingue la Ferman, seconde femme du peintre — galanterie dont elle a dû se montrer flattée — Le Christ vu de face, au milieu et bien en évidence, est un beau Jupiter. Sa carnation est un peu grise, je ne sais pourquoi. Du reste belle lumière, bon coloris ; grande et belle page. Comme à la Sixtine, les figures du ciel sont au moins aussi grandes que celles de la terre.

15° Prêtre amené par un ange près du Christ, afin de rendre compte de sa vie. Jésus est assis à une table au haut d'une estrade, un papier dans une main. Le prêtre est agenouillé sur la première des deux marches de l'estrade. Deux hommes âgés, vêtus de noir

— les commettants — sont aussi à genoux, mains jointes. Coloris altéré.

* 16° Portrait de la Ferman, assise, les mains sur les bras de son fauteil. Un grande draperie attachée à un arbre la garantit du soleil. Robe de satin blanc brochée en or ; pardessus noir, manches bouffantes, en mousseline. Les seins demi-nus sont pressés dans le corsage. Elle a dans ses cheveux blonds, une fleur de chaque côté, comme si son mari avait voulu la mettre au rang des épouses trompées. Son regard est fixe, préoccupé ; elle sourit par ordre ; nez long et bien fait, jolie bouche, double menton, sourcils un peu trop relevés. Bon portrait.

17° Le Christ reçoit avec bonté quatre célèbres pécheurs repentants : David, saint Pierre, Madeleine et le bon larron (jusqu'aux genoux). Jésus, la tête un peu penchée en avant, la main droite ouverte, dit : « Je vous pardonne. » Tête admirable, empreinte de charité. Madeleine, les bras croisés sur sa poitrine nue, s'incline profondément ; son touchant repentir est bien rendu. Le reste est moins parfait.

18° Agonie du Christ sur la croix (deux tiers de nature). Beau corps attaché à la croix, très-éclairé et faisant illusion. Le reste est noir.

* 19° Sept enfants portent une guirlande de fruits, sous une voûte de rocher ; ils sont jolis comme des amours. Celui tourné vers nous supporte la guirlande sur ses épaules, et cet enfant est une petite fille. Pourquoi les garçons lui ont-ils infligé la plus lourde charge? Deux sont assis. Celui tourné vers nous, la tête un peu levée, la bouche entr'ouverte, et soutenant par le dessous cette appétissante guirlande, est ravissant et supérieurement éclairé. Éclaircie sur la campagne, à gauche. Les fruits sont très-bien peints — par Breughel, j'imagine. — Ce tableau est un précieux bijou. Nulle part mieux qu'ici ne brille le magique coloris du maître flamand.

20° Saint Michel cuirassé, avec manteau rouge, son glaive flamboyant à la main, précipite les anges rebelles dans le gouffre. En haut, Dieu le père. Ces anges sont d'horribles diables. L'archange, les jambes écartées, est disgracieusement posé.

* 21° Bacchanale. Au premier plan, à droite, petit génie tenant un bouc par les cornes. Un peu plus haut, vieux couple, le corps en avant et marchant vite. Ensuite vient une bacchante qui avance la tête pour nous dire : « je suis la femme de l'auteur. » En effet on reconnaît la Ferman éclairée avec un soin particulier. Derrière elle, joli satyre. A gauche, nègre tenant par un bras le vieux Silène au front cornu. L'ivresse a fait perdre l'équilibre à son corps d'une vigueur et d'un style antiques. Vieux satyre cornu, bien éclairé, et vieille femme en robe noire et voile blanc, riant tous deux en regardant le divin ivrogne. Mais une image dégoûtante dépare cette toile et fait mettre en doute la délicatesse de sentiment qu'on devait supposer à l'artiste. Une femme ivre tombe sur la face, après avoir lâché ses deux petits enfants qui saisissent avidement ses mamelles pendantes. Un peintre ne devrait jamais dégrader la femme, et encore moins calomnier une mère.

* 22° Guirlande de fleurs, et guirlande d'anges entourant un délicieux tableau. Marie tient sur une table l'Enfant Jésus. Les fleurs sont peintes par Breughel. Mais c'est ici qu'on sent la différence des mérites. L'attention se concentre sur cette belle Vierge plutôt italienne que flamande, sur son Fils qui nous adresse un regard plein de charme et sur ces chérubins aussi jolis que ceux de Murillo.

23° Portrait de Philippe IV, roi d'Espagne, en manteau noir (grande demi-figure). C'est bien cette lymphatique et longue tête, aux lèvres engorgées, au long et massif menton que Vélasquez fut condamné à peindre bien des fois.

24° Portrait d'Elisabeth de Bourbon, épouse de Philippe IV, vêtue de noir.

Ces deux portraits sont exacts et bien peints, mais le temps les a altérés.

25° Portrait du docteur Van Thulden, en habit noir, assis dans un fauteuil, un livre à la main. Visage intelligent d'un type allemand. Admirables dessin, couleur et lumière.

26° Portrait d'un savant assis aussi dans un fauteuil et tenant un livre. Son cou est pris dans une grosse collerette gaufrée. Front et nez plus distingués que ceux du personnage précédent, mais teint d'ivrogne. Un peu altéré et moins éclairé que l'autre.

27° Massacre des innocents, esquisse (demi-nature). Dans le ciel, trois anges avec des couronnes de fleurs. Fond d'édifices sur les côtés; au milieu, paysage. Il y a dans cette composition de l'exagération et trop de détails horribles. Ici c'est une aveule qui enfonce ses ongles dans les joues d'un bourreau; là une mère saisit à pleine main la lame d'un poignard : les chairs sont coupées, le sang coule à flots. Du reste, beaux effets de lumière ; mais ombres noircies, à droite surtout.

28° Méléagre apporte à son amante la tête du sanglier de Calydon. Athalante l'accepte d'une main tendue et remercie de l'autre, posée sur sa poitrine. C'est une jolie blonde peu vêtue; elle est assise sous un arbre. Son amant lui a passé un bras autour du cou. Entre eux, petit amour, et derrière, corps du sanglier, chiens.

* 29° La sainte Trinité dans une gloire, très-belle toile. A gauche, le Christ tenant sa croix ; à droite, Dieu le père, vieillard richement vêtu ; Au milieu, la lumineuse Colombe. Le père et le fils, les pieds posés sur notre globe, se regardent. Jésus, la bouche ouverte, semble intercéder pour la faible humanité. Très-belle lumière. Composition simple et imposante.

30° La Guerre menace la vie heureuse et paisible des hommes : mais la sage Minerve s'oppose aux violences injustes. Ainsi une femme, presque nue et présentant le sein à un enfant, serait atteinte par le glaive de Mars, si la déesse ne la protégeait de son égide. A gauche, un vieux faune monté sur un arbre, en rabaisse une branche portant deux oranges que l'adolescent Cupidon va cueillir pour les offrir à Pomone, jeune nymphe en robe jaune accroupie près d'un tas de fruits. Bon tableau ; fruits bien peints — par Breughel sans doute.

31° Chasse au sanglier. Les animaux sont de Sneyders. Un chasseur en danger crie ; « au secours ! » Un de ses compagnons enfonce sa lance dans le corps de l'animal. Valet donnant du cor ; deux autres hommes, l'un tenant une pique — assez mal peint — le second nous montrant son visage mâle et animé — d'un bon effet — Deux chiens, dont l'un a reçu un coup de pieu destiné à l'ennemi, et le second se lançant sur la bête, sont bien éclairés et d'une vérité étonnante. Autres chiens éventrés. Bon tableau où malheureusement le noir et le rouge brique ont altéré certaines parties.

32° Autre portrait de la Ferman. C'est bien la même physionomie, au joli sourire, au regard fixe. On souffre pour elle en voyant son corset rapprocher violemment les seins, sans parvenir à lui donner une fine taille.

33° Jésus-Christ mis au tombeau, petite esquisse assez faible.

* 34° Portrait d'un moine franciscain tenant un livre et une tête de mort, tableau peint en Espagne. Visage d'un sérieux farouche. Quelle vérité dans cette tête et dans cette robe grise si bien éclairée !

35° Suzanne surprise au bain (demi-nature). Assise sur un linge, elle nous montre son dos, en se penchant de notre côté pour saisir ses vêtements. Corps flamand très-bien éclairé ; visage un peu altéré. Un épagneul a éventé l'ennemi et accourt en aboyant. L'un des vieillards, à droite, regarde Suzanne à travers les branches d'un arbre ; l'autre, plus rapproché de nous, escalade la balustrade du bain. Leurs visages sont aussi altérés. Belle toile, si le temps l'avait respectée.

* 36° Encore la Ferman. Ah ! c'est que le vieux peintre était très-amoureux de sa jeune femme. Ici la composition est plus intéressante. Elle tient assis sur elle son tout jeune fils n'ayant encore pour parure qu'un béret avec plumes. Elle nous regarde et son sourire dit : « Voyez comme il est gentil ! » et nous rions nous-mêmes de cet orgueil de mère si naturel et de ce petit bonhomme coquettement coiffé, quoique nu. Son visage est fort joli. Celui de la mère, mis dans l'ombre de son grand chapeau, est plus altéré. A droite, colonnes, draperie rouge, balcon, campagne. Charmante toile dont l'esquisse, avec une fille en plus, est au Louvre (n° 460).

37° Portrait en pied de Sigismond, roi de Pologne, assis sur son trône. Je ne reconnais pas ici la touche et la couleur de Rubens.

38° Portrait de la reine Constance, épouse de Sigismond. Croûte indigne de Rubens.

39° « La Vierge immaculée, ayant des ailes d'aigle, porte le Sauveur sur ses bras et écrase du pied la tête du serpent. L'archange Michel précipite dans le gouffre le dragon à sept têtes et d'autres monstres, sujet tiré de l'Apocalypse. On voit dans le fond la ville de Freising. « N'est-ce pas plutôt Flessingue ? A droite, deux grands anges tenant l'un une palme, l'autre une couronne. Altéré, effet peu agréable.

40° Portrait de don Ferdinand d'Espagne, en costume de cardinal (jusqu'aux genoux). Même visage — moins jeune qu'au n° 8. — Ses cheveux blonds deviennent rares. Il tient un livre. Sa physionomie dénoterait l'ennui. Voilà bien le coloris du peintre d'Anvers ! Quelle différence avec celui de leurs majestés Polonaises !

41° Travaux de fanaison, joli petit paysage. Il est très-bien éclairé à gauche où le ciel s'éclaircit, et très-sombre à droite où la pluie s'annonce par un arc-en-ciel. Sur le devant, paysans, chevaux, voiture chargée de foin, femme, troupeau de vaches. A droite, eau et canards.

42° Guerrier couronné par la Victoire et tenant sous le pied un bacchant couché sur le ventre, ce qui veut dire que les héros, en campagne, méprisent le vin — quand ils ne trouvent que de l'eau. — Autre femme assise et vue de dos. Ce tableau n'est pas de Rubens, ou ce n'est qu'une ébauche.

43° Berger embrassant sa bergère, tous deux debout. Loin de

s'effrayer de l'attaque, la belle sourit, tout en repoussant, pour la forme, avec ses mains blanches, le bras basané du berger. Mais il faut dire que la femme est l'épouse du peintre et que son agresseur est sans doute le mari, ce qui ne peut guère se vérifier, tant son profil est dans l'ombre. Bonne toile.

* 44° Rubens, qui ne peut la quitter, se promène avec cette seconde-femme et son fils dans son jardin d'Anvers. Joli paysage avec arbres, fleurs, belvédère à colonnes. Une servante dans l'ombre donne à manger à un paon. Chien de chasse accourant (il n'a pas été achevé). Au milieu et au deuxième plan, la Ferman, bonne et grasse maman coiffée d'un large chapeau de paille, un long éventail en plumes à la main et nous regardant fièrement. Elle en a le droit. Quelle est la femme qui ne serait pas fière d'avoir au bras un homme aussi beau, aussi grand que Rubens? Mais lui allonge modestement la tête, comme pour nous voir à la dérobée. Cette femme toute ronde, aux traits peu intelligents, se renversant avec la prétention qu'y mettrait une actrice en scène, et cette tête de génie sortant, pour ainsi dire de la coulisse, forment un étrange contraste : d'un côté, la matière; de l'autre, l'esprit. La tête de Rubens, grande comme une pièce de 5 francs est un petit chef-d'œuvre de fini, de lumière et de ressemblance. La mère a près d'elle son fils, gentil petit blondin mal fagotté dans son costume rouge.

45° Repos de Diane et de sa troupe dans un bois. Paysage point par Breughel. Au premier plan, une nymphe enfonce son bras dans le ventre ouvert d'un cerf tué à la chasse : geste que je répudie, comme tout ce qui est ignoble ; geste qui nous dégoûterait et de la nymphe et de son gibier. Diane, jolie blonde drapée de rouge, baisse la tête pour caresser un chien et nous laisse voir un sein nu. Elle est abritée par une tenture. Deux de ses suivantes debout regardent d'autres chasseresses arrivant avec deux mulets chargés de gibier, d'un sanglier entre autres. Gibier déposé à terre ; chiens encasaqués. Charmant tableau, sauf le vilain détail du cerf au ventre ouvert.

46° Les nymphes de Diane après la chasse. Le gibier — trop abondant — est de Breughel. A droite, trois femmes couchées, endormies et nues, à peu de chose près. Derrière elles, près d'un arbre, paraissent deux satyres. L'un soulève le voile de l'une des dormeuses. Au fond, éclaircie où l'on voit une nymphe revenant avec sa meute. Bon, mais chairs molles, appas lymphatiques.

* 47° Enlèvement par Castor et Pollux des deux sœurs Phœbé et Élaïre, filles de Leucippe. L'un des frères est déjà sur un cheval bai au repos. Il soulève par les jambes l'une des femmes nues, la tête et les bras tournés vers le ciel. Son complice maintient avec son épaule le corps de cette femme, tout en retenant sa sœur à demi renversée. Il est posé comme un alcide accomplissant un tour de force. Son cheval blanc se cabre, impatient de recevoir aussi son précieux fardeau. Deux petits amours accrochés aux chevaux, augmentent par leur présence la puissance de l'attaque et la faiblesse de la résistance. Composition énergique, originale; belle exécution, mais formes flamandes.

* 48° Martyre de saint Laurent. On le renverse sur un large gril; son regard est levé vers le ciel où apparaît un ange tenant une couronne. Son corps est bien éclairé par la lumière du jour, tandis que le feu allumé sous lui et un flambeau projettent une lumière différente, notamment sur le bourreau qui appuie un poing sur la poitrine du patient. Belle tête de ce dernier, bons reliefs, belle lumière. Fond où se trouve la statue de Jupiter, peu achevé.

49° La Pentecôte. La Vierge Marie est debout sur une estrade, les mains jointes; sa belle tête, d'un type grec, levée vers le ciel, rappelle celle de la sainte Cécile, de Raphaël, du musée de Bologne. Derrière elle, deux autres Marie. En bas, les apôtres dans diverses attitudes. En haut, la divine Colombe. La scène se passe sous une voûte. Au fond, édifice. Bon. Ombres un peu noircies.

50° Deux satyres (demi-figures). L'un, au premier plan, a des grappes de raisin à la main et devant lui. Sa tête, ornée de deux petites cornes, est couronnée de pampre; son visage tourné vers nous respire la gaîté. Belle lumière sur sa poitrine et sur une main. Son compagnon, placé derrière lui, coiffé de la peau d'une tête d'animal, et buvant du vin dans une coquille, n'est guère qu'esquissé. Excellent.

51° Soldats en goguette se prenant de querelle avec des paysans (petite dimension). Au premier plan, orgie de villageois où figurent une femme coquettement vêtue et une maritorne qu'embrasse un soldat. Une paysanne avec un enfant sur le dos, semble vouloir réclamer du secours. Un peu plus au fond, gens effrayés. Au delà, soldats tirant des coups d'arquebuse contre une maison. Scène tragico-comique pleine de mouvement; un peu trop triviale peut-être.

52° Le jugement dernier, esquisse dite le petit jugement dernier, toile d'un grand effet et très-achevée. Elle l'emporte sur la grande par ses clairs-obscurs. Poses un peu tourmentées; nudités trop crûment rendues; car si les élus sont à l'état d'ombres célestes, les réprouvés sont à l'état de pure nature.

53° Buste d'une servante. Tête insignifiante bien éclairée, mais peu achevée.

54° Portrait d'une dame âgée qu'on croit être la mère du peintre, esquisse de grandeur naturelle. Physionomie intelligente — à en juger par le front, par son grand nez bien arqué — et bonne, ce qu'indiquent le regard, la bouche et le double menton. Son vêtement noir est garni de fourrure. On comprend que cette femme ait pu mettre au monde un homme de génie.

55° Adoration des bergers, esquisse en figurines. Joli, mais altéré.

56° Buste d'un jeune homme coiffé d'un bonnet noir. Nez long, sourcils relevés.

57° Job presque nu, renversé sur un tas de paille, regarde d'un air effrayé le ciel où n'apparaissent que des démons. Pour l'éprouver davantage, Dieu lui suscite les injures de sa femme, ce qui le place entre deux enfers.

58° « Défaite de Sennachérib par l'ange du Seigneur. » Au lieu d'un, je vois trois anges, apparaissant lumineux au milieu de nuages sombres (quart de nature). Bon, ombres noircies.

59° Saint Georges à cheval tuant le dragon, esquisse sur papier, achevée mais un peu noircie.

60° Victoire de Thésée contre Talestris, reine des Amazones, sur le pont de la rivière de Thermodon. Chevaux se sauvant après avoir perdu leurs guides. Amazones précipitées dans l'eau. Pêle-mêle ; belle horreur. Pauvres femmes !

61° Conversion de saint Paul. Renversé de cheval, sa tête touchant le bas du cadre est levée vers le Christ apparaissant dans le ciel, entouré d'anges et resplendissant de lumière. Trop de mouvement ; ombres noircies.

62° Les pestiférés invoquant saint François de Paul qui apparaît dans les airs. Esquisse sur papier, achevée, mais un peu noircie.

63° Portrait en pied de Henri IV. Front haut, penché en arrière ; sourcils bien arqués et dont l'extrémité s'abaisse jusqu'à l'angle extérieur de l'œil, nez un peu busqué, petite moustache ne cachant pas la bouche qui est entr'ouverte. Au lieu du menton plat qu'on lui prête souvent, il en a ici un rond et proéminent. L'ensemble annonce un homme spirituel, énergique et bon. Les yeux et la bouche décèlent un penchant à la sensualité.

64° Saint Christophe traversant une rivière avec l'Enfant Jésus sur ses épaules (quart de nature). Le saint géant entre dans l'eau. Sur la rive opposée, un vieillard, à l'état d'ombre, tient une lanterne dont la lumière vient frapper le Sauveur.

65° Paysage avec vaches. Eau vive coulant au travers de la forêt. Une servante trait une vache ; d'autres nettoient des baquets pour le lait. Joli, mais en partie noirci.

* 66° Résurrection des bienheureux (petite dimension). En haut, Dieu le père et le Christ, chacun sur un arc rouge et lumineux. Dans le fond, des anges séparent les élus des damnés. Figures à l'état d'ombres. Sur le sol, hommes et femmes sortant de leurs fosses. On distingue, à gauche, un vieillard prosterné, les mains jointes, et près de lui, une jeune femme à genoux, levant la tête et les bras vers Dieu. Belle pose. Peinture finie.

67° Buste d'homme portant un vêtement fourré. Assez bon, mais peu éclairé.

* 68° Troisième portrait de l'adorée Ferman. Elle est richement vêtue et singulièrement coiffée d'un toquet en velours qui s'avance sur le front en demi-cercle et que surmonte un gros pompon rond. Les yeux noirs de cette blonde nous regardent de côté et ce regard est accompagné d'un joli sourire. Ses cheveux frisés forment de chaque côté une forte touffe. Portrait aussi frais, aussi soigné que les précédents auxquels il ressemble parfaitement. Mais ici le jeu de physionomie est plus agréable, plus animé.

69° Cérémonie expiatoire précédant la mort de Decius. Le corps penché en avant vers le prêtre, la tête enveloppée dans sa robe rouge, comme dans un capuchon, ce généreux Romain est passablement ridicule.

70° Intérieur d'une forêt, petit paysage, noirci.

71° Dix-huit esquisses des tableaux de la galerie de Médicis, du Louvre. La plus jolie est celle de la naissance de Louis XIII. Il est vrai que le tableau est aussi le meilleur de cette galerie.

RUYSCH ou POOL (Rachel) : 1° Bocal de fleurs sur une table.

2° Même sujet. Très-bon et frais ; mais les fleurs ne se détachent pas assez du fond.

3° Fruits. Entre autres, trois pêches très-appétissantes ; nid d'oiseau, lézard, etc. Bon.

* RUYSDAEL (Jacob ou Jacques) : 1° Paysage. L'eau écumeuse qui se précipite dans un ravin à travers des quartiers de roches, est fort bien rendue. Troncs d'arbres coupés, à terre, d'autres flottants sur l'eau, au premier plan noirci. Grande et belle toile.

2° Chute d'eau sur le devant d'une forêt. L'eau blanchie est seule éclairée (petite toile).

3° Paysage avec vue sur une église. Pont de bois jeté sur un torrent. Colline couverte de chênes. Sur le devant, eau courant sur des pierres, objet trop souvent répété, occupant toujours la principale place et jetant de la monotonie dans l'œuvre de ce grand peintre.

4° Paysage avec deux paysans sur la hauteur et une voiture descendant la côte. Mais à part l'eau qui descend à gauche, tout est couvert d'un crêpe noir.

5° Entrée d'une épaisse forêt. À droite, petite éclaircie sur la campagne. Arbres bien rendus, surtout un bouleau en partie dépouillé de son écorce. Noirci.

6° Un paysan traverse un monticule, se dirigeant vers une cabane. Plus bas, un berger chasse devant lui ses brebis qui descendent dans l'eau. L'espace qui sépare ces deux hommes est très-bien éclairé. Massifs d'arbres en grande partie dans l'ombre noircie.

7° Forêt de chênes sur les bords d'un marais où barbotent des canards, trop blancs pour des sauvages. Nénuphars s'épanouissant à la surface de l'eau et très-bien décrits. Bouleaux tortus. Troncs d'arbre à terre.

8° Deux torrents se réunissent en une chute d'eau qui se précipite sur des quartiers de roches. Au-dessus, cabane. Sur le devant, berger et moutons. Eau bien traitée. Joli petit cadre un peu noirci.

9° Le dégel fait fondre la neige sur les cabanes. Au premier plan, un paysan rentre chez lui, accompagné de son fils. Petit cadre presque tout noir.

10° Paysage avec une chaumière derrière un arbre. Villageois et sa femme. Vue bornée. Petit cadre frais, joli.

* RUYSDAEL (Salomon) : Fleuve que traversent en barques des pâtres avec leur troupeau. Joli paysage très-frais. Bon effet des arbres se reflétant dans l'eau.

* RYCKAERT (David) : Paysans célébrant la fête des rois (quart de nature). On distingue le roi à sa couronne de papier doré : c'est un vieillard, qui, en vidant son long verre, provoque la bruyante exclamation : « Le roi boit ! » Mais profitant du moment où tous les regards se portent sur l'acteur principal, un jeune homme se hâte d'embrasser sa voisine. Au premier plan, la ménagère nous regarde tout en faisant cuire les ratons. Cette composition est aussi gaie et moins triviale que celle de Jordaens.

SACCHI (André) : Buste d'un moine : vieille tête à barbe blanche, peinte à la façon de Rembrandt.

SALVI (Jean-Baptiste), da *Sassoferrato* : Vierge à mi-corps. Un grand linge blanc lui couvre irrégulièrement la tête ; mains jointes par le bout des doigts. La tête, un peu inclinée, et que ce peintre a reproduite presque exclusivement, est d'un type faisant peu d'honneur à sa sagacité. L'attache du nez étant très-large, les yeux se trouvent trop distants l'un de l'autre, ce qui enlève à la physionomie toute intelligence, toute énergie. Coloris un peu sec, mais toujours bien conservé.

SANDRART (Joachim) 1° : Les douze Mois représentés par des vieillards ou des jeunes gens des deux sexes, dont les occupations rappellent l'époque de l'année. Ces tableaux de grandeur naturelle n'ont que des demi-figures, du moins au premier plan : ils sont bien conservés et ne manquent pas d'un certain mérite.

2° Portrait en pied d'une religieuse assise dans un fauteuil. Altéré.

3° Portrait du comte palatin Guillaume-Philippe de Neubourg (demi-figure).

* SANZIO (Rafaelo), dit *Raphaël* : 1° Sainte Famille, dite *dei Tempi*. Le groupe présente l'aspect d'une pyramide dont la Vierge assise et sainte Élisabeth agenouillée, ayant entre elles les Bambini, forment la base, tandis que saint Joseph debout en est le sommet. La tête de ce dernier, penchée vers sainte Élisabeth qui lui adresse la parole, est vue en raccourci; et pourtant on en aime la bonne bouche et le regard placide. La mère de saint Jean, la tête levée, ouvre une bouche qui paraît mal dessinée, défaut qu'il faut sans doute attribuer à l'altération du coloris. Jésus, au giron, et saint Jean, debout, tiennent le liston. Beau visage de Marie tourné vers saint Jean. Elle a un livre dans une main. Son visage a beaucoup d'analogie avec celui de la Madone dans la grande Sainte Famille du Louvre; son expression est aussi pleine de modestie et de tendresse, quoique le temps ait un peu pâli son teint. Joli fond de paysage avec édifices au fond.

2° « Portrait de l'immortel Raphaël, en habit violet, ayant la tête tournée de côté et la main levée vers la poitrine. » (Catalogue.) Cette tête blonde, aux traits longs et anguleux, ne peut être celle du divin jeune homme dont nous avons vu plus d'un portrait faits par lui-même. Cette peinture n'est même pas de lui, selon nous : ce n'est ni sa touche, ni son coloris; ici la teinte est violacée. Tête distinguée du reste, mais dont le petit menton en boule ne peut appartenir à un homme de génie. Bonne peinture.

3° « Portrait avec barrette et habit noir regardé comme étant celui de Raphaël. » (Catalogue.) Est-ce une mystification? Quoi! dans la même galerie on signale comme représentant le même personnage, une tête longue, blonde, aux traits très-accentués, et une autre tête brune, aux traits arrondis! Notez que ni l'une ni l'autre n'ont la moindre analogie avec le Raphaël des Chambres, ni avec son beau portrait du musée de Florence. Celui-ci, plus mal peint que le premier, ne peut, à plus forte raison, être attribué à ce grand maître.

4° Sainte Famille « présentant quelque analogie avec la Vierge à la Chaise, dit le catalogue. » Mais au lieu de ce regard qui, au palais Pitti, remue si profondément le spectateur, c'est ici un regard de côté dirigé vers le petit saint Jean ; Jésus et sa Mère sont de profil et non de face. Au surplus, la Madone de Munich n'a pas la parfaite beauté de l'autre : le nez et le menton sont trop pointus, et le regard en coulisse, la bouche entr'ouverte et ce blanc posé au haut de la joue pour produire un effet de lumière, me font douter que ce tableau soit de la main de Raphaël ; il appartient plutôt à son école.

5° Baptême de Jésus-Christ, en figurines. Si cet ouvrage est de Sanzio, c'est un de ses débuts, lorsqu'il n'était encore que l'interprète du Pérugin. Il y règne une symétrie puérile. Ce qu'il y a de mieux, c'est le paysage : encore y trouve-t-on le même ordre minutieux.

6° Jésus sortant du tombeau (petite dimension), pendant du précédent, mais plus frais et mieux dessiné. La tombe, en raccourci, est d'une bonne perspective. Deux gardes sont encore endormis ; un troisième se sauve effrayé. Joli fond de paysage ; ciel bleu vivement éclairé à l'horizon.

7° Déposition de Christ, aussi en figurines. Cette composition est déjà d'un autre style. Le corps mort étendu sur un linceuil et relevé par Joseph d'Arimathie, est d'un bon dessin et d'une belle lumière. Madeleine, prosternée aux pieds du Christ, ne nous montre que son dos et ses longs cheveux, mais ses raccourcis sont fort bien rendus. La Vierge est soutenue par une sainte femme et par saint Jean qui porte à ses yeux pleins de larmes un pan de son manteau. Derrière, autre Marie à genoux. Le corps mort est devenu gris, mais les cuisses et les jambes sont encore d'un excellent coloris.

8° Buste de l'archange Michel cuirassé, la tête nue, les cheveux bouclés et tombant sur les épaules ; visage de jeune homme pouvant être celui d'une jeune fille, et qui rappellerait plutôt la tête de Raphaël que les deux portraits ci-dessus.

9° « La Vierge et l'Enfant Jésus, dite la Madone dei Tempi, à cause des édifices placés au fond, dit le catalogue. » Il y a erreur, c'est le n° 1er qui est connu sous ce nom. Marie, son manteau sur la tête, tient son fils sur ses genoux et va le baiser. L'Enfant nu a son bras gauche replié sous le cou de sa mère et tourne la tête de notre côté. Excellent modelé de ses jambes. Belle et bonne tête de la Vierge vue de profil, la bouche entr'ouverte. Il y a quelques légères taches sur la joue de la Madone. A cela près, cette toile est fraîche. C'est le second bijou de cette galerie.

10° Buste de saint Jean l'Évangéliste peint à fresques sur toile. Visage de femme, long nez, un peu penché sur l'épaule droite; cheveux blonds tombant sur le dos; regard langoureux. Est-ce un vrai Raphaël ? J'en doute.

SARACENO (Charles) dit *Charles le Vénitien* : 1° Pour le récompenser de ses macérations, Dieu envoie a saint François un ange qui charme son sommeil en lui jouant un air de violon. Le saint, réveillé et assis sur son grabat, regarde l'envoyé céleste, la bouche ouverte, la main sur la poitrine. Son profil est bien éclairé : c'est ce qu'il y a de mieux ; encore, ce profil est-il trop vulgaire. Le chétif mobilier est bien décrit; mais l'ensemble est déplaisant.

2° Saint Jérome, assis sous un portique, entre saint Antoine et sainte Madeleine. Plus loin, saint François. Tableau mieux dessiné que le précédent, mais non sans défauts. Il y a exagération dans les plis de la peau et dans la maigreur de saint Jérome; ces nus sont comme tachetés de rouge. Son chapeau de cardinal, coiffant une tête de mort sur l'oreille, ressemble à une mauvaise charge, et saint Antoine lance à Madeleine un regard qui embarrasse d'autant plus cette sainte femme que le haut de son corps nu est très-éclairé et que ses mains sont trop petites pour cacher sa poitrine avec ses longs cheveux.

*3° Mort de la Vierge ; jolie toile en figurines. Marie est assise sur son lit, le haut du corps relevé par un large coussin en velours cramoisi. Saint Jean, debout, la regarde avec attendrissement; autres apôtres. Au fond, galerie à deux arcades. Excellente perspective.

SAVARY (Roland) : Un sanglier, débusqué d'une forêt, se précipite sur deux chasseurs armés de piques. Mauvais.

SCARCELLA (Hippolyte), dit *il Scarcellino da Ferrara* : « L'Enfant Jésus endormi dans les bras de saint Jean. » (Catalogue.) Erreur ! Jésus dort, couché sur la nébride de saint Jean, assis, qui, une main sur l'épaule du Bambino, nous le montre de l'autre. Joli visage de l'Enfant, corps bien modelé, sommeil bien rendu. Saint Jean est trop basané.

SCHAEUFFELEIN (Jean) : 1° Mort de la Vierge. Elle se penchée en avant sur son lit, d'une façon désavantageuse. Et comment expliquer le rire de ces deux apôtres assis au pied du lit et regardant dans un livre ouvert ?

2º La Vierge reçoit d'un ange une palme au moment de sa mort. Elle est assise sous un portique et entourée des apôtres. L'ange est trop grand, l'architecture trop lourde ; les visages trop plats sont de terre cuite.

3º Couronnement de la Vierge.

4º Jésus retirant saint Pierre de l'eau.

5º Couronnement d'épines.

6º Le Christ sur la croix.

7º Le Christ au jardin des Olives (petites figures). — Tout cela est mauvais, les nus surtout.

SCHAFFNER (Martin): 1º Annonciation. Marie est à genoux devant son prie-Dieu. L'ange Gabriel a mis dans sa chevelure une petite croix au haut du front. Au fond : à droite, deux anges près du lit; l'un en ouvre les rideaux. — Qu'est-ce à dire ? — A gauche, Marie et sainte Elisabeth se tiennent embrassées. Visages ronds, sans relief, mais vives couleurs et assez bon effet général.

2º Présentation au temple. Même genre. Belle architecture, bonne perspective.

3º Descente du Saint-Esprit sur les apôtres. La Vierge, assise au milieu, tient une coupe ou un calice. Colonnade. Arcade par laquelle on voit des toits et des arbres.

4º Marie mourante. Elle est à genoux, les mains jointes et allongées vers la terre. Apôtres. Voûte par laquelle on découvre la campagne. La Vierge est bien jeune. Dans le ciel, groupe d'anges, puis Marie reçue par Dieu le Père.

5º Portrait du comte Wolfgang d'Oetting (demi-figure, demi-nature). Il tient un chapelet et un papier. Bon visage sans barbe et sans cheveux. Il est coiffé d'une calotte. Cette tête, qu'on prendrait pour un pastel altéré, est encore vivante cependant. Quatre vers latins peu lisibles figurent dans ce tableau.

6º Portrait, moins bon, du mathématicien Pierre Appian (mêmes dimensions).

SCHALKEN (Godefroi Van) : 1º Un garçon de douze ans essaie de souffler une bougie que tient une jeune fille, en souriant. Jolie personne. Ombres noircies.

2º Madeleine pénitente. Effet de nuit. Presque effacé par le noir.

3º Les vierges sages et les vierges folles s'avancent en deux groupes vers le temple du Seigneur. On voit peu les trois folles, dont les luminaires s'éteignent. Les lampes des cinq autres ont une flamme à la fois bleue, rouge et jaune. Ces dernières forment presque un cercle. Celle du milieu, qui nous regarde en souriant, et surtout sa voisine, qu'elle tient par la main, et qui baisse la tête et les yeux, sont jolies, quoique encore un peu flamandes. Toutes ont des robes de soie taillées à la grecque.

4° La Madone avec l'Enfant, saint Joseph et un ange. Le Bambino, couché sur le dos et regardant sa mère, est joli au possible. Saint Joseph lève le voile qui cachait sa tête et la poitrine de sa mère. Les seins ont trop d'ampleur. Derrière, un grand ange semble chanter en gesticulant ; son visage est beau de forme, mais la teinte en est grise.

SCHIDONE (Barthélemy) : 1° Sainte Madeleine repentante. Près d'elle, deux anges tenant : l'un une tête de mort, l'autre le vase aux parfums. Petite esquisse altérée.

2° Repos nocturne en Egypte. Près d'une cabane, au coucher de la lune, Marie et son fils sont de plus éclairés par une lanterne posée à terre. La Vierge a une main sur la tête d'un chien, saint Joseph est devenu presque invisible. Scène de village trop vulgaire.

3° Loth et ses filles, c'est-à-dire trois têtes et une coupe levée. La tête chauve et ridée du vieillard, traitée à la Rembrandt, est ce qu'il y a de mieux.

4° Sainte Madeleine repentante (ici la teinte est bleuâtre). Elle tient une croix composée de deux parements de fagots liés avec une ficelle. Cette croix improvisée fait illusion. Sur le sol, tête de mort et lourde chaîne. Assez joli visage, quoique vulgaire, éclairé à la Caravage.

SCHLICHTEN (Jean Philippe Van) : 1° Saint André, debout, tenant une petite croix sur un livre. Bonne tête de face, bouche entr'ouverte. Statue antique. Dans le fond, supplice du saint.

2° Violoniste de village. Son instrument est une pochette fort plate. Assez belle tête que dépare la bouche ouverte : cheveux, barbe et vêtements en désordre. Bon.

SCHŒN (Martin) ou SCHONGAUER ? 1° Yserthor et Suzanne avec deux enfants (quart de nature, sur bois). Le vieux mari tient une toute jeune fille entre ses jambes, et la femme a l'autre petit enfant sur ses genoux. Fenêtre ouverte. Il y a de la vérité dans les visages.

2° Saint Servace en costume d'évêque (quart de nature). Assis près d'une fenêtre, un livre ouvert devant lui, il met ses lunettes. Bon dessin. — On croit ces tableaux de Schœn.

3° Déposition de Christ (petite nature). Les quatre Marie sont en noir avec voile blanc. Corps mort, devenu noir. Mauvais.

4° Entrée triomphale de David à Jérusalem. Il tient la tête de Goliath. Les femmes lui donnent une aubade aux portes de la ville. Costumes moyen âge fort bizarres. Coloris meilleur que dans les précédents tableaux. Belle lumière sur les têtes de femmes. Perspective passable.

5° Buste de la Vierge (cadre rond, quart de nature). Petite tête joufflue et boudeuse. Le voile couvrant son bonnet blanc est bien rendu.

SCHOONJANS (Antoine) : Narcisse à la fontaine. Il se mire dans l'eau. Joli corps, d'un bon dessin et d'une bonne lumière ; son visage, un peu en raccourci, est celui d'un blond séraphin ; sa main levée se détache très-bien sur le ciel.

SCHOOREL (Jean) : 1° Repos en Egypte. Au premier plan, Marie, assise dans un joli paysage, allaite l'Enfant. Visage allemand d'un coloris sec.

2° Mort de la Vierge, triptyque (demi-nature). On ne lui donnerait pas plus de quinze ans. Un apôtre (saint Jean) lui met dans la main un cierge allumé ; un autre porte un seau d'eau bénite, etc. Un troisième souffle le feu d'un encensoir, d'où résulte un bel effet de lumière. Dans le volet de gauche, le commettant et son fils, cuirassés. Derrière eux, saint Georges et saint Denis. Ce dernier a le crâne enlevé et resté dans sa mitre, qu'il tient à la main ; singulière version ! Dans le volet de gauche, la mère et la fille du commettant, et derrière, leurs patronnes : sainte Catherine, appuyée sur la première, et sainte Gudule, une main sur l'épaule de la fille. Au fond de chaque volet, paysage. Assez bien peint ; mais visages peu beaux et parfois grimaçants.

3° Saint Jérome en méditation. Il pose un doigt sur une tête de mort placée devant lui et soutient sa propre tête de l'autre main. Assez beau visage. Paysage vu par une arcade ; niches, vases, etc., bien rendus. Belle lumière à travers les vitres.

SCHWARZ (Christophe) : 1° Sainte Catherine, en riche costume de reine, une main sur la poignée d'une épée, la tête levée, la bouche ouverte. Jolie blonde, au double menton.

2° Saint Jérome à genoux devant un crucifix et se frappant la poitrine avec une pierre. Pendant du précédent et comme lui dans un cadre étroit et cintré. Celui-ci est plus altéré.

3° Portement de croix avec un grand nombre de figures (petite dimension). Sainte Véronique s'approche du Christ. Ils sont bien éclairés et d'un bon relief. Le reste est confus, noirci.

SEGHERS (Daniel) : Guirlande de fleurs autour d'un charmant bas-relief représentant des enfants jouant avec un bouc. L'un d'eux, la tête dans un énorme masque antique, s'avance vers l'animal.

SENESE (Guido) : Salutation angélique dans deux cadres. — Noirs.

SIRANI (Elisabeth) : Le génie de l'Instabilité. Corps assez bien peint ; visage mal dessiné.

SLINGELANDT (Pierre Van) : 1° Boutique de tailleur. Le vieux patron, lunettes sur le nez et debout, taille en plein drap. Deux jeunes ouvriers cousent, assis à la turque sur l'établi. Le jour, entrant par une fenêtre, éclaire très-bien le dos des apprentis et le visage du maître.

* 2° Une jolie petite Flamande, au nez retroussé, aux lèvres charnues et au petit menton, coud devant une fenêtre ouverte. Près d'elle dort, dans son berceau, son bel enfant dont on ne voit que la tête rose bien éclairée. Un chapeau d'homme suspendu au dos d'une chaise atteste la légitimité du rejeton.

SNEYDERS (François) : 1° Garde-manger avec fruits, légumes et gibier convoité par un chien et un chat. Garde-chasse peint par Rubens.

* 2° Deux lionnes poursuivant un chevreuil. Celle qui a le devant lève une patte sur la croupe du gibier ; mais aux cris de sa voisine, elle se retourne en rugissant. Sa queue relevée et ses poils hérissés font prévoir une lutte dont profitera le pauvre chevreuil. La course rapide et par bonds de ces trois bêtes est bien rendue. Belle lumière ; bonne toile.

* 3° Lionne tenant sous elle un sanglier que la dent de son ennemie fait crier. Pendant du précédent. Excellents tous deux.

4° Chasse au sanglier. Chiens éventrés. D'autres accourent. L'animal, les poils dressés, l'œil injecté de sang, la gueule menaçante, les attend bravement. En partie noirci.

SOLARIO (Antoine), dit *il Zingaro* : 1° Saint Ambroise, évêque. Médiocre.

2° Portrait de saint Louis, prince héréditaire de Naples, puis évêque de Toulouse. Il porte le costume épiscopal. La tête et les plis de la draperie sont de bois. Ce n'est pas la teinte du Zingaro.

SOLIMENA (François) : Prêtre grec présentant à un ange une couronne d'or (petite dimension, figures jusqu'aux genoux). Vieillard blanchi par l'âge, tenant une palme. Bon, mais altéré.

STEEN (Jean Van) : 1º Querelle de paysans dans un cabaret. Table et chaises renversées. L'un des combattants, qu'on retient, lève sur son adversaire un balai. Noirci.

2º Un médecin tâte le pouls à une dame flamande. Le jeune homme placé derrière elle, dans l'ombre, n'est-il pas le mari connaissant, peut-être mieux que le docteur, la cause du malaise ?

STEVENS (Antoine), dit *Palamedes* : Combat de cavalerie. Bon ; mais sol épinard.

STROZZI (Bernard), dit *il Cappuccino* : Le denier de César. Deux hommes du peuple, dont l'un tient une pièce de monnaie, interrogent le Christ. Plus bas, petit blondin dont la tête et le dos nus sont bien éclairés. Assez bonne lumière ; mais visages par trop communs.

SUSTERMANN ou SUSTERMANS (Lambert), dit *Lombardus* : Piété (grandes demi-figures). Le Christ est étendu sur un suaire, dont un bout cache le bas du corps. La Vierge, sur les genoux de qui le haut du torse est posé, baise son fils dont elle tient la tête dans ses deux mains. J'avoue que ces lèvres vivantes, en s'approchant des lèvres mortes, m'ont péniblement impressionné. La peinture ne doit pas dire ces choses-là. Beaux et longs traits de Marie, bon dessin du corps mort.

SUSTRIS ou SUSTER (Frédéric) : Portrait de l'artiste sous la figure de saint Luc, peignant la Vierge. La Madone — sur le retour de l'âge — porte une robe rose sottement plissée en tuyaux par le haut. C'est sans doute l'épouse du peintre. Quant à lui, sa grosse tête donne une pauvre idée de son jugement et de sa sensibilité. Il n'y a de bien que l'Enfant Jésus, trop joli pour être issu de ce couple. Du reste, peinture sèche et peu éclairée.

* SWANEVELT (Herman) : Paysage ou soleil couchant après une chaude journée. Au premier plan, chemin fréquenté par des muletiers. A droite, grands arbres fort bien éclairés à leur sommet. Troupeau de moutons ; pièce d'eau d'un bel effet avec pont ; au delà, bâtiments. Plus loin, arbres, ville. Excellent. Mais premier plan noirci.

* TENIERS (David), le fils : 1º Foire sur une grande place, en face de l'église de Sainte-Marie *della imprunata*, près de Florence. Boutiques, spectacle en plein vent ; foule encombrant le champ de foire, toutes les portes et toutes les fenêtres des maisons. Il y a là plus de 1,300 figures, m'a-t-on dit, et je le crois sans peine. L'auteur a employé les repoussoirs, mais il a en même temps placé trop haut sur la toile les derniers plans. Par les repoussoirs on a justement pour but d'obtenir une perspective étendue, en

élevant peu les parties les plus éloignées. Grande et belle toile.

2º Corps de garde de milice bourgeoise (petite dimension). Au premier plan, à gauche, faisceau d'armes, drapeau, timbales. Un peu plus loin, à droite, quatre soldats. Paysans autour d'une table et jouant aux dés, fumant et buvant. Joli tableau, un peu noirci.

* 3º Paysans dans une tabagie, tableau plus petit mais plus frais que le précédent. Sur le devant, trois hommes assis autour d'un tonneau posé debout. Un orateur de la troupe a retiré la pipe de sa bouche pour pérorer ; on l'écoute avec attention. Au fond, buveurs auprès du feu, valet franchissant une porte, vases, etc. Le tout d'une étonnante vérité.

4º Joueurs de cartes. Paysans moins bien peints ; d'où, moins d'illusion.

5º Singes en gala. Trois, assis à terre, se régalent d'une volaille servie dans un plat d'étain : ce sont les domestiques. Quatre élégants, autour d'une table, attaquent un énorme pâté. Au fond, trois sont de cuisine et soignent la broche. Enfin le dernier, au premier plan à gauche, place des huîtres sur un gril.

* 6º Concert de chats et de singes. Les premiers, au nombre de six, assis sur une table, autour d'un papier de musique surmonté d'un hibou, font entendre leur harmonieux *miaou* ! Deux singes les accompagnent ; celui placé au premier plan joue d'une énorme clarinette. Un chat passant la tête par une lucarne compose tout l'auditoire. Ces chats, très-animés, une patte levée pour battre la mesure, et ce hibou nous regardant avec ses yeux ronds et immobiles, sont d'un effet très-comique.

7º Quatre singes fashionables dans une tabagie. L'un, richement vêtu, est assis sur un banc élevé et domine les autres assis à terre : chacun a sa pipe. Au fond, à droite, un cinquième dans l'ombre, tire de la bière à la pièce. Sur un banc, chapeau à plumes, manteau rouge et verres.

8º Intérieur de cabaret. Un paysan, assis devant une table étroite, tenant un pot et sa pipe, se retourne vers un fumeur debout derrière lui. Au fond, frileux près de la cheminée, vases en terre cuite. Bon.

* 9º Joueur de violon, coiffé d'une plume de dindon ; petits yeux, gros nez d'ivrogne, grande bouche aux lèvres peu apparentes et lourd menton. Un pied levé pour battre la mesure, il nous regarde d'un air capable. Il est tout aussi enchanté de son talent que Paganini pouvait l'être du sien. Malheureusement il n'est écouté que d'un paysan montrant sa tête à une lucarne. Les autres lui tournent le dos pour se chauffer. Devant lui, tonneau debout avec pipe, tabac sur un papier et petite cruche. L'artiste et son tonneau, très-bien éclairés, sont impayables.

* 10° Réunion joyeuse de paysans. Un jeune homme, son bonnet à la main et tenant de l'autre la main de sa danseuse, exécute avec elle un pas de deux, chacun levant un pied et riant. Couple souvent reproduit. Le jeune ménétrier, debout sur son tonneau, rit aussi, non des danseurs, mais du soufflet administré par la servante d'auberge à un farceur trop familier. Entre ces derniers, un jeune homme tient le sérieux d'un observateur philosophe, c'est Téniers lui-même, dont voici le signalement : front bien développé, légèrement penché en arrière, nez très-beau à sa racine, un peu flamand, c'est-à-dire un peu gros à son extrémité, jolie bouche charnue, menton rond couvert par la barbiche. Mais ce qu'il y a de remarquable dans cette tête, ce sont les yeux grands, bien fendus et fixant les objets avec attention et sagacité. L'os de l'œil garni de sourcils épais, mais lisses, offre la saillie qu'on remarque chez tous les hommes supérieurs. Tableau très-frais, l'un des meilleurs de ce maître.

* 11° Noce campagnarde dans un cabaret. Au premier plan, buveur cuvant sa bière et ronflant, appuyé sur un tonneau, tandis qu'un jeune homme assis près de sa promise la tient par le dos. Tous deux sont bien éclairés. Autre tonneau, vases, etc. Au deuxième plan, deux couples attablés, dont l'un, plus jeune, est distrait par l'amour. Derrière eux, cinq hommes debout. Ensuite viennent les deux danseurs posés et riant à peu près comme dans le tableau précédent. L'orchestre se compose d'une cornemuse. Plus loin, maisons. Excellent.

* 12° Compagnie attablée dans une auberge de village. A gauche, près du feu, un paysan debout, tenant sa pipe d'une main, allonge l'autre de manière à offenser sa voisine qui lui allonge un soufflet. Puis quatre hommes autour d'une table. Le plus vieux, le corps penché en avant, paraît tenir des dés dans sa main fermée sur laquelle se fixe le regard d'un voisin. Ce dernier, aux traits réguliers, fait illusion. Plus loin, six autres buveurs assis près d'une table ; l'un porte une santé. A sa droite, gros papa, impayable avec son profil au gros nez recourbé, à la grande bouche d'où sort, comme d'un cratère, une épaisse fumée. Sur le devant, chien nous regardant de face, vases, bûches, etc. Au fond, fenêtre ouverte, un vase en terre sur son appui ; un paysan regarde par une autre fenêtre.

Ces trois dernières toiles, plus grandes que les autres sont des meilleures et des plus fraîches de ce peintre original.

16.

* 13° Couple au cabaret. On s'étonne d'abord de voir la femme umer, tandis que l'homme, qui lui pose une main sur l'épaule, néglige cette distraction. Honni soit qui mal y pense! Moi, je ne vois là qu'une épouse complaisante évitant à son mari la peine de bourrer et d'allumer sa pipe. Au fond de la pièce, buveurs assis près du feu dans l'ombre. Jolie petite toile, un peu noircie.

* 14° Autre couple à l'estaminet. Cette fois la pipe est revenue au mari, mais sa bonne femme lui rend encore un service : elle tient au-dessus d'un brasier, du tabac sur un papier, afin de le faire sécher. Au fond, un buveur, les deux mains levées et posées contre le mur, me paraît atteint du mal de mer; c'est peut-être l'effet d'une première pipe. Mais alors pourquoi en fume-t-on une seconde? Toile plus petite et plus fraîche que la précédente.

* 15° Deux buveurs attablés dans un cabaret. Ici les figures sont plus petites que dans les deux qui précèdent, mais le tableau est plus grand. L'un des acteurs a renversé une cuvelle pour en faire un siége et son compagnon est dans un tonneau coupé, dont on a fait un fauteuil sans bras. Ce paysan, habit bas, allume sa pipe; l'autre est un bon vieux qui nous regarde en riant, la tête un peu baissée. Ils sont bien éclairés et d'une vérité parfaite. Fond noirci.

TERBURG (Gérard) : 1° Intérieur de cabaret. Ce sont, paraît-il, trois étudiants dont l'un, assis sur un banc, tend au garçon un pot d'étain vide et crie : « à boire ! » Mais le valet, le bonnet à la main, semble répondre : « Messeigneurs, vous avez assez bu. » Peut-être est-ce l'entrée dans la pièce du précepteur, qui motive ce refus. Bon, noirci.

2° Jeune garçon tuant les puces de son chien. La bête couchée sur ses genoux, la tête pendante, nous regarde d'un air piteux. Joli visage baissé et attentif du bon jeune homme.

3° Message amoureux. La dame se redresse et dit : Pour qui me prend-on? Mais aussi quelle maladresse de choisir pour commissionnaire, le trompette du régiment? Une soubrette tenant un riche vase, les regarde tout étonnée. Est-ce de l'offre ou du refus?

TIARINI (Alexandre) : Tancrède dans le bois enchanté (grandes demi-figures). Il lève son épée — qu'on ne voit pas plus que son visage devenu noir — sur une belle nymphe nue jusqu'à la ceinture. Sans s'effrayer, elle embrasse un arbre en se penchant gracieusement vers le guerrier. Elle seule est éclairée et donne quelque prix au tableau. Ses compagnes ont, pour ainsi dire, disparu.

TISIO (Benvenuto), dit *Garofalo* ou *Garofano* : 1° Madone, l'archange Michel et saint Jean-Baptiste (petites figures). L'archange, sa balance dans une main, allonge de l'autre un coup d'épée au diable, dont le temps a fait un nègre. Marie et l'Enfant Jésus tournent au bleu. Le précurseur, jeune homme à la barbe et aux cheveux blonds, est le mieux conservé.

2° Madone et l'Enfant. Marie (demi-figure), dont on ne voit qu'une main trop longue, a devant elle son fils assis sur une table en marbre blanc; il a pour auréole trois rayons lumineux. La Vierge a la beauté d'une villageoise aux yeux trop distants l'un de l'autre.

3° Buste d'homme en bonnet noir et tenant à la main un œillet (garofano) (grande demi-figure, petite nature). Ses cheveux blonds tombent en grosses touffes sur ses oreilles. Yeux à la chinoise; visage trop long ; le reste, régulier. Portrait fini et bien conservé.

TOMASO (Etienne), dit *il Giottino* : Vierge en trône assistée de six saints. Symétrie gothique. Mauvais.

TORBIDO ou TURBIDO (François), dit *il Moro* : Buste de l'artiste, joli garçon, sans barbe, au teint lymphatique, au petit menton, le torse serré dans un corsage à lacets, fermé par une guimpe en mousseline. Et comme s'il craignait qu'on le prît pour un homme, il tient une rose dans une main posée sur un piédestal. Il y a du relief dans le haut de la tête coiffée d'un petit bonnet noir. Coloris un peu altéré.

TORREGIANI (Barthélemy) : 1° Narcisse à la fontaine. La nymphe Écho, appuyée sur un coude contre une roche, admire par derrière le beau Narcisse qui s'admire par devant. Au fond, montagnes avec forteresse au sommet.

2° Agar portant un paquet sur la tête, et Ismaël, son fils, arrêtés entre des rochers et des arbres. Fond de montagnes. Plus frais, mais ne valant pas le précédent.

TREVISANI (François-Charles) : 1° L'archange Michel précipitant les démons dans le gouffre. A part l'ange, petit blondin avec des jambes de femme, on ne voit plus qu'un salmis de bras, de jambes, de têtes sans propriétaires.

TURCHI (Alexandre), dit l'*Orbetto* : Salomé recevant la tête de saint Jean-Baptiste dans un plat que tient une servante, aux seins demi-nus. La jeune princesse, penchée vers le corps mort, un sein nu, les bras tendus, la bouche ouverte, paraît très-émue. Belle tête du saint, musculosités exagérées du bourreau.

UCCELLO (Paolo) : Saint Jérome, vêtu d'un froc blanc, se frappe la poitrine avec une pierre. Près de lui, son bonnet de cardinal et son lion. Style gothique. Mauvaise peinture.

UDEN (Lucas Van) : Paysan menant ses chevaux à l'abreuvoir. Paysage trop vert par devant, trop bleu au fond.

VACCARO (André) : Flagellation du Christ. Tête avec barbe en collier et cheveux noirs. Un bourreau le saisissant par les cheveux le force à baisser la tête et se dispose à le flageller ; un autre le tient par une épaule et lève sur lui une verge. Belles formes du Christ bien éclairé. Sa peau blanche contraste avec celle des exécuteurs, trop basanée, peut-être. Un peu noirci. ·

VADDER (Louis de) : Paysage. A gauche, trois cavaliers, roches. A droite, arbres. Au milieu, campagne étendue ; village dans le fond. Médiocre.

VALENTIN (Moïse) : 1º *Ecce homo* (jusqu'aux genoux). Le Christ est assis, le corps nu jusqu'à la ceinture, la tête inclinée sous la pression de la couronne d'épines que lui enfonce un bourreau avec ses gantelets. Un soldat va lui placer le roseau dans les mains liées. Nus bien dessinés et éclairés à la Ribera. Bon. Ombres noircies.

2º « La reine Arthémise visite un faiseur de paniers »(catalogue). Je crois plutôt que c'est Herminie chez les bergers, d'après le Tasse. Car je vois un agneau près du vieillard, dont les épaules sont garnies d'une peau de mouton. Toute la famille, hors un enfant effrayé, tourne la tête vers le faux guerrier qui tient par la bride un cheval dont on ne voit que le buste. Herminie, tête nue, les cheveux tombant en désordre, porte la cuirasse et · l'épée. Son vêtement lilas est couvert par un manteau rose. Elle serait jolie si sa bouche ouverte n'avait pas une expression triviale. Bonne toile, du reste.

* VANNUCCHI (André), dit *del Sarto* : 1º Sainte Famille. La Fede, sous les traits de Marie, est assise à terre, une jambe repliée en arrière ; elle tient Jésus par une épaule. L'Enfant debout, un pied sur le manteau, l'autre appuyé du genou sur la cuisse de sa mère, glisse une main sous son voile, près du sein, et se penche sur son épaule. Il regarde saint Jean en poussant un cri de joie. Celui-ci, tenu par la vieille Élisabeth, lève un bras, la bouche entr'ouverte. Un ange, qui jouait du flageolet, s'interrompt pour regarder le ciel — délicieuse tête en raccourci. — Un autre ange près de lui, ne montre que le bout de sa tête. C'est, à très-peu de chose près, la même composition que celle placée dans le salon carré du Louvre (nº 438). Si je m'en rapporte à ma mémoire, les nus de celui-ci ont, plus que celui de Paris, cette teinte

vaporeuse qu'on admire dans la Charité, autre tableau du Louvre
(n° 437).

2° Sainte Famille, bien inférieure à la précédente. On ne reconnaît la touche du maître que dans l'Enfant Jésus. D'ailleurs cette
toile contient une infraction à la règle d'unité qu'observe toujours
ce peintre, surnommé *Sanza errori*. Il y a là une autre jeune femme
debout avec un enfant dans ses bras, la tête couchée contre son
épaule, groupe trop mal dessiné pour qu'on l'attribue à Andrea.

3°. Buste de saint Joseph, esquisse sur papier. Une des mains
est appuyée sur le cou ; il paraît méditer. Son front chauve est
bien éclairé ; le reste tourne au noir.

4° Saint Jean-Baptiste prêchant dans le désert (figurines), esquisse en grisaille.

5° Visitation, esquisse du même genre. Comment ! cette figure
aux cheveux courts serait la Vierge Marie, et ce paysan grotesque,
saint Joseph ! Dire que cette toile est de Delsart, c'est le calomnier.

* 6° Salomé apportant à Hérodiade, sa mère, la tête de saint
Jean-Baptiste déposée dans un plat ; esquisse sur papier. Elle
arrive à gauche, d'un air indifférent, tenant ce plat contre la
hanche. La reine, le front haut, les bras ouverts, témoigne une
joie féroce. Hérode, à l'autre bout de la table, paraît saisi d'effroi :
scène émouvante, qu'on regrette de ne voir qu'en projet.

VANNUCCI (Pierre), dit le *Pérugin* : 1° Madone et l'Enfant. Jésus
est un fœtus en cire. Marie, avec ses yeux petits, à demi fermés,
et très-éloignés l'un de l'autre, avec sa bouche et son menton trop
petits, est bien peu intelligente. Son manteau n'a pas de plis, pour
ainsi dire.

* 2° La Madone, accompagnée de deux anges, apparaît à saint
Bernard, agenouillé sous un portique. Derrière lui, saint Barthélemy et saint Jean-Baptiste. Tableau plus grand et bien meilleur
que le précédent, quoique noirci dans certaines parties. Ici nous
avons des ombres, de la perspective ; la robe de saint Bernard,
quoique à gros plis, fait illusion. Les pieds des anges et la lumière du pavé sous leurs robes, sont d'un heureux effet. Plus
loin, voûtes, et par celle du milieu, paysage avec édifice.

3° La Vierge adorant le Messie couché à terre sur une draperie,
dont une extrémité roulée lui sert de traversin ; sa tête est trop
grosse et son corps trop exigu. Saint Jean, saint Nicolas et Marie,
debout, regardent l'Enfant. Composition froide.

VASARI (Georges) : Sainte Famille. La Vierge, vue jusqu'aux
genoux, tient sur elle son fils, dont une des jambes me paraît

mal dessinée. Il prend la croix du petit saint Jean en se penchant
en arrière, comme s'il disait : « Je la garde. » Mais le précurseur
montrant cette croix à Marie, semble la réclamer. La Vierge, inclinée vers lui, répond à sa demande, car sa bouche est entr'ouverte. Beau profil à la Parmesan, au nez pointu, au menton détaché. Au fond, saint Joseph dans l'ombre.

VECELLIO (Tiziano), dit le *Titien :* 4° Madone avec l'Enfant, assistée
des saints Antoine, François et Jérome. Marie, assise à terre,
tient au giron son fils étendu sur le dos. Une main levée vers sa
mère, il agite les jambes, dont les raccourcis laissent à désirer. La
Vierge, les mains jointes et les yeux baissés, adore le Sauveur. Le
vieux saint Jérome allonge un bras au-dessus d'un livre ouvert
sur une table : tête à demi éclairée et fort bien peinte. Le jeune
saint François est à genoux ; tous deux se penchent pour regarder
Jésus. Le divin groupe est seul en pleine lumière. Belle tête de
Marie.

* 2° Portrait de Pierre Arétin, en habit noir avec fourrure brune.
Il a une main sur la poignée de son épée. Belle tête, aux cheveux
noirs tombant en demi-cercle, beau front, beaux sourcils, grands
yeux spirituels, air sérieux, très-beau nez, jolie bouche, menton
fendu. Un peintre pourrait prendre cette belle tête comme modèle
de Christ. Quelle vérité dans ce portrait, quoique altéré par le
noir !

3° Portrait en pied de l'amiral Grimani. Il porte une armure
complète, avec un long et lourd manteau rouge. Son petit chapeau rouge est plus large au sommet qu'à la base. Visage maigre
trop exigu du bas. Derrière lui, colonne. Cette peinture trop rouge
est peu digne du Titien.

4° Homme vêtu de noir, devant une table couverte de joyaux.
Il tient un grand collier de perles et montre de l'autre à la femme
placée derrière lui un bijou qu'elle regarde par-dessus l'épaule du
marchand. Elle est vivement éclairée. Bonne toile, mais bien
blanche pour un Titien.

5° Portrait de Charles-Quint en habit noir, assis dans un fauteuil (demi-figure). C'est bien la physionomie du célèbre empereur ; mais le visage a pris une teinte verte et le reste est noir.
Au fond, paysage encore bien éclairé. N'est-ce pas une vieille
copie ?

* 6° « Vénus initiant une bacchante aux mystères de l'amour. »
Tel est le titre inquiétant du Catalogue. Qu'on se rassure : la scène
est décente. Vénus est en robe verte, les seins couverts ; ses cheveux blonds, roulés en tresses sur le derrière de la tête, sont

ornés de perles. La jeune dévote penchée vers la déesse, une main sur la poitrine, formule une prière. Ses yeux surmontés de sourcils noirs sont très expressifs. Ces deux figures de femmes sont les mêmes que celles du musée du Louvre (n° 470). Seulement, au lieu d'un globe en verre, Vénus tient ici un objet mystérieux enveloppé d'une gaze. L'Amour remplace le marquis d'Avolos. Appuyé sur l'épaule de sa mère, il regarde la néophyte avec la joie d'un chat qui voit s'avancer une souris. Derrière elle, dans l'ombre, un satyre levant ses bras et sa vilaine face en raccourci, tient une corbeille de fleurs. Au milieu, un jeune bacchant, dont le haut du corps est nu, détache d'une treille une grappe de raisin blanc, en se retournant vers la déesse. Cette toile, quoique un peu noircie, est plus grande et plus belle que celle de Paris, et c'est une des pièces capitales de la pinacothèque de Munich.

7° Madone avec l'Enfant, saint Jean-Baptiste et le donateur (petite nature). La Vierge tient Jésus comme pour le présenter à l'adoration du commettant. Son geste est gracieux et original. Saint Jean, homme fait, peu vêtu de sa peau de mouton et à demi éclairé, est debout à gauche. Ses nus sont d'un excellent relief. Il se penche vers le Bambino qui tourne vers lui sa tête, mal à propos placée dans l'ombre — Fond de paysage.

8° Sainte Famille. Marie tenant l'Enfant est assise devant un bâtiment. Des points lumineux leur servent d'auréoles. La Vierge est une grande et belle personne, au front large, aux grands yeux noirs baissés, mais visibles. Ici encore, Jésus a la tête dans l'ombre. Ce tableau, relégué près du plafond, est sans doute une copie.

9° Portrait d'homme vêtu de noir, ayant un livre à la main. Tête brune portant une grosse barbe et les cheveux courts. Cette tête de carton jaunâtre et saupoudrée de rouge brique n'est pas sortie de la palette du Titien.

* 10° Jupiter déguisé en satyre, et Antiope (un peu plus que demi-nature). Voilà un petit cadre ne contenant que deux bustes en proportions réduites, et cependant il est dangereux, tant est vive la passion qu'il exprime, tant est complète l'illusion qu'il produit. Le satyre est jeune et d'un physique agréable ; son sourire est naïf, mais ses yeux sont tendres et animés : deux petites cornes au front décèlent seules l'imperfection de sa nature. Il tient renversée la tête d'Antiope dont la belle poitrine est éclairée, tandis que son visage ne l'est qu'à demi ; sa peau très-blanche contraste avec celle plus brune du faune. Cette jolie tête renversée, ce regard que voile l'émotion, ces deux bouches qui vont se réunir :

tout cela est rendu avec un talent prodigieux. Toile bien conservée.

VEEN (Otto van), dit Vénius : Six tableaux allégoriques dont le sujet est le triomphe de la Religion — 1° Char conduisant l'Écriture sainte et la Tradition, et sur le devant la Raison et la Modération, quatre jolies femmes. Les quatre chevaux sont tenus par les quatre Pères de l'Église du Ier siècle. Les nations suivent le char.

2° La Parole de Dieu, représentée par Jésus-Christ, dépose les saints documents dans le sein de l'Église. Le véhicule est tiré par les quatre animaux symboliques des Pères de l'Église et conduit par les apôtres Pierre, Paul, Jacques et Thaddé. Près du Christ est l'Église militante, femme qui semble vomir une épée.

3° L'Église reposant seule sur le globe terrestre, garde dans son sein les divines Écritures. Il n'y a de bien que six petits anges volant et gambadant dans l'espace.

4° Quatre femmes assises sur le char. Ce sont : Ecclesia, Vetustas, Successio, Universitas.

5° L'Église, tenant une crosse d'évêque, est couverte d'un grand manteau blanc que soutiennent deux anges. Elle a près d'elle Successio, portant un collier de larges pièces d'or. Dans les airs, deux anges se livrent à l'exercice du trapèze.

6° La Parole de Dieu dirige le char que précède la Raison humaine. Dans le devant de ce char, Abraham, prêt à frapper Isaac, est retenu par un ange. Femme tenant une grande croix. La Charité avec trois enfants, dont un au sein. Femme ayant un collier à la main, et derrière elle, soldat cuirassé lui allongeant un coup de poignard. Christ en croix. Les figures de ce char sont les meilleures.

Ces six tableaux, ces six chars, de demi-nature, ont le double tort de traiter des questions théologiques très-obscures dans les livres, bien moins claires en peinture, et de ne pas atteindre, dans les formes et dans les physionomies des personnages, la distinction, l'élévation, que comportent les sujets représentés. Les chevaux sont de carton, et parfois tout noircis.

VELASQUEZ (don Diego Rodriguez de Silva y) : 1° Enfant vêtu de blanc, tenant un tambour de basque. Visage à demi éclairé et mal peint ou très-altéré.

2° Portrait d'un Espagnol, que le catalogue désigne comme étant celui de l'auteur. On a confondu avec le numéro suivant. Ici, les traits sont plus vulgaires que ceux du peintre. Assez bon, mais non de Vélasquez.

3° Buste du cardinal Rospigliosi. Visage long et spirituel, long nez, bonne bouche, menton proéminent. Bon portrait, mais quel en est l'auteur?

4° Buste d'homme, dit le Catalogue. Cet homme est Velasquez. Qui ne le reconnaîtrait pas après l'avoir vu à Madrid? Mauvaise copie noircie.

* 5° Portrait d'un jeune Espagnol en habit noir avec petite collerette — main non achevée. — Cette toile pourrait être un vrai Velasquez, à en juger par sa belle lumière et ses ombres un peu charbonnées. Vrai type espagnol. Bon tableau.

6° Loth et ses filles. Tableau assez frais et non sans mérite, mais que je ne crois pas de Velasquez. Ce n'est ni sa teinte, ni son genre de composition.

VELDE (Adrien Van der) : 1° Pâtre ramenant son troupeau. paysage plat. Vaches bien éclairées. L'une, rouge avec taches blanches, fait illusion. Le pâtre allonge un coup de bâton à une vache montant sur une autre.

2° Paysage. Sur le devant, jeune paysanne tenant un seau et s'appuyant sur la croupe d'une vache; une autre vache est couchée dans l'ombre. Au fond, à gauche, église de village; éclaircie à droite. La vache debout, parfaitement peinte, fait à peu près tout le mérite de cette toile.

3° Paysage, pendant du précédent. Au milieu, vache blanche entrée dans l'eau. A droite, servante assise s'appuyant sur l'anse d'un panier. Au premier plan, moutons couchés. Au fond, montagne. Vache bien peinte, mais non assez éclairée.

4° Paysage avec de beaux arbres touffus. Vaches dans une prairie que traverse un ruisseau. Un pâtre qui jouait de la flûte, s'interrompt pour causer avec une femme lavant du linge. La vache de droite, tournant la tête, est bien éclairée; le reste a noirci.

5° Berger assis près d'un puits, en compagnie de son chien. Femme à cheval derrière une vache mouchetée; bétail à l'entour. Bêtes éclairées; le reste noir.

6° Berger descendu d'une éminence et traversant la rivière avec son troupeau. Femme sur une charrette. Beau ciel.

* VELDE (Guillaume Van der) : 1° Tempête sur mer. Des vaisseaux sont poussés d'une baie dans la mer par l'orage furieux. Deux barques de pêcheurs. Plus loin, deux trois-mâts, dont l'un tire le canon de détresse. Au fond, à droite, autres barques près de la côte, où s'élève une tour, puis montagne. Le ciel très-noir à gauche, jaune à travers les nuages avec des intervalles bleus à

droite, produit sur l'eau un bel effet de lumière. Excellente marine.

2° Frégate sur une mer calme. Au premier plan, barques de pêcheurs. Transparence de l'eau et perspective bien rendues. A l'horizon, l'eau et le ciel se confondent.

* VERENDAEL (Nicolas) : Bouquet de fleurs dans un vase posé sur une table où se trouvent un crucifix, une tête de mort, plusieurs fruits, papiers etc. Cela veut dire : « La vie de l'homme, comme celle de la fleur, ne dure qu'un matin. Pensons à l'autre monde. » Excellente toile.

VERNET (Claude-Joseph) : 1° Le Matin. Palais sur le rivage et figures. A droite, muraille surmontée d'une balustrade, où circulent des promeneurs. Au premier plan, pêcheur nu jusqu'à la ceinture et se détachant très-bien sur l'eau..

* 2° Le soleil se couchant derrière les ruines des palais des Empereurs, à Rome. Eau sur le devant; chaude lumière vers la gauche. De ce côté, sur une éminence, paysan et deux dames, dont l'une, avec un parasol, est bien éclairée. Montagne avec murs et arbres se détachant en silhouette au fond, à droite. Joli effet.

3° Ville maritime en flammes dans le fond. Le reste est noir.

* 4° Coucher de soleil. Marins occupés au bord de la mer et femmes lavant du linge — poses variées, joli groupe. — A droite, sur un rocher, construction avec arches surmontées d'un charmant belvédère. De ce côté, la terre, plus rapprochée de nous, est peu éclairée; mais les objets y sont nets; au contraire, à gauche, la côte et les montagnes sont plus éloignées, la lumière est plus vive et les objets plus obscurs, parce qu'ils sont enveloppés d'une légère vapeur. Il en résulte un contraste du meilleur effet. Il est impossible de mieux rendre le soleil descendant de la voûte azurée pour se coucher dans l'eau; et cette eau, quoique en pleine lumière, ne se confond pas avec le ciel. Ce tableau est le plus frais, le mieux éclairé, le plus parfait des marines de Vernet que j'aie vues jusqu'ici, et, quoique le Lorrain ait dans la même salle quatre belles toiles, aucune d'elles ne surpasse celle-ci.

5° Tempête (sur cuivre). Tableau plus petit et plus noir que les précédents. Un vaisseau s'est échoué contre des rochers. Femme évanouie sur le bord et soutenue par deux hommes; un autre accourt, éploré, vers elle.

* 6° Orage sur mer. Deux vaisseaux, plus ou moins éloignés, sont battus par la tempête; un autre a échoué, et l'on s'efforce de sauver les naufragés. Un matelot soutient par les reins une femme qui se renverse en levant les bras d'un air désespéré. C'est, sans doute, une mère ou une épouse qui déplore la perte de son enfant ou de son mari. A droite, montagnes de roches que battent les flots blancs et furieux. A gauche, ciel noir sillonné par la foudre. Scène rendue de manière à vous faire frissonner.

7° Marine. Le soleil apparaît sur la mer à travers un nuage qu'il dissipe. Sur le devant, pêcheurs en silhouettes. Au fond, à droite, hautes roches, barques. Jolie toile plus large que haute.

VEROCCHIO (André) : 1° Les trois archanges, Michel, Gabriel et Raphaël. Le dernier conduit le jeune Tobie (petite nature). Cet archange semble avoir des seins de femme. Mauvaises draperies, trop enflées; visages de bois peint.

2° Crèche (petite dimension). L'enfant est assez bien modelé, mais ses nus sont d'un gris bleuâtre.

* VICTOORS ou FICTOR (Jean) : Le vieux Tobie rend grâces au Seigneur d'avoir recouvré la vue, et l'ange remonte dans le ciel en le bénissant. La vieille mère est debout et à demi éclairée. La femme du jeune Tobie se détourne, en plaçant une main devant ses yeux éblouis par la vive lumière que projette l'ange. Cette main produit sur le haut de son joli visage une ombre d'un heureux effet. Sa robe blanche a trop de plis et ne dessine pas assez les formes. Son époux, en robe de velours cramoisi, la tête coiffée d'un turban, est au premier plan. Adolescent à genoux. Au fond, chameaux et mulets que des domestiques déchargent. Bon tableau; beaux effets de lumière.

VINCI (Léonard de) : 1° Sainte Cécile (jusqu'aux genoux). Robe rouge, mousseline à petits plis sur les seins peu indiqués. Elle tient un livre ouvert et une palme. Son front élevé, ses yeux creux, surmontés de sourcils placés trop haut et son nez grec, trop large à sa racine, sa main gauche, son visage et ses épaules de carton, faiblement dessinés, me font douter, malgré son léger sourire, que cette figure soit de Léonard. Ce serait plutôt une œuvre de l'école de Luini.

2° Madone dans une grotte (quart de nature). Marie, assise sur une pierre, tient l'Enfant assis près d'elle. Il a dans la main une croix qu'il regarde d'un air sentimental. Jamais je n'attribuerai à un grand peintre le gros visage et le corps si peu renseigné de Jésus, pas plus que la tête de la Vierge, aux yeux trop creux, au nez démesurément long, avec un bas de visage trop court et des mains mal dessinées. Fond de paysage, forteresse, montagnes.

WINKENBOOMS (David) : Portement de croix (figurines). Sainte Véronique s'avance vers le Christ avec son voile. Marie tombe évanouie dans les bras des saintes femmes. Sa pose est assez bonne ; celles des autres personnages sont trop tourmentées. Au fond, montagne du Calvaire et forteresse dans l'ombre. A gauche, vive lumière éclairant d'autres figures ; à droite, éclaircie ; ville bleue se confondant avec des nuages mal peints. Du reste, belles couleurs, lumière et perspective.

* VIVIEN (Joseph) : 1°, Son portrait (jusqu'aux genoux). Front haut, penché, arc sourcillier de belle forme et saillant ; nez long, légèremeut busqué, bouche grande aux lèvres minces, menton proéminent. Il est occupé à esquisser la tête de Maximilien-Emmanuel. Bon portrait.

2° Buste de Fénelon. Longue et belle tête, au front penché en arrière, long nez un peu courbé, yeux enfoncés, et pourtant regard limpide et franc ; os de l'œil saillant, bouche gracieuse, quoique peu charnue ; menton un peu long et fendu ; tête nue grisonnante. Cette physionomie n'est pas celle d'un homme très-énergique, mais elle respire l'intelligence, la droiture et la bonté. Le pli de la joue rend plus sensible la bienveillance du prélat.

3° Portrait en pied de l'électeur de Bavière, Maximilien-Emmanuel. Le visage est assez bien dessiné, mais la pose est trop roide, et le reste tourne au noir. Et puis, pourquoi parer un guerrier, bardé de fer, d'une écharpe bleue et d'un manteau rose? Il faut dire, toutefois, qu'un bout de ce manteau, posé sur un fauteuil, fait encore illusion.

VLIEGER (Simon de) : Tempête sur mer, avec une barque de pêcheurs. Composition très-simple. Les lames d'eau, vertes sur le devant, blanches plus loin, sont bien rendues.

VLIED (Henri Van) : Intérieur d'église gothique. Bonne petite toile.

VOLPINI (André) mosaïste : Temple de Vesta. (Voyez page 245.)

VOUET (Simon) : Madone avec Jésus (petite dimension). L'Enfant, plus grand que d'ordinaire, est assis sur sa mère ; il lui prend le menton et saisit son voile de l'autre main ; ils se regardent, bouches entr'ouvertes. Leur sérieux ne s'accorde guère avec leur pose. Une draperie suspendue à un arbre les abrite. Le profil de la Vierge m'a rappelé celui de la Thimothée du Dominiquin, tableau du Louvre (n° 497).

VOYS ou VOIS (Ary ou Henri de) : 1° Buveur, un bocal à la main (jusqu'aux genoux). Bon visage d'un ivrogne qui nous regarde en riant d'un air malin.

** 2° Fumeur assis près d'une table et tenant une cruche (jusqu'aux genoux). Ses cheveux blonds tombent en désordre sur son

front. Ses yeux troublés et à demi fermés, ses joues bouffies et sa pipe appuyée sur le coin de la bouche qu'elle fait descendre : tout cela est rendu avec tant de vérité, il y a tant d'abrutissement dans cette physionomie dégradée par la choppe et la pipe, que ce tableau vaut un sermon.

VYTENWAEL ou WTE-VAEL (Joachim) : Noces de Pélée et Thétis. La table, dressée au fond, est bien éclairée par la vive lumière qui se produit à gauche dans le ciel. La discorde Eris, assise sur un nuage de carton, est dans une ombre devenue noire. Autour de ce nuage voltigent de jolis petits chérubins. Au premier plan, des danseurs et danseuses peu vêtus sautent et s'embrassent.

WALCH (Jacques) : 1° Portrait de l'empereur Maximilien Ier, en grand costume (demi-figure). Grand nez arqué, lèvre inférieure saillante. Certains accessoires, le manteau surtout, sont traités avec soin. L'armure jaune et le reste d'une teinte uniforme sont mauvais.

2° Portrait de Haller de Hallerstein, praticien de Nuremberg (petite nature). Belle tête, au regard franc et digne, assez bien dessinée et éclairée. Ses cheveux, taillés carrément sur le front, tombent sur les côtés en grosses touffes taillées de même. Il tient un chapelet et une lettre pliée.

WATERLOO (Antoine) : Paysage. Forêt de chênes à travers lesquels on voit un chemin. L'éclaircie, à gauche, a dû être d'un bon effet ; mais le tout est devenu noir.

WÉENIX (Jean) : 1° Lièvre suspendu près d'une carnassière et d'un fusil, perdrix, faisan, cor de chasse, fleurs. On ne voit plus guère que le ventre blanc du lièvre.

2° Dans un jardin, près d'une urne antique, coq de bruyère, coq de basse-cour et paon tués. Au fond, à gauche, joli vase avec bas-reliefs. Lièvre accroché.

3° Chasse au sanglier. L'animal tient sous lui un chien qui crie : au secours ! Un chien blanc accourt à cet appel. Sur le devant, fusil, gibecière, etc. Au fond, chasse au cerf, village.

* 4° Gibier tué et posé près d'une urne. Faisan doré, couché, et se détachant bien sur une oie blanche. Chien à mi-corps, à gauche ; joli jardin, à droite. Dans le fond, vase antique avec bas-reliefs bien rendus. Bonne toile.

5° Cygne, chevreuil, lièvre et divers oiseaux tués et gisant à terre près d'un piédestal. Tout jeune chasseur et deux chiens, dont l'un se mord la cuisse pour tuer une puce. Le dernier chien est bien peint ; le reste est médiocre.

6° Chasseur avec deux chiens près d'un loup tué ; autre gibier. Il n'y a de bien que le buste d'un chien blanc qui aboie.

7° Lièvre, dindon, petits oiseaux morts, posés à terre près d'un tas de fleurs et de fruits. Au fond et plus bas, jardin. Au bord de l'escalier, par lequel on descend à ce jardin, se tiennent deux personnes debout, dont l'une porte le grand cordon rouge.

8° Un tout jeune garçon arrive en criant au moment où un chien vient de renverser un couvercle en osier d'où s'échappent des pigeons. Noirci en partie.

9° Gibier tué, déposé près d'une urne. On ne comprend pas le corps et les ailes du paon dont la queue est étalée.

10° Daim et deux lièvres suspendus à un arbre. Sur un parapet, loup et sanglier tués, et objets de chasse ; chasseur et ses deux chiens. Dans le fond, deux chasses, l'une au sanglier, l'autre au cerf. Au premier plan, façade de temple antique ; jeune homme assis, une main sur un grand chien ; autre beau chien d'arrêt.

WÉENIX (Jean-Baptiste) : 1° Jeune paysanne endormie près d'une vieille maison, son chien à ses côtés. Elle est accoudée à un monticule blanc qui ressemble à un tas de linge. Vase antique avec bas-reliefs. Au fond, à droite, forteresse, pont, eau, vive lumière.

2° Chasseur revenant avec du gibier. Éclaircie à gauche, grotte à droite. Le reste, noir.

3° Jeune fille endormie près d'un édifice orné de colonnes de vert antique. A côté d'elle est son tambourin. Plus loin, jeune homme accordant son luth.

* 4° Vieux remouleur près de l'entrée d'une belle hôtellerie. L'hôtesse le regarde, tandis qu'elle attire elle-même l'attention d'un quidam placé dans l'ombre. Derrière elle, la lumière vient éclairer les premiers plans, par une porte cintrée très-élevée. Là, chien et chat en attitude hostile ; petite fille, coq, poules, canards. Dans le lointain, plaine que traversent au galop deux cavaliers. Tout au fond, petite éclaircie. Bonne toile, un peu noircie.

WERF (Adrien Van der) : 1° Madeleine pénitente (grandeur naturelle). Elle est nue, avec une petite draperie bleue au bas du corps. Ses mains sont posées par le bout des doigts, l'une sur un sein, l'autre sur un livre ouvert. Assise, les jambes allongées, elle regarde de bien loin les pages de ce livre. Tout cela est maniéré. Du reste, le corps modelé, éclairé et velouté à la façon de ce peintre, est fort beau. Tête de mort, boîte aux parfums. Ce tableau est le seul Van der Werf que je connaisse de cette dimension. Les suivants sont de demi-nature.

2° Une vieille vient à sa fenêtre, une chandelle à la main, attirée par la sérénade de deux jeunes garçons, jouant l'un de la guitare, l'autre du tambour de basque, un troisième tend son chapeau. Un petit bonhomme, appuyé sur un mur, au premier plan, et tenant une chandelle allumée, se tourne vers nous. Tout ce monde rit à qui mieux mieux. La vieille et le guitariste sont bien; le reste est faible. Noirci à droite.

3° Génie couronnant les profils en médaillon de l'électeur Jean-Guillaume et d'Anne-Louise son épouse : médaillon incrusté dans un obélisque. Les muses président à cette cérémonie. La Peinture tient à la main le portrait de l'auteur vu de face, miniature soignée. Grands yeux pleins de tendresse, beau nez, bouche ouverte et charnue, double menton. Voilà encore un peintre dont les traits sont en rapport avec ses œuvres : physionomie spirituelle, sensuelle, un peu prétentieuse, maniérée. Il porte une perruque à a Louis XIV. Au fond, arcade. Au premier plan, sphère sur le sol. Ce tableau et les suivants emplissent le seizième cabinet.

* 4° Sara présente Agar à Abraham. Le patriarche, assis sur son lit, lève une main et prend possession en appuyant l'autre sur l'épaule de sa servante, tout en remerciant du regard sa légitime. Agar, nue jusqu'à la ceinture, cherche à cacher sa poitrine avec un bout de sa draperie; sa tête, un peu penchée et en partie dans l'ombre, est d'une charmante expression de pudique embarras. Vase en or sur une table. La même composition existe au Louvre, mais celle de Munich lui est supérieure.

5° Portrait en pied de l'électeur Jean-Guillaume coiffé à la Louis XIV, (demi-nature). Sa riche armure est recouverte en partie par un manteau en velours cramoisi doublé d'hermine. Il a dans la main droite un globe en or surmonté d'une croix. Visage long, nez aquilin, bas de visage trop lourd. Au fond, colonne. Portrait médiocre, noirci.

6° Sainte Madeleine assise de côté dans une grotte, le coude sur une pierre où l'on voit deux feuilles de papier maintenues par une tête de mort. La sainte pose le bout des doigts sur cet étrange presse-papier; son autre bras s'allonge le long de la hanche ; pose maniérée. Son corps, nu jusqu'au nombril et un peu trop charnu peut-être, est d'un bon relief. Le visage, aux yeux baissés, est à demi éclairé.

* 7° Repos en Égypte. Marie, assise à terre, tient l'Enfant. Saint Joseph abaisse et présente une branche chargée de cerises à Jésus qui se renverse pour la saisir. La Vierge s'apprêtait à allaiter son fils, car elle a un sein nu et gonflé par le lait. Sa poitrine

et son visage souriant sont bien modelés et éclairés; mais l'Enfant, la tête levée et un peu en raccourci, avec ses cheveux blonds et frisés, est posé, modelé et éclairé d'une façon plus parfaite encore. Au deuxième plan, écuelle pleine de cerises; tout à fait à gauche, petite éclaircie sur la campagne. Le fond de montagne a noirci; les deux principales figures n'en ressortent que mieux. Charmante toile.

* 8° *Ecce Homo.* Grande et belle composition (petite dimension). Le Christ est debout sur le haut des marches du péristyle du palais de Pilate, les bras liés au dos. Son corps est élancé, sa tête se penche en avant. Le proconsul, assis devant la porte de son palais et sur un plan plus élevé que le sol du péristyle, montre des deux mains Jésus au peuple et dit : « Mais, enfin, quel crime a-t-il commis ? » Et la canaille, comme toujours et partout, crie, pour toute réponse, en levant les bras : « A mort! à mort! » Quatre jolies filles se distinguent par leur exaltation fanatique. Plus loin, à droite, a lieu la flagellation dans une pièce du même palais. Là, deux charmants enfants (deux anges qui, sans doute, ont rentré leurs ailes pour n'être pas reconnus). L'un, debout, montre le Sauveur à l'autre qui s'est agenouillé.

9° Portrait en pied de Marie-Anne-Louise, épouse de l'électeur Jean-Guillaume (demi-nature). Ce portrait, moins altéré, produit plus d'illusion que son pendant (n° 5). Cela tient surtout à la différence des costumes. La princesse est en satin blanc avec garniture en or et pierreries; son manteau violet est doublé d'hermine. Ses cheveux noirs, relevés sur le front, sont surmontés d'une couronne. Elle tient une petite branche d'oranger en fleur. Son long visage est régulier, sans être beau; ses yeux sont par trop ouverts et sa bouche, aux lèvres charnues, est un peu trop grande.

10° Agar renvoyée par Abraham, pendant du n° 4. Cette femme, dont les cheveux frisés sont maintenus par un ruban, a un pied posé sur la dernière marche de la maison, l'autre sur le chemin; nous la voyons de dos, tournée vers le patriarche et essuyant, avec un mouchoir, ses yeux baignés de larmes. Abraham, la tête ceinte d'une étoffe blanche, fait signe à sa servante de s'éloigner. Les deux robes d'Agar, aux plis tourmentés, manquent de simplicité et d'élégance. Le petit Ismaël, tourné comme sa mère, pleure aussi. Ils sont tous deux, ainsi que le beau visage d'Abraham, bien éclairés. Sara ni son fils n'assistent à cette séparation; et comme le visage d'Abraham est calme, la scène est loin d'être aussi pathétique que le comporte la situation.

11° Annonciation. Marie, assise devant sa demeure, ramène, à l'approche de Gabriel, son manteau sur sa poitrine et baisse les yeux. L'ange est à genoux sur un nuage, un lis à la main. La vive lumière qu'il apporte illumine le haut du corps de la Vierge.

12° Jésus au milieu des docteurs. Au premier plan, vieillard assis sur des marches. Jésus est tourné vers un autre docteur assis plus haut près d'une table couverte de livres. Les chairs du Sauveur sont d'un ton gris-bleu. Jolie toile, du reste, et bien conservée.

13° Jésus au mont des Olives. Tout noir.

14° La Visitation. Marie et sainte Élisabeth s'abordent en se donnant la main. Près d'elles, saint Joseph. Beau profil de ce dernier; celui de la Vierge n'est vu qu'en partie. Zacharie, appuyé sur une balustrade, est presque effacé par le noir.

15° Nativité. L'Enfant est entouré d'une lumière qui frappe le visage des bergers. Au milieu d'eux, on distingue une femme dont un sein est nu.

16° Flagellation du Christ. Son dos, bien modelé, est seul éclairé.

17° Couronnement d'épines. Deux soldats lui présentent par dérision : l'un, les faisceaux consulaires; l'autre, un roseau en guise de sceptre. Partie du corps de Jésus est éclairée, le reste a noirci.

18° Purification. Tourné au noir.

19° Portement de croix. Les dos des larrons, la tête de Simon et deux enfants, au premier plan, et se tenant par le corps, sont seuls bien éclairés. Le Christ, une main à terre, ne l'est qu'à demi et son visage n'est plus lisible.

20° Ascension. Pourquoi mettre dans l'ombre presque tout le corps du Rédempteur? Le ciel sombre, à sa gauche, est vivement éclairé à sa droite : allusion à l'enfer et au paradis. Les apôtres sont bien posés et bien drapés.

21° La Pentecôte. Marie, assise de face sur les marches d'un temple, lève la tête vers le ciel, une main sur la poitrine. D'un point vivement éclairé descendent les langues de feu. Un vieil apôtre, assis au premier plan, et deux autres debout près de la Vierge, sont en pleine lumière ; le reste a noirci.

22° Le Christ expirant sur la croix. Bonne toile. L'évanouissement de Marie est bien rendu. Madeleine, très-émue, se penche vers la Mère du Sauveur que soutient une autre sainte femme. Jésus est bien éclairé. Saint Jean, trop dans l'ombre, se tient de-

17.

bout près de la croix et se couvre le visage. Le reste de la toile est altéré par le noir.

23° Mise au tombeau. Ici, le corps du Christ est d'une dimension plus grande que dans les autres scènes. Il est bien éclairé, sauf la tête mise mal à propos dans l'ombre et devenue noire. Madeleine se penche pour baiser un bras de Jésus. Son joli visage rose n'annonce pas assez sa souffrance morale. Marie, debout, les deux mains près de la tête de son fils, a le visage envahi par le noir. Autre vieille sainte, debout ayant, comme la Vierge, la tête couverte de son manteau bleu. Fond noirci.

24° Assomption. Les grands anges placés sous la Vierge la font paraître trop petite. Sa tête vulgaire est trop faiblement éclairée par un rayon lumineux perçant un nuage sombre. Jolis petits anges dans les airs.

25° Couronnement de Marie par deux grands anges dans le ciel. Plus haut, Jésus et la divine Colombe. J'aimerais mieux voir la Vierge couronnée par son fils. Elle est vue de profil; belle tête de style grec.

26° Résurrection du Christ. Un grand ange en robe blanche, les ailes ouvertes, tient levée la pierre du caveau d'où le Sauveur s'est élancé dans l'espace. Les jambes trop longues de cet ange pendent d'une façon disgracieuse. D'un autre côté, Jésus est encore trop près de la terre pour qu'on ait dû réduire de moitié les proportions de son corps. Un garde se sauve; les deux autres sont renversés, l'un sur le dos, l'autre sur le ventre. Noirci en partie.

27° Petite Sainte Famille. Marie tient sur elle l'Enfant presque renversé, les jambes écartées et le haut du corps appuyé contre les cuisses du petit saint Jean agenouillé derrière lui. Celui-ci, tenant un nid d'oiseaux, montre l'un des petits. Jolies têtes frisées des Bambini, l'une blonde, l'autre brune.

28° Jeunes gens à l'entrée d'un jardin. Au premier plan, deux jeunes filles assises devant une table. Derrière et en partie dans l'ombre, une autre est tenue par un jeune garçon qui semble faire une demande avec menace; car il a un doigt levé, et la belle baisse la tête comme pour éviter qu'il ne l'embrasse: groupe noirci, confus. Plus loin, dans le jardin, adolescents qui dessinent. Ce que je vois de mieux dans cette toile, c'est la statue en marbre d'Hercule terrassant Caccus; elle est placée au troisième plan, sous une arche. Les proportions en sont colossales et les deux figures se détachent très-bien sur le ciel.

* 29° Diane découvrant la faute de Calisto (petite dimension).

Nous retrouvous ici l'auteur dans le genre où il réussit le mieux. Diane, appuyée plutôt qu'assise, lève une main en signe d'indignation et allonge l'autre en signe de commandement. La pauvre Calisto, renversée en arrière par deux nymphes qui lui ont enlevé jusqu'à son dernier vêtement, baisse la tête avec confusion. Son joli corps n'offre pas, aux yeux des mortels, des signes bien apparents de maternité; mais une déesse a l'œil plus perçant. Autres nymphes groupées autour de la coupable et de la souveraine. Ces deux figures principales sont bien éclairées, ainsi que les jambes et l'avant-bras de la nymphe qui tient Calisto. Le reste a noirci. Jolie toile, du reste.

WERNER (Joseph) : Représentation allégorique de l'Avidité. Mauvais tableau, doublement obscur.

WEYDE (Roger-Van der) : Buste de Christ couronné d'épines. Visage vulgaire dont les sourcils sont trop relevés et trop contractés. Bon coloris.

WICK (Thomas) : Alchimiste dans son laboratoire. Altéré.

WOHLGEMUTH (Michel) : 1° Le Christ au jardin des Olives (demi-nature). Il n'y a de bien que la vieille tête de l'apôtre endormi au premier plan, à gauche.

2° Crucifiement. Marie est presque évanouie. Les quatre autres saintes femmes très-jeunes s'efforcent de paraître tristes. La figure principale est mal peinte.

3° Descente de croix. Même genre, mêmes défauts.

4° Résurrection. Le visage du Christ est trop long et son expression trop sinistre.

5° Nativité. L'enfant, couché à terre, est adoré par la Vierge et saint Joseph. Tableau de dimension un peu plus grande, aussi mauvais que les autres.

WOLF (André) : Son portrait. Tête de jeune homme imberbe nous regardant de côté. Beaux traits. Il est vêtu de noir. Genre Caravage, avec moins de lumière.

* WOUWERMANS (Philippe): 1° Chasse au cerf, toile capitale. A gauche, une barque s'approche d'un escalier donnant accès à un jardin. Deux cerfs, des chiens et des cavaliers se débattent dans l'eau. L'un des chasseurs veut les suivre, mais il vide les arçons et pique une tête dans l'étang, ce qui n'empêche pas une belle dame de se précipiter au galop sur ses traces. [A droite, c'est le repos, le plaisir : contraste d'un charmant effet. Ici une dame, un faucon sur le poing, va descendre de sa monture. Des hommes faits, assis sur l'herbe, apaisent leur faim ; les jeunes gens dansent au son d'une musique champêtre. Jardin avec statues. Plus loin, édifices.

Ville et arbres au bord de l'eau, montagnes. Je ne connais pas de plus beau Wouwermans que celui-ci.

2° Voyageur arrêté près d'un petit pont. Au premier plan, chute d'eau sur de grosses pierres. Deux cavaliers, dont l'un a mis pied à terre; cheval blanc. Au fond, à gauche, maison; plus loin, berger et son troupeau, eau, plaine. Joli petit paysage bien éclairé.

3° Paysage. « Sur le chemin près d'un rivage, voyageur à cheval. Un filet jeté par les pêcheurs, est amené au bord par un cheval. » (Catalogue.) Je n'ai pu voir ce tableau qu'on avait enlevé pour le copier.

* 4° Un cavalier descendu d'un cheval que son valet tient par la bride, s'est approché d'une jolie petite servante, occupée à traire une chèvre, et glisse, sans préambule, une main sous le mouchoir qui abritait ses appas. Un mouvement en arrière et les bras levés protestent contre cet attentat; mais le visage, plutôt souriant qu'irrité, annonce une résistance peu sérieuse. Le cheval, qui ne comprend pas pourquoi on l'arrête en pleine campagne, donne des signes d'impatience. Ce cheval — blanc — est superbe et bien éclairé. Plus loin, le compagnon du galant, un faucon sur le poing, continue sa route sans se retourner; il sait bien que l'amour a des ailes. Charmante petite toile.

5° Deux paysages avec cavaliers au premier plan. Eau à droite dans l'un; campagne à gauche, dans l'autre, avec maison au deuxième plan, à droite. Il y a toujours un cheval blanc. Celui levant la tête et un pied, est excellent. Noircis.

6° Une écurie. On y voit des cavaliers prêts à enfourcher leur monture, maison contre laquelle un arbre est plié de façon à former une voûte.

7° Un charretier fait boire ses chevaux dans un ruisseau. Il est monté sur le brun et tient le blanc par la bride. Une femme, avec son enfant, est sur la voiture dételée.

8° Choc de cavalerie dans un champ de blé. Un soldat montant un cheval blanc au galop, tire un coup de pistolet sur un porte-drapeau dont le cheval noir s'arrête. Ce tableau ne contenant que quelques combattants, est néanmoins plus grand que les précédents.

9° Chevaux conduits à l'abreuvoir. Enfants qui se baignent; femme lavant du linge. Un homme sort de l'eau avec deux chevaux dont l'un, tenu en bride, est blanc; un troisième s'est échappé. Vers le centre de la toile, arc de triomphe en ruines.

10° Manége en plein air près d'une écurie. Cheval blanc près d'un poteau ; un cavalier à pied le menace de sa canne ; homme à cheval ; couple se promenant ; à droite, maisons.

11° Bohémiens se reposant dans une cabane enfumée, où se trouvent aussi un cavalier et sa dame. Autre cabane à gauche. Au milieu, paysage.

* 12° Divertissement sur la glace. A droite, deux traînaux conduits, l'un par un cheval noir, l'autre par un blanc, tous deux empanachés. A gauche, patineurs. Tente sur la glace. Très-jolie toile.

* 13° L'armée suédoise, dans une grande plaine, s'avance contre l'armée combinée des Allemands qui descend d'une colline, pendant du n. 8 ; mais ici les personnages sont plus petits et beaucoup plus nombreux. Nous assistons à une grande bataille où l'artillerie, sur une éminence à droite, fait tonner son bronze, où des masses d'infanterie font feu sur des cavaliers qui ripostent avec leur carabines et leurs pistolets. Une autre cavalerie escalade la colline où sont placés les canons ennemis. Malgré la fumée, très-bien rendue, on se reconnaît sur ce champ de bataille. Il était difficile de dire plus de choses dans un si petit cadre, en évitant toute confusion. Les poses sont variées avec art. Au premier plan, un soldat est renversé de son cheval qui se cabre ; un autre tient en joue son arquebuse. Dans les rangs, on voit tomber à la renverse des officiers, des soldats atteints de balles. Ce tableau, légèrement noirci, est une œuvre capitale dans son genre.

14° Compagnie prenant, après la chasse, des refraîchissements non loin d'une statue du dieu Pan. A gauche, chasseur, dames assises ou debout. Je vois un couple qui cherche à s'isoler. A droite, homme à cheval et chevaux au repos. Fond de montagnes.

* 15° Prise d'un village. Des soldats se livrent au pillage. Les habitants cherchent à sauver leurs bestiaux et leurs effets les plus précieux. Sur le devant, des paysans à genoux implorent la clémence du chef monté sur un cheval blanc. Celui-ci leur montre un point et semble leur dire: « Là-bas nos camarades manquent de vivres ; il nous en faut. » A gauche, un cavalier s'avance vers notre droite en chassant devant lui un troupeau. Un autre emporte en croupe une jeune fille qui se débat et crie. Un troisième conduit par l'oreille un religieux dominicain. Une femme se précipite sur le corps de son mari qu'on vient de tuer. Sur l'eau, barques pleines de gens. Au fond, à droite, maison en feu. On ne pouvait mieux rendre ce revers de la médaille décernée à la gloire militaire.

16° Un cavalier, avec une femme en croupe, s'arrête devant une tente de vivandier. Trompette sur un cheval blanc sonnant le bout de selle. Entre deux cavaliers, arbres et draperie y attachée pour servir de tente. Noirci.

WYNANS (Jean) : 1° Paysage avec étang sur le devant, à droite; troupeau, pâtre et femme portant un panier sur la tête ; un chien la suit. Un peu à gauche de l'étang, maisons dans les arbres. Bon, un peu noirci.

2° Paysage. Déclin du jour. Au premier plan, eau à gauche, et au delà homme en manches de chemise assis à terre dans un pré. A droite, deux bouleaux, puis deux hommes, l'un à pied, l'autre à cheval, et deux chiens. Terrain aride. Au fond, à droite, bois. Tout au fond, village. Les bouleaux et les voyageurs sont d'une vérité parfaite. Mieux conservé que le précédent.

3° Tout petit paysage avec un groupe d'arbres près d'une colline de sable. Le chemin qui conduit dans le fond est animé par des voyageurs. Homme sur un cheval blanc, vaches, moutons. Bon, un peu noirci.

* 4° Paysage. Chemin aboutissant à des chaumières ombragées par des arbres près d'une colline de sable. Figurés par A. van de Velde. Au premier plan, eau et chien qui s'y désaltère. Au delà, colloque entre un chasseur assis et un homme debout. Après la colline en pleine lumière d'un côté et dans l'ombre de l'autre, le chemin est vivement éclairé à gauche, près des maisons vers lesquelles s'avance un homme monté sur un cheval blanc. Certes, une mouche d'appartement couvrirait ce cheval, et pourtant il produit de l'illusion. Plus près de nous, un paysan chasse une vache devant lui. A gauche, eau avec cascade, plaine, villes, montagnes. Joli et frais.

5° Chien assis près d'un tronc de chêne et nous regardant (petite dimension). Coin d'eau à gauche; à droite, cabane sur une éminence; éclaircie à gauche.

6° Quatre vaches, sur le bord d'un bois, viennent à nous. Elles se touchent au point qu'on n'en voit guère que deux. Derrière elles, homme et femme causant debout. Au premier plan, tronc d'arbre abattu. Beau ciel. Le reste est assez insignifiant.

ZACHTLEEVEN (Herman) : 1° Une vue du Rhin qui serpente entre des montagnes cultivées. A droite, deux barques, église, maisons et petite forteresse sur une colline; au milieu, eau, puis hautes montagnes; à gauche, barques, bateau, hommes et cheval sur la rive. Belle lumière sur l'eau, à gauche. Jolie petite toile.

2° Contrée du Rhin. Près de ses bords, groupe d'arbres, et derrière, château-fort. Sur le devant, vieillard et enfants mal vêtus. Fond de montagnes. Petit tableau, noirci.

· * 3° Très-joli paysage. A droite, arbres, maisons, four à chaux, bateau pêcheur et nacelle sur l'eau. A gauche et en silhouette, voiture chargée de monde descendant une côte; voilà une bien petite voiture qu'on ne donnerait pas pour une grande, tant elle produit d'illusion; village à gauche. Ciel séparé de l'eau par une langue de terre.

4° Paysage au bord du Rhin. Ce fleuve coule entre des montagnes au pied desquelles est un village. Tour, arbres, autres montagnes. Ciel d'un bleu pâle.

* ZAMPIERI (Dominique), dit le *Dominiquin* : 1° Hercule filant aux pieds d'Omphale (demi-nature). Il est assis sur un siége antique, le corps nu, protégé par un bout de son manteau posé sur le haut de ce siége. Il tient une quenouille et un fuseau. Sa tête et partie du corps sont noires. Cupidon, le visage dans l'ombre, le regarde. Quatre nymphes ou suivantes assistent à cette scène. L'une d'elles, le torse nu, est très-jolie, bien modelée et bien éclairée. Omphale ayant pris pour manteau la peau du lion de Némée, dont la gueule menaçante coiffe sa charmante tête, tient la massue du demidieu. Ses chairs et celles de sa voisine contrastent par leur blancheur et leurs formes arrondies avec les musculorités brunes du héros. Quel malheur que le noir ait envahi le visage et le devant du corps de ce personnage principal, bien dessiné, du reste! Grande et belle toile.

2° Hercule furieux tue sa femme et ses enfants (catalogue). Pendant du précédent, et non moins altéré. Hercule, debout au milieu de la scène, balance en l'air un pauvre enfant qui agite les bras et crie. Un autre enfant mort est placé sur du bois que la flamme envahit. A droite, une femme se sauve éplorée. Celle se tenant près d'Hercule, et au bras de laquelle se suspend un enfant, est sans doute l'épouse. Deux autres femmes expriment leur effroi. Le colosse est ici plus maltraité par le noir que dans la scène précédente. Il est vêtu et coiffé de la peau de lion. Je comprendrais mieux su fureur s'il était enveloppé dans la robe de Nessus. Trop de personnages s'agitent dans un petit espace.

* 3° Suzanne et les vieillards. Ici, au contraire, la scène est vaste et le nombre des acteurs restreint. La chaste femme vient de sortir du bain. Elle est assise sur un banc circulaire entourant le bassin plein d'eau et alimenté par un grand vase placé au centre, d'où s'échappent de petits filets d'eau. Elle allait commencer sa toilette; car son peigne est sorti du tiroir ouvert d'un

petit meuble. Surprise, elle s'est enveloppée à la hâte dans le bout d'un drap enroulé à sa cuisse et elle cherche à en ramener l'autre bout; mais l'un de ses assaillants a saisi cette extrémité. Son complice, appuyé des deux mains sur la balustrade, se penche vers Suzanne qui se retourne en criant. Le visage de la femme est joli et naïf, mais manque d'animation; les sourcils ne sont nullement contractés, et les yeux trop grands manquent d'intelligence. Nous la voyons de face parfaitement éclairée; cependant, les parties ombrées, le cou et les seins, ont pris une teinte verdâtre. Mais sa cuisse et ses jambes que fait croiser la pudeur, sont d'un relief remarquable. Ce drap immense, tenu levé, occupe trop de place dans le tableau. Toile des plus importantes de ce musée.

 * 4° Petit paysage avec vue sur la mer où l'on voit Jupiter-taureau enlevant la belle Europe. Le blanc animal tourne la tête vers la victime en agitant sa queue. Un petit amour vole au-dessus d'eux. La mère accourt et veut se précipiter dans l'eau. Le haut de son corps se détache sur l'espace liquide. Elle et deux de ses suivantes sont bien éclairées. Autre femme sur la rive. A gauche, bestiaux, arbres. Au fond, monticule; à droite, la mer. Joli tableau, un peu noirci.

 * 5° Saint Jérôme écrivant sous la dictée d'un ange (demi-figure, petite-dimension). Il lève la tête vers le séraphin dont le buste, vivement éclairé, apparaît au-dessus d'un grand livre. Appuyé sur ce livre, les ailes repliées, il fait au saint une démonstration, le doigt d'une main posé sur un doigt de l'autre main. Table, crucifix, tête de mort, sablier, ustensiles, livres en tas, papier. Jolie petite toile très-fraîche.

ZANETTI (Dominique) : Déposition de Christ. On ne voit plus son profil; le corps seul est assez éclairé. La tête de saint Jean offre un raccourci prononcé qu'on ne peut saisir sa physionomie. Marie est trop jeune et Madeleine pleure trop tranquillement. Toutes deux sont debout. Noirci. Faible.

ZEYTBLOOM (Barthélemy) : 1° Saint Georges, guerrier imberbe, armé de pied en cap et tenant un drapeau. Sa tête est ornée de l'auréole en or et ses pieds sont chaussés de souliers rouges très-pointus.

 2° Saint Antoine l'Ermite portant une croix et appuyé sur son bâton. Une gibecière est fixée à sa ceinture. Il a aussi l'auréole. Ces deux tableaux, sur fond d'or et sur bois, quart de nature, sont bien conservés et peints avec talent.

ZORG (Henri), dit *Roeckes* : 1° Famille de paysans. On ne voit plus qu'une grosse femme en corset et en jupon, aux robustes appas que couvre la chemise.

2° Gens attablés et paysan jouant du violon. Derrière lui, fenêtre ouverte. Au fond de la pièce, buveurs assis à une autre table et un debout.

ZURBARAN (François) : 1° Le disciple saint Jean accompagne la mère du Sauveur sur le mont Golgotha. Marie, un mouchoir à la main, regarde devant elle d'un air navré. L'apôtre la contemple et s'aasocie à sa douleur. Les têtes manquent de noblesse. Belle conservation.

2° Saint François en extase (petite nature). Une main sur la poitrine, il tient de l'autre une tête de mort. Le capuchon de sa robe est rabattu sur sa tête ; ses mains portent les traces des stigmates. Son teint pâle est légèrement tacheté de rouge. Bouche entr'ouverte. Belle expression ascétique.

GALERIE DU PALAIS-ROYAL DE SCHLEISSHEIM

(près Munich)

Ou plutôt vaste grenier où sont relégués, sans beaucoup d'ordre, des tableaux plus ou moins défectueux, originaux ou copies.

ARTOIS (Jacques) : Grand paysage. A droite, édifice avec portique grec ; à gauche, éclaircie.

BALEN (Henri van) : Diane et ses nymphes, pour se reposer des fatigues de la chasse, se livrent aux fatigues de la pêche. Au premier plan, la déesse qu'on distingue à l'absence de toute toilette et deux nymphes drapées au bas du corps, retirent un filet de l'eau. Poissons sur l'herbe ; à gauche, gibier mort. Plus loin, seconde pêche par les autres nymphes.

BARBARELLI (Georges) : Tête brune vivement éclairée. Nez court, regard de côté. Vigoureuse esquisse.

BERGHEM (Nicolas) : Caravane au bord de la mer.

BOUCHER (François) : Femme nue au lit, couchée sur le ventre, la tête levée, les bras appuyés sur le traversin : pose un peu forcée ; jolie toile, du reste.

* BOURDON (Sébastien) : 1° Port de mer. A droite, mur et fortifications ; fontaine en forme de grande coupe avec son couvercle.

* 2° Pêcheurs sur le bord d'une rivière. Cadre rond. A gauche, mur de clôture d'un jardin avec porte élevée. Plus loin, ruines antiques. Ces deux petites toiles sont fort jolies.

BRAUWER (Adrien) : 1° Joueurs de cartes au cabaret.

2° Rixe au cabaret. Un paysan cherche à plonger son adversaire dans un tonneau, la tête la première. Altéré.

3° Trois autres intérieurs de cabaret.

BREUGHEL (Jean), dit *de Velours :* Trente tableaux de diverses dimensions. J'en ai distingué un d'un travail assez considérable. C'est un port de mer avec vaisseaux et quantité de personnages sur la rive, au premier plan. Vers le milieu de cette mer, est une forteresse très-élevée se reliant à la terre par un port.

BREUGHEL (Pierre) : dit *le vieux* : Saint Jean prêchant dans le désert. Les aveugles, privés de chiens et de guides, viennent à lui sans se tromper de route.

CALIARI (Paul), dit *Véronèse* : 1° Petit saint Jean à demi vêtu de la nébride. Il tient sa croix de roseau et nous tourne le dos.

2° Couronnement de Marie par le Christ et Dieu le père costumé comme un pape. La Vierge est placée au milieu et nous fait face, les yeux baissés. Son visage a noirci.

* CALLOT (Jacques) : Massacre des innocents (petite dimension). Il a lieu dans une longue et large rue, vue du péristyle d'un palais. Cette rue est remplie de mères se sauvant avec leurs enfants dans leurs bras et de soldats qui les poursuivent : scènes très-animées et variées, sans confusion : bonne perspective, bon coloris.

CALVAERT (Denis) : Diverses scènes de cabaret.

CANTARINI (Jérôme), dit *il Pesarese* : Lucrèce assise et se perçant le sein (demi-figure). Tête belle et forte, levée vers le ciel.

CARRACHE (Annibal) : 1° Portrait d'Accucci, traité à la Caravage. Bons reliefs d'une vilaine tête tournée au gris-noir.

2° Tête de bacchante, d'un rouge noir.

3° Martyre de saint André (demi-nature).

CARRACHE (Augustin) : Saint Sébastien (demi-figure).

CARRACHE (Louis) : Saint François assis sur des nuages.

CASANOVA (François) : 1° Halte de voyageurs, dont un sur un cheval blanc.

2° Deux tableaux de vaches.

CASTIGLIONE (Jean-Benoît), dit *il Greghetto* : Caravane. Altéré.

CELESTI (le chevalier André) : La reine Jésabel jetée par la fenêtre, la tête couronnée et son sceptre près d'elle. Grande toile. Renversée sur le dos, les cheveux épars, le torse nu, elle porte une large blessure au front. Belle tête en raccourci. A gauche, grands chiens presque entièrement noircis. A droite, spectateurs, bâtiments ; fenêtre garnie de personnages.

CHAMPAIGNE (Philippe de) : Madone avec l'enfant couvert d'une robe violette et endormi au giron.

CORDUVA : Deux tableaux se faisant pendants : 1° Un vieillard et un jeune homme.

2° Un vieillard et une jeune femme.

Chaque couple nous regarde par une fenêtre.

COURTOIS (Jacques), dit le Bourguignon : 1° Cavaliers arrêtés et causant avec un pâtre.

2° Halte de cavaliers.

CRANACK ou KRANACK (Lucas-Sunder ou Muller) : Mort de Lucrèce. Le bras tenant le poignard est gros, court, mal dessiné. Elle porte à la poitrine une chaîne de grands anneaux d'or et encore un collier orné de pierreries, avec bordure en petites perles. Elle est bien du reste.

CRANACK (attribué à) : 1° La Bouche de la Vérité (demi-figure). Une jeune fille appelée comme témoin subit l'épreuve d'un lion automate dans la gueule duquel elle enfonce la main. Son appréhension est bien rendue. Assez bon.

2° Loth et ses filles, imitation du tableau de Munich.

* 3° Jeune femme que tient le vieux bourgmestre de Nuremberg (grandeur naturelle, un peu plus qu'à mi-corps). Une main sur l'épaule du barbon, elle glisse l'autre plus bas, saisit sa bourse et nous regarde en souriant.

4° Décapitation de sainte Catherine (quart de nature). Elle est à genoux ; un bourreau s'apprête à lui trancher la tête. Plus haut et plus loin, à droite, on la retrouve agenouillée et rendant grâces à Dieu qui l'a miraculeusement préservée du supplice de la roue.

CRAYER (Gaspard) : Portrait du comte-duc d'Olivarès sur un cheval blanc (demi-nature). C'est, je pense, une copie de l'esquisse que j'ai vue à l'exposition de Manchester et dans laquelle le cheval est également blanc, tandis que dans l'admirable original du musée royal de Madrid, le cheval est bai. (Voir Revue des musées d'Espagne, p. 193.)

CREDI (Lorenzo di) ou SCIARPELLONI : Petite vierge allaitant Jésus.

DUJARDIN (Karel) : Jeune cuisinière épluchant des légumes.

* DURER (Albert) : Massacre de dix mille chrétiens sous le roi Sapor (quart de nature). Au premier plan, le plus grand nombre de ces martyrs est précipité du haut de roches élevées ; les

autres sont exécutés au bas de ces roches. L'un, à genoux, va être décapité. Le peintre s'est représenté en longue robe noire, cheveux blonds pendants et toquet noir, ayant près de lui son ami Velivaldt Piskeimer. Grande et bonne composition.

DYCK (Antoine van) : 1° Portrait de la comtesse de Gorée, son épouse. Ici elle est plus jeune qu'à la pynacothèque, mais elle est moins bien peinte, ou la toile est plus altérée. Vêtue d'une robe de soie blanche, elle tient un violoncelle et son archet. Ses cheveux blonds tombent en boucles frisées. Physionomie distinguée, pâle, un peu triste.

2° Jupiter et Antiope. La nymphe nue est couchée sur le dos, la tête un peu renversée et vue de profil. Cette femme, belle et fraîche, a des jambes si mal dessinées que je ne puis les attribuer au correct van Dyck. Le reste est devenu noir.

ERDUREM : 1° Convoi attaqué par des troupes ennemies.

2° Marché aux chevaux.

FISCHER (Jean) : La femme adultère (demi-figures). On dirait que l'auteur a pris pour modèle du Christ la tête d'Albert Durer, son maître.

FRANCK (Dominique-François), le vieux : 1° La Mort lançant ses traits sur un groupe de personnages des deux sexes, de tous rangs et de tous âges qui se défendent de leur mieux. Près d'elle, un de ses ministres : le Temps.

2° Atelier de peintre rempli de tableaux.

3° Martyre des 11,000 vierges. L'une d'elles, debout à gauche, va recevoir plusieurs coups à la fois. Elle est particulièrement en évidence, les bras ouverts, les yeux levés vers le ciel. C'est sans doute sainte Ursule. Multitude.

4° Vierge en gloire et saints.

Ces deux derniers tableaux (quartde nature) sont altérés.

GELDORP ou GUELDORP (Gorzius) : Portrait de vieillard, à la façon de Rembrandt.

GÉRAERT ou GÉRARD DE HARLEM : Jésus appelant à lui les enfants.

GREUZE (Jean-Baptiste) : Buste de jeune fille en robe bleue, avec ruban et fleur bleue dans les cheveux, les seins demi-nus. Altéré.

HAINS : Isaac bénissant Jacob.

HATTE (Cornélius) : Les cyclopes.

HONTHORT (Gérard), dit *Gherardo delle Notti* : Jésus et les docteurs. Noirci.

INCONNUS (auteurs) : Tapisseries formant tentures. Elles représentent des faits historiques : les batailles y dominent. Exécutées à Munich, il y a plus d'un siècle, dit-on, elles sont encore très-fraîches.

JOUVENET (Jean) : Portrait de Bourdaloue.

KESSEL (Jean van) : Les quatre parties du monde. Ce sont quatre grandes toiles. Au centre de chacune est un paysage désignant le continent, et à l'entour seize petits cadres représentant les animaux particuliers à ce continent : accessoires fort bien peints.

KUYLENBURG (C.) : Diane et Actéon. La déesse et ses nymphes au bain. A droite, grande voûte avec arches ouvertes sur la campagne. Jolie toile, belle lumière.

LANFRANCO (Le chevalier Jean) : Judith (demi-figure). Elle tient une épée d'une main et pose le coude de l'autre bras sur la tête d'Holopherne. Tête mâle de l'héroïne.

LEBRUN (Charles) : Buste de profil d'une vieille femme, ayant sur le derrière de la tête une draperie marron.

LENAIN : Jeune peintre faisant le portrait d'une demoiselle qu'il regarde tendrement en lui prenant la main.

LOO (Jacob van) : La Fortune sur un globe que fait tourner un aveugle. Elle répand ses trésors au hasard. Sur le devant, trois femmes nues.

LOTH (Charles) : 1º Présentation au Temple. 2º Fuite en Égypte, grandes toiles.

3º Une Madeleine dont le nez me semble trop pointu (demi-figure).

LUINI (Bernardino) : Jésus debout sur sa mère, s'accrochant au haut de sa robe et levant un pied comme s'il voulait grimper sur ses épaules.

LUTTER ou LUTTRE : Saint Jean au pied de la croix (petite dimension). Le corps mort est blanc et bien éclairé. Le joli profil du saint est d'une teinte rouge (effet de nuit). Bon.

MARATTE (Le chevalier Charles) : 1º Nymphes de Diane assises, les pieds dans l'eau.

2º Vierge tenant sur ses bras l'Enfant Jésus couché. Elle est par trop jeune. Bon, du reste.

3º Quatre petits cadres traitant des sujets de la Bible.

MEULEN (Antoine-François van der) : Siége de Tournai.

MIGNARD (Pierre) ; Madone avec l'Enfant au giron. Joli, frais.

MILON : Baptême de Jésus-Christ.

MUCIANO (Jérôme) : 1° Christ en croix. Près de lui, deux bandes de papier avec inscriptions.

2° Déposition de Christ.

* NEEFS (Pierre) : Vue intérieure de la cathédrale d'Anvers. Au milieu, groupe nombreux de fidèles assis. Au premier plan et dans les nefs, gens qui circulent. Bonne perspective. Bon tableau.

NEER (Arthur van der) ; Paysage avec effet de lune.

OSTADE (Adrien van) : Scènes de cabaret, ignobles pour la plupart.

OUDE (Louis van) : Repas des dieux de l'Olympe derrière un rocher, à droite. A gauche, campagne, eau, montagnes.

PACCHIAROTTO (Jacques) : Judith nue, avec un manteau rouge couvrant le dos et le haut des cuisses (demi-figure). Médiocre.

PAICH : Six grands et trois petits tableaux de batailles. Altérés.

PALMA (Jacques), le jeune : L'Enfant Jésus donnant les clefs à saint Pierre. Noirci.

PALMA Jacques), le vieux : Déposition de Christ. Noirci. Madeleine est presque illisible.

PANINI (Jean-Paul) : 1° Piscine. Jésus guérissant les malades.

2° Les vendeurs du Temple.

Deux grands tableaux en figurines.

PAUDITZ (Christophe), aussi PUDISS : 1° Vieillard montrant son livre, en riant.

2° Danse de paysans, couple dansant. Le cavalier, un pot dans une main, tient de l'autre levée la main de sa danseuse qu'il fait tourner de façon à ne nous montrer que son dos.

PENS ou PENEZ (Georges) : Judith (demi-figure). Son corps est nu. Un manteau soutenu par une riche cordelière est posé sur ses épaules; elle a deux bracelets, l'un au haut du bras droit, l'autre au poignet gauche. D'une main elle lève son épée, et montre de l'autre la tête coupée, placée dans un plat. Belle lumière.

POELEMBURG (Corneille) : Loth et ses filles. Une d'elles embrasse son père.

PONTE (Jacopo da), dit *Bassano* : 1° Tableau tout noir, illisible.

2° Jésus chez Marthe.

POURBUS (François) le jeune : Déposition de Christ et saints (quart de nature).

POUSSIN (Nicolas) : 1° Persée se lavant les mains après avoir délivré Andromède (quart de nature). Cheval ailé; Bouclier portant la tête de Méduse et déposé à terre. Quatre Néréides nues, assises au bord de l'eau sur une coquille marine, offrent des coraux au vainqueur du monstre.

2º Apollon assis. Près de lui, Daphné n'ayant qu'un manteau bleu sur son corps nu, lève ses bras qui se changent en laurier. Fleuve endormi ; deux amours. — Toiles-altérées.

3º Paysage avec eau au deuxième plan ; fond de montagnes.

* 4º Annonciation (quart de nature). A droite, l'ange en robe blanche, à reflets bleu de ciel ; à gauche, Marie assise sur un coussin vert, la tête portée un peu en arrière, les yeux fermés, comme si elle perdait connaissance. Au-dessus de sa tête, plane le Saint-Esprit. Tableau encore frais. Comment est-il ici?

5º Nativité. Noir.

RUGENDAS (Georges-Philippe) : Deux marchés aux chevaux.

RICCI (Dominique) : Conception, petite peinture sur marbre. Marie est debout sur un croissant. De chaque côté, un grand ange est agenouillé à ses pieds. Guirlande de petits anges jusqu'au-dessus de sa tête.

RICCI (Sébastien) : Tentation de saint Antoine.

* ROBUSTI (Jacques), dit le Tintoret : 1º Grand crucifiement placé autrefois dans la chapelle du palais de Schleissheim. Le Christ vu de face est en pleine lumière. Les deux larrons vus de côté ne sont qu'à demi éclairés. Beau dessin, belles poses, bons reliefs. Le ciel orageux est sillonné par la foudre. Sur le flanc du Golgotha qu'ébranle un tremblement de terre, des personnages fuient éperdus. Un cavalier est renversé de son cheval. Cette partie du tableau est devenue noire. Du reste je regarde cette composition comme le morceau capital de cette galerie : car, quoique altérée en partie, elle est encore d'un grand effet.

2º Annonciation : A droite, Gabriel debout. A gauche, Marie à genoux et tournée vers lui. Au fond, balustrade surmontée de têtes d'anges dans un ciel vivement éclairé. Noirci en partie; encore beau cependant.

RONCALLI (Le chevalier Christophe) : Joseph expliquant le rêve d'un prisonnier. On ne voit guère de celui-ci que le dos nu bien éclairé.

ROOS (Henri) : 1º Grand paysage. Sur le devant, hommes et animaux. A gauche, au milieu et plus loin, édifices.

2º Deux paysages de diverse grandeur, avec animaux.

3º Cerf blanc mort et deux chiens.

ROSA (Melchior) da Tivoli : Vaches, taureaux, moutons et pâtre (petite nature). Bon, mais noirci.

ROSA (Salvator) : 1º Deux paysages avec roches à droite ; éclaircie eau, montagnes.

* 2º Saint-Jérome dans le désert, un crucifix à la main, les yeux

au ciel. Il porte une grande barbe blanche; une draperie grise et
grossière à la ceinture forme tout son accoutrement. Dessin et coloris vigoureux; toile bien conservée.

ROTTENHAMMER (Jean) : 1° Nymphe au bain (quart de nature).
· 2° Mars et Vénus, nymphes et amours (même dimension). Jolies
toiles.

3° Petite adoration des bergers.

* 4° Lucrèce surprise par le jeune Tarquin (grandeur naturelle).
Elle est étendue sur un lit et endormie, un bras levé sur la tête.
Un manteau bleu couvre le bas de son corps; le reste est nu. Bon
modelé du corps; la tête en raccourci est très-belle. Au fond, à
gauche, une servante introduit le coupable visiteur. Sextus n'est
pas assez éloigné du premier plan, pour qu'on ait dû le représenter si petit.

RUBENS (Pierre Paul) : 1° Rencontre de Jacob et de Rachel.

2° Femme portant sous ses bras deux enfants, répétition de la
Latone de Munich; autres personnages, animaux.

3° Assomption.

4° Jésus et le petit saint Jean caressant un mouton couché.
Jolie toile.

RUYSDAEL (Jacques) : Paysage. A droite, haut bâtiment étroit et
carré terminé par un pigeonnier. Deux voitures sont arrêtées devant des maisons tenant à ce bâtiment. Vers la gauche, troupeau
de vaches conduit par un homme à cheval. Au fond, église.

RUYSDAEL (Salomon) : Paysage avec arbres à droite et eau à
gauche.

2° Paysage. Bestiaux qu'on passe sur un bac; arbres à gauche.
Au fond : village au milieu; à droite, eau, barques. Bel effet de
lumière.

* SANDRARD (Joachim de) : 1° Mort de la Vierge, grande toile.
Sa bouche ouverte semble formuler une dernière prière en faveur
de l'humanité. Belle lumière.

2° Songe de Jacob. Grande rangée ou échelle d'anges à gauche.
Jacob est couché sur le dos, à droite.

SCHOONJANS (Antoine) : Son portrait. Habit et grand bonnet
noirs. Il se tient le menton. Physionomie spirituelle, sourcils levés, yeux fatigués.

SÉGHERS (David) : 1° Déposition de Christ. Les jambes et les
cuisses du corps mort sont devenues vertes. Corps bien modelé et
bien éclairé.

2° Jeune seigneur en mauvaise société. Il est à table et se renverse sur sa chaise ; une femme approche sa bouche de la sienne. Belle lumière.

SECRETA (Charles) : Le Christ et la Samaritaine (demi-nature). Les traits du Sauveur sont trop vulgaires. La femme, au long visage, au nez pointu, est appuyée sur le seau en cuivre du puits. Au bas de la margelle, est posé son vase en grès qui fait illusion.

SNEYDERS, frère de François : Enfants nus entre deux colonnes composées de fruits et de légumes. En haut, guirlande de fleurs.

SPADA (Léonel) : ouvrière à la besogne (grandeur naturelle).

TEMPESTA (Pierre) : Crucifiement de saint Pierre. Altéré.

* TENIERS (David), le jeune : 1° Quatre grandes toiles représentant chacune un atelier rempli de tableaux dont les originaux se trouvent, en grand partie, au musée du belvédère à Vienne. Belles compositions.

2° Quinze tableaux, petits pour la plupart, représentant des faits du Nouveau Testament. On distingue, entre autres, l'Enfant prodigue chez les courtisanes, où se présente un paysan portant sur son épaule un long bâton.

2° Une Sainte Famille.

3° Une Magicienne entourée de diables qu'elle a évoqués.

Parmi ces tableaux, il en est de bien peints que je crois originaux, et d'autres médiocres que je prends pour des copies.

3° Petit paysage avec trois paysans au premier plan. Belle lumière dans le ciel.

TRESCHT (Adrien Van) : Joli tableau de gibier mort : lièvre, canards sauvages, grives et deux paquets de petits oiseaux. Table avec plats de viande.

VEEN (Octave Van), dit *Otto Vénius* : Quinze petits tableaux dont les sujets sont tirés du Nouveau Testament. Faibles ou altérés.

VELDE (Adrien Van der) : Paysans patineurs. A gauche, maisons, ponts-levis.

* VINCI (Léonard de) : Portrait de Mona Lisa, ancienne copie avec variante du beau portrait du Louvre. Ici, elle est plus tournée à notre gauche et nous regarde de côté. Je crois voir sa main gauche appuyée sur le bras de son fauteuil et la droite placée sur le bras gauche dont la manche étroite est jaune. C'est la même teinte ; ce sont les mêmes ombres moelleuses que dans l'original. Seulement la copie est plus altérée, quant aux mains. On avait placé dans la salle des chefs-d'œuvre du musée Royal de Madrid, une copie du même portrait, ne valant pas, à beaucoup près, celle qu'on a confinée dans un grenier d'Allemagne.

VITTE (Pierre de), dit *Candido* : 1° Portrait de Madeleine, épouse du duc de Wolgang (Guillaume) de Neubourg. Tête longue, rendue plus longue encore par une coiffure très-élevée et par une colle-rette qui s'élève par derrière à la hauteur de la coiffure. Cette col-lerette et les manchettes en gaze très-claire, sont parfaitement décrites. Les dessins en or, ornant se robe lilas, sont d'un travail extraordinaire. Beaux yeux peu ouverts, sourcils fort relevés, nez assez beau mais trop fort du bout ; lèvres très-charnues. L'ensem-ble a un certain air exotique. Le dessin et le coloris laissent à dé-sirer.

2° Jésus dans le ciel, sa croix à la main. En bas, sur le devant, sainte Barbe et sainte Ursule. Au fond, massacre des onze mille Vierges.

VIVIEN (Joseph) : 1° Portraits de l'Électeur Maxe et de sa famille.

2° Six portraits au pastel des membres de la famille royale de France.

VOOS (Paul de) : Animaux de grandeur naturelle, chevaux, bes-tiaux, etc.

VRIENDS (Frans), dit *Floris* : Danaé. Elle est assise, mais la jambe allongée — on ne voit pas l'autre — pourrait faire croire qu'elle est debout. Amours, Belle lumière.

WANTWOLOZAL : Grand vase contenant une large fleur. Autres fleurs au bas du vase. Très-frais,

WEENIX (Jean) : 1° Port de mer. Bâtiment à la voile. Sur le devant, à droite, portique de temple, et tout à fait sur le devant, grand cygne et autres gibiers morts. A gauche, statue de Mercure, et plus près de nous, un nègre, un chien.

2° Petit buste sur un piédestal, chien, cygne, marchande de gi-bier (petite nature, demi-figure) ; vers la gauche, homme à cheval. Ce cheval, au premier plan, n'est vu qu'à partir du poitrail, ce qui ne se comprend guère. A gauche, vase avec bas-relief. Toile fraîche.

* 3° Cerf tué ; trois chiens fort bien peints, la levrette surtout. A droite, chasseur au galop avec son piqueur qui court en sonnant du cor. Cerf lancé, dans le fond. Perspective faible. Au premier plan, armes, selles, etc., on ne peut mieux rendus et d'un coloris très-frais.

WERF (Adrien Van der) : 1° Jugement de Salomon, en grisaille. La bonne mère debout, le haut du corps nu et à demi renversé, lève les bras d'une façon exagérée.

2° Vénus et l'Amour. La déesse est nue et bien éclairée, seu-lement à partir du haut de la poitrine ; l'extrémité supérieure est dans l'ombre. Elle est assise sur un manteau bleu dont un pli fait l'office de feuille de vigne.

Wohlgemuth (Michel) : 1° Vierge glorieuse. En haut, Marie en robe de reine et deux grands anges tenant son manteau (grandeur naturelle). En bas, rois, évêques, moines, etc., à genoux (quart de nature).

2° Autres tableaux. — Le tout de style gothique.

Wouwermans (Philippe) : Paysage. Famille de voyageurs au repos. Le mari dort ; la femme, avec un enfant au sein, est debout ; son chien est assis devant elle. Le cheval blanc est dégagé de la voiture, mais non de sa sellette. Noirci.

Wynans (Jean) : Chasse aux lièvres. On en voit un que poursuivent les chiens et qu'un chasseur s'apprête à tirer.

Zampieri (Dominique) : Tête levée, la bouche ouverte, esquisse achevée.

Cette galerie contient en outre de vieux tableaux gothiques de l'école allemande ; mais si altérés ou si mauvais, que nous n'avons pas eu le courage de les décrire.

PRAGUE

CHAPITRE PREMIER

Monuments

1° Vieux château sur une éminence près de la ville.

2° Cathédrale, édifice gothique assez beau. On y trouve : 1. Le tombeau de Jean Népomucène, surmonté de sa statue (grande nature). Aux quatre coins, figures allégoriques : la Force, la Prudence, la Justice et la Modération. Au bas, sur les deux faces principales, deux anges, placés à chaque extrémité, tiennent une guirlande de fleurs. Tombeaux, statues, tout est en argent luisant. — 2. Mausolée des régents de Bohême, Ferdinand 1er et Maximilien II, en pierre blanche.

L'église contient en outre les tableaux ci-après décrits.

CHAPITRE II

Peinture.

ARTICLE 1er — ÉGLISE

ALLEGRI (Antoine), dit *le Corrége* : 1° Saint Jean l'Évangéliste, en robe rouge, assis contre une roche, son aigle près de lui. Il regarde à notre gauche le ciel, où la nue s'ouvre pour livrer passage à une vive lumière.

2° Martyre de saint Voit. Il est nu, debout dans une chaudière sous laquelle un feu très-vif est allumé. Bourreaux, gardes et spectateurs.

Ces deux tableaux, de demi-nature, sont assez beaux, mais ne sont pas du Corrége.

BYZANTINE (école) : Tête de Christ.

CIMABUE (Jean) : Petite Madone avec l'Enfant. Coloris frais, mais sec.

CRANACK (Lucas Sander) : Assassinat de saint Vinceslas (demi-nature). Au moment où, rentrant chez lui, il tient le marteau de la porte, il est renversé ; son meurtrier, un pied sur lui, lève son glaive. A droite, autres personnages. Assez bien conservé.

HERING : Christ en croix. Marie à gauche, saint Jean à droite et Madeleine au pied de la croix.

SECRETA (Charles) : Autre crucifiement (petite demi-nature). La Vierge est agenouillée à gauche. Bel effet de clair-obscur.

CHAPITRE III

Galerie du château royal

Elle se compose de tableaux donnés ou prêtés. Au bas de chacun d'eux est le nom du donateur : on aurait bien dû y ajouter le nom du peintre. Les morceaux les plus précieux n'avaient été que prêtés, et comme on les avait repris, je n'ai pu voir les quelques toiles citées par M. Viardot. Parmi celles qui restaient, j'ai distingué les suivantes :

BERGHEM (Nicolas) : Deux petits paysages, altérés.

BREUGHEL (Jean) : Petite danse de village.

CARRACI (Annibal) : Piété. Bon, mais noirci.

CRANACK (Lucas-Sander) : 1° Portrait en pied d'une jeune femme aux yeux légèrement tirés par les angles, à la chinoise ; grand

48.

front, bouche grande et menton détaché. Robe de velours cramoisi, aux plis trop réguliers.

2° Autres tableaux peu importants ou altérés.

– CUYP (Albert) : Joli paysage avec eau; vaches et taureau couchés; vache noire debout et pâtre se détachant sur un ciel clair.

ECCHOUT (Gerbrandt van der) : Rébecca devant l'envoyé de Jacob. Visages trop communs.

GIORDANO (Lucas) : Le jeune Tarquin violentant Lucrèce, copie du fameux tableau de Guido Canlassi, de l'Académie de Saint-Luc, à Rome. (*Musées d'Italie*, p. 336.)

* HOLBEIN (Jean) : Portrait d'une jeune femme, jolie Allemande (demi-nature). Elle est vêtue de noir. Sa coiffure, en velours foncé, doublée de blanc, forme une pointe au haut du front. Elle tient un œillet. De près, on ne voit qu'un simple trait; à distance on est étonné du relief qui s'y produit. Les narines surtout ressortent en saillie. Excellent portrait, perle de cette galerie.

METZU (Gabriel) : Jeune marchande de poissons et vieille femme faisant emplète. Bon, mais noirci.

NEER (Arthur van der) : Joli paysage avec eau bien rendue.

REMBRANDT (Paul van Ryn) : Vieille debout et jeune femme assise tenant une orange (demi-figures). Cette dernière porte un chapeau rond aux bords larges et plats. Un peu altéré.

ROOS (Jean-Henri) : Animaux couchés et jeune fille assise; jolie petite toile.

RUBENS (Pierre-Paul) : Portrait équestre d'un prince royal (petite-nature). Altéré ou peu achevé. Bon raccourci du cheval vu de face.

* SECRETA (Charles) : Portrait d'un jeune architecte tenant un compas et un papier. Il est assis et lève la tête, tournée à gauche, pour regarder sa femme debout derrière lui. Elle le regarde à son tour avec une charmante expression de douceur et de tendresse. Elle a bien le grand front et le menton détaché des Allemandes; mais sa bouche et ses yeux sourient de manière à causer quelque distraction à notre calculateur. Il faut du talent pour animer ainsi une physionomie de ce genre.

SEGHERS (Gérard) : 1° Reniement de saint Pierre. Il est nu, avec une draperie blanche à la ceinture. Nous le voyons, de face, lever les bras et s'écrier qu'il ne connaît pas Jésus. La servante qui l'interpelle est ici, contrairement à l'usage, une vieille femme par trop laide. A gauche, les soldats observent l'apôtre. Assez bon dessin, surtout en ce qui concerne le principal personnage.

2° Portrait de la Ferman, deuxième femme de Rubens. Il est conforme à ceux de ce dernier peintre.

TÉNIERS (David), le jeune : Deux buveurs, un dans chaque cadre (petite dimension), altérés.

WOUWERMANS (Philippe) : trois chevaux, ou pour dire la vérité, trois rosses. Jeune homme couché à droite, vieille femme assise. Paysage sans fond. Il va sans dire qu'un des chevaux est blanc.

RATISBONNE

CHAPITRE UNIQUE

Monuments

Ratisbonne, ancienne capitale de la Bavière, compte 26 à 30,000 habitants. C'est dans cette ville, prise en 1809 après une bataille de cinq jours, que Napoléon reçut une balle morte au talon. Elle n'a de remarquable que sa cathédrale gothique offrant une particularité assez bizarre. Pour entrer par sa porte du milieu, il faut franchir une construction extérieure se composant de deux voûtes placées en biais et séparées par un pilier dont l'intérieur est orné de statues de saints et d'autres sculptures.

A deux lieues de la ville, on a érigé sur une montagne un panthéon nommé la Walhala. Les Allemands parlent avec tant d'emphase de cet édifice, qu'on s'attend à voir une merveille comparable au parthénon d'Athènes. Grande a été notre déception en nous trouvant en face de cette prétendue merveille. C'est un bâtiment avec galeries et péristyles à colonnes dans le genre de la Bourse de Paris. Ces colonnes, au nombre de dix-huit pour chaque galerie et de huit par chaque portique, n'ont pas de soubassement, et leurs chapiteaux en forme d'entonnoir sont d'un pauvre effet, sans aucun caractère antique : les galeries sont trop étroites. La hauteur de la Walhala est de cinquante-trois pieds, sa longueur de cent soixante-huit, et sa largeur de quarante-huit. L'intérieur ne présente guère que ses quatre murs garnis de statues et bustes des grands hommes de l'Allemagne : le tout d'une faible exécution ; et, si on en juge par le buste d'Albert Durer, les visages ne brillent pas par la ressemblance.

VIENNE

Avant-Propos.

Vienne était naguère une petite ville très-resserrée entre le Danube et un fossé dont le mur extérieur montrait de distance en distance la gueule d'un canon. Au delà de ces fossés, un espace immense servant de promenades ou de champ de manœuvre, s'étendait jusqu'aux faubourgs beaucoup plus considérables que la ville et renfermant presque tous les palais et grands établissements publics, tels que le collége des Thérésiens, le musée du Belvédère et la plupart des galeries particulières. On a récemment comblé les fossés, de façon que la cité commerçante, faisant les avances, tend à se rapprocher des résidences de l'aristocratie. Outre ces promenades intermédiaires, il en existe une qui, pour l'étendue et les agréments qu'elle présente, l'emporte sur toutes les autres promenades de l'Europe. C'est un parc de deux lieues de long sur une lieue de large, ayant une entrée tout près du faubourg ; il est traversé par trois grandes chaussées pavées au milieu, ensablées à droite et à gauche pour les cavaliers, et séparées par un fossé de la voie réservée aux piétons. On pénètre dans ce paradis terrestre par un vaste portique que forment des arbres beaucoup plus gros que nos marroniers. Puis, sur une grande étendue, sont établis tous les jeux et récréations qui font la joie des plébéiens les moins fortunés. Ce sont des guinguettes où l'on mange, boit et danse ; ce sont des spectacles en plein vent de toutes sortes : cirque de Franconi chevaux de bois dans des rotondes, avec orchestre ; marionettes où figurent de charmants automates et de petits animaux vivants dont on a fait des acteurs ; boutiques ; balançoires de toute espèce, etc., etc. Au delà de cette foire permanente s'étend une plaine en gazon, où prennent leurs ébats des familles qui ont apporté leurs provisions. Après le repas en plein air, on chante, on danse, on joue aux barres, à la balle, etc. Ce parc s'appelle prater ou *prado*, sans doute parce que, comme au *prado* de Madrid, le beau monde y circule en voitures découvertes. Mais quelle différence entre l'eldorado autrichien et la toute petite chaussée circulaire bordée de gravier de la capitale espagnole ! Si Madrid possède un jardin public attenant au prado, cette promenade présente peu d'attraits, puisqu'elle est abandonnée pour l'autre. À Vienne, l'art et la nature rivalisent d'efforts pour attirer la foule, et c'est dans un pays peu libéral que le promeneur trouve la plus grande dose de liberté. Pas un gazon, pas un bosquet, pas une pièce d'eau que ne puisse traverser le public ; aucun gardien ne vous guette pour arrêter vos pas dans l'intérêt d'un brin d'herbe ou d'une fleur. Il arrive quelquefois, mais rarement, qu'on voit passer une patrouille de deux ou troix soldats chargés sans doute de surveiller les braconniers, — le parc est plein de gibier, de faisans, par exemple, — de veiller à la sûreté publique ou au maintien des mœurs ; mais jamais on ne voit ces militaires porter la moindre atteinte à la circulation du peuple. Et lorsque le jour commence à baisser, tout ce monde s'en revient bras dessus, bras dessous, sans désordre et sans autre bruit que le murmure de leurs causeries joyeuses. En même temps, rentrent et défilent un à un et au pas, ce à quoi veillent des gardes à cheval, tous les équipages du beau monde. Ce retour et ce défilé de nombreux et fastueux équipages, attirent des curieux dans la large voie aboutissant au pont qui joint le faubourg à la ville. A Vienne, il fait, en avril, en mai, un temps superbe, mais les soirées y sont froides parfois. J'ai vu les dames, à leur retour, pâles comme des statues ; car leurs calèches découvertes à six places pouvant à peine contenir deux toilettes artistement étalées, elles se gardaient bien de les couvrir de châles ou de manteaux, d'où j'ai conclu que le principal but de la promenade était de faire briller ces belles robes venues de Paris. Leurs visages n'attestaient pas seulement l'impression du froid, mais on pouvait y lire aussi l'ennui qui les avait gagnées pendant la course. Et cela se conçoit : tandis que deux dames trônent dans la voiture, les hommes sont forcément relégués sur le siége du cocher ; il est donc bien difficile qu'une conversation s'établisse entre les deux sexes. Or, deux femmes, souvent rivales par l'élégance et la beauté, doivent trouver peu d'agrément dans les quelques paroles qu'elles échangent. Au départ, elles sont sous l'influence d'un air tiède favorable à leur fraîcheur, et leurs voitures semblent, en courant, narguer les piétons. Mais au retour, le peuple les dépasse et peut-lire dans leurs traits, dans leur maintien, le malaise du corps et le vide du cœur. Ah! si le simple bourgeois se rendait un compte exact de tous les tracas, de tous les ennuis attachés aux grandes fortunes et si les puissants comprenaient mieux les plaisirs que goûte l'honnête médiocrité dans le repos après le travail, il y aurait moins de millionnaires, moins d'indigents et moins d'antipathie entre les classes extrêmes.

CHAPITRE PREMIER

Architecture et sculpture

1° Cathédrale. C'est un édifice gothique dont les accessoires sont d'une délicatesse toute particulière. Elle a été érigée en 1144. Sa longueur est de 342 pieds et son vaisseau a 85 pieds de haut. L'extérieur est boiteux. Le beau clocher en pierres qui s'élève à un angle de la façade n'a pas son pendant, soit parce qu'il n'a pas été exécuté dès le principe, soit parce qu'il a été détruit. Et si le gouvernement ne répare pas cette lacune, c'est sans doute à cause de la dépense qu'entraînerait la construction d'un clocher très-élevé et dont l'extérieur présente d'un bout à l'autre des reliefs d'un travail difficile. Le haut des murs latéraux, les colonnettes, les frontons pointus, les cadres des fenêtres offrent des découpures de toutes sortes. Ces ornements ont quelque chose d'enfantin; mais l'ensemble de l'édifice n'en est pas moins imposant.

Dans cette église se trouvent 1° : la statue de l'archiduc Venzlo de Klostémenburg.

2° Le sarcophage en marbre de l'empereur Frédéric III, mort en 1493, par Lerch.

Dans l'église des Augustins, il existe un monument d'un grand travail par Canova, c'est le mausolée de Marie-Christine d'Autriche, épouse d'Albert, duc de Saxe-Elsten. Des figures allégoriques de la Vertu, de l'Innocence et de la Bienfaisance, accompagnées de vierges en pleurs, forment un cortége qui se rend dans une pyramide où sera déposé le corps du défunt. Cette compos-

tion vaut mieux que la suivante, quoiqu'il y ait trop de recherche, trop de prétention dans les poses et pas assez de vie dans
les visages.

Parmi les promenades qu'on a établies entre la ville et les faubourgs, il en est une fermée, la nuit seulement, par une grille en
fer. On l'appelle le jardin du peuple. A son entrée, on trouve un
petit temple de forme antique; il contient dans sa première pièce,
étroite et peu élevée, le groupe colossal de Thésée terrassant le
centaure Euryte, ravisseur d'Hippodamie, et non le minotaure
comme l'a annoncé M. Viardot. Ce local est évidemment trop exigu
pour une œuvre dont les dimensions annoncent, de la part de
l'auteur, l'intention de la produire à une distance telle que les
figures paraissent de grandeur naturelle. Il faut convenir toutefois que Canova n'a pas donné aux deux corps d'hommes des
reliefs en rapport avec leur taille ni avec la force qu'on doit supposer aux combattants. Selon M. Viardot, la tête de Thésée a du
rapport avec celle de l'Apollon et celle du centaure est dans le
style de la tête du Laocoon. Pour moi, je ne saurais admettre aucune analogie entre la physionomie noble et animée de l'Apollon,
et le flegme invraisemblable du visage de Thésée, lorsque sa pose
décèle une violente colère. En effet celui-ci, une jambe allongée
et tendue en arrière, appuie l'autre du genou sur la poitrine du
monstre avec un tel effort qu'elle y détermine un grand creux. Le
bras droit, levé à la hauteur de la tête, tient une massue; le gauche, sur lequel s'enfoncent les ongles du centaure, serre ce dernier à la gorge et lui renverse complétement la tête. De plus, cette
pression fait fléchir les quatre jambes du cheval au point que son
ventre touche à terre. Avec une vigueur aussi extraordinaire, on
n'a pas besoin d'une massue qui va tomber peut-être sur l'autre
main du vainqueur : on serre son ennemi des deux mains à la
gorge et on l'étrangle avec aisance et facilité. Quant au centaure,
comment trouve-t-on le courage d'assimiler son ignoble grimace à
l'expression de douleur contenue et la sublime invocation qu'ex-
pirme le visage de Laocoon ?

CHAPITRE II

Peinture

—

ARTICLE Ier — CATHÉDRALE.

EUDES : 1° Dans le chœur, à gauche, Assomption. Jésus-Christ, dans le ciel, s'avance, les bras ouverts, à la rencontre de la Vierge entourée d'un groupe d'anges par trop nombreux. Elle est à genoux sur un nuage, une main sur la poitrine et se renverse en arrière par un geste théâtral. En bas, les apôtres près du tombeau vide. Poses outrées. Le profil de la Vierge et l'attitude du Christ sont d'un bon effet.

2° Au milieu du chœur : Martyre de saint Étienne. Le jeune saint, un genou en terre, la tête et les bras levés, s'élance, par la pensée, dans le séjour des bienheureux. Des bourreaux lèvent sur lui d'énormes pierres. En haut, Sainte Trinité et séraphins.

KEMPEL : Sainte Thekle ou Thekla.

LERCH : Son portrait. Visage carré, maigre, assez laid, les yeux au ciel.

* SANDRART (Joachim de) : Grand crucifiement. C'est le meilleur des trois tableaux du chœur. Le bon larron regarde le Christ avec admiration et lui parle. Ces deux figures sont bien éclairées. L'autre larron, dans l'ombre, est devenu noir. Plus bas, à notre droite, saint Jean debout, les mains jointes, contemple le Sauveur. Madeleine est prosternée au pied de la croix qu'elle entoure de ses bras. La Vierge debout, un mouchoir dans une main, jette sur son divin fils un regard triste mais résigné. Grande et belle figure. Près d'elle, sainte femme, et derrière, autres femmes en pleurs. Plus loin, au delà de la croix, à gauche, vieil officier cuirassé, à cheval, et regardant Jésus d'un air étonné — saint Longin sans doute. — Un soldat présente au mourant, au bout de sa lance, une éponge imprégnée de vinaigre. La scène d'en bas ne manque pas de dignité, mais elle est froide.

ARTICLE II — MUSÉE DU BELVÉDÈRE

ACHEN (Jean van) : 1° Bethsabée, sortie du bain, se regarde dans une glace que tient une servante, aux traits masculins. Par contraste, la glace reflète le profil mignon, aux grands yeux noirs, de la baigneuse; mais, bévue singulière! il est tourné à l'envers : ainsi, le nez de l'image est vis-à-vis l'oreille de l'original. Le palais de David, dans le fond, est bien éclairé et d'un bon effet. Seulement, le roi est placé trop haut et dans l'ombre.

2° Bacchus et Libère ou Cérès. Un génie leur offre une corbeille de fruits. La déesse a le visage d'une grisette.

3° Jupiter-satyre et Antiope. Mauvais dessin.

4° Martyre de saint Georges, d'après Paul Véronèse. Assez bonne copie.

5° Adoration des bergers sur cuivre. Dix-neuf petites figures. Poses maniérées.

6° Jeune femme devant une table. Elle tient des médailles, des pêches, et par la chaîne, une montre que lui offre, avec un collier, une vieille entremetteuse. La belle se tourne vers un homme âgé et le remercie par un doux regard. Dans le fond, repas dans une espèce de halle voûtée.

7° Bacchus embrassant Vénus et lui présentant un verre de vin. Près d'eux, Cupidon joufflu, absurde. Poitrine de Vénus éclairée; Bacchus dans l'ombre.

8° Une jeune fille tirant l'oreille d'un homme qui veut lui faire cadeau d'une bourse. Le visage de cet homme, criant et riant, est assez laid, mais bien éclairé. La femme est peu séduisante.

9° Jeune homme tenant en badinant un miroir devant une jeune fille, sans doute pour lui faire apercevoir que, par distraction, elle a laissé ses gros seins à découvert. Faible.

AERTSENS (Pierre), dit *Langen* : 1° Paysan et sa femme vendant des poules, des œufs et du beurre. Cadre trop bas. Assez bonne peinture.

AGRICOLA (Christophe Louis) : Paysage. Mauvais.

AIGEN (Charles) : 1° Foire devant la porte d'une ville;
2° Fête de village. — Paysages mauvais, altérés.

ALBANI (François), dit *l'Albane* : Triomphe de Vénus marine. Jolie femme nue avec une petite draperie bleue. Cupidon dort entre les cuisses ouvertes de sa mère. Dans les airs, cinq jolis amours, dont trois sont sous une même draperie violette. Jolie toile différant un peu du style ordinaire de l'Albane.

ALDEGRAEVER ou ALDEGRAF (Henri) : 1° Circoncision. On ne voit pas assez le bistouri de l'opérateur. Assez belle tête du prêtre, pavement bien rendu. Saint Joseph est mal dessiné.

2° Saint Luc peignant la Vierge, aidé par un grand ange qui lui conduit la main. Marie avec l'Enfant est sous la première arche de la galerie et le saint sous la seconde. Deux anges tiennent, au-dessus de la madone, une couronne d'or. Autres chérubins voltigeant autour d'elle. Le profil de saint Luc est trop peu éclairé. Plus loin, temple rond à colonnes, surmonté de la statue de Moïse.

* 3° Adam et Ève chassés du paradis. Ils n'ont point encore la ceinture de feuilles. Leurs formes sont pleines et vigoureuses, blanches chez la femme, plus rouges chez l'homme. Adam se retourne vers l'ange qui s'abat sur lui. Animaux. Au fond, à droite, plaine, puis montagne. Jolie toile.

ALLEGRI (Antoine), dit *le Corrège* : 1° Le Christ chassant du temple les vendeurs. Jolie ébauche. Le personnage le plus achevé est un marchand, à droite, vêtu de jaune et se sauvant en regardant Jésus.

* 2° Jupiter caché dans un nuage embrasse la nymphe Io assise sur une pierre ou sur un banc de gazon (petite nature). Quelle ravissante composition ! Il serait impossible de produire en peinture une femme plus attrayante. Elle s'appuie d'un coude sur son siége et lève l'autre main ; de même, elle a une jambe à terre et l'autre relevée. Sa pose est celle d'une femme qu'on renverse. Sa jolie tête, penchée en arrière, ses épaules, son dos, ses bras si bien modelés et éclairés, l'expression du ravissement causé par le contact de la divinité : tout cela est rendu de manière à causer la plus charmante illusion. Du reste, la décence est peu blessée, parce que l'on ne peut découvrir que le visage du maître des dieux, encore est-ce à grande peine, tant il est dans l'ombre noircie.

* 3° Jupiter, ayant pris la forme d'un aigle, enlève dans l'Olympe le jeune Ganymède. Le chien de ce dernier pousse un cri de douleur. Joli tableau de même dimension que le précédent. Mais, hélas ! le noir a envahi le corps du sujet principal. Sa jolie tête aux cheveux blonds bouclés, et vue en raccourcie, nous adresse un doux sourire d'adieu.

4° Buste d'un Christ couronné d'épines et portant sa croix. Belle tête paraissant faite d'après nature. Une légère branche d'épines traverse le front; la robe rouge offre peu de plis. Beau regard de côté. Cette tête est celle d'un homme supérieur.

ALLEGRI (d'après Antoine), dit *le Corrège :* 1° Madone connue sous le nom de Zingarella. Copie du tableau du musée de Naples. (*Musées d'Italie*, p. 398.)

ALLEGRI (École d'Antoine) : 1° Madone tenant sur un bras l'Enfant qui cueille une rose. Marie, comme dans le tableau précédent, relève, en souriant, les coins de sa bouche. Nus de carton, tout différents de ceux du maître.

2° Buste d'un adolescent, aux cheveux bouclés. Il tient une flûte. C'est sans doute un Cupidon sans ailes. Jolie tête savamment ombrée. Seulement les cheveux se confondent aujourd'hui avec le fond noirci. Son visage, un peu penché vers notre droite, prend une expression mélancolique.

ALLEMANDES (anciennes Écoles) : Compositions de style gothique généralement mal peintes et mal dessinées.

ALLORI (Alexandre) : Jésus chez Marthe. Il est assis à gauche et lui montre Madeleine agenouillée devant lui, les mains sur un livre. Les cheveux blonds de la pécheresse tombent sur ses épaules. Sa tête penchée vers Jésus exprime bien la tendresse et le repentir que lui causent les exhortations du Christ. Au fond, un jeune homme porte un agneau sur son dos. Bonne perspective. Jésus est trop joli et trop souriant. Le visage de Marthe est de carton gris. Tableau mal posé dans un angle.

ALLORI (d'après Christophe), dit *Bronzino :* Mauvaise copie de la Judith du palais Pitti, à Florence. (Voir *Musées d'Italie*, p. 59.)

ALSLOOT (Daniel van) : 1° Forêt avec deux petites éclaircies. Céphale en manteau rouge, par trop grand, tient Procris, — grosse Allemande, — et retire la flèche dont il l'a involontairement percée.

2° Portrait d'un homme blond, au visage carré, dont le côté gauche est bien éclairé. Grosse tête en terre cuite.

3° Portrait du duc Louis de Bavière à l'âge de 45 ans. Tête laide et rouge.

4° Portrait d'un jeune homme pâle, en habit brun. Visage souffreteux d'un coloris sec et d'une teinte uniforme.

* 5° Salomé recevant du bourreau la tête de saint Jean-Baptiste, — style de Léonard de Vinci. — La jeune princesse tient par le pied la large coupe dans laquelle cette tête est déposée. Ses yeux baissés et sa contenance annoncent une impression pénible. Son visage est joli; son air est simple et modeste. La tête du saint

est trop efféminée; on aura voulu établir un contraste avec celle forte et grossière du bourreau. Bon tableau.

6° Portrait d'homme, petite toile excellente, pleine de renseignements, belle lumière, bons reliefs. Le mouvement de la tête levée et nous regardant, est d'un heureux effet; mains croisées et bien dessinées. Physionomie plus forte que sensible.

7° Autre bon portrait d'un homme obèse à barbe brune. Raccourci de la tête levée et éclairée, bien rendu. Large visage d'Allemand.

8° Portrait d'un jeune homme en habit bleu dans lequel une main est passée. Livres et papiers sur une table devant lui. Visage étonnant par le relief et la vérité. Les mains, aux doigts trop minces, sont moins bien dessinées. Barbe et cheveux roux. Tête carrée, forte, sensuelle, le regard fixé vers la terre.

AMÉRIGHI (Michel-Ange), dit le *Caravage* : 1° David, vainqueur de Goliath et tenant la tête et le cimeterre du géant. Cette épée, portée sur le dos, projette une ombre qui fait paraître David bossu. Tout est noir ou vivement éclairé. Goliath a la bouche démesurément ouverte. Visages vulgaires.

2° Le jeune Tobie rendant la vue à son père. Le père et le fils ont des traits communs. Homme ou vieille femme en turban. Jeune femme au visage comme barbouillé de noir; autre jeune tête à demi-éclairée. Ombres noircies.

3° Madone au rosaire et saints. Composition importante. Marie, aux traits vulgaires, au cou trop gros, regarde en bas et de côté. L'Enfant au giron, une main sur son ventre nu, est tourné vers l'assistance. Visage de saint Pierre bien éclairé. Homme à genoux les bras ouverts, femme, enfant. Ombres noircies. Belle lumière du reste.

4° La Vierge tenant sur elle l'Enfant debout. Il tend en souriant les bras à sainte Anne qui sourit à son tour. Mais pourquoi Marie semble-t-elle triste, souffrante? Son visage plein est assez joli, mais non assez distingué. Celui de sainte Anne est devenu noir.

5° Flagellation ou plutôt couronnement d'épines, par deux bourreaux. Noirci.

6° Jésus parmi les docteurs. Noirci, posé désavantageusement.

ANGUISCIOLA (Sophronisbe) : Son portrait. Yeux trop grands; nez trop fort et trop large à sa racine, bouche en accolade très-charnue, menton trop petit.

ANTONELLO DA MESSINA : Le Christ au Tombeau. Noirci, mal posé.

AQUILA (Jean) : Tableau en deux compartiments. 1. Sainte Famille et anges. 2. La Vierge apprenant à lire à l'Enfant Jésus. Mauvais jusqu'au grotesque.

ARCIMBOLDO (Joseph) : Trois charges de mauvais goût : 1° c Feu, buste d'homme dont les cheveux sont des flammes et dont le visage est composé d'instruments à faire le feu.

2° L'Eau, buste composé de poissons et de coquilles.

3° L'Été, buste composé avec des fruits.

4° L'Hiver, buste formé par un tronc d'arbre noueux.

ARTOIS (Jacques d') : 1° Grand paysage. Figures par Séghers. Vers la droite, eau entourée d'arbres. Au milieu, saint François à genoux et son compagnon. La tête du saint est bien éclairée ; le reste a noirci.

2° Autre paysage. Large vallée boisée et remplie de troupeaux. Au fond, petite cascade. Jolie éclaircie jusque vers cette cascade devant laquelle sont deux personnages entre deux rangées d'arbres. Animaux du premier plan, noircis. Petite toile valant mieux que les grandes.

3° Grand paysage avec arbres élevés et un lac à droite. A gauche, dans un chemin creux, saint Stanislas Kotska, jésuite, allant à Rome, et anges lui présentant de la nourriture.

ARTWELT (André) : Marine. Vaisseaux de guerre mettant à la voile. Dans le fond, artillerie et munitions de guerre. Grand travail manquant de lumière et mal placé.

ASPER (Jean) : Portrait d'un jeune homme pâle et maigre en surtout noir, ses gants dans une main. Physionomie allemande, de mauvaise humeur.

AVONT (Pierre) : 1° Paysage boisé et noirci sur le devant. Madone flamande, les bambini et petits anges. Manteau bleu d'un bon effet. Jésus est un bel enfant ; les anges ont de trop grosses têtes.

* 2° Autre paysage du même genre, avec la Sainte Famille et des chérubins dont cinq suspendent des guirlandes de fleurs aux arbres. Cette toile vaut mieux que la précédente qui lui fait pendant. Les personnages, excepté saint Joseph, sont mieux éclairés et les anges plus jolis. Seulement on pourrait reprocher au peintre le sein nu et par trop volumineux de la Vierge.

3° Flore et petits génies. Allées d'un vert épinard tirées au cordeau. Figures assez bien peintes.

DACKUYSEN (Ludolphe) : 1° Paysage avec fleuve et barques. Au fond, village, montagnes. Effet monotone.

2º Bord plat de la mer et barques. Eau et nuages qu'on dirait peints à la mine de plomb.

3º Vue de la ville et du port d'Amsterdam. Cette ville est imparfaitement renseignée. Sur le devant, vaisseau assez bien éclairé. Au fond, édifices en silhouette se détachant sur un mauvais nuage.

BAKERELL (Gilles) : Héro devant le cadavre de Léandre retiré de l'eau. Les os de la poitrine du mort sont trop saillants, les bras et les jambes trop verts. Héro est illisible, mauvais.

BALASSI (Maria) : Madone avec l'Enfant endormi sur son sein, et le petit saint Jean (demi-figures). Jolie toile dont les ombres ont noirci.

BALDI (Lazare) : Saint Martin ressuscitant un adolescent que soutient sa mère. Le saint récite des prières. La mère est par trop jeune.

BALEN (Henri) : 1º Assomption de la Vierge, sur cuivre (très-petite dimension). Marie est trop joufflue. Les apôtres et les saintes femmes sont assez bien traités. Les anges sont bien éclairés et d'un bon relief.

2º Enlèvement d'Europe. Quatre femmes apportent à la nymphe des fleurs ; deux autres la parent ; une septième enguirlande le divin taureau, puis quatre autres suivantes. Dans l'espace et à terre, gentils petits amours.

BALEN (Jean) : 1º Jardin d'amour, esquisse du tableau de Rubens qui se trouve au musée royal de Madrid (voir mes *Musées d'Espagne*, p. 146).

2º Sainte Famille et saints, d'après Rubens. Sous un petit berceau orné de roses, est assise la Vierge avec l'Enfant Jésus. Elle est assistée de saints, entre autres de saint Georges en armure avec le monstre de l'hérésie percé d'un javelot et gisant à ses pieds, puis de trois saintes d'Anvers au double menton. Près de Jésus, est un groupe de trois jolis enfants, saint Jean et deux anges sans ailes : on distingue difficilement le précurseur. Deux autres chérubins sur un arbre. Le Bambino endormi est charmant. Fond d'architecture.

BARBARELLI (Georges). dit *le Giorgione* : 1º Tableau renseigné sous le titre des géomètres orientaux. Ce sont trois hommes en costume asiatique dans une campagne. Je suppose qu'ils représentent les trois âges virils. L'homme jeune, en manches de chemise, et le vieillard sont tournés de profil, tandis que l'homme fait nous regarde de face. Têtes d'un bon caractère. Toile achevée par Luciano, dit *del Piombo*.

2° Buste d'un guerrier armé, tenant une lance et couronné de lierre. Il est appuyé sur une balustrade. Noir. Mauvais et ne pouvant être de Giorgione.

3° Madeleine chez le Pharisien. Elle est prosternée dans la position qui rapproche l'homme du quadrupède. Son profil est peu distingué. Le Sauveur, un coude sur la table n'a pas une pose convenable. Les autres personnages et les accessoires sont bien rendus. Bonne perspective.

4° L'apôtre saint Jean tenant un livre ouvert. Son aigle est derrière lui. Visage d'un bon dessin, mais altéré ; belle barbe.

* 5° Jeune homme couronné de pampre abordé par un homme cuirassé, tenant caché contre son dos un poignard. Le sujet serait, d'après le catalogue, Cajus Plotius et Cajus Lucius, dans la situation indiquée par Valère Maxime. Le premier, saisi au collet, se retourne en criant, les sourcils froncés. L'assaillant a des manches bouffantes à la vénitienne. Bonne toile, malheureusement altérée.

6° David portant le glaive et la tête de Goliath. Cette tête est de pierre. Altéré.

7° Chevalier croisé que son valet revêt de son armure (demi-figures). Belle tête du premier, jeune encore. Parties ombrées, noircies ; celles éclairées sont rougies, ce qui produit presque un effet de lampe.

8° Buste d'un homme accordant son luth. Tête et dessin énergiques. Vêtement noir avec chemisette. Sa coiffure se confond avec le dernier plan noirci.

9° Buste d'un jeune homme, au teint bruni. Il porte un large chapeau. Vraie tête italienne ; longs et beaux traits. Toile noircie. Quel dommage !

10° Résurrection du Christ. Le type de visage et les cheveux courts et crépus font trop ressembler le Sauveur à saint Jean-Baptiste. Le nuage sur lequel il a les pieds posés, a l'apparence d'un long drap.

* BARBATELLO (Bernardino), dit *Pocchietti* : Portrait d'une jeune femme vêtue de rose, avec un turban à côtes. Jolie tête souriante, un peu forte ; peau trop tendue.

BARBIERI (Jean-François), dit *le Guerchin* : 1° Saint Jean-Baptiste dans le désert. Il est assis près d'un rocher, sa croix de roseau dans une main, l'autre levée vers le ciel. Le dos et le bas du corps sont couverts d'un ample manteau ; le reste est nu : son bras levé projette une ombre sur son torse bien éclairé.

2º L'Enfant prodigue de retour chez son père. La poitrine du fils et la main droite qu'il pose sur son cœur, sont en lumière : le reste est noir.

3º L'Enfant prodigue réconcilié avec son père, change de vêtements (figures jusqu'aux genoux). Coloris à la Caravage. Les traits du père sont communs et noircis. Le valet apportant la chaussure et l'habit, n'est éclairé que par une ligne lumineuse à l'extérieur du visage.

4º Vieillard assis près d'une table, à qui un soldat compte de l'argent ; ce que regarde un jeune garçon. Une femme montre à deux hommes un collier de perles. Toile devenue noire.

BARBIERI (École de Jean-François) : Arrestation du Christ. Grimaces exagérées des soldats ; Jésus, peu éclairé. Mauvais.

BAROCCIO (Frédéric), dit *dei Fiori* : Portrait d'un ecclésiastique assis près d'une table et feuilletant un livre (jusqu'aux genoux), front et joues de carton. Il nous regarde de face. Traits communs. La main et le livre sont mieux dessinés que le reste.

BAROCCIO (d'après) : 1º Visitation de la Vierge. Elle est reçue sur l'escalier par sainte Élisabeth. 2º Crèche. Bergers dans le fond. Faibles tous deux.

BARTOLOMMEO (Fra), dit *Baccio della porta* ou *il Frate* : 1º Madone avec l'Enfant qui l'embrasse. Grosse et laide face du Bambino. Joli profil de Marie. Manche rose de sa robe bien rendue. Coloris sec.

2º Présentation au temple (deux tiers de nature). Entre saint Joseph qui n'a plus que quatre cheveux blancs et la bonne tête du vieux Siméon, on voit deux femmes drapées jusqu'au menton et la tête couverte. L'une à genoux tient deux colombes ; l'autre est debout derrière elle. Joli profil de Marie. Coloris frais. Toutefois les yeux qui ne sont guère que des taches noires et rondes ont été altérés.

BASAÏTI (Marco) : Jésus-Christ, suivi de deux apôtres, invite les fils de Zébédée à le suivre. Ils s'avancent vers le Sauveur. Fond de paysage.

BATONI (Pompeo Girolamo) : 1º L'Enfant prodigue repentant est accueilli par son père. Beau dessin du corps nu et courbé du fils. Quoique sa tête soit dans l'ombre, et qu'elle cherche à se cacher dans le sein paternel, elle n'en exprime pas moins la confusion et le repentir. Le bon père, qui tient son enfant par un coude, le couvre en partie avec son manteau.

2º Les empereurs Joseph II et Léopold II. Physionomies très-dissemblables. Chez l'un, le profil, presque droit, avec nez et menton taillés carrément, n'annonce pas une nature distinguée, mais on y trouve de l'intelligence; le second, aux traits plus aristocratiques, n'est ni aussi spirituel, ni aussi énergique que son voisin, à en juger par son angle facial trop aigu. Ce tableau, très-frais et bon quant aux accessoires, trop sec quant aux visages, est caché entre deux fenêtres, tandis que sa copie, en mosaïque, est placée dans un jour favorable (voir ci-après Regoliron). Peut-être la peinture n'est-elle aussi qu'une copie.

BECKE (Van) : Nature morte : huîtres, citrons, gobelets, etc.

BEGYN (Corneille), dit *Bega* : Deux hommes et deux femmes, dont l'une allaite son enfant dans une chambre. Coloris terre cuite, genre van Ostade.

BEICH (Joachim-François) : 1° Vaste paysage avec forteresse à gauche.

2° Paysage montueux avec cascade et cavaliers en costumes orientaux (petites figures). Tous deux noircis.

BELLINI (Jean) : 1° Une jeune femme nue, assise sur un banc couvert d'un tapis turc, tient un miroir et arrange ses cheveux. Sa coiffure, en étoffe bleue, avec grands dessins verts, est bizarre. Ses formes seraient jolies si elles présentaient plus de relief et si le coloris en était moins sec.

2° Sainte Famille avec saint Joachim et Marie-Madeleine (petite nature, demi-figures). Peinture sur bois, cadre oval. Le visage de la Vierge est comme frotté. Madeleine, dont on ne voit pas le sommet de la tête, est parée en Bellone. Bonnes vieilles têtes de saint Joseph et de saint Joachim.

BELLINI (style de Jean): Buste d'une femme vêtue de rouge avec un bonnet blanc — air revêche — coiffure d'un mauvais effet.

BEMMEL (Guillaume van) : 1° Paysage avec ruines. Au premier plan, deux cavaliers sont attaqués par des brigands.

2° Autre paysage animé par des cavaliers.

BERETTINI (Pierre), dit *de Cortone* : 1° Saül, à genoux, se convertit en recouvrant la vue par l'intervention d'Ananie qui lui pose une main sur la tête. Assez bon, mais noirci.

2° Agar de retour chez Abraham (tiers de nature). Fond de paysage. Un petit ange précède Agar en volant et semble réclamer pour elle l'hospitalité Abraham, dont la bonne tête annonce la joie, ouvre les bras, et dit en montrant la porte : « Soyez la bien venue. » Plus loin, à droite, Sara. Toile de mérite.

3° Mariage mystique de sainte Catherine. Fond de paysage. Têtes de femmes, rondes, mignones, sans dignité. L'enfant Jésus, dont le milieu du corps est dans l'ombre, est ce qu'il y a de mieux.

BERGHEM (Nicolas) ou BERCHEM : 1° Paysage. Un troupeau traverse un ruisseau. Celle qui le conduit s'entretient avec une autre paysanne montée sur un âne. Un garçon, deux doigts tendus, fait en riant les cornes à une jeune fille qui pleure. Vive lumière à gauche; beau ciel. Fond de montagnes. Bon, mais noirci.

2° Autre paysage. Un voyageur demande son chemin à une gardeuse d'oies assise à terre. A droite, pâtre conduisant un troupeau et sonnant du cornet. Paysage borné par des montagnes. Bon, mais noirci.

3° Paysage dont la mer forme le fond. Pâtre et bergère assis près de leur bétail. Assez joli effet de lumière; paysage insignifiant.

4° Bestiaux arrêtés devant une petite cascade. Femmes et hommes lavant du linge. Une fileuse au fuseau, assise, s'entretient avec un homme debout devant elle. Ce dernier couple, placé au sommet d'une éminence, se détache sur le ciel. Perspective arrêtée dès les premiers plans.

5° Paysage. Bétail devant une chaumière. Une villageoise trait une vache; elle versera le contenu de son seau dans le vase en cuivre qu'apporte une autre servante. La première est éclairée, sauf son visage convexe mis dans l'ombre.

6° Paysage avec un troupeau dont le gardien dort près d'une source. Deux vaches et une chèvre en lumière, berger et moutons couchés dans l'ombre.

BERGHEM (Thiéri van) : 1° Paysage. Troupeau, cheval. Sur le devant, bergère assise et garçon jouant avec un oiseau privé. La doduc bergère et une vache debout derrière, font aujourd'hui tout le mérite de ce paysage, insignifiant du reste.

2° Paysage avec troupeau. Un taureau prend des libertés qui lui attirent un coup de gaule. — Noirci.

BILIVERT. (Jean) : Le Christ et la Samaritaine. Derrière le puits, dans l'ombre, un petit garçon les regarde. Le profil de la femme est beau, énergique, passionné. Son costume est pittoresque; un voile attaché à la nuque tombe avec grâce sur le dos. Le Christ, au front trop droit, une jambe l'une sur l'autre, a l'aspect d'un maître d'école qui pérore.

BINCK (Jacques) : Son portrait. Yeux fatigués, vilaine bouche de mauvaise humeur, nez concave, menton carré et fendu. Son surtout est en peau de renard; son visage est à peu près de la couleur grise du surtout. Il porte un grand chapeau.

BLES (Henri van) : 1° Fuite en Égypte, paysage. Rochers terminés en pointe, assez bien rendus ; le reste est faible ou altéré.

2° Saint Jean ayant pour siége le creux d'un arbre, prêche dans le désert. Paysage. Grand arbre à gauche, paysage étendu à droite. Faible.

3° Le bon Samaritain, paysage du même genre que le précédent.

BLOEMEN (Jules François van), dit l'*Horizon* : 1° Paysage idéal. Sur une éminence, berger assis jouant de la flûte près d'une bergère couchée sur le ventre. Chemin traversé par une femme portant un fardeau sur la tête. Joli fond bien éclairé avec ruines et montagnes.

2° Paysage d'Italie. Berger assis sur une roche et causant avec une femme debout au bas de cette roche. Moutons. Noirci.

3° Paysage idéal. Personnages sur le devant. Au fond, roc garni de murailles, et tours crénelées derrière lesquelles éclate une vive lumière.

BLOEMEN (Pierre van), dit *Standard* : 1° Paysage d'Italie. Au premier plan, eau que traverse un troupeau et un pâtre à cheval. Au fond, ruine. Très-bon, mais noirci dans les parties ombrées.

2° Paysage du même genre. Ruine et personnages arrêtés devant une auberge. Même observation.

BOCKHORST (Jean van) : Nymphes de Diane endormies et épiées par des satyres. Un amour impose silence à des chiens de chasse qui vont réveiller leurs maîtresses. Les bêtes sont mieux traitées que les femmes.

BOEHM (Barthélemy) : Erection de la croix. Le raccourci de la tête renversée du Christ est manqué au point que le crâne paraît coupé. Mauvais.

BOEHM (Jean Sébaud), BEHEM ou BEHAM : Deux paysans, dont l'un a des œufs dans un panier et un soldat appuyé sur son épée, causant dans un pré. Costumes et visages de paysans arriérés.

BOMBELLI (Sébastien) : Portrait du duc François de Médicis âgé de douze ans, en habit de chasse; il caresse un de ses chiens. Chien passable. Le visage et la collerette de l'enfant sont de carton.

BONIFAZIO BEMBI : 1° Saint Jérome et saint Jacques debout sur une estrade en pierre. Fond de paysage. Visage calme et bon du premier. Le second, tenant son long bâton de voyage, regarde à terre d'un air méditatif. Bon, un peu noirci.

2° Saint Jérome lisant et saint Jean-Baptiste debout. Fond de paysage. Jambes du dernier nues et trop grêles, corps vigoureux. Profil au long nez busqué beau du haut, moins parfait du bas,

Saint Jérome, encore jeune, a la barbe et les cheveux d'un blond foncé. Son beau profil bien éclairé est calme et attentif.

3° Saint François d'Assise et saint André debout sur le devant d'un paysage. Les figures se rapprochant des dimensions naturelles sont plus grandes qu'au n° 1, son pendant. Dessin et coloris plus secs.

4° Annonciation en deux cadres cintrés : 1. La Vierge agenouillée devant son prie-Dieu. 2. L'archange Gabriel. Pourquoi n'a-t-on pas placé l'un près de l'autre ces deux tableaux qui ne présentent qu'une scène? La Vierge est jolie, l'archange est de carton.

* BONVICINO (Alexandre), dit *Il Moretto da Brescia* : Sainte Justine debout en riche costume. Près d'elle, sa licorne couchée et un homme agenouillé la regardant avec extase, à peu près comme un amoureux exclamant un *je vous aime !* La belle Italienne, aux beaux yeux noirs avec de longs cils, le regarde mélancoliquement. Elle tient une palme et son manteau. Fond de paysage. Bon tableau, très-frais.

BORDONE (Paris): 1° Une jeune femme debout, à sa toilette ; elle soulève ses longs cheveux blonds et regarde à notre gauche. C'est la même personne séduisante que nous avons admirée à Munich. Mais la robe rouge est de soie avec des manches courtes. Portrait moins beau et moins frais que l'autre. Un troisième portrait de cette femme est dans la galerie nationale de Londres sous le n° 674 ; mais dans ce dernier tableau, la robe en soie rouge a des manches longues et bouffantes.

2° Vénus et Adonis assis sous un berceau et couronnés par l'Amour (jusqu'aux genoux). La déesse est belle comme une Vénus du Titien. Adonis fronçant les sourcils est moins bien.

3° Jeune fille aux cheveux blonds, nue et se couvrant d'un manteau vert. Beau relief de la tête, beaux traits. Elle regarde à notre droite. Une légère draperie blanche est attachée sur une épaule.

4° Allégorie. Jeune femme assise sous un arbre et livrée à la tristesse. Un guerrier arrache à l'Amour ses armes, une jeune fille effeuille une fleur dont les pétales tombent dans une coupe. Allusion aux violences de la guerre. Autre personnage.

5° Autre allégorie. Assise sur un banc de gazon, une jeune femme cueille une orange, tandis qu'un jeune guerrier l'embrasse. Un amour verse sur les genoux de la belle une corbeille de fleurs. Ici c'est l'amour après la guerre. Ces deux tableaux, dont les figures sont vues jusqu'aux genoux, n'ont ni le coloris ni les beaux types de Bordone.

6° Femmes au bain. Les unes sont dans l'eau, les autres se trouvent sur le bord du bassin, sous un bâtiment circulaire en ruines dont il ne reste plus que la moitié. Au fond, colonnes, débris de portique, obélisque et joli temple de forme ronde. Bonne perspective, bonne toile. Malheureusement les baigneuses ont perdu leur éclat.

7° Combat de gladiateurs sur une grande place entourée de bâtiments antiques. Dans le ciel, Phœbus sur son char. L'arène est séparée des spectateurs par une barrière en planches. Les détails des sept duels sont horribles, d'autant plus que les poses sont parfois forcées. Par contre, le calme des spectateurs et surtout des jeunes femmes fait mal à voir.

Bos (Jérome) : 1° Tentation de saint Antoine. Au fond, flammes, les unes lie de vin, les autres d'un jaune orange.

2° Même sujet. Mauvais, noirci.

Boudewyns (Antoine-François) et Bout (Pierre) : 1° Par le premier, paysage avec ruines d'un temple à gauche, troupeaux, berger et deux femmes. Par le second, fond avec ruines, deux mules, leur conducteur et autres figures. 2° Paysage du même genre. Tous deux faibles et altérés.

Brakenburg (Regnier) : 1° Danse de paysans. L'aubergiste s'aperçoit qu'à force de boire on a vidé le tonneau. 2° La fête des Rois chez des paysans, avec musique. Tous deux noircis.

Bramer (Léonard) : 1° La Vanité, allégorie. Objets précieux étalés sur une table. Une femme, richement mise, se regarde dans un miroir. Un homme, assis près d'elle, chante en s'accompagnant avec un luth. On ne voit de ce dernier que son visage et son instrument. Noirci.

2° L'Instabilité, allégorie. La Mort assise près d'objets en ruines, une tête décharnée à la main, et homme lisant sur un papier ces mots : *Memento mori*. Toile plus noire, plus disgracieuse que la précédente.

Brand (Chrétien-Hifgott), le père : 1° Paysage avec route et colonne monumentale. Villageois sur le devant. 2° Paysage boisé. Trois femmes lavent du linge à une fontaine. Tous deux noircis.

Brand (Jean-Chrétien), le fils : 1° Bataille de Hochkirch entre les Autrichiens et Frédéric le Grand. Ces Autrichiens, en habits blancs, rangés très-exactement, présentent l'aspect d'un tas de pierres blanches qui se noircissent.

2° Paysage avec bâtiment ruiné sur un rocher, chariot passant dans l'eau. Ciel bien éclairé. Mais tout est noir sur la terre.

3° Paysage. Près d'une mare d'eau que traverse un troupeau, crois-

sent trois grands arbres. Au fond, village; château sur une éminence. Bon, mais tourne au noir.

4° Quatre autres paysages, dont deux avec clair de lune. Ce sont
quatre rochers au haut desquels des personnages se détachent
sur un ciel nuageux.

BRANDEL (Pierre) : La femme adultère. Le petit profil de Jésus
presque entièrement dans l'ombre n'est pas assez distingué. Cette
forte femme tenant ses vêtements en désordre, la poitrine nue, est
peu intéressante.

BRANDI (Giacinto) : Saint Paul et saint Antoine, premiers ermites, dans le désert. Un corbeau leur apporte du pain. Les visages, les barbes, les bras, tout est d'un blanc de neige. Les céno-
bites lèvent vers le ciel des yeux endormis.

BREDAL (Jean-Pierre van) : 1° Bataille du prince Eugène de Savoie contre les Turcs en 1716.

2° Bataille de Belgrave contre les Turcs en 1717.

3° Chasse au vautour.

4° Chasse au sanglier. Noirci.

BREENBERG (Barthélemy) : Paysage avec des ruines et du bétail.
Assez bon, mais fond insignifiant.

BREUGHEL (Ambroise) : Deux tableaux de fleurs. Bouquet dans
un vase.

* BREUGHEL (Jean), dit de *Velours* : 1° Adoration des Mages, en
figurines. La Vierge tenant Jésus est assise devant une chaumière
ruinée dont le large toit forme un repoussoir qui rend plus vive
la lumière éclatant à droite. Là, rivière, ville, et plus loin à droite,
foule de personnages. Charmant tableau; les nombreux acteurs
du premier plan sont surtout finement touchés.

2° Tentation de saint Antoine. Effet de clair de lune. Femme-
démon assise près du saint, qui n'en continue pas moins sa pieuse
lecture. A gauche, ouverture pour l'effet de lune; d'autres vides,
à droite, laissent voir les feux de l'enfer.

3° Intérieur de villageois. Coloris sec, peu de perspective. Habits bleus, verts, rouges, d'un mauvais effet. Une petite servante,
contre la porte ouverte à demi, est assez gentille.

4° Les quatre Éléments. Figures par Rottenhammer. Feuillage
trop vert, ciel trop bleu, sol trop fleuri. Dans le ciel, deux femmes
se tiennent embrassées. Figures bien traitées.

5° Énée, conduit en enfer par la sibylle de Cumes, combat les fu-
ries et les ombres qui lui barrent le passage. Au fond, éminence
avec tour et feu derrière. Très-petites figurés par trop flamandes.

* Breughel (Pierre), le jeune, dit *l'Enfer* : Paysage d'hiver. La neige couvre les toits et les champs comme un linceul; et sur la glace jaunâtre et luisante, se détachent des bambins vêtus de diverses couleurs et décrivant avec leurs patins, toutes sortes de courbes. Jolie toile.

Breughel (Pierre), le vieux : 1° Bataille des Israélites contre les Philistins, dans laquelle les deux fils de Saül tombèrent morts entre les deux armées. Au fond, à gauche, eau, et plus loin, ville à l'horizon. Bonne perspective. Les autres plans sont noirs et confus.

2° L'Hiver. Massacre des Innocents. Des soldats flamands, répandus dans un village, enfoncent les portes et poursuivent les habitants. Pillage plutôt que massacre, commandé par Hérode. Perspective en échelle. Poses et visages grotesques.

3° Le Printemps. Des enfants s'amusent sur une place de la ville. Collection de jeux ; poses plus drôles les unes que les autres. Perspective et peinture faibles.

4° L'Automne. Paysage avec arbres effeuillés et troupeau de vaches sur le devant. Ce bétail est mal peint. Fond de montagnes et ciel moins mauvais.

5° L'Hiver. Combat du Carnaval et du Carême, mascarade alors en usage chez les Flamands. Au premier plan, marchands de ratons ; au milieu, gens qui circulent. Au fond, danse autour d'un feu de joie dans une rue.

6° Portement de croix avec une infinité de petites figures costumées comme au XVIe siècle. Sur le devant, Marie et les saintes femmes, toutes debout. Plus loin, vers le milieu, Jésus succombant sous le poids de sa croix. Au fond, à droite, cercle entouré de curieux et au centre duquel va sans doute avoir lieu l'exécution. Vers la gauche, roche très-élevée et moulin à vent à son sommet.

7° Tour de Babel. Elle est moitié jaune, moitié rouge. Le roi et sa suite sont sur le devant, à gauche. A droite, rue. Médiocre.

8° Un paysan découvre et signale un dénicheur de nid grimpé sur un arbre. Fond de paysage avec métairie.

9° Repas de noces chez des villageois. On a décroché une porte pour en faire un vaste plateau chargé de tartes et porté sur deux bâtons.

10° Fête de village. On danse devant une auberge au son de la cornemuse. Charge de mauvais goût.

Breughel (d'après Pierre), le vieux : Mêlée de paysans qui se battent dans un cabaret. Deux femmes cherchent à les séparer. Au fond, village. Poses exagérées.

BROECK (Crispin van der) : Adoration des Mages. Au fond, ruines et paysage avec bâtiments. Petite Vierge pâle, aux deux mentons, et rois, tous d'une teinte rouge-noire et souriant plus ou moins. Mauvais.

BROECK (Elie van der) : 1° Homard, huîtres, etc., sur une table ; 2° grande plante de pavot, corbeille de fleurs, lézard ; 3° bouquet de fleurs dans un vase sur une table.

BRONZINO (Angelo) : 1° Madone avec l'Enfant qui tient un oiseau. Le petit saint Jean lui présente une pomme. Saint Joseph et sainte Élisabeth. Bon dessin, mais peinture trop sèche pour être un original de ce grand peintre.

2° Portrait d'un homme dont l'habit est orné d'une fourrure. Assis près d'une table, il tient son mouchoir et un papier plié. Tête chauve, visage plein, teint de pain d'épice.

3° Portrait du grand-duc Côme de Médicis (petit buste). Longue tête, nez busqué dont l'épine est rouge, air peu noble et peu doux.

4° Tête du même personnage, bien éclairée, mais d'un coloris sec.

BRONZINO (style d'Angelo) : Buste d'une femme ayant pour coiffure une mousseline jaune. Joli portrait d'une personne moins belle que bonne.

BUECKLAER ou BEUCHELAER (Joachim) : Paysan et deux femmes vendant de la volaille, des œufs, du beurre, etc. Fond de paysage. Il y a du bon ; le paysan est bien peint ; mais trop de gens et d'objets pour l'espace ; ombres charbonnées.

BUGIARDINI ou BUGIARDINO (Giuliano) : Les fils de Jacob vengeant le rapt de leur sœur Dina et la reprenant.

BUONAROTTI (d'après Michel-Ange) : 1° Sainte Famille. Sous le banc servant de siège à Marie, on voit un sablier. Le petit saint Jean, un doigt sur sa bouche, fait signe de ne point interrompre le sommeil de Jésus. Les formes de Marie sont trop allongées et son front est trop large. Beaux traits, du reste.

* 2° Le songe de Michel-Ange. Un jeune homme nu, assis sur une pierre creusée par le bas et contenant des masques, tient le globe terrestre et se tourne vers un ange sonnant la trompette du jugement dernier. Fond de paysage. Dans les nues, groupes représentant les sept péchés capitaux. On reconnaît la Gourmandise dans un vieillard vidant une bouteille, et la Luxure dans l'homme genoux sur une femme nue, renversée, qu'il tient par la tête. Mais que veulent dire : cette autre femme pilant je ne sais quoi dans un mortier et ces deux hommes, l'un appuyé sur une table, l'autre assis dans une attitude méditative? L'esquisse de ce tableau est à la *National gallery*, à Londres.

3° Tableau sur cuivre représentant de chaque côté le crucifiement du Christ. Je ne l'ai pas vu ; il était en réparation.

4° Jésus au mont des Olives (petites figures sur bois). Tableau déjà décrit, du musée de Munich.

5° Enlèvement de Ganymède. Son chien le suit des yeux. Fond de paysage avec ruines et figures. Aigle immense tenant par les jambes le jeune homme qui s'appuie sur le haut des ailes ; grande draperie rouge flottante.

BURGAU (P. de) : 1° Mésange, dite charbonnière, et 2° et chardonneret sur un chardon. Plus haut, deux autres oiseaux.

BURGKMAIER (Jean) : Son portrait et celui de sa femme. Elle tient un miroir dans lequel on voit deux têtes de mort au lieu de leurs visages ; idée, religieuse peut-être, mais déplacée en peinture. Ils nous regardent. Le mari a le front incliné en arrière, le nez assez beau, l'os de l'œil peu saillant et les coins de la bouche descendant d'une façon disgracieuse. La femme n'est pas non plus très-avenante.

CAIRO (François) : Portrait d'un jeune homme en habit noir, assis dans un fauteuil noirci, mauvais.

CALCAR (Jean) : Portrait d'un homme barbu tenant une lettre ouverte contre une table.

CALDARA (Polidore), dit *de Caravage*. Procris atteinte, à la chasse, par le javelot de Céphale. Celui-ci est costumé comme un consul romain. Procris, drapée aussi à l'antique, tient le javelot et regarde tendrement son époux. Assez bonne toile.

CALIARI ,Carletto) : Saint Augustin, évêque, tenant une plume et prêt à écrire dans un livre les règles de son Ordre. Il se tourne vers des religieux. Anges dans les airs.

CALIARI (Paul), dit *Véronèse* : 1° Jésus chez le Pharisien. La tête et la pose du Christ tourné vers ses commensaux et le visage en raccourci de Madeleine, sont très-beaux. Jeune femme tenant un enfant et nous tournant le dos. Ce bon tableau, malheureusement noirci, pourrait être, dit le catalogue, de l'école de Véronèse.

2° Petit garçon caressant un chien. Joli petit blond, tête nue, un peu baissée.

3° La femme adultère. Jolie blonde rajustant des deux mains ses vêtements en désordre et baissant la tête avec confusion ; elle est bien éclairée, le reste a noirci. Fond d'architecture.

4° Jésus et la Samaritaine. C'est une jeune femme blonde tenant la chaîne du puits et nous montrant son profil tourné vers le Christ. Vaste paysage dans le fond. Coloris assez bien conservé.

* 5° Annonciation. L'archange, tenant un lis, aborde Marie, en lui montrant le ciel. La Vierge, les yeux levés, une main sur la poitrine, est agenouillée devant son prie-Dieu, dans un appartement à colonnes. Au fond, portique circulaire. Dans les airs, la sainte Colombe, d'où part un rayon lumineux qui vient frapper la Vierge. Charmant profil de Gabriel, aux cheveux blonds et bouclés.

6° Portrait de Marc-Antoine Barbaro, ambassadeur vénitien près la Porte. Il a le costume ottoman et tient sa lettre de créance. Long nez, sourcils relevés ; tête intelligente. Coloris sec. Mauvais portrait. Copie sans doute.

7° Adoration des Mages (petite nature). Profil assez maussade de la Vierge. Un jeune page nous tournant le dos à droite et vêtu de soie blanche, est ce qui ressort le mieux ; le reste est altéré. Au fond, à gauche, colonnes.

8° Portrait de la fameuse Catherine Cornaro, reine de Chypre, en riche costume, tenant deux flèches et prenant l'arc posé sur une table (jusqu'aux genoux). Blonde au long nez, avec double menton ; physionomie énergique et sensuelle.

9° Judith plaçant la tête d'Holopherne dans le sac que lui présente une négresse à son service. L'héroïne est jolie ; ses cheveux blonds sont relevés et roulés sur le front ; mais les yeux, la bouche et le menton trop petits manquent d'énergie. La négresse est deux fois noire.

10° Vénus et l'Amour, portrait (jusqu'aux genoux). Jolie femme, la bouche entr'ouverte et souriant avec peu d'intelligence. Elle tient une tresse de ses cheveux blonds ; gorge demi-nue.

11° Vierge en trône avec l'Enfant. Sainte Catherine et sainte Barbe présentent chacune à la Madone une religieuse à genoux (petite dimension). On remarque encore une jolie sainte blonde, la tête un peu penchée en avant et en raccourci. Le reste est altéré.

* 12° Le Christ guérit la femme malade qui avait touché sa robe au moment où il entrait dans la maison de Jaïrus (tiers de nature). La jeune malade, à genoux sur l'avant-dernière marche près de Jésus, lève sur lui un regard plein d'admiration et de gratitude. Le visage du Christ est altéré ; mais sa robe rose laissant une épaule nue est bien éclairée. Bonne toile.

13° Marcus Curtius se précipitant dans le gouffre, plafond. Altéré.

14° Adoration des rois (demi-nature). Le nouveau-né est accroupi sur sa mère qui le tient par le dos. Il se penche vers un vieux mage prosterné. Petit page, vêtu de soie blanche d'un excellent relief.

15° Adam et Ève dans une contrée boisée, avec leurs deux premiers-nés (demi-nature). La mère allaite le plus jeune ; son mari puise de l'eau à une fontaine. On ne voit plus que le dos d'Adam, une jambe d'Ève et le bas du corps de l'enfant couché à terre.

16° Le centaure Nessus enlève Déjanire en traversant un fleuve. Hercule, sur le bord, lui décoche une flèche.

17° Vénus et Adonis sous un berceau. Près d'eux, Cupidon (quart de nature). La déesse tient par la tête le beau chasseur qui répond à cette caresse, en posant une main sur le sein de sa divine amante. Ils sont nus à une petite draperie près, dont l'Amour va les débarrasser. Jolie toile, malheureusement noircie.

18° Madone en trône ou mariage de sainte Catherine, en présence de sainte Agnès tenant une palme, son agneau couché près d'elle. L'ange Gabriel soutient la première sainte par un bras. Draperies parfaites ; visages noircis.

19° Saint Sébastien attaché à une colonne et percé de deux flèches (deux tiers de nature). Pose et plis du corps trop tourmentés. Bon dessin, bons reliefs. Noirci.

20° Le Christ sortant du tombeau (tiers de nature). Front trop déprimé. Altéré.

21° Saint Nicolas (demi-nature). Noirci.

22° Saint Jean-Baptiste (tiers de nature). Noirci.

23° Mort de Lucrèce (jusqu'aux genoux). Elle s'enfonce un poignard dans la poitrine. Assez belle tête penchée, à demi éclairée et noircie. Bras mal dessinés.

CALIARI (d'après Paul) : Un faible mortel entre le Vice et la Vertu. L'homme vêtu de soie blanche se jette entre les bras de la Vertu, femme couronnée de laurier et très drapée, tout en se retournant vers nous. La tentatrice ne montre que le derrière de sa tête et de son corps peu vêtu.

CALIARI (héritiers de Paul) : Adoration des bergers (deux tiers de nature). Visage de la Vierge mal peint ou altéré ; vêtements encore éclairés. Dans le ciel, deux anges. En bas, deux colombes se béquetant sur le piédestal d'une colonne.

CALLOT (Jacques) : Foire tenue à Imprunata près de Florence, avec quantité de personnages en figurines, sujet traité par Téniers (voir ci-avant musée de Munich). Seulement, comme dans la plupart des gravures, ce qui, dans le tableau est à droite, se trouve ici à gauche. Je regarde donc l'œuvre de Callot comme une gravure mise en couleur. Il n'a employé pour repoussoirs que deux masses d'ombre et a ajouté le spectacle d'une pendaison. Les silhouettes du premier plan sont bien rendues; mais le fond, d'une teinte uniforme, est vague. Insignifiant.

CALVAERT ou CALVART (Denis). : Tête d'homme. Noircie.

CANAL (Antoine), dit *Canaletto* : 1° Vue de l'église des Écossais à Vienne, d'où sort une procession. Bâtiments du fond encore éclairés; le reste noirci.

2° Vue de la place Freiung à Vienne, avec la même église. Plus noir.

CANLASSI (Guido), dit *Cagnacci* : 1° Madeleine pénitente, couchée à terre, tenant une tête de mort et levant les yeux vers trois anges qui répandent sur elle des fleurs mystiques. Tout petit tableau sur cuivre, très-frais. Bon modelé du torse nu et de la tête de Madeleine; sa tunique et son manteau, bien rendus. Seulement, sur son joli visage le calme va jusqu'à la somnolence.

2° Mort de Cléopâtre. Nue jusqu'à la ceinture, elle est assise dans un fauteuil, et entourée de ses femmes dont deux ont aussi le torse nu. Les quatre têtes de femmes entourant le fauteuil ne sont pas d'un heureux effet. L'une de celles qui occupent le premier plan a un dos de terre cuite.

3° Saint Jérome dans une grotte. Assis, une plume à la main, il regarde le ciel, d'où part un rayon lumineux qui tombe sur lui. Belle expression d'amour divin. Jambes trop grêles et trop écartées.

CANTARINI (Simon), dit *il Pesarese* : 1° Sextus Tarquin, le poignard à la main, voulant violenter Lucrèce (figures jusqu'aux genoux). Un doigt sur sa bouche, il dit : Silence! Son gros visage dans l'ombre est trivial. La victime est une belle grosse femme en robe jaune, la poitrine demi-nue. Une ombre au coin de son œil produit aujourd'hui un vilain effet.

2° Saint Charles Borromée baisant la main de la Madone qui tient l'Enfant Jésus. Jolie petite toile. Le Bambino bien éclairé est debout sur sa mère et bénit le saint de la main droite. Dans les airs, deux anges.

CANTON (Jean-Gabriel) : Paysans dansant près d'une ruine et d'un obélisque. Le devant, à droite, est encore bien; le reste du paysage est confus et noirci.

CAPELLE (Jean van) : Marine. Vaisseau de droite, dont la grande voile jaune, tendue carrément et se reflétant dans l'eau, est d'un effet disgracieux.

CARDI (Louis) da Cigoli : 1° Christ mort posé sur les genoux de la Vierge et soutenu par Joseph d'Arimathie. Deux anges portent des instruments de la passion. Le corps mort est bien posé et d'un bon modelé, mais le coloris en est altéré. Marie est trop vieille et trop dépourvue de beauté. Bonne tête du saint en raccourci.

2° Le Sauveur mort dans le sein du Père éternel entouré d'anges. Sous le Christ, nuages et ciel bleu. Son corps est bien modelé, bien posé et bien éclairé. Belle tête de Dieu le père au type jupitérien. Anges à demi éclairés. La divine Colombe, entre le Père et le Fils, produit un effet peu satisfaisant.

CARIANI (Jean) : 1° Le triomphe de l'Amour, allégorie. Cupidon, assis dans un char, les yeux bandés, tire au hasard. Sans doute il a atteint, sans le vouloir, une jeune femme presque couchée sur un jeune homme ; mais le temps a fait de cette amoureuse une malade qu'il faudrait porter à l'hôpital. Les chevaux blancs du char sont de carton. Genre vénitien. Faible.

2° L'Amour vaincu, autre allégorie. Trois chastes déesses (Diane, Pallas et Vesta), dans un char traîné par deux lionnes, triomphent de l'Amour attaché à une colonne. Ce char est suivi par des personnes que leur continence a rendues célèbres ; elles sont indiquées par leurs noms. Mauvais tableau.

CARLONE (Charles) : Plafonds de deux salles et de la chapelle du palais. Faibles.

CAROSELLI (Angiolo) : 1° Buste d'un homme tenant un papier et chantant. Noirci.

2° Saint Vinceslas. Pose théâtrale. Mauvais.

CARPIONI (Jules) : 1° Allégorie (petite dimension). Un homme ailé est assis et se tourne vers notre droite où l'on voit dans l'espace un grand ange montrant le ciel. Cet homme, couronné de roses, tient un sceptre. Spectateurs dont la moitié pousse des cris. L'ange dit à celui qui brille sur la terre par le génie ou par la puissance, que son bonheur est vain et qu'il ne trouvera la félicité qu'auprès de Dieu.

2° Autre allégorie. Un jeune homme, deux nymphes et deux enfants gambadent, jouent de la flûte, des cymbales ou du tambour de basque, près d'un piédestal sur lequel on voit un objet assez semblable à une flûte de Pan. N'ayons-nous pas ici une simple bacchanale ?

3° Fête de Bacchus. Le vieux Silène, assis au milieu de nymphes très-peu vêtues, de bacchants et de petits génies, tient un broc. Au fond, à gauche, sur une éminence, statue d'un personnage âgé posé à la romaine. Les génies sont charmants.

4° La nymphe Liriope, épouse du roi Céphise, présente son fils Narcisse à Tirésias, afin d'apprendre le sort futur du jeune prince (petite dimension), Tirésias, assis à terre, tâte l'enfant au corps. Au fond, temple à colonnes. Têtes laides et mal dessinées.

5° Portrait d'un homme en costume espagnol, une main sur la garde de son épée. Coloris sec, noirci.

CARRACCI (Annibal) : 1° Piété. Le Christ est étendu dans la grotte sépulcrale, la tête posée sur la poitrine de sa mère que soutiennent deux anges. Marie a la face d'une morte. Les anges très-petits ne montrent que leurs têtes et l'extrémité de leurs mains. Noirci.

* 2° Adonis revenant de la chasse surprend Vénus assise dans un berceau de verdure qu'il entr'ouvre (grande nature). En ce moment, Cupidon montrait à sa mère la trace d'une blessure qu'il lui a faite au sein. Le visage du chasseur est joli, mais dénué de distinction et d'énergie. Vénus est nue, avec un bout de draperie. Ses cheveux blonds, ornés de perles, sont relevés par derrière. Le coloris de ses chairs est trop rouge. Bon tableau du reste et bien conservé. Le feuillage seul a passé du vert au noir.

3° Saint François en extase, soutenu par un ange. Nus d'une teinte bistre et uniforme.

4° Le prophète Isaïe, copie ou imitation du tableau de Raphaël, qui se trouve dans l'église de Saint-Augustin à Rome (voyez *Musée d'Italie*, p. 282). Ici les anges sont trop grands.

5° Jésus et la Samaritaine (demi-nature). Beau profil grec de la femme dont la tête est un peu baissée. Le Christ assis lui parle, l'index tendu.

6° Mise au tombeau (petite dimension). Tête en raccourci, corps replié, visage trop vulgaire. Effet de flambeau. Noirci.

7° Portrait de face d'un joueur de luth barbu, en habit noir. Bonne tête, nez un peu fort, bouche entr'ouverte. Bon.

CARRACCI (Augustin) : Saint François recevant les stigmates sur le mont Averne. Près de lui, capucin endormi. Fond de paysage sombre. Le saint paraît éprouver une jouissance au moment où deux grands clous traversent ses mains. Sa tête est commune, mais expressive et bien éclairée. Sa robe grise, rapiécée, fait illusion.

CARRACCI (Louis) : 1° Saint François méditant sur le néant de la vie. Près de lui, tête de mort, petite croix et rosaire. La physionomie du saint est plus forte, plus intelligente et plus calme que celle du précédent tableau.

2° Vénus, couchée sur un lit de repos, joue avec l'Amour. Au fond, un satyre les observe. Elle est nue et tient levé l'arc de Cupidon, qui met un pied sur la cuisse de sa mère, afin d'atteindre et de reprendre son arc. Tête de Vénus à demi éclairée ; satyre peu visible. Fond noirci.

CARRIERA (Rosalba) : Portrait de Frédéric-Auguste III, électeur de Saxe, portant la cuirasse et l'uniforme rouge. Visage efféminé, bouche et menton lourds, peu énergiques.

CARRUCCI (Giacomo), dit *le Pontormo* : Profil d'un jeune homme. Sourcils se relevant par l'extrémité, front intelligent, cheveux frisés et courts. La ligne du nez au menton est trop droite, lèvres très-fermées : physionomie d'un entêté.

CASANOVA (François) : Bataille de cavalerie dans une vaste plaine, bornée à droite par des ruines (demi-nature). On ne voit plus qu'un cavalier sur un cheval blanc se défendant contre un fantassin.

CASTIGLIONE (Jean-Benoît), dit *il Greghetto* : 1° Entrée dans l'arche ; très-altéré, mauvais.

2° Même sujet. Noé, vêtu de rouge et placé dans l'ombre, au milieu d'un tas de bêtes et de bidons, est d'un pauvre effet. Confus.

CATENA (Vincent) : Portrait d'un chanoine tenant un missel. Tête énergique au nez busqué, aux lèvres fermées, sans bords et descendant par les coins. Doigts trop effilés pour un homme fort et âgé. Bon dessin, bonne lumière, pas assez de relief, coloris sec.

CAVEDONE (Jacques) : Saint Sébastien attaché à un arbre et percé d'une flèche (jusqu'aux genoux). Très-belle étude que je crois avoir vue ailleurs. Le côté gauche du visage relevé, le corps et la cuisse gauche sont très-bien modelés et vivement éclairés. Le reste, devenu noir, fait mieux ressortir les nus.

CESARI (Joseph), dit Josépin ou le chevalier d'Arpin : Persée délivrant Andromède. Elle est entièrement nue ; son regard se porte avec effroi sur le monstre. Assez bon modelé, mais jambes trop grosses. Joli tableau. Persée, descendant du ciel sur son cheval blanc, et le monstre levant vers lui son affreuse tête, la gueule ouverte, sont surtout bien éclairés.

CHAMPAIGNE (Philippe de) : 1° Adam et Ève pleurant la mort d'Abel. Le corps de celui-ci est devenu vert. Ève, aux deux mentons, semble plutôt disposée à dormir qu'à se désoler. Adam debout, avec sa chevelure à la Louis XIV et sa pose théâtrale, le chien venant flairer le cadavre, et les deux enfants se disputant un nid d'oiseaux, tout cela nous paraît de mauvais goût.

2° Une mère, blessée à la poitrine, mourante et assise par terre, détourne son enfant qui, cherchant le sein, pourrait sucer du sang. Le grand profil de cette femme, la bouche ouverte, ses cheveux mal peints et ses seins par trop volumineux, ne font qu'augmenter le dégoût qu'inspire cette scène.

CHIMENTI (Jacopo), da Empoli : Suzanne et les vieillards. Deux servantes la délacent. On voit encore les trois femmes, mais elles ne sont plus jolies, et les vieillards disparaissent sous une épaisse couche de noir.

CIGNANI (Charles) : 1° Madone avec l'Enfant qui tient une petite croix. Marie lève ses grands et beaux yeux vers le ciel ; sa jolie bouche est entr'ouverte. Mais le visage a pâli, les yeux ont rougi. Bon relief de la tête de Jésus penchée sur le cou de sa mère et nous regardant de côté. Toile gracieuse.

2° Charité romaine. La jeune mère, ayant son fils sur les bras, présente le sein à son vieux père. L'enfant nous regarde et semble nous dire qu'il a cédé ses droits. Beau profil et bon modelé du corps du vieillard aux cheveux blancs. Jolie tête de la femme dont un côté du visage seulement est éclairé. L'enfant tourne au rouge brique. Bon coloris du reste.

CIGNAROLI (Giambettino) : Vierge glorieuse adorée par sainte Ottilie et saint Pierre l'inquisiteur. La sainte est d'un coloris bleu dans le genre de Dolci. La Madone, assise sur un nuage, et Jésus ont des visages ronds, à la peau tendue. Le profil du saint, en partie dans l'ombre, vaut mieux.

CIMA (Jean-Baptiste), da Conegliano : La Vierge avec l'Enfant et saints. La Madone, abritée par un arbre, est assise dans la campagne sur une roche. A ses côtés, saint Jérome et saint Louis, évêque. Dans le fond, saint Joseph avec l'âne ; ville sur une montagne, maisons et édifices bien éclairés. Saint Jérome tourne au pain d'épice ; saint Louis ressemble à une statue de pierre grise. Marie voilée jusqu'aux yeux, regarde saint Jérome d'un air boudeur, et Jésus sermone l'autre saint qui baisse les yeux et joint les mains.

* CLEEF (Henri Van) : L'enfant prodigue chez les courtisanes (petite dimension). Il est assis entre deux femmes dont l'une l'embrasse pendant qu'il pose une main sur l'épaule de l'autre. Celle-ci se retourne et semble donner la main à un homme debout penché vers elle. Ce personnage costumé en Momus, lui montre un estropié portant un luth sur le dos. Musiciens dans un corridor ; cuisine avec ses marmites. Une servante inscrit à la craie les dépenses du repas. Composition originale ne manquant pas de mérite.

CLEEF (Martin van) : Chambre de paysans et société autour d'une table. Sur le devant, tas de légumes ; veau éventré suspendu contre la muraille du fond. Médiocre.

CLERCK (Henri de) : Céphale et Procris. (Voyez Alsloot qui en a fait le paysage).

20

CLOUET (François), dit Jannet : Portrait de Charles IX, roi de France, à l'âge de vingt ans. Sourcils levés, nez long et gros du bout, bouche très-fermée et peu bienveillante, moustache naissante, peu de menton, par conséquent pas d'énergie ; teint pâle. Toile noircie.

COCK (Jérome) : Vue idéalisée du Forum avec ruines et figures. Un arc de triomphe fait repoussoir ; au delà, vive lumière, édifices, puis arbres dans l'ombre ; plus loin, ville éclairée, montagnes, ciel bleu.

COCK (Mathias) : La tour de Babel, avec quantité de figures. Sur le devant, roi entouré de ses courtisans et visitant les travaux. Tableau remarquable par sa savante perspective. Les figures sont médiocrement peintes. On a favorisé les personnages de mollets par trop volumineux. « L'excès en tout est un défaut. »

COELLO (Alphonse Sanchez) : Portrait d'une jeune dame, en riche costume espagnol, tenant son mouchoir et son collier de perles. Mauvais.

COMPAGNO (Scipion) : 1º Vue du mont Vésuve au moment d'une éruption. Des gens s'enfuient de leurs maisons et sont refoulés par des soldats. Vue sur la mer dont l'eau est encore un peu éclairée ; le reste est devenu noir.

2º Vue d'une campagne près de Pouzzoles. Décapitation de Saint-Janvier et de ses compagnons. Au deuxième plan, monticule avec édifices en ruines et statues Assez bon.

CONTARINI (Jean) : Baptême du Christ. Il n'a pour vêtement qu'une écharpe bleue. Noirci.

COOSEMANS (Alexis) : Fruits dans un panier et sur une table.

CORNELIS (Corneille), de Harlem ; Dragon dévorant les gens de Cadmus ; ce dernier vient à leur secours. Il est difficile de comprendre la forme du corps que croque le monstre.

CORT (Henri-Joseph-François de) : Vue du vieux château Temsch au bord de l'Escaut près d'Anvers. C'est un château-fort avec tour, clocheton et pont.

COURTOIS (Jacques), dit le Bourguignon : Trois tableaux de batailles de cavalerie. Le noir a couvert de son crêpe les morts et les vivants.

COXIE (Michel) : Madone dans le ciel, les pieds sur le croissant. Elle tient l'enfant Jésus qui porte une petite croix et un rosaire. Mauvais, altéré.

CROESBECKE (Joseph van) : Trois soldats en conversation avec deux femmes assises sur un mur en partie écroulé. Fond de paysage avec village. Physionomies grossières. L'une des femmes ressort bien.

CRANACH (Luc Sunder), le père : 1º Mort de Lucrèce. Ses yeux rouges sont trop écartés l'un de l'autre et sa bouche s'ouvre d'une façon disgracieuse ; sa poitrine est mal rendue. Robe rouge aux larges manches ornées de fourrure. Mauvais.

2º Adoration des mages dans un paysage. Chœur d'anges dans les airs. Les têtes royales sont ignobles. Mauvais.

3º Portrait d'une jeune demoiselle vêtue de noir, avec chemisette, dessinant des seins de la forme d'une pomme, gros yeux bleus, nez rond du bout, menton fuyant. Personne bonne, mais indolente et peu spirituelle.

4º Portrait de Martin Luther en habit noir, un livre à la main. Son visage est énergique, mais sa bouche et son cou trop gros lui ôtent toute distinction.

5º Portrait du docteur Philippe Mélanchton vêtu de noir et tenant un livre. Visage maigre, grands sourcils relevés, nez long, front intelligent, grande bouche, pli prononcé à la joue. Il y a dans les yeux et dans la bouche quelque chose d'étrange.

6º Chasse au cerf aux bords d'un fleuve sur lequel est jeté un pont conduisant à la ville. Parmi les chasseurs se trouve Charles-Quint, Jean-Frédéric le Généreux ; d'autres personnages célèbres. Mauvaise perspective. La même composition se trouve au Musée royal de Madrid. (Voy. *Musées d'Espagne*, p. 64.)

7º Jésus-Christ arrêté dans le jardin des Olives. Judas, aux cheveux roux en désordre, approche son ignoble profil de celui du Christ qui le repousse de la main. Autres visages plus ou moins grotesques.

8º Tableau peint des deux côtés : 1. Adam et Ève sous l'arbre au fruit défendu. Adam tient une branche dont une feuille protége sa nudité. Sa compagne, déjà émue par la pudeur, croise les jambes et avance une main pour cacher le bas du corps. Le peintre lui a donné, comme à l'ordinaire, la taille élancée, de petits seins, et la physionomie allemande. 2. *Ecce Homo* et *Mater dolorosa* (deux tiers de nature).

9º Joab frappe Abner dans le dos en l'embrassant. Fond de paysage avec la ville d'Hébron. Assez mauvaise toile, de petite dimension.

10º Trois jeunes filles debout, en riches robes de velours rouge tombant en plis réguliers : l'une en cheveux, les autres coiffées d'un chapeau avec panache (demi-figures, deux tiers de nature).

Toujours même type : petite tête, au grand front, air souriant. Deux colliers, dont le premier serre le cou.

11° Portrait de Frédéric IV, électeur de Saxe. Traits tudesques, avec des yeux tirés par les angles, à la chinoise, petite moustache, barbe rousse. Coloris sec, assez bonne lumière.

12° Portrait d'un homme sans barbe vêtu de vert, avec dessins, et coiffé d'un chapeau à quatre pointes. Visage bien mieux modelé que le précédent. Sourcils froncés : bas de visage lourd, arriéré, lèvres minces et fermées, nez court, plis des joues annonçant la bonté.

13° Le Christ apparaissant avec Marie dans le Jardin (demi-figures). Deux des saintes femmes ont la tête enveloppée dans un voile descendant jusque sur les sourcils. Entre ces deux Marie, Madeleine en larmes. Elle est coiffée d'un bonnet très-riche et ressemble à la femme adultère de Munich. C'est cette tête large du haut, mignonne du bas, qui plaisait tant à l'auteur. Le visage du Christ n'est pas achevé ; mais ses mains levées sont bien dessinées et bien éclairées.

14° Mariage de sainte Catherine. Elle a près d'elle sainte Rosalie qui lui présente une corbeille de roses mystiques et deux autres saintes : l'une priant, la seconde offrant à Jésus une grappe de raisin. Fond de paysage (figures jusqu'aux genoux). Mêmes types. Teinte pain d'épice. L'Enfant Jésus est mal dessiné.

15° Un vieillard donne, en riant, une bague à une jeune fille qui, pour remerciement, va le tirer par l'oreille. Le séducteur, avec son menton à galoche et sa grande et vilaine bouche ouverte, doit moins tenter que la bague.

16° Tableau en deux compartiments : 1. Saint Jérome et son lion. 2. Saint Léopold, margrave d'Autriche. Mauvais. Le lion, débarrassé de l'épine qu'il avait dans une patte, remercie son libérateur par le regard le plus sentimental. Mauvais.

17° Tableau en deux parties : 1. Adam. 2. Ève (tiers de nature). C'est un couple allemand, lui d'une teinte pain d'épice, elle plus blanche et le visage aussi rond que la pomme qu'elle porte à la bouche.

CRANACK (école de Lucas Sunder, le père) : Loth et ses filles sur le devant. Affreux visages aux gros nez, aux grosses lèvres ; robes rouges avec des plis comme des tuyaux d'orgue. Au fond, Loth, précédé de deux anges et suivi de ses deux filles, laisse derrière lui sa femme changée en pierre blanche. Plus loin, Sodome en feu. Traité comme le tableau de Munich, mais inférieur.

CRANACK (Lucas), le fils : 1° Portrait d'une jeune blonde en Judith. Elle porte un riche costume du XVI° siècle avec un grand chapeau. Front large, petit menton. La tête d'Holopherne est posée sur une table, la bouche ouverte, les yeux fermés; les reliefs en sont bien rendus.

2° Portrait d'un jeune homme en habit noir. Il appuie sur les hanches ses deux mains, dont l'une tient le manche de son poignard et l'autre son mouchoir; mains mal dessinées, coloris sec. Bon d'ailleurs.

3° Portrait d'une jeune femme en surtout rouge, en manches blanches et justaucorps noir. Elle porte au cou deux chaînes d'or massives. Vrai type allemand; tête de terre cuite; corps par trop grêle.

CRAYER (Gaspard) : 1° La Madone, entourée d'anges, apparaît sur des nuages devant une église et remet à sainte Thérèse agenouillée une chaîne d'or (forte nature). Plus haut, la Sainte Trinité dans une gloire. Les grands yeux inintelligents, la bouche commune et le menton à peine visible de la Vierge, le profil blême, lourd et en ligne trop droite de la sainte, et les anges d'une faible exécution, prouvent que Crayer n'avait pas ce qu'il fallait pour traiter un sujet de ce genre. Saint Joseph qui, avec l'aide d'un grand ange, couvre sainte Élisabeth d'un manteau vert, est ce qu'il y a de mieux.

2° La Salutation angélique (forte nature). Le bas des jambes et les pieds de l'ange Gabriel sont vivement éclairés et bien dessinés. Son bras levé, dont le raccourci est manqué, paraît trop court. Son visage et son cou tendu sont laids; sa pose est forcée. Marie, avec son visage arrondi et tout d'une pièce, n'est pas assez belle; sa main levée se détache bien.

3° Vierge en trône avec l'Enfant, assistée de saint Augustin, sainte Catherine, la Madeleine et deux autres saintes, dont l'une, que je crois être sainte Rosalie, présente des fleurs au Bambino; anges. Physionomie villageoise et trop éveillée de la Vierge. Sainte Catherine agenouillée est jolie; sa robe lilas et son manteau de satin blanc sont bien rendus. Saint Augustin a des traits trop communs; les deux autres saintes sont mieux. Tableau meilleur que les précédents.

CRESPI (Daniel) : Saint Joseph voit, en songe, un ange qui lui ordonne de fuir avec Marie et Jésus (grande nature). Dans une pièce voisine, on voit la Vierge, une lumière à la main, contemplant son fils endormi. L'ange est bien éclairé, mais son visage

20.

est vulgaire. La tête du saint est meilleure. A gauche, escalier conduisant à la pièce où se trouve Marie.

CRESPI (Jean-Baptiste), dit *il Cerano* : Jésus-Christ apparaît aux apôtres Pierre et Paul et donne au premier les clefs de l'Église. Le Sauveur, en manteau blanc, est bien éclairé. Les saints sont devenus noirs.

CRESPI (Joseph-Marie), dit *l'Espagnol* : 1° Le centaure Chiron apprenant au jeune Achille le tir de l'arc (petite nature). Chiron tient les deux bras d'Achille. On ne comprend pas très-bien comment sont placées les jambes de cheval du maître. A cela près, les poses sont bonnes, les reliefs excellents et la lumière est bien répartie. Mais le coloris a souffert; il n'y a plus guère que du blanc et du noir.

2° La sibylle de Cumes entrant avec Enée dans la barque de Caron (petite nature). Le visage de la femme est de pierre blanche. On ne voit presque plus les autres personnages. Caron est posé comme un bateleur.

CRESTI (Dominique), da *Passignano* : Le repas d'Assuérus (demi-nature). Le bout de la table le plus rapproché du spectateur, est resté vide et permet de voir tous les convives. Le jeune roi couronné à près de lui quelques hommes, puis les femmes de son sérail. Noirci.

CREUTZFELDER (Jean) : Martyre de saint Ignace déchiré par des lions dans un cirque, en présence de Trajan et du peuple romain. Médiocre.

* CURADO (François) : Abraham, à genoux, devant son habitation, accueille les trois anges. Celui en robe jaune, regardant le patriarche, est vivement éclairé; son visage est charmant. Les deux autres parlent à la fois, défaut trop commun dans les scènes rendues par les peintres. Sara, appuyée sur une canne, regarde du seuil de sa maison, la céleste ambassade. Jolie toile, bien conservée.

CUYP ou KUYP (Albert) : Cinq vaches, dont quatre couchées. Bonne toile, cadre trop petit.

CUYP (style d'Albert) : Quatre vaches, au bord d'un canal. Une paysanne est occupée à traire l'une d'elles. Faible.

DALEN (Corneille van) : Bacchus couronné de pampre, un verre de vin à la main. Pochade assez bonne.

DAMMEZ ou HUYGENS (Lucas), dit *Lucas de Leyde* ou *de Hollande* : Portrait de l'empereur Maximilien Ier. Belle tête, aux cheveux blancs, encore jeune cependant. Le front est trop caché par ce bonnet noir.

DELEN ou DEELEN (Thiérri van) : Deux pièces d'architecture avec figures. Tableaux bien peints. Mais ces édifices sans personnages ont un aspect triste.

DELFT (Jacques-Guillaume), dit *Delphius* : Réconciliation d'Esaü et de Jacob. Les deux frères sont très-jeunes. Ils s'embrassent en nous regardant de façon à faire douter de la sincérité de leurs démonstrations amicales. Dans le grand nombre des figures, plusieurs doivent être des portraits. Visages plus ou moins grotesques. A coup sûr, la femme vêtue de noir, au premier plan, à droite, a été peinte d'après nature ; car on n'invente pas des traits de ce genre.

DENNER (Balthazar) : 1° Tête d'une vieille femme que nous avons vue à Munich (voir p. 192). Sa méchante physionomie est ici rendue avec encore plus de vérité ; le coloris est moins luisant. Son vêtement offre de longs poils tachetés de noir et hérissés : ce qui achève de faire de cette femme un véritable monstre.

2° Tête d'un vieillard traitée dans le même genre, d'un bon relief et parlante. Son menton, l'os de l'œil sans saillies et son regard annoncent peu d'énergie et plus de prétention que d'esprit.

DIEPENBECK (Abraham van) : 1° La Vanité et l'Instabilité des choses humaines. Un vieux philosophe, assis près d'une table, tient une tête de mort et disperse un peu de cendre sur le sol ; deux génies lancent dans l'espace des bulles de savon, images des illusions de ce monde. Dans les nues, trois autres génies tiennent un ruban portant ces mots : *Nosce te ipsum.*

2° Déposition ou piété. Le Christ mort est pleuré par sa mère et par cinq anges. Son corps et ses bras sont bien peints ; les pieds, au contraire, sont mal dessinés. Marie est une petite fille peu jolie, aux traits communs. Les anges ont aussi des physionomies trop vulgaires.

DIETERLING (Wandelin) : Pièce d'architecture et vocation de saint Matthieu. Cette composition est divisée en trois compartiments : 1. Espace près de la mer. Des hommes se pressent sur les pas du saint. 2. Au milieu, Matthieu marche au premier plan ; au fond, bureau et commis. 3. A droite, salle de banquet au fond de laquelle est assis le Christ. Sur le devant, singe tenant une pomme. Assez bonne perspective.

DIÉTRICH (Chrétien-Guillaume) : 1° L'ange annonçant aux bergers la venue du Messie (petite dimension). Effet de nuit. L'ange est trop fluet et son vêtement bleu ne se détache pas assez du fond très-éclairé. Bon relief d'un berger dans la position d'un homme couché qui se relève. Le reste est médiocre.

2° Adoration des bergers, pendant du precédent. La Vierge et l'Enfant sont bien éclairés ; le reste est noir. Faible.

DOES (Jean van der) : 1° Paysage avec fontaine antique, un troupeau et un mulet chargé ; femme et deux enfants. Cette toile a été bonne, mais elle est bien noire aujourd'hui.

2° Paysage italien avec des ruines. Sur le devant, paysanne endormie que regarde un jeune garçon. Petit tableau noirci.

DOLCI (Carlo) : 1° La Sincérité, femme couronnée de lis et tenant un cœur entouré de rayons lumineux, une main sur la poitrine (jusqu'aux genoux). Les ombres ont tourné au bleu, de sorte qu'on serait tenté de dire à cette femme : « faites vous raser. » Trop de plis aux draperies. La manche blanche et bouffante du bras gauche fait illusion. La couronne est trop volumineuse.

* 2° La Vierge tenant debout sur ses genoux l'Enfant Jésus qui lève une main, comme pour donner sa bénédiction (La vierge, vue jusqu'aux genoux). Jésus, dont la tête un peu penchée est entourée d'un rayon lumineux, regarde de notre côté. Jolie toile, très-fraîche.

3° Le Christ avec sa croix. Noir. Mauvais.

4° *Mater dolorosa*, petit buste. Mauvais.

DORFMEISTER (Jean) : Forêt traversée par un ruisseau près duquel un paysan s'entretient avec une femme. Faible.

DOSSO DOSSI : 1° Saint Jérome en prière dans une grotte. Fond de paysage avec une église et des figures. Le manteau de soie rouge du saint est bien rendu ; ses nus sont d'un rouge brique. Mauvais paysage.

2° Portrait d'Alphonse II, duc de Ferrare et de Modène, armé de toutes pièces. Il est debout et prend son casque posé sur une table. Rideau pour fond. Accessoires bien rendus ; coloris très-sec, visage maigre manquant de renseignements.

* Dow (Gérard) : 1° Médecin regardant l'urine d'une malade. Derrière lui, vieille femme en larmes. Livres, globe, bouteilles. Le docteur est jeune ; son visage plein, levé et en raccourci est un vrai chef-d'œuvre de modelé, de lumière et de vérité. Accessoires très-soignés, notamment un bas-relief représentant des petits enfants jouant avec un bouc.

* 2° Vieille femme s'apprêtant à arroser un pot de giroflées posé sur sa fenêtre. Cage suspendue au haut de cette fenêtre. Bonne tête de vieille plusieurs fois reproduite par Dow et tenant le milieu entre le type bourgeois et le type villageois ; mise propre, attitude méthodique. Elle, sa cruche et son pot de fleurs sont parfaits.

DRECHSIER (Jean) : Bouquet dans un vase posé à terre et fruits. Faible.

DREVER (Adrien van) : Paysage d'hiver. Neige, glace, patineurs. Altéré.

DROOCH-SLOOT (Jadoc-Corneille) : Duel entre Gerhards, lieutenant hollandais et le gentilhomme français Briantes : chacun d'eux accompagné de dix-sept chevaliers et d'un héraut. Mauvais amas d'hommes bardés de fer, se tirant tranquillement des coups de pistolet dans le nez et montés sur des chevaux qui se cabrent comme ceux de Franconi.

DUCQ ou DUC (Jean le) : Soldats en exécution dans un village. Une dame, en satin noir, demande à genoux, une grâce à l'officier. Celui-ci, homme obèse et assez mal bâti, allonge sa canne vers cette dame, en signe de protection. Les personnages sont bien peints et bien éclairés ; la perspective est bonne, mais l'ensemble laisse à désirer.

DUGHET (Gaspard), dit *Poussin* : 1° Vue prise aux environs de Rome. Au milieu, mausolée de Cécilia Metella qui fut converti en forteresse. Par devant, quelques bergers près d'une pièce d'eau. peints par Nicolas Poussin, beau-frère de Dughet. Ces figures mausolée sont encore éclairés ; le reste est devenu noir.

2° Forêt, avec des baigneurs. Tout noir.

3° Orage. La foudre tombe sur une maison au haut d'une montagne. Autre montagne, à gauche, se confondant avec le ciel. Èclaircie au fond, à droite.

4° Paysage. Forêt avec ruisseau. Dans le fond, bâtiments aperçus au-dessus des arbres. Presque noir.

DUJARDIN (Charles), dit *Bocksbart* : Taureau, deux chèvres et une brebis sur une colline derrière laquelle un berger monte avec son chien. Le taureau est bien peint, le reste est médiocre.

DUPLESSIS (Joseph-Sigefroid) : Portrait du compositeur Gluck, à l'âge de soixante et un ans : physionomie pleine d'esprit, de bonté et de gaîté. Assis devant son clavecin, il chante, une main sur le clavier, l'autre levée, les yeux tournés vers le ciel, l'air inspiré. Cette dernière main est mal dessinée. Il porte un habit de soie gorge de pigeon.

DURER (Albert) : 1° Portrait de l'empereur Maximilien 1er, tenant une grenade. Bonne peinture, mais qui n'est plus assez éclairée.

2° Martyre de dix mille chrétiens ordonné par Sapor II, roi de Perse. Répétition inférieure ou copie réduite du tableau de Munich (voir ci-avant, p. 307).

3° La Trinité. Dieu le père, assis sur l'arc-en-ciel, tient contre sa poitrine son fils Jésus, mort sur la croix. Au-dessus, plane la divine Colombe dans une gloire d'anges, de patriarches et de saints. Dans le groupe du bas, se trouvent des visages grotesques et d'autres finement touchés.

4° La Vierge allaitant l'Enfant Jésus. Singulier rire de Marie, bonne grosse mère aux deux mentons, montrant ses dents et regardant devant elle, la tête penchée.

5° Madone portant sur un bras l'Enfant qui tient une poire coupée. Marie est une petite fille aux sourcils relevés par les extrémités, à la petite bouche en cerise, au menton détaché, aux petits yeux très-distants l'un de l'autre et au grand front carré. Jésus, penché sur elle, la bouche entr'ouverte, est bien modelé et bien vivant.

6° Portrait d'un jeune homme blond, en habit fourré : visage de paysan entêté. Au revers du tableau, l'Avarice, sous les traits d'une vieille tenant un sac d'écus.

7° Portrait de Jean Kléberger de Nuremberg. Traits anguleux et durs. Mauvais coloris.

DURER (École d'Albert) : 1° La vie et la passion du Christ, tableau couvert par trois paires de volets. Le sujet principal, le crucifiement, est entouré de douze scènes plus petites. Avec les volets peints dessus et dessous, l'œuvre entière comporte, outre le tableau principal, cent cinquante-six petites compositions. Et il en est plusieurs qui offrent deux scènes. Un des sujets, le mieux traité, est la pêche miraculeuse.

2° Deux volets contenant des figures de la sainte Trinité du maître, copiée librement.

DYCK (Antoine van) : 1° Vierge en trône, avec l'Enfant qui présente une couronne à sainte Rosalie. Près de cette sainte, un ange tient une corbeille de roses. Aux côtés du trône, saint Pierre et saint Paul. Beau type de Vierge souvent adopté par ce peintre et se rapprochant du visage de la femme de Delsart. Mauvais plis de la robe blanche sur la poitrine et le ventre. Joli profil de la sainte agenouillée. Dans les airs, deux chérubins jetant des fleurs.

2° Portrait en pied du jeune prince Robert, fils de l'électeur Frédéric V. Il porte le costume espagnol et a près de lui un chien de chasse. Yeux assez beaux, mais bouche entr'ouverte et petit menton peu distingués.

3° Portrait en pied du prince Charles-Louis, frère aîné du précédent. Ce visage est mieux encore du haut, mais le bas offre à peu près les mêmes défauts.

* 4° Le Père Herman, de l'Ordre des Prémontrés, soutenu par un ange, reçoit de la Madone une bague, signe du mariage mystique (petite nature). C'est le même profil de Vierge qu'au n° 1 ci-dessus, mais il est mieux éclairé ; la tête penchée a plus de sentiment, plus de bienveillance. Herman est un jeune Récollet en robe blanche. Un genou en terre, il lève vers Marie sa jolie tête empreinte d'amour divin et de reconnaissance. La tête baissée de l'ange placé près de lui, offre un bon raccourci ; elle est bien éclairée, mais le manteau jaune qu'il porte nous paraît avoir trop d'ampleur. Un autre ange, à gauche, à demi éclairé, regarde aussi la Madone ; sa tête est très-belle et très-expressive. Cette toile, peinte avec soin, d'un coloris et d'une lumière magnifiques, est une des plus belles de van Dyck.

5° Portrait d'un général en armure, une main sur la hanche, le bâton de commandement dans l'autre main.

6° Portrait de Philippe Leroy, seigneur de Ravelles, vêtu de noir. Il caresse un chien de chasse. Le front et le dessus d'une main sont éclairés. Le reste tourne au noir. Le même, mais d'une meilleure lumière, se trouve dans la collection du marquis d'Hertfort, en Angleterre.

7° Vénus reçoit de Vulcain l'armure destinée à son fils Enée. Un cyclope essaie sur ce dernier la cuirasse. L'Amour volant au-dessus de la scène, lance à Vulcain une flèche qui le trouble au point de ne pas s'apercevoir que le fils de Vénus n'est pas le sien. Cinq petits génies s'amusent avec les autres pièces de l'armure. On ne comprend pas le menton énorme de la déesse. Il y a là, sans doute, quelque altération mal restaurée.

8° Portrait de François de Moncade, marquis d'Aytona, en habit noir, prenant dans la main droite le médaillon suspendu à son cou. Au fond, colonne. Joli garçon. Ses yeux et ses sourcils annoncent de la volonté ; mais son front petit et rond, et son deuxième menton très-volumineux dénotent un personnage très-sensuel et peu profond.

9° Portrait d'une bourgeoise entre deux âges. Belle tête dont les deux mentons trop massifs gâtent l'ensemble. Toile peu achevée.

10° Portrait d'un gentilhomme, en habit de soie blanche, doublé de rouge, et en manteau noir, une main sur la hanche, l'autre sur la poignée de son épée. Fond de paysage. Le front de cet homme est penché, très-éclairé et blanc, tandis que les joues sont d'un rouge brique : coloris altéré, je suppose. Cette tête en impose d'abord ; sa partie supérieure est vraiment belle, mais le menton, quoique couvert en partie par la barbe, n'est pas assez plein, ni assez saillant; l'os de l'œil n'offre aucune protubérance. En l'examinant bien dans son ensemble, le génie disparaît pour faire place à la vanité.

11° Christ en croix (tiers de nature), souvent reproduit ou souvent copié. Ici le visage, les bras et les jambes sont verts, tandis que le reste est très-blanc. L'original d'Anvers n'a pas ces teintes.

12° Portrait d'un homme en manteau noir qu'il ferme des deux mains. Tête longue, paupière inférieure gonflée par le bas, front haut et carré, cheveux noirs, courts et relevés; physionomie très-ordinaire.

13° Portrait de la princesse de Nassau-Orange. Bas de visage trop lourd. Peinture peu achevée ou altérée.

14° Portrait de Jean de Montfort, conseiller du roi d'Espagne et gouverneur des Pays-Bas. Il porte à la ceinture la clef de chambellan. Ce portrait, ayant ailleurs son pareil, n'est, je crois, qu'une copie. Physionomie sanguine, irascible.

15° Portrait d'une bourgeoise âgée, assise dans un fauteuil. Front large avec saillies latérales, sourcil peu marqué, paupière supérieure tombant sur l'œil, nez légèrement busqué, bouche à fente droite. Ensemble peu distingué.

16° Portrait du recteur Charles Scribani. Le coloris vert me fait douter de son originalité. Tête de savant prétentieux, bouche méthodique, yeux souriants.

17° Portrait d'un jeune homme qui maintient son manteau sur la hanche (jusqu'aux genoux). Joli portrait où l'on reconnaît le pinceau du maître. Belle lumière, visage peu distingué, mais vivant. Barbe et cheveux blonds, moustache hérissée.

18° Saint François, dans sa grotte, entend, dans un moment d'extase, un ange jouant du luth. L'anachorète tient sa croix dans la position de l'arme au bras; l'autre main caresse une tête de mort posée sur ses genoux. L'ange est porté par un nuage; belle tête du saint, au-dessus de laquelle éclate un rayon lumineux.

19° *Ecce homo* (jusqu'aux genoux). Très-beau corps nu aux formes pleines et vigoureuses, admirablement modelé et éclairé; belle tête, mise mal à propos dans l'ombre : ombre que le temps a épaissie. Un soldat, à peine visible, couvre le Christ du manteau de pourpre.

20° Samson, trahi par Dalila, est livré aux Philistins (petite nature). Le géant, par trop brun, au lieu de se lever et de repousser ses ennemis, se tourne vers Dalila, en s'appuyant sur la cuisse de la nymphe. Celle-ci se cramponne au lit et lève une main, en regardant les assaillants. Elle est bien éclairée. C'est une très-olie femme, aux cheveux tombants, au sein nu. Derrière elle, vieille femme debout, le regard courroucé. En partie noirci.

21° Sainte Famille. L'Enfant au giron saisit en souriant la barbe de saint Joseph. Le bas du corps de Jésus est vivement éclairé ; le haut ne l'est qu'à demi. La Vierge est une belle et forte femme, les yeux levés vers le ciel. Bonne toile, bien conservée.

22° Tête de sainte Madeleine. A voir son visage maigre, son cou de vieille femme et ses cheveux très-abondants et tombant en désordre, on la prendrait plutôt pour une sainte Marie l'Egyptienne. Est-ce bien là un vrai van Dyck ?

23° Petite Sainte Famille en camaïeu, entourée d'une guirlande de fleurs peinte par Seghers.

DYCK (attribué à Antoine) : 1° Portrait d'un homme brun, vêtu de noir. Belle tête, aux cheveux courts. Coloris sec. Copie.

2° Portrait d'un jeune homme aux cheveux d'un blond foncé, avec moustache et mouche d'un blond plus clair. Fort belle tête, intelligente, énergique. Elle est peu achevée. Une ligne jaunâtre traverse la toile, comme si le peintre y avait essuyé son pinceau.

DYCK (Ecole d'Antoine van) : Portrait d'une dame debout, vêtue de soie rose. Draperie jaune pour fond.

EECKHOUT (Gerbrandt van) : Tête d'un homme âgé, coiffé d'un bonnet. Front carré, nez court et relevé du bout : vrai type allemand. Sa barbe, couvrant tout le bas du visage, divise en deux ce visage d'une façon désagréable.

EGMONT (Juste van) : 1° Portrait de Philippe IV, roi d'Espagne, portant un habit brodé en or (buste). Tête encore plus laide que celle peinte par Vélasquez.

2° Portrait de l'archiduc Léopold-Guillaume. Faible.

EHRENBERG (Guillaume van) : Intérieur d'une église italienne. Bel effet de lumière à droite. Noirci à gauche.

EISMANN (Jean-Antoine) : Combat de cavalerie sur un vieux pont. Altéré.

ELLINGER (Othmar) : Servante tenant un bocal et des fruits devant une fenêtre, sur l'appui de laquelle on voit des raisins, des huîtres et deux bouteilles. Yeux bleus trop grands, lèvres très-épaisses, seins demi-nus. Cette femme est bien éclairée ; le reste est noir.

ELST (Pierre van) : Trois paysans au cabaret. L'un des deux hommes se retourne en souriant. La femme, tenant une pipe, s'appuie sur le tonneau servant de table.

21

ELZHEIMER (Adam) : Fuite en Égypte. La Vierge, assise avec l'Enfant, regarde trois anges qui endorment Jésus au bruit de leur musique. Saint Joseph montre un quatrième chérubin cueillant des rameaux de palmier.

* ENGELBRECHT (Corneille) : Triptyque. 1. Au milieu, Vierge en trône, avec l'Enfant à qui un ange présente, en volant, des cerises dans une assiette; saint Joseph. 2. Volet de droite : le donateur et saint Georges. 3. Volet de gauche : l'épouse du donateur et sainte Catherine. Bon raccourci de la jambe droite de Jésus. Excepté celle de la Vierge, toutes les têtes paraissent être des portraits fort bien peints.

ERMEL (Jean François) : Paysage avec sarcophage. Mauvais, noirci.

ES (Jacques van) : 1° Marché de poissons de mer. Marchands et leurs pratiques, nègres et pêcheurs : figures peintes par Jordaens. Gros poissons jetés pêle-mêle les uns sur les autres, tranches saignantes accrochées au haut de la boutique. Le pêcheur, un panier chargé sur la tête, est vigoureusement dessiné. Le nègre, coiffé d'un panier vide, rit en nous regardant. Bonne lumière éclairant la moitié des hommes qui nous font face : lumière dont l'effet est augmentée par l'ombre des autres personnages tournés en sens inverse.

2° Autre marché de poissons, pendant. Ici les yeux, fatigués de ces amas de poissons peu ragoûtants, peuvent du moins se reposer sur la mer et sur le port. A droite, village et château-fort au haut d'une éminence.

EYCK (Hubert van) : Sainte Catherine tenant l'épée. A ses pieds, sa roue brisée et sa couronne de martyre. Visage de terre cuite. Joli paysage avec chemin et eau qui serpentent.

EYCK (Jean van) : 1° Déposition de Christ. Corps mort trop raide et d'un coloris gris-noir. Les autres personnages sont placés en amphithéâtre. Visages et draperies très-finis. Petite Madeleine assise au premier plan à gauche. Au fond, Calvaire.

2° Portrait d'un jeune homme en habit fourré, avec un singulier bonnet noir. Il a dans la main droite un anneau. Tête longue et régulière, aux traits durs. Bon portrait.

* 3° Madone debout tenant l'Enfant Jésus aussi debout devant un trône somptueux. Elle porte une longue robe bleue, avec une couonne sur la tête. Le cadre du trône est sculpté dans le style gothique; il est orné de charmantes statuettes représentant les sujets suivants : au sommet, Dieu le Père et la céleste Colombe; et sur les côtés, Ève tentée, Adam chassé par l'ange. Ce tableau est un chef-d'œuvre.

On peut regretter seulement que la Vierge ayant derrière elle une tenture rouge ornée de dessins dorés, ne s'en détache pas par le haut du corps, comme sa robe se détache par le bas.

4° Portrait de Jodoc Vyts, vieillard en habit rouge bordé de fourrure blanche (demi-nature). Bon portrait d'une grosse et vilaine face, la bouche ouverte avec de petits yeux, des sourcils relevés, un grand et gros nez, et pour toute coiffure quelques cheveux gris.

EYCK (École des frères van) : Tableau en deux parties. 1. A droite, saint Jean-Baptiste tenant son agneau sur les bras. 2. A gauche, saint Jérôme, en costume de cardinal. Fond de paysage. Faible.

EYCK (Nicolas van) : Halte de troupes dans un village. Soldats dispersés sans goût. Bonne perspective. Noirci.

EYKENS (François) : Pièce de fleurs. Bouquet dans un verre sur une table. Fond noir.

FABRITIUS (Kilien) : Contrée élevée, avec ruine près de laquelle cheminent deux muletiers. Jolie lumière entre les arbres du premier plan et les montagnes du fond.

FAES (Pierre van der), dit le chevalier *Lely* : 1° Portrait en pied d'une jeune dame en costume léger (quart de nature). Elle se promène dans un jardin, une rose à la main. Coloris trop sec.

2° Portrait d'une noble, vêtue de noir. Visage de carton.

FARINATO (Paul) : Sacrifice païen avec de nombreuses figures. Confus. On remarque une jeune fille aux cheveux courts et frisés, à genoux, le corps nu, la tête et la poitrine dans l'ombre.

FEISTENBERGER (Antoine) : Cascade entourée de rochers. A droite, voyageurs attaqués dans un chemin par des brigands. L'eau, blanche d'écume, tombant de la roche en une nappe irrégulière, est bien rendue.

FEISTENBERGER (Joseph) : 1° Paysage avec une haute montagne dans le fond resté seul éclairé. Médiocre.

2° Paysage. Petite cascade et berger sur le devant. Meilleur que le précédent, mais noirci aussi au premier plan.

FERG (François de Paule) : 1° Foire dans une ville. Au milieu, théâtre en plein air. Au fond, ruines antiques. Confus et noirci.

2° Même sujet, meilleur, mais également noirci.

FERRI (Ciro) : Le bon Jardinier. Jésus, n'ayant qu'un manteau bleu au bas du corps, fait un mouvement en arrière : *noli tangere*. Madeleine très-vêtue est à ses pieds. Corps bien dessiné du Christ, mais visage vulgaire. Jolie tête de la sainte dont les cheveux blonds tombent sur les épaules.

FÉTI (Dominique) : 1° Vue d'un marché dans une ville italienne. Figurines. Au premier plan, boutique de bijoutier sous une arcade qui se trouve dans l'ombre et fait mieux ressortir les maisons d'une rue, vues de profil. Belle lumière, bonne perspective; personnages noircis.

2° Fuite en Égypte, paysage éclairé par la lune. Marie, sur son âne, regarde — trop tranquillement — deux enfants massacrés et étendus sur le chemin. Assez bon, mais altéré.

3° Moïse, devant le buisson ardent, ôte ses souliers selon l'ordre de Dieu. Sa pose et son visage manquent de dignité. Son bras droit et la jambe qu'il déchausse sont encore éclairés, ainsi que la tête d'un mouton ; le reste est noir.

4° Mariage de sainte Catherine, en présence de saint Pierre l'Inquisiteur et de saint Dominique. Sujet traité à la Caravage, mais endommagé.

5° Le corps de Léandre retiré de l'eau et porté par les Néréïdes. Au fond, Héro se précipite du haut d'une tour. A gauche, Neptune sur une conque, se retire, escorté par des Tritons. Corps nus des Néréïdes bien modelés et éclairés. Bel effet de nuit.

6° Triomphe de Galathée (petites figures). Au fond, Polyphème. Médiocre.

7° Sainte Marguerite, ayant dompté Satan, le tient lié avec un ruban. Elle lève les yeux vers le ciel d'où s'échappe un rayon qui la met en lumière. Son pied, posé près du coude du démon, produit un mauvais effet. La tête de Satan, noircie, se confond avec le pavé.

FISCHER (Vincent) : 1° Pièce d'architecture. Colonnade. Dans le fond encore bien éclairé, triomphe d'un consul romain. Le reste a noirci.

2° Composition du même genre. La lumière est au ciel. La terre est dans la nuit.

FLINCK (Govaert) : Portrait d'un homme âgé qui regarde au-dessus d'une balustrade. Vieille tête, aux traits distingués, pensive, souffreteuse. Visage et mains fort bien dessinés. Le creux de la joue, formé par la main qui s'y appuie, est rendu avec exactitude.

FLOREANI (François) : Vierge avec l'Enfant et cinq anges. Les trois petits chérubins placés près de Jésus, nus comme lui et dépourvus d'ailes, sont trop semblables au Sauveur. Jolie tête de Marie.

FLORENTINE (Ecole) : 1° Portrait de Michel-Ange. Il a les traits principaux décrits par le maître lui-même (voy. *Musées d'Italie*, p. 35 et 333); mais on lui a allongé la tête et le nez.

2° Portrait du poëte Pétrarque. Beau profil ; nez long, un peu pointu ; menton proéminent ; sourcils noirs et relevés.

FRANCESCHINI (Marc-Antoine) : 1° Madeleine pénitente couchée, sa discipline à la main (demi-nature). Un ange, envoyé du ciel, lui apporte la couronne d'épines. Fond de paysage. Belle tête, aux joues pleines dans le style du Guide. Les lanières de sa discipline se terminent par des boules de plomb. Bras tendu et main bien dessinés, jambe moins bonne.

2° La Charité, femme entourée de trois petits enfants. Elle est assise à terre et tient une grenade. Sa jolie tête est par trop renversée, afin de donner un baiser à l'enfant grimpé sur son dos. Fond de paysage de Louis Quaini. Bonne lumière, bon coloris.

3° Scène de la peste de Milan en 1576. Saint Charles Borromée présente le viatique à une mourante. Au fond, hôpital. Ange de la mort (tiers de nature). Médiocre, altéré.

FRANCK ou VRANCX (François), dit le Jeune : 1° Sabat de sorcières. Une vieille femme, aux seins pendants, écrit sur une table que recouvre un tapis vert. Cette table, d'une bonne perspective, est bien éclairée; le reste est confus et bizarre.

2° Même sujet. Plusieurs vieilles au grand nez, au menton à galoche, remuent avec un balai le contenu d'un chaudron et en font sortir des fantômes de toutes sortes : spectacle peu attrayant. Deux jeunes filles, l'une nue, l'autre se déshabillant, se préparent à faire l'ascension par la cheminée ; elles sont bien peintes. Au fond, bel effet de lumière.

3° Christ en croix. Bon tableau, bien éclairé. Seulement saint Jean et les Marie, debout au pied de la croix, pleurent trop tranquillement.

4° Jésus, assis près d'une table, s'entretient à la clarté d'une lampe avec Nicodème. Mauvais.

* FRANCK (François), dit le Vieux : 1° Cabinet rempli de tableaux. A gauche, autre pièce où trois personnes examinent un livre de dessins. Emploi trop symétrique des ombres comme repoussoirs. Sur le devant, table chargée de statuettes, mignatures, vases, coquillages, etc., d'une bonne perspective et d'un bon relief. Jolie toile.

2° Le roi Crésus, entouré de ses courtisans, montre ses trésors à Solon. A droite, plus loin, on le voit debout sur un bûcher, et Cyrus le regarde du haut d'un balcon.

3° Vue d'une grande salle où cinq personnes sont attablées à droite. Au milieu, cavalier conduisant une dame à la danse ; à gauche, deux musiciens assis. Dans le fond, chambre à coucher vue par une porte ouverte. Un tableau placé de côté à gauche représente Suzanne et les vieillards. Bon relief des meubles en bois jaune, bonne perspective. Toile noircie. Quel dommage!

4° Le Christ montré au peuple. Deux hommes lèvent le manteau qui le couvre et l'insultent. Grand drapeau avec l'aigle impérial arboré au prétoire où se presse la populace. On apporte deux croix. Au premier plan, spectateurs. Figures finement traitées.

FRANCK (François-Frédéric): Buste d'un homme en habit fourré; tête nue, longue barbe.

FRANCK (Sébastien): 1° Intérieur de l'église des Jésuites à Anvers. Teinte gris d'ardoise. Altéré.

2° Paysage. File de voitures de paysans, attaquées par des soldats. Bon, mais noirci.

FURINI (François): 1° Madeleine pénitente se tordant les mains. Elle a devant elle sa discipline et un livre appuyé sur une tête de mort. Jolie tête de jeune fille; beau corps nu abrité par une grosse mèche de cheveux; manteau couvrant le dos. Paysage sombre; bel effet de clair-obscur. Coloris se rapprochant de celui du Dominiquin.

2° La même sainte, les deux bras sur une table, avec une coupe devant elle (demi-figure). Une main sur sa joue y produit un enfoncement; des larmes s'échappent de ses yeux. Son visage ombré avec art et son épaule nue font illusion. Mais nous voyons en elle une femme du monde, déchue, plutôt qu'une pécheresse repentante.

FYT (Jean): 1° Perdrix tuées et attachées au haut d'un arbre; chien de chasse. La tête levée de ce chien contre celle pendante d'une perdrix semble insulter au malheur.

2° Grande pièce d'animaux et de fruits. Le visage d'un jeune garçon, placé à droite, est bien éclairé. Paon étalant sa queue immense dont l'extrémité noircie par le temps se confond avec les arbres du jardin. Chien blanc en pleine lumière. Fruits et vase ciselé bien peints. Le gibier mort est moins parfait.

3° Pièce de chasse. Perdrix et petits oiseaux tués; instruments de chasse. Noirci.

4° Panier de raisins, oiseaux morts, figues, chien vivant. Altéré.

5° Retour de la chasse. Diane se repose sous une tente, tandis que ses nymphes s'occupent du gibier. Chiens. Les femmes ne valent pas les chiens. Trop de bêtes mortes et amoncelées.

GANDOLFI (Gaetano): Tête colossale d'un jeune homme aux cheveux flottants. Ombres noircies.

GASSEL (Luc) : Vaste paysage. Judas en conversation avec Thamar. L'homme à barbe grise, assis près de Thamar, la tient par une épaule et lui présente une bague. Elle en avait déjà reçu une première et tend sa main vers l'autre. Paysage très-étendu à notre gauche : ville, roches pointues, montagne. A droite, eau par trop verte.

GEERAERTS (Martin-Joseph) : Imitation d'un bas-relief. En haut, quatre génies en bois tiennent un médaillon en plâtre représentant le buste d'une femme. En bas, Psyché, une lampe à la main, regarde Cupidon endormi. Reliefs bien rendus. Poses maniérées des petits génies.

GELDER (van) : Pièce de volaille. Médiocre, noirci.

GELDORP (Georges) : Portrait d'un jeune homme en habit noir. Mauvais.

GENNARI (Benoît) : Saint Jérôme priant devant un crucifix d'un bon relief. Bon dessin, belle lumière, mains jointes se détachant bien.

GÉRARD (Marc), dit *de Bruges* : Portrait d'un jeune homme en habit brun et surtout noir. Fort belle tête que je crois être celle de van Dyck. Peinture sèche.

GESSI (François) : Morphée apparaissant, sous les traits de Ceyx, à la reine Alcione, son épouse, endormie. Joli corps de femme nu, bien éclairé. Morphée, le teint pâle et enveloppé d'un long manteau blanc, joue à merveille son rôle de revenant. Le vaisseau que nous devrions voir dans le fond est effacé par le noir.

GHERARDINI (Thomas) : 1° Imitation d'un bas-relief antique en camaïeu représentant un sacrifice au dieu Pan. Faible.

2° Autre imitation du même genre, représentant la Victoire et la Renommée sur un char de triomphe. Mauvais chevaux, mauvaise peinture.

3° Bas-relief. Triomphe d'Ariadne sur un char traîné par deux tigres. Elle est accompagnée de bacchantes. Reliefs en plâtre bien imités, mais d'un dessin médiocre.

GHERING (Jean) : Intérieur de l'église des Jésuites à Anvers. Dans la grande nef, personnages bien peints; on distingue, entre autres, deux dames richement mises, assises, l'une tournée vers l'autre et se détachant très-bien sur le pavé.

GIORDANO (Lucas) : 1° L'archange Michel terrassant les anges rebelles (forte nature). Il pose son pied rose sur Satan, à la peau basanée. Son air endormi le rend ridicule. Démons vigoureusement dessinés; poses, cris exagérés.

2° Massacre des Innocents. Hérode, sur son trône, préside à l'exécution. Confus, médiocre.

3° Crèche. La Vierge et l'Enfant sont vivement éclairés ; ombres charbonnées. Le reste est mauvais.

4° Naissance de Marie. Dessin et peinture négligés.

5° Un ange annonçant à saint Joachim, couché, qu'il aura une fille. Au fond, on voit les époux se rendant au temple. Mauvais.

6° Sainte Anne et son époux dévouent Marie à Dieu. Moins mauvais. Toutefois le coloris des visages ne vaut rien.

7° Mariage de la Vierge. Tête d'enfant de chœur très-bien éclairée. Mauvais du reste.

8° Visitation. Petit visage joufflu de Marie, contrastant avec la vieille et bonne face d'Élisabeth.

9° Mort de la Vierge. Grande lumière éclairant des visages ébauchés.

10° Jésus-Christ fermant les yeux à saint Joseph. Celui-ci a le visage blanc, celui de Marie est vert. Profil presque souriant et peu intelligent de Jésus.

11° L'ange donnant à Joseph l'ordre de fuir en Égypte. Mauvais dessin. Assez belle lumière.

12° Abraham renvoyant Agar. Petit cadre très-altéré.

13° Martyre de saint Barthélemy. Imitation de Ribera. Noirci.

GOES (Hugues van der) : 1° Madone en trône avec l'Enfant. Un ange, tenant un violon, présente une pomme à Jésus. Donateur à genoux. Type de Vierge au front immense, au bas de visage en pointe. Joli paysage aperçu à travers l'arcade et de chaque côté du trône. Genre van Eyck.

2° Les deux volets du tableau ci-dessus : 1. A droite, saint Jean-Baptiste avec un agneau sur ses bras. 2. A gauche, saint Jean Évangéliste, tenant un calice d'où sort le serpent tentateur : chacun debout sous une arche gothique, avec fond de paysage. Pavement bien éclairé ; bonne perspective, poses raides.

GOES (style de Hugues van der) : Diptyque : 1. Adam. 2. Eve. Tous deux debout chacun dans une niche, une pomme à la main. Ils ont pour seul vêtement la feuille de vigne. Formes élancées dans le style d'Albert Durer.

GONDOLACH (Matthieu) : Vierge en trône ou mariage de sainte Catherine avec saint Matthias, sous les traits de l'empereur de ce nom et sainte Hélène portant la vraie croix, sous les traits d'Anne, l'épouse du prince. Mauvais. Noirci

GOSSAERT (Jean), dit *Mabuse :* Vierge en trône dans une niche, avec l'Enfant debout sur ses genoux. Répétition moins bonne ou copie du tableau de Munich. Ici, la chevelure frisée de Marie présente, par devant, comme un demi-cercle de petites boules jaunes, ce qui n'est ni vrai, ni beau.

GOYEN (Jean van) : 1° Paysage avec un petit pont et une croix, au milieu. Le devant tourne au noir, et le fond, au jaune.

2° Paysage, plaine sans arbres. Au premier plan, cheval chargé et bétail se désaltérant dans un ruisseau près d'une cloison en mauvaises planches. Les animaux sont de Wouwermans. Médiocre.

GRAN (Daniel) : Sainte Famille. Saint Joseph présente à Jésus, au giron, une corbeille de fleurs (petites figures). L'Enfant, aux traits énergiques, est bien éclairé. Marie, dont les yeux très-grands sont fortement ombrés, est assez belle, mais froide. Saint Joseph, à genoux, a la mine d'un serf russe.

GREVENBROECK (Horace) : Marine. Mer orageuse avec navire sur le devant. On voit les mâts d'un vaisseau qui a sombré. Faible.

GRIFFIER (Jean) : 1° Vue prise du Rhin. Bourgs, villages. Sur le devant, bateaux au bord du fleuve, auberge où l'on boit et danse.

2° Autre vue, prise du Rhin. Traité dans le même genre. Bon.

GRIMMER (Jean) : Portrait du baron de Puechhaim, en armure, la tête nue. Trop de raideur dans le visage, peinture sèche.

GRUNEWALD (Jean) : Portrait de l'empereur Maximilien Ier, sans barbe, en cheveux blancs, chapeau rond, pelisse avec fourrures. Même tête que celle peinte-par Durer.

GRUNEWALD (Matthieu) : 1° Portrait de Louis II, roi de Hongrie, encore enfant. Cheveux blonds ornés d'une couronne d'œillets. Visage et chevelure absurdes.

2° Portrait de l'empereur Maximilien Ier tenant une lettre. Vilain visage au nez par trop busqué dès sa naissance. Vue sur la campagne par une fenêtre ouverte. Assez bien peint.

3° Portrait de Ladislas II, roi de Hongrie (tiers de nature). Bon portrait, pauvre tête, aux yeux rouges, au nez trop gros du bout, à la lèvre inférieure pendante, au menton qui recule, aux joues blafardes.

4° Portrait de Charles-Quint, jeune homme (tiers de nature). Je ne reconnais pas le sujet dans cette sotte image. Visage long, menton plat, bouche ouverte, nez très-busqué.

5° Portraits de l'empereur Maximilien Ier et de son épouse avec leur fils et leurs petits-fils. Visages plus laids l'un que l'autre. Mauvaise toile.

GYSELDER (Jean) : Jupiter et Mercure traités par Philémon et Baucis. Ce Jupiter en turban et ce Mercure ont tout l'air de deux parisiens de bas étage déguisés, l'un en Arménien, l'autre en soldat, et attablés à la Courtille.

HAELSZEL (Jean-Baptiste) : 1° Deux pièces de fleurs se faisant pendants et contenant chacune un vase antique avec bas-reliefs. Jolis tableaux.

2° Deux pièces de fleurs et de fruits, pendants, avec vases du même genre. Fruits et fleurs bien rendus, mais noircis en partie.

3° Trois autres tableaux de fleurs et une pièce de fleurs et de fruits.

HAHN (H. van). Canards sauvages, petits oiseaux tués et suspendus au-dessus d'une table. Bon.

HAMILTON (Jean-Georges) : Quatre chevaux et deux poulains paissant dans un pré. Cheval blanc aussi bien éclairé que les autres le sont peu.

2° Cinq chevaux au pâturage. Le cheval blanc ne vaut pas le précédent. Celui d'un jaune d'or avec crinière et queue blanches est mauvais.

3° Vue du haras impérial à Lépizza : réunion de chevaux de carton se détachant sur un sol épinard.

4° Un cerf et deux chevreuils dans un paysage. Petite toile noircie.

5° Hure de sanglier déposée à terre et instruments de chasse. Faible.

HAMILTON (Philippe-Ferdinand) : 1° Un léopard auquel un vautour dispute une poule. La proie seule est éclairée.

2° Deux tableaux de volaille tuée. Médiocres.

3° Quatre poules d'Inde épiées par un renard.

4° Trois chamois sur une colline.

5° Quatre vautours d'espèces différentes ; le vautour royal, au cou rouge, au milieu. Assez bonne toile.

6° Divers oiseaux, un pélican, entre autres, près d'une pièce d'eau. Oiseaux au long bec dont l'un est couleur de chair. Inférieur au précédent.

7° Un loup dépèce un cerf ; certain confrère, jaloux, lui montre les dents, comme pour réclamer sa part. Le premier est assez bien ; l'autre, mal peint, n'est-il pas plutôt un chien ?

HANDEL (Maximilien) : 1° Buste d'un homme aux cheveux gris, vêtu de noir. Grande et belle tête mal peinte.

2° Buste d'un jeune homme brun en habit noir. Petit sourire grimaçant. Mauvais.

3° Portrait de son maître, van Dyck. Il regarde de côté d'un air ricaneur. Belle tête, mais bas de visage trop court. Peinture faible.

HARLEM (Gérard de) : 1° Histoire des reliques de saint Jean-Baptiste, en trois scènes. Mauvais de dessin et de perspective.

2° Déposition de Christ, genre gothique. Mauvaise peinture.

HARTMANN (Jean-Jacques) : 1° Le Feu. Trois effets de lumière. A gauche, feu de forge ; à droite, lumière du jour éclairant un joli paysage, et au fond, flammes rouges et jaunes causées par un incendie.

2° L'Eau. Paysage avec poissons qu'on vient de prendre à la pêche. A gauche, montagnes et ciel par trop bleus. Le premier plan, à droite, est bien éclairé. Au milieu, joli effet de lumière.

3° L'Air. Paysage avec chasse aux oiseaux. A gauche, forêt noire ; sur le devant, personnages éclairés. A droite, arbres dans l'ombre et intervalles lumineux.

4° La Terre. Même travail, moins bon. Forêt à droite, paysage à gauche.

HAUZINGER (Joseph) : Imitation d'un bas-relief en bronze reproduisant les huit enfants jouant avec un bouc de la composition de Fiamingo (tiers de nature). On distingue avec peine les figures ; toile noircie.

HEEM (Corneille de) : Fruits, huîtres, citron, etc., sur une table.

HEEM (Jean-David de) : 1° Raisin dans un plat, vase en argent, etc.

2° Table couverte d'un tapis, oranges, citron, verres.

3° Hostie lumineuse au haut d'un calice placé dans une petite niche, et tout autour des fruits et des fleurs, avec deux gerbes de blé remplies de raisin, symbole du pain et du vin.

HEINZ (Joseph) : 1° Imitation de la jeune fille de Cranack fils (n° 92), avec une variante. Au lieu d'une Judith tenant la tête d'Holopherne, ici c'est Salomé portant la tête de saint Jean-Baptiste ; le teint de la jeune fille n'est pas rouge, mais d'un blanc-gris.

2° Vénus endormie sur un lit de repos. Sa ceinture avec bretelles passant entre les seins et ses bracelets massifs, le tout en or et pierreries posé sur son corps nu, ne sont pas d'un heureux effet. Le corps est assez bien modelé et éclairé ; le visage est joli, mais d'une lumière uniforme. Ses yeux à demi ouverts annoncent la somnolence. Une de ses mains est trop plate.

3° Vénus et Adonis assis sous un berceau. Près de là, deux

amours jouent avec les chiens. Vénus, les jambes écartées, est assise devant son amant qui la tient par le milieu du corps. La pose de la déesse est rendue plus indécente par son regard troublé.

4° Adonis, assis dans un palais antique au bord de la mer, embrasse Vénus, debout devant lui. Cupidon leur présente des fruits. Nymphes dansant en se tenant par la main, à peu près comme les heures du Guide. Dans les airs, Ganimède enlevé par l'aigle et tenant une coupe; il nous regarde. La foudre éclatant au bas de ce groupe, annonce la présence du maître des dieux. Mauvais Bacchus dont le profil est dans l'ombre. A droite, mer, montagnes et ciel bleu.

5° Diane et Actéon. Nymphes fortement constituées. L'une, assise, est coiffée d'un chapeau de paille qu'inonde sa chevelure d'un blond doré. Singulière idée !

6° Jésus-Christ sur la croix. Il est dans l'ombre. Il y a dans cette composition beaucoup trop de mouvement. Bon, mais noirci.

7° Même sujet. Le Christ est bien éclairé; son corps est trop court. Marie a pour coiffure un linge d'un effet disgracieux. Les autres visages sont presque entièrement dans l'ombre.

8° Portrait de l'empereur Rodolphe II, à l'âge de quarante-deux ans; il est vêtu de noir. Grosse face ignoble. Assez bonne peinture.

HELST (Barthélemy van der) : Portrait d'un homme brun, robuste et vêtu de soie noire. Visage commun, aux traits courts et souriants. Personnage sensuel, d'un esprit peu profond.

HEMESSEN (Jean van) : 1° Jésus-Christ appelle à lui le banquier Matthieu, ou Matthieu au bivoie (demi-figures). Le Christ se présente au moment où ce dernier est assis près d'une femme qui le tient par les épaules et se penche vers lui. Elle est jeune, jolie, les seins demi-nus. C'est le seul personnage qui soit bien éclairé et par suite plus en évidence que les autres. Jésus montre à Matthieu le nouveau chemin à suivre. Au fond, deux femmes âgées dont l'une regarde l'autre en jetant un cri douloureux. Bon, mais noirci.

2° Même sujet que je crois être une copie assez faible du tableau précédent.

3° Encore le même sujet (petite nature). Le fond est beaucoup mieux traité que le premier plan où se trouvent les personnages ci-dessus. Seulement, au lieu de deux femmes âgées, nous voyons ici un vieillard montrant la jeune épouse en riant méchamment et une vieille (la mère de celle-ci), dont l'air est fort triste. Sa fille se tourne de notre côté comme épouvantée de l'abandon dont elle est menacée par l'appel du Christ.

4° Saint Guillaume en armure. Visage vigoureusement éclairé et exprimant un douloureux repentir. Il ouvre ses mains comme pour montrer qu'elles sont bien dessinées.

5° Saint Jérôme en prière dans une caverne. Visage grossier rendu encore plus commun par son coloris rouge.

* 6° Portrait de Jean Gossaert, dit *Mabuse*. Il porte un habit rouge, un surtout noir, et a pour coiffure une barrette. Yeux grands et spirituels, sourcils relevés, nez long, à l'épine large ; bouche en ligne droite, bonne pourtant ; menton fendu, couvert par la barbe.

HEMLING (Jean) ou MEMLING : Tableau en deux compartiments. 1. A droite. Portement de croix avec quinze figures. 2. A gauche. Résurrection avec neuf figures — sur bois. — Dans le premier compartiment, deux hommes à cheval débusquent de la route de droite et suivent le Christ. Dans le deuxième, Jésus prend son essor dans un ovale plutôt jaune que lumineux. Un ange tient levée la pierre qui couvrait le tombeau. Figures finement traitées. Mais trop de personnages dans un petit espace.

HEMSKERK (Martin van) : 1° Silène, sur son âne, conduit par deux bacchants (petite dimension). Dans le fond, berceau de vigne avec figures. Mauvais et noirci.

2° Saint Jean-Baptiste prêchant dans le désert. Sa grande figure a quelque chose d'imposant ; le reste est faible.

* 3° Marche de Silène assis dans un char traîné par un âne. Il se dirige vers le temple de Bacchus érigé sur un rocher. Bacchants et Satyres. Le dessin est de Jules Romain. Un homme taillé en hercule et tout nu, la tête et les mains posées contre terre, va faire le poirier. Un enfant grimpe sur le dos d'un bacchant couché à plat ventre. Un autre personnage, d'un noir d'ébène, est monté sur des échasses ; il est suivi d'une femme de même couleur. Sur le devant, un petit moricaud lève la queue d'un bouc et nous montre en riant ce qu'elle cachait à nos regards, etc., etc. Si les anciens, dans leur décadence, ont représenté des scènes de cette espèce, devait-on chercher des modèles jusque dans leurs écarts ?

HEUSCH (Guillaume de) : Paysage avec ruine sur les bords d'un lac, au coucher du soleil. Sur le devant, muletiers dans le chemin. A gauche, arbres, côteau et tour carrée bien éclairée, A droite, jolie éclaircie avec eau,

* HEUSCH (Jacques), dit *Afdruck* : 1° Paysage. Lac avec bateaux et figures. Au deuxième plan, grande tour et ville; fond de montagnes. Des personnages, debout sur le bord du lac, s'y détachent en silhouettes. Une petite barque, au milieu, contribue à assurer la perspective. Très-joli tableau, vivement éclairé, à gauche surtout.

2° Paysage avec quelques maisons au bord d'une rivière. Le haut du monticule où les toits se détachent bien, à gauche, est très-bien éclairé. A droite, eau, montagne.

HEYDEN (Jean van der) : Vue d'un ancien château-fort entouré d'eau. Vive lumière dans le ciel ; bâtiment se détachant bien par le haut. Mais le village et le soi-disant château-fort n'ont rien de poétique.

* HOBBEMA (Meindert) : Paysage. Petit troupeau traversant un ruisseau. A gauche, sur le devant, bouleaux morts, à l'écorce argentée, se détachant sur la forêt sombre. Très-joli.

HOECK (Jean van) : 1° Portrait de Léopold-Guillaume, archiduc d'Autriche. Mains mal dessinées ; mauvaise peinture.

2° Le même archiduc présenté par un ange à la Vierge assise, avec l'Enfant, sur des nuages. Faible.

3° Portrait équestre du même prince couronné par deux génies et recevant d'un autre la palme de la victoire. Cheval de carton. Grand tableau dans une salle trop basse. Le visage, décrit aussi par Téniers, est long, froid, digne mais peu spirituel.

4° Portrait de Philippe IV, roi d'Espagne, vêtu de noir. On dirait que pour rendre ce visage si laid, plus ridicule et plus prétentieux, on lui a mis tout exprès une moustache, à la Don Quichotte, dont les pointes menacent le ciel.

HOECK (Robert van) : 1° Plaine que traverse une route très-fréquentée et conduisant à une ville fortifiée. Sur ce chemin, l'auteur a placé une foule de personnages plus ou moins grands, de manière à rendre la perspective plus vraie. Au premier plan, à gauche, monticule et gens sur son sommet. Au fond, deux moulins à vent, deux clochers, église, maisons.

* 2° Paysage d'hiver. Patineurs dans le fossé gelé d'une ville de guerre ; curieux sur le bord de la glace et sur les remparts mis dans l'ombre. Vive lumière au milieu et surtout à droite. De ce côté, voitures arrêtées devant des maisons. Au pemier plan, personnages plus grands et se détachant en silhouettes sur la glace. Excellente toile, grand travail ; bel effet.

3° Camp. Tout petit tableau, noirci. Bonne perspective.

4° Deux voyageurs se chauffant dans une auberge. Tout noir.

5° Ustensiles de cuisine déposés à terre. Illusion complète. Mais pas de cuisinière, pas un chat !

6° Scène de la vie militaire, au milieu de ruines. Deux bretailleurs en manches de chemise, l'épée au poing, sont posés si singulièrement qu'on pourrait croire qu'ils dansent. Assez bonne perspective, mais terrain d'un vert épinard peu vrai.

7° Camp militaire. Entre deux files de tentes, circulent des gens et des chevaux. Assez jolie toile.

8° Marche de troupes. Deux cavaliers et un charretier sur une éminence produisent un bon effet. Toile encore fraîche, excepté dans la partie de droite.

HOET (Gérard) : Moïse frappant le rocher. Faible.

HOHENBERG (Martin), dit *Altomonté* : Suzanne et les vieillards. L'un d'eux la tire par un bras et une cuisse ; elle le repousse avec indignation ; la pose de la femme est peu gracieuse. L'autre homme la menace.

* HOLBEIN (attribué à Ambroise) : Buste d'un homme vêtu de noir, avec chapeau plat. La mobilité des narines annonce la passion ; le menton trop peu saillant manque d'énergie. La bouche en ligne droite, est bonne et méthodique. Excellent portrait.

HOLBEIN (Jean), le jeune : Portrait de Charles le Téméraire, en habit de brocart, avec surtout en étoffe rouge et coiffé d'un grand chapeau. Le nez, se relevant par l'extrémité, les yeux vifs avec des sourcils haut placés, annoncent plus de fougue que de véritable énergie.

HOLBEIN (école de Jean) : 1° Portrait d'un homme barbu, en habit rouge, surtout noir et bonnet rond. Le trait est bien dessiné, mais les renseignements manquent.

2° Portrait d'une dame vêtue de rouge avec surtout noir. Jolie coiffure blanche ornée de deux cercles en or. Jolie femme au visage large et plein. Bon portrait.

3° Léopold, margrave d'Autriche. Il porte un chapeau rouge avec une gloire en or et tient un rosaire de corail. Bonne tête de paysan aux yeux rouges.

* 4° Portrait de Jeanne Seymour, épouse de Henri VIII. Yeux noirs d'une teinte mélancolique, nez aquilin, jolie bouche, menton détaché suivi d'un autre peu accusé ; teint pâle. Sa coiffure encadrant le visage est bizarre, mais non dépourvue de grâce. Portrait remarquable, fait avec grand soin, d'un coloris sec et faisant cependant illusion.

5° Portrait de John Chambres, premier médecin d'Henri VIII. Excellent portrait plein de renseignements. Physionomie du genre de celle d'Erasme, joues moins maigres, bouche encore plus fermée, yeux observateurs, air grave.

6° Portrait en pied *d'un jeune homme* (selon le catalogue). C'est un bon gros père frisant la quarantaine, aux traits grossiers, au regard fixe et baissé. Son pantalon change de couleur dans le bas. Bon portrait.

7° Portrait en pied d'un dame en longue robe rouge. Front large, petit menton rentrant, air peu intelligent. Coloris sec; portrait manquant d'ombres et de relief. Sa robe ornée de fourrures est bien traitée.

8° Portrait d'un homme pâle et maigre en habit noir. Air patibulaire. Mains bien dessinées; coloris sec.

9° Portrait d'un homme en barrette noire (demi-nature). Tête savamment ombrée et d'un excellent coloris. Visage de face dont le haut et la partie gauche sont mieux éclairés que le reste. Air sévère, bouche méthodique, menton énergique.

10° Portrait d'un jeune homme robuste en habit brun et surtout noir. Nez un peu busqué, beau visage de campagnard.

11° Portrait d'un jeune homme en habit brun, une main sur la hanche. Bons reliefs; jolie tête, yeux et menton distingués. Pli de la joue, partant du bas du nez et descendant le long de la moustache. Doigts des mains par trop minces; ombres noircies.

12° Portrait d'Erasme. C'est bien le même que celui du Louvre, mais plus maigre et d'un coloris moins bon.

13° Portrait d'un jeune homme vêtu de noir, aux cheveux blonds et courts. Visage intelligent, vif, énergique. Le front et les joues pourraient offrir plus de renseignements. A cela près, joli portrait.

HOLBEIN (Attribué à Sigismond) : 1° Portrait d'un homme âgé sans barbe, en habit noir et bonnet rond. Vilain visage jaune barbouillé de noir.

2° Portrait d'un jeune homme en habit noir, portant les cheveux longs. Quoique sans barbe, cette tête impressionne fortement. Il y a dans sa bouche et dans son regard de l'irascibilité, une volonté inébranlable.

HONDEKOETER (Melchior) : 1° Volailles sauvage et domestique rassemblées dans un bois. Bon, noirci.

2° Coq et deux poules dans une basse-cour.

HONTHORST (Gérard), dit *Gherardo delle notti* : 1° Jésus-Christ conduit chez Pilate. Le proconsul, assis à gauche, a la mine d'un geôlier. Jésus, en blouse blanche couvrant une méchante robe rouge, avec sa longue moustache et sa grosse chevelure en désordre, a l'air d'un malfaiteur pris en flagrant délit.

2° Buste d'un garçon qui, une lumière à la main, agace un chien en lui montrant un gâteau. Vilain enfant barbouillé de rouge.

3° Saint Jérôme en prières (demi-figures). Devant lui, un crucifix contre une tête de mort, deux livres et une lumière sur une table. Un manteau rouge est posé sur ses épaules d'une façon disgracieuse. Effet de lumière assez bon. Altéré.

HONTHORST (Style de Gérard) : L'ange apparaît à saint Joseph endormi et lui montre la Vierge allaitant Jésus. Pose maniérée du saint. Assez bon.

*HOOGSTRAETEN (Samuel van) : 1° Vieux Juif, coiffé d'un bonnet fourré, regardant par une fenêtre. Cette fenêtre aux petits carreaux et la tête à laquelle elle donne passage font illusion. Le Juif, sur le retour de l'âge, porte entre les sourcils des plis causés par le tracas des affaires et peut-être par les persécutions religieuses.

2° Vue de la cour intérieure du palais impérial à Vienne. Noir.

HOYE (Nicolas van) : 1° Bataille. Au deuxième plan, mêlée de cavalerie. Au fond, combat entre cavaliers et fantassins. Sur le devant, cheval blessé et tombé près de son maître tué. Bon, mais altéré.

2° Combat de cavalerie et d'infanterie. Il y a dans chacune de ces toiles un mauvais cheval blanc trop en évidence.

HUGTENBURG (Jean van) : 1° Escarmouche de cavalerie au pied d'un vaste bâtiment en ruine. Deux cavaliers blessés l'un par l'autre vont tomber de cheval. Un soldat se sauve, en se bouchant les oreilles : geste puéril. A gauche, fantassins.

2° Siége de Namur en 1695. Au premier plan, Guillaume III, roi d'Angleterre, et l'électeur de Bavière, Maximilien Emmanuel. Fond sec ; devant noirci.

HUYSMANN (Corneille) : Paysage. Entrée de forêt. Faible, altéré.

HUYSUM (Jean Van) : 1° Bouquet de fleurs dans un vase sur une pièce de marbre.

2° Même sujet.

INCONNUS (Auteurs) : 1° Portrait d'une vieille dame assise dans un fauteuil, un livre à la main. Un voile blanc posé sur la tête descend jusqu'aux yeux. Beaux traits, air vénérable.

2° Paysage. Sur le devant, à gauche, deux hommes portant la hotte ; femme, petite fille tenant un chien debout : joli groupe bien éclairé. Au fond, village à droite dans une éclaircie. Bonne toile. Les bestiaux du premier plan ont seuls noirci.

3° Portrait d'un homme ayant près de lui, sur une table, des instruments de musique, des papiers et une pipe. Beaux yeux, beau nez, bouche triviale, menton sans caractère. Bon portrait bien éclairé.

4° Portrait d'un jeune homme portant l'habit et le bonnet noirs. Laide tête; vilain portrait sec et dur.

JAMECK (François-Christophe) : 1° Paysage. Sous une arche naturelle s'engagent une voiture et des paysans dans une forêt. Les personnages microscopiques se voient encore un peu; le reste n'est plus lisible.

* 2° Repos de chasseurs dans une forêt. Éclaircie dans le fourré. Tandis qu'un chasseur précédé d'un chien s'avance sur un arbre jeté du bord à l'autre d'un torrent, un valet retient par le cou un autre chien. Composition jolie et originale.

JANSÉNS (Abraham) : 1° Vénus se repose sur les genoux d'Adonis. Amours, chiens de chasse. Le jeune homme est vêtu à l'italienne, à part les jambes nues et chaussées du cothurne. Nus de Vénus d'un coloris trop sec. Portraits, j'imagine.

2° Phœbus ou le Jour sous un portail à colonnes. La tête entourée de rayons lumineux, il tient une lyre. Douze génies représentant les heures du jour dansent en cercle, les uns dans l'espace, les autres sur le sol. Le visage d'Apollon est celui d'un lourd flamand. Ensemble de mauvais goût.

3° La Nuit représentée par Lucine coiffée d'un croissant, debout sous un portique. Elle a sur les bras deux enfants endormis, l'un blanc et l'autre noir. Sur le devant, douze génies (heures de la nuit), dont l'un tient un sablier. Mauvais.

JORDAENS (Jacques) : 1° Le roi boit! Scène trop ignoble pour être gaie. On y voit des femmes communes enlaidies par les ombres noircies.

2° Jupiter et Mercure attablés chez Philémon et Baucis (petite nature). Le nez busqué de Jupiter, avec un creux prononcé à sa racine, en fait un personnage trop peu distingué. Du reste, bonne lumière, bel effet.

* JORDAENS (Jean) : Cabinet rempli de tableaux et d'objets d'art. A gauche, sur une table, livre de gravures, Sphinx, coquillages, etc. Les objets sont d'une vérité étonnante. Du même côté, personnages. A droite, grand tableau représentant la résurrection de Lazare, qu'on montre à un jeune seigneur assis.

JUVÉNEL (Nicolas) : Annonciation. Ange en longue robe bleue. Assez bon.

JUVÉNEL (Paul) : Rome et ses environs. Église Saint-Pierre, dont la coupole n'est pas terminée. Château Saint-Ange. Jardins découpés symétriquement. La ville est d'une teinte rouge. Fond de montagnes. Mauvaise toile.

Kager (Matthieu) : Abigaïl priant, à genoux, David d'accepter des vivres pour son armée. C'est une flamande aux deux mentons, ayant devant elle des pains, des viandes, etc. Le jeune roi daigne à peine s'arrêter. A gauche, deux soldats, l'un assis à terre au premier plan, l'autre debout. Derrière eux, deux hommes, -- ce sont sans doute des portraits,— nous regardent. Terrain en talus, mauvaise perspective. Le soldat assis est bien dessiné et bien éclairé.

KESSEL (Ferdinand van) : 1° Chasse au sanglier.

2° Combat d'un ours contre un serpent.

3° Paysage avec toutes sortes d'oiseaux.

4° Le renard traitant la cigogne, fable. Faible.

KESSEL (Jean van) : 1° Singes à l'estaminet.

2° Singes rasant des chats. Faible.

KIEN (Jean) : Infanterie attaquant une cavalerie turque. Scène bien éclairée dans le fond à gauche, noire sur le devant où se trouvent les principaux personnages.

KNELLER (Godefroi) : 1° Portrait en pied d'une princesse de Barbançon en costume espagnol, une main posée sur l'épaule d'un petit nègre qui porte un panier de fleurs (quart de nature). Nus de carton ; accessoires bien rendus.

2° Portrait d'une dame vêtue de soie noire, tenant une rose ; pendant du précédent.

3° Portrait d'un seigneur vêtu de noir ; longs cheveux gris. Faible.

KNOLLER (Martin) : Portrait de l'ancien directeur du musée du Belvédère, Joseph Rosa, en habit bleu, un portefeuille à la main. Faible.

KŒNIG (Jean) : 1° Le Printemps (quart de nature). Deux enfants (garçon et fille) dansent une allemande ; un troisième joue du luth. Deux autres de chaque côté tiennent des fleurs. De ces sept enfants, un seul est vêtu. Il porte une veste violette ; c'est le musicien. Jolie composition.

2° L'Été. Huit enfants nus occupés à la moisson.

3° L'Automne. Sept enfants nus faisant la vendange. Gros poupards peu gracieux.

4° L'Hiver. Sept enfants nus jouant et faisant la cuisine. Bonne toile.

KONING (David van) : Canards tués et attachés à un arbre. Petite toile, médiocre.

KUPETZKY (Jean) : 1° Portrait d'une dame de moyen âge assise dans un jardin, une main posée sur l'épaule de son fils. Visage

rond, aux deux mentons ; appas volumineux et demi-nus. Bon,
Ombres noircies.

* 2° Portrait de l'auteur. Assis devant un portrait qu'il va ache-
ver, il a pinceau et·palette en main. Ce dernier portrait est parlant et contraste avec celui du peintre, d'abord parce qu'il est dans
l'ombre tandis que celui de l'artiste est vivement éclairé, ensuite
parce que les physionomies annoncent deux organisations toutà
fait différentes. Kupetzky, la bouche entr'ouverte, les sourcils
relevés, les yeux grands et vifs, a le besoin d'épancher son âme.
L'air du visage, spirituel et peu distingué, est bien en rapport
avec ses productions originales, mais parfois triviales. L'homme
qui pose, la paupière abaissée comme celle de Talleyrand, c'est-
à-dire comme un voile sur la pensée, est plus profond et moins
expansif. Le portrait de l'auteur, traité à la façon de Rembrand,
décèle un véritable talent, quoique le coloris en soit altéré.

LAAR (Pierre van) dit *des Bamboches* ; 1° Auberge dans une place
de la ville de Rome. Des paysans dansent et boivent sous un drap
servant de tente. Les trois couples dansant sont de vrais flamands.
Un jeune homme assis tient entre ses jambes une jeune fille qu'il
embrasse. Ce couple et un vieillard sont bien éclairés. Au premier
plan, linge, poteries, etc., bien rendus. A gauche, rue ; au fond,
arbres à hautes tiges.

2° Auberge établie dans un bâtiment en ruine. Paysan assis sur
un tronc d'arbre, tenant un cheval par la bride et regardant son
pied blessé. Le ciel, quoique lumineux, n'éclaire plus la scène
tournée au noir.

LAHYRE (attribué à Laurent de) ou à l'école du Poussin : 1°
Le Christ guérissant l'estropié à l'entrée du temple. Celui-ci plie
les jambes et fait effort pour se relever, avec l'aide d'un apôtre.
Son corps presque nu est bien dessiné et éclairé. Saint Jean, placé
plus haut du côté de Jésus, lève les mains et les yeux au ciel.
Deux autres disciples. Statue de femme drapée dans une niche. A
gauche, porte et fenêtre ouvertes par lesquelles on découvre un
obélisque et la campagne. Bonne perspective.

2° Assomption de la Vierge. Marie en robe blanche, assise sur
un nuage et nous faisant face, est enlevée dans l'espace et regarde
le ciel à notre droite. Ses bras sont par trop tendus. En bas, au milieu du premier plan, saint Jean nous tournant le dos et regardant
la Madone, est bien drapé, et son corps se détache de manière à
produire une grande illusion. Esquisse achevée.

LAIRESSE (Gérard de) : 1° Soldats réunis dans un bâtiment en ruine. L'un d'eux s'entretient avec un camarade qui, debout entre deux canons, tient un drapeau. Noirci.

2° Quelques soldats faisant ripaille avec des femmes dans un bâtiment en ruine. L'un d'eux agenouillé prend le menton de sa voisine assise qui relève la tête et crie.

3° Neptune et Amphitrite allant rendre visite à Cybèle. Faible.

LANFRANCO (Jean) : Madone avec l'Enfant apparaissant aux ermites saint Paul et saint Antoine. Tout noir.

LONGJEAN (Henri) : Mercure et Cupidon observant Hersé qui se rend avec ses sœurs dans le temple de Minerve. Mauvais dessin et draperies.

LANZANI (Polidore), de Venise : La Vierge, à qui un ange pose une couronne de fleurs sur la tête, contemple Jésus couché sur elle. Petit saint Jean. Assez jolie tête de Marie. Dessin faible, coloris frais.

*LARGKMAIR (Jean) : Triptyque, petite pièce d'autel. Le sujet principal est un crucifiement du Christ. Au fond : à gauche, mise au tombeau ; à droite, Adam et Eve sous l'arbre fatal. Dans le ciel, Sainte Trinité. Tableau soigné, mais formes et visages de style gothique. Dans le volet de gauche, Annonciation. Dans le second, Résurrection. Celui-ci ne vaut pas son pendant. Jolie perspective de la chambre de Marie. L'ange semble s'être introduit par le toit. Plus haut, plane le Saint-Esprit. Très-bonne composition pour l'époque.

LAUCH (Christophe) : Portrait d'un homme à barbe brune, vêtu de noir. Tête d'Allemand ; profil bien éclairé, œil vivant.

LAURI (Philippe) : Fuite en Egypte. Visages de terre cuite.

LAUTERER : 1° Paysage avec un petit troupeau. Tout noir.

2° Paysage. Roche au bord de l'eau, berger et son troupeau. Le bétail et le dos du berger sont seuls visibles.

LEBRUN (Charles) : Ascension (petite dimension). Le Christ a la beauté de Jupiter. La pose des jambes, l'une pliée en arrière, l'autre tendue, n'est pas d'un bon effet. En bas, Marie à genoux, les yeux levés vers son divin fils.

LELEN (P. de) : Portrait d'un jeune homme coiffé d'un bonnet de velours orné d'une rangée de perles. Visage dans le genre de celui de Rembrandt. Seulement les yeux sont plus grands, moins vifs, et le menton est moins énergique. Assez bon relief.

LEMBKE (Jean-Philippe) : Choc de cavalerie. Lutte entre deux cavaliers, l'un sur un cheval blanc, l'autre montant un cheval brun. Le premier est assez bon ; le reste est devenu noir.

LERMANS (Pierre) : Femme âgée tenant une bourse et des lunettes. Devant elle, bijoux sur une table. Médiocre, altéré.

LEUX (François : 1º Portrait de Charles-Ferdinand, frère de Philippe IV, en habit de cardinal (petite nature). Buste dont le portrait en pied est au musée de Munich. Tête nue, cheveux blonds, yeux peu animés.

2º La Vanité, allégorie. Un génie ailé tient un médaillon et montre le globe terrestre, etc. Jolie tête de femme. Objets de luxe. Têtes de morts étalés avec profusion.

LIBERI (Pierre) : Vénus ayant dérobé à Cupidon sa flèche. Mauvais.

LICINIO (Bernardino), dit *Pordenone* : Portrait de Grimani, patricien de Venise. Bon portrait presque en pied. Robe rouge avec dessins noirs, très-bien rendue. Ceinture verte avec une saillie ou étui, à la mode alors, et qui paraît aujourd'hui indécente. Le haut du visage est beau et bon ; le bas manque d'énergie.

LIN (Jean van) : Bataille de cavalerie romaine près d'un temple en ruines. Assez bon corps de cheval blanc. Un autre couché sur le ventre et d'une teinte pain d'épice est mauvais. Confus, noirci.

LINGELBACH (Jean) : 1º Paysage. Hommes et femmes en conversation avec un passant chargé d'un sac. Tableau tout petit, assez bon.

2º Port de mer avec figures dont plusieurs sont costumées à l'orientale. Le premier plan, à droite, est bien éclairé. Vaisseaux au fond du golfe. Détroit entre des montagnes.

LINT (Pierre van) : Jésus-Christ guérissant le paralytique (petite dimension). Assez belle perspective de deux vastes salles. Au fond de la première, une femme allaite un enfant. Personnages trop grands relativement à la hauteur des bâtiments. Faible.

LIOTARD (Jean-Etienne) : Vieille femme que la lecture de la Bible a endormie. Sa tête penchée sur son livre ouvert et la table préparée pour un repas sont encore assez bien. Toile bonne, quoique altérée.

LIPPI (Lorenzo) : Jésus-Christ et la Samaritaine. On croit voir deux flamands causant tranquillement. L'enfant de cette femme se réfugie dans ses jambes d'un air effrayé.

* LOMI (Orazio), dit *Gentileschi* : 1º Madeleine couchée dans une grotte, le bras appuyé d'un coude sur la page gauche d'un livre dont la page droite est maintenue par une tête de mort. Sa tête renversée en arrière, ses yeux levés vers le ciel et la contraction de ses sourcils ont quelque chose de fier. Du reste ce visage, les bras, la poitrine nue sur laquelle tombent ses longs cheveux, sont bien

dessinés et bien éclairés. Bonne draperie enveloppant le corps au-dessous des seins, bon raccourci de la cuisse. Au fond, par une ouverture, campagne, ciel.

2° Repos en Egypte. La Vierge, assise à terre, allaite l'Enfant, tandis que saint Joseph dort, la tête appuyée sur un sac. Cette tête, penchée plus bas que le corps, et la pose de Marie s'appuyant d'une main sur le sol, ne sont pas d'un heureux effet. D'ailleurs Marie ayant pour couronne une grosse tresse de cheveux, nous offre les traits et la poitrine d'une paysanne flamande. Bon coloris, belle lumière.

LOPEZ (Gaspard), dit *dai Fiori* : 1° Pièce de fleurs d'un bon relief.

2° Autre pièce de fleurs. Placées dans un vase, elles en descendent, en figurant une guirlande. Deux autres vases sont renversés, et les fleurs qu'ils contenaient jonchent le sol. Toile de mauvais goût.

3° Deux autres pièces de fleurs du même genre.

LOPICINIO (Jean-Baptiste) : Marthe sermonant Madeleine. Elle l'aborde les mains jointes avec une expression de tendre reproche. La pécheresse, dont une femme arrange la coiffure, paraît plus occupée de sa toilette que des remontrances de sa sœur. Ses seins nus et ceux de sa coiffeuse sont mal indiqués par une ligne qui les sépare à peine. Table couverte d'un tapis rouge. Assez bon ; ombres noircies.

LOTH (Jean-Charles) : 1° Jacob sur son lit de mort bénissant les deux fils de Joseph (jusqu'aux genoux). Le corps du vieillard est d'un bon dessin et bien éclairé ; mais le visage est trop endormi. Jolies têtes des enfants. Au milieu, Joseph dans l'ombre ; à gauche, sa femme. Leurs physionomies sont déplaisantes. Toile noircie, surtout dans le fond.

2° Jupiter et Mercure chez Philémon et Baucis. Le dos de Mercure est éclairé ; le reste est noir.

LOTTO (Lorenzo) : Madone, avec l'Enfant, assise sous un arbre et couronnée par un ange. Devant elle, sont agenouillés saint Jacques le Majeur et sainte Catherine. Celle-ci tient un livre que veut feuilleter Jésus. L'Enfant est bien modelé et bien éclairé. La sainte regardant fièrement saint Jacques est assez bien conservée. Le grand ange dont les bras levés se détachent heureusement, est encore moins maltraité par le temps. Le reste tourne au noir.

LUCIANO (Sébastien), dit *del Piombo* : Buste d'un jeune homme barbu nous tournant le dos. Barbe et cheveux blonds, profil énergique. Son mouvement de tête en arrière produit **au cou des** plis fort bien rendus. Coloris chaud.

LUCIDAL (Nicolas), dit *Neufchâtel* : Portrait d'un jeune homme vêtu de noir. Physionomie insignifiante se terminant par un petit menton-pomme, visage artistement modelé, ombré et éclairé.

LUINI (Bernardino) : Saint Jérôme à genoux devant l'entrée d'une grotte transformée en chapelle, une pierre dans une main, l'autre main sur un livre. Belle tête au nez long, à la barbe blanche, à la bouche entr'ouverte. Paysage épinard avec pont, église, maison.

MAIR ou MAYR (Jean-Ulric) : L'apôtre Philippe assis contre une balustrade et lisant. Tête longue, nez et menton pointus, poitrine plate. Il est bien éclairé ; le reste est noir.

MANDER (Charles van) : Portrait d'un gentilhomme jeune encore, en habit noir. Médiocre, noirci.

MANFREDI (Bartolommeo) : 1.º Joueurs de cartes. Une jeune fille, la main dans celle de son jeune amant, présente le creux de cette main à une vieille bohémienne qui va lui dire sa bonne aventure (figures jusqu'aux genoux). La jouvencelle est singulièrement costumée : corsage et robe jaunes, manches noires fendues longitudinalement et dont le fond est blanc ; ceinture rouge ; chapeau noir, haut et pointu, avec une petite aigrette blanche. La bohémienne, la femme placée derrière elle et les joueurs sont devenus noirs.

2° Saint Pierre reniant son maître dans l'antichambre du grand prêtre. En arrière, soldats jouant aux cartes. La servante accusatrice en corsage rouge, les seins demi-nus, est assez jolie. Noirci.

MANGLARD (Adrien) : 1° Marine, au lever du soleil. Au milieu, deux vaisseaux dont l'un, couché sur le flanc, est en réparation. Sur le devant, un pêcheur traînant son filet se détache sur l'eau vivement éclairée. Assez bon.

2° Port de mer fortifié avec des vaisseaux de guerre, des barques et des personnages. Altéré.

3° Mer agitée ; vaisseau qui sombre ; secours donnés aux hommes de l'équipage. Altéré.

4° Port de mer avec deux navires et autres embarcations. Altéré.

MANS (T.-H.) : Paysage d'hiver. Traîneaux et patineurs. Noirci.

MANTEGNA (André) : 1° Triomphe de Jules César après la conquête des Gaules, en huit camaïeus. Trop de personnes dans un petit espace ; pas de perspective. Papier collé sur toile.

2° Martyre de saint Sébastien. Jambes mal dessinées et terminées par des pieds trop larges. Il est criblé de flèches. Laide peinture.

MANTOVANO (Rinaldo) : Triomphe de Jules César. Chevaux blancs de carton. Le reste confus, noirci.

MARATTA (Charles) : 1° Mort de saint Joseph que bénit Jésus. Près du lit, Marie et deux anges en prière. Jésus de profil, l'œil à fleur de tête, les sourcils trop levés, le front trop bas, n'est pas assez intelligent. Joseph tournant vers le ciel un dernier regard est bien peint, mais le coloris du haut du corps est d'un vert gris et sa tête dans l'ombre a noirci.

2° Trinité. Le Sauveur mort a la tête appuyée contre la poitrine de Dieu le père. De chaque côté, anges portant les instruments de la passion. Belle tête de Jésus empreinte de douceur. Il semble dormir. Le Saint-Esprit est mal placé entre la barbe du père et la tête du fils. Grands anges ; l'un d'eux est à genoux devant le corps mort.

* 3° Madone et l'Enfant (demi-figure, petite nature). Bons raccourcis de la tête et du corps de Jésus couché sur les bras de sa mère. Jolie tête de Marie regardant son fils avec une joie ingénue.

4° Sommeil de Jésus. Le petit saint Jean, dans l'ombre, lui baise la main. Charmant Bambino, bon raccourci.

5° Fuite en Egypte (en réparation).

6° L'Immaculée Conception (demi-nature). Debout sur un globe, Marie, dans une gloire, foule aux pieds le serpent que l'Enfant Jésus perce avec sa croix. Jolie Vierge, bel Enfant. Charmant ange tenant un papier roulé. Un peu altéré.

7° Mort de saint Joseph. Le Christ assis et Marie debout se tiennent près du lit. Jésus tient par la tête le saint et l'encourage, en levant une main vers le ciel. Le mourant, par un dernier effort, tourne les yeux vers le séjour des bienheureux. Marie, les mains jointes, l'air abattu, formule une prière. Les pieds de saint Joseph et son visage offrent de bons raccourcis. Assez bien conservé, mais le visage du Christ est devenu noir.

8° Portement de croix. Il n'y a que trois personnages. Jésus tenant sa croix d'une main, est tombé, l'autre main à terre. Il lève vers le ciel son visage résigné. Son nez concave et sa joue blafarde nuisent à l'effet de cette scène. Simon soutient la croix et allonge une main vers Véronique agenouillée et tenant son voile tendu. Têtes d'hommes du peuple. Ce tableau aujourd'hui altéré, a dû produire de l'effet.

9° Sainte Famille. Saint Joseph regarde le divin groupe par une ouverture du fond. Joli tableau, altéré. Est-ce bien un Maratta original ?

MATTEIS (Paul de) : Herminie chez les bergers. Elle fait le salut militaire, la main au casque. Deux jeunes garçons paraissent effrayés de l'apparition de ce guerrier portant lance et cuirasse. Le profil du vieux pâtre est dans l'ombre. La tête de l'héroïne est de carton.

MAZZOLINO (Luigi) : Circoncision. Marie et saint Joseph s'inclinent de telle façon qu leurs têtes se touchent presque par le haut. Visage burlesque d'un homme portant des lunettes. La tête nue et le profil du pontife, ainsi que le corps nu de l'Enfant sont bien éclairés. Au dessus de l'opérateur, belle tête de jeune homme, et derrière ce dernier, individu au visage stupide. Au fond de la chapelle, tribune avec personnages. Costumes vénitiens.

MAZZUOLA (François), dit *le Parmesan* : 1° Cupidon taillant un arc. Il est très-bien modelé et très-bien éclairé, sa pose est gracieuse, son visage est charmant. Deux petits amours vus à mi-corps entre ses jambes sont d'humeurs différentes. L'un pleure, l'autre rit. Reproduction du Cupidon du Corrége. Ici les amours sont d'une teinte rouge brique et les ombres bleuâtres.

2° Portrait du général Florentin Malatesta Baglioni. Son habit en soie puce est bordé de peau de tigre. Nez d'une longueur exagérée. Mains l'une sur l'autre d'un bon dessin ; visage bien éclairé, mais manquant de renseignements. Sa barbe, taillée en demi-cercle, semble être d'un marbre gris mélangé.

3° Sainte Catherine. Près d'elle, deux anges cueillant les rameaux d'un palmier. Jolie tête baissée de la sainte, aux cheveux blonds retroussés. Pose et doigts maniérés. Les jambes des anges sont trop grosses.

*4° Portrait de l'auteur à l'âge de vingt ans, peint sur le segment d'une boule, au moyen d'un miroir convexe. On pourrait prendre sa tête pour celle d'une jolie femme. Bouche entr'ouverte ; physionomie bonne et gracieuse. Sa main, portée en avant, est presque de grandeur naturelle, tandis que la tête réduite par le miroir, n'est que du quart de la nature. Joli portrait du reste, très-soigné.

5° Portrait d'un sculpteur. Près de lui, petite statue équestre et mutilée d'une amazone. Visage brun, nez un peu fort du bout, front et yeux intelligents ; bouche en partie cachée par la moustache et s'entr'ouvrant désagréablement.

6° Buste d'un jeune homme blond, en lecture, la tête appuyée sur une main. Jolie tête, yeux baissés. Sa main, aux doigts effilés, se pose contre la tête avec la prétention que nous avons souvent reprochée au Parmesan.

MEER (B. van der) : Pièce de fruits. Fond noirci.

MEGAN (R) : Trois paysages représentant chacun une forêt : la première avec brigands, la seconde avec chasse au cerf. Grandes masses d'arbres. Assez bons.

MENGS (Antoine-Raphaël) : 1° Saint Joseph endormi près de son établi, est éveillé par l'ange qui lui commande de se retirer en Egypte. Jolie tête de l'ange. Bras, genoux et visage du saint vigoureusement dessinés; ombres noircies.

2° Madone avec l'Enfant et deux anges (jusqu'aux genoux). Jésus rit en grimaçant; Marie, ouvre sur nous ses grands yeux fixes. Les raccourcis d'un bras de l'enfant sont manqués. Bonnes draperies, bon coloris.

3° Annonciation. Dieu le père, dans une gloire d'anges, fait descendre le Saint-Esprit sur la Vierge. Elle baisse la tête et tend une main. Son cou est devenu noir. Composition régulière, mais froide.

4° L'apôtre saint Pierre, une langue de feu sur la tête, est assis dans le siége papal. Il tient ses clefs dans une main et montre le ciel de l'autre. Assez belle tête devenue noire.

5° Portrait de l'infante Marie-Thérèse de Naples, à l'âge d'un an, debout et s'appuyant sur un fauteuil. La toilette bien rendue de cet enfant, pouvant à peine se tenir sur ses jambes, est d'un luxe ridicule.

6° Portrait de Marie-Louise, épouse de l'empereur Léopold II, visage long, aux grands yeux bleus peu spirituels, boucles d'oreilles énormes et cachant le cou ; poitrine d'un pauvre dessin, toile encore fraîche.

MÉRIAN (Marie-Sibylle), peintre allemande : Bouquet de fleurs dans une corbeille sur une table. Fenêtre ouverte à gauche de la toile.

MÉRIAN (Matthieu) le jeune : Buste de vieillard, nous regardant avec un sourire méchant. Sur bois. Bon raccourci du visage penché en avant et bon effet de lumière. Une fente au bois traverse le front et l'œil droit.

MÉRIAN (Matthieu), le vieux : Vue d'un village dans une contrée boisée, pêcheurs et bateliers. Au premier plan, charpentiers sciant un tronc d'arbre. Éclaircie avec eau de chaque côté. Médiocre. Noirci.

MESSYS (Jean) : 1° Joueur de cornemuse, femme battant la caisse et gens attablés. Tout cela grimace d'une manière disgracieuse.

2° Loth assis dans une grotte avec ses deux filles (grandeur naturelle). Celle qu'il tient entre ses bras, les yeux à demi fermés,

la tête un peu relevée, la bouche ouverte, est indécente ; aussi
a-t-on relégué cette toile entre deux fenêtres.

METZU, (Gabriel) : Femme faisant de la dentelle, interrompue
dans son travail par un homme qui pose un verre près d'une
cruche sur la table, et lui adresse la parole ; il est dans l'ombre.
La jeune flamande regarde devant elle d'un air hébété.

METZYS (Quentin) : 1° Saint Jérôme lisant dans un livre posé
sur un pupitre. Dans le fond, armoire avec des volumes, chapeau
de cardinal. La tête somnolente du saint, le livre ouvert et surtout la page portant une gravure coloriée, sont bien éclairés.

2° La parabole de l'économe infidèle. A gauche, on voit, par
une fenêtre, l'économe traitant avec les débiteurs de son maître.
Coiffé d'un chapeau en pointe, ce serviteur, avec sa face grotesque
et son cou de goîtreux, est une vraie caricature. C'est cependant
cette scène du fond qui est la meilleure. Le Christ, un doigt levé,
nous montre un visage souffreteux. Trop de papiers et de bouquins encombrent la scène de devant qui manque de perspective.

3° Portrait d'un homme tenant un rouleau de papiers et des
anneaux dont il montre un échantillon. Tête maigre, allongée,
sans barbe. Peinture sèche.

METZYS (École de Quentin) : Portrait de l'archiduc Albert de
Brandebourg, archevêque de Mayence. Physionomie de mauvaise
humeur. Les yeux, dont les sourcils se relèvent par leur extrémité,
sont malveillants.

MEULEN (Antoine-François van der) : Escarmouche de cavalerie
près d'un village. Troupe et chevaux bien peints : paysage insignifiant.

MEYER (Félix) : Petite chute d'eau contre des rochers. Noirci.

*MEYTENS (Martin de) : Son portrait en riche costume polonais.
Il fait le geste d'un homme qui va dégaîner son sabre. Jolie tête,
spirituelle, gaie, sensuelle, nez très-busqué, bouche charnue
dont les coins se relèvent d'un air moqueur. Sa coiffure blanche
en turban est mise sur une oreille. Mise et pose prétentieuses.
Bonne lumière.

MICHAU (Thibault) : Paysage boisé. Foire devant des maisons.
Pignons éclairés. Fond vert à la Breughel. Visages rouges. Médiocre.

MIEL (Jean) : Port de mer entouré de bâtiments. Au milieu, arc
de triomphe antique. Noirci. Assez belle lumière entre ses arches.
A droite, façade d'un temple grec avec fenêtres modernes.

Mielich (Jean) : Portrait d'un homme de la famille des Hermann d'Augsbourg. Gros monstre affreusement peint.

* Mieris (François), dit *le Vieux :* 1° Une marchande de draps montre des étoffes à un cavalier grand et brun qui lui prend le menton en riant, ce qui la fait rire elle-même. Au fond, un vieillard assis près d'une cheminée, regarde l'amateur. Joli dessin, belle lumière, bons reliefs du visage de ce dernier, à demi éclairé, et de la blanche Allemande éclairée tout à fait. Les mains surtout sont très-finies ; il en est de même des accessoires.

* 2° Jeune femme malade ayant sur ses genoux une bible ouverte. Sa charmante tête levée et un peu penchée sur l'épaule droite, présente un excellent raccourci et des reliefs parfaits. Tournée vers le médecin, la bouche entr'ouverte, une main sur la poitrine, elle dit : « Je souffre là ! » Le médecin, dans l'ombre, un doigt levé, paraît très-inquiet. Cette femme vous fait venir les larmes aux yeux.

Miéris (Guillaume van) : 1° Guerrier en costume espagnol tirant son épée d'un air courroucé (petite figure, jusqu'aux genoux). Il fait la grimace d'un acteur comique parodiant un traître de mélodrame. Ce peintre s'amuse trop souvent à défigurer un beau visage, voire même le sien, dans l'idée de le rendre plus expressif.

2° Dame en robe de soie, tenant une bourse. Long visage hommasse sur un gros et vilain cou ; seins volumineux presque entièrement sortis du corsage. Sa coiffure consiste en quelques plumes blanches dans ses cheveux noirs.

3° Vieillard comptant de l'argent sur une table à une dame qui s'éloigne indignée. Ne fait-on pas allusion à Démosthènes chez Laïs ? (Petites figures jusqu'aux genoux.) Même type de femme qu'au numéro précédent. Le choix de ce type charnu n'annonce pas chez l'auteur un goût bien délicat. L'écharpe bleue et les autres étoffes de la dame font illusion.

Mignard (Pierre) : Saint Antoine, premier ermite. Profil long, noirci. Mains l'une sur l'autre, bien peintes.

Mignon (Abraham) : 1° Fleurs dans un vase de verre sur une table de marbre. 2° Fruits. Au fond, coin de paysage.

Mirevelt (Michel-Janson) : Buste d'un homme obèse, en habit noir. Très-bon portrait. Tête chauve, laide, grossière et peu intelligente.

Mirou (Antoine) : Paysage. Conversion de Saul. Roche verte, derrière laquelle sont des montagnes bleues. Le sol est un plat

22.

d'épinards, sur lequel on a étendu des jaunes d'œufs. Petit et mauvais cadre.

MOLA (Pierre-François) : Naissance de la Vierge (forte nature). Belle et bonne tête de Joachim, levée vers le ciel, avec l'expression d'une vive gratitude. Petits et insignifiants visages des femmes donnant des soins à l'enfant. Les raccourcis du nouveau-né laissent à désirer; il est tenu au-dessus d'un bassin. A droite, lit de l'accouchée. A gauche, arche autour de laquelle voltigent trois anges entrelacés.

MOLYN (Pierre), dit le *Chevalier Tempesta* : 1° Paysage tout noir. 2° Paysage montueux avec troupeau. Noir.

MÖMPER (Jodoc) : Grand paysage montueux avec vallée et rochers. Confus.

MONI (Louis van de) : Cuisinière, ouvrant des huîtres, debout près d'une fenêtre. Vases de cuisine, coq tué, paquets d'oignons. La servante est une blonde gentillette, coiffée d'une toute petite draperie blanche; elle a les yeux baissés.

MONTFORT (Antoine van), dit *Bloeland* : Diane et Actéon. Ce chasseur est tout près des nymphes surprises au bain, et pourtant il ne paraît pas qu'elles soient effrayées.

MOOR ou MOR (Antoine) : 1° Portrait du peintre Gilles Mostaert. Cheveux roux, front haut, menton proéminent. L'air féroce, qu'il prend pour paraître un homme profond, donne une pauvre idée du jugement de l'un et de l'autre peintres.

2° Portrait d'une dame vêtue de noir. Coloris sec, assez bons reliefs pourtant; ombres prononcées à la cavité de l'œil.

3° Portrait d'un jeune homme en habit noir, tête nue. Air sérieux, tant soi peu endormi. Assez bon.

4° Portrait de l'archiduchesse Marguerite, fille de Charles-Quint. Médiocre.

5° Portrait de Perrenot, cardinal de Granvile. Visage bistré, sec et plat; mains mieux éclairées; mais également trop plates.

6°. Portrait d'une femme vêtue de noir, avec un bonnet garni de dentelles. Grands yeux fixes et peu expressifs. Coloris sec.

7° Portrait d'un jeune homme en habit rouge. Belle tête; front haut et presque droit, au milieu duquel apparaît une cicatrice; yeux durs mais calmes; beau nez, très-jolie bouche, menton fendu et gracieux. Ce joli garçon est-il contrarié dans ses amours, ou cherche-t-il aussi à passer pour un profond penseur?

MORANDINI (François), dit *Poppi* : Saint Pierre le Dominicain, frappé par ses assassins, trace à terre, avec son sang, le mot *credo,* mauvaise imitation du tableau du Titien. (Voy. *Musées d'Italie*, p. 130.)

MOSTAERT (François) : 1° Passage montagneux. Dans le fond, ville au bord d'une rivière. Les teintes vertes ont tourné au noir. Le reste est d'un gris bleuâtre. Paysage insignifiant.

2° Paysage avec des pêcheurs tirant leurs filets au clair de la lune. Singulier effet de nuit : tout noir à droite, tout blanc à gauche.

3° Paysage montueux. Au premier plan, Agar et l'Ange. Au fond, à gauche, rocher bien éclairé par le haut. A droite, eau, montagne. Noirci.

MOSTAERT (Jean) : Portrait d'un homme pâle et maigre, en habit rouge et surtout fourré. L'homme est laid et la peinture médiocre.

MOUCHERON (Frédéric) : 1° Paysage. Escarmouche de cavalerie dans un défilé. Figures par Adrien van der Velde. Fond de montagnes vivement éclairé. Au milieu, éclaircie où deux cavaliers sont aux prises. Plus loin, autres mêlées. Le premier plan est noir.

2° Vacher et vaches. Vers la gauche, jeune vachère, sonnant de la trompe tout en conduisant une vache par le licol. Paysage noirci.

* MURILLO (Barthélemy-Étienne) : Le jeune saint Jean-Baptiste debout dans un paysage, sa croix dans une main, caresse de l'autre son agneau. Il nous regarde de face. Ses yeux bien ouverts, ses sourcils arqués, ses cheveux abondants tombant sur le haut des épaules ; sa physionomie, son attitude, ont quelque chose d'imposant. On pourrait peut-être trouver sa tête trop forte relativement aux dimensions du corps. Du reste, ce tableau peu noirci est fort beau.

MUTINA (Thomas de) : Pièce d'autel avec deux volets. Dans le tableau du milieu, la Madone, dont le vêtement bleu est brodé en or, tient l'Enfant qui joue avec un petit chien. Le volet de droite représente saint Vinceslas, roi de Bohême, armé, et le volet de gauche saint Palmace, tenant, comme le roi, un drapeau (demi-figures, tiers de nature). Mauvais dessin, peinture sèche.

NEEFS (Pierre), le fils : 1° Intérieur de la cathédrale d'Anvers. Sur le devant, on baptise un enfant. Bonne perspective ; belle lumière dans certaines parties ; d'autres ont noirci.

2° Autre intérieur d'église. Au premier plan, un grand personnage est reçu par le clergé. Figures de Bonaventure Peters. Les nefs sont bien rendues, mais elles sont trop encombrées d'assistants. Altéré.

* NEEFS (Pierre), le père : Intérieur d'une église gothique. Effet de nuit. Tout est sombre, excepté dans une chapelle à gauche où l'on officie. Là, tout est vivement éclairé. La lumière se prolonge même sur le pavement de la grande nef où d'autres fidèles agenouillés sont tournés vers cette chapelle. Effet de lumière excellent.

NEER (Arthur van der) : Village hollandais près d'un fleuve, pêcheurs. Effet de lune. Le ciel près de la lune est la seule partie encore éclairée.

NETSCHER (Gaspard) : Portrait d'un homme richement vêtu, assis près d'une table où l'on voit une petite statue d'Apollon, un globe et un luth. Fond d'architecture avec de petites figures. Ajoutez au luxe prétentieux du personnage, une pose plus prétentieuse encore, la main droite allongée sur la table, l'autre main sur la hanche, le corps droit et raide, puis examinez ses traits communs, et si vous ne lui riez pas au nez, vous le quitterez en haussant les épaules.

NIEULAND (Guillaume van) : Vue de l'ancien forum à Rome. Description peu exacte, mais d'un bon effet. Toutefois il y a trop de personnages au premier plan.

NOOMS (Remi), dit *Zéeman* : Marine. Vaisseaux nombreux sur le devant. Dans le fond, port. Mauvaise mer se confondant avec le ciel.

OOST (Jacques van) : Adoration des bergers, avec saint François. L'Enfant Jésus et la tête de la vache sont bien éclairés. Marie en partie dans l'ombre, n'est pas assez belle. Jeune berger prosterné, la tête au-dessus du berceau; saint Joseph. Faible.

OOSTERWYCK (Marie van) : Fleurs dans un vase en pierre.

ORIENT (Joseph). : Deux paysages tyroliens avec cabanes dans l'un ; château et auberge dans l'autre.

ORLEY (Bernard van) : 1° Tableau en deux compartiments que sépare une colonne de style gothique. 1. Dans celui de droite, actes de tyrannie d'Antiochus Épiphane. Le roi tient son épée homicide de la main gauche. 2. Dans celui de gauche, Pentecôte. Chaque scène se passe sous un portique à jour. L'architecture vaut mieux que le reste.

2° Repos en Égypte. La tête, grecque et penchée en avant, de la Vierge, est belle, mais sa bouche entr'ouverte est niaise plutôt que candide : son cou est mal dessiné. Saint Joseph porte une tête trop grosse pour sa taille ; ce qui tient aux raccourcis mal rendus. L'Enfant, en chemise, tend un bras mal dessiné ; il prend le sein et boit avec avidité. Paysage pain d'épice sur le devant, épinard au fond.

ORRENTE (Pierre) : Le Christ, accompagné de trois disciples, gémit sur les malades et les infirmes. Deux hommes faisant effort pour se relever sont vigoureusement dessinés. Jésus, quoique debout, paraît frêle auprès d'eux. Son profil a été mis mal à propos dans l'ombre.

ORSI (Lelio) : La Douceur, jeune fille pressant contre elle un agneau. Sa bouche offre la contraction qui donne du charme à la sainte Catherine du Corrége vue au Louvre. Profil gracieux. Altéré.

OSSENBEECK (Jean) : Émigration de Jacob. Paysage. Les bêtes, une vache blanche surtout, sont encore éclairées. Vers le fond et à gauche, tout est noir.

OSTADE (Isaac van) : Dentiste opérant un paysan. Bonne pose du patient. Vive lumière à gauche, noir à droite.

OSTSAMEN (Thierri-Jacob) : Portrait d'un homme sans barbe en habit gris. Tête carrée, regard effaré ; mauvaises rides au front. Coloris sec.

PALAMEDEZ ou PALAMEDE (Stevens) : Infanterie attaquée par de la cavalerie. Faible.

PALKO (François-Xavier-Charles) : Sainte Famille (jusqu'aux genoux). Saint Joseph prend l'Enfant sur les bras de sa Mère et lui baise une main.

PALMA (Jacques), le jeune : 1° Déposition de Christ (deux tiers de nature). Bon, mais noirci.

2° Salomé portant sur un plat la tête de saint Jean-Baptiste. Une femme regarde la princesse. A droite, architecture. Jolie tête de Salomé. Celle du saint est d'un bon relief ; beau front et beau nez.

3° Piété. Le Corps étendu du Christ tourne au noir. Marie lève au ciel un regard plein de tristesse. Quatre anges, dont deux plus petits pleurent, à l'exception d'un séraphin dans une attitude méditative.

4° Le Sauveur mort et trois anges dont l'un porte une torche. Effet de lampe. Beau corps du Christ. Jolie esquisse; noircie.

5° Mort d'Abel (deux tiers de nature). La tête d'Abel et son corps en raccourci sont assez bien peints. Caïn, levant un tronçon de bois, est devenu noir.

PALMA (Jacques), le vieux : 1° Portrait de profil du jeune Gaston de Foix, duc de Nemours (demi-figure). Belle tête sans barbe, avec des sourcils faibles, bouche et menton énergiques ; le regard fier.

2º Saint Jean-Baptiste, homme mûr, debout dans une campagne, une croix à la main, son mouton à ses pieds (tiers de nature). Visage long, cheveux frisés et tombants. Bras tendu et jambes mal dessinés.

3º Visitation. Sainte Élisabeth accueille Marie en l'embrassant. La barbe de Zacharie et le chien de la maison sont mal peints. Derrière, sur le pas d'une porte, se tient une jeune et jolie fille.

4º La Madone tenant l'Enfant, assise dans un paysage et assistée de différents saints (petite nature). Assez bien conservé.

5º Même sujet, avec d'autres saints. Les visages et surtout les mains sont d'un dessin défectueux. Toutefois, les têtes de la Vierge et de sainte Ursule sont jolies. Celle-ci tient un drapeau et regarde Jésus en coulisse. Bon coloris.

6º Buste d'une jeune blonde tenant un éventail en plumes. Ses cheveux ressemblent à une botte de lin, visage et cou mal dessinés ; jolie femme du reste.

7º Portrait de Violante, fille du peintre. Charmante blonde me rappelant la délicieuse sainte Brigitte de Giorgione dans son tableau du musée royal de Madrid. (Voy. *Musées d'Espagne*, p. 32.) Mais sa chevelure est aussi absurde que celle du portrait précédent. Pauvre dessin. Quel dommage !

8º Buste d'une jeune fille vue de dos ramenant son vêtement sur l'épaule et nous regardant par-dessus cette épaule d'un air très-sérieux. Long nez pointu, jolis cheveux d'un blond jaune moins blanc et mieux traités que les autres.

9º Buste éclairé d'un vieillard en bonnet noir et rond. Gros et laid menton. Dessin sec.

10º Buste d'une jeune femme, en robe de soie verte, une petite boîte à la main. Jolie tête légèrement baissée, nous regardant de côté, et seins à demi cachés par la chemise entr'ouverte. Bon coloris.

11º Portrait d'une jeune blonde portant une pelisse noire, yeux et nez grands et laids, cheveux de filasse ; visage de carton.

PARROCEL (Ignace) : 1º Bataille contre les Turcs. Au premier plan, un musulman défend son étendard contre un cavalier en armure. Le cheval blanc du premier est tout d'une pièce, mais les poses de ces deux combattants et la perspective sont assez bonnes.

2º Grand champ de bataille. Au premier plan, quelques cavaliers et deux pièces de canon. Ici ce sont les derniers plans qui sont devenus noirs.

PATINIER (Joachim) : 1º Paysage montagneux avec ville au bord de la mer. Eau d'un vert épinard, roches absurdes.

2º Saint Jérôme à genoux dans le désert. Fond de paysage. Arche naturelle à droite. Assez bonne perspective ; fond trop bleu.

3º Baptême de Jésus-Christ dans un paysage. Au fond, saint Jean prêchant ; Christ bien éclairé ; mais son visage et celui du saint ne sont pas assez distingués. Eau et rocher d'une bonne perspective.

PAUDITZ (Chistophe) : 1º Saint Jérôme écrivant dans une grotte. Tête pâle encore éclairée. Le corps est d'un vert noir.

* 2º Paysan assis, cruche et verre en mains, écoutant un joueur de cornemuse. Plus loin, fumeur. Bonne tête du premier que la bière et la pipe ont hébété. Le musicien crie comme un âne, à en juger par sa bouche toute grande ouverte. Pot de terre attaché à la cloison et s'en détachant à merveille.

3º Buste d'un jeune homme dont la grande et belle tête est affublée d'une immense perruque d'étoupe que surmonte un toquet avec plumes blanches ; vraie coiffure de carnaval.

4º Buste d'un vieillard à barbe blanche. Le chapeau, le visage, la barbe, l'habit, tout est d'un gris plus ou moins foncé. L'ombre du chapeau cache en partie les yeux. Pauditz vise trop à l'originalité.

PEIGNE (Hyacinthe de la) : 1º Vue du Pont-Neuf, à Paris, prise du quai de la Mégisserie. Chaque pilier de ce pont est surmonté d'une saillie semi-circulaire, sans boutique. A l'extrémité, vers la rue de la Monnaie, s'élève un bâtiment au haut duquel est un cadran, avec un carillon, dit *la Samaritaine*.

2º Autre vue du même pont, prise de la Cité. On aperçoit le Louvre, le pont Royal, etc. Assez bons.

PENZ (Georges) : 1º Portrait d'un homme vêtu de rouge et de noir avec surtout fourré. Traits distingués ; bon portrait.

2º Petit triptyque. Dans la pièce du milieu, le Christ sur la croix, saint Jean et les Marie. Sur les volets, quatre anges portant des instruments de la Passion. Profil anguleux et boudeur de Madeleine. Assez bon pour l'époque.

PÉTERS (Bonaventure) : 1º Marine. Tempête. Galets jetés sur les rochers. Trois sauvages accourent de ce côté. Vaisseaux, nuages et flots de même teinte. Mer et navires par trop bouleversés.

2º Autre marine, avec barques de pêcheurs. Eau singulière dont es petits flots pointus sont noirs au premier plan, et blancs un peu plus loin. Au fond, la mer et le ciel se confondent.

3° Côte maritime. Sur le devant, yacht mouillé dont on ne comprend pas bien la forme. Belle lumière perçant la nue, traçant une ligne blanche sur l'eau et éclairant le pignon d'une maison sur la jetée où l'on tire un petit canon d'alarme. Des passagers gagnent la terre dans une barque, tandis que d'autres sont restés sur le pont.

4° Autre côte avec monument surmonté d'un lion et au pied duquel des matelots font du feu. Bonne silhouette du lion, au point de vue de la lumière ; mais la tête de l'animal est mal peinte. Le reste est faible.

5° Forteresse vénitienne, au bord de la mer, attaquée par les Turcs. Le bas est devenu noir. La tour et la brèche déjà pratiquée sont très-éclairées. Mais cette brèche et les soldats qui l'escaladent sont si blancs, qu'on les croirait couverts de neige.

6° Port de mer fortifié. Barque transportant des Turcs blessés. Même genre. Vers la droite, tour ébréchée bien éclairée.

PÉTERS (Jean) : Bord de la mer, avec tour sur un rocher. Mauvais flots. Teinte jaune-vert du terrain.

PFENNING (D.) : Le Christ crucifié entre les deux larrons. Au premier plan, Marie et les saintes femmes. Les corps des suppliciés offrent des saillies impossibles. Très-mauvais.

PIAZZA (Calisto), da *Lodi* : Salomé tenant un plat dans lequelle bourreau dépose la tête de saint Jean-Baptiste. Le visage de la jeune princesse est de carton. Son turban jaune est d'une élévation ridicule. Plaie dégoûtante au cou du saint. Corps du bourreau passablement dessiné.

PIPPI (Jules), dit *Jules Romain* : 1° Attributs des quatre évangélistes groupés dans les nues et surmontés de la céleste colombe. Un ange pose une main sur le livre de l'Apocalypse que porte le lion ; il a l'autre main sur le bœuf.

2° Pluton, sur son char, descend dans le Tartare. C'est un tout jeune homme au teint rouge brique.

PISTOJA (fra Paolo) : Madone en trône avec l'Enfant, et saints. Peinture froide, sèche, maniérée.

PLATZER (Jean-Victor) : 1° Deux couples autour d'une table, boivent et font de la musique. Mauvais dessin, mauvais goût.

2° Joueur de cartes et jeune homme présentant un verre de vin à sa promise. Aussi mauvais que le précédent.

POCK (Tobie) : Martyre de sainte Dorothée. Belle pose. Son visage levé vers le ciel est bien éclairé, mais il est trop vulgaire. Un vieux prêtre païen l'exhorte à adorer Pluton dont il lui montre la statue, tandis que le bourreau tire son cimeterre du fourreau. Au fond, à droite, rochers ; à gauche, architecture. Jolis petits anges dans les airs.

2° Vieille femme, enfant présentant à un petit chien une assiette à lécher, et derrière servante. Le mur du fond est orné de tableaux. La vieille, éclairée à la Ribera, est par trop hâlée et ridée. L'enfant et le chien sont bien. Mais quelle est cette jolie femme placée au fond, dans l'ombre, et levant la tête vers le plafond ?

POEL (Egbert van der) : 1° Ville incendiée pendant la nuit. Mauvais.

2° Chaumière près d'un canal ; paysanne nettoyant la vaisselle, homme et enfant. Jolie éclaircie avec eau, à gauche. Le reste est médiocre.

POELEMBURG (Corneille) : 1° Annonciation. Gabriel semble transporté, pendant le sommeil, sur un nuage, par des chérubins : idée originale rendue avec un certain charme. Marie lève les bras et baisse la tête. La pièce où se passe la scène est dans l'ombre rendue plus épaisse par le nuage, et les figures s'y détachent très-bien : autre originalité qui a son mérite.

2° Paysage avec des baigneuses ; ruines dans le fond. L'une des femmes assise toute nue au premier plan, nous tourne le dos ; son corps est bien modelé et éclairé, mais sa pose ne se comprend guère. Les autres, plus éloignées, sont dans l'ombre.

PONTE (François da), dit *Bassano* : 1° Buste d'un petit garçon couronné de pampre et jouant du flageolet, en se gonflant les joues. Jolie tête d'un bon relief.

2° Saint François, à genoux devant un crucifix, dans une grotte. Presque noir.

3° Sainte Claire, les yeux fermés et la bouche entr'ouverte, tombe à genoux en extase à l'apparition de l'hostie dans une gloire.

PONTE (Jacopo da), dit *Bassano* : 1° Thamar condamnée à être brûlée, fait présenter à Judas, par un jeune garçon, en costume ecclésiastique, le bâton et l'anneau qu'il lui a laissés dans certaine rencontre sur un grand chemin (quart de nature). La scène se passe sous une arcade. Thamar baisse la tête couverte d'un voile. Le vieux Judas, entouré d'exécuteurs et de sa suite, se rappelle et témoigne son étonnement. Bon, mais noirci.

2° Le bon Samaritain dans une riche campagne. Bon dessin du blessé dont le corps est nu et la tête coiffée du turban ; belle lu-

mière. A droite, mulet sellé, domestique et chien. Au fond, religieux vu de dos.

3° Paysage avec figures et bétail ; paysan qui sème un champ.
Repas préparé sur l'herbe ; paysanne donnant à boire à un petit
sans-culotte.

4° Adoration des Mages. Un vieux roi, en manteau vert, prosterné sur les mains et les genoux, occupe presque toute la largeur
de la toile, ce qui détruit l'illusion.

5° Portrait de l'auteur tenant palette et pinceau. Physionomie
vive, intelligente, énergique, fougueuse même, mais peu sensible.
Les pommettes trop saillantes, le nez et la bouche ôtent à cette
physionomie toute distinction. Je prends cette toile pour une copie.

6° Lazare et le mauvais riche (tiers denature). Noirci. Le jeune
homme vêtu de rouge et la cuisinière tenant un poulet plumé ont
dû, dans le principe, produire une grande illusion.

7° Dieu montre la terre promise à Abraham voyageant avec sa
famille et ses troupeaux. Le patriarche, sur un cheval blanc, porte
à peu près le costume, d'une femme. Il y a ici, comme toujours,
un dos penché au premier plan.

8° Adoration des bergers. L'Enfant Jésus enveloppé dans son
lange, est vivement éclairé. Sa mère, qui tient les bouts de ce
lange, est vraiment laide. Le reste est noir.

9° Paysage. Retour de la chasse. Femme à genoux montrant
son dos penché au premier plan. Bonne lumière et bon relief.
Parties noircies.

PONTE (Léandre da), dit *Bassano* : 1° Portrait d'un ecclésiastique portant barbe et cheveux courts et noirs. Grosse face sans
caractère. Dessin et coloris secs.

2° Un homme en habit noir présente une lettre à un personnage
occupé à écrire dans un livre. Femme caressant de la main un
petit chien couché sur une table où l'on voit étalées des monnaies
d'argent. L'arrivant tient un sac d'écus et de papiers. Il vient
faire un payement que le prêteur s'apprête à inscrire. Toile noircie.

PORBUS (François), le jeune : Portrait d'un jeune homme richement mis. Jolie tête, au nez long et pointu, au menton détaché,
aux grands yeux fixes. Air bon et peu spirituel.

PORBUS (François), le vieux : 1° Portrait d'un homme vêtu de
noir, tenant sa barrette à la main. Front haut, barbe noire, bouche
et yeux plus colères que bienveillants.

2° Portrait d'un chevalier de l'ordre de Calatrava. Barbe rousse,
visage moins énergique et plus grossier que le précédent, bouche
sensuelle, yeux apathiques.

3° Portrait d'un homme brun, une main sur la hanche, l'autre sur la poignée de son épée. Tête peu distinguée, éclairée dans le haut. Altéré.

4° Portrait d'une femme avec un tour de cou à longs plis. Front large et bossu. Bon portrait.

5° Portrait d'une dame en toilette de luxe debout près d'un fauteuil (jusqu'aux genoux). Tête laide, longue, boudeuse et mal peinte.

PORBUS (Pierre), le jeune : 1° Portrait d'un jeune homme barbe rousse, portant un habit et un bonnet noirs (deux tiers de nature). Sourcil tombant sur l'œil qui n'est pas bon ; la bouche et les narines contractées ne sont pas meilleures ; pommettes saillantes.

2° Portrait d'un homme à la barbe et aux cheveux roux, en habit noir, debout près d'une table et écrivant. Visage de la couleur des cheveux.

3° Portrait de Pierre Guzman, comte d'Olivarès. Tête trop longue du haut et se terminant en pointe. Pose raide ; dessin sec. Assez bonne lumière.

PORBUS (Pierre), dit le Vieux : 1° Buste d'un homme obèse en habit noir. Front rond et large, joues pleines et colorées, air dur.

2° Portrait d'un homme blond, tenant un vase d'argent. Teinte bistre. Médiocre.

POTTER (d'après Paul) : 1° Quatre vaches, brebis et un cheval au pâturage. Petit cadre, noirci.

2° Six vaches et pâtre, chariot. Noirci.

POUSSIN (Nicolas) : Temple de Jérusalem saccagé par Titus (tiers de nature). Il est à cheval, au milieu de la scène. Des soldats romains lui amènent des prisonniers. On ne sait pourquoi l'auteur a fait de Titus un personnage maigre et élancé, tandis que les statues antiques le représentent muni d'un certain embonpoint. Au premier plan, hommes tués. L'un à droite est d'un grand effet. Un captif à genoux est bien éclairé ; le reste est très-altéré.

PREISLER (Daniel) : Jésus-Christ appelant à lui les enfants (petites figures). Mauvais.

PRETI (Mathias) dit le Calabrais : L'apôtre Thomas incrédule. Le Christ semble tomber sur le côté gauche. Les deux doigts du saint s'enfonçant dans la plaie impressionnent péniblement. Belle tête et corps bien modelé et éclairé du Christ. Le reste est devenu noir.

PRIMATICCIO (François) : Moïse frappant le rocher. Un petit jet d'eau sort d'une pierre, à droite. Cadre trop étroit. Noirci. Mauvais.

PROCACCINI (Jules-César) : 1° Déposition de Christ. Les têtes de Marie et de Madeleine sont belles et bien éclairées; mais celle du Christ renversée, la bouche ouverte, est grimaçante et, de plus, noircie. Trop de personnages ; poses exagérées.

2° Madone assise avec l'Enfant à qui un ange présente des roses et une pêche. Copie d'un tableau plus grand, du musée de Munich.

PYNACKER (Adam) : Environs de Tivoli. Tour ruinée (mausolée Plautin). Très-vive lumière éclairant la tour à droite; éclaircie et eau à gauche. Le premier plan est noir.

QUAST (Pierre) : Divertissement de paysans hollandais. Charge de mauvais goût où l'on voit une jeune fille sur une espèce de chaise percée cachant son visage qu'elle pourrait montrer, et montrant une partie de son corps qu'elle devrait cacher. Mains mal dessinées.

QUELLINUS (Érasme), le jeune : Martyre de saint André. Ébauche.

QUELLINUS (Jean-Érasme) : Couronnement de Charles-Quint comme empereur, par le pape Clément VII. Faible, noirci.

QUERFURT (Auguste) : 1° Trois cavaliers et une dame aussi à cheval partant pour la chasse; batteurs, chiens. L'un des cavaliers, à terre, présente à l'un de ses compagnons déjà monté un verre de vin. Joli, mais noirci. Un cheval blanc est encore très-bien.

2° Retour de la chasse, pendant. Ici encore un cheval blanc a bravé l'action du temps, ainsi que son maître nous tournant le dos. Le reste est noir.

RAIBOLINI (François), dit *Francia* : Vierge et l'Enfant dans un paysage, assistés de saint François et de sainte Catherine, tous deux debout (petite nature). Marie regarde devant elle, les yeux à demi fermés et somnolents. Sa robe ne décèle aucune apparence de seins. Jolie sainte Catherine aux longs traits. Regard dévot de saint François. Le petit saint Jean lève vers le ciel des yeux langoureux jusqu'au comique. Peinture un peu sèche.

RAZZI (le chevalier Jean-Antoine), dit *il Sodoma* : La Vierge tenant devant elle, sur une table, les Bambini. Saint Jean, accroupi, les yeux levés, semble se pâmer; Jésus rit. La grande et grosse tête de Marie est bien insignifiante.

REGOLIRON (Bernardino) : Les empereurs Joseph II et son frère Léopold II debout et se donnant la main. Faible copie en mosaïque du tableau de Battoni.

REMBRANDT (Paul van Ryn) : 1° Portrait d'un jeune homme cuirassé et coiffé d'un chapeau avec panache. Il nous regarde fixement, une main à la hanche. Tête sans barbe, jolie bouche, air spirituel et résolu.

2° Saint Paul, assis devant un livre ouvert, une plume à la main, son épée près de lui..Belle tête à barbe blanche, au regard fixé vers la terre. Bon dessin, belle lumière; ombres noircies.

3° Buste d'un Juif coiffé d'un large chapeau et appuyé des deux mains sur sa canne. Tout noir.

4° Portrait d'un homme en habit noir. Il parle. Son visage souriant est plus malin que spirituel. Teinte blanche ; nul effet de clair-obscur.

5° Portrait d'une dame vêtue de noir et tenant ses gants, pendant du précédent et traité de même. Traits courts, vulgaires et un peu tachetés de rouge, moins bien renseignés, mais mieux éclairés que ceux de l'homme. La teinte blanche de ces deux portraits me ferait penser qu'ils sont plutôt de Ferdinand Bol que de son maître.

* 6° Portrait de la mère de l'auteur, en pelisse fourrée. Ce portrait portant la signature de Rembrandt est bien de lui. C'est même un de ses meilleurs. Quoique à demi éclairée seulement, cette femme vit, respire. Son visage ridé est décrit avec une exactitude minutieuse. Son beau nez et son ovale allongé ont une distinction qui manque à son fils, ressemblant sans doute au père. Sa bouche est bonne. Appuyée des deux mains sur sa canne, elle regarde devant elle. Une draperie posée sur sa tête descend sur le front. Son manteau est fermé par une riche agrafe.

7° Buste d'un tout jeune homme tenant un livre et chantant. Cette jolie petite tête, d'une gaîté naïve, n'est qu'à demi éclairée; le temps l'a noircie; cependant elle fait encore illusion.

8° Portrait de Rembrandt, déjà âgé, en bonnet fourré et habit brun, les deux mains passées dans la ceinture (jusqu'aux genoux). Tableau soigné et d'une belle lumière. Tête ridée, spirituelle, vivante, peu distinguée, moins vulgaire pourtant que dans ses autres portraits du même âge.

9° Portrait d'un jeune homme vêtu de velours et coiffé d'une barrette, petit buste entouré d'une guirlande de fleurs peinte par Daniel Séghers. Vraie tête de paysan : nez gros et court, grande bouche ouverte et montrant ses dents. La main tenant l'habit est fort bien dessinée.

10° Autre portrait de Rembrandt, âgé (buste). Celui-ci a été fait plus rapidement que le précédent. Les traits, le nez surtout, paraissent plus courts et plus communs. Du reste, la vie anime aussi cette espèce d'esquisse.

Rembrandt (école de Paul) : Paysage. Martyre de saint Laurent. Le grand cercle de spectateurs entourant le patient, est bien éclairé; mais ces personnages tournent au noir. Cependant beaucoup d'entre eux se détachent très-bien en silhouettes sur le sol que frappe la lumière.

Rems (Gaspard) : Saint Jérôme à genoux dans une grotte, devant un crucifix, et se frappant la poitrine avec une pierre. Mauvais.

Reni (Guido), dit *le Guide :* 1° Baptême du Christ. Son corps est bien dessiné. Le profil bruni, énergique de saint Jean, est très-beau; mais le dessin ne sépare pas assez le visage du cou et le cou de l'épaule. Trois anges, qu'on pourrait prendre pour de jolies femmes, assistent à la cérémonie. Bonne toile.

2° *Ecce homo.* La bouche et le menton du Christ sont trop efféminés, et la teinte est par trop blanche. Belle tête du reste. Un rayon lumineux entoure la couronne d'épines; beau torse.

3° Sibylle, le coude sur un coussin, méditant le passage d'un livre qu'elle tient ouvert. Jolie tête coiffée d'un turban blanc. OEuvre lâche, peu achevée.

4° Les quatre saisons accompagnées de trois génies. L'Hiver, femme au teint pâle et drapée jusqu'au menton, semble se retirer pour faire place à ses sœurs. L'Automne, en manteau rouge, avec des fruits près d'elle, tient par le corps un amour. Celui-ci allonge une main vers la couronne de fleurs du Printems, autre femme qui le regarde en souriant. Un peu plus haut, Cupidon, appuyé sur son arc, regarde fixement l'Été, nymphe toute nue, avec une petite draperie servant de feuille de vigne. Près d'elle, petit génie tenant une gerbe de blé. Ces femmes sont jolies, mais leurs carnations sont d'un blanc verdâtre peu naturel.

5° Vierge allaitant Jésus, à qui le petit saint Jean présente un oiseau (demi-figure). Les mains de Marie, dont l'une tient le sein nu et sur laquelle l'Enfant pose un bras; ce bras et celui de saint Jean sont trop rapprochés et jettent de la confusion. Les longs traits de la Madone manquent d'intelligence. Saint Jean, dans l'ombre, est trop noir; Jésus, en lumière, est trop blanc.

6° Buste de saint Pierre repentant, les yeux au ciel (première manière). Esquisse altérée; coloris pain d'épice.

7° Buste de saint Jean-Baptiste. Jolie tête d'adolescent à demi éclairée, mais devenue d'un gris verdâtre.

8° Buste de Madeleine en dévotion devant un crucifix. Tête froide d'un blanc mat.

9° La Vierge adorant l'Enfant Jésus endormi sur un lit. Teinte de cadavre. C'est dommage : la pose et les reliefs de l'Enfant sont excellents, et les mains de Marie sont fort bien traitées.

10° Présentation de Jésus au temple. A son visage enfantin, à sa poitrine sans reliefs, on prendrait la mère du Christ pour une première communiante, si sa robe était blanche. La tête levée du pontife est belle et bien éclairée. L'ensemble est faible.

11° *Ecce homo*, belle tête levée vers le ciel, esquisse un peu noircie.

RENI (école de Guido) : 1° La sainte Vierge ayant au giron l'Enfant qni tient un chardonneret par les pattes. Marie a la beauté adoptée par ce peintre. La grosse face de Jésus regarde le ciel avec un sérieux peu naturel.

2° La vierge (jusqu'aux genoux), assise près de l'Enfant Jésus endormi, soulève la draperie qui le recouvre, et le contemple. Belle tête de Marie, un peu froide. Jésus bien modelé est blanc comme une statue.

* RIBERA (Joseph de), dit *l'Espagnolet* : 1° Jésus au milieu des docteurs. Son profil très-éclairé est plein de vie ; mais son nez à l'épine concave et le bas du visage trop peu accusé, lui ôtent la distinction et l'énergie. Un vieillard, au premier plan, à gauche, le corps penché sur un livre ouvert et nous montrant son profil ridé, à demi éclairé, produit une grande illusion. Trois autres vieux Juifs placés derrière lui, sont encore plus dans l'ombre. Composition vigoureuse ; toile un peu noircie.

2° Portement de croix. Profil de bourreau, très-énergique et bien éclairé. Le Christ ne nous offre plus qu'une joue blafarde et Simon est presque effacé par le noir. Une tête de soldat nous regardant est triviale, mais d'une bonne lumière et très-vraie.

3° Saint Pierre repentant, mains jointes, les yeux au ciel, la bouche entr'ouverte (jusqu'aux genoux). Son visage maigre et en raccourci est éclairé du côté droit, et ne l'est qu'à demi de l'autre côté.

4° Un philosophe, qu'on croit être Pythagore, en méditation. Devant lui, tête de mort et livre sur une table. Les anciens ne connaissaient guère ce luxe de têtes de mort. Le philosophe est plutôt un saint Jérôme.

5° Autre philosophe — peut-être Archimède — faisant mouvoir un compas sur un livre.

RICCHI (Pierre), dit *le Lucquois* : Madeleine pénitente debout, en prière devant un crucifix, n'a pour tout vêtement que ses longs cheveux ; mais elle est abritée par le voile noir que le temps a jeté sur ses charmes.

RICCI (Marco) : Baptême de Jésus-Christ. Paysage rocailleux. Perspective très-bornée. Toile noircie.

RICHTER (David) : Paysage. Mauvais.

RIGAUD (Hyacinthe) : 1° Portrait de la duchesse Elisabeth Charlotte de Lorraine. Sourcils très-distants de l'œil ; long nez s'abaissant à son extrémité, bouche prétentieuse, menton détaché, paupières fatiguées et sans cils, pour ainsi dire. Genre Boucher.

2° Portrait d'un prélat, en robe de soie rouge et manteau en velours violet (jusqu'aux genoux). Il est assis dans un fauteuil. Costume et perruque à la Louis XIV. Grande et bonne tête dont le sourire décèle un peu de vanité.

ROBUSTI (Jacopo), dit le Tintoret : 1° Buste d'un sénateur vénitien, en robe rouge. Cette tête, à barbe blanche, a de l'analogie avec celle du Tintoret. Quoique tournée à gauche, elle nous regarde. Bon, bien éclairé.

2° Portrait d'un jeune homme brun en habit noir, debout près d'une colonne. Sa pose, comme celle du précédent, a quelque chose de forcé. Beau brun, au visage plein, à la peau tendue. Front sans saillie.

3° Portrait d'un homme à barbe grise, vêtu de noir. Visage vulgaire. Médiocre.

4° Buste d'un procurateur de Saint-Marc. Belle et excellente tête, longue, au nez busqué. Il regarde en bas, à droite, la bouche entr'ouverte.

5° Portrait d'un autre procurateur en robe rouge bordée de fourrure blanche. Visage commun et dur. Un peu noirci.

6° Portrait d'un officier de marine en armure, debout près d'une table, la main contre son casque posé sur cette table. Au fond, mer et galère armée. Sec, médiocre.

7° Portrait d'un homme à cheveux blancs, vêtu d'une pelisse brune. Visage rouge-brique. Barbe bien rendue.

8° Portrait de Nicolas Da Ponte, 87° Doge, à un âge très-avancé. Il porte son costume ducal. Il est assis, une main sur son siége. Très-long nez, bouche ouverte, sourcils relevés ; air cassé, maladif.

9° Portrait d'un homme assis, en habit brun fourré. Cheveux grisonnants relevés sur le front, sourcils prononcés, long nez, sourire caustique. Le front trop court, avec une seule ride, est peu intelligent.

10° Portrait d'un noble Vénitien, aux cheveux blancs. Visage peu distingué. Les yeux et la bouche sont colères. Nez concave et trop gros du bout.

11° Portrait de l'amiral Sébastien Vaniero, en armure, avec le manteau de pourpre. Visage rouge-brique. Mains mal peintes.

12° Portrait d'un vieillard assis dans un fauteuil (jusqu'aux genoux). Barbe et cheveux courts et bien rendus. Visage énergique, mais peu distingué. Le teint a tourné au rouge.

13° Saint Jérôme en prière dans sa grotte, son livre à ses pieds. Singulier visage baissé et souriant; pose étrange : une jambe levée et placée sur une pierre, l'autre plus bas.

14° Portrait d'un homme courbé par l'âge, assis dans un fauteuil (jusqu'aux genoux). Il parle à un tout jeune homme debout devant lui, tête nue et tournée vers nous. Bonne lumière.

15° Apollon et les Muses. Le dieu, un violon à la main, se rend à l'assemblée des neuf sœurs en volant dans la position verticale. Une d'elles l'accompagne, suspendue horizontalement. Ils sont drapés. Les autres muses sont presque nues.

16° Portement de croix. Copie très-réduite du Spasimo de Raphaël, à Madrid.

17° Portrait d'un homme brun, vêtu de noir. Sourcils et paupières tombants. Beau front. Visage bien peint; le reste est noir.

18° Portrait d'un jeune homme à barbe rousse, en pelisse noire, assis près d'une colonne, dans l'attitude d'un homme qui parle. Tête bonne, énergique, peu intelligente.

19° Portrait d'un procurateur en costume (jusqu'aux genoux). Trogne d'ivrogne, nez gros et rouge, pommettes saillantes, yeux colères. Bon, altéré.

20° Portrait d'un homme vêtu de noir, assis près d'une table. Visage commun, mais vivant et bien éclairé. Noirci.

21° Portrait d'un homme vêtu de noir avec pelisse fourrée. Altéré.

22° Buste d'un homme portant moustache et mouche.

23° Buste d'un homme à barbe noire très-fournie. Altéré.

24° Buste d'un homme vêtu de noir. Altéré.

* 25° Suzanne sortant du bain. Une jambe dans l'eau, elle essuie l'autre. Quoique nue et de face, sa pose n'a rien d'indécent. Son corps plié et penché en avant, partie éclairé, partie dans l'ombre, fait illusion : pose originale et gracieuse imitée par le Guerchin (*Musées d'Espagne*, p. 34). Le visage de Suzanne tournée vers l'un des vieillards est délicat, naïf. Ses cheveux blonds frisés sont relevés sur le devant de la tête. Le vieux regardant à travers les arbres, ne montre guère que son crâne nu. Paysage confus.

* 26° Buste d'un homme brun, en habit foncé. Peu achevé ou altéré.

23.

27° Déposition de Christ. Madeleine, le corps penché, les bras ouverts, contemple le Sauveur. Marie est évanouie, la tête renversée sur les genoux d'une sainte femme. On devrait changer le fond verdâtre de cette bonne toile, un peu noircie.

28° Hercule jette en bas du lit d'Omphale, le faune qui tentait de surprendre cette nymphe pendant la nuit. Deux serviteurs s'approchent avec des lumières. Derrière le rideau, homme presque nu. Au premier plan, deux femmes. Toile plus bizarre que belle.

29° Baptême du Christ dans un paysage. Jésus est trop courbé ; saint Jean, placé plus haut et debout, paraît trop grand. Anges drapés volant au-dessus d'eux. A gauche, barque avec cinq personnages. Au fond, eau, rochers. Noirci.

ROGIER ou ROGER, de Bruges : Adoration des Mages. Un vieux roi tient l'Enfant et le baise. Personnages trop entassés.

ROMANELLI (Jean-François) : 1° David assis sur le champ de bataille, et tenant la tête ainsi que l'épée de Goliath. Les filles de Jérusalem dansent devant lui. L'une d'elles, un tambour de basque à la main, se renverse de façon à faire craindre une chute doublement dangereuse. Jolie toile.

2° Triomphe d'Alexandre dans les Indes. A cheval, entouré de ses gardes, il reçoit les hommages de trois rois vaincus. Noirci.

ROOS (Jean-Henri) : 1° Bétail paissant près d'une fontaine et d'un bâtiment ruiné dans lequel on voit des chevaux à l'écurie. Jeune couple de paysans jouant avec un bouc et un agneau. Un chien se met de la partie en aboyant.

2° Paysage avec aqueduc en ruines. Bétail gardé par une jeune femme assise à terre et allaitant un enfant ; garçon agaçant un chien. Taureau blanc, etc.

ROOS (Philippe-Pierre), dit *Rosa da Tivoli* : 1° Troupeau, berger et trois chiens. Le berger, presque effacé par le noir, est au milieu des bêtes dont les parties blanches ont seules conservé leur lumière.

2° Berger endormi au milieu de son troupeau se composant de deux vaches et de plusieurs brebis (grandeur naturelle). Berger, moutons, chèvres, tout cela offre une masse compacte sans perspective aérienne. Altéré.

3° La cascade de Tivoli. Assez jolie toile ; mais l'eau seule est encore éclairée.

4° Combat de cavalerie. Bon, mais noir.

5° Autre combat de cavalerie. Nègre sur un cheval blanc. Noirci.

Rosa (Salvator) : 1° Paysage avec ruines, deux vaches et quatre personnages. Cascade ; plus loin, débris de colonnes épars ; arche en ruine et rocher. Les gens et les bêtes sont vus en silhouettes.

2° Saint Guillaume armé de toutes pièces et couché sur le dos, les mains liées à un arbre ; profil de soldat dans l'ombre. Toile plus étrange que belle.

3° Épisode de la grande bataille de Constantin contre Maxence, extrait de la fresque de Raphaël (dernière chambre du Vatican). Quart de nature. Un cavalier, monté sur un cheval noir, perce de sa lance et renverse un ennemi de son beau cheval blanc. La pose du premier me semble forcée. Un fantassin s'avance l'épée haute pour venger cette mort. Plus loin, un autre fantassin saisit par le manteau un cavalier portant une riche armure et un panache. Peinture vigoureuse ; bonne lumière.

4° Autre épisode de la même bataille. Combat entre un cavalier et un fantassin. Soldat renversé et tenu par les cheveux, tandis qu'on lui allonge un coup d'épée. Noir, confus.

5° Portrait d'un guerrier portant casque et collier en fer. Il est appuyé sur sa lance. Le visage est éclairé par le bas ; le haut est dans l'ombre que produit la visière du casque ; vraie tête de bandit regardant à notre droite.

6° Paysage allégorique. La Justice se réfugie chez les villageois. On la voit descendre, ayant sous elle un nuage d'une éclatante blancheur, sur une chaumière devant laquelle se trouvent une femme et deux paysans, l'un vieux, assis, avec un enfant dans les jambes, l'autre jeune, debout et d'un excellent relief ; les autres figures sont devenues noires. A gauche, moutons et vache blanche encore visibles.

7° Grande bataille de cavalerie romaine. Il y a beaucoup de mouvement, trop peut-être. Le noir est venu mettre fin au combat.

Rottenhammer (Jean) : 1° Repos en Égypte, paysage. Saint Joseph est noir comme un nègre. Marie, coiffée d'un turban, ressemble à une odalisque. Dans les airs, deux jolis petits anges. Le paysage, insignifiant, est de David Vinckenbooms. Petite toile.

2° Les quatre Éléments dans un paysage de Jean Breughel, ci-devant décrit.

3° Nativité. Marie et deux petits anges adorent à genoux le Messie. Les bergers s'approchent avec leurs présents. En haut, groupe d'anges descendant sur l'étable en ruine. Nus de terre cuite. Marie est d'une beauté vulgaire.

4° Jugement denier. Nous ne voyons que les élus montant au paradis. Petite esquisse assez bonne, mais altérée.

5° Autre scène du Jugement dernier. Ce sont les damnés précipités dans l'enfer : horrible pêle-mêle, couleur de pain d'épice.

6° Massacre des Innocents. Confus. Gros membres et visages mal dessinés.

7° Le Christ ressuscitant Lazare; tout petit tableau, altéré.

8° Le centaure Euryte enlevant Hippodamie. Coloris rouge, poses forcées ; horrible mêlée.

* ROTTMAYR (Jean) : Sacrifice d'Iphigénie. Cette jeune princesse est posée au milieu de la scène, à genoux sur un coussin rouge, le corps nu, sauf une petite draperie rouge. Elle lève vers Diane une main d'un relief parfait. Sa jolie tête exprime la surprise et la reconnaissance envers sa libératrice. La déesse, assise sur un nuage, montre du doigt l'animal, seule offrande exigée par l'Olympe. Il était temps ; déjà l'exécuteur avait saisi la victime, le poignard levé, et un tout jeune homme à genoux tenait le plat qui devait recevoir le sang de la fille d'Agamemnon. La physionomie de Diane est peu digne d'une grande déesse. Le cadre est trop petit pour tant de personnages. Aussi tout l'intérêt se porte sur Iphigénie dont le corps bien modelé et bien éclairé est gracieusement contourné.

RUBENS (Pierre-Paul) : 1° Déposition de Christ, esquisse achevée, de petite dimension. Le corps mort est bien éclairé ; la jambe droite allongée offre un bon raccourci. Marie ferme la paupière de son divin fils : circonstance que je remarque pour la première fois. Un bras du Christ est posé sur les genoux de Madeleine assise, la tête penchée vers lui. Saint Jean et deux saintes femmes ont une expression de douleur peu vraie.

2° Saint Ignace de Loyola, devant l'autel, délivre du démon des possédés (grande nature). Il est tourné vers le peuple, une main levée. Au bas des marches, une femme à la face livide fait des contorsions et crie. Un homme la soutient et regarde le saint avec anxiété. Au premier plan, un vieillard aux formes herculéennes et presque nu, est renversé et s'agite comme un épileptique. Il tient une corde, emblème de son asservissement au malin esprit. A droite, autre possédé déjà délivré. Près du saint, sont rangés les religieux de son ordre. En haut, les trois diables qui s'étaient logés chez ces malheureux se sauvent épouvantés. Dans les airs, charmants petits anges apparaissant entre les colonnes d'un portique. Belle architecture d'intérieur d'église (style grec).

3° Assomption de la Vierge (grande nature). Marie, en robe blanche et manteau bleu, s'élève, les bras et les yeux tournés vers le ciel. Sa tête bien éclairée et d'un bon raccourci, est trop grosse et trop rapprochée du bord supérieur du cadre. En bas, deux apôtres repoussent la pierre qui fermait le tombeau de Marie et trois saintes femmes s'emparent du suaire ne contenant plus que des roses. Elles sont fort jolies et gracieusement groupées. Ce tableau cintré par le haut devait occuper le milieu d'un autel, entre le précédent et le suivant.

4° Saint François Xavier dans les Indes, prêchant l'évangile et faisant des miracles (grande nature). A droite, sur une estrade ressemblant trop à un piédestal, le saint debout, une main levée, crie aux morts qu'on voit à gauche : « Levez-vous ! » Son visage énergique et son air inspiré sont d'un bel effet. L'un de ces ressuscités, dont on vient d'exhumer le cercueil, a été copié sur une figure assise au premier plan dans le jugement dernier de Munich. Deux jeunes femmes et une dame âgée entourent ce ressuscité et expriment avec larmes, leur gratitude : groupe attendrissant, traité avec une grande habileté. Un Indien sort aussi de son tombeau. Une malheureuse mère tenant sur ses bras son enfant mort, supplie le saint de le rendre à la vie. Le visage de cette femme, quoique devenu vert, est d'une expression saisissante. A gauche, sur un plan plus élevé, extérieur d'un temple païen avec la statue brisée du Bacchus indien. Autres personnages. Dans les airs, la Religion tenant un globe et un calice, puis gloire d'anges.

Ces trois grandes toiles, exécutées en très-peu de temps et peu achevées seraient néanmoins d'un bel effet, si elles se trouvaient placées, comme elles devaient l'être, dans une église, à une certaine hauteur et vues de plus loin.

5° Saint Jérôme, en costume de cardinal (demi-figure). Il est presque aussi rouge que sa robe. L'ombre de son chapeau cerne les yeux d'une façon disgracieuse. Le reste du visage est vivement éclairé ; mais la barbe d'un gris d'ardoise est peu vraie. La robe rouge est bien rendue.

6° Saint Pépin, duc de Brabant, avec sa fille sainte Bègue, vêtue en béguine d'après le catalogue. De fait, elle porte une riche et jolie robe rose des plus élégantes. Le costume de l'ordre par elle fondé ne ressemble guère à cette toilette. La sainte est la Fermann, jolie blonde aux yeux noirs. Le coloris de son visage est sec et semblerait annoncer que ce portrait n'a pas été achevé : le saint, au contrire, quoiqu'à demi éclairé seulement, est plus vivant et mieux modelé. Sa coiffure verte en guirlande rappelle celle de couleur rouge de l'avare de Metzys (musée de Munich).

7° Buste d'un vieillard en habit rouge. Le crâne nu et en lumière est blanc, tandis que le profil dans l'ombre est rouge. Ébauche.

8° Méléagre et Atalante chassant le sanglier calédonien. Deux cavaliers et un valet l'attaquent avec piques et javelot. Autre groupe de chasseurs. Méléagre, à leur tête, plonge sa hallebarde dans la gueule du monstre, au moment où Atalante vient de lui décocher une flèche. Atalante est fort jolie; ses formes sont sveltes, agréables : chose assez rare dans les tableaux de Rubens. Seulement l'avant-bras droit levé pèche par le dessin.

* 9° Saint Ambroise refuse à l'empereur Théodose l'entrée de son église à cause des cruautés commises en Thessalonie. Pièce d'autel (grande nature). Le saint, en riche costume épiscopal, s'est avancé jusqu'au haut des marches du péristyle du temple ; il repousse de la main l'empereur courbé devant lui et s'apprêtant à franchir la dernière marche. Leurs poses rendent fort bien la sainte indignation du premier et la confusion de l'autre. Derrière l'empereur, trois de ses généraux vigoureusement dessinés, aux types plus militaires que sensibles, semblent s'étonner de la sévérité du pontife. Après la promesse d'un pardon général faite par Théodose à saint Ambroise, on avait égorgé 7,000 citoyens pour venger la mort du gouverneur de Thessalonique tué dans une émeute. « Mais en guerre, tout n'est-il pas permis, semblent dire les courtisans? » Très-belle page. Je trouve seulement le profil du saint, quant à la bouche surtout, trop peu distingué, et la tête trop enfoncée dans le haut de son immense chasuble. Il existe une belle gravure au burin de cette composition remarquable copiée par Van Dyck (national gallery de Londres).

10° Alliance du jeune blondin Ferdinand III de Hongrie avec l'Infant Charles Ferdinand (grande nature). Ils s'abordent en se pressant la main. Derrière l'Infant vainqueur, capitaines, cavaliers, drapeaux. Derrière Ferdinand, le vaincu, capitaines à pied et cheval tenu en bride par un page. Plus bas, vieux Fleuve, couronné de roses, les yeux levés vers le ciel. Femme nue, et devant elle, une jeune et belle princesse en manteau de velours bleu garni de fourrure, le coude appuyé sur une couronne en or et nous regardant tristement, figure allégorique de la Hongrie. La partie inférieure de cette composition vaut mieux que le reste.

11° Les quatre parties du monde représentées par leurs fleuves principaux personnifiés (grande nature). Sur le devant, le *Gange*, vieillard, aux cheveux frisés et grisonnants, à la barbe blanche. Son profil est du type de l'Hercule. Une jeune blonde s'appuie sur son épaule et se penche vers le *Maranthon* tenant un coco à la main. Près de ce dernier, une femme aux cheveux châtains. Plus bas, à droite, tigresse allaitant ses petits et montrant ses crocs à un crocodile qu'entourent trois petits génies. Le *Nil* assis à terre sur un manteau violet, le tête couronnée d'épis, allonge le bras gauche contre un grand vase renversé. Près de lui, crocodile et trois enfants. Au milieu, nymphe assise se retournant pour nous regarder. Sa tête est ornée d'une guirlande en pierres précieuses. A l'extrême gauche, le *Danube* et une femme nue se tenant entrelacés et se regardant tendrement. Frais, mais confus et froid.

* 12° Portrait de l'auteur sexagénaire (demi-figure). Il porte un grand chapeau; une de ses mains s'appuie sur la poignée de son épée. Le temps a pu maigrir et rider son visage, mais il a respecté sa beauté. Il est vivant; ses beaux yeux, nous regardant de côté, sont pleins de feu, pleins d'esprit, pleins de tendresse. L'homme d'un vrai génie, qui n'a pas connu la haine, ne peut jamais devenir laid.

13° Esquisse du saint François-Xavier, décrit ci-dessus (4°).

14° Le Sauveur pleuré par la Vierge et par saint Jean. Ce dernier est bien jeune; il a l'air d'un petit valet. Le corps mort est beau et bien éclairé; mais sa teinte verte, les yeux creusés et laissant voir un peu du blanc de l'iris, enfin cette épine que Marie retire du crâne encore sanglant : tout cela cause une impression désagréable.

15° Esquisse achevée du tableau ci-devant décrit (2°).

16° Portrait de la maîtresse du Titien, en robe de satin blanc, brodée en or. Elle tient un éventail de la forme de certaine girouette. Copie du tableau du Titien, du musée de Dresde. (Voir l'article Dresde.)

* 17° Cimon regardant Ephigénie et ses deux compagnes endormies dans un jardin, sujet tiré de Boccace. Les chairs de ces femmes nues sont molles, flasques, lymphatiques, mais rendues avec une grande vérité. La nymphe du devant plus étalée et moins vêtue encore que les autres, entr'ouvre un peu les yeux, ce qui rend plus piquante sa position de femme nue surprise par un homme. Cimon en veste, avec une culotte descendant à mi-cuisse seulement, ressemble assez, par son visage penché dans l'ombre, à un faune. A gauche, fontaine, dans le bassin de laquelle un faisan se désaltère. Au premier plan, fruits, singe.

18° Buste de saint André mis en croix. Son visage brun, avec une forte barbe noire, est renversé en arrière et crie. Raccourci vigoureux.

19° Portrait d'Anne-Marie, archiduchesse d'Autriche, épouse de Louis XIII. Grands yeux noirs avec grands sourcils relevés, beau nez, jolie bouche, menton très-saillant. Peau trop tendue.

20° Buste d'un homme, d'une physionomie noble, selon le catalogue, laide selon nous. Plis du front irréguliers, annonçant peu de justesse dans les idées ; sourcils très-relevés à leur extrémité et très-froncés vers le nez, nez busqué à l'épine très-large, lèvres charnues, menton saillant.

21° Tête d'un lévite se tournant vers nous. Belle étude de barbe et cheveux blancs frisés. Le visage n'est guère qu'indiqué.

22° Buste d'un homme noble, à barbe grise. Belle tête longue, au menton pointu. Teinte de pastel. Est-ce là un Rubens ?

23° Portrait d'Élisabeth, première femme de Philippe IV d'Espagne. Front large, grands et beaux yeux et sourcils noirs, nez aquilin, jolie petite bouche charnue, menton en boule. Tête belle, bonne, intelligente.

24° Buste d'un homme brun. Profil grossier, d'un excellent relief, quoiqu'à demi éclairé seulement.

* 25° Triptyque d'autel. Dans la pièce du milieu, Vierge en trône, entourée de quatre saintes et présentant la chasuble à saint Ildephonse agenouillé. En haut, trois jolis anges dans une gloire. Marie se penche, en souriant à demi, vers le saint qui semble baiser la robe offerte. Derrière lui, à droite, deux jolies Flamandes, dont l'une est la Fermann ; à gauche, deux autres saintes blondes, dont les traits sont un peu altérés. Visage plein et large de Marie, beau profil du saint, moins achevé que les autres têtes.

Volet de droite : l'archiduc Albert, bardé de fer, tête nue, avec manteau doré doublé d'hermine et pèlerine de même fourrure. Il est à genoux près d'un prie-Dieu, au bas duquel est déposée sa couronne. Tête longue, maigre, barbe grise terminée en pointe. Saint Albert debout, une main sur l'épaule du prince, le recommande à la Madone. Belle tête mâle du saint.

Volet de gauche : l'archiduchesse, en riche costume de reine, ayant aussi près d'elle sa couronne ; ses traits accentués annoncent l'énergie et font craindre un caractère altier. Beau profil du reste. Sainte Rose, sa patronne, en habit de visitandine, tenant une couronne de roses sur un livre, se penche vers la princesse et la regarde avec intérêt.

Ce triptyque est un chef-d'œuvre.

26° Sainte Famille qui ornait l'extérieur des volets du triptyque précédent. Marie est une jolie Flamande aux cheveux blonds, aux yeux noirs, ayant, — on ne sait pourquoi, — un sein mis à nu. Jésus, occupé à manger une pomme, penche trop la tête de côté. Élisabeth, coiffée d'un bonnet de nuit, est laide et mal dessinée ou altérée. Saint Joseph regarde Jésus d'un air sombre. Le petit saint Jean, tenu par sa mère et tendant vers le Bambino ses mains jointes, est ce qu'il y a de mieux. Ce couvercle ne vaut pas ce qu'il renferme.

* 27° Trois enfants nus, assis à terre, et le génie de l'Innocence. Ce dernier enfant, le seul qui ait des ailes, tient un agneau. Deux des trois autres sont assis et tournés l'un vers l'autre. Le troisième, tenant une grappe de raisin, se penche pour regarder l'agneau. Au premier plan, à droite, corbeille de fleurs. Ce tableau, d'une grande fraîcheur, est charmant. Bonnes poses, bons modelés, belle lumière.

28° Sainte Madeleine repentante, assise, se tord les mains en pleurant et renverse du pied sa cassette aux bijoux. Cette scène a lieu, sans doute, après le départ et les remontrances du Christ. Marthe, assise à l'écart, regarde sa sœur de côté et témoigne la joie que lui fait éprouver cette conversion. Le bas du visage de Madeleine est trop poupard et trop flamand ; ses joues sont trop rouges.

* 29° Fête de Vénus à Cythère. Trois couples de faunes et bacchantes dansent à gauche. L'un soulève sa danseuse, qui le tire par les cheveux en se renversant. Une autre, saisie au corps, se penche pour embrasser le téméraire. Son corps contourné et ses seins nus sont d'un effet peu séduisant. La plus gracieuse des trois, les pieds légèrement posés à terre, nous montre son dos et son joli profil en se regardant celui qu'elle tient par les mains levées et qui l'embrasse. Une charmante bande de petits amours danse en rond autour de la statue de la déesse. Autres personnages assez insignifiants. Joli tableau, un peu trop licencieux.

30° Annonciation. Cette Vierge se tenant droite et raide, aux traits anguleux, aux joues d'un rouge brique foncé, et cet archange avec des cheveux d'un jaune d'or voltigeant en désordre, sont-ils bien de Rubens ?

* 31° Portrait en pied de la seconde femme de l'auteur. Scène

secrète d'intérieur. Rubens, sur le retour de l'âge, était évidemment très-épris des charmes de la jeune Hélène Fermann, lorsqu'il eut la fantaisie de la décrire des pieds à la tête. En effet, elle a pour tout vêtement une pelisse d'un bleu foncé jetée sur ses épaules et dont, par pudeur, elle ramène les bords de manière à cacher sa ceinture. Elle a sur la tête un léger voile blanc maintenant les cheveux et passant sur le haut du front. Ici l'ovale de son joli visage et le mouvement de sa tête vue de face et regardant de côté comme si elle craignait d'être surprise dans ce costume, sont rendus avec plus de soin, plus de poésie, je dirai même avec plus d'amour que dans ses autres portraits. Mais ce qui étonne, c'est la description par trop exacte et trop prosaïque des jambes et des pieds. Des enfoncements irréguliers au-dessous des genoux, ainsi que l'orteil grossi et déformé par les chaussures sont rendus avec une rare franchise. Les seins volumineux sont soutenus, mais rapprochés l'un de l'autre par le bras droit s'allongeant transversalement. Le corps, d'une grande blancheur, est modelé et éclairé avec un talent supérieur. Ce portrait singulier est un vrai chef-d'œuvre.

32° Grand paysage montagneux de la Phrygie dévasté par l'inondation. Au premier plan à gauche, en haut d'une colline, on voit Jupiter, Mercure, Philémon et Baucis se sauvant. Le ciel sillonné d'éclairs est obscurci par la pluie. Médiocre ou altéré.

33° Entrevue et réconciliation de Jacob et d'Esaü (petite dimension). Esaü est costumé en guerrier romain. Derrière lui, soldats. Il se penche avec intérêt vers Jacob agenouillé et suivi de femmes avec leurs enfants.

34° Angélique surprise pendant son sommeil par l'enchanteur qui tire le bout de la draperie protégeant sa nudité. Au lieu d'une héroïne de roman, nous avons ici une grosse Flamande bien modelée et éclairée, et profondément endormie.

35° Représentation allégorique d'une victoire remportée. Une grosse femme couronne un guerrier assis sur des corps morts. Composition dont les images horribles ou ignobles sont indignes d'un génie comme Rubens.

36° Paysage avec un château antique au milieu du lac. Au premier plan, des amoureux de distinction, sous prétexte de danse, cherchent à jeter leurs belles sur le gazon. Le château est comme frotté. Le reste est assez bon.

37° Portrait de l'archiduc Ferdinand, roi de Hongrie, en costume national, le sceptre en main (forte nature, demi-figure).

38° Portrait de l'Infant Charles-Ferdinand, cardinal et gouverneur des Pays-Bas (demi-figure). Il est en armure avec le chapeau à panache, le bâton de commandement à la main (forte nature).

39° Portrait de l'empereur Maximilien Ier, en armure (jusqu'aux genoux). Traits peu distingués; armure luisante bien rendue.

40° Portrait (jusqu'aux genoux) du duc de Bourgogne, Philippe le Bon, en costume de guerre, et la tête nue. Son manteau, doublé de rouge, se confond trop avec son habit de même couleur. Visage sans barbe, dur, orgueilleux, boudeur.

Ces quatre dernières peintures, peu achevées, devaient figurer sur un arc de triomphe à Anvers.

41° Portrait d'un homme âgé en habit noir avec un large collet blanc. Front penché en arrière, nez gros du bout, menton plat, bouche qui semble siffler. Bons reliefs.

42° Portrait de profil d'un homme âgé et chauve. Petit front. Les sourcils, se relevant avec effort, annoncent une élocution difficile. Bon modelé.

43° Portrait d'une dame ayant un nœud de ruban sur la poitrine. Tête pâle, trop longue du haut. Devant elle, draperie rouge noircie.

44° Buste d'un enfant. Tête nue couronnée de pampre. Il tient une flûte. Joujoux sur une table. Médiocre.

RUBENS (d'après Pierre-Paul) : Copie du paysage, dit *le Retour des champs*, dont l'original est au musée Pitti à Florence (voir *Musées d'Italie*, p. 70).

RUBENS (École de Pierre-Paul) : 1° Repas d'Assuérus et d'Esther. Flamand et Flamandes. Médiocre.

2° Portrait de Marie de Médicis, reine de France, portant la couronne. Bas de visage engorgé. Coloris sec.

RUGENDAS (Georges-Philippe) : Les malheurs de la guerre, en deux tableaux. Dans le premier, des paysans à genoux implorent la pitié d'un officier à cheval. Au fond, incendie et soldats en marche au pied d'une montagne. Dans le second, blessés; plus loin, troupes. Dans le fond, bataille. Au premier plan, deux villageois, arrêtés près d'un blessé, semblent se demander s'il respire encore. Assez bons, mais noircis.

RUTHARD (Charles) : Trois chasseurs à cheval poursuivant un cerf qui saute dans l'eau. Tout noir.

RUYSCH (Rachel) : Pièce de fleurs. Médiocre.

* RUYSDAEL (Jacques) : 1° Forêt, et au-devant, petit ruisseau que traverse un chemin. Ciel avec nuages blancs; belle lumière à gauche entre les arbres, dans le fond et aussi sur l'eau et sur le

chemin ; excellente perspective. Il n'y a pour ainsi dire que des arbres et de l'eau, et pourtant ce tableau est le plus beau de la chambre dite des paysages.

2° Paysage avec un torrent sortant d'un défilé formé de rochers que traversent plusieurs personnes sur un mauvais pont en planches. Noirci.

3° Paysage boisé. Toute petite et jolie toile. A gauche, bois noirci. Au premier plan, eau et chemin à demi éclairés. Au delà, vive lumière sur un gazon et sur les arbres à l'entrée du bois.

RYCKAERT (David) : 1° Sorcière chassant d'une caverne des fantômes avec son balai. Amas hideux de squelettes d'animaux se mouvant dans toutes sortes de positions. La sorcière tient de l'autre main son tablier contenant divers objets en argenterie.

2° Fête de village. Foule de paysans chantant et buvant. Ce tableau, dont les personnages sont plus grands que ceux ordinaires de Téniers, est inférieur aux compositions du maître. Un homme sur un cheval blanc, regardant la fête, est ce qu'il y a de mieux.

3° Sac d'un village. Soudards faisant la débauche autour d'une table devant une auberge. Objets pillés. Le chef va enfourcher son cheval à la queue duquel il a lié deux paysans. Femmes et enfants implorant pour eux l'officier. Celui-ci regardant avec intérêt, — est-ce compassion ou convoitise ? — l'une de ces femmes, grosse mère aux deux mentons, est bien peint ; le reste est faible.

4° Vieillard assis près d'une table et lisant un livre d'anatomie à la lueur d'une chandelle. La lune pénètre par la porte ouverte. Sur ce livre, on voit le dessin d'un squelette. Mauvais, noirci.

RYE (Gilles de) : Trois anges procédant à l'inhumation de sainte Catherine. Un quatrième descend du ciel avec une couronne de fleurs et une palme. Ce dernier, volant la tête en bas, est bien modelé et éclairé. Les autres ont des poses maniérées. La sainte est une Allemande, aux cheveux blonds et pendants.

SACCHI (André) : 1° Junon sur un char tiré par deux paons. Visage à demi éclairé. Noirci.

2° Noé ivre et assoupi est tourné en dérision par Cham. Les deux autres n'ayant qu'un manteau pour deux et ne paraissant pas disposés à s'en dessaisir, tournent le dos à leur père. Aussi a-t-on eu recours à une feuille de vigne absurde.

3° La Sagesse divine, assise sur un trône dans les nues et tenant un sceptre et un miroir, est entourée des Vertus. Bonne esquisse, altérée.

SADELER (Gilles) : Saint Sébastien nu lié à un arbre et percé de flèches. A ses pieds, est son armure. Visage sans caractère, cuisses et jambes trop fortes ; raccourci de l'avant-bras droit mal rendu. Du reste, assez bons relief et coloris ; belle lumière.

SALIMBENE (Ventura), dit *Bevilacqua* : Madone assise à terre dans une campagne, avec les Bambini. N'est-ce pas la copie d'un tableau de Delsarte ?

SALVI (Jean-Baptiste), da *Sassoferrato* : Madone assise (figure jusqu'aux genoux) et penchée sur son fils endormi. Il y a un peu de confusion dans leurs bras et aussi dans les jambes de Jésus, de même teinte que son lange et que les manches de la Vierge. Il dort fort bien, son visage est joli. Marie est sur le point de s'endormir aussi.

SALVIATI (François) : Le Christ sortant du tombeau. Un ange montre aux saintes femmes, la place laissée vide. Ce groupe est ce qu'il y a de mieux. Jésus se détachant sur le ciel est mal dessiné. Soldats réveillés en sursaut : singulier amas de bras et de jambes de terre cuite. Au fond, Jérusalem et le Calvaire.

SAMBACH (François-Gaspard) : Imitation d'un bas-relief antique représentant neuf petits génies de Bacchus en goguette. L'un, couronné de pourpre et renversé sur le dos, est porté sur les épaules de trois autres. Panthère endormie. On croirait voir un bas-relief en marbre.

SANDRART (Joachim de) : 1° Madone assise dans un paysage avec Jésus qui passe au doigt de sainte Catherine l'anneau des fiançailles. Tête de Marie bien modelée et éclairée, mais type vulgaire. La sainte a le gros visage d'une servante d'auberge. Saints Guillaume et Léopold d'Autriche assistant comme témoins, sont bien peints ; mais l'un a le front trop haut, et l'autre a la mine d'un garde-chasse. Saint Jean est à genoux sur le ventre de son agneau. Pauvre bête ! Pauvre idée !

2° Archimède mesurant avec un compas des lignes tracées dans un livre. Instruments de mathématiques. Barbe blanche et rides exagérées. Noirci.

3° Allégorie. Pallas (la Sagesse) et Saturne (le Temps) protégent les arts représentés par deux petits génies, contre les attaques de l'Envie. Cette toile n'a qu'un mérite : sa belle lumière.

SANZIO (Rafaelo), dit *Raphaël* : 1° Sainte Marguerite victorieuse du démon. Sa charmante tête baissée vers ce monstre, est à demi éclairée, sa chevelure rappelle celle de l'Apollon. Sa robe bleue collante dessine ses formes, notamment le bras et le sein de droite qui sont comme les cuisses bien éclairés. Sous la manche d'un bleu pâle, est une autre manche d'un bleu foncé. Sur son bras gauche, armé d'un petit crucifix, est jeté un manteau rouge dont elle tient un pan. A droite, énormes anneaux, et à gauche, gueule ouverte du monstre. En haut, à droite, ouverture de la grotte, garnie de petits arbres s'y dessinant en silhouettes et beau ciel bleu. Il en est qui regardent cette toile comme une copie faite par Jules Romain. On voit au Louvre une reproduction inférieure de ce tableau (n. 379).

2º Repos en Égypte. La Vierge agenouillée à terre fait pencher le corps de son fils vers le petit saint Jean qui lui présente des fruits dans sa nébride, en fléchissant un genou. Charmant sourire tendre et joyeux de celui-ci. Ici la main du même copiste s'aperçoit dans les ombres du visage de Jésus et du profil de la Vierge, profil un peu sec, mais d'un beau dessin. Toutefois le modelé des corps d'enfants, le pied du Bambino, posé sur la cuisse de sa mère, et le visage penché et en raccourci de saint Joseph sont de main de maître. Les traits trop grecs, c'est-à-dire trop droits de Marie, manquent par cela même d'intelligence. Ses cheveux tombent en bandeaux sur les tempes. Deux mèches s'en sont détachées et pendent sur la joue. Ombres du front, noircies, le reste très-frais.

* Madone dite à la verdure, parce qu'elle est assise sur un banc de gazon dans un paysage. Elle tient l'Enfant Jésus debout près d'elle. Le petit saint Jean, un genou à terre, présente au Bambino sa croix de jonc, que ce dernier saisit par le haut. Marie porte une robe d'un rouge foncé, fermée en demi-cercle avec une bordure sur laquelle sont tracés des caractères et la date du tableau (1506). Son manteau bleu est bordé d'un fil d'or. En soutenant Jésus, elle jette un regard affectueux sur le précurseur : geste et regard exprimant deux sentiments tendres mais différents. Rien de plus simple, de plus noble et de plus gracieux que sa pose. Sa tête offre les lignes distinguées et vraies de l'Apollon et non la ligne droite et inintelligente des Vénus antiques. Ses cheveux entourés d'une tresse couronnent sa belle tête ornée d'un léger voile. Quoique ses yeux soient baissés, on aperçoit les pupilles et l'on saisit facilement l'expression de son regard. Ses formes sont parfaites. Ce tableau, bien conservé, doit prendre rang à côté des plus belles vierges de Raphaël.

SANZIO (d'après Rafaelo) : Ancienne copie du Spasimo de Madrid, réduite au tiers de nature. Très-exacte, même pour le coloris rouge brique.

SARACENO (Charles), dit le Vénitien : Judith (demi-figures). La tête d'Holopherne, la bouche ouverte, est vue de face. L'héroïne est une jolie villageoise nous regardant en dessous. Effet de nuit remarquable. Le buste de la servante est tout noir. Ombres noircies.

SAVERY (Roland) : 1º Bouquet dans un vase de porcelaine bleue.

2º Paysage avec diverses sortes d'oiseaux. Dans le fond, vieille tour sur un rocher, et plus loin, ville, eau, canards. Assez bien. Fond trop bleu.

3º Partie de forêt. A droite, ville et château situé sur une montagne. Petite éclaircie à gauche. Pièce d'eau par devant; grands arbres.

4º Contrée montueuse et inculte, avec un torrent. Au premier plan, le Christ tenté par Satan. Figures noircies. Tronc d'arbre renversé au-dessus d'un petit torrent; arbres; fond bleu.

5º Partie de forêt. Grande ville dans le fond. Sur le devant, un bûcheron en conversation avec deux femmes; marchande de fruits rouges étalés sur une pierre (bon effet). La forêt n'est pas assez profonde et le dernier plan trop bleu se confond avec le ciel.

6º Vue d'une contrée du Tyrol avec forêt, d'où s'élance un torrent et d'où sortent plusieurs voyageurs. Vallée à droite. Il n'y a de ce côté qu'un premier plan; fond trop bleu à gauche.

7º Paysage. Quadrupèdes et oiseaux qu'Orphée charme avec sa lyre. Les femmes de la Thrace se jettent sur lui avec fureur. Le premier plan est noir, puis vive lumière. A droite et à gauche, ruines.

8º Le Paradis terrestre et ses animaux. Dans le fond, Adam et Ève tentés. Médiocre.

9º Contrée sauvage et rocheuse. Sur le devant, charpentiers.

10. Orphée aux enfers. Noir.

SCHAEUFELEIN (Jean) de Nordlingen : Tête de jeune homme, aux cheveux flottants, cou nu. Il veut rire et grimace. Mauvais.

SCHAFFNER (attribué à Martin) : Vierge, en trône sous un baldaquin, tenant l'Enfant à qui saint Joseph présente une pomme; elle a un livre dans l'autre main. Vue sur la campagne par une fenêtre ouverte. Mauvais.

SCHALKEN (Godefroy) : 1º Jeune fille près d'une fenêtre, mettant une chandelle allumée dans sa lanterne. Au fond de la chambre, trois hommes jouant aux cartes et fumant (petites demi-figures). On ne voit plus guère que le visage frais et joufflu de la jeune fille, qui regarde en l'air avec distraction : aussi porte-t-elle maladroitement sa chandelle. Le reste est noir.

2º Vieillard assis près d'une table et lisant une lettre à la lueur d'une chandelle. Bonne tête. Sourcils relevés, paupières baissées, air attentif. Noirci.

SCHIAVONE (André) : 1° Son portrait, à un âge avancé. Il porte une robe noire fourrée. Longue tête nue, front haut, penché en arrière, long et beau nez; sourcils relevés, bouche railleuse, barbe blanche.

2° Adoration des bergers. Au fond, ruines. Jolie Vierge en robe rouge fermée au cou. Tête longue, yeux baissés, air très-sérieux. L'Enfant, couché sur le dos, est bien éclairé.

3° Sainte Famille dans un paysage. Jolie tête de Vierge qui se baisse pour regarder Jésus. Sainte Catherine, que le temps a décolorée, tient dans ses bras le Bambino. Leurs bouches entr'ouvertes se touchent presque. Saint Joseph, et le petit saint Jean appuyé sur son mouton, contemplent Jésus.

4° Apollon poursuivant Daphné. Mauvais, altéré.

5° Figure allégorique jouant de la basse. Cette femme, un genou en terre, le corps contourné, avec des seins trop gros, des bras de bois faits au tour et un profil insignifiant, est mal posée et mal peinte.

6° Vénus tenant un vase; Cupidon. Moins mauvais, altéré.

7° Un homme et l'Amour, allégorie. Le premier a souffert; Cupidon est encore éclairé et d'un bon relief.

8° Le Christ devant le grand-prêtre, les mains liées au dos (demi-figures). Médiocre, noirci.

9° Sujet allégorique, esquisse. Minerve couronne un guerrier portant une épée et une balance. A gauche, vieux fleuve; à droite, jeune blonde à genoux, versant de l'eau dans un bol. Pallas est mal peinte.

10° Le Consul Curius, s'occupant de sa modeste cuisine, reçoit la visite des ambassadeurs samnites et refuse leurs présents. Curius, assis et mal posé, est un jeune homme de dix-huit ans, sans barbe. Mauvais, noir.

SCHIDONE (Bartolommeo) : 1° Jésus à Emmaüs. Effet de clair-obscur. Le Christ est un joli garçon vulgaire. A gauche, vieillard, le profil dans l'ombre, avec une barbe blanche encadrée d'une ligne noire qui ne se comprend pas. Il y a évidemment altération. A droite, autre disciple ayant, comme le premier, des traits communs. Profil peu séduisant de la servante, tout enveloppé de blanc. Le festin consiste en un plat de salade, avec pain et une coupe pleine de vin : accessoires très-bien éclairés.

2° Mise au tombeau (petite dimension) : Assez bon, bien conservé et bien éclairé.

SCHINNAGHEL (Maximilien-Joseph) : 1° Paysage. Entrée d'une forêt et figures. Le milieu, où se trouvent un berger qui vient de traverser un ruisseau, une femme assise et d'autres personnages, dont un cavalier, est, ainsi que le fond à droite, bien éclairé et d'un bon effet. Le reste est noir.

2° Paysage boisé avec eau et pêcheurs. Paysanne et petit garçon sur un chariot dont le cheval est conduit par un piéton. Insignifiant, noirci.

3° Même genre de paysage. Deux cavaliers cheminent, précédés d'un paysan. A droite, femme assise avec un enfant; à gauche, éclaircie; homme dans l'eau. Grands arbres noircis.

4° Même genre. Vue bornée. Deux beaux effets de lumière : l'un sur le devant, où sont les personnages fort bien peints; l'autre à gauche, dans le fond, se terminant par des montagnes de roches.

SCHOEN (Martin) : Pièce d'autel à deux volets. Au milieu, crucifiement. Sur le volet droit, sainte Madeleine avec sa boîte, et sur le volet gauche, sainte Véronique avec la sainte face. Christ trop long et par trop maigre. Dessin et coloris secs. Marie a de vilains yeux et une vilaine bouche. Saint Jean en larmes n'est pas plus beau.

SCHOENFELDT (Jean-Henri) : 1° Esaü et Jacob réconciliés (petite dimension). On dirait qu'ils dansent une polka au milieu d'un cercle de spectateurs.

2° Gédéon, avant d'attaquer les Madianites, fait boire son armée arrêtée près du Jourdain. De chaque côté de la rivière, temple en ruine. Au fond, pesonnages à l'état d'ombres. Mauvais, altéré.

3° Sacrifice païen. Mauvais.

SCHOOREL (Jean) : 1° Son propre portrait. Petits yeux vifs, spirituels, grand nez courbé à sa racine, descendant au delà des narines et gros du bout. Bouche d'homme bon, sensé, méthodique; menton proéminent et fendu.

2° Portrait d'une dame vêtue d'une robe brune, avec large bordure en velours noir. Belle lumière; robe et guimpe bien rendues. Les mains, l'une dans l'autre, sont d'un bon relief et bien éclairées. Le visage offre des lignes peu régulières.

SCHUBRUCK (Pierre) : Énée sauvant son père et son fils pendant l'incendie de Troie. Noir par devant, un peu éclairé au milieu, rouge dans le fond, à cause des flammes. Médiocre.

SCHUPPEN (Jacques van) : 1° Portrait d'Ignace Parrocel, peintre de batailles (jusqu'aux genoux). Il est assis devant un tableau de guerre. Tête longue, surmontée d'un bonnet aussi très-long et posé sur l'oreille. Front chauve, yeux noirs, nez acquilin, petite bouche pincée, menton exigu. Mains et manches bien éclairées. Assez bon.

2º Portrait d'un seigneur en robe de chambre de velours cramoisi (jusqu'aux genoux). Faible, altéré.

SCHUT (Corneille) : 1º « Héro et Cupidon pleurant la mort de Léandre, étendu au bord de la mer. » La nymphe ne pleure pas; elle adresse aux dieux une prière ou une plainte.

2º Madone et l'Enfant, dans une guirlande de fleurs soutenue par cinq anges et peinte par Daniel Séghers. Assez bon, mais noirci.

SCHWARZ (Christophe) : Christ à la colonne, flagellation (quart de nature). Mauvais.

SÉGHERS (Daniel) : Quatre pièces de fleurs bien peintes.

SÉGHERS (Gérard) : 1º Paysage boisé. Dans l'avant-fond, Agar et Ismaël secourus par l'ange. La ligne de profil de cet ange est effacée par le noir. Agar en prière le regarde avec émotion. L'enfant est endormi un peu plus loin. Paysage noirci.

2º Paysage. Sainte Famille et Saint François près d'une fontaine. Marie et l'Enfant sont bien éclairés, mais leurs nus tournent au rouge brique. Le profil du saint est d'un bon coloris et d'une belle expression. A gauche, grande tasse dans laquelle est une statue d'ange vidant le vase qu'il tient levé. Bon.

3º Madone assise à terre avec l'Enfant au giron, à qui le petit saint Jean présente un oiseau. Belle vierge, au visage plein. Jolis traits de Jésus, corps bien modelé. Saint Jean est dans l'ombre noircie.

4º Même sujet. Saint Jean, les bras croisés, adore le Bambino. Visage de la Vierge large et empreint de bonté. Ensemble froid.

5º Paysage. Saint Joseph offre une pomme à Jésus au giron. En haut, petits anges cueillant des fruits.

SEIBOLD (Chrétien) : 1º Portrait d'une jeune personne qu'on dit être la fille du peintre. Jolie tête, mais dont les coins de la bouche se relèvent et donnent à la physionomie un air prétentieux. Le menton n'est pas d'un dessin parfait. Coloris de pastel.

2º Buste d'une autre fille du peintre. On peut prendre cette tête pour une répétition de la précédente, tant elle lui ressemble. Il n'y a de différence que dans les poses.

3º Buste d'un jeune homme qu'on dit être le fils de Seibold. Faible.

SEMENTI (Giovanni Giacomo) : Mariage mystique de sainte Catherine, en présence de neuf anges. Marie tient par les épaules la sainte agenouillée, derrière laquelle est un grand séraphin debout. Charmants petits anges dans les airs. Joli profil de la fiancée.

SESTO (César da) : 1° Salomé recevant du bourreau la tête de saint Jean-Baptiste. Il la dépose dans une cuvette, sur une table recouverte d'un tapis parfaitement peint. Tandis que l'exécuteur regarde la jeune fille d'un air peiné, celle-ci se tourne vers nous en souriant,

2° Portrait d'un jeune homme portant une veste rayée et un surtout noir. Visage d'un vert noirâtre. Guimpe, à larges raies de trois couleurs, encore éclairée.

SIGNORELLI (Lucas) da Cortona : Crèche. Mauvais.

SIRANI (Élisabeth) : Marthe adresse des reproches à sa sœur Madeleine occupée à sa toilette et qui la regarde d'un air méprisant. Jolie tête de Madeleine ; elle est costumée comme une duchesse, tandis que Marthe a la mise d'une servante. Bon coloris, belle lumière. Trop de plis aux draperies.

SNAYERS (Pierre) : 1° Paysage montueux. Au milieu, bâtiments en ruine. Voyageurs avec leur chariot, au repos sous des arbres. Perspective bornée par des montagnes plus bleues que le ciel.

2° Bataille dans une plaine entre cavalerie et infanterie. Vaste champ de bataille où l'on a bien de la peine à distinguer les hommes et les chevaux. Noirci.

3° Halte d'une cavalerie près d'une pièce d'eau. Assez bon. Altéré.

4° Champ de bataille après un combat de cavalerie. Un chef se fait présenter les prisonniers, tandis qu'on dépouille les morts. Cette opération a quelque chose de révoltant. Un cavalier et le cheval qu'il tient par la bride, sur une éminence, s'y détachent très-bien. C'est ce qu'il y a de mieux dans ce petit cadre altéré.

5° Combat de cavalerie sur un pont et sur les bords d'un fleuve. Le cheval du premier plan, qui recule, est assez bon ; le reste est noir.

SNEYDERS (François) : 1° Deux renards poursuivis dans une plaine par cinq chiens. L'un se sauve, en criant, la queue en trompette ; l'autre s'arrête, fait le gros dos et montre ses crocs. Les chiens laissent à désirer.

2° Daniel dans la fosse aux lions. Les bêtes sont mieux peintes que le saint homme taillé en hercule.

3° Neuf chiens attaquent un énorme sanglier qui les attend tranquillement après en avoir blessé deux. Chiens passables. Sanglier noirci.

4° Un cerf et un chevreuil poursuivis par trois chiens. Ces chiens rangés parallèlement et le cerf qui, en se défendant, relève la tête et les jambes de devant d'une façon singulière, forment une scène plus comique que vraie. Une biche prend le large.

5° Le paradis terrestre avec toutes sortes d'animaux assemblés au premier plan. Dans le fond, création de la femme.

* SOLIMENA (François) : 1° Descente de croix. Deux échelles sont posées en sens inverse contre le haut de la croix où se penche un homme tenant le suaire et un bras du Christ. Un autre sur la seconde échelle, soutient sous une aisselle le corps mort. Marie est évanouie au milieu des saintes femmes. Nicodème tient dans un plat les clous et l'inscription. Il regarde la Vierge, que le temps a rendu verte. A gauche et dans le lointain, personnages. Grande et belle composition, qui rappelle celle de Daniel de Voltère (*Musées d'Italie*, page 281).

2° Borée enlève Orythie en présence de ses sœurs. La belle a une main sur la tête mâle de son ravisseur et l'autre posée contre sa propre tête levée vers le ciel, avec une expression de désespoir bien rendue. La draperie blanche qui l'enveloppait pend jusqu'à terre et la laisse nue. Une des sœurs saisit par un bout cette draperie qu'un amour tire en sens contraire. Autour de la victime, d'autres femmes pleurent et se livrent à des contorsions exagérées. La partie basse ne vaut pas l'autre.

SPECAR (Jean) : Son portrait. Tête nue, commune, au nez busqué, au menton carré et fendu. Mauvais.

SPRANGER (Barthélemy) : 1° Circé, la baguette magique à la main, embrasse Ulysse debout devant elle. Près du héros, ses compagnons métamorphosés en porcs (demi-nature). Mauvais dessin, mauvaises poses.

2° Mars et Vénus surpris par Mercure. Amour endormi. (Petite nature). Mauvais.

3° Circé tenant la coupe magique et Ulysse (demi-nature). Ce dernier est un jeune soldat musqué, à la barbe naissante. Il tient l'enchanteresse par une jambe et lève une main vers le ciel. Pose ridicule. Mauvaise toile.

4° Mercure dans l'ombre regardant tendrement Vénus qui lui présente une couronne de laurier. Elle est debout, le corps vu de trois quarts et le visage de profil, les jambes croisées. Un amour et un génie sont singulièrement posés. Mauvais.

5° Apollon et les Muses. Mauvais de dessin et de proportion.

6° Allégorie en l'honneur de l'empereur Rodolphe II, petite esquisse. On voit un Bacchus tenant une jeune femme nue dont une cuisse est posée sur la sienne. On ne voit pas comment cette scène indécente peut intéresser un empereur.

7° Hercule filant aux pieds d'Omphale coiffée de la peau du lion. Elle nous tourne le dos et nous regarde en dessous : Joli corps nu, bien éclairé.

8° Vulcain embrasse de force Maïa contre un lit dont Cupidon ouvre les rideaux. A demi renversée, elle sourit et ne se défend guère. Pourtant le dieu a pris les traits d'un satyre peu séduisant.

9° Triomphe de la Sagesse sur l'Ignorance. Allégorie. Mauvais.

10° Portrait de l'auteur. Visage commun et de mauvaise humeur, bouche d'un vrai paysan. Coloris sec et noirci.

11° Portrait de l'épouse du peintre. Joues et front trop ronds ; grands et beaux yeux, au regard hardi ; joli bouche, cou court. Peinture et femme massives.

12° Mars et Vénus avec l'Amour. Affreuse croûte.

STAMPART (François) : Buste d'un ecclésiastique. Médiocre.

STEEN (Jean van) : Noce de paysans. Convives attablés. On conduit les mariés à leur chambre à coucher, en les régalant d'un charivari. Un jeune homme se sert d'un instrument que nous avons vu à Naples : espèce de tambour au milieu duquel est un tube qui entre et sort à volonté, en produisant, par son frottement sur la peau d'âne, le son du tambour de basque lorsqu'on le frotte avec le pouce. Médiocre. Noirci.

2° Ménage hollandais. Le joueur de violon est l'artiste lui-même. Grande bouche ouverte, petit menton, nez large des ailes. Poses peu naturelles. Coloris charbonné.

STEINWICH (Henri van), le fils : 1° Saint Pierre délivré par l'ange ; gardes endormis. Le saint et son guide sortent en regardant derrière eux. Effet de lampe.

2° Même sujet. Effet de nuit. Les gardes ont chacun un costume différent. Lampe allumée, sous une voûte. Altéré.

3° Intérieur d'une église de style italien et figures. Petite toile noircie.

STEINWICH (Henri van), le père : 1° Intérieur d'église gothique. Effet de nuit. Prêtres chantant dans une chapelle. Bon. Noirci.

2° Intérieur d'un cachot souterrain éclairé par une lampe. Saint Pierre délivré par l'ange. Jolis effets de lumière à notre

24.

gauche où sont couchés des prisonniers, et au fond à droite. Le reste est devenu noir.

3° Intérieur d'une église gothique avec figures. Effet de jour. Les détails sont rendus exactement, mais le coloris est sec et les ombres ne sont pas toujours bien traitées.

STELLA (Giacomo) : Jugement de Salomon. La bonne mère tenant l'enfant vivant que lui prend de force le bourreau, est très-bien. L'autre, à genoux devant l'enfant mort et regardant tranquillement le débat, est assez jolie.

STEPHANI (Pierre) : Forêt avec chasse au cerf. Arbres par trop verts ; ciel trop bleu. Pas de perspective. Mauvais.

STERN (Ignace) : Madone offrant le sein à Jésus qui tient des cerises et que caresse saint Jean. Quel amas confus de mains et de bras ! Têtes rondes. Visage trop flamand de la Vierge ; reliefs peu sentis.

STEVENS (Palamède) : Voyez Palamédez.

STRAET (Jean van der), dit *Stradanus* : 1° Repos des dieux de l'Olympe dans uue grotte au bord de la mer. Confus, mauvais.

* 2° Flagellation. La tête du Christ est baissée et dans l'ombre ; mais son corps, artistement dessiné et éclairé, se détache très-bien de la muraille noire. Derrière, la Vierge évanouie est secourue par les saintes femmes. Eclaircie à gauche. Petit tableau remarquable.

STRAUCH (Georges) : L'Immaculée Conception (petite dimension).Marie,dans une gloire entourée de qatre anges et debout sur un globe, foule aux pieds le démon. En bas, la Chasteté, la Fécondité et l'Innocence personnifiées. L'une d'elles, aux cheveux blonds tombant sur le dos, est fort jolie. Marie est une bonne grosse Allemande. Figures finement touchées. Fond insignifiant..

STROZZI (Bernard), dit *il Capucino :* 1° Saint Jean-Baptiste annonçant sa mission aux lévites et docteurs (demi-figures). La poitrine et le bras gauche du saint sont bien éclairés et d'un bon modelé. Visages ignobles.

2° Le prophète Elie chez la veuve de Sarepta qui lui montre les cruches à l'huile vides (demi-figures). On voit à peine l'extrémité du profil d'Elie mis comme un mendiant. La femme et son enfant sont mieux. Vive lumière.

3° Joueur de luth. Il a le corps penché ; son visage est barbouillé de rouge. Bonne lumière.

4° Portrait de François Erizzo, doge de Venise, en grand costume. Visage maigre, ridé, plein de renseignements bien rendus.

La main posée contre la ceinture est très-bien peinte. Coloris rouge brique.

STRUDEL (Pierre de) : 1° Quatre tableaux représentant chacun des génies qui portent des guirlandes avec des devises. Dessus de portes. Faibles.

2° Déposition de Christ et saints. La tête du sauveur est devenue noire. Son corps bien éclairé est d'un bon modelé. Marie lève vers le ciel un visage plutôt gai que triste. Profil pâle et insignifiant de Madeleine. Le reste noir.

SUSTERMANS (Jean) : Tête de matrone coiffée d'un bonnet brodé en or (petite nature). Profil de vieille, d'une vérité inexorable. Pas une ride n'est omise, et toutes ne sont pas de bon augure. D'ailleurs le nez et le menton anguleux et la bouche fermée avec contraction, n'annoncent pas une nature bienveillante, mais plutôt une avare revêche. Coloris sec. Peinture soignée, bon dessin.

SUSTERMANS (Juste) : Portrait de Claudie-Félicité, fille du grand duc de Toscane Ferdinand Ier de Médicis (jusqu'aux genoux). Coloris sec.

SUSTERMANS (Lambert), dit *Lombard* : Adoration des bergers, Vierge au front large et carré, un bas de visage assez joli et bien éclairé. Pose guindée de l'enfant nu, couché sur le dos. Les deux bergers de droite, dont les cheveux grisonnent, se ressemblent par trop. Cadre exigu pour tant de personnages.

TAMM (François Guernard) : 1° Quatre tableaux de fleurs. Noircis.

2° Trois tableaux de gibier tué, avec ou sans personnages. Noircis.

TÉNIERS (David), le jeune : 1° Noce de paysans. Au premier plan, les mariés, dit-on. On voit un homme en veste grise, coiffé d'un toquet surmonté d'une plume de volaille. Il tient par la main et par l'épaule une bonne grosse fille habillée de noir, avec un tablier blanc; il rit comme un égrillard; elle, très-sérieuse, comme une innocente. Sont-ce là les mariés? Un joueur de cornemuse les regarde. Ces trois personnages, plus grands que les autres, forment un repoussoir pour la danse du fond, à droite, fort bien éclairée.

2° Portrait d'un jeune homme coiffé d'un chapeau à larges bords (demi-figure). Traits courts et vulgaires, mais annonçant une gaîté spirituelle. Excellent.

* 3° Sacrifice d'Abraham. Le père et le fils prosternés remercient Dieu d'avoir substitué un simple agneau à la victime dési-

gnée. Le patriarche tient des deux mains son fils, comme pour s'assurer qu'on le lui laissera. Tous deux sont en pleine lumière. Leur pose et leurs visages expriment d'une manière touchante leur profonde gratitude. Au fond, éclaircie et ciel vivement éclairé. Charmant tableau.

4° Bande de brigands saccageant un village. Celui en redingote grise, tenant un vieillard au collet et lui présentant le canon d'un pistolet, est trop joli garçon pour le rôle de bandit. Ce dernier, le vieillard et sa femme sont parfaits de relief et de lumière. Frayeur du vieux couple très-bien rendue.

* 5° Vieux paysan caressant sa servante occupée à néttoyer un chaudron. Il se baisse en sournois et lui passe une main sous le fichu. Mais il est surpris par sa moitié qui les regarde d'une lucarne. Excellente toile, dont le fond seul tourne au noir.

6° La Charcutière. La jolie et dodue Flamande fabrique une aune de saucisse et se tourne, en souriant, vers un tout jeune homme qui s'éloigne en lui lançant un lazzi, ce qu'indique sa pose. Porc tué et suspendu à la muraille. Au fond, quatre paysans et une femme près de la cheminée. Très-frais.

* 7° Fête de village devant une auberge. A gauche, table où l'un des convives porte un toast, tandis qu'un autre embrasse sa voisine. Au milieu, danse en rond. A droite, joueur de cornemuse sur un tonneau; puis seigneurs et leur suite. Au fond, groupe nombreux de paysans attablés sous un hangar. Toile aussi fraîche que jolie.

* 8° Paysage. Effet de neige. Au premier plan, un villageois conduit deux porcs. Au fond, village et ville. Les arbres dépouillés, les maisons comme ensevelies sous la neige, l'absence presque totale de personnages, tout est triste et vrai dans ce bon tableau.

* 9° Portion de la collection de tableaux de l'archiduc Léopold-Guillaume d'Autriche, gouverneur des Pays-Bas. On distingue la Sainte Famille du Titien, semblable à celle du musée du Louvre, la mort d'Abel, sainte Marguerite, Jésus et les docteurs de Ribéra, etc. L'archiduc, avec son chapeau sur la tête, a beau se redresser avec son profil osseux et son menton allongé, il ne sera jamais à la hauteur de ce jeune artiste qui, la tête découverte, lui donne des explications sur cette galerie dont il avait la direction. Téniers, avec son front haut, ses yeux vifs, son beau nez et son menton plein, proéminent, a le bel ovale d'un homme de génie. Bonne toile.

10° Paysans s'exerçant à l'arbalète. Derrière eux, deux bonnes têtes réjouies. Bon, un peu altéré.

11° Buste de profil d'un vieillard en habit et bonnet gris. Vilaine tête, au menton lourd, au cou trop gras. Esquisse bien éclairée sur le front; bon relief.

* 12° Paysage. Danse de village. Bonne perspective dans cette longue file de danseurs. Sur le devant, un coq et son sérail paraissent peu effrayés. Et pourtant Dieu sait quel tapage doivent faire les pieds, les mains, les cris de cette bande joyeuse, sans compter celui des chiens accourant sur la scène.

13° Deux garçons causent entre eux; un autre joue avec un chien et lance devant l'animal une balle. On dirait que les deux premiers s'embrassent. Au fond, village.

14° Deux paysans. L'un assis lit la gazette; il est bien éclairé. L'autre debout, tourné de notre côté, sa pipe à la main, prend un air capable d'autant plus risible que sa mine triviale dément la bonne opinion qu'il a de lui.

15° Paysans, parmi lesquels on voit une femme coupant la carotte de tabac de son mari. Une seconde entre par la porte du fond. Celle-ci, dont le buste se détache par le vide de la partie supérieure de la porte restée ouverte, est fort gentille. Le reste est moins éclairé qu'à l'ordinaire et les visages sont de terre cuite.

16° Servante nettoyant un chaudron dans une cuisine. Chèvres, volailles. Au fond, une femme et un garçon près de cheminée. Faible. Est-ce un original?

* 17° La fête des arbalétriers à Bruxelles, place des Sablons. L'archiduc, membre honoraire de cette compagnie, reçoit des mains du président une arbalète. Au fond, à droite, église gothique. A gauche, maisons avec leurs pignons découpés. De chaque côté de la scène est un gros arbre, sur lequel grimpent des petits polissons se détachant à merveille. Au premier plan, à gauche, un carrosse est arrêté, tandis qu'un autre s'éloigne à droite. Au milieu, jeune seigneur sur un cheval blanc, autres nobles et dames. De chaque côté, paysans et peuple. Au deuxième plan, grande table couverte d'un tapis rouge et personnages disposés en amphithéâtre au moyen d'une estrade. Ce tableau, contenant une quantité considérable de portraits, entre autres celui de l'auteur, est un chef-d'œuvre, ayant toutefois perdu de son importance, puisqu'on n'est plus à même de reconnaître les originaux de ces portraits.

* 18° Étable à vaches. Une paysanne trait une vache, tout en causant avec le gardien de quelques brebis rassemblées à droite. Dans le fond, un homme entre, portant un baquet. Excellente toile. Le jeune pâtre, en chemise et nous tournant le dos, fait illusion.

* 19° Étable avec quelques chèvres à droite et des volailles à gauche; garçon jouant du flageolet; femme sortant par la porte du fond, une cruche à la main. Ce tableau vaut mieux encore que le précédent. Les chèvres, le petit musicien, la voisine qui sort et dont la tête est en partie bien éclairée et en partie dans l'ombre de la porte : tout cela est d'une vérité saisissante. La volaille ne paraît pas avoir été achevée.

TENIERS (David), le vieux : 1° Paysage avec chute d'eau dans une grotte, près de laquelle reposent deux cavaliers et un piéton, petites figures finement touchées; le reste est médiocre.

2° Paysage. Chemin creusé dans le roc. Au fond, châteaux. Au premier plan, personnages et chevaux. Mauvaise roche; paysage insignifiant.

3° Paysage. Contrée basse couverte de forêts et traversée par des rivières ou ruisseaux. « Le jeune Tobie guidé par l'ange. » (Catalogue.) Il y a erreur. C'est saint Jérôme réveillé par l'ange du jugement dernier. Au lieu d'un adolescent, nous voyons un vieillard chauve à barbe blanche. Paysage médiocre.

4° Paysage. Ile couverte de bois. Monticule entouré d'un demi-cercle d'eau. Trois paysans s'y sont arrêtés.

5° Pan et nymphe qu'il tient en dansant. C'est une grosse Flamande blafarde.

6° Jupiter prie Junon de rendre à Io, qu'elle a métamorphosée en vache, sa forme première. L'aigle et le paon paraissent épouser les querelles de leurs maîtres. Jupiter est nu, avec draperies au bas du corps. Son auguste épouse, au contraire, s'est affublée du costume flamand, et son visage est aussi insignifiant que celui de la nymphe transformée.

7° Paysage. Mercure endort Argus en lui jouant un air de flûte. Le dieu dans l'ombre est un bourgeois d'Anvers. Lui et la vache blanche sont bien éclairés. Paysage épinard.

8° Vertumne, déguisé en vieille, courtise la belle Pomone sous un berceau. Dans le fond, vaste jardin. Le profil, en casse-noisette, de la vieille n'est pas fait pour séduire. Pomone est riche de trois mentons. Le jardin est d'un vert et d'une symétrie peu poétiques.

* TERBURG (Gérard) : 1° Femme pelant des pommes; enfant près d'elle (petites figures jusqu'aux genoux). Bon profil aux traits ronds de cette femme encapuchonnée de noir, avec pelisse jaune bordée de peau de cygne et robe grise. Jolie tête de l'enfant, regardant sa mère comme pour lui demander le fruit qu'elle épluche. Saladier contenant des pommes; autres accessoires, le tout fort bien peint.

2° Jeune fille écrivant une lettre. Le bras gauche, la main surtout, ne sont pas d'un dessin correct. Les cheveux, le cou, la poitrine demi-nue et la robe sont bien traités; mais le type du visage, au front bombé, au nez retroussé, est d'autant plus mal choisi que le menton, au lieu de s'avancer, recule, ce qui constitue une laideur dont le peintre ne s'apercevait guère, car la plupart de ses jeunes femmes présentent cette infirmité.

THÉODORIC DE PRAGUE : 1° Saint Augustin en costume épiscopal, écrivant dans un livre. (Forte nature. Demi-figure.) Fond doré. Peinture grossière.

2° Saint Ambroise, évêque. Affreux.

THEOTOCOPULI (Dominique), dit *il Greco* : Portrait d'un jeune homme, à barbe rousse. Tête peu intelligente et mal dessinée. Les mains ne valent pas mieux. Le coloris n'est pas celui ordinaire de ce peintre.

THIELEN (Jean-Philippe) , dit *Rigouldt* : Deux tableaux de fleurs. Faibles. Fonds noirs.

THOMAS (Jean) : Triomphe de Bacchus accompagné de Cérès et de Vénus. Médiocre.

THULDEN (Théodore van) : 1° Vierge en trône recevant l'hommage de trois provinces : la Flandre, le Brabant et le Hainaut, personnifiées par des femmes. En haut, deux anges tenant les codes et une corne d'abondance. Joli visage, presque souriant de Marie; pose théâtrale de Jésus. Beau profil de la province debout à droite.

2° Visitation (petite nature). Profil par trop flamand de la Vierge; visage masculin d'Élisabeth, grimaçant un rire. Saint Joseph est reçu par saint Joachim.

3° Retour de la Paix (grande nature). Jeune héros sur un char de triomphe, traîné par quatre figures allégoriques (grande nature). Mauvais.

TIARINI (Alexandre) : Le Christ portant sa croix (jusqu'aux genoux). Il est mal traité par les soldats. Tête grotesque de Simon, tenant le haut de cette croix ; tête de cire de Jésus; tête noire de sainte Véronique; tête encore plus noire de Marie. Il n'y a de bien qu'un petit homme en culotte rouge, nous tournant le dos.

TIBALDI (Pellegrino) : Sainte Cécile, accompagnée par deux anges, chante un cantique. Instruments de musique. L'ange jouant du luth est joli; l'autre, aux deux mentons, est trop vulgaire. La sainte a l'air triste, souffreteux. Accessoires bien rendus.

TIEPOLO (Jean-Baptiste) : Sainte Catherine de Sienne en extase. Sa couronne d'épines, son visage décharné, ses yeux et son nez rouges, sa laide bouche ouverte : tout cela lui donne un air très-édifiant peut-être, mais fort déplaisant au point de vue de l'art.

TILENS (Jean) : Paysage étendu avec montagnes. Faible.

TILIUS (J. V.) : Joueur de cornemuse. Près de lui, sur une table, cruche, tabac et pipe. Il tire la langue et cligne les yeux. Sa mise est soignée, mais sa large collerette est très-chiffonnée.

TOORENVLIET (Jacques) : Homme tenant un gigot, dame et sa suivante. Au premier plan, femme assise et vendant des légumes. Coloris vert et noir.

TREVISANI (François) : Christ mort, soutenu et pleuré par cinq anges. Le côté droit de son corps est bien modelé et éclairé; le reste est devenu noir. A gauche, jolie tête d'ange levée vers le ciel : bon raccourci.

TURCHI (Alexandre), dit *l'Orbetto* : 1° Le Christ dans les Limbes délivrant les patriarches. Tout noir.

2° Descente de croix sur ardoise. Était en réparation.

3° Tableau à deux faces. D'un côté, Adoration des bergers; de l'autre, Descente de croix. Manquait.

TYSSENS (Pierre) : Vénus pleurant à la vue du corps mort d'Adonis. Ce corps déjà vert est absurde.

UFFENBACH (Philippe) : Annonciation. L'Archange est escorté de quatorze chérubins, dont trois tendent une draperie rouge au-dessus de la Vierge. Le Saint-Esprit, accompagné d'un petit ange qui tient une croix, descend du ciel. Pauvre dessin, tableau compliqué et de mauvais goût.

VALENTIN (Moïse) : Moïse, avec les Tables de la loi. Assez belle tête éclairée à demi et noircie. Le bras et le genou, bien dessinés, sont encore éclairés.

VALKENBURG (Frédéric van) : 1° Fête de village. Confus, altéré.

2° Foire dans une ville. Noirci.

* VALKENBURG (Luc van) : 1° Général en armure à la romaine, couronné de lauriers et suivi d'un écuyer portant son casque. Ils sont sur le devant d'un paysage au fond duquel on voit une procession venant à la rencontre de l'armée victorieuse. Au milieu, bataille de cavalerie. On y voit le même général, ayant devant lui deux ennemis blessés et agenouillés. Le principal personnage a

le corps trop large, et son visage, assez beau du haut, se termine
par un menton fuyant, peu digne d'un guerrier. La mer et le ciel,
qui terminent ce beau paysage, sont bien éclairés.

2° Paysage rocheux, avec mines et fournaises au premier plan ;
à gauche, fleuve couvert de bâtiments à voiles, large roche, aujourd'hui masse noire terminée par une tour et quelques édifices. Éclaircie avec eau, arbres, ville et montagnes.

3° L'Été, paysage. Moissonneurs faisant leur repas en plein
champ.

4° L'hiver. Pour produire un effet de neige, on a pointillé de
blanc les gens et les choses : l'illusion est loin d'être complète.
Arbres, chevaux, hommes, voitures, etc.

* 5° Le Printemps. Ville au bord d'une rivière. Au premier plan,
collation égayée par des musiciens et servie à l'entrée d'une
longue allée de verdure : poses et habits bien raides. A gauche,
paysage très-étendu. C'est d'abord un jardin princier, puis une vaste
place disposée pour un tournoi, avec chevaliers et spectateurs,
et au fond de cette place, le palais du roi. Au delà. ville importante. Le tout est clair, distinct, et la perspective est excellente.
Il ne manque à ce beau paysage qu'un peu de vapeur dans les
derniers plans.

6° L'Automne. Au premier plan, vendangeurs faisant leur repas
près d'une cuve ; roche escarpée avec tour à son sommet. A
droite, eau courant dans un ravin sur lequel est jeté un plancher
servant de pont. Dans un petit coin, on surprend un homme embrassant une femme ; à gauche, montagne. Entre cette montagne
et la roche, vallée, village. Bonne perspective dans cette partie.
L'Automne ne vaut pas le Printemps.

7° Paysage. Au milieu, cascade et fournaise dans les rochers ;
ville dans le fond. Au premier plan, à droite, deux brigands attaquent un paysan au milieu d'un chemin escarpé. Trop de rochers ;
mais l'éclaircie de gauche, commençant par la cascade et se terminant par un cours d'eau et une plaine, est d'un bel effet.

8° Contrée couverte de bois. On voit au loin la ville de Linz à
travers les arbres. Chasse au cerf dans la forêt. Au premier plan,
l'archiduc Mathias pêchant à la ligne. Sa tête, finement traitée,
est bien éclairée. Le reste est altéré.

VALKENBURG (Martin van) : Fête de village. Maisons rouges.
Le reste est confus.

VANNI (François) : 1° Vierge en trône, avec l'Enfant devant elle ; saint Géminien, ange portant son modèle d'église

et saint Georges. Petite tête de Marie, naïve, à la façon de Pierre de Cortone. Mauvaise perspective.

2° Flagellation du Christ. Belle tête ensanglantée. Il est nu avec un linge à la ceinture. Marie est évanouie dans les bras des saintes femmes. Derrière elles, une autre debout regarde d'un air triste par une fenêtre le Christ attaché à la colonne. Bon dessin, belle composition, mais trop de personnages dans un petit cadre.

VANNUCCHI (André), dit *del Sarto* : 1° Sainte Famille avec deux anges, dont l'un tient une flûte. Copie — assez faible — du tableau de Munich, dont une répétition modifiée est au Louvre. (N° 438.)

2° Le jeune Tobie conduit par l'ange Raphaël et accompagné par saint Laurent. A droite, le donateur à genoux. Dans le ciel, le Christ tenant sa croix. Le coloris rouge brique et le costume italien peuvent faire douter que cette toile soit du classique del Sarte.

* 3° Piété. Le corps du Christ étendu sur un linceul est appuyé contre une pierre. Marie, les mains jointes, la bouche entr'ouverte, offre dans son attitude et dans son regard le spectacle d'une douleur navrante. Un bel ange en robe verte pose une main sur le dos du Sauveur ; un autre tourne les yeux de notre côté. Le bas de la jambe droite et le pied de Jésus sont défectueux. A cela près, bonne toile bien conservée.

VANNUCCHI (attribué à ou École d'André) : 1° Sainte Famille. La Vierge, assise dans la campagne sur une pierre, tient Jésus sur ses genoux. C'est la femme du peintre un peu défigurée. Petit visage au front haut. L'Enfant, les jambes écartées, se renverse pour regarder sa mère. Saint Joseph s'appuie contre un sac, son bâton à la main. Assez bonne toile encore fraîche.

2° Madone agenouillée à terre et tenant contre elle Jésus qui joue avec le petit saint Jean. Au fond, paysage ; ruines et l'image de Moïse dans une niche. Marie est encore la Fede, femme du peintre, mais on a attenté à sa beauté en lui donnant un front qui surplombe et un teint de pain d'épice.

VANNUCCI (Pierre), dit *le Pérugin* : 1° Madone et l'Enfant au giron, assistés de deux saintes. Il y a de la monotonie dans ces trois regards, en coulisse, de Marie, de Jésus et de la sainte de droite qu'on pourrait prendre pour un séraphin ; tous trois penchant la tête du même côté.

2° Baptême du Christ. Formes trop grêles. Assez bien du reste.

3° Vierge en trône, assistée des saints Pierre et Jérôme à

droite, Paul et Jean-Baptiste à gauche. Ces quatre vieillards debout sont bien peints et bien drapés. L'Enfant Jésus ne vaut rien, et Marie est prête à s'endormir. Les figures sont posées avec une symétrie ridicule.

VAROTARI (Alexandre), dit le Padouan : 1° La femme adultère. La coupable, fort jeune, les mains sur sa poitrine en désordre, baisse la tête avec confusion. Un soldat la tient par le haut d'un bras. Jésus s'adresse à l'assistance. Sa tête est régulière, à l'exception du front trop bas et inintelligent. La large manche de sa robe rouge fait illusion. Bon, altéré.

2° Judith tenant la tête et le cimeterre d'Holopherne. Assez belle tête de femme, mais poitrine et mains mal dessinées. Le visage du géant est noirci.

3° Sainte Famille. L'Enfant, tenu par sa mère et par saint Joseph, embrasse une grande croix que portent trois anges, en volant. Poses prétentieuses, nus de carton.

VASARI (Georges) : Sainte Famille. Saint Jean présente son liston à Jésus. Vilain profil levé de saint Joseph ; profil dur de sainte Élisabeth, placée dans l'ombre ; profil blanc et rose de Marie, au long nez pointu. La tête joufflue de Jésus, qui nous regarde, est d'un sérieux peu naturel.

VECCHIA (Pierre della) : 1° Guerrier en costume espagnol tirant son sabre du fourreau (jusqu'aux genoux). Il est nommé ici, mal à propos à notre avis, le chevalier Bayard. Je crois que l'original est dans la galerie Spinola, où on l'attribue avec raison à Barbarelli, dit Giorgione. Vecchia, imitateur de ce dernier, aura fait de ce portrait plusieurs copies, dont l'une, plus noire que celle-ci, est au musée du Louvre (n° 457). Belle tête brune de guerrier, pose originale, excellent dessin.

2° Portrait d'une dame richement mise et de son fils qu'elle tient dans ses bras. Cette jolie femme nous regarde.

3° Le jeune David, la fronde à la main, près d'un soldat qui tient la tête de Goliath sur un parapet. Mauvais, noirci.

VECELLIO (Orazio) : Portrait d'un homme en robe de soie noire, prenant une lettre sur la table. Visage bon, peu distingué ; mains bien dessinées.

VECELLIO (Tiziano), dit le Titien : 1° Portrait d'une jeune dame en velours cramoisi, ses gants dans la main posée sur une table (jusqu'aux genoux). Visage tudesque, aux joues pleines, regard sérieux. Un peu altéré.

*2° Lucrèce, au moment de se donner la mort. Cheveux blonds, noués sur le haut du front, à la façon des Vénus antiques. Ses

yeux levés sont pleins de résolution. Belle tête à la fois énergique et gracieuse. Le raccourci du bras tenant un poignard,
laisse à désirer. La tête d'homme qu'on aperçoit derrière, dans
l'ombre, est sans doute celle de Brutus. Bonne toile.

3º Portrait du naturaliste Ulysse Aldrovandi, tenant la griffe
d'un oiseau. Belle et noble tête, un peu penchée et nous regardant. Ses cheveux arrondis sur les tempes descendent en boucles frisées.

4º Portrait de l'antiquaire Strada de Rosberg, à l'âge de cin-
quante-neuf ans (jusqu'aux genoux). Il est près d'une table où se
trouvent des statues, des médailles et une lettre.

5º Portrait d'un personnage, dont la tête allongée présente de
l'analogie avec celle de Paul Véronèse. Le coloris tourne au gris
noir.

* 6º Grossesse de Calisto découverte (petite nature). Diane, un
javelot dans une main, tend l'autre vers la coupable qui crie
à faire peur. La nymphe debout, près d'elle, pousse une exclamation de surprise. Trois autres suivantes entourent Calisto, qu'elles
ont déshabillée; un second trio se tient derrière la déesse. Beaux
corps peu drapés, belle lumière. Jolie toile.

7º Buste de l'apôtre saint Jacques, le majeur. Tête plus énergique que belle. Altéré.

8º Grand *Ecce homo*. Le Christ est présenté au peuple par Pilate. Jésus, maculé de noir et de sang, est au haut d'un escalier.
Les autres personnages et les chevaux paraissent peu achevés.

9º Portrait du pape Paul III dans son fauteuil. Si c'est un original, ce qui est douteux, il est fort altéré.

10º Portrait du sénateur Florentin-Philippe Strazzi (jusqu'aux
genoux). Homme brun, aux traits durs.

11º Portrait de l'anatomiste André Vasale, tenant une petite
statue de plâtre (demi-figure). Visage délicat, jeune encore. Il
n'y a pas la moindre analogie entre cette tête et celle de l'homme
mûr du musée de Munich et du palais Pitti. Il y a erreur. Celui-
ci est sans doute un sculpteur; le corps moulé qu'il tient est on
ne peut mieux modelé et éclairé.

12º Portrait d'un seigneur en barrette et habit noirs, une main
sur la poignée de son épée (demi-figure). Longue tête, sourcils
relevés. Elle est éclairée; le reste est noir.

13º Portrait de la princesse d'Esté, épouse de Jean-François
de Gonzague (jusqu'aux genoux). Elle est assise. Sa robe est
ornée d'une fourrure et son turban est enrichi de perles et de
pierreries. Yeux trop fixes. Les doigts restés visibles sont très-

mal dessinés. La peau du visage est trop tendue. Ce portrait ne peut être un Titien original.

14° Portrait d'un jeune jésuite, vêtu de noir. Il tient une éponge et deux flèches et lève les yeux au ciel. Petit nez relevé, front droit, menton détaché. Main grasse d'un mauvais dessin.

15° Le Sauveur tenant le globe du monde. Coloris sec, tout autre que celui ordinaire du Titien.

16° Inhumation du Christ. Marie paraît vieille. Saint Jean pleure comme une Madeleine. Cette sainte, les yeux rouges, regarde le ciel, la bouche ouverte. Le corps du Christ, dont la pose est tourmentée, est encore éclairé. Le reste est altéré. Voilà encore un Titien douteux.

17° Portrait d'une jeune fille, vêtue négligemment d'une simple pelisse; maîtresse du peintre, dit-on. (Jusqu'aux genoux.) Jolie petite fillette, du genre de la servante endimanchée du palais Pitti (*Musées d'Italie*, p. 77). J'ai peine à croire à cette liaison, et je ne reconnais pas le pinceau du maître dans ce visage de carton, cette poitrine trop longue et ces bras gros et courts.

18° Danaé, reproduction de celle du musée de Madrid, avec une vieille au pied du lit, au lieu du Cupidon qui se trouve dans le tableau de Naples. Ici, le nuage contient un profil grec d'un pauvre effet. Nous n'avons pas remarqué ce visage dans les deux autres toiles. La vieille est devenue noire.

19° Portrait de l'historien Benoît Varchi, en pelisse noire, un livre à la main (jusqu'aux genoux). Front droit, sourcils pro·noncés, beau nez, un peu court cependant, jolie bouche, menton fendu, peu proéminent. Bon portrait.

20° Triple portrait, de trois quarts de profil et de face, d'un jeune homme brun tenant un étui plein de bagues (bustes). Ces visages, ces mains ne sont pas du Titien.

21° La Madone avec l'Enfant au giron. Devant elle, saint Jérôme en lecture, saint Étienne sa palme en main et saint Georges armé de sa lance (demi-figures). Joli profil penché de Marie; mauvais raccourci de la jambe gauche de Jésus. Même composition que celle du Louvre (n° 458). Seulement, à Paris, les premier et troisième saints sont Ambroise et Maurice.

22° Portrait du médecin du peintre (il Parma), en cheveux gris, sans barbe et vêtu de noir. Il fronce les sourcils, croyant se donner l'air d'un penseur; il paraît plutôt contrarié. Assez belle tête : front penché en arrière, nez busqué, jolie bouche, menton peu énergique.

23° Madone tenant Jésus debout sur une balustrade (demi-figure, demi-nature). Un rideau au fond de la pièce est relevé de façon à nous laisser voir un coin de paysage. Visage de Marie noirci. L'Enfant est bien modelé et éclairé.

24° Petit garçon nu, assis sous un arbre et jouant du tambourin (petite dimension). Sa pose, les jambes écartées, est peu gracieuse ; le bras gauche est mal dessiné.

25° Portrait du Titien en bonnet noir, avec une triple chaîne d'or au cou. Belle et longue tête, à laquelle le temps a donné un teint de pain d'épice. La peau tendue de ce visage me fait douter que ce portrait soi l'œuvre du maître.

26° La Vierge tenant l'Enfant sur une table. Il montre à sa mère les fruits que vient de lui apporter le petit saint Jean. Saint Joseph, saint Zacharie (demi-figures). Bon, altéré.

27° Portrait de l'électeur de Saxe, Jean-Frédéric, le Généreux, assis dans un fauteuil, son bonnet à la main. Homme obèse, aussi plein de nourriture qu'il est vide d'esprit. Bonne lumière. Peinture médiocre.

28° Portrait de l'empereur Charles-Quint, en habit noir, assis. Esquisse de petite dimension. Visage deux fois altéré par le temps.

29° Petit buste en profil d'un jeune homme barbu (demi-nature). Je n'ai jamais vu de portrait du Titien de cette dimension, ni de ce coloris. Barbe rousse, long nez dans le genre de celui de Lavater. Bon. Très-frais.

30° Une femme assise s'est emparée des armes d'un petit amour qui cherche à les reprendre. Elle se regarde dans un miroir que tient un homme brun. Cette femme est la maîtresse du marquis d'Avaloz, du Louvre (n° 470), et la Vénus de Munich, ci-avant décrite, p. 286. Une jeune fille jouant du luth, lève vers le ciel des yeux très-altérés.

31° Portrait de Salvaresio, noble Vénitien. Il est vêtu de noir, avec pelisse blanche ; un petit Maure lui présente un bouquet de fleurs. Bien faible pour un Titien.

32° La maîtresse d'Avalos en Vénus, assise et tenant des deux mains une grosse bouteille au long gorgeon. Une jeune novice s'avance vers elle, suivie d'un amour portant un faisceau de flèches et du marquis levant une coupe (demi-figures). Cette coupe, que Vénus va emplir, sera présentée à la novice dans la cérémonie de l'initiation. Ici la déesse est moins bien peinte ou plus altérée qu'à Paris et à Munich.

33° La femme adultère. Elle a le visage maigre, le nez pointu, la poitrine demie-nue, la tête et les yeux baissés. Belle tête du Christ.

34° Adoration des mages. Type de vierge adopté par l'auteur. Noirci.

35° Portrait de Charles-Quint, en habit noir. Il est debout, un mouchoir à la main. Visage pâle, beau front, beau nez descendant un peu au delà des narines, la bouche s'entr'ouvrant en ligne droite et le menton trop saillant enlèvent à cette belle tête une partie de son prestige. Il y a quelque chose de dur, d'inexorable dans ce bas de visage.

36° Sainte Catherine tenant sa roue brisée et sa palme. Son ventre protubérant, son visage, ses bras ne sont pas dignes d'être attribués à un grand peintre.

37° Mort de Lucrèce (demi-figure). Elle se frappe avec un poignard. Sa pose et son visage joufflu dont le raccourci fait paraître le nez court et le front bas, n'ont pas l'énergie convenable.

38° Paysage avec bergers et troupeaux. Dans le fond, songe de Jacob. Le visage d'un pâtre debout regardant à notre droite et quelques moutons sont encore éclairés; le reste est noir.

VECELLIO (école de Tiziano) : 1° Mars et Vénus dans une campagne. Au-dessus d'eux plane Cupidon. Vénus est assise sur le devant, nue, le corps renversé en arrière, les jambes relevées. Mars est derrière elle et dans l'ombre. Ils se tiennent par la tête et s'embrassent. Pourquoi a-t-on placé cette toile indécente au-dessus d'une porte? Est-ce pour que tout le monde soit forcé de la voir?

2° Vénus cherche à retenir Adonis partant pour la chasse (deux tiers de nature). Fond de paysage. Faible copie réduite du tableau de Madrid (*Musées d'Espagne*, p. 181).

3° Portrait d'un homme vêtu de noir, tenant une lettre d'une main qui se détache à merveille. Belle tête sérieuse, nous regardant de côté.

VEEN (Othon van), dit *Otto-Vœnius :* 1° La Fortune, à califourchon sur une roue, répand des marques d'honneur et des richesses d'une main et des épines de l'autre : attitude peu commode et peu gracieuse. Elle porte des ailes violettes à reflets, et tient une palme. Son manteau rouge mal drapé a trop d'ampleur. Sa tête et son corps sont assez bien peints.

2° Madone assise sur une marche et tenant debout l'Enfant Jésus. Le petit saint Jean montre du doigt le Messie, à qui deux anges apportent, en volant, du raisin. Fond d'architecture. Visage poupard de la Vierge. Jolis corps d'enfants, mais poses trop tourmentées. Ombres charbonnées. Noirci.

3° Portrait de l'archiduc Albert en cuirasse. Visage d'une seule pièce; mains mal dessinées.

* VELASQUEZ (Don Diego Rodriguez de Silva y) : 1° Paysan riant, une fleur à la main (buste). Bouche tout ouverte, montrant dents et gencives. Un vêtement gris est posé sur son corps nu. Pinceau vigoureux et habile. Effet de clair-obscur, ombres charbonnées.

* 2° Le peintre dans le fond de son atelier, le pinceau à la main, et sur le devant sa femme Juana, ses enfants et quelques autres personnes (demi-nature). Au premier plan, parquet et personnages en lumière ; puis, sur le sol, ombre de ces figures servant de repoussoir au tableau éclairé dont s'occupe l'auteur. Velasquez, tout à fait dans l'ombre, se retourne de notre côté. Sa tête se dessine en silhouette sur un bout de la toile, ce qui contribue encore à faire mieux ressortir le reste de ce tableau. La partie gauche a noirci. La femme n'est plus belle. Au contraire, les deux garçons en costume de chevalier et la petite fille sont très-gentils et parlants.

3° Portrait de Philippe IV, d'Espagne (jusqu'aux genoux), en simple habit noir. Visage ingrat.

4° Portrait de l'infant Balthazar Carlos, fils de Philippe IV ; beau portrait bien conservé, mais placé trop haut, si c'est un original, ce dont je doute. Il a une main allongée sur la table ; l'autre tient la garde de son épée et prend une pose fière, les jambes écartées.

5° Portrait de l'infante Marie–Thérèse, sœur du précédent. Encore mieux éclairé que le précédent. Elle a sur sa robe rouge, un tablier blanc montant jusqu'au cou.

6° Portrait de l'infante Marguerite, sœur de Marie, petite blonde aux cheveux courts, aux yeux noirs. Elle est en robe rose avec dessins d'un gris bleuâtre et haut volant. Petit épagneul sur un fauteuil. Bon, moins éclairé que son pendant.

7° Autre portrait de Marie–Thérèse. Visage de bois, mauvaise copie.

VELDE (Adrien van der) : Paysage avec temple en ruine au fond. Au premier plan, troupeau et berger entrant dans l'eau. Noirci.

VELDE (Isaac van der) : Choc de cavalerie dans une plaine bordée de collines ; ville au fond. On remarque, au milieu, un cavalier bardé de fer combattant sur un cheval blanc. Ce tableau ne semble qu'esquissé. Assez bon.

VÉNITIENNE (école) : Portrait d'une jeune fille qu'on donne comme l'amante de Pétrarque, à cause d'un rameau de laurier placé au fond. Petit visage assez joli. Poitrine nue mal dessinée.

VENUSTI (Marcello) : Nativité. La Vierge et saint Joseph à genoux adorent le nouveau-né. Jésus est bien posé et modelé. Le reste est faible.

VERELST (Pierre) : Auberge où trois paysans sont attablés, un autre assis près de la cheminée et un troisième prenant le menton de l'hôtesse. Teinte terre cuite.

VERHAGHEN (Pierre-Joseph) : Couronnement de saint Étienne, roi de Hongrie. Il y a de la lumière et du relief; mais les visages communs sont grossièrement peints.

VERNET (Joseph) : Vue de Rome prise des bords du Tibre. Fort Saint-Ange et église Saint-Pierre. Ces deux édifices et le pont Saint-Ange sont seuls intéressants; le reste est altéré.

VERTHUNGEN (Daniel) : Paysage. Saint François se roulant sur un tas d'épines, et son compagnon suivi d'un corbeau. Le premier est posé comme un nageur. Petite éclaircie entre deux roches taillées au ciseau.

VINCI (école de Léonard de) : 1° Portement de croix. La robe rouge et la corde entourant le cou du Christ sont encore d'un bel effet; le reste ne vaut plus rien.

2° Salomé portant la tête de saint Jean-Baptiste sur un plat. Près d'elle, bourreau dont le laid profil porte une verrue au nez. La jeune princesse sourit d'une façon qui révolte. La tête du saint est assez belle; mais on s'étonne de n'y pas voir la moindre portion du cou.

* VINKENBOOMS (David) : 1° Crucifiement de Jésus-Christ. Son corps d'un pouce et demi de hauteur sur une croix très-élevée et placée vers le fond, est un petit chef-d'œuvre de dessin et de lumière. On hisse la troisième croix. Sur le devant, soldats se disputant les vêtements du Sauveur.

2° Paysage boisé. Fuite en Égypte. Arbres bien traités ; le reste très-faible. Très-petite toile.

3° Saint Fulgence, assis devant une grotte transformée en chapelle. Un autre religieux en allume les cierges. A droite, contrée au bord de la mer et deux moines; à gauche, sol épinard. Les montagnes et le ciel bleus se confondent. La tête blanche du saint et partie de son corps sont bien éclairées ; le reste a noirci.

25.

Vinne (Jean van der) : Mendiant jouant de la vielle devant une maison et petit garçon l'accompagnant avec un triangle. Petite et mauvaise toile.

Vischer (Corneille van) : Portrait d'un homme barbu tenant un rouleau de papier. Tête dont le nez croqué rappelle celui de Michel-Ange, mais d'une physionomie bien moins spirituelle.

Vitel (Gaspard van) dit *van Vitelli* et aussi *dagli Occhiali* (des lunettes) : Vue de la place et de l'église de Saint-Pierre à Rome. Médiocre.

Vivarini (Luigi) da Murano : Vierge en trône adorant l'Enfant endormi sur ses genoux (demi-nature). A ses pieds, deux petits anges jouant du luth. Mauvais.

Vitenwael ou Wte wael (Joachim) : 1° Diane et Actéon; groupe de quatre femmes très-peu vêtues parmi lesquelles se trouvent la déesse et deux de ses suivantes qui l'essuient. Ce groupe fait repoussoir et rend plus vive la lumière éclairant deux autres nymphes placées plus haut et debout. Corps assez bien modelés; poses tourmentées.

2° Adoration des bergers. Effet de nuit. La seule lumière produite par le corps du Messie n'éclaire que de grossiers visages.

* Vos (Corneille de) : Baptême de Clovis par saint Remi dans la cathédrale de Reims. Le pontife verse l'eau sainte, avec une corne enrichie d'or sur la tête blonde du monarque français. Deux jeunes pages, un genou en terre, tiennent le bassin devant recevoir l'eau. Deux chambellans, debout derrière Clovis, portent chacun sur un coussin les insignes de la royauté. Autres personnages. Grande et bonne toile encore très-fraîche.

* Vos (Martin de) : 1° Son portrait en habit noir. Barbe et cheveux courts. Visage d'un homme fort, énergique, peu sensible; nez herculéen; front et yeux intelligents.

2° Le Christ sur la croix dont Madeleine embrasse le pied, un genou en terre : jolie femme au visage rond et tranquille. Marie, les mains jointes et baissées, est plus affligée. Saint Jean, une main sur la poitrine, regarde Jésus. Corps du Sauveur tout d'une venue. Belle lumière.

Vriendt (Franz), dit *Franz Floris* : 1° Madone avec l'Enfant. Elle est assise sur un banc de pierre près d'une table sur laquelle se trouvent des fruits et un perroquet. Fond de paysage avec saint Joseph. La tête de Marie est belle, mais froide. Corps bien modelé de Jésus, bouche trop grande, pose des pieds difficile à comprendre.

2° Adam et Ève sous l'arbre défendu. Ève, entièrement nue, lève la tête vers la pomme en prenant un air boudeur. Adam nous regarde avec tristesse.

3° Les mêmes, chassés du paradis. Chacun d'eux porte un feuillage à la ceinture. Adam, une main à la tête, semble vouloir garantir son chef de l'épée de l'ange. Ève fait le geste des Vénus antiques pour cacher sa poitrine. Bon dessin, belle lumière.

VRIES (Jean Fredeman de) : Intérieur d'une église gothique. Effet de jour. Pas de figures. Bonnes lumière et perspective.

VYT-DEN-BROECK (Moïse) : 1° Paysage. Bergers dansant autour d'un arbre. Éclaircie à gauche ; confus.

2° Paysage avec nymphes et faunes qui folâtrent. A gauche, eau mal rendue.

WAEL (Corneille de) : Passage de la mer Rouge. Était en réparation.

WALCH (Jacques) : Portrait de profil de l'empereur Maximilien 1er, en armure dorée, avec le manteau impérial et la couronne (demi-nature, demi-figure). Mauvais.

WATTEAU (Antoine) : Jeune homme costumé à l'espagnole, assis sous des arbres et jouant de la guitare. Médiocre. Est-ce un vrai Watteau ?

WÉENIX (Jean) : Lièvre attaché par une patte au rameau d'un arbre. Sur le sol, petits oiseaux tués et instruments de chasse. Ce peintre ne se lasse pas de nous montrer le ventre blanc de son lièvre accroché.

WÉENIX (Jean-Baptiste) : Port de mer, vieilles constructions et figures. A gauche, portique à colonnes, dans l'ombre ; puis, tour éclairée, etc. A droite, mer. Noirci.

WERFF (Adrien van der) : Portrait d'un homme en pardessus rouge. Vêtements parfaits ; visage d'une peinture sèche.

WERNER (Joseph) : Tobie enterrant les Israélites tués par les Babyloniens (quart de nature).

WEYDE (Roger van der) : La Vierge tenant Jésus debout sur ses genoux, et sainte Anne assise présentant une poire à l'Enfant. Fond de paysage. Dans le ciel, Dieu le Père et le Saint-Esprit. Visages de terre cuite rougie.

WILLARTS (Adam) : Port de mer et fort à gauche. Médiocre.

WILLEBORT (Thomas), dit Boschaert : Le prophète Élie, dans le désert, reçoit un pain de la main d'un ange. Il semble se réveiller en bâillant. Dessin passable. Coloris noirâtre.

WINGHE (Jodoc van) : 1° « Apelle peignant Campsaque en Vénus, est blessé par Cupidon » (catalogue). Au fond, Alexandre le Grand, que couronne un petit génie, assiste assis à cette scène. Ce n'es pas Apelle, c'est sa maîtresse qui a le dessous des seins percé par un énorme trait. Pas assez de beauté dans les visages.

2° Même sujet. Ici, Campsaque nous fait face, baissant les yeux et ramenant une légère draperie sur le bas du corps. Le portrait nous la montre dans le sens inverse. Corps trop allongé ; seins trop petits avec des mamelons trop rouges.

WITTE (Gaspard de) : Paysage avec ruines d'un aqueduc. Sur le devant, paysan assis près d'un tronçon de colonne dont le piédestal est orné de grands bas-reliefs assez bien traités. Plus loin, arches en ruine. Paysage médiocre.

WITTE (Pierre de), dit *Candido* : 1° Sainte Ursule et les onze mille vierges tuées à coups, de flèche. Petit tableau d'un faible mérite.

2° Madone avec l'Enfant assis à terre. Sainte Élisabeth, agenouillée, prend Jésus par le bras. Derrière, le petit saint Jean s'avance, portant son agneau. Dans les airs, le Saint-Esprit au milieu d'une gloire d'anges musiciens. Mauvais, confus.

3° Madone assise dans un hangar voûté et tenant l'Enfant debout. Saint Étienne est agenouillé devant elle. Saint Joseph reste en arrière avec l'âne. Au fond, deux arches par lesquelles on découvre un petit paysage.

WITTIG (Barthélemy) : Grand repas. Singulier tableau dont tous les personnages de devant, nous tournant le dos, sont devenus noirs, tandis que ceux du fond sont vivement éclairés. Il y a quelque chose d'original et de piquant dans cette opposition. La salle est ornée de peintures. Parties altérées.

* WOHLGEMUTH (Michel) : Pièce d'autel avec deux paires de volets. Le tableau principal représente saint Jérôme en costume de cardinal debout devant un trône, une main sur la tête de son lion qui se lève sur les pattes de derrière. Donateurs à genoux. Le tout se compose, de neuf tableaux dont huit sur les volets peints en dessus et en dessous. C'est une œuvre capitale, d'une conservation parfaite et plaçant ce maître plus près d'Albert Durer, son illustre élève, que le Pérugin ne s'approche de Raphaël. Ces neuf compositions contenant des saints et des commettants sont traitées avec un soin minutieux ; les figures sont généralement d'un bon relief et d'une grande vérité. Les mains sont assez bien dessinées.

WOUTERS (François) : 1° Saint Joachim en lecture. Bon, altéré.

2° Saint Joseph le lis à la main. Cheveux noirs et barbe grise. Tête levée, yeux baissés ; profil peu distingué : portrait sans doute. Bonne peinture.

WOUWERMANS (Philippe) : 1° La moisson, tout petit paysage. Noirci.

2° Paysage rocheux. Brigands attaquant des voyageurs. Vive lumière à gauche où l'on voit sur la hauteur un homme à cheval qui accoste un bandit. Au bas de la côte, voiture arrêtée ; des coups de feu sont tirés contre le véhicule et contre un paysan tenant son cheval par la bride. Rivière à gauche, horizon borné.

3° Paysage sombre et désert. Voitures attaquées par des voleurs de grand chemin. Le cheval blanc d'un cavalier aux prises avec un autre bardé de fer, est étonnant de lumière et de vérité. En partie noirci.

* 4° Paysage avec chasseurs qui s'en retournent et font baigner leurs montures. L'un d'eux et son cheval blanc sont excellents. Derrière ce cavalier, vient une dame sur un cheval gris pommelé ; elle nous fait face et tient un parasol.

* 5° Manége en plein air. A gauche, eau dans laquelle se baignent des enfants et quatre chevaux. Un cavalier s'approche du cercle tracé pour le manége. Un autre et son cheval blanc qui se dresse sont d'un bon relief. Au deuxième plan, domestique monté et tenant par la bride un second cheval qui rue.

WUCHTERS (Abraham) : Portrait de Christien IV, roi de Dane-marck, en habit garni de fourrure. Physionomie dure, asez beau nez. Le visage est bien éclairé du haut. Cheveux descendant car-rément jusque près des yeux.

WURMSER (Nicolas) : Jésus-Christ sur la croix ; la Vierge et saint Jean. Ils ont l'auréole en plaque d'or. Tableau décoloré et d'un affreux dessin.

WYCK (Thomas) : 1° Ancien souterrain avec un puits à droite. Deux hommes en conversation. A gauche, garçon portant un plat ; autres personnages. Assez bon, mais altéré.

* 2° Ruines au bord de la mer. Sur le devant, laveuses près d'une fontaine antique et Wyck lui-même dessinant le paysage. A droite, belles ruines de portique. au bas desquelles une statue se détache très-bien sur le ciel. Eau, terres, montagnes trop confondues avec le ciel. Bon, du reste.

WYNANTS (Jean) : 1° Paysage. Les bêtes et les gens placés au premier plan sont finement touchés, mais le tableau tourne au noir.

2° Paysage. A gauche, entrée d'une forêt. A droite, étang et plaine. Bon. Noirci.

ZAFTLEVEN (Herman) : 1° Paysage. Coucher du soleil. 2° Paysage étendu. 3° Vue du Rhône avec bateaux et figures. 4° Bords du

Rhin; bateaux en chargement. 5° Vue prise du haut Rhin. Montagnes et bergers. Ces tableaux sont médiocres ou altérés.

ZAMPIERI (école de Dominique), dit *le Dominiquin* : 1° Lucrèce se donnant la mort. Il n'y a de vrai que la lame affilée du poignard.

2° Sainte Cécile jouant de l'orgue. Assez jolie tête de face, dont un seul côté est éclairé. Il en est de même de la poitrine. Le reste est noir.

ZAUFFELY (Jean), dit *Zoffani* : Portrait de l'archiduchesse Marie-Christine, épouse de Saxe Teschen, gouverneur des Pays-Bas. Cette Allemande peu spirituelle semble s'endormir après avoir pleuré.

ZELOTTI (Jean-Baptiste) : Piété. Le corps du Christ, étendu sur les genoux de Marie assise au pied de la croix, est aussi soutenu par deux anges. Mauvais, altéré.

* ZUCCHARELLI (François) : 1° Paysage. Au premier plan, pêcheurs et bergers. Au milieu, arbres, lac. Eau bien éclairée et bien rendue. Deux femmes debout, appuyées l'une sur l'autre, un berger, son troupeau et un vieux pêcheur se détachent sur cette eau. Jolie toile.

2° Paysage avec deux groupes d'arbres entre lesquels on aperçoit une campagne, avec pièce d'eau. Meilleure perspective, eau mieux rendue, fond plus vaste que dans le tableau précédent. Mais les personnages du premier plan se détachent moins bien et sont devenus plus noirs. Tableau de mérite mal placé.

ZUCCHERO (Frédéric) : Madone — jusqu'aux genoux — et les Bambini (demi-nature). Marie présente une rose à Jésus ; le petit saint Jean dort. Jolie toile.

ARTICLE III.— CZERNIN DE CHUDENITZ (GALERIE DU COMTE DE)

BARBIERI (Jean-François), dit *le Guerchin* : Saint Sébastien, les mains attachées au dos, la tête penchée en avant (grande demi-figure). Les taches rouges de son visage le rendent suspect. Effet de clair-obscur.

BEICH (Joachim-François) : Tancrède blessé, secouru par Herminie.

BERRETTINI (Pierre) da Cortona : Jugement de Salomon (petite dimension). La bonne mère, à genoux, s'appuyant d'un coude sur la cuisse de son vieux père, détourne trop tranquillement la tête de son enfant qu'on va couper en deux. L'autre mère, debout, tend son tablier comme pour recevoir sa moitié. Elle semble plus émue que l'autre ; c'est le contraire qui devrait se produire.

BOURDON (Sébastien) : Saint Jean dans le désert montre le Christ qui apparaît à la foule. Corps vigoureux du précurseur noirci en partie, ainsi que le reste.

BREENBERG (Barthelémy) : Joseph achetant des provisions en vue de la disette par lui annoncée. Jeune homme près de l'un des marchands. Est-ce Joseph ? Au haut d'une estrade, grand personnage en robe blanche, le bâton de commandement à la main. Est-ce le Roi ? Assez bon, belle lumière.

CALIARI (Paul), dit *Véronèse* : Mariage. Le marié, l'épée au côté, et la jeune femme sont agenouillés devant un prêtre qui prononce la formule. Costumes vénitiens.

CERESO (Matthieu) : Buste de Madeleine.

CHAMPAIGNE (Philippe) : Copie réduite de la mort d'Abel du Belvédère, à Vienne.

COLOMBEL (Nicolas) : Jésus et la Samaritaine (quart de nature). Joli. Un peu noirci.

CRAYER (Gaspard de) : Mariage du fils Tobie (demi-figure). Il passe l'anneau au doigt de sa femme, en présence de ses père et mère et de l'ange Raphaël. Bon coloris. Un peu froid.

* DOW (Gérard) : 1° Son portrait. Il est appuyé sur le bord d'une fenêtre cintrée et tient sa palette. Visage gras, long, intelligent, distingué.

* 2° Une jeune dame et deux jeunes seigneurs jouant aux cartes. Effet de lampe. Très-joli.

DUFRESNOY (Charles-Alphonse) : Songe d'Alcmène (figurines). Elle est endormie, appuyée sur une table. A droite, lit où la même femme est étendue sur le dos, le corps hors du lit et nu jusqu'à la ceinture. A son chevet et plus haut, vieillards en longues robes grises. Dans les airs, Minerve lui montre des femmes qui se baignent dans le fond à gauche. Cette partie est assez jolie.

* DUGHET (Gaspard) : Grand paysage très-frais, — par exception. — Sur le devant, gazon ; cinq personnages dont l'un au bord de l'eau. De chaque côté, arbres.

DUJARDIN (Karel) : Jeune femme nous tournant le dos et occupée à traire une vache. Jeune berger appuyé sur son bâton.

DURER (Albert) : Tête d'homme d'un âge mûr, aux traits énergiques, durs même, coiffé d'un petit toquet noir. Visage vivant regardant à notre gauche. Coloris bistre.

DYCK (Antoine van) : 1° Tête nue d'homme encore jeune et brun. Petits traits, yeux vifs. Il est vêtu de noir avec fourrure.

2° Bon portrait de vieillard.

3° Portrait d'un homme jeune, aux cheveux noirs et très fournis, avec moustache et mouche rousses.

4° Charmant petit amour nu, debout, regardant à notre droite.

ECCKHOUT (Gerbrandt van den) : Judas et Thamar, assis dans un chemin. Il tient la main de cette fausse courtisane qui nous montre un grand anneau dont Judas vient de lui faire présent. Une petite pièce d'étoffe noire cache ses yeux.

GREUZE (Jean-Baptiste) : Sainte Madeleine (petite nature, buste). Ses mains jointes sur la poitrine cachent les seins. Sa tête enfantine faiblement dessinée est-elle bien de Greuze? J'en doute ; le coloris n'est pas celui ordinaire du peintre.

HEEM (Jean de) : Deux bons tableaux de fruits.

INCONNU (auteur) : Le roi Alphonse, à genoux, est visité par un grand ange qui, soulevant une draperie verte, lui montre un petit christ et lui dit : « Jésus a souffert avec résignation, imite-le, prends patience. » Bonne toile.

LESUEUR (Eustache) : Retour d'Oreste accompagné de Pylade. Le frère d'Électre s'incline devant elle au moment où elle descend les marches du palais ; d'autres personnages viennent à sa suite. Faibles reliefs.

* LUINI (Bernard) : Charmante Vierge dont le visage rappelle la Madone de Munich (demi-figure). Elle est assise et tient l'Enfant Jésus debout.

MARATTA (Charles) : Petite Sainte Famille. Saint Joseph embrasse Jésus. La Vierge, à notre droite, lit debout. A gauche, sainte Élisabeth s'avance avec le petit saint Jean.

MIREVELT (Michel-Jean) : Portrait d'un magistrat coiffé d'une perruque dont les cheveux tombent sur les tempes. Médiocre.

ORSY (Lelio) : Deux têtes d'anges ou d'enfants baissant les yeux, à demi éclairés. Ils sont bien modelés et font illusion.

PALMA (Jacques), le vieux : Petite Sainte Famille. Faible.

* POTTER (Paul) : A droite, trois vaches dont deux se donnent des coups de cornes. Un vieux berger vient, avec son bâton, mettre le holà ! La troisième, couleur de café au lait, est vivement éclairée et parfaitement peinte. A gauche, femme et enfant, et au premier plan, deux porcs. Un peu plus loin, une autre vache dans l'ombre se détache en silhouette sur le fond. Jolie petite toile.

POUSSIN (Nicolas) : 1° Peste de Marseille. Au premier plan, homme qu'on enterre. Personnages regardant au-dessus d'une balustrade. Noirci.

2° Baptême du Christ. Dans le ciel, Dieu le Père. Altéré.

REMBRANDT (van Ryn Paul) : Concert (demi-figures). Ces têtes, d'une seule teinte et d'un coloris sec, ne peuvent être de ce maître.

2° Bon petit buste de la mère de l'auteur, vieille femme ridée, ayant sur la tête une cape en velours cramoisi. A Munich, ses traits sont moins communs.

RIBERA (le chevalier Joseph de), dit l'Espagnolet : Philosophe écrivant (demi-figure). Noir.

RICCIARELLI (Daniel) de Voltère : Déposition de Christ. Le corps mort est affaissé et soutenu, à droite par la Vierge et à gauche par sainte Madeleine sur l'épaule de laquelle il a un bras posé. Derrière et au milieu, se tient debout saint Joseph d'Arimathie coiffé à l'orientale. La pose de Jésus n'est pas heureuse.

ROBUSTI (Jacopo) : Portraits de deux doges dont l'un est Venieri en grand costume. Altérés.

* RUBENS (Pierre-Paul) : Les saintes femmes au tombeau du Christ (demi-nature). Au haut des marches aboutissant à une arcade, deux grands anges, debout, se tournent vers elles. Ces Marie, ayant à leur tête la Vierge, s'avancent pour visiter le sépulcre. Un des anges leur annonce que ce tombeau est vide, le Sauveur étant remonté au ciel. Une vive lumière environne les envoyés célestes. Les femmes sont bien drapées. Beau tableau encore très-frais.

RUYSDAEL (Jacques) : Deux paysages peu remarquables.

SALVI (Jean-Baptiste), da Sassoferrato : Sainte Famille (demi-figures). Le visage de saint Joseph est régulier, mais produit peu d'illusion.

SUBLEYRAS (Pierre) : Adoration des bergers. Effet de lampe.

TÉNIERS (David), le jeune : Corps de garde. Au premier plan, à droite, amas d'armes. Un peu plus loin, un soldat suspend son épée à la muraille : personnage fort bien peint. Un autre soudard est attablé.

TREVISANI (François) : Mater dolorosa et anges (petite nature, demi-figures). Marie, une main posée contre la joue, lève la tête vers le ciel, la bouche entr'ouverte. Bon tableau.

VECELLIO (Tiziano), dit le Titien : Sainte Madeleine, les bras croisés sur la poitrine (demi-figure).

VELASQUEZ (Don Diego Rodriguez de Silva y) : Portrait d'un grand personnage richement vêtu en velours rouge avec ornements en or. Il est difficile de reconnaître ici la touche de Velasquez.

* VERNET (Joseph) : Port de mer avec roches au, haut desquelles est une forteresse. A droite, vaisseau à l'ancre, et barques remplies de monde autour du navire. Au fond, s'élève un brouillard. Belle toile, très-fraîche, digne de rivaliser avec un bon Lorrain.

WEENIX (Jean) : Départ de l'enfant prodigue. Il est sur les marches de la maison, — vrai palais, — et serre la main de son vieux père sans que son visage flamand dénote la moindre émotion. On n'aperçoit qu'une faible partie du profil du vieillard. Autres personnages. A droite, chevaux, domestiques. Plus loin, port, vaisseaux. A gauche, gens attablés tenant, chacun une femme et se livrant à l'orgie.

ARTICLE IV — ESTERHAZY (GALERIE DU PRINCE NICOLAS)
PALAIS D'ÉTÉ

ALBANI (François), dit *l'Albane* : 1° Triomphe de Bacchus. Confus, noirci.

2° Enlèvement d'Europe. Noir.

* 3° Triomphe de Galathée (quart de nature). Elle est assise dans une coquille lui servant de char, avec des roues sans jantes. Son écharpe rouge flotte au gré du vent. Une néréide, aux traits chiffonnés, se tient au char ; elle est nue et vue jusqu'au bas du torse. Un amour au premier plan pousse le véhicule. Jolie toile, très-fraîche.

ALENHAIMS : Bon portrait de jeune homme, de profil, regardant à notre droite. Belle tête, bien éclairée. Traits énergiques, peu de barbe.

ALESSANDRINO : Intérieur d'une salle de tortures (petite dimension). Ici, un homme est hissé à un poteau dans la position la plus fatigante ; là, un malheureux est mis à califourchon sur une pierre très-large, dont les bords sont tranchants. D'autres, assis à terre, ont les pieds comprimés dans des boîtes. Perspective exacte. Ensemble faible, noirci.

ALLEGRI (Antoine), dit *le Corrége :* 1° Femme en robe jaune, dont le profil délicat est levé. Etude.

2° Trois têtes d'anges en deux tableaux. Esquisses pour la fameuse fresque du duomo de Parme.

3° Portrait de l'auteur coiffé d'un chapeau noir. Long nez, sourcils abaissés par la méditation, barbe rousse. Profil de penseur. Il est permis de douter que nous ayons là l'image de ce peintre célèbre.

4° Sainte Famille (petite nature). Marie (demi-figure) découvre un sein en souriant d'une façon forcée. Jésus (figure entière) est assis sur elle, les jambes écartées. Il se retourne vers saint Jean qui lui apporte des fraises dans le pan de sa nébride. Teinte rougeâtre. Copie ancienne, sans doute.

ALLORI (Alexandre), dit le Bronzino : Buste de saint Jean l'Évangéliste, écrivant. Tête à demi éclairée et noircie.

AMERIGHI (Michel ange), dit le Caravage : 1° Son portrait. Un petit mouchoir blanc est noué sur sa tête ; il nous regarde de côté. Tête assez régulière, mais peu distinguée. Elle ne ressemble pas à celle peinte par Annibal Carache (Musées d'Italie, p. 202).

* 2° Jeune seigneur jouant aux cartes avec un autre cavalier et deux dames. A droite, autre jeune gentilhomme et une négresse, tous deux debout ; plus un officier portant casque et cuirasse. Effet de clair-obscur. Bonne toile.

ASSELYN (Jean), dit Crabettie : Paysage avec forteresse à gauche ; eau à droite.

* BARBIERI (Jean-François), dit le Guerchin : Sainte Famille. Marie est assise à gauche. Saint Joseph placé plus bas à droite, n'est vu qu'à mi-corps. Il tient, pelotonné dans ses bras, l'enfant Jésus regardant de tout près le vieillard. Gentil visage du Bambino. Belle tête, un peu boudeuse, de la Vierge. Composition originale ; ombres charbonnées.

BARROCCI (Frédéric), dit Fiori d'Urbino : 1° Sainte Famille. L'enfant Jésus prend des fruits que lui présente saint Joseph.

2° Annonciation. L'ange est comme assis ; c'est un gros et brun bourgeois. Marie, avec son visage de poupée, semble interrompre l'ange et lui dire : « Assez, taisez-vous ! » Au premier plan à gauche, capucin en lecture. Paysage vu par un rideau ouvert. Le livre du religieux est ce qu'il y a de plus vrai.

BARTOLOMMEO (Fira), dit il Frate : Madone. L'enfant au giron se gratte un pied. Marie porte une robe rouge avec des manches jaunes ; seins très-peu indiqués. Coloris sec. Altéré.

BELLINI (Jean) : 1° Madone coiffée d'un pan de son manteau bleu. Long nez pointu, menton proéminent, lèvres minces. Jésus est assis sur elle. Au milieu, sainte Catherine, assez semblable à une statue de bois coloriée. A droite, saint récollet ; plus bas, buste de commettant.

2° Portrait de femme en robe rouge dessinant une poitrine plate, avec une chevelure d'étoupes blanches. De quel droit accuser un grand maître d'avoir fait cette croûte ?

BLOEMEN (Julius Franz van), dit *Orizonte* : Deux paysages, animés par des personnages. Bons, mais noircis.

BORDONE (Paris) : Buste d'une jeune et jolie personne, en robe rouge, les seins nus, avec un petit mouchoir sur le cou et un collier de perles rouges et blanches. Cheveux à reflets jaunes, tombant sur les épaules. Elle regarde à notre droite. Je ne vois pas ici le cachet d'un grand maître, c'est-à-dire la vie.

BREUGHEL (Jean), dit *de Velours* : Eden. Au fond, à droite, Adam et Ève parés seulement de leur innocence. Sur le devant, deux tigres jouant comme de jeunes chats. Au milieu : à droite, cheval blanc de face ; à gauche, eau et volatiles. Belle lumière de ce côté. Sujet répété.

BREUGHEL (Pierre), le jeune, dit *d'Enfer* : 1° Deux descentes d'Enée aux enfers où les Flamands sont en majorité. Enée marche, l'épée nue, à côté de la sibylle ; morts nus couchés sur le sol, démons.

2° Junon descend aux enfers sur son char attelé de paons.

* BRONZINO (Angelo) : Jolie petite crèche. L'enfant Jésus et le linge blanc sur lequel il est couché sont en pleine lumière. A gauche, saint Joseph et trois grands anges. A droite, maison, montagnes. Au fond, paysage bleu avec eau. Dans les airs, cinq charmants chérubins dont l'un est en prière, tandis que les autres voltigent et gambadent. Ce joli groupe se détache à merveille sur la vive lumière du ciel. Plus bas et à droite, ange blanc comme une statue apparaissant aux bergers sur une montagne.

CALIARI (Paul), dit *Véronèse* : 1° Mariage, répétition ou plutôt copie de celui-ci avant décrit (p. 344).

2° Sainte Cécile, jeune blonde costumée à la vénitienne, la poitrine nue. Elle joue du sistre ; un petit ange tient son cahier. Sa tête un peu levée nous regarde de face. C'est le portrait d'une femme forte et jolie. L'original de cette peinture doit être très-beau. Nous n'avons ici qu'une copie. Il suffit, pour s'en convaincre, d'examiner la ligne sèche séparant la tête du cou.

3° Jupiter ayant pris la forme de son aigle, enlève Mnémosyne dont une main pose encore à terre près d'un cahier de musique. Elle nous montre son dos et son profil. Mauvais raccourcis de ses bras et de sa jambe droite repliée.

GAMBIASI (Luca) : Mauvaise copie du tableau de Canlassi, représentant la violence faite à Lucrèce par le jeune Tarquin (*Musées d'Italie*, p. 336).

* CANAL (Antoine da), dit *Canaletto* : 1° Vue de la grande place de Florence. L'édifice crénelé, surmonté d'un beffroi, est devant nous. Les arcades ne sont vues que de profil dans l'ombre ; statue colossale de Neptune, etc. Bon.

2° Autre vue de Florence du côté de l'Arno. A gauche, rang de maisons éclairées ; rivière au milieu, avec pont au fond. Entre les arches de ce pont, on en aperçoit un autre plus loin. Profil de maisons de gauche dans l'ombre.

* CANO (Alonso) : 1° *Noli tangere*. Le Christ, la tête entourée de trois points lumineux, pose une main sur le front de Madeleine prosternée devant lui, et la regarde avec intérêt. Son visage bien éclairé est très-beau. Celui de la sainte est dans l'ombre. Bon tableau.

2° Religieuse enveloppée d'une robe grise avec un voile noir sur la tête. Les mains jointes sur la poitrine, elle penche vers la terre son beau visage pâle. Belle expression de douleur résignée. Il est difficile de reconnaître ici Cano : ce n'est ni son style, ni son coloris.

3° Saint Thomas, la main en avant, la bouche ouverte. Profil triangulaire, sans barbe et peu distingué. Cette tête ingrate ne doit pas être attribuée au classique Cano.

4° Saint Jean Baptiste dans l'île de Pathmos (grande demi-figure). Il tient une palme et pose un livre sur une pierre, en se retournant pour regarder dans le ciel l'hydre à sept têtes. Assez beau visage. Pose et draperies faibles.

CARDERO (Viezenza) : La Vierge dans une gloire d'anges. En bas, saint François à genoux tendant les mains vers les anges placés sous la Madone. Mauvaise toilé.

* CARDI (Louis), dit *Cigoli* : Vierge (jusqu'aux genoux) tenant l'Enfant qui l'embrasse. Son manteau blanc est jeté sur ses cheveux roulés par devant. Grande et belle tête italienne. Bons modelés. Un peu altéré.

CARPINI (Jules) : « Allégorie de la vie humaine où les vœux de tous âges sont représentés » (catalogue). Demi-nature. Le tableau ne réalise pas les promesses du titre. Un homme nu, les jambes écartées d'une façon peu décente, la tête couronnée et tenant un sceptre, ouvre ses grandes ailes ; c'est le plaisir éphémère recherchant les grandeurs. Un ange drapé le sermonne. Composition obscure ; mauvaise exécution.

CARRACCI (Augustin) : 1° Saint Jérôme endormi, la tête et les mains appuyées sur une tête de mort. Noir.

2º Communion de saint Jérôme, petite esquisse altérée du tableau de Bologne (*Musées d'Italie*, page 5).

3º Enlèvement de Galathée, nymphe de la mer. Elle est absolument nue; un Fleuve la saisit par le corps tandis qu'un Triton la lève par les jambes, ce qui lui donne une pose horizontale. Elle tient son écharpe rouge qui flotte au vent. Deux de ses compagnes se débattent entre les bras de deux Tritons, aux têtes de satyres.

CARRACCI (Louis) : Deux satyres pressant des grappes de raisin et en recevant le jus dans un plat (demi-figures). Le dos de l'un et la poitrine de l'autre sont encore éclairés. Le reste est noir.

CERESO (Matthieu) : *Ecce homo* (demi-nature). Visage du Christ penché à notre gauche, dans l'ombre, les yeux baissés, la bouche ouverte. Il a le manteau de pourpre et tient le roseau dans ses mains garrottées. Altéré.

CHAMPAIGNE (Philippe de) : Deux portraits. Homme et femme.

* CIGNANI (Charles) : Adam et Eve nus, en face l'un de l'autre (grande nature). Leur pudeur, ou plutôt la nôtre, est mise à l'abri par la branche que tient l'homme et par les longs cheveux de la femme. Cell-ci se penche vers son époux et l'excite à mordre an fruit défendu. Le jeune et naïf Adam paraît effrayé et veut résister. Jolis modelés, ombres noircies. Bonne toile.

COELLO (Claude) : 1º Adoration des rois. Mauvais dessin.

2º Adoration des bergers. La Vierge aux deux mentons et une grosse blonde portant sur la tête un vase en cuivre comme en ont les laitières de Flandre, l'une et l'autre au teint tacheté de rose, feraient croire que ce tableau est de Rubens, plutôt que d'un peintre espagnol.

3º Sainte Famille. Marie tient par la main son fils âgé de quatre à cinq ans. Saint Joseph. Dans les airs, Dieu le Père et le Saint-Esprit. Jolie tête levée de l'Enfant aux cheveux blonds et frisés.

CRANACK (Lucas), le vieux : 1º La femme adultère (demi-figure), répétition modifiée de celle de Munich, mais inférieure.

2º Salomé tenant dans un plat la tête de saint Jean-Baptiste, dont la bouche et les yeux sont ouverts. Bon raccourci de cette tête. Salomé ressemble fort à la femme adultère.

* CUYP (Albert) : 1º Lui et sa nombreuse famille. Son visage, vrai type allemand, est peu distingué, mais intelligent. Il a divisé sa petite troupe en deux escouades : celle de gauche, au milieu de laquelle il se trouve, est la plus nombreuse ; celle de droite se compose de jeunes gens revenant de la chasse. Au fond, paysage médiocre.

2° Homme et femme, assez bons portraits sur une même toile.

* 3° Paysage avec taureaux et vaches, ayant pour la plupart les pieds dans l'eau au premier plan. La vache buvant en nous tournant presque le dos et sa voisine se détachent très-bien. Belle lumière sur l'eau. C'est dans ce genre de composition qu'excelle ce peintre.

DENNER (Balthazar) : Portrait d'homme déjà âgé, aux deux mentons, au teint pâle. Physionomie caustique. Coloris plus lisse et moins luisant que dans les portraits de Munich.

DOLCI (Charles) : Jolie tête de Vierge, baissée et couverte par son manteau bleu. Le creux des yeux est largement ombré, ce qui rend le regard très-doux. Nus d'une teinte bleuâtre.

DOW (Gérard) : Saint Antoine, ermite, en prière dans la solitude. Devant lui, crucifix, et plus haut, divers objets, entre autres la grande lanterne obligée. Bon profil trop peu éclairé.

DYCK (Antoine van) : 1° Couronnement d'épines (petite dimension). Esquisse altérée. Corps de Christ vigoureusement dessiné et bien éclairé.

* 2° Concert exécuté par la famille van Eyck, d'Anvers (tiers de nature). A gauche, trois hommes assis, dont l'un tient un violoncelle. A droite, jeune personne jouant de l'orgue; une autre debout a dans les mains une guitare. Plus à droite, deux dames assises, puis une jeune religieuse en robe grise debout. Bons portraits en pied.

3° Homme tenant sa femme par les mains. Portraits. Faibles.

ELZHEIMER (Adam) : 1° Repos en Egypte. Au milieu, saint Joseph. A gauche, Marie assise avec l'Enfant au giron. Dans le ciel, petits anges.

2° Flagellation. Le Christ est entre deux bourreaux armés de verges.

Ces deux tableaux en figurines sont peints sur marbres. On a transformé en rochers les taches du premier de ces marbres.

FERRARI (Gaudenzio) : Madone avec l'Enfant qui se met un doigt dans la bouche. A gauche, même groupe. Là, Jésus tient une petite croix. Assez bon.

FÉTI (Dominique) : Jeune femme appuyée des deux mains jointes sur une table. Elle tient un mouchoir ; sa tête est penchée en avant. Pose peu gracieuse. Visage bien éclairé. Le reste un peu noirci.

FRANCK (Frans), le jeune : Passage du Jourdain (petite dimension). Les Hébreux avec leurs femmes sont en marche ; l'arche sainte est portée par quatre lévites. Sur le devant, deux personnages richement costumés à l'asiatique, sont en conversation.

FRANCUCCI (Innocento) da Imola : Mariage de sainte Catherine (petite nature, demi figure). La sainte nous montre son profil anguleux. Saint Joseph dans l'ombre.

FURINI (François) : Mort d'Adonis. A gauche, Vénus, tenant une mèche de ses cheveux, gesticule d'une façon absurde. A droite, nymphes soulevant le jeune chasseur renversé : groupe plus régulier, mais assez mal peint. Vénus est mieux modelée et éclairée. Adonis ne vaut rien. Altéré.

GELDER (N. van) : Portrait d'un jeune homme brun en habit et toquet noirs. Barbe naissante, grands yeux, visage énergique. Bonne lumière.

GELÉE (Claude), dit le Lorrain : 1° Paysage. A droite, grande roche ; au premier plan, à gauche, arbres. Plus loin, tour, pyramydes.

* 2° Coucher de soleil. Sur le devant, bestiaux passant un gué et chassés par un jeune pâtre ; arbres. Au fond, à droite, eau, montagnes ; à gauche, bâtiments et arbres entourés de murailles. Tableau excellent si le devant n'avait pas été envahi par le noir.

3° Paysage plus petit avec eau et moulin à gauche.

M. Viardot prétend que les premier et troisième de ces cadres sont des copies.

GHIRLANDAJO (Ridolfo) : (Nativité petite nature). L'enfant Jésus par trop petit est couché sur le dos à terre. Trois bergers d'âges différents sont agenouillés ; derrière eux, deux autres debout. En haut, trois anges à genoux, nous faisant face, tenant un papier de musique et chantant. A gauche, saint Joseph appuyé sur son bâton. Fond de paysage. Encore frais.

GIORDANO (Luca) : 1° Fuite en Égypte. La sainte famille entre dans un bateau. Traits communs de saint Joseph et de la sainte Vierge ; muscles exagérés du batelier.

2° Vénus assise et se tournant pour embrasser Adonis debout derrière elle. Cupidon tenant une colombe s'appuie câlinement sur une cuisse de sa mère.

3° Copie réduite et altérée de la Cène de Léonard de Vinci.

GOYA (François) : 1° Un rémouleur. 2° Jeune fille tenant un grand pot sur la hanche droite et un panier de la main gauche ; elle crie pour annoncer sa marchandise ; belle tête espagnole. Gouaches.

GOYEN (Jean van) : Deux jolis petits paysages.

GREUZE (Jean-Baptiste) : Jeunes villageoises apportant des provisions à un vieil ermite (petite dimension). L'une d'elles reçoit en échange un chapelet qu'un moinillon à genoux vient de tirer d'une caisse. Pose gracieuse et pudique de cette fillette. Le coloris est bien sec pour un Greuze.

HERIDA (Pierre) : Saint Antoine de Padoue tenant devant lui l'enfant Jésus qui le saisit par le menton. Fond de paysage. Faible.

INCONNU (auteur) : Sainte Madeleine (petite nature). Le haut de son corps est nu, mais les seins sont en partie cachés par ses longs cheveux qu'elle tient sous ses bras croisés. Son regard levé est langoureux plutôt que triste. Noirci.

JORDAENS (Jacob) : 1° Méléagre faisant à Atalante présent d'une hure de sanglier qu'il dépose sur ses genoux (demi-figures). La nymphe est une grosse Flamande. Un suivant sonnant du cornet est ignoble.

2° Vieux satyre debout se moquant du paysan qui souffle sa soupe. Celui-ci est assis près d'une jeune femme qui tient un enfant et nous regarde. Elle est bien éclairée ; l'enfant ne l'est qu'à demi ; les autres sont dans l'ombre.

JUANES (Vicente de) : 1° Belle Sainte Famille. Marie tient sur elle son fils. Il pose sa main sur un sein mis à nu par une ouverture pratiquée à la tunique, et se tourne de notre côté. A gauche, saint Joseph dans l'ombre. Jolie tête nue de Marie levée vers le ciel. Toutefois le menton n'est pas d'un dessin bien correct. Fond de paysage. Anges dans les airs.

2° Jésus-Christ tenant une hostie de la main droite levée, avec la gauche sur la poitrine. Un calice est posé devant lui sur une table de marbre. Draperie verte derrière lui. Fond en forme de niche. Selon nous, cette composition vue ailleurs n'est ici qu'une copie, de main étrangère.

LAHIRE (Laurent de) : Vénus offrant la couronne à Sémiramis (demi-nature). La reine, une main sur la tête de son fils, prend une pose trop théâtrale.

LEBRUN Charles) : 1° Louis XIV déclarant la guerre à la Hollande, composition allégorique. Le roi debout allonge sa canne du côté de la mer et se tourne, l'index de l'autre main tendu, vers une femme en costume de reine. Celle-ci tient d'une main une statuette de la victoire et s'appuie de l'autre sur un petit obélisque. Une déité lui présente une couronne. Dans les airs, la Justice, l'Abondance, la Force. etc,. Au fond, mer, vaisseaux.

26

2º Paix de Nimègue, pendant du précédent. Le roi de France assis remet le traité à un jeune plénipotentiaire hollandais qui fléchit le genou. Autres personnages. Dans le ciel, Minerve et une déité tenant une lyre. Toiles froides, comme toutes les allégories de ce genre.

LESUEUR (Eustache). Femme endormie sur un nuage, n'ayant pour vêtement qu'une petite draperie couvrant le bas du corps. Jolie tête blonde en raccourci. Nus trop secs.

* LOTH (Charles) : Esther, à genoux sur un coussin, est couronnée par Assuérus, en présence de toute la cour (petite dimension). Mardochée se tient debout derrière elle. Tables entourées de convives ; celle du milieu est bien éclairée. Les groupes sont artistement disposés. Jolie toile.

LUCIANO (Sébastien), dit *del Piombo* : Portrait du cardinal Polus en robe blanche et barrette rouge. Cheveux blancs, grand et gros nez, grande bouche. Altéré.

LUINI (Bernardino) : 1º Sainte Famille (demi-nature). L'enfant Jésus, assis sur sa mère qu'il tient par le haut du corsage, se retourne vers le petit saint Jean que lui présente sainte Élisabeth. Cette sainte, dans l'ombre, est encore jolie. Le précurseur offre une fleur à Jésus. Toile noircie.

2º Buste de sainte Catherine tenant une palme et un livre. Belle tête de face aux longs cheveux d'un blond jaune.

MALDINA : Mauvaise toile, genre Ribera.

MARATTE (Charles) : Jolie petite fuite en Egypte. Noircie.

MARIANI (Antoine) : Deux tableaux placés contre les fenêtres sur des panneaux mobiles : c'est une Judith, c'est une Salomé tenant chacune une tête coupée et souriant, fort mal à propos, selon nous. Compositions maniérées et un peu noircies.

MAZZUOLA (François), dit *le Parmesan* : Sainte Famille et saint François. Belle et longue tête de Marie ; visage colère de saint Joseph. L'enfant Jésus, les yeux trop distants l'un de l'autre et les sourcils relevés, est trop peu intelligent.

MENENDEZ (Antoine) : Saint Jean-Baptiste dans le désert, recevant dans une coupe de l'eau sortant d'un rocher (petite dimension). Noirci.

METZU (Gabriel) : Jeune homme aux genoux d'une courtisane (petite dimension). Les rires du valet et de la servante nous font interpréter ainsi ce sujet.

MOLA (Pierre de) : Petite Madone assise sur un sac, ayant sur elle Jésus plus grand que de coutume (tiers de nature). Il regarde sa mère et la caresse avec les mains. Dans les airs, deux anges bouffis. Fond de paysage. Noirci.

MOYA (Pedro) : Son portrait. Il est vêtu de noir et se retourne vers nous d'un air prétentieux. Belle tête d'un brun sanguin, aux deux mentons. Le front paraît trop bas.

MURILLO (Bartolome Esteban) : 1° Petit mendiant faisant la chasse aux hôtes incommodes installés dans sa chemise. Répétition de celui du Louvre (n° 551). Ici les ombres sont plus charbonnées et la lumière est plus vive.

2° Homme tenant une bêche sur l'épaule et nous regardant (demi-figure), genre Rembrandt ; noirci. Médiocre. Murillo fort douteux.

* 3° Sainte Famille (demi-nature). Marie est occupée à coudre ; elle regarde, l'aiguille levée, les Bambini. Saint Joseph rabote une planche ; sa tête se détache sur le ciel. Derrière lui, paysage. A gauche, bâtiments devant lesquels est assise la Vierge. Son visage long, intelligent ; sa pose, son regard, tout en elle décèle un tendre sentiment. Jolie toile.

* 4° Vierge glorieuse. Marie tenant son fils debout devant elle, est assise sur un nuage ; un ange tient une corbeille de petits pains et en offre un au vieillard placé plus bas, un livre à la main. Près de ce dernier, à l'extrême droite, deux autres personnages, vus de buste, dont l'un s'appuie sur un bâton de pèlerin. Tous trois regardent Jésus. La belle tête andalouse de Marie se détache sur le cercle lumineux qui l'entoure. Charmante tête et beau corps de Jésus admirablement modelés et éclairés. Lui et sa mère sont sérieux. Le catalogue suppose une distribution de pains à des missionnaires. Nous croyons que ces pains représentent allégoriquement les règlements approuvés et donnés à trois ordres religieux dont les chefs figurent ici à mi-corps. Leurs visages sont vivants et expressifs. Très-beau tableau.

5° Fuite en Égypte (demi-nature). Marie est assise sur un âne dont le temps n'a respecté que le museau blanc. Elle tient l'enfant Jésus et baisse les yeux. Ils sont encore bien éclairés, excepté par le bas. Saint Joseph, dans l'ombre, bâton en main, sac sur le dos, les suit de près. Dans les airs, trois anges. Ce tableau paraissant faire pendant au n° 3, ci-dessus, le vaudrait si le noir ne l'avait pas envahi en partie.

6° Danse burlesque d'hommes et de femmes de la dernière classe. Pochade à la van Ostade.

7° Saint Joseph avec son lis, tenant par la main Jésus, enfant de six ans.

Ces deux dernières toiles (huitième de nature) sont-elles de Murillo ? J'en doute.

NEUNEZ (Pedro) : Jeune garçon renversé, une main à terre, l'autre levée comme pour arrêter le chien de chasse qui s'est jeté sur lui et que suit un roquet. L'enfant crie. Son joli profil est partie en pleine lumière, partie dans l'ombre. Ses cuisses drapées et ses jambes nues sont bien éclairées. Des pommes d'un vif incarnat sont épandues sur le sol.

ORRENTE (Pierre) : Jésus à Emmaüs (quart de nature). A l'extrémité du premier plan, deux voûtes, par l'une desquelles on découvre la campagne. Sous la seconde, le Christ est attablé avec deux disciples. Il tient un pain et le bénit, ce qui le fait reconnaître. A gauche, le maître de la maison est assis dans un fauteuil de forme singulière. Il regarde le Christ d'un air étonné sans voir sa servante qui lui parle. Le visage de cette fille assez jolie est le mieux éclairé, ce qui nous paraît contraire aux règles. Celui de Jésus est d'ailleurs trop vulgaire. A cela près, bonne toile dans le style des Bassan.

PALMA (Jacques), dit *le Vieux* : Mauvaise Sainte Famille.

PIPPI (Jules), dit *Jules Romain* : Femme assise, nue jusqu'à la ceinture. Teinte grise. Mauvais.

* POTTER (Paul) : Une vache et un taureau couchés et se détachant fort bien sur le fond. Paysage insignifiant. Excellent tableau de grande dimension.

POUSSIN (Nicolas) : 1° Naissance de Bacchus (petite dimension). Altéré.

* 2° Visitation (quart de nature). Marie, en robe blanche et manteau bleu, arrive chez sainte Élisabeth qui s'avance à sa rencontre, les bras ouverts. A droite, saint Joseph portant son paquet au bout d'un bâton. A gauche, Zacharie en turban. Belle tête de Marie, aux longs traits, aux yeux baissés. Paysage avec bâtiments. Tableau plus frais que la plupart des Poussin.

3° Apprêts de la sépulture. Copie réduite ou esquisse du tableau de Munich.

4° Le serpent d'airain, répétition ou copie. Altéré.

PRADO (Blas del) : Petite Sainte Famille. Marie tenant Jésus debout sur elle, regarde le petit saint Jean ; elle est en robe et petit turban verts, bordés de jaune, avec un voile transparent descendant sur les yeux. Faible.

PYNAKER (Adam) : Petit paysage, avec eau et barque chargée de marchandises.

* QUELLINUS (Jules Erasme) : Les quatre saisons (petite dimension.) Au premier plan, couple assis à terre et se tenant enlacé. Une gerbe de blé près de la belle annonce l'Été. Derrière eux, une jeune fille jette des fleurs en dansant : c'est le Printemps. A gauche, couple assis. La femme tenant des fruits est l'Automne. A droite, dans une sorte de caverne obscure, un vieillard se chauffe devant un bon feu : nous voilà en hiver. Assez jolie toile.

RAIBOLINI (François), dit *Francia* : 1° La Vierge et les Saints Enfants. Jésus, un livre à la main, est assis sur sa mère. Marie regarde le petit saint-Jean dont le liston trop volumineux flotte au vent.

2° La Vierge tenant Jésus sur une table, et derrière elle un ange de chaque côté. C'est la même composition que celle de Munich. Seulement les anges sont ici coiffés plus simplement.

REMBRANDT (van Ryn Paul) : 1° *Ecce homo*. Le Christ nu, excepté à la ceinture, est debout, le roseau à la main. Le soldat qui lui pose le manteau d'écarlate, peu visible aujourd'hui, se penche en arrière, et grimace un rire sardonique. Cet homme, le cou et le visage de Jésus ont noirci ; mais les jambes et le corps du Christ sont éclairés à blanc et font illusion. La tête de Pilate est à demi éclairée. Sa pose est simple et digne.

2° Portrait de l'auteur — on le retrouve partout. — Celui-ci est-il un original?

3° Portrait de femme, même doute.

4° Vieillard assis tenant une longue canne (demi-nature.) Très altéré.

5° Deux moines assis et lisant dans le même livre : leurs visages et la robe blanche de l'un d'eux sont bien éclairés; le reste est tout noir.

RENI (Guido), dit *le Guide* : 1° Christ en croix (petite nature). Bons reliefs ; tête trop décharnée et trop large des pommettes, yeux levés, bouche ouverte. Une couronne lumineuse entoure la couronne d'épines.

2° L'enfant Jésus endormi. Raccourci médiocre. Coloris délayé.

3° *Ecce homo*, buste. Belle tête, belle poitrine.

4° Buste de Lucrèce se poignardant. Joues pleines ; teint blanc.

5° Adoration des bergers (petite nature). Altéré.

* 6° David et Abigaïl (grandes demi-figures). Assise sur un âne, les yeux baissés, la couronne sur la tête, elle s'avance et offre

26.

au jeune guerrier des rafraîchissements pour son armée. Le profil de David manque de distinction, mais il exprime bien une surprise agréable. Autres personnages, parmi lesquels on distingue deux jolies têtes de femmes.

RIBALTA (François) : 1° Retour de Zacharie. Il embrasse sa femme, ce qui fait rire un rustre placé derrière lui. Mauvais, noirci.

2° Sainte Catherine, assise au premier plan, la couronne sur la tête, prend, devant l'empereur Maxence, la défense de la religion chrétienne, ce qui cause l'admiration d'une dame et la colère de trois vieillards. L'empereur donne, en faisant une ignoble grimace, l'ordre d'arrêter la sainte. Le profil de celle-ci est beau, mais sa pose est théâtrale. Le reste est mauvais.

RIBERA (le chevalier Joseph de) : 1° Martyre de Saint-Étienne (jusqu'aux genoux). Beau corps, vigoureusement peint et bien éclairé.

2° Martyre de saint Sébastien (jusqu'aux genoux). Il est attaché à un arbre par les poignets. Sa tête pâle et mourante levée vers le ciel, murmure une prière. Belle expression de ses grands yeux noirs. Bel effet de clair-obscur sur ce corps nu ; musculorités du bras gauche un peu exagérées.

*3° Martyre de saint André. Renversé sur le dos, on l'attache à la croix. Un prêtre païen lui montre une petite statue de Jupiter, que l'apôtre regarde avec mépris. Ce regard cause une illusion surprenante, et pourtant il est dirigé, non sur nous, mais à notre gauche. Un officier romain assiste impassible à ces apprêts. Partie du tableau a noirci, et cependant c'est un des martyres de Ribera les mieux conservés et les mieux exécutés.

4° Un vieux saint Jérôme. Noir.

RICCI (Sébastien) : 1° Adoration des bergers. C'est le corps du Messie qui éclaire la scène.

2° Adoration des rois, esquisse de petite dimension.

L'effet de lumière du premier sujet n'est pas sans mérite.

RIGAUD (Hyacinthe) : Son portrait. Cette peinture est trop grossière pour être un original. Le teint bilieux est peu vrai. Longue tête, spirituelle, énergique ; lèvres charnues et sensuelles, yeux altérés par les excès ou par le temps.

ROBUSTI (Jacques), dit le *Tintoret* : 1° Vierge en trône tenant sur elle l'Enfant debout. Deux vieux saints agenouillés. Un ange porte la crosse et la mitre de celui de gauche. L'autre est saint Dominique ayant derrière lui le jeune saint Georges, au visage de carton. Il est douteux que ce tableau soit un Tintoret original.

2° La femme adultère, toile importante, mais noircie. La coupable est entourée de ses dénonciateurs. Jésus est assis à gauche. Personnages, entre autres un vieillard portant une plaie dont on sollicite la guérison.

ROMANELLI (Jean François) : Portrait de madame de Montespan. Elle a une cuisse et un sein nus. Une pomme dans chaque main, elle nous montre une petite physionomie chiffonnée aux cheveux blonds, aux yeux écartés et peu spirituels : vraie poupée de palais. Fond de paysage. Genre Boucher.

ROMAYN (Guillaume) : Paysage avec taureau et vache au premier plan. Très-bon.

* ROSA (Salvator) : Deux beaux paysages bien conservés : 1° Édifice sur une éminence, terrain s'avançant dans la mer. Pêcheurs sur le rocher au premier plan et dans une barque. 2° Mer bien éclairée et vue entre les gros arbres de gauche ; moutons et chèvres sur le devant. A droite, pêcheurs, grande roche, et sur une autre plus éloignée, forteresse avançant dans la mer. Au delà, ville, montagnes. Compositions classiques.

* ROSELLI (Matthieu) : La prière (cadre rond.) Un adolescent vu de buste, la tête levée et mains jointes, a devant lui un livre ouvert sur lequel un grand ange drapé pose un doigt. Belle expression de piété fervente chez le premier, opposée à la placidité du second. Bon coloris ; belle lumière.

RUBENS (Pierre-Paul) : 1° Copie sur une même toile de trois scènes de Psyché et l'Amour peintes par Raphaël à la Farnesina (*Musées d'Italie*, p. 379.) 1. Jupiter donnant un baiser à Cupidon. 2. Mercure enlevant Psyché. 3. Les trois Grâces. (Demi-nature.)

2° Petite Sainte Famille (jusqu'aux genoux). Marie est assise devant une colonne avec Jésus au giron. Son visage souriant est à demi éclairé. A droite, saint Joseph dans l'ombre. Cadre étroit, médiocre.

* 3° Autre Sainte Famille, plus grande et plus belle que la précédente, avec anges à gauche et saint Joseph dans l'ombre à droite. L'Enfant pose en câlinant, sa tête sur le sein de sa mère et nous regarde. Bon. Un peu noirci.

4° Tous les grades de la hiérarchie ecclésiastique en adoration. Personnages groupés à notre droite et s'avançant vers la gauche, les yeux tournés vers le ciel où l'on voit des anges. Colonne de chaque côté de cette scène. Esquisse peu achevée.

RUTHARD (Charles) : 1° Belle chasse au cerf. L'animal, la tête baissée, un pied sur le dos d'un chien, se défend vigoureusement. Autres chiens, cavaliers.

2° Loup attaquant un sanglier. Un renard voudrait prendre sa part de la proie, mais il n'ose s'approcher. Confus, médiocre.

RUYSDAEL (Jacques) : 1° Paysage avec eau à droite, tombant en cascade sur des pierres ; le reste est noir.

* 2° Paysage du même genre. Sur le devant, deux bouleaux coupés. Entre deux massifs d'arbres, éclaircie avec maisons et ruines au bord de l'eau et s'y reflétant. Feuillage délicat se détachant sur le ciel. Jolie toile bien conservée.

RYCKAERT (David) : Chimiste assis dans son laboratoire et cherchant dans un livre le moyen de fabriquer de l'or. Bonne tête, aux sourcils froncés, bien éclairée. Le reste est noir.

SAFTLEVEN (Herman) : Petit paysage. Eau à gauche ; montagne à droite; personnages sur la rive. Assez jolie toile.

SALVI (Jean-Baptiste), da Sassoferrato : Vierge avec l'Enfant et une sainte. Mauvais.

* SANZIO (attribué à Rafaelo), dit Raphaël : 1° Le sommeil de Jésus. Marie, agenouillée, son manteau bleu posé sur la tête, découvre son Fils couché à terre et dormant. Ce voile très-léger ne se voit plus. Le petit saint Jean agenouillé, une main sur le genou de la Vierge, nous montre le Sauveur en riant. Au fond, ville se détachant en silhouette sur le ciel vivement éclairé à l'horizon. Le long profil de Marie est beau, mais il y a de l'irrégularité dans le coloris de la joue vers l'oreille. Bon modelé des Enfants. Belle lumière ; toile fraîche.

2° Autre Sainte Famille, plus petite. Jésus au giron se penche vers le petit saint Jean. Marie incline la tête dans le même sens. Au fond, édifices, montagnes.

3° Copie de la Transfiguration (demi-nature).

SCHIDONE (Barthélemy) : Jésus à Emmaüs. Deux disciples, dont l'un a le costume de pèlerin, sont attablés avec le Christ. Le pèlerin se retourne vers le vieux maître du logis placé derrière lui. Valet et servante tenant plat, vases. Assez belle tête de Jésus. Altéré.

SEGHERS (Gérard) : Charité romaine. Le vieillard, assis à terre, les mains attachées au dos et tourné de notre côté, est nu jusqu'à la ceinture ; sa tête est dans l'ombre. Corps assez bien dessiné, coloris sec. La jeune femme debout, une main sur la tête de son vieux père, lui présente le bout d'un de ses seins nus. Jolie femme bien posée et bien éclairée.

SESTO (César da) : Saint Jean l'Évangéliste tenant un livre et une plume (jusqu'aux genoux). Son joli visage de femme se penche en arrière et regarde de côté. Belle conservation.

STELLA (Jacques) : Mariage de la Vierge. Vieux pontife en robe blanche. Marie est une jeune fillette aux traits ronds. Au fond, arches. Anges dans les airs. Assez bon. Ombres noircies.

STROZZI (Bernard), dit *il Capucino* : 1° Le denier de César. Le Christ, en robe rouge et manteau jaune bizarrement drapé et posé, a les traits trop communs. Bon effet de lumière.

2° Annonciation. L'ange ressemble à une jeune fille blonde et la Vierge a le profil d'une femme de bas peuple.

TAVARONE (Lazare) : La vierge Marie, jeune fille en robe blanche et manteau bleu est debout sur un globe, mains jointes. Genre Murillo. Faible.

TENIERS (David), le jeune : 1° Intérieur d'un corps de garde. Copie.

* 2° Fuite en Égypte. Saint Joseph — paysan flamand — conduit l'âne par la bride et regarde Jésus assis sur sa mère. A droite, statue d'Apollon. En bas, au premier plan, trois anges endormis sur le sol. A gauche, trois autres ouvrant la marche et portant des outils et objets de ménage. Charmants chérubins ; baudet bien peint ; joli visage, bien éclairé, du Bambino. Au fond, à gauche, maison de villageois, campagne. Dans les airs, anges. Jolie toile, très-fraîche.

3° Jeune médecin enlevant la compresse d'une jambe de vieillard, tandis qu'un aide tient prêt un nouvel emplâtre. Une femme en chapeau de paille, le panier au bras, regarde la plaie.

TENIERS (David), le vieux : Petite tentation de saint Antoine. Il est assis dans la grotte ; une vieille femme s'est assise sans façon près de lui. Oiseau-œuf perché sur un pot. Faible ou altéré.

TIEPOLO (Jean-Dominique) : Ferdinand le Catholique à la bataille de Cadix gagnée par lui sur les Maures. Il porte un manteau blanc, la tête nue et monte un cheval blanc. Un drapeau sur l'épaule gauche, il salue avec son épée, en levant les yeux vers le ciel. Faible. Visage trop rouge.

TISIO (Benvenuto), dit *il Garofolo* : 1° Sainte Famille (petite nature). Jésus, couché sur Marie, a une main passée sur le haut de sa robe. Joli modelé de l'Enfant. Saint Joseph les regarde. La Vierge se tient trop droite.

2° La femme adultère (petites figures). Elle tient un mouchoir sur son visage. Jésus est au milieu.

TREVISANI (François) : Lucrèce se perçant la poitrine au-dessous des seins. Beau corps nu. Trop petite tête aux cheveux d'un blond d'enfant ; petite bouche ouverte. Cette fillette n'est pas l'héroïque Romaine.

VACCARO (André) : Saint Sébastien et deux femmes, dont l'une retire une flèche attachée au corps du martyr. Noirci.

VALENTIN (Moïse) : Repas et concert (demi-figures). Jeune femme dont la gorge est demi-nue, entre trois cavaliers ; valet. Effet de clair-obscur ; ombres noircies.

VANNUCCHI (André), dit *del Sarto* : 1° Vierge sous un dais, avec l'Enfant. Saint Sébastien et saint Roch debout. En attribuant cette croûte à un grand maître, on lui fait injure.

2° Sainte Famille et saints. Copie — sans doute — d'un tableau que nous avons décrit dans nos *Musées d'Italie*.

VANNUCCI (Pierre), dit *il Perugino* : Portrait de Raphaël, dont le bas est mal rendu ; nez légèrement arqué, grands yeux noirs souriants, sourcils relevés, bouche charnue, menton fendu, non assez accentué ; cheveux tombant en masses sur le cou long et nu. Il tient un papier. Portrait d'une fraîcheur suspecte.

VARGA (Louis de) : Madone adorant à genoux l'enfant Jésus couché. Elle porte une robe bleue et un manteau de même couleur posé sur sa tête ; son voile est aussi bleuâtre : c'est trop de bleu. Son profil est celui d'une belle Andalouse. Bon modelé et bon raccourci de la tête de Jésus.

VASARI (Georges) : Les trois Grâces. Elles sont debout et se tiennent par la main ; celle du milieu nous tourne le dos. Elles sont vêtues d'une gaze verte et collante. Mauvais dessin, mauvais coloris.

VECELLIO (Tiziano), dit *le Titien* : 1° Portrait d'une femme qu'on dit avoir été sa maîtresse. L'épaule et le sein droits sont nus et mal dessinés. La tête serait belle si la partie inférieure ne manquait pas de caractère et si l'épine du nez était voûtée et non carrée. Original douteux.

2° Vénus assise embrassant Adonis et cherchant à le retenir. C'est, en miniature faiblement traitée, le tableau du musée de Madrid (p. 182).

3° Vénus et l'Amour, peinture sèche qu'on ne peut attribuer au Titien.

4° Portrait du cardinal Bembo. Grande barbe blanche ; air sinistre.

VELASQUEZ (don Diego Rodriguez de Sylva y) : 1° Cavalier sur un cheval blanc (petite dimension) ; profil presque effacé. Bon cheval.

2° Portrait d'un laid personnage, tête nue, au front droit, sous lequel s'avance un petit nez ; sourcils froncés, bouche charnue et sensuelle. Il est vêtu de noir. Le visage a du relief ; mais il est douteux que cette peinture soit de Velasquez.

VIENET : Apollon jouant de la lyre et les Muses, tous assis (grande demi-nature). Cadre plus large que haut.

VIGUALI (Jacques) : Jésus-Christ lavant le pied d'un apôtre qui se tient debout : pose peu naturelle. Médiocre.

* VILLADOMAT (de Barcelone) : Mort de saint Pierre l'Ermite. Il est étendu sur le dos, les yeux au ciel. Belle tête vivement éclairée ; belle expression de foi. Un moine lui baise une main ; un autre se détourne en pleurant. Dans les airs, anges dont l'un tend vers le saint une couronne de fleurs. Bonne toile.

* VINCI (Léonard de) : Madone et saints (petite nature). La Vierge tient devant elle Jésus debout. Il allonge une main vers un livre posé sur une table. A gauche, sainte Catherine de face ; à droite, sainte Barbe. Le Bambino, supérieurement modelé, a le plus joli visage ; sa pose est naturelle et gracieuse. Marie et sainte Catherine ont le sourire Léonardin. Toutefois, la teinte de cette toile me fait attribuer le tableau à Luini plutôt qu'à son maître.

VINCI (attribué à Léonard de) : 1.º Madone et saints (petite nature). L'enfant Jésus allonge une main vers le plat contenant la pierre dont se frappait saint Jérôme. Archange Michel, l'épée haute, et Satan à ses pieds. Toile trop faible pour être d'un grand maître.

2º Madone et les Bambini. Jésus au giron tend les bras au petit saint Jean que le noir a effacé. Bons modelés et raccourcis de l'enfant Jésus et de la tête de Marie.

3º Portrait de Léonard de Vinci. Longue et belle tête brune, à la barbe rousse, les joues pleines et colorées. Le haut du front est dans l'ombre. Il est coiffé d'un bonnet noir. On peut le supposer âgé de trente ans. Noirci, faible.

VLIEGER (Simon) : 1.º Jolie marine.

2º Bon paysage. Près d'une fontaine, sont arrêtés un homme sonnant du cor, et une dame, tous deux à cheval. Chien de chasse. Un second cavalier, la tête nue, se repose, assis sur le bord du bassin.

VRIENDT (Frans), dit *Frans Floris* : Diane couchée, et deux nymphes derrière elle. La déesse est absolument nue, trop peu protégée par l'ombre qui se produit au bas du corps. Un indien noir, coiffé d'une touffe de feuillage, lui apporte un chevreuil tué.

WÉENIX (Jean) : Jeune femme assise tenant un enfant ; page debout ; chiens, fleurs. Personnages médiocres.

WERF (Adrien van der) : Portrait de Denner (petit buste). Jolie tête coiffée d'un bonnet rouge. Nez un peu relevé du bout, menton rond, yeux caressants. Expression de douceur.

ZAMPIERI (Dominique), dit *le Dominiquin* : 1° David, s'appuyant sur sa longue épée dont la pointe est à terre, se retourne vers nous d'un air tant soit peu fat en se prenant le menton. Nous devons convenir qu'il est joli garçon, avec ses cheveux frisés et tombants, son toquet noir orné d'une plume grise, sa peau de tigre sur l'épaule et son écharpe bleue à la ceinture.

2° Saint Jérôme, mains jointes, en compagnie de son lion et d'une tête de mort. Il a le corps nu couvert en partie par un manteau rouge ; tête chauve, barbe blanche. Bon modelé, bon profil, belle lumière.

3° Loth et ses filles. La tête du vieillard, la bouche ouverte, est étonnante de lumière et de vérité. Il parle à la femme de droite, en lui posant une main sur la cuisse et l'autre sur l'épaule ; elle a le profil dans l'ombre. La seconde versant à boire, nous regarde d'un air plutôt triste que gai. Sa tête mignonne est jolie. On ne voit à nu que le dos et la jambe des filles. Ombres noircies.

4° Portrait presque en pied du cardinal Ludovisi assis, en petite tenue, les mains sur les bras de son fauteuil. Assez belle tête brune portant une petite moustache et nous regardant d'un air spirituel. La barrette rouge, relevée pour laisser voir le front, n'est pas d'un heureux effet.

ZURBARAN (François) : Jolie tête de Vierge surmontée d'une auréole lumineuse. Cheveux à reflets dorés tombants ; petite bouche charnue, yeux baissés.

ARTICLE V — HARRACH (GALERIE DU COMTE)

ALBANI (François), dit *l'Albane* : Repos en Egypte. Jésus prend des fruits que lui offrent deux grands anges à genoux. Deux petits chérubins portent une marmite. Saint Joseph, dispensé de la besogne culinaire, se livre à la lecture. Tête de Vierge plus jolie que belle ; raccourcis de l'Enfant faiblement traités.

ALLEGRI (Antoine), dit *le Corrége* : 1° Mauvaise copie de la petite Madeleine couchée à terre et lisant (voir Dresde).

2° *Ecce homo* (demi-figures). Jésus nous fait face, les bras liés. Sa tête, couronnée d'épines, est d'un coloris brique pâle. Yeux abattus par la douleur physique. Le bras gauche est mal dessiné.

3° Petit saint Jean tenant son agneau par le cou et nous regardant (demi-figure). Le mouton nous regarde aussi d'un air dolent. Très-noirci.

4° Jésus agenouillé au mont des Oliviers (figurines). Un grand ange vêtu de blanc se tient debout devant lui, avec une grande croix. En bas, les trois apôtres endormis. Noirci.

5° Madone tenant sur elle l'Enfant Jésus (demi-figure). Le profil de la Vierge est joli et la tête de Jésus est dans le style du Corrége ; mais le modelé peu accusé et le coloris trop sec d'une teinte pain d'épice, annoncent une ancienne copie.

6° Répétition plus complète du mariage de sainte Catherine du Louvre. Les figures sont entières et la sainte étant vue à genoux, on comprend mieux qu'elle se trouve plus bas que la Vierge. Nous n'avons ici qu'une imitation très-inférieure. Toutefois elle fait regretter l'exiguïté de l'original.

AMBERGER (Christophe) : Portrait d'un vieillard coiffé d'une toque noire (genre d'Albert Durer). Laid visage, barbe bien rendue.

AMERIGHI (Michel-Ange), dit *le Caravage* : Lucrèce (jusqu'aux genoux). Elle découvre sa poitrine et lève un poignard, en regardant, la bouche ouverte, à notre gauche, bien que le corps soit tourné vers la droite. Traits trop peu caractérisés. Belle lumière.

BARBIERI (Jean-François), dit *le Guerchin* : 1° Saint Jérôme tenant une tête de mort. Son visage baissé est presque dans l'ombre. Est-ce un Guerchin original ?

* Très-beau saint Jacques assis sur une pierre et tenant un livre, son long bâton posé contre son épaule. Il nous parle en montrant le ciel. Fond de paysage.

BARTOLOMMEO (Fra), dit *il Frate* : 1° Vierge à la pomme, à cause du fruit que tient Jésus debout sur sa mère. Elle lui présente le sein sur lequel il pose une main. Les visages peu renseignés et les mains du Bambino mal dessinées annoncent une touche étrangère.

2° La Vierge et les saints Enfants. Marie assise tenant son Fils debout sur ses genoux regarde saint Jean vu de buste. Marie, à mi-corps, a la tête longue et une toute petite bouche. Coloris sec.

BATTONI (Pompeo) : Suzanne et les vieillards. Elle est assise sur le bord de son bain, un manteau bleu au bas du corps nu, un linge sur le bras. Elle a une jambe dans l'eau. L'autre est posée sur un genou. L'un des suborneurs tire le linge et lui présente une bourse ; son complice enjambe le banc qui entoure le

27

bassin et lève une main en signe de menace. Suzanne le regarde avec effroi, en cherchant à se couvrir. Belle et longue tête de femme. Grande tasse avec jet d'eau, jardin.

BERGHEM (Thierri van) : Paysage. Au premier plan, vaches. L'une d'elles, de couleur rouge, tachetée de blanc, est étonnante de vérité. Paysage négligé.

BERRETTINI (Pierre), de Cortone : 1° Sacrifice d'Abraham. Isaac, aux cheveux blonds frisés, a le visage d'une jeune fille. Abraham est laid. L'ange est mieux.

2° Samson brisant ses liens et criant d'une étrange façon. Visage comme barbouillé de noir ; corps éclairé à la façon de Ribera. Soldats en fuite. Sur le devant, Dalila le regardant tout effrayée. Derrière elle, servante sur le pas d'une porte. A droite, mâchoire d'âne à terre.

BILERT d'Utrecht (Jean) : Martyre de saint Sébastien. Une petite Flamande lui retire une flèche du corps. Le saint, dont le visage est à demi éclairé, penche la tête comme un homme mort. Derrière lui, vieille servante de sainte Irène. La scène, au visage près, est bien éclairée.

BLOEMAERT (Abraham) : Marchand de volailles, sa servante, gibier mort (figures jusqu'aux genoux). Assez bon.

BLOEMEN (Julius Frans van), dit l'Horizon : Cinq jolis paysages historiques.

BOTTANI (Joseph) : Madone tenant un coin du linge sur lequel est couché Jésus endormi. Bon modelé du corps de l'Enfant. Sur sa tête brille une petite flamme. Marie a les yeux trop distants l'un de l'autre.

BRAND (Jean-Chrétien) : Deux paysages jolis, mais sans fond.

BREUGHEL (Jean), dit de Velours : Paysage. Couvent bâti sur une roche, à droite ; religieux de ce couvent. Au milieu, percée avec prairie, eau, montagnes.

BREUGHEL (Pierre), dit le Vieux : 1° Joli petit paysage vert avec fond bleu, où l'on voit une ville entourée d'eau. Sur le devant, au milieu, grands arbres.

2° Paysage. Effet de neige.

3° Jeune fille debout et jeune garçon plus bas, portraits. Costumes bizarres.

BYDER (Daniel) : Saint Jean-Baptiste, jeune homme sans barbe, sa croix à la main, son mouton près de lui (demi-figure). Il montre le ciel. Bon.

CALIARI (Paul), dit *Véronèse* : 1º Famille de Darius aux pieds d'Alexandre (quart de nature). Costumes vénitiens. Toile assez fraîche et d'un bon style ; copie réduite, sans doute.

2º Saint Laurent en costume de prêtre (tiers de nature). Il lève les bras et les yeux vers le ciel. Dans les airs, deux anges dont l'un apporte une palme et une couronne. Au fond, édifices grecs. Cette toile est altérée, mais elle doit être du maître.

* 3º Jeune couple en costume vénitien, à genoux, la tête tournée vers le ciel où l'on voit, dans un ovale lumineux, un ange qui eur apporte à chacun la couronne du martyre (jusqu'aux genoux). La femme est très-jolie. Son voisin a des yeux vifs, un nez effilé, une jolie bouche ; le tout annonçant un esprit fin. Derrière eux, autres anges. Jolie toile.

4º Madeleine aux pieds de Jésus chez le Pharisien, petite esquisse altérée.

CARDUCCI (Vincent) : *Ecce homo*. Le Christ nu, avec une draperie blanche au bas du torse, est entre deux bourreaux. Noirci.

CARRACCI (Annibal) : 1º Visitation. Joli paysage, mais noirci.

2º Jésus porté au tombeau (quart de nature). Il est comme encaissé dans son linceul.

3º Judith coiffée d'un turban, les mains posées sur la tête d'Holopherne. Elle regarde avec inquiétude à notre gauche. Belle tête trop jeune pour une veuve.

4º Le Christ portant sa croix (buste). Tête de bourreau, à droite. Ces trois derniers tableaux sont de petite dimension.

CARRACCI (Augustin) : Petit triomphe de Galathée. Noirci.

CARRACCI (Louis) : Saint François assis, les yeux levés vers le ciel. Il tient un crucifix sur ses genoux. Tête de mort sur une planche. Le saint a la physionomie d'un soldat, la barbe et les cheveux noirs. Le visage est vivement éclairé, mais la teinte en est jaunâtre.

CELESTINO (André) : Grand et beau paysage. A droite, temple antique. Au milieu, bergers d'Arcadie. A gauche, eau avec cascade. Au fond, eau et montagnes bien éclairées.

CIMA (Jean-Baptiste), da Conegliano : Sommeil de Jésus. Il est adoré par sa mère. Le vieux saint Géminien tenant le plan en relief d'une église, est entre sainte Catherine, en costume de reine, et le petit saint Jean (demi-figures).

COSTANZI (Placide) : 1º Adam et Ève chassés du paradis. — 2º Mort d'Abel. Dieu le Père apparaît dans chacune de ces scènes. Assez bons.

COURTOIS (Jacques), dit *le Bourguignon* : Deux petites batailles. Noircies.

CUYP (Albert) : Joli petit paysage.

DARLEN (Théodore van) : Deux intérieurs d'églises avec de nombreux personnages. Bel effet de lumière à droite, surtout dans celui où se trouve un escalier conduisant aux tribunes. Bonne perspective. Figures médiocres.

DESIDERIO : Cinq tableaux d'architectures surchargées de statues et de bas-reliefs. Noircis.

DEVRAS (Jean-Régnier) : Joli paysage. Eau entre des éminences rocheuses garnies d'arbres.

DIÉTRICH (Chrétien-Guillaume-Ernest) : 1° Présentation de Jésus au temple. Il est emmaillotté. Le vieux Siméon le tient dans ses bras. Costumes orientaux. Une femme, au petit visage flamand, les pieds nus, le bâton de pèlerin à la main, regarde le Sauveur. — 2° Résurrection de Lazare. Tous deux en figurines finement traitées. Le premier est joli quoique assez bizarre. Dans le second, on voit que l'auteur vise, comme toujours, à l'effet. Le Christ prend une pose théâtrale, et Lazare, étendu à terre, ne sait se dépêtrer de son linceul.

DROCHSTEN BLECHTS : Fleurs, et plus bas, fruits. Fond éclairé.

DURER (Albert) : Petit portrait d'homme en robe rouge fourrée et bonnet noir sur les yeux. Tête longue, grave, sans barbe. Médiocre.

DYCK (Antoine van) : 1° Tête de Jésus regardant à notre droite. Répétition.

2° Jolie Vierge tenant une grappe de raisin blanc. Jésus, à genoux sur sa mère, la caresse. Charmante toile très-fraîche.

ES (Jean van) : Vente de poissons. Le marchand, au delà de sa table, est vu à mi-corps. Un jeune garçon de boutique à gauche, est vu en entier:

FERRI (Cyr ou Ciro) : Adoration des bergers. Jolie Vierge avec l'Enfant au giron. Derrière elle, saint Joseph dans l'ombre. Un petit ange apporte des fleurs et des fruits. Bergers. Bonne toile, mais noircie.

FONTANA (Lavinia), d'après Raphaël : Anges se tenant par la main, tournés dos à dos et dansant en rond. Très-joli groupe.

FYT (Jean) : Guirlande de fruits, et au centre, bacchanale. Un énorme et ignoble Silène, des bacchanis et des bacchantes sont couchés et cuvent leur vin.

* GELÉE (Claude), dit *le Lorrain* : 1° Coucher de soleil sur la mer. Vaisseau à droite, édifice à gauche. Au premier plan, pê-

cheurs, puis deux hommes du peuple se battant à coups de poings.
L'un d'eux, renversé, tient son adversaire par les cheveux. Un
homme portant feutre et manteau, fait mine de tirer son épée en
les regardant. Bel effet de lumière au fond et brume. Toile encore
vive en couleur.

2° Tout petit paysage avec tour et arbres à droite. A gauche,
montagnes. Au milieu, eau. Très-frais.

3° Autre joli petit paysage avec troupeau de moutons sur le devant. Arbres à droite et à gauche, éclaircie au milieu, montagnes
dans le fond.

GIORDANO (Luca) : 1° Deux batailles (demi-nature). On remarque dans l'une une femme à cheval, — déjà vue ailleurs, —
la tête nue, l'épée au poing.

2° Jacob surprenant la bénédiction d'Isaac. Le vieillard est bien
peint. Le reste ne vaut pas grand'chose. Genre Ribera.

3° Jésus chassant les vendeurs du temple. Noirci.

GRIFFIER (Jean) : Deux petits paysages.

HOBBEMA (Meindert) : Deux petits paysages.

HOLBEIN (Jean), le jeune : Trois femmes faisant de la musique.
Coloris sec mais vif.

INCONNUS (auteurs) : 1° Quatre tableaux d'architecture avec
personnages. Noircis.

2° Effet de neige.

3° Trois petits paysages et deux fêtes de Flandre. Mauvaise
perspective ; chevaux de carton blanc. Dans ces fêtes, on voit, au
milieu de la place, une large estrade où figurent des femmes allégoriques aux riches costumes.

4° Trois petits cadres cintrés renfermant chacun quatre scènes
de la vie de Notre-Seigneur, séparées par une simple ligne. Les
personnages sont microscopiques, noircis (vieille école).

5° Tête de vieux, bonne, mais noircie.

6° Buste d'un grand personnage cuirassé, tête nue de carton.

7° Notre-Dame des Douleurs. Sa tête est enveloppée dans
une draperie blanche. Profil flamand, maigre et pâle.

8° La reine de Saba apportant des trésors à Salomon. Grosse
femme dont le visage a tourné au gris bleu.

LESUEUR (Eustache) : Massacre des Innocents (quart de nature). Au premier plan, mère renversée et criant *grâce!* au moment où le poignard est levé sur son fils debout devant elle. Une
autre femme s'élance pour arrêter le bras du bourreau. Plus loin,
sur les marches du temple, mère poursuivie par un soldat. Les
visages de femmes sont trop ronds.

LUINI (Bernard) : 1° Petite Madone avec l'Enfant savammen modelé.

2° Vierge avec l'Enfant et saint Jean-Baptiste, homme sans barbe debout derrière elle. En bas, commettant. Fond de paysage. Visages de bois. Ce n'est pas là un Luini original.

MANGLARD (Adrien) : Vue du golfe de Naples ; Vésuve.

MARATTE (Charles) : Sainte Famille (grande demi-nature). Deux petits anges près de Jésus. Saint Joseph, assis sur une pierre. Jolie tête de Vierge.

MATTEI (Paul) : Vénus nue, avec un manteau bleu au bas du corps, est assise et donne à Cupidon une mission secrète. A droite, fleurs, paysage. Amours dans les airs. Jolie toile.

MAYERAS (Frans) : Paysage. Voitures et personnages arrêtés près d'une auberge sur une éminence, à gauche. A droite, barque, eau bien éclairée. Le reste a noirci.

MEULEN (Antoine-François van der) : Paysage. Cavalerie qu'on vient de débarquer et qui se lance au grand trot sur l'ennemi. Barque vide, vaisseau. Pas de fond.

MONTEL (J.) : Deux petits tableaux de fruits. Fonds noirs.

* MURILLO (Barthélemy-Etienne) : Deux jeunes garçons, l'un aux traits délicats, vêtu de bleu avec manteau rouge ; l'autre, en habit jaune et fourrure sur le dos. Le premier tient un petit vase en terre contenant je ne sais quel mets avec une petite cuillère en bois. Son compagnon lui adresse la parole en levant un doigt (demi-figures). Excellente toile, très-fraîche.

OVENS (Georges), d'Amsterdam : 1° Cuisinière tenant une poule par les ailes et un couteau ensanglanté. — 2° Jeune Flamande à une fenêtre, mangeant une grappe de raisin (demi-figure). Visages communs, aux traits ronds. Bons, un peu noircis.

PANINI (Jean-Paul) : Deux portiques de temples en ruines et personnages au milieu desquels est une sibylle d'un côté, et un prophète de l'autre, debout et prêchant. Bons.

PENS (Raphaël-Georges van), de Nuremberg : Adam et Ève chassés du paradis, d'après Raphaël qui avait copié Musaccio. Tout petit cadre.

PESARI (Jean-Baptiste) : Deux grands tableaux représentant le triomphe de David. Jeunes filles précédant le vainqueur en dansant et jouant de divers instruments. Genre délayé de Franceschini.

PIPPI (Jules), dit *Jules Romain* : Vieille tête, à la barbe et aux cheveux grisonnants. Traits vigoureux et vulgaires. Excellent relief, à demi-éclairé.

POTTER (Paul) : Vaches couchées et une autre noire debout que trait une servante en nous regardant. Paysage nul. Bon. Un peu noirci.

POUSSIN (Nicolas) : Tout petit paysage historique. Noirci.

REMBRANDT (Paul van Ryn) : Portrait d'une grosse mère aux deux mentons, en robe de soie verte et voile lilas (demi-figure). Visage bien éclairé ; le reste tourne au noir.

RENI (Guido), dit *le Guide* : 1° Buste de Vierge en robe blanche et manteau bleu, les mains croisées sur la poitrine, les yeux au ciel. Coloris d'un blanc bleuâtre.

2° Sainte Madeleine marchant, un crucifix sur l'épaule, en se retournant et regardant en haut. Sa poitrine est couverte d'une espèce de plastron avec des aspérités qui doivent la faire souffrir. Sa tête, au front bas, et sa pose, dénotent peu d'intelligence.

3° Buste d'un ange drapé, le lis en main. Buste de la Vierge, mains jointes, yeux baissés. C'est une Annonciation en deux cadres.

RIBERA (le chevalier Joseph de) : 1° Saint Joseph tenant sa fleur blanche comme au bout d'un bâton et nous regardant. Une seule joue est éclairée. — 2° Vieillard vêtu de noir, maigre et pâle, tenant une théière. Eclairé comme le précédent. Bons.

3° Vierge dans le ciel (style de Murillo). Demi-figure. Ce ne peut être un Ribera.

4° Trois saints (demi-figures). Les parties éclairées sont jaunes.

5° Saint Jérôme (figure entière) tenant une pierre et une tête de mort. 6° Saint Barthélemy (grande demi-figure). Altéré. Saint Jérôme est mieux conservé.

RICCIARELLI (Daniel), de Voltère : Jésus avec les docteurs. Têtes grimaçantes. Mauvais.

ROBUSTI (Jacopo), dit *le Tintoret* : Tentation de saint Antoine. Il est entouré de femmes. L'une lui offre un coffret ; une autre le tire par sa robe. Paysage avec ruines. Dans le ciel, ange ; figure descendant la tête en bas. C'est sans doute le Christ venant encourager le saint dans sa résistance. Bon, noirci.

ROSA (Salvator) : 1° Petit paysage. Trois blocs de roches, eau et deux personnages costumés à l'antique sur le devant.

2° Curieux buste de saint Jérôme tenant une tête de mort. Visage énergique; barbe et cheveux blancs en désordre. Effet de clair-obscur.

RUTHARD (Charles) : Chasse aux ours. Médiocre.

* RUYSDAEL (Salomon) : Joli petit paysage. Eau au milieu. A droite, terrasse dont le mur offre une porte donnant entrée à un souterrain; près de cette porte, escalier conduisant sur la terrasse où se trouve une maison. Arbres en haut et le long du mur. Ciel très-bleu avec nuages blancs. Joli effet de lumière. Peu noirci.

RYKAERT (David) : 1° Paysans aux genoux de deux officiers attablés, dont l'un menace de son pistolet un villageois âgé. Un autre villageois offre sa bourse.

2° Concert de trois vieux paysans assis autour d'un tonneau (demi-nature). Celui de face, ouvrant carrément la bouche, est très-comique.

SABBATIERO (André), de Salerne : Jolie petite Sainte Famille près de deux colonnes et de plusieurs arbres. Jésus est assis sur sa mère vêtue d'une robe rouge et en manches de chemise. A gauche, le petit saint Jean debout, et un peu plus loin, saint Joseph dans l'ombre. La jolie tête et les manches de Marie sont bien éclairées.

SALVI (Jean-Baptiste), da Sassoferrato : Trois têtes de Vierge. Les deux premières sont des copies. La troisième seule doit être originale. Marie a sur la tête une petite gaze très-claire descendant sur le front, et sur cette gaze, un mouchoir de soie blanche. Physionomie somnolente à demi éclairée.

SANCHEZ (Alonzo) : Madone tenant des deux mains son fils assis sur un piédestal. L'Enfant fouille dans une petite corbeille de fruits. Derrière lui, sainte Anne, commettant vêtu de noir. Le visage de Marie est assez joli, mais vulgaire. Bon du reste.

SCHALKEN (Gottfried) : Reniement de saint Pierre (demi-nature, jusqu'au delà du genou). Il paraît très-effrayé. La servante tenant la chandelle et le soldat son voisin rient de son embarras. Bon effet de lampe.

SCHWENFELD (Herman) : Deux paysages, noirs sur le devant, très-éclairés vers le fond.

SNEYDERS (François) : Belle chasse au cerf. Il est aux prises avec les chiens. La biche s'enfuit.

SOLIMENA (François), dit l'Abate cieco : Jeune homme entouré de lions pacifiques et prosterné devant un jeune évêque à qui il baise les mains (demi-nature). Cet évêque est sans doute le saint qui aura sauvé la vie du jeune martyr en apprivoisant tout à coup ces bêtes féroces. Anges dans les airs. Ombres charbonnées. Bon.

Téniers (David), le jeune : 1° Atelier de peintre garni de tableaux.

2° Atelier de singes tailleurs, assis, jambes croisées sur un établi. Deux autres personnages de même espèce se serrent la main, non, la patte. L'un d'eux, en riche costume, est suivi d'un page, chapeau bas.

3° Un buveur.

4° Buveurs sur le devant tenant chacun une pipe et une chope : au fond de la pièce, un autre dans l'ombre s'appuie contre la muraille et rend ses comptes à l'intempérance.

Thomas (J.) : 1° Vieillard, aux petits yeux enflammés, palpant les seins d'une grosse Flamande, tandis que celle-ci palpe l'argent contenu dans son aumônière.

2° Contre-partie. Jeune homme embrassant et volant une vieille femme : scène d'autant plus révoltante que l'homme est un joli garçon et que la femme est laide.

Toledo (Jean de) : Petite bataille avec repoussoir à la Velasquez. Au premier plan, à gauche, cavaliers qui s'avancent. Au fond, charge de cavalerie. A droite et plus près de nous, cavaliers suivis chacun d'un page en petit manteau et marchant à grands pas, d'une façon comique.

Valkenburg ou Walkenburg (Théodore) : Cinq tableaux de gibier tué.

Vannucchi (attribué à André), dit *del Sarto* : Jolie Sainte Famille, de l'école du maître plutôt que de lui-même. Jésus a dans sa main un chardonneret qu'il montre à sa mère. Le petit saint Jean penche la tête pour regarder de notre côté. Derrière, saint Joseph en méditation.

Vannucci (Pierre), dit *le Pérugin* : Vierge assise avec l'Enfant et deux jeunes saints, un de chaque côté, debout.

Vasari (Georges) : La Vierge tenant l'Enfant debout sur elle ; petit saint Jean. L'air peu intelligent de Marie, le visage de Jésus mal dessiné et les allures maniérées des personnages, peuvent faire douter que ce tableau soit de Vasari, peintre sérieux et correct.

Vecellio (Tiziano), dit le *Titien* : 1° Vierge avec l'Enfant, adorés par des saints agenouillés (grandes demi-figures). Copie, selon nous.

2° Saint Sébastien. Le visage et les jambes sont noirs.

Velasquez (Don Diego Rodriguez de Silva y) : 1° Portrait en pied d'un enfant à peine en âge de marcher seul et affublé du

27.

costume complet de cardinal. Est-ce une satire ? Bon, mais altéré.

2° Portrait d'une religieuse en robe et voile noirs, ayant jusqu'aux genoux une espèce de tablier en étoffe blanche. Il est douteux que ce portrait soit de Velasquez.

* 3° Portrait de Philippe IV, adolescent, en grand costume de velours cramoisi brodé en or, avec bonnet rouge dont les deux bouts tombent sur les oreilles. Sceptre et couronne sur une table. Il est laid, comme toujours ; son costume l'écrase. Bonne toile.

VELDE (Adrien Van der) : Deux marches de gens de guerre.

VERNET (Joseph) : Sept belles marines. Bel effet de brouillard dans l'une.

VINCENT delle Fiori : Guirlande de fleurs au centre de laquelle est le buste d'une sainte couronnée de roses et tenant une flèche d'un air maniéré, tandis qu'elle découvre une tête de mort enveloppée dans un linge. Composition bizarre.

VINCI (attribué à Léonard de) : Jésus portant sa croix, Marie et saint Jean (demi-figures). Croûte noircie.

VINKENBOOMS (David), d'Amsterdam : Fête. Entre deux rangs de personnages, éclaircie ; puis édifice avec pignon et clocher dans l'ombre. À droite, autre éclaircie, place, église. Bons repoussoirs. A gauche, eau couverte de barques et de gens.

VOS (Martin de) : Ensevelissement du Christ. Il a des jambes de bois. Madeleine à genoux lui baise une main. Deux saintes femmes placent le corps dans le sépulcre. Deux autres soutiennent la Vierge évanouie. Saint Jean est debout à droite. Un peu noirci.

* VRIENDT (Frans), dit *Frans Floris :* Quatre dames, dont deux à gauche près d'une table couverte de mets, et deux à droite près d'une pièce d'eau. Sur le bord, plus loin, Diane et ses nymphes au bain. Singulier contraste entre les riches costumes à la Louis XIV des quatre dames et les nudités des nymphes. Arbres. Dans le fond, chasseurs.

WOUWERMANS (Philippe) : Paysage. Sur le devant, cheval brun, tour en ruines au sommet d'une colline. Je ne vois pas de cheval blanc. Ce ne serait donc pas un Wouwermans !

ZAMPIERI (Dominique), dit *le Dominiquin :* 1° Sainte Madeleine en robe verte et manteau rouge. Les mains jointes et allongées sur ses genoux, la tête et le corps penchés à notre droite, elle regarde le ciel en coulisse. Un rayon lumineux descend sur elle. Rien n'annonce chez elle la douleur, mais bien une tendre mélancolie.

2° Ascension du Christ. Ses pieds touchent presque la terre ; son corps est par trop élancé. Marie est au milieu des apôtres. Belle tête du Sauveur. Il est difficile de reconnaître ici la touche du Dominiquin.

3° Deux têtes d'anges ou de saintes.

ARTICLE VI — LICHTENSTEIN (GALERIE DU PRINCE DE)

ACHEN (Jean van) : Madone avec le Bambino, entourés de mères ayant chacune près d'elle son enfant. Style gothique.

ALBANI (François), dit *l'Albane* : 1° Vénus presque couchée et tenant un collier de perles. Elle regarde un amour qui verse des pièces d'or dans une cassette, tandis qu'un autre, à la vue de cette cassette, s'envole en laissant tomber ses flèches, ce qui veut dire que l'or a parfois plus de puissance que l'amour. Le corps de Vénus est gracieusement posé, bien modelé et bien éclairé ; mais son visage ne dit rien.

2° La nymphe Salmacis faisant violence au bel Hermaphrodite. Il se débat et saisit la belle par une tresse de ses cheveux. Tous deux sont dans l'eau jusqu'aux genoux. Des amours s'amusent d'un spectacle nouveau pour eux. Belle lumière, jolies formes. Une composition semblable existe au musée de Turin (voy. *Musées d'Italie*, p. 397).

3° Léda visitée par le divin cygne (demi-nature). Le regard de la nymphe est très-expressif.

ALEXANDRINI ou ALESSANDRO : 1° Conciliabule de Récollets noirs près d'un feu allumé (demi-nature). Plusieurs d'entre eux se chauffent les pieds. Scène bizarre.

2° Groupe de moines dans un couvent. Ils ressemblent à des fantômes enveloppés de leur linceul et sortant des tombes qui les entourent.

Ces deux tableaux sont mauvais, et, de plus, altérés par le noir.

* ALLEGRI (Antoine), dit *le Corrége* : 1° Le sommeil de l'Amour. Une nymphe, à peu près nue, un genou en terre, lève une flèche et nous regarde, un doigt sur sa bouche. Cupidon, la tête et les bras appuyés sur une cuisse de la belle, feint de dormir et sourit du danger qui le menace. Derrière, un autre amour tire une flèche du carquois de son maître, sans doute pour en frapper la téméraire. La pose de la nymphe, son visage animé, ses belles formes, d'un coloris moelleux, et l'attitude de ses adversaires, sont d'un effet délicieux.

2° Vénus tenant Cupidon renversé sur elle et le regardant (demi-nature). La déesse, nue, est assise sur une draperie rouge. A gauche, dans l'ombre, satyre grotesque. Ébauche. Est-ce bien l'œuvre du Corrége? Il est permis d'en douter.

ALDORFER (Albert): Madone couronnée par des anges. Mauvais.

AMERIGHI (Michel-Ange), dit *le Caravage*: 1° Salomé tenant dans un plat la tête de saint Jean-Baptiste (grande demi-figure). Derrière, vieille servante se penchant pour voir cette tête. Les traits de la jeune princesse sont vulgaires et ceux de l'exécuteur ignobles. Bel effet de lumière. Ombres noircies.

2° Saint Thomas incrédule, Jésus et deux apôtres. Tout noir.

3° Jeune fille en manches de chemise, tenant un luth et nous montrant son profil et son dos. Visage d'une paysanne stupide. Table couverte d'instruments faisant illusion. Bons coloris et reliefs, belle lumière.

4° Buste de femme en turban et vêtue de noir, la tête tournée vers le ciel. Une plaie saignante au haut de la poitrine indique une sainte martyre. Son joli visage n'est éclairé qu'à demi. Le côté gauche est noir.

5° Homme coiffé d'une toque noire et grimaçant en voulant rire. Noirci.

AMIGONI (G.): Vénus et Adonis. Le chasseur ressemble trop à une femme. Vénus endormie ne montre que le bout du nez et le rouge de sa bouche ouverte.

ANNA (Maria): Joli petit paysage. Bestiaux, eau, campagne.

ANSELMI (Michel-Ange): Madone tenant Jésus sur sa cuisse mal indiquée. Genre de Salvi da Sassoferrato.

ARTOIS (Jacques van): Grand paysage avec eau à droite et Sainte Famille à gauche, sur le devant. L'âne est conduit par trois chérubins.

AVONT (Pierre van): 1° Paysage. Niobé assise à terre, un sein nu, ayant près d'elle deux petits enfants, regarde d'un air suppliant Diane décochant une flèche du haut du ciel. L'un des fils de Niobé se rapproche d'elle avec un geste d'effroi. Au fond, deux cerfs, l'un arrêté, l'autre fuyant. Bon; un peu noirci.

*2° Bacchante toute nue couchée sur le flanc et tetant une chèvre qu'un jeune berger tient par les cornes. Joli corps de femme, pose gracieuse, belle lumière. Une seconde bacchante tenant entre ses cuisses un enfant nu, a près d'elle une chèvre et deux chevreaux. Enfance de Jupiter, je suppose. Bonne toile.

BACKUYSEN (Ludolphe) : Marines. Médiocres ou altérées.

BALEN (Henri van) : 1° Repas des dieux dans l'Olympe. Le gros Bacchus nu est assis à gauche ; Cérès, entourée de fruits et de légumes, est assise à droite. Au premier plan, ô scandale ! Mars embrasse Vénus. Diane, une main sur la tête d'un lévrier, nous montre son dos blanc ; le corps de Vénus est plus rouge. Pourquoi ?

2° Europe, au moment de se laisser enlever par le taureau blanc, fait ses adieux à son entourage. Sa chevelure, comme celle de ses suivantes, est ornée d'une plume. Petits amours. Trop de femmes : il faut chercher Europe.

* BARBARELLI (Georges), dit *il Giorgione* : 1° Portrait (jusqu'aux genoux) d'une jeune dame en robe de soie d'un dessin singulier : ce sont des raies verticales de diverses couleurs et largeurs. Cette étoffe éclatante produit une illusion complète. Un morceau de laine blanche, arrondi gracieusement avec des nœuds de ruban blanc posés de distance en distance, forme sa coiffure. Son visage est remarquable. Ses yeux ont une vivacité tout à fait méridionale ; ses beaux traits annoncent une énergie, une volonté invincibles. Sa belle poitrine est demi-nue. Le corps un peu contourné et porté en arrière, en même temps que la tête un peu penchée, nous regardant en dessous, sont d'un pittoresque, d'un séduisant que la plume ne peut rendre. Et tout cela est décrit avec la supériorité de talent et le chaud coloris du premier des maîtres vénitiens. Ce portrait est, selon nous, la perle de la riche galerie Lichtenstein.

2° Portrait d'un homme jeune, en armure, qu'on dit être l'auteur lui-même. En effet, cette tête rappelle celle de Munich, quoique plus jeune (voir ci-avant).

BARBIERI (Jean-François), dit *le Guerchin* : 1° Saint Jean l'Évangéliste écrivant dans un livre posé sur ses genoux. Il s'interrompt pour regarder à notre droite. Tête trop féminine. Clair-obscur. Ombres noircies.

2° Le sacrifice d'Abraham. Sacrifice sacrifié. Il est posé entre deux fenêtres.

3° Vieux saint tenant une fleur blanche et lisant. Clair-obscur. (demi-figure). Altéré.

4° Saint Jérôme réveillé par la trompette de l'ange (huitième de nature). Le saint, nu jusqu'à la ceinture, se réveille en sursaut. Sa tête est dans l'ombre ; le corps, d'un bon relief, est bien éclairé, ainsi que le visage de l'ange.

5° Loth et ses filles. Le vieillard, nu, avec un manteau bleu, s'appuie d'une main sur la pierre qui lui sert de siége et tient une coupe de l'autre. Une fille lui verse à boire ; sa sœur est munie d'un vase rempli de vin. Toutes deux ont le costume italien, les seins demi-nus. Bel effet de clair-obscur.

6° Marie adorant l'Enfant Jésus couché sur un petit meuble. Jamais on n'attribuera à un grand peintre les affreux bras de l'Enfant et le visage plus que vulgaire de la Vierge.

*BARROCCI (Frédéric) : 1° Jésus chez Marthe (demi-nature). Le Christ assis se retourne vers Madeleine dont la contenance humiliée et abattue est rendue avec art. Marthe, en les quittant, un plat sous le bras, regarde le Christ. Au fond, arcade sous laquelle se tiennent deux hommes debout ; plus loin, ville. Cette jolie toile est d'une touche plus ferme et d'un coloris plus régulier que la plupart des autres productions de ce peintre.

2° Repos en Égypte. A gauche, Marie assise emplit sa coupe à une fontaine. Plus loin, saint Joseph apporte des cerises à l'Enfant couché à terrre. Plus à droite, l'âne, et au fond, campagnes. Poses maniérées. Noirci.

*BATTONI (Pompeo) : 1° Hercule au bivoie (grande demi-nature). Le héros, jeune et sans barbe, est assis et accoudé sur une roche, dans une attitude méditative. A droite, jeune femme, un masque à la main et présentant une rose à Hercule ; elle est très-peu vêtue. Son joli profil, levé, langoureux et bien éclairé, est fait pour séduire. Mais l'imposante Minerve, armée en guerre, montre au demi-dieu le chemin de l'honneur. Elle nous tourne le dos ; son profil grec est dans l'ombre. Deux petits amours jouent avec la massue et la peau du lion de Némée. Le personnage principal rappelle l'Hercule Farnèse. Beaux effets de lumière ; belle toile bien conservée.

2° Autre tableau manquant pour cause de réparation.

BEGYNE (Corneille), dit *Bega* : Paysage avec une femme peu belle sur un cheval blanc, deux paysans et des bestiaux. Fond de roche très-rapproché. A droite, éclaircie. Les figures sont bien éclairées ; le paysage est faible.

BELLUCCI (Antoine) : 1° Jeune femme, blonde, un sein nu, tenant un miroir convexe et nous regardant. Un enfant, tourné vers elle, tire d'une cassette un collier en perles. Cette femme aux formes charnues est jolie et bien éclairée, mais sa pose est peu gracieuse.

2° Copie de la belle jardinière du Louvre, exacte, moins éclairée.

BERENSTRAATEN (A. van) : Pêcheur assis près d'une table, en face d'un plat rempli de fromage coupé par tranches. Un chat sort de dessous la table. Sur le sol, poissons, baquets. Assez bon.

BERGHEM (Nicolas) : 1° Didon se donnant la mort (petite demi-nature). Au premier plan à gauche, un vieux prêtre, la bandelette au front, tient le vase des sacrifices et lève les yeux vers le bûcher sur lequel la jeune reine est renversée, la poitrine percée par un poignard. Sa vieille nourrice la soutient; une femme à genoux se rejette en arrière et jette un cri d'épouvante. Autre suivante. Le bûcher est devenu si noir qu'on croit d'abord voir apparaître, sur un nuage, le groupe qui s'y trouve.

2° Vaches, baudets; brebis que trait une jeune fille. Berger assis et vu en silhouette à droite. A gauche, tour en ruine. Joli petit paysage.

* 3° Autre paysage. Femme près d'un puits, vache debout; autres vaches couchées et deux moutons. Plus au milieu, cavalier et paysan s'entretenant devant une chaumière. Toile très-fraîche.

BERRETTINI (Pierre), da Cortona : 1° Jésus et la Samaritaine (demi-nature). Cette femme, debout, tenant un grand vase, une main sur la poitrine et bien éclairée, se tourne vers le Christ assis dans l'ombre.

2° Enlèvement des Sabines (demi-nature) noirci.

3° Bataille au centre de laquelle on voit une jeune guerrière, légèrement vêtue et posée fièrement sur un cheval blanc, l'épée à la main. Très-altéré.

BILERT (Jean), d'Utrecht : Réunion de jeunes seigneurs avec leurs dames (petite dimension). Mauvais.

BLANCHART (Jacques) : Saturne mordant le flanc d'un enfant mort qu'il tient couché. Allégorie rendue par une image horrible. Noirci. Mauvais.

BLES (Henri) : Paysage, avec forge au premier plan, roches au milieu et montagnes dans le fond. Assez bon.

BLOCKHORST (Jean) : 1° vierge allaitant Jésus; saint Joseph, noir, mauvais.

2° Vieux satyre édenté surprenant une nymphe endormie et couchée sur le côté; une petite draperie protége sa pudeur : corps éclairé à blanc; la tête est à demi dans l'ombre. Le bras gauche et les pieds sont mal dessinés.

BLOEMEN (Johan Frans van), dit l'Orizonte: 1° Marché aux chevaux et aux bestiaux sur une place, où se trouve une fontaine ornée de quatre grandes statues et d'un obélisque. Un maquignon voulant vendre un cheval à un seigneur richement vêtu, retrousse la queue de l'animal.

2° Paysage avec bestiaux.

BOL (Ferdinand) : 1° Buste de profil d'une petite blonde, à l'air stupide.

2° Deux portraits, homme et femme, visages d'une seule pièce.

3° Sainte Famille (jusqu'aux genoux) types flamands.

BONACORSI (Pietro), dit *Perino del Vaga* : Sainte. Visage de carton.

* BONVICINO (Alexandre), dit *il Moretto* :1° Madone et saint Antoine, abbé, sa sonnette à la main. Beau visage de la Vierge exprimant une douce mélancolie.

2° Bon portrait d'un homme brun, en manches de chemise, tenant un livre et regardant à notre gauche. Visage énergique.

BOURDON (Sébastien) : Saül proclamé roi (petite dimension), noirci.

BRACKENBURG (Régnier) : Paysan dans un cabaret. Son cœur balance entre sa pipe et sa maîtresse. Bon, noirci.

BRAND (Chrétien Hilfgott) : 1° Paysage. A droite, fragment de portique grec, maisons, édifices. Au fond, montagnes. Sur le devant, au milieu, couple à cheval et couple de paysans à pied. Plus loin, eau bien éclairée. Emploi des repoussoirs. Le premier plan a noirci. Très-bon du reste.

2° Autre paysage encore plus noir. Au premier plan, personnages ; au milieu, tombeau envahi par les broussailles ; à droite, monticule avec tour. Au fond, eau, plaine, montagnes.

BREUGHEL (Jean), le jeune, dit *de Velours* : Tout petit et joli paysage.

BREUGHEL (Pierre), dit *le Vieux* : 1° Prédication de saint Jean-Baptiste.

2° Aveugles conduits par un aveugle qui tombe sur un homme renversé.

3° Paysanne maltraitée par des soldats.

4° Danse grotesque.

*BRONZINO (Angelo) : 1° Flagellation (demi-nature). Le Christ, attaché à la colonne, est fustigé par quatre bourreaux aux visages repoussants : deux éclairés et deux dans l'ombre. Jésus, en pleine lumière, la tête penchée à notre droite, la bouche entr'ouverte, les yeux baissés, est tourné vers nous. Son corps vigoureux est nu, à la ceinture près. Bonne toile.

2° Madone avec l'Enfant (petite nature), noirci.

3° Amours dansant en se tenant par la main.

4° Sainte religieuse (demi-nature, jusqu'aux genoux). Son visage maigre est blanc comme son habit ; elle a les yeux rouges et la tête est couronnée d'épines. Agenouillée devant son prie-Dieu, elle contemple le crucifix qui le surmonte. Un peu altéré.

CALIARI (Paul), dit *Véronèse* : 1° Mariage de sainte Catherine. Mauvaise copie.

2° Vierge en trône avec l'Enfant debout sur elle, sainte Agnès, à genoux, devant lui, les bras ouverts, et deux autres saints en habits sacerdotaux, tenant chacun une palme et un écrit (petite nature). Le Bambino a pour auréole trois points lumineux. Agnès a près d'elle son agneau. La jolie tête de Marie, quoique baissée, respire la tendresse maternelle. Bon, un peu altéré.

* 3° Petit mariage de sainte Catherine. Jésus et la sainte se penchent de façon que leurs bouches se touchent presque. Le visage levé de l'Enfant et celui baissé et à demi éclairé de la Vierge sont charmants. A gauche, têtes d'anges rangées en demi-cercle sur un fond jaune. Ah ! pourquoi, au lieu de ce fond peu naturel, l'image de la Vierge ne se détache-t-elle pas sur le ciel bleu ! Sainte Anne, au profil masculin, et saint Joseph sont derrière, dans l'ombre. Très-bon.

CANAL (Antoine), dit *Canaletto* : 1° Quatre petites vues du grand canal à Venise ; palais des Doges, église, etc.

2° Quatre autres grandes vues du canal et deux petites vues de la piazzetta. Tous six très-beaux et très-frais.

* 3° Deux jolis petits paysages. 1. Ville au bord d'une large rivière, deux barques vides et amarrées l'une contre l'autre au bord de l'eau. Illusion complète. 2. Palais et château-fort sur une éminence à droite. Au fond à gauche, autre montagne de roches. Sur le devant, personnages et bestiaux. Ces deux charmantes toiles nous distraient agréablement des vues de Venise trop souvent répétées.

* CANLASSI (Guido), dit *Cagnacci*: Jeune sainte blonde et nue avec une draperie blanche au bas du corps. Un coude appuyé sur un piédestal, elle tient une palme et la coupe de poison indiquant son genre de martyre. Sa jolie tête est un peu inclinée vers notre gauche où apparaît la céleste colombe. Visage vulgaire, mais agréable ; jolies formes, bon coloris, belle lumière.

2° Jacob, assis, adressant à Rebecca, assez gauchement posée debout, des paroles qui lui font baisser les yeux. Elle n'a pour vêtement qu'une simple tunique. Près de la fontaine où boivent les moutons, la jeune Léa, coiffée d'un grand chapeau de paille, regarde en souriant le couple amoureux.

CANTARINI (Simon), da Pesora : 1° Le jeune saint Jean-Baptiste avec son agneau, buste altéré et pourtant encore bien éclairé.

* 2° Suzanne surprise au bain. Elle est assise à notre droite. Son beau torse est nu jusqu'à la ceinture. La draperie jaune qui cache le bas du corps, entoure sa tête, et elle en ramène un pan sur sa poitrine. Son charmant visage et son attitude dénotent la plus vive frayeur. Les têtes des vieillards sont devenues trop rouges. Mais tout l'intérêt se porte sur Suzanne.

3° Assomption de la Vierge (demi-nature). La tête de Marie, levée vers le ciel, est trop ronde ; elle a les bras croisés sur la poitrine. En bas, les apôtres autour du tombeau vide. Noirci, surtout dans la partie inférieure.

CARDI (Louis), da Cigoli : Petite mise au tombeau.

CARRACCI (Annibal) : 1° Vierge en gloire avec l'Enfant. Sainte Catherine, portant sa couronne de reine et tenant sa palme, quitte la terre et s'élève sur un nuage, les yeux levés vers son époux mystique qu'elle va rejoindre dans le ciel. Belle composition, mauvaise exécution. Copie, sans doute.

2° Madone tenant Jésus debout sur elle. Mauvais.

3° Diane en robe bleue et dessous blanc. Belle tête pleine.

4° La Vierge sur un nuage avec l'Enfant dont la chemise retroussée laisse le bas du corps nu. Le visage du Bambino est noirci.

CARRACCI (Louis) : 1° La Vierge descendant du ciel au milieu d'une gloire d'anges, tient par un bras l'Enfant Jésus qu'elle présente à saint François. Celui-ci tend les mains pour le recevoir (petite dimension). Noirci.

2° Paysage devenu presque entièrement noir. Une femme nue, assise au bord de l'eau, est encore éclairée.

CARRACCI (école des) : Petite adoration des bergers. Marie gesticule comme une actrice. Mauvais.

CARRUCCI (Jacques), dit le *Pontormo* : La Charité (demi-figure). Par une ouverture pratiquée au haut de sa robe rouge, la femme laisse passer un sein. Deux enfants sont sur ses épaules ; entre deux autres placés plus bas, est un écusson armorié. Portraits sans doute. Coloris terre cuite.

CASANOVA (François) : 1° Grand paysage. La foudre frappe et renverse une jeune mère qui se trouve à droite sur une éminence, tenant son tout jeune fils couché à ses genoux. L'enfant la regarde avec épouvante. Ce point est vivement éclairé, mais les visages ont pris une teinte verte. Au bas du monticule, une voiture est emportée par les chevaux effrayés. Vers le bord de l'eau, deux moutons et quelques personnages. Effet exagéré. Noirci.

* 2º Bon portrait d'un général portant un cordon rouge en sautoir avec un petit chapeau à trois cornes. Il est monté sur un cheval blanc. Beau visage sans barbe, encore jeune, dont le regard est plein de douceur.

CASTIGLIONE (Jean-Baptiste), dit *il Greghetto* : La femme adultère (un peu plus que demi-figures). Jésus à droite, la femme à gauche. La joue de celle-ci est éclairée tandis que la saillie du profil est dans l'ombre, mauvais effet, ombre noircie.

CAVEDONE (Jacopo) : Saint Laurent en costume d'église tenant son énorme gril et levant la tête d'un air fier. Sa bouche est par trop petite.

CHAMPAIGNE (Philippe de) : Piété (quart de nature). La Vierge est assise sur une pierre contre laquelle s'appuie le haut du corps mort du Christ. Altéré.

* CIGNANI (Charles) : 1º Sophonisbe, la couronne royale sur la tête, une coupe empoisonnée à la main, lève les yeux au ciel, comme pour le prendre à témoin de la cruauté du sénat romain. Belle tête bien éclairée. Dans l'inventaire des tableaux, on a désigné celui-ci, mal à propos selon nous, sous ce titre : *Allégorie.*

2º Femme tenant un grand vase d'une main et son manteau violet de l'autre (demi-figure). Tête énergique, au regard mélancolique. Ce serait encore une allégorie. N'est-ce pas plutôt une illustre veuve, Cornélie, par exemple, tenant l'urne qui contient les cendres de Pompée ?

* 3º Danse des amours. Cupidon a pour siége un nuage descendu sur un piédestal orné de bas-reliefs. Il tient une flèche et une pomme. Derrière lui, un petit amour de chaque côté jouant, l'un de la flûte, l'autre du tambour de basque. Autour du piédestal, ronde de petits génies. Poses gracieuses, bon coloris, belle lumière. Jolie toile.

4º Triomphe de Bacchus. Le Dieu est obèse comme Silène. Ses cheveux sont courts et frisés. Il est couché sur le dos. Un jeune bacchant presse au-dessus de sa bouche ouverte une grappe de raisin. Derrière lui, deux bacchantes. A terre, deux enfants couchés. Belle lumière, coloris encore frais. Mais Bacchus a la corpulence et les traits d'un gros marchand de vin.

5º Vierge tenant Jésus endormi. Marie, dont les yeux son baissés, paraît elle-même endormie. Larges ombres et teinte bleuâtre dans le genre de Carlo Dolci.

6° Hercule assis et filant aux pieds d'Omphale. La belle, debout, s'appuie sur la terrible massue ; ils se regardent. L'amour, juché sur les épaules d'Omphale, lui prend le menton et lui montre son amant. Hercule est en partie noirci ; Omphale presque nue est bien éclairée ; sa pose est un peu maniérée. Bonne toile, du reste.

7° Hercule et Omphale assis l'un près de l'autre, la jambe de la femme sur la cuisse du héros. Cupidon. Joli, mais noirci.

CIGNAROLI (Giambettino) : 1° L'épouse de Putiphar voulant faire violence à Joseph. Le visage du jeune homme est efféminé et plus frais que celui de la dame.

2° Présentation au temple. Bustes du pontife, d'une jeune fille et de sa mère.

Ces deux toiles, d'une teinte de cire rouge et luisante, ont noirci.

COCXIE (Michel) : Jésus portant sa croix (demi-figure). Belle tête maigre.

COURTOIS (Jacques), dit *le Bourguignon* : 1° Deux marches de cavalerie, dont l'une est encore fraîche, excepté au premier plan, à droite.

2° Combat de cavalerie, noirci.

CRANACK (Lucas), le vieux : 1° Sacrifice d'Abraham (petite dimension). Le père et le fils sont sur une éminence, au bas de laquelle se sont arrêtés deux serviteurs et leur âne de carton. Paysage à droite.

2° Jolie petite sainte en lecture.

3° Saint Jean l'Évangéliste et saint Matthieu.

4° Saint Paul et saint Marc. Copies d'après Albert Durer (Voy. *Musée de Munich*).

5° Petite sainte vêtue de jaune, le cou envahi par trois colliers d'anneaux en or (demi-figure). La grande croix qu'elle porte, en nous regardant en coulisse, indiquerait sainte Hélène, mais elle est bien jeune.

6° Femme nue, de grandeur naturelle. Le gaze qui couvre sa tête et le bas du corps est tellement diaphane, qu'elle ne cache rien. Elle tient un collier de perles et se penche vers un enfant nu tenant un gâteau de miel. Il montre à sa mère une abeille qui se pose sur son visage ; une partie de l'essaim voltige autour de lui. L'inventaire donne pour titre au tableau : Vénus et Cupidon. N'est-ce pas une allégorie de la douceur, du charme de l'amour, et des piqûres, des chagrins succédant au plaisir ? Mais l'enfant n'a pas d'ailes. La femme est bien éclairée. Son grand front, ses yeux baissés et souriants, son nez rond par le bout et son petit menton en boule, nous donnent une triste idée du goût de l'auteur. Le corps, assez bien modelé, est trop court et trop étroit, relativement aux cuisses et aux jambes.

7° La Cène (demi-figures). Jésus soutient le jeune saint Jean dont la tête tombe sur la table, comme s'il perdait connaissance. Trop de figures dans ce cadre si étroit.

CRESPI (Daniel) : Petite Cène.

• CUYP (Albert). Homme et femme à cheval partant pour la chasse, précédés d'une meute. Jolis effets de lumière. Belle femme brune, bien assise sur son cheval.

DAMMEZ (Lucas), dit *Lucas de Leyde :* Mauvaise crèche.

DANDINI (César ou Vincent) : Madeleine couchée à terre, le corps relevé sur un coude. Elle est nue, avec une draperie bleue à la ceinture. Un rayon lumineux entoure sa tête. Bonne lumière. Peinture médiocre.

DIÉPENBECK (Abraham van) : Jugement de Salomon (demi-nature). Les mères sont de vraies Flamandes. Froid.

DIÉTRICH (Chrétien-Guillaume-Ernest) : Paysages noircis.

DOLCI (Charles) : 1° Notre-Dame des Douleurs. Belle tête, un peu penchée, les yeux baissés. Bon relief, belle lumière ; coloris bleuâtre.

2° Tête de femme jolie, mais peinture sèche. Altéré.

3° Buste de Christ couronné d'épines et revêtu du manteau d'écarlate. Sourcils trop froncés ; bouche entr'ouverte, trop charnue et trop petite.

4° Jolie petite Madone en trône avec l'Enfant. Teinte bleuâtre.

DOUWEN (Jean-François van) : Suzanne et les vieillards (demi-nature, jusqu'aux genoux). Suzanne est assise et se retourne avec un air plus langoureux qu'indigné. Genre Van der Werf, mais mauvais.

* DOW (Gérard) : Petit garçon tenant un chalumeau de paille et levant la tête pour suivre dans l'espace le globe qu'il vient de créer. Son visage, épanoui par une joie naïve, est un vrai chef-d'œuvre encore bien éclairé. Un de ses petits camarades, dans l'ombre, regarde la bulle de savon.

DRILLEMBURG (W. van) : Paysage noirci.

DURER (Albert) : Deux volets. Dans le premier, le commettant à genoux a derrière lui son saint patron coiffé de la couronne royale. Belle tête de ce saint, d'un bon relief, mais plus assez éclairée. Dans le second, l'épouse du donateur porte l'habit noir de la sainte religieuse, sa patronne, debout derrière elle. Peinture sèche.

Dussart (Corneille) : Intérieur de cabaret (petite dimension). Poses exagérées. Noirci.

Dyck (Antoine van) : 1° deux portraits d'hommes vêtus de noir et un portrait de femme.

* 2° Portrait d'un homme vêtu de noir. Sa moustache, sa barbiche et ce qui lui reste de cheveux, sont gris. Il tient un livre. Yeux enfoncés, sourcils forts et tombants, bouche peu bienveillante, beau nez, beau menton, front intelligent ; air austère. Excellente toile.

3° Autre portrait aussi bien traité d'un homme moins distingué. Le nez rond, à son extrémité, se relève un peu.

4° Portrait d'un vieillard portant une longue mouche blanche. Visage large et commun. Bon, mais moins éclairé que les précédents.

5° Portrait de l'infant don Ferdinand, frère de Philippe IV. Visage de carton, qu'on ne devait pas attribuer à van Dyck.

* 6° Portrait remarquable, qu'on prendrait pour un Rembrandt. Le sujet est un homme en robe de soie rouge avec une veste garnie de fourrures ; accessoires rendus avec une grande vérité. La tête, coiffée d'un bonnet de velours, est énergique ; le front, haut, intelligent, présente plusieurs protubérances. Le pli de la narine au menton est très-prononcée. Sa bouche se contracte avec amertume. Cet homme, assis et appuyé d'une main sur son fauteuil, semble aigri par les déceptions.

7° Portrait d'homme grisonnant, avec barbe rousse.

8° Quatres portraits de femmes dont trois jeunes et une dame âgée. Ce dernier est bien dessiné et bien éclairé. Mais la peau est comme tachetée de rouge ; les autres sont plus altérés.

9° Le vieux saint Matthieu écrivant. Il n'a pour vêtement qu'un manteau rouge couvrant le bas du corps. Profil altéré. Lion endormi à ses pieds.

* 10° Portrait de Marie-Louise, princesse de Taxis. Robe noire, dont le devant et les manches sont en satin blanc ; cheveux noirs et frisés, relevés carrément sur le front. Elle tient un éventail à plumes. Très-joli visage, quoiqu'un peu large, grands yeux noirs, front haut, presque droit, charmante bouche souriante ; regard de côté très-séduisant ; seins peu accusés. Quelle belle lumière ! Cette femme est vivante.

* 11° Portrait du comte de Wallenstein, blond d'une trentaine d'années, le front un peu dégarni, la moustache retroussée. Il est vêtu de noir. On ne voit plus guère que la tête et les mains ; mais cette tête fait plus d'illusion, s'il est possible, que la précédente.

Les traits n'ont rien de distingué, et pourtant on est ému en regardant ; car on s'attend à voir s'agiter les paupières de ses yeux grands et ouverts, et à entendre sortir de sa bouche un défi. La pose de sa main droite allongée, le pouce et l'index seuls tendus, tandis que l'autre main s'appuie sur la hanche, son air fier et passionné ; tout cela est rendu avec un talent prodigieux. On croit entendre cet homme dire à son adversaire : « Sortons ! »

12° La Vierge fermant les yeux de Jésus descendu de la croix (jusqu'aux genoux, le Christ vu en entier.) Un long voile noir couvre sa tête et ses épaules : beau profil pâle, énergique. Saint Jean est au milieu des saintes femmes. Joseph d'Arimathie et Nicodème soutiennent le corps nu, couché sur le dos, les jambes étendues et écartées ; l'une d'elles offre un beau raccourci. Ce corps est très-beau ; il est vigoureusement dessiné et éclairé ; mais la tête déjà verte et renversée en arrière, offrant un œil fermé et l'autre ouvert, enfin la bouche également ouverte : tout cela est d'un aspect hideux.

13° Six portraits, savoir : de trois hommes vêtus de noir et d'une femme. — Ce dernier est trop mauvais pour être de Van Dyck. — Plus, deux têtes, dont l'une barbue et tournée vers le ciel présente un raccourci bien traité. Ces toiles sont des gouaches ou des portraits non achevés.

14° Cavalier coiffé d'un feutre, tournant vers nous sa tête placée dans l'ombre (petite dimension). Bon raccourci du cheval blanc ne montrant que sa tête et sa croupe.

15° Jolie esquisse en grisaille d'un petit Christ en croix avec Marie, saint Jean et la Madeleine à gauche, puis saint François, et un soldat à cheval à droite (petite dimension).

DYCK (École d'Antoine van) : 1° Achille déguisé en femme et reconnu par Ulysse (quart de nature). Le cou et les bras du jeune héros sont trop musclés et trop peu cachés pour que la famille Lycomède ait pu voir une femme dans cet homme.

2° Madone levant les yeux au ciel, et tenant debout sur elle l'Enfant Jésus. Copie ou imitation du tableau du maître vu à Munich.

3° Vulcain remet à Vénus les armes qu'il vient de forger pour Énée. On dirait qu'un forgeron et un amour s'apprêtent à affubler la déesse de ces armes.

EECKHOUT (Gerbrandt van der) : Sultan ou visir assis, la main sur une table, et nous jetant un regard sinistre. Au fond, à droite, autre grand personnage assis sur un divan et devant lequel se prosternent les ulémas. Médiocre.

ELZHEIMER (Adam) : Deux petits tableaux (effets de lampe). Noircis.

EYCK (Jean van) : 1° Triptyque. Dans la pièce du milieu, adoration des Mages. Saint Joseph, en habit rouge, est aussi prosterné devant le Messie. Dans l'un des volets, deux rois dont un noir, tenant des présents en or. Dans l'autre, le commettant à genoux, et saint Étienne, son patron, debout derrière lui.

2° Adoration des rois ; altéré, mauvais.

3° Prêtre à genoux devant un autel, et levant l'hostie. Au haut de l'autel, Jésus sort de son tombeau : miracle attestant la présence du Christ dans l'Eucharistie.

Ces deux derniers tableaux sont de petite dimension.

FABRITIUS (Kilien) : Paysage, avec eau entre des rochers et des bestiaux sur le devant, à droite. Assez bon.

FAMIANO ou FABRIANO : Jésus chassant les vendeurs du temple, avec un fouet. Un homme et une femme au premier plan sont éclairés. Le reste a noirci.

FETI (Dominique) : Reniement de saint Pierre. Il est assis dans un corps de garde, les pieds sur le bord d'un brasero. Une servante debout l'interpelle ; il se tourne vers elle, les bras ouverts. Les soldats l'examinent attentivement. Assez bonne toile.

FLINCK (Govaert) : Joli profil de Diane, le front surmonté d'un croissant, son arc à la main (demi-figure). C'est le portrait d'une dame qui nous montre une épaule et un sein nus.

FONTANA (Lavinia) : Saint Roch et Joachim (plus qu'à mi-corps, demi-nature). Le saint est assis et lève la chemise qui couvrait sa plaie. Il regarde son chien ayant un pain dans la gueule. On ne voit que la tête de l'animal.

FRANCESCHI (Paul) : Trente-deux tableaux traitant pour la plupart des sujets mythologiques. Compositions fades, maniérées; coloris délayé. — (grandeurs naturelles.)

FRANCK (Frans) : 1° Prédication de saint Jean-Baptiste (demi-nature). Il y a du bon et du grotesque.

2° Petit crucifiement, composition originale. Au premier plan, soldats jouant aux dés les vêtements du Christ. Un jeune religieux lève vers le mauvais larron un cadre dont nous ne voyons que le revers : c'est sans doute un tableau représentant les tourments de l'enfer. Marie et saint Jean sont debout près de la croix ; homme à cheval et noirci en partie.

FRANCUCCI (Innocent), da Imola : Mariage de sainte Catherine (petite nature). Marie paraît trop endormie. Bien conservé.

FURINI (François) : 1° Buste de sainte Madeleine, une main sur la poitrine, l'autre sur une tête de mort. Beau visage penché, la bouche ouverte, les yeux au ciel. Peu noirci.

2° Saint Jean-Baptiste adolescent. Il est nu, assis à terre et s'appuie d'un bras sur une table, la main sur son mouton. Jolie tête, belles formes, pose trop gracieuse peut-être. Les parties ombrées ont noirci.

FYT (Jean) : 1° Deux grands et bons tableaux d'animaux et deux autres d'oiseaux domestiques et de gibier tué.

2° Deux chasses au renard et au cerf, chiens.

GABIERI (L.) Mort d'Abel. Il est renversé, la tête au premier plan. Dans le lointain, Caïn prenant la fuite. Assez bon.

GEERAERTS (Martin-Joseph) : 1° Petits amours cueillant des fruits.

2° Amours qui s'enivrent et deux jeunes satyres couchés et endormis.

3° Petits amours, chasseurs et gibier mort.

Ce sont trois imitations de bas-reliefs en marbre et en bronze. Dans le second, les reliefs font illusion.

4° L'Abondance et la Paix s'embrassant, en présence de Mercure, dieu du commerce (demi-nature). Mauvais.

GELDER (N. van) : 1° Mauvais portrait d'homme sans barbe.

2° Buste de jeune homme, la bouche entr'ouverte et regardant de côté. Sa tête nue est éclairée ; le reste est noir.

GHIRLANDAJO (Ridolfo) : Sainte Famille et sainte Catherine (demi-figures). Saint Joseph et sainte Anne, au fond, dans l'ombre. La Vierge serait jolie si ses joues n'étaient pas tendues comme celles d'un masque. Le Bambino a le front droit et carré ; il devrait l'avoir rond et proéminent.

GIORDANO (Luca) : 1° Allégorie. Une femme, un genou sur le globe que porte Atlas, lance sur un jeune homme assis le lait de l'un de ses deux seins qu'elle presse ; mais Minerve en préserve l'adolescent, en apposant son bouclier. Un homme verse sur le bras de ce même jeune homme une liqueur rouge. A gauche, espèce de sauvage regardant cette scène. Il est à présumer que le lait est ici l'emblème de la volupté, et le sang ou le vin l'emblème de la force, de la vertu.

2° Diane surprenant Endymion. La déesse, les jambes levées et s'appuyant sur le haut du bâton de l'endormi, le regarde avec intérêt. Près du berger, amour, chiens, moutons. Assez jolie tête de Diane, aux cheveux frisés. Coloris gris.

3° Enlèvement de Proserpine. Pluton est trivial et la nymphe est mal posée. La femme, à genoux, cueillant des fleurs et vue de dos, est mieux. Noirci.

4° Mort d'Orphée. Une jeune et jolie bacchante, presque toute nue, lui appuie un pied sur le ventre et lève sur lui un bâton noueux. Une autre lui lance un coup de pique. Il se débat et crie.

5° Sainte Famille et anges dans un paysage (demi-nature). Vierge mal dessinée.

* GREBBER (Pieter) : Concert de famille (petite dimension). Portraits très-achevés. Mains, instruments, bien dessinés et se détachant bien.

HAMILTON (Philippe-Ferdinand) : Gibier tué (renard, perdrix, etc). Bon.

HANNEMANN (Adrien) : Deux concerts d'anges et un saint Matthieu, mauvais.

HARINGS (Daniel) : La femme adultère (demi-figure). Jolie petite blonde ramenant, en souriant, ses longs cheveux sur son sein nu. Plusieurs personnages sont grotesques.

HARLEM (Gérard van) : Trois tableaux tout noirs.

HAYEN (van) : Deux jolies marines.

HEINTZ (Joseph) : Un jeune homme nu, au nez retroussé, se regarde dans le miroir que tient la Vérité. Sur le devant, deux hommes faits. La déité nue tourne vers le ciel un regard désolé. Ses épaules et ses seins très-prononcés sont d'une teinte grise.

HELST (Barthélemy van der) : 1° Buste d'homme vêtu de noir, coloris sec.

2° Portrait médiocre d'un homme en manteau jaune.

* 3° Gentilhomme, en costume espagnol, avec grand feutre noir, une main sur la hanche, l'autre sur son épée. Cette pose cambrée d'un personnage aux traits communs, est loin d'ennoblir le personnage. Mais son visage est supérieurement peint et éclairé.

HEYDEN (Jean van der) : Joli paysage avec eau et port au milieu, barques. Noirci.

* HOBBEMA (Meindert) : Grand et beau paysage. Au milieu, chemin passant sous de grands arbres, avec une éclaircie de chaque côté.

HOECKE (Robert van) : 1° Samson endormi et appuyé sur Dalila. Celle-ci, couchée et dormant elle-même, a une main posée sur l'épaule de son amant. Un jeune homme, à la lueur d'une chandelle que tient une vieille femme, coupe les cheveux du géant. Soldats philistins dans la pièce voisine. Ce colosse, couché à plat ventre sur cette femme aux seins nus, est d'un aspect déplaisant.

2° Massacre des innocents ; horrible pêle-mêle. Une mère défend son fils en enfonçant ses ongles dans les joues du meurtrier. Un soldat lève un enfant qu'il va briser contre un piédestal au bas duquel est un monceau de cadavres.

* 3° Charité romaine (demi-nature). Le corps nu du père, assis sur le sol, est bien dessiné et bien éclairé. La jeune femme de profil se penche vers lui en présentant le bout d'un sein : elle tient de l'autre main son jeune enfant qui nous regarde gentiment au-dessus de l'épaule de sa mère. Il n'est éclairé qu'à demi. Le dos de la femme est en pleine lumière ; le reste est noirci. Bonne toile.

HOET (Gérard) : Joli petit sacrifice à Bacchus dont la statue aux formes sveltes est posée fièrement, une main sur la hanche. Trois petits amours volent au-dessus de cette statue. De jeunes femmes, plus ou moins vêtues, lui offrent des présents. L'une est à genoux et formule une prière ; la dernière tient un enfant à qui elle fait joindre les mains.

HOLBEIN (Jean), le jeune : 1° Bon portrait d'un vilain personnage aux yeux très-petits, au nez long et gros du bout, avec une grande bouche et un menton plat.

2° Trois petits bustes de deux hommes et d'une religieuse. Coloris sec. Physionomies allemandes et arriérées.

HONDEKOETER (Melchior) : Trois tableaux d'animaux domestiques, On remarque dans l'un le combat d'un coq renversant un dindon, et à droite une poule blanche ouvrant le bec et entre-bâillant les ailes pour rappeler et mettre à couvert ses poussins. Épisode d'un tableau de Munich.

HONTHORST (Gérard), dit *Gherardo delle Notti* : 1° Reniement de saint Pierre (effet de lampe). La servante, une main levée, regarde l'apôtre d'un air hardi et interrogateur. Le profil de cette femme est assez beau. Le saint, à demi éclairé, témoigne son effroi et joint les mains en signe de protestation. La scène est éclairée par la chandelle que tient la servante. Ombres noircies.

* 2° Adoration des bergers (demi-figures). Une grosse paysanne italienne tient le linge sur lequel est posé l'Enfant dont le corps lumineux éclaire la scène. Parmi les bergers, on en distingue un coiffé d'un feutre à larges bords et penché vers le Messie. Son visage, à demi éclairé, est d'une vérité étonnante.

3° Jeune fille soufflant la lumière d'un flambeau. Médiocre.

* HOUTEN ou peut-être HUTIN (Charles) : Corps de garde. Casques, cuirasses, etc., sur le sol. Un jeune homme tenant un drapeau cause avec un officier. Plus loin, autre pièce voûtée où se trouvent des soldats et des paysans. Au bout de cette pièce, on aperçoit, par une deuxième voûte, une place garnie de monde. Au fond de cette place est une maison avec arcade à travers laquelle on découvre la campagne. Bonne perspective. Belle toile.

HUYSUM (Jean van) : Deux bons tableaux de fleurs, mais fonds noirs.

INCONNUS (auteurs) : 1° Sainte, avec une épée sous le bras.

2° Notre-Dame des Douleurs, de profil. Traits vulgaires.

3° Vieille marchande d'œufs. Clair-obscur, faible, noirci.

JORDAENS (Jacob) : Le vieux Silène, accompagné et soutenu par des bacchantes dont deux vieilles. Copie assez faible d'un tableau de Rubens.

KARINGS ou KIERINGS (Alexandre) : Joli petit paysage assez original. Au premier plan, une branche d'arbre entourée d'une plante grimpante dont le fruit est de la forme d'un melon, s'avance de gauche à droite et dessine une voûte fortement ombrée. Cette voûte donne aspect sur une campagne vivement éclairée, avec eau, barques, et dans le fond, montagnes.

KNELLER (Gaudefroi) : Portraits placés entre deux fenêtres et peu visibles.

KONING (David van) : 1° Baptême du Christ.

* 2° Le Paradis (figurines). Dans le ciel, Jésus en manteau rouge, Dieu le Père et, au-dessus d'eux, le Saint-Esprit. Plus bas, bienheureux de chaque côté. Tableau très-frais et très-joli.

KULMBACH (Jean van) : Petit crucifiement très-original quant aux costumes et aux poses. On peut citer celle d'un homme debout, les jambes écartées au-dessus d'une ouverture de rocher. Assez bon.

KUPETZKY (Jean) : Portrait altéré.

LAAR (Pierre de), dit des Bamboches : 1° Portrait altéré.

2° La femme adultère. Noirci.

3° Paysage. A droite, gens traversant une route ; à gauche, grosse tour au·sommet de laquelle sont des ouvriers qui en achèvent la construction. Au premier plan, lazzaroni en guenilles, assis ou couchés ; ombres noircies.

4° Autre paysage du même genre. A droite, cavaliers arrivant au galop et se détachant sur le fond. Au premier plan, cavaliers au repos. Meilleur et moins noir que le précédent.

* LAMI (P.) : Paysage historique. Au premier plan, un personnage ayant sacrifié un mouton dans la campagne, recule à l'aspect d'un ange qui allonge sa baguette sur la victime et tend l'autre bras à sa gauche. Ce séraphin est bien posé et bien éclairé. Plus loin, gens occupés à battre du blé. Pièce d'eau au premier plan, femmes avec des vases. Au delà, danse, grande foule. Au milieu,

armée qui défile; plus loin, eau, puis ville en flamme, montagnes. Belle toile.

LANCRET (Nicolas) : 1° Gens attablés. Tout petit et joli tableau.

2° Deux autres petites toiles assez gentilles : 1. Danse de paysans. Le plus rapproché et nous tournant le dos, fait illusion. 2. Paysans attablés.

LANGJAN (van), dit *Bockorst* : Cinq jeunes femmes (grandeur naturelle) se divertissant dans la campagne. L'une blonde, couronnée de fleurs, danse en agitant un tambour de basque ; trois autres sont assises à droite, l'une jouant du sistre, la seconde vidant une flûte de champagne et la troisième regardant la danseuse. Là cinquième nymphe est couchée à terre. Genre un peu rococo. Il y a du bon cependant. La pose de la bayadère et le regard de la buveuse ne sont pas sans charmes.

LAVECQ (Jean) : Mise au tombeau; genre Rembrandt; effet de lumière. Médiocre.

LAZARINI (Grégoire) : Deux tableaux de petits génies, les uns rouges, les autres blancs. Le meilleur de ces espiègles est celui qui, un pied sur son voisin renversé, lui allonge un coup de la vessie suspendue au bout de son bâton.

LEBRUN (Charles) : 1° Portrait d'un général cuirassé, coiffé à la Louis XIV.

2° Episode du massacre des innocents. Deux femmes, assises sur le devant du paysage, ont chacune, à leurs pieds, un enfant égorgé. Un chien lèche le sang qui coule entre les cuisses d'une des victimes : détail dégoûtant. Au fond, une mère poursuivie soulève son enfant au-dessus du parapet, prête à le laisser tomber dans le fleuve, pour le soustraire au glaive du soldat qui s'avance l'épée à la main. Scènes pathétiques.

LEBRUN (Elisabeth-Louise Vigée, épouse) : Deux portraits en pied. 1° Femme avec un ruban rouge dans ses cheveux, une robe rouge collante et une écharpe jaune flottante. Elle se lève sur la pointe des pieds et nous regarde en minaudant. Cette tête ressemble à celle de l'auteur.

2° Femme assise sous une arche de rocher, au bord de la mer. Elle nous regarde, un coude appuyé sur une saillie de la roche, la main à la joue. Ses cheveux blonds sont bouclés et tombants. Son écharpe jaune est passée sur sa tête. Joli portrait ; la bouche minaude aussi.

LEDESMAS (Joseph de) : A droite, chasseur avec son fusil. A gauche, jeune servante tenant sur une table un panier de gibier. Au milieu,

28.

garçon arrêtant par le collier un chien de chasse (demi-figures). Faible, noirci.

LEDUCQ (Jean) : Soldats jouant au tric-trac dans un corps de garde (quart de nature). Costume coquet et singulier de ces militaires. Assez bonne toile, bien conservée.

LEROI (Simon) : 1° Gibier mort au premier plan. Au fond, dans l'ombre, jeune garçon tenant un chien par le cou. Noirci.

2° Lièvre attaché par une patte ainsi qu'un dindon, près d'un vase orné de bas-reliefs. Sur le devant, fruits. Fond de paysage. Bon, moins altéré que le précédent.

LEUX ou LUYX (François) : La Madeleine, au profil chiffonné, est prosternée devant le Christ et tire d'un panier une petite bouteille de parfum. Jésus debout devant elle, n'a pour vêtement qu'un manteau bleu roulé à la ceinture. Sa pose est raide et son profil vulgaire. Anges. Mauvais goût.

LIBERI (le chevalier Pierre), dit *Libertino* : 1° Vénus couchée, nue, nous montrant son dos et l'extrémité de son profil. Son corps est blanc ; la plante de l'un de ses pieds et les deux amours placés près d'elle sont d'une teinte rouge. Beau corps, pose gracieuse. Bons raccourcis des genoux pliés.

2° Un homme au pied d'un lit coupe avec une épée une couleuvre ; un peu au delà, autre couleuvre. De l'autre côté du lit, une femme nue, les bras levés, regarde avec effroi ces reptiles qui figurent peut-être les remords sans cesse renaissants de la femme adultère. Le corps de la femme est par trop blanc et celui de l'homme par trop rouge. L'inventaire donne à l'allégorie un autre sens moins vraisemblable. Il s'agirait d'interroger le destin sur la question de savoir qui des deux acteurs périra le premier : ce serait celui près de qui s'arrêtera l'un des tronçons coupés.

3° Vénus ou nymphe assise sur un manteau bleu. Elle tient un petit amour qui lui appuie les mains sur un sein et semble y regarder la piqûre d'un de ses traits. Elle est tournée, la bouche ouverte, vers un autre amour. Sa pose est trop repliée, trop tourmentée. Le haut du visage et même les yeux sont dans l'ombre : le reste est bien éclairé.

4° Loth et ses filles. L'une d'elles, à genoux, nous montre un dos de grosse femme. Mauvais.

LICINIO (Jean-Antoine Régille), dit *il Pordenone* : 1° Madeleine assise contre un arbre, tenant un livre ouvert et une tête de mort sur ses genoux. Belle tête levée vers le ciel. Le bras tenant le livre est mal dessiné.

2° *Ecce homo* (demi-figure). Un rayon lumineux entoure la tête du Christ. Beau, un peu noirci.

LIMBORCH (Henri van) : Concert (quart de nature). Deux hommes, debout et vus de face, jouent, l'un du violon, l'autre de la flûte. Deux femmes sont assises sur le devant. La première tient un cahier et chante, la seconde l'accompagne sur le clavecin. Jolie toile.

LINF ou LINT (Pierre van) : 1° Hercule assis, tenant la quenouille et le fuseau, regarde Omphale appuyée debout sur la massue ; la tête du lion de Némée sert de coiffure à la belle. Un amour déchausse le héros ; un autre le montre en ricanant. Traits vulgaires, pose guindée d'Hercule. Bons modelés, bon coloris.

2° Portraits entre des fenêtres. Illisibles.

LINGELBACH (Jean) : Combat naval. Mauvais, noirci.

LONDONIO (François) : Deux grands tableaux contenant beaucoup d'animaux et quelques personnages (petite nature). Bêtes et gens sont pêle-mêle. Le visage à demi éclairé d'une vieille paysanne est le seul qui soit bien peint.

LONTHIERBURG (Philippe-Jacques) : Joli paysage avec vache, moutons, pâtre et chien ; vieux château. A droite, forêt. Au fond, rochers, etc.

LORCH (Melchior) : Portement de croix. Faible.

LOTH (Charles) : 1° Loth et ses filles. Le vieillard, presque nu, reçoit une coupe de l'une ; l'autre tient le vase. Elles sont debout, le visage dans l'ombre ; lui seul est éclairé. Ses nus sont rouges ; son ivresse est bien rendue. Dans le fond, à droite, incendie de Sodome et femme de Loth pétrifiée.

2° Même sujet, noirci et placé entre deux fenêtres.

LUCIANO (Sébastien), dit *del Piombo* : Tobie et l'ange (demi-nature). Le premier tenant le poisson s'appuie sur le bras de son guide beaucoup plus grand que lui ; ils marchent rapidement. La tête de l'ange, vue de face, est trop longue du haut.

MAAS (Arnold Van) : 1° Cuisinière que veut caresser un paysan ; elle rit, sans doute parce qu'une table les sépare et que la tentative est vaine. Son visage est trop peu éclairé. Poisson qu'elle épluche, fruits, choux. Assez bon.

2° Combat de cavalerie. A été bon ; noirci.

MACHELM (Israël Van) : Crèche. Mauvais.

MANETTI (Rutile) : Cupidon couché sur le ventre, son arc à la main. Près de lui, instruments de musique, palettes, sphère, livres. Allégorie peu claire ; pose peu gracieuse ; reliefs bien rendus, à la façon du Caravage.

MANFREDI (Bartolommeo) : 1° Arrestation de Jésus au moment où il reçoit le baiser de Judas (jusqu'aux genoux). Ce dernier est un paysan arriéré; le Christ a la tête d'un soldat. Il la détourne et lève les yeux au ciel. Effet de clair-obscur.

2° Deux portraits grotesques d'hommes du peuple.

* 3° Deux soldats, dont l'un, encore sans barbe, porte une cuirasse, sont près d'une table, avec une jeune fille placée entre eux. Elle tient un tambour de basque et nous regarde. Le premier soudard joue du luth; l'autre, un flageolet à la main, chante. Visages vulgaires, mais animés par le sentiment musical inné chez les Italiens. Bel effet de clair-obscur. Ce tableau, bien conservé, est un des meilleurs de ce peintre.

MANGLARD (Adrien) : Deux batailles navales. Mauvaises.

* MARATTA (Carlo) : 1° Bethsabée, nue avec une petite draperie en haut des cuisses, est assise dans un jardin et fait sa toilette, sans s'apercevoir que de son palais le roi David peut, au-dessus des arbres, contempler les charmes qu'elle met à découvert. La coquette se mire dans une glace que lui tend une servante, pendant qu'une autre lui essuie un pied. Sa pose est gracieuse, ses formes sont belles, et son visage, aux long traits, aux yeux langoureux, est d'un charme extrême. Bonne toile, bien conservée. Seulement le coloris est trop sec et le buste de David est trop grand relativement à la distance où il se trouve.

2° Saint Joseph tenant l'Enfant Jésus qui lève vers lui les bras en souriant. Jolie tête d'enfant d'une fraîcheur suspecte. Bonne et longue tête du saint.

MARIANI (Antoine) : 1° Vénus assise et penchée sur Cupidon debout près d'elle (petite nature). Le fripon regarde Vulcain dans l'ombre, près de la forge. Le joli visage de la déesse n'est éclairé que d'un côté: une jambe est mal dessinée. Belle lumière.

2° Vénus tient en l'air une colombe que veut saisir Cupidon. Profil dans l'ombre peu joli. Noirci.

MATTEI (Paul) : Sainte Famille. Marie, petite rosière, tient sur elle l'Enfant qui lui tourne le dos pour bénir saint Jean. Jésus est fort bien modelé et éclairé; mais son visage pourrait être plus beau.

MAYER (A.) : Fruits. Bon.

MAZZUOLA (Giralomo) : Sainte Famille avec sainte Catherine et saint Antoine tenant sa croix tronquée. Commettant, vu de buste à gauche. La Vierge a le cou trop long. Noirci.

MECHARINO (Dominique), dit *Beccafumi* : Salomé (demi-figure), portant dans un plat la tête de saint Jean-Baptiste et nous regardant de l'air le plus placide : tête d'un coloris noir et jaune, très-altéré.

MEER (B. van der) : 1° Paysage noirci. 2° Deux vaisseaux de ligne dans l'ombre; barques remplies de passagers et éclairées. 3° Armée en marche. 4° Deux autres petits paysages avec beaucoup de figures de très-petite dimension. Dans le plus parfait des deux, l'auteur fait défiler devant nous une caravane bien éclairée. Jolis effets de lumière, au moyen de repoussoirs. 5° Deux tout petits tableaux de batailles, aussi très-finis.

MENGS (Antoine-Raphaël) : Adoration des bergers. Noirci.

METZYS (Quentin) : Petit saint Jérôme dans un paysage. Noirci.

MEULEN (Antoine-François van der) : Place d'une ville de Flandre, Gand, je crois. Spectacle en plein air, avec foule de curieux et carrosse arrêté. Assez bon.

MIÉRIS (Guillaume van) : Jeune femme dodue, dont les seins sont péniblement comprimés dans une robe rouge doublée de blanc. Elle allonge les bras vers une lyre posée sur sa table, tout en nous regardant : gros visage d'une seule pièce, de peu d'effet.

MIGNARD (Pierre) : Jolie petite Sainte Famille. L'agneau du petit saint Jean est tenu sur les genoux de la Vierge par l'Enfant Jésus au giron, ainsi que par saint Jean debout. Saint Joseph, dans l'ombre, semble écouter aux portes. Jolie Vierge : bouche souriante, yeux baissés, sourcils relevés.

MOLENAER (Corneille) : 1° Famille dans une campagne (petite dimension). Coloris rouge brique piqueté de blanc. Il y a du relief mais peu de vérité dans les visages. 2° Effet de neige. Patineurs à gauche; à droite, maison devant laquelle boit un cheval blanc, etc. Assez bon.

MOLYN (*Voy.* TEMPESTA).

MOOR (Antoine) : Portraits, faibles, noircis ou mal placés,

* MURILLO (Barthélemy-Etienne) : Portrait d'un jeune homme vêtu de soie rose avec manches larges et bouffantes, écharpe blanche entourant le cou (petite nature, demi-figure). Bonnet en velours cramoisi, cheveux noirs. Il tient sa canne sur une épaule et un chien en laisse. Traits réguliers mais peu distingués; pommettes trop saillantes. Jolie toile, fraîche.

NEEFS (Pierre), dit *le Vieux* : Intérieur d'une église italienne. A droite, voûte, nef; à gauche, escalier pour monter aux tribunes. Au fond, prêtre à l'autel.

NETSCHER (Gaspard) : Berger basané assis et blanche bergère couchée sur lui, la tête couronnée de fleurs. Répétition inférieure du tableau de Munich (p. 246).

NEVE (François de) : Jugement de Salomon. Style de Rubens, coloris plus sec.

ORSI (Lelio), de Novellara : Martyre d'une sainte richement vêtue. Elle est à genoux; sa jolie tête, levée vers le ciel, est bien éclairée. A droite, dans l'ombre, le bourreau lève sur elle son poignard. Dans les airs, deux anges apportent une couronne et une palme. Assez bon. Ombres noircies.

OSTADE (Adrien van) : 1° Mauvaise danse dans un cabaret.

2° Même sujet, tableau plus grand que d'ordinaire. Trois couples peu avenants dansent lourdement au son d'une musette que joue un paysan couronné de feuilles et monté sur un banc. Un buveur dort, appuyé contre ce banc. Ce personnage est ce qu'il y a de mieux. Les visages et les poses sont d'une trivialité exagérée. Et puis ce bonnet de laine, enfoncé jusqu'aux yeux, est laid et non plaisant. Du reste, bel effet de lumière.

PALAMEDESZ : *Voy.* STEVENS.

PALMA (Jacques), le jeune : Sainte Famille, avec un saint chauve, en robe blanche, une crosse d'abbé à la main. Joli visage de Marie. Noirci.

PALMA (Jacques), le vieux : Madone et saints. Médiocre.

PASINELLI (Laurent) : Notre-Dame des Douleurs. Elle tient des deux mains croisées sur la poitrine son manteau bleu et son voile. Jolie tête levée vers le ciel, trop vulgaire pourtant. Draperies tourmentées. Bon coloris.

PIPPI (Jules), dit *Jules Romain :* Bonne copie du saint Jean-Baptiste de Raphaël, du musée de Florence (p. 50).

PLOT (P.) : Jésus chez Marthe, convertissant Madeleine. Figures triviales. A droite, ustensiles de ménage, fruits et légumes bien rendus.

POELEMBURG (Cornelis) : Paysage. Femmes au bain, partie bien traitée. A droite, ruines. Fond insignifiant.

PONTE (Jacopo da), dit *Bassano :* 1° Portement de croix (petite dimension). Tableau devenu rouge et noir. Effet de nuit.

2° Portique de temple à gauche. Au premier plan, poissons dans des paniers et personnages. Dans les airs, vieillard dans un char attelé de deux chevaux ailés. Vive lumière autour de lui.

3° Marché de volailles. Maisons à droite, arches à gauche. Au fond, campagne et montagnes. Au premier plan, jeune marchande tenant un poulet plumé. Derrière elle, près d'un autre étalage, jeune seigneur donnant à manger à son perroquet perché sur un doigt. Dans le ciel, divinité coiffée de la couronne murale, dans un char tiré par deux paons.

Dans ces deux grandes toiles où les figures sont du quart de nature, il y a effet de nuit, et sur le devant, comme toujours, un homme nous tournant le dos, le corps penché en avant.

PORBUS (François), le jeune : Portraits médiocres.

POUSSIN (Nicolas) : 1º Saint Pierre guérissant un paralytique. Bonne perspective, belles poses, excellentes draperies ; mais le temps a couvert cette toile d'un voile sombre.

2º Noé et sa famille offrant un sacrifice à Dieu qui apparaît dans le ciel. Près de l'autel, trois hommes et quatre femmes, outre Noé debout à gauche, les bras et les yeux levés vers le ciel. Ce tableau est moins altéré que le précédent. Dans l'un et l'autre, les figures sont du quart de nature.

3º Même sujet (demi-nature). Noirci.

4º Très-petite Sainte Famille très-fraîche. Est-elle bien du Poussin ? Je n'y reconnais pas son style par trop grec. Marie, assise, tient embrassé l'Enfant qui se retourne vers nous. Saint-Joseph, à l'extérieur, regarde le Bambino par une ouverture.

5º Quatre enfants nus (quart de nature). L'un cueille une pomme ; le deuxième en mange une ; le troisième allonge un coup de poing au dernier qui lâche la sienne. Ces corps nus, bien modelés, ont pris une teinte rouge.

* 6º Sainte Famille dans un paysage (quart de nature). Ce tableau est bien un vrai Poussin. Les yeux, privés de cils et dont les paupières sont rouges, donnent de l'authenticité à cet original altéré comme presque tous les autres. Marie, assise, tient l'Enfant debout sur elle, et le petit saint Jean est soutenu par sainte Élisabeth. Au milieu, saint Joseph debout, dans l'ombre. Paysage avec eau, édifices, montagnes. Bonne toile, mais altérée ; les nus sont ternes ; la campagne a noirci. Belles draperies encore fraîches.

7º Petite fille morte, étendue sur un drap blanc et portée sur les épaules de quatre anges (petite dimension). Une file d'anges la précède et la suit. Ils sortent deux à deux d'un temple au haut des marches duquel se tiennent une jeune femme et un homme âgé, drapés à l'antique. Le convoi va atteindre un autre temple où il sera reçu par une femme entièrement drapée. Autres personnages de ce côté. Bonne perspective. L'enfant mort est bien éclairé ; les autres nus sont altérés.

8º L'Enfant Jésus, déposé dans une barque par saint Joseph, lève la tête et les bras vers le ciel où apparaissent des anges qui viennent à lui. Marie regarde son fils en souriant. Paysage. Temple au fond (demi-nature). Noirci.

PREVITATI (André) : Madone ayant au giron l'Enfant Jésus qui embrasse le petit saint Jean à droite, et se retourne vers sainte Élisabeth dans l'ombre à gauche. Jésus est bien. La Vierge et saint Jean ont des visages de carton.

PROCACCINI (Jules-César) : 1° Mariage de sainte Catherine. Derrière, deux grands anges. Jolie sainte baissant la tête en souriant.

2° Saint Pierre à genoux devant le Christ. Derrière l'apôtre, des pêcheurs vident leurs filets remplis de poissons. Beau profil de Jésus, bien éclairé. Celui du saint est dans l'ombre. Noirci.

PYNACKER (Adam) : 1° Joli petit paysage. Haute roche à gauche et maison à droite. Au milieu, eau avec barque sur le devant.

2° Autre vue encore plus jolie. A gauche, maison et arbres ; à droite, arbres. Au premier plan, eau courant à droite puis faisant une courbe vers la gauche. Un homme tire une barque sur le bord.

* QUELLINUS (Jean-Érasme) : 1° Esther à genoux au pied du trône d'Assuérus (grande demi-nature). Esther a le visage d'une femme faite ; sa bouche entr'ouverte est trop grande, tête belle du reste, expressive et bien éclairée. Deux de ses femmes sont aussi en pleine lumière, ainsi que la belle et bonne tête d'Assuérus. Trois ministres près du roi ; foule de courtisans. Bonne toile.

* 2° Achille reconnu. Le jeune guerrier, habillé en femme et appuyé contre la cuisse d'une des filles de Lycomède, tire une épée de son fourreau. Ce geste et ses bras musclés le font reconnaître par Ulysse dont le compagnon porte une cassette. Au fond, édifice et jardin. Outre les femmes vêtues à l'antique, il en est deux costumées comme les dames du siècle de Louis XIV. Ce sont sans doute des portraits. Jolie tête d'Achille coiffée d'une toque noire avec plume blanche. Bon, bien conservé.

RAFAELO del GARBO : Petite Madone avec l'Enfant (quart de nature).

RAIBOLINI (François), dit Francia : 1° Madone (jusqu'aux genoux) avec l'Enfant. Marie, dont la robe rouge accuse très-peu les seins, la tête nue et sans voile, serait aussi bien un séraphin qu'une femme. Belle lumière, bon modelé, coloris très-frais.

2° Portrait en pied d'un pape en grand costume. C'est un vieillard à barbe blanche assis, sa crosse dans une main et tenant de l'autre le feuillet d'un livre ouvert sur une table. Peinture fraîche, un peu sèche.

RAMENGHI (Bartolommeo), dit il Bagnacavallo : Jolie petite Sainte Famille (cadre rond). Figures jusqu'aux genoux (petite-nature.

REMBRANDT (van Ryn-Paul) : 1° Quatre portraits, deux de l'auteur, un en mise négligée, l'autre, plus jeune, en riche costume ; le troisième, d'un jeune homme en habit noir, et le quatrième, d'une femme aussi vêtue de noir. Copies ou répétitions.

2° *Ecce homo.* Belle tête du Christ, noircie (petite dimension).

3° Diane apparaissant à Endymion. Elle est debout, le corps raide, sur un nuage, un carquois au dos, un grand fouet à la main. Son visage est peu distingué. Le berger, mis comme un paysan de Flandre et assis à droite, se tourne vers elle. Dans les airs, cygne, amours et char. Effet de lumière. Espèce de parodie.

RENI (Guido), dit le *Guide* : 1° La Charité, femme ayant un enfant au sein, un autre près d'elle, puis un troisième endormi sur le devant. Bon coloris et excellent modelé de ce dernier. Le visage et la poitrine de la mère sont d'un blanc verdâtre.

2° Jeune saint Jean-Baptiste, le haut du corps nu, la tête tournée à notre droite, les yeux au ciel (demi-figure). Altéré.

3° Même sujet (grande demi-figure). Jeune homme sans barbe, vigoureusement musclé, une main sur la poitrine et tenant sa croix de roseau. Le bas de son corps est couvert d'une peau d'animal. Corps bien éclairé et d'un bon modelé. Le visage levé vers le ciel est trop gras et trop féminin.

* 4° Jupiter changé en satyre et Antiope. Il est dans l'ombre derrière le lit de la nymphe, en tire le rideau et la regarde en souriant. L'Amour, debout sur le lit, pose une main sur l'épaule du dieu. Le visage bien éclairé de Cupidon ressort bien sur le ciel. Antiope étendue n'a sur elle qu'une rose pudiquement posée. Elle dort un bras passé sur la tête. Ce bras, longeant la joue, ne s'en détache pas assez ; ses jambes allongées sont croisées à leur extrémité. Un autre amour, au bas du lit, la contemple. Excellente toile.

5° Grande et belle adoration des bergers. L'Enfant regarde son monde avec un grand sérieux. La vive lumière qu'il produit éclaire le visage de la Vierge et ceux des pâtres qui en approchent de plus près. Le reste est dans l'ombre.

6° Buste de sainte Madeleine en lecture. Beau profil, beaux et longs cheveux. Altéré.

7° Jésus enfant, couché et endormi sur une croix. Bon ; coloris blanc. Sujet souvent répété.

8° Bacchus consolant Ariadne du départ de Thésée. Elle est en pleine lumière et n'a pour vêtement qu'une draperie feuille de vigne. Le dieu placé plus bas, également nu et à demi éclairé, n'est vu qu'à mi-corps. Lui, ordinairement si gai, fait ici une assez triste figure.

9° Saint Jérôme écrivant. Un ange vêtu de blanc s'abat près de lui pour lui poser un dilemme, ce qu'indique le doigt d'une main appuyé sur un doigt de l'autre. Le saint assis allonge un bras vers son livre et se retourne de l'autre côté: pose raide et guindée. Corps bien modelé et bien éclairé.

10° Deux bustes de Madeleine, les yeux au ciel. L'une a la tête entourée d'un rayon lumineux. Elle est belle, quoique les joues soient trop pleines. L'autre, moins grasse, est moins blanche et moins triste.

11° Annonciation, petite esquisse en deux parties, avec Dieu le père et le Saint-Esprit. Assez jolie.

12° Bacchant pressant une grappe de raisin dont le jus tombe dans sa bouche (demi-figure). Bon raccourci de la tête levée; corps bien modelé.

13° Buste de Vierge avec Jésus couché sur un oreiller, les pieds contre la poitrine de sa Mère. Ils se regardent. Marie, les yeux à demi fermés, semble s'endormir. On ne voit guère de l'Enfant que le front, la joue et le bout du nez. Bons raccourcis.

14° Encore un jeune David coiffé d'une toque rouge avec plume blanche et tenant la tête de Goliath sur une colonne, comme celui du Louvre (n° 320) ; coloris vert.

15° Petit amour assis à terre tenant une flûte dans sa main levée. Pâli.

RIBERA (le chevalier Joseph de) : 1° Buste et profil d'un vieux savant. Noirci.

2° Vieillard tenant un livre (demi-figure). Noirci.

3° Martyre de saint André et quatre saints ou philosophes, tous noircis.

RICCIARELLI (Daniel), de Voltère : Sainte Famille et sainte religieuse. Ils ont tous pour auréole un cercle en or, excepté Jésus dont la tête est entourée de trois points lumineux. Air somnolent de Marie, bouche souriante. La sainte a le visage triste, maigre, énergique. Fond de paysage. Bien conservé.

RICCI (Sébastien) : 1° Enlèvement des Sabines. Chaque soldat romain enlève ou saisit une jeune Sabine. Au fond, temple avec portique grec au milieu. A droite, Romulus levant son manteau rouge. Beaucoup de mouvement.

2° Combat à la suite de cet enlèvement. Déjà l'épée a fait des victimes. Les femmes se jettent au travers de la mêlée. Deux cavaliers, près de se joindre, s'arrêtent: c'est, je crois, Tatius à notre gauche et Romulus à droite. Bon, bien conservé.

RIGAUD (Hyacinthe) : Portrait d'un grand seigneur devenu ridicule par sa perruque énorme, sa trop volumineuse draperie et sa pose prétentieuse (quart de nature.)

ROBUSTI (Jacques), dit *le Tintoret*: 1° Saint Jacques tirant par la main un homme jeune étendu à terre. Un grand ange aide celui-ci à se relever ; petite esquisse. Le séraphin montre à cet homme le ciel ouvert que regarde aussi le saint. Petits anges dans les airs. Une femme apporte un enfant mort pour qu'on le ressuscite aussi. Noirci.

2° Tentative du jeune Tarquin sur Lucrèce. Il est nu, monté sur le lit et garrotte avec une draperie blanche la jeune femme, également nue et lui tournant le dos. Statue renversée et autres objets en désordre sur le pavé. Reproduction du tableau du musée royal de Madrid (voy. *Musées d'Espagne*, p. 136). Ici la toile est plus restreinte, les teintes des nus sont plus vraies et le désordre de la chambre moins exagéré.

ROELAS (Juan de Las) : Vieux saint à genoux, mains jointes, le regard tourné vers le ciel (demi-figure). Dessin et coloris vigoureux.

ROMAYN (Guillaume) : 1° Bon paysage avec taureau debout, vaches et chèvres couchées. Une autre vache dans l'ombre va boire. Berger et bergère assis sur une éminence. Belle lumière. Animaux bien traités, le taureau surtout.

2° Vache blanche couchée ; pâtre endormi, paysage nul. Moins bon que le précédent son pendant, et un peu noirci.

ROMBOUTS (Théodore) : Reniement de saint Pierre. Soldats jouant aux cartes et se tournant vers l'apôtre que la servante montre du doigt. Bonne toile.

ROOS (Jean-Henri) : Joli petit paysage avec bestiaux.

* ROSA (Salvator) : 1° Héro accourt éplorée et regarde avec effroi le corps mort de son amant que des pâtres viennent de retirer de l'eau. Beau corps de Léandre que soulève l'un des pêcheurs; la tête est dans l'ombre. Amours dans l'espace tenant une écharpe verte. A gauche, tour, barques. Bon, encore frais.

* 2° Huit soldats sur le devant à gauche, les uns debout, les autres assis. Au milieu, deux pêcheurs. Après les soldats, dans l'ombre, eau vivement éclairée, puis, dans l'ombre, langue de terre avançant dans la mer. Quatre des soldats et les pêcheurs se détachent très-bien sur cette eau. Barque arrêtée à la pointe de la langue de terre et personnages plus petits. A droite, anse, ville, tour. Au 1er plan, à droite, roche élevée. Au delà, troupeau de moutons, église sur une éminence. Au fond, hautes montagnes.

Ce tableau, d'une excellente perspective, est très-frais, à part le premier plan à gauche. Toile précieuse.

Roth (François-Ignace): Paysage avec cascade à gauche. Assez bon.

Rottenhammer (Jean) : 1° Moïse et les serpents (petite dimension) ; médiocre.

2° Repas des dieux (petite dimension). Le milieu de la table est bien éclairé, le reste altéré.

3° Deux petits tableaux d'animaux. Dans le premier, moutons et un baudet sur lequel s'appuie un pâtre. Excellent. L'autre est moins bien.

4° Repas des dieux , paysage (petite dimension). A gauche, on apporte le gros Bacchus. La table est au milieu. A droite, au premier plan et comme à l'écart, quelques divinités, Minerve entre autres. Au fait, la déesse de la sagesse pouvait-elle rester à une table où l'on se donne des baisers ?

Rottmayer (Jean-Michel): 1° Diane embrassant Endymion endormi. Un peu maniéré.

2° Jupiter, la couronne en tête, un arc à la main , surprenant une nymphe pendant son sommeil. Faible, altéré.

3° Mort d'Adonis. Il est étendu sur le dos. Vénus et Cupidon expriment leur douleur. Corps mort bien modelé et éclairé.

Rubens (Pierre-Paul): 1° Six tableaux peu achevés et représentant le dévoûment de Décius. 1. Il harangue l'armée, debout sur un piédestal. 2. Les prêtres consultent les victimes sur un songe du consul. 3. Décius couvert de la robe rouge, et près de lui prêtre récitant la formule qui le dévoue aux dieux infernaux. 4. Décius, prêt à monter à cheval, renvoie les licteurs à son collègue. 5. Sa mort. Un cavalier ennemi lui enfonce sa lance dans la gorge ; un autre lève sur lui son sabre ensanglanté. Belle lumière et belles têtes du consul et du premier de ces cavaliers. Ceux-ci combattent de la main gauche, tenant la bride de la droite. Où Rubens a-t-il trouvé cet usage ? Les Romains fondent sur l'ennemi et le culbutent. 6. Décius sur son lit de parade. Prisonniers des deux sexes à genoux autour du lit.

2° Deux têtes. 1. Jeune fille blonde, de profil. Insignifiante. 2. Jeune garçon nous regardant en riant. Jolie tête, très-vivante, pleine d'une gaîté spirituelle.

3° Petite esquisse non achevée, représentant une femme assise sur un tas de morts, près d'une forteresse garnie de canons. Elle est nue, avec un manteau rouge au bas du corps, et semble pleurer. Allégorie.

4° Petit Christ en croix, tout ruisselant de sang. Au pied de la croix, saint François à genoux, montrant ses mains percées comme celles du Sauveur (petite dimension).

5° Vénus nue et sortant du bain. Elle est assise, nous tournant le dos et se regarde dans un miroir tenu par Cupidon. Nous la voyons de profil, mais la glace nous la montre de face. Ce profil est celui de la Ferman. Le dos est bien modelé, mais il est d'un coloris bistre qui n'est pas celui du peintre. A droite, négresse.

6° Petite déposition du Christ, copie réduite du tableau du Caravage, vu au Vatican (*Musées d'Italie*, p. 342).

7° Bacchante debout, adossée contre une roche (demi-nature). Sa légère draperie ne cache rien. Elle tient une bouteille vide. Tout annonce chez elle l'ivresse : elle tomberait si elle n'avait plus d'appui. Ses cheveux se répandent en désordre sur ses épaules et sur sa grosse face. Le corps est bien éclairé, mais le visage et le cou, comme barbouillés de noir, la rendent plus ignoble. Composition indigne d'un grand peintre.

* 8° Moïse sauvé des eaux. Deux femmes sont agenouillées près du panier contenant l'enfant. La princesse nue, mais tenant un mouchoir qui lui sert de feuille de vigne, regarde le naufragé. La pose inclinée de sa tête dans l'ombre est gracieuse ; mais le corps et les seins, bien éclairés, sont par trop charnus. Entre elle et le berceau est un tout jeune garçon nu qui la regarde. A droite, dans une niche, statue de la Nature, aux seins multiples. A gauche, jardin à l'entrée duquel est un Priape-hermès. Belle lumière, coloris splendide de cette toile de grandeur naturelle.

* 9° Superbe portrait d'homme, aux cheveux noirs, à la barbe rousse, au front carré et droit. Petits yeux souriants sous des sourcils qui s'abaissent, beau nez. Physionomie peu délicate. Excellents reliefs ; lumière à la Rembrandt.

* 10 Portraits en pied des deux fils de l'auteur. L'un, coiffé d'un feutre noir, s'appuie sur l'épaule de son frère et tient un livre. Celui-ci, plus jeune, une canne à la main, est vêtu à l'espagnole. Jolie tête, bonne, spirituelle. Ce tableau, traité avec un soin tout paternel, est parfait.

11° Deux profils superposés, mais laissant voir les joues : l'un d'un homme aux beaux traits accentués, énergiques, l'autre d'une femme au visage plus lymphatique, régulier mais peu animé. Ces bustes sont drapés à la grecque. Têtes de Tibère et d'Agrippine, d'après un camée, dit l'inventaire. Il est difficile de reconnaître ici la touche de Rubens.

12° Petite esquisse ou ébauche de Jupiter, Vénus et les Grâces dans l'Olympe. Formes flamandes.

13° Autre petite esquisse représentant sainte Anne posant la couronne virginale sur la tête de la jeune Marie debout, en robe blanche, tandis que Joachim lève les bras et les yeux vers le ciel, comme pour vouer sa fille au service du Seigneur. Jolie ébauche.

14° Assomption de la Vierge, grand tableau cintré. Marie, en robe blanche, monte au ciel portée par un nuage et entourée de petits anges. En bas, deux apôtres et deux saintes femmes dont l'une montre une rose et l'autre le suaire vide et vivement éclairé. Bonnes poses, belles draperies, belle lumière. Mais ces femmes, plus grandes que nature et vues de près, sont, ainsi que Marie, de grosses Flamandes.

15° Bacchanale (quart de nature). Le vieux Silène, les yeux fermés par l'ivresse, un vase vide à la main, est soutenu par un couple de satyres. La satyresse est une femme d'Anvers, montée sur des cuisses et des jambes de chèvre. Suivants de Bacchus, entre autres deux faunesses couchées et endormies. L'une d'elles étale son gros ventre et ses seins tombants auxquels sont pendus deux affreux faunillons. Ses cuisses très-velues se terminent par des pieds de chèvre. Dévergondage de mauvais goût, mais très-frais.

* 16° Ajax, gros et vigoureux guerrier, saisit au poignet et veut forcer à le suivre, la belle Cassandre entrée dans le temple pour procéder à un sacrifice. Elle résiste en s'appuyant d'une main sur le banc lui servant de siége et regarde Ajax d'un air triste et suppliant. Un amour se glisse entre eux et tient le casque du ravisseur. Bonne toile.

17° Enfants assis et un autre debout tenant un mouton dans ses bras. Copie ou imitation du tableau du belvédère (*Voy.* ci-avant, p. 413).

18° La Paix et la Guerre (grande nature). Peu achevé.

19° Petite esquisse d'une chasse aux lions.

RUBENS (école de Pierre-Paul) : Petit jugement de Pâris. Assez joli.

RUTHARD (Charles) : 1° Deux tigres poursuivant trois bouquins et un chamois, sont précipités avec eux d'un rocher (quart de nature). Le premier tigre, renversé sans avoir lâché sa proie, tombe sur la croupe d'un lion qui se retourne en rugissant. Autre lion à notre gauche. Singulier effet de ces bêtes se tenant comme en grappes dans l'espace.

2° Combat d'un lion contre deux tigres à l'occasion d'un chevreuil tué. Un autre tigre s'avance par l'odeur alléché. Confus, médiocre.

RUYSDAEL (Salomon) : Jolie marine. Trois vaisseaux et une barque. Bonne perspective.

RYCKAERT (David) : Adoration des bergers. L'un d'eux apporte un mouton, et des navets pour l'accommoder. Son visage bien éclairé fait illusion. Au premier plan, une jeune paysanne à genoux, une main sur l'anse d'un panier plein d'œufs, en montre un à l'Enfant Jésus.

SACCHI (André) : 1° Ismaël nu et endormi, une jatte vide près de lui. Agar, accoudée sur la pierre servant de matelas à son fils, tourne la tête vers un grand ange qui lui montre une source (demi-nature). La mère, à demi éclairée, est jolie ; l'enfant est en pleine lumière.

2° Martyre de saint Étiene, esquisse achevée, en figurines. Mauvais raccourci de la tête du saint renversé. Foule autour de la place. Anges dans les airs.

SAFTLEVEN (Herman) : Paysage. Joli effet d'eau sur le devant et au fond. Au milieu, ville, puis champs et montagnes.

SALVI (Jean-Baptiste), da Sassoferrato : 1° Notre-Dame des douleurs (demi-figure). Son manteau bleu, posé sur la tête, projette une ombre encadrant le visage dont le milieu est vivement éclairé : effet de lumière rare chez ce peintre. Assez jolie tête, mais toujours inintelligente.

2° La Vierge s'endormant avec l'Enfant endormi sur elle, répétition du tableau du Belvédère (p. 417). Le nom de l'auteur n'est pas sur le cadre, ce qui fait croire que c'est une copie. Elle serait bien exacte.

SANDRART (Joachim) : 1° Petit paysage avec cheval blanc. Noirci.

2° Beau buste de vieillard à barbe blanche.

SANZIO (Rafaelo), dit *Raphaël :* 1° Portrait d'un homme en barrette noire. Le visage, d'un coloris gris, est régulier dans sa partie supérieure. Les yeux, surmontés de grands sourcils relevés, nous regardent d'une façon très-expressive ; mais la bouche, peu charnue, offre une ligne irrégulière, et le menton en pointe manque d'énergie. Petit paysage dont le fond est insignifiant. J'ai peine à reconnaître ici la touche du divin jeune homme.

* 2° La Vierge à la pomme. Marie, dont la robe rouge est doublée en étoffe lilas, tient son fils assis sur elle. Ses doigts effilés et écartés se détachent très-bien du corps de l'Enfant, mais le dessin du poignet plié est peu correct. De l'autre main allongée sur sa cuisse, elle tient une pomme.

L'Enfant enlace ses bras autour du cou de sa mère et se retourne à notre gauche, vers saint Joseph placé dans l'ombre au deuxième plan et plus bas. Il est sans doute à genoux. Belle tête du saint, les yeux baissés. Le manteau de Marie, en passant sur sa tête, forme, de chaque côté du front, un pli qui constitue une coiffure-coquille très-gracieuse. Sa tête est du style grec monumental. L'épine du nez est trop large, surtout du haut; il en résulte que les yeux sont très-distants l'un de l'autre, ce qui rend la physionomie froide et peu intelligente. La tête est baissée, mais le raccourci en est mal rendu ; car la ligne du nez au menton paraît beaucoup trop courte. Le corsage, à l'endroit de la poitrine, est négligemment traité ; les seins ne sont nullement accusés. Au point de vue matériel, voilà des défauts rares chez Raphaël. Sous le rapport de la composition, ce tableau diffère aussi de ses autres Saintes Familles où les gestes, les regards établissent entre les personnages une communication de pensées et de sentiments. Ici la Vierge tourne à notre droite des yeux distraits. C'est tout au plus si Jésus peut voir le visage baissé de saint Joseph. En un mot, la composition est froide. L'Enfant est bien modelé et bien éclairé ; le raccourci de sa jambe relevée est savamment rendu. Mais, en somme, cette Sainte Famille, si elle est de Raphaël, ce dont il est permis de douter, serait un de ses premiers essais dans le style grec.

SANZIO (école de Rafaelo) : Deux petits cadres très-larges et bas, représentant en grisaille les arts et les muses. Le second nous offre un concert dans lequel une muse joue du trombone.

SCARCELLA (Hippolyte), dit il Scarcellino : Jolie petite Vierge avec l'Enfant (demi-figure, quart de nature).

SCHENFELD : 1° Esther devant Assuérus. Mauvais.

2° Le vieux roi Salomon amené, malgré lui, par une jeune femme, au pied de l'autel des faux dieux.

SCHIDONE (Bartolommeo) : 1° Apollon, jeune adolescent, lie à un arbre le satyre Marsyas. Celui-ci, renversé, la tête en bas, crie horriblement. Il est devenu tout noir. Mauvais.

2° La Vérité, femme nue, assise et nous regardant, un miroir à la main. Peinture sèche.

SEGHERS (Gérard) : 1° Adoration des Mages (grande demi-nature). Assez bonne toile, mais en partie noircie.

2° L'arracheur de dents (grandeur naturelle, jusqu'aux genoux). Il saisit en riant la dent du paysan dont la grande bouche ouverte et les yeux expriment l'effroi. Autres personnages. Les acteurs sont trop près les uns des autres. Bon, du reste.

SEYBOLD (Chrétien) : 1° Tête d'homme coiffée d'un morceau d'étoffe venant en pointe sur le front; cou nu ; visage maigre; grand et gros nez ; grande bouche ; yeux très-ouverts, vifs, spirituels. C'est, je crois, le portrait de l'auteur.

2° Tête de jeune fille aux grands yeux noirs ; bouche charnue, menton fendu. Une gaze verte est posée sur ses cheveux relevés à la chinoise. Joli visage regardant à notre gauche; peinture trop sèche.

SESTO (César da) : Buste de Jésus portant sa croix. Il a la tête couronnée d'épines et surmontée d'un cercle lumineux figuré par de petites lignes jaunes. Belle tête noircie.

*SIRANI (Élisabeth) : 1° Deux tableaux représentant chacun un petit amour : l'un couché, le corps relevé sur une main posée à terre et tenant un arc; l'autre aussi couché et s'appuyant d'un coude sur un oreiller. Il tient une flèche et se demande l'emploi qu'il doit en faire. Son air réfléchi, accompagné d'un fin sourire, est d'un charmant effet. Tous deux sont bien modelés et éclairés.

2° *Ecce homo*, faible.

SNEYDERS (François) : Deux grandes chasses au cerf. Dans l'une, l'animal se sauve ; dans l'autre, il est arrêté par les oreilles. Assez bons.

SOLIMENA (François) : L'Enfant Jésus, assis près de sa mère qui le tient, bénit le petit saint Jean. Celui-ci, dont on ne voit que le torse, baise un pied du Sauveur. Jolie tête de Vierge. Ombres larges épaissies par le temps.

SPRONCK (Gérard) : Bon portrait d'un peintre, de lui, peut-être. Il tient sa baguette d'une main et ses pinceaux de l'autre. Il est coiffé d'un bonnet fourré. Front haut, intelligent; yeux vifs; physionomie ouverte, expansive. Bonne lumière.

STANZIONI (Maximo), dit *le chevalier Maxime:* Madone. L'Enfant a une jambe sur sa mère et l'autre sur une table. La jolie tête de la Vierge est encadrée dans une draperie jaunâtre formant comme un béret. Poses maniérées.

STEVENS (Antoine), dit *Palamèdes:* 1° Soldats dans un grand corps de garde. Au premier plan, un jeune officier, avec un feutre gris orné de plumes rouges, nous regarde en se baissant pour mettre une de ses bottes. Soldat nous tournant le dos, une lance à la main. Ils sont bien éclairés; l'officier est bien peint. Le reste a noirci.

2° Choc de cavalerie. A droite, eau et pont éclairés ; le surplus est noir.

STOOREL : Jésus-Christ, à qui on présente des enfants. Il est assis au milieu de leurs mères,

29.

Tamm (François-Guernard) : 1° Animaux domestiques, volailles, lapins, etc. Bon, mais noirci.

2° Trois chiens gardant du gibier tué. Toile plus grande et plus noire que la précédente.

3° Dindons et coqs. Noir.

4° Deux jolis tableaux de gibier mort : chevreuil dans l'un, lièvre dans l'autre, et dans les deux, oiseaux aux vives couleurs. Le chevreuil fait illusion.

5° Trois autres tableaux du même genre. 1. Gibier mort. 2. Aigle fondant sur des canards qui jettent des cris d'épouvante en battant des ailes. 3. Chiens vivants et pièces de gibier tué. Un renard bien éclairé est d'une grande vérité. Tableaux noircis, le dernier surtout.

* Tempesta (le chevalier Pierre) ou Molyn : 1° Deux grands paysages, le premier avec personnages et bestiaux assez grands aux premiers plans ; ensuite, campagne jaune ; puis au fond, montagnes et ciel trop bleus. Le deuxième est d'un plus bel effet et mieux conservé. Deux lumières s'y produisent : celle du soleil, à gauche, se couchant et se reflétant dans l'eau, et à droite, celle de l'incendie d'une ville sur une éminence. Les flammes viennent aussi se reproduire dans l'eau. Entre ces deux points éclairés, un massif d'arbres dans l'ombre forme un repoussoir. Au premier plan, bestiaux. Premiers plans noircis. Tableau remarquable, du reste.

2° Grand paysage, avec eau, moulin et un pont détruit. Ciel nébuleux bien rendu. Noirci.

3° Deux grands paysages. 1. La foudre éclate à notre gauche ; vive lumière sortant d'un nuage noir ; l'éclair se projette jusque sur le sol. Au premier plan, paysans, chevaux et bestiaux effrayés ou renversés. Au fond, ville, personnages. 2. Vieux berger endormi à droite. Derrière lui, jeune fille regardant le ciel qui s'ouvre et où apparaissent deux anges dans un cercle lumineux. Au fond, berger et troupeau dans une éclaircie. Bon, mais noirci.

Téniers (David), le jeune : 1° Paysans attablés. Altéré par le noir.

2° Deux joueurs de cartes et un fumeur qui les regarde. Visages grotesques, mal dessinés. Ce n'est pas là un Téniers original.

3° Tentation de saint Antoine avec l'œuf-oiseau perché sur un pot, à une fenêtre. Bien éclairé. Bon.

* 4° Un paysan présente un cheval gris-pommelé à un seigneur qu'accompagne un jeune page tourné vers nous ; chien. Au fond,

à droite, fumeurs dans l'ombre près d'une cheminée. Jolie petite toile bien éclairée.

5° Buveur assis et deux autres debout derrière lui et dans l'ombre. Bon.

6° Repas de singes vêtus à l'espagnole. Une bande de chats tente de s'introduire dans la salle, mais ils sont repoussés par deux des convives, l'un armé d'un balai et l'autre d'un seau d'eau. Trop d'acteurs au premier plan. Médiocre.

7° Trois paysans s'entretenant debout devant la porte d'une maison ; une jeune femme, sur la porte, les écoute. A droite, paysage. Assez bon.

8° Au premier plan, pièce où trois soldats jouent aux dés. Près d'eux, un fumeur debout tenant un verre plein ; chien. A droite, timbales, drapeau, armes. Au fond, dans une seconde pièce séparée de la première par une voûte, autres soldats causant debout ou fumant assis. Toile plus grande que les précédentes, bonne, mais noircie.

9° Petite tête de buveur.

10° Pèlerin et pèlerine dont les visages et les tournures annoncent plutôt des piliers de cabaret que des dévots.

11° Buveurs dans un cabaret. Toile altérée.

12° Buveurs. L'un assis, nous faisant face et éclairé ; les autres, dans l'ombre. Bon.

* 13° Paysan jouant de la guitare et riant. Une femme, en bonnet de nuit, tient la chanson écrite. Derrière, jeune garçon attablé avec un pot ; morceaux de galette. A gauche, fenêtre ouverte. Joli tableau.

TESTA (Pierre) : Un jeune prêtre, la tête ceinte d'une bandelette, tient par un pied Achille enfant, dont la tête est à l'entrée d'un grand vase rempli de l'eau du Styx (quart de nature). Thétis aide l'officiant à y introduire le haut du corps. Naïades nues ou peu s'en faut. Au fond du temple et dans l'embrasure de l'une des portes ouvertes, se tient un jeune homme dont le corps se dessine en silhouette. C'est Pelée, je suppose. Plus près, homme près d'un réchaud allumé.

* THULDEN (Théodore van) : 1° Salomé recule et se détourne avec horreur, à la vue de la tête de saint Jean-Baptiste que dépose le bourreau dans un plat tenu par un nègre. Une vieille servante saisit le bras de la princesse et se penche vers elle comme pour l'enhardir. Le nègre et le bourreau regardent Salomé en riant de son émotion ; rire féroce. Bon. Frais.

2° Triomphe de César (demi-nature). Le consul est sur un char ayant en main les rênes de quatre chevaux au galop. Une statuette de la Victoire, fixée au char, tient une couronne de laurier au-dessus de la tête du vainqueur. Derrière, cavalerie. Au premier plan, à gauche, table dressée sur la voie publique. Les convives des deux sexes se lèvent et agitent leurs coupes et leurs couronnes de fleurs. A droite, dans le fond, guerrier terrassé, emblème de la bataille gagnée. Du même côté, planent dans le ciel quatre Victoires tenant chacune une couronne.

3° Jolie petite présentation de Jésus au temple. Bonne vieille tête levée du pontife Siméon ayant l'Enfant dans ses bras.

TIARINI (Alexandre) : Un prêtre officiant, debout, appuyé sur un livre entr'ouvert, regarde et voit apparaître au-dessus de sa tête ce signe IHS. Ce personnage est chauve, et pourtant son visage, quoique trop peu éclairé, annonce la jeunesse et la santé. C'est sans doute un portrait.

TIEPOLO (Jean-Dominique) : Vieux saint assis à notre gauche, les mains jointes et tendues (petite dimension). Il regarde un ange qui lui montre un point dans l'espace à droite. Une jeune femme se tient debout derrière le siége du vieillard. Paysage, maisons. Médiocre.

* TISIO (Benvenuto), dit *il Garofolo* : Sainte Famille avec saint François (quart de nature). Saint Joseph, à gauche, regarde en souriant par-dessus l'épaule de Marie, le petit saint Jean coiffé à la façon des jeunes Juives. Celui-ci porte son agneau vers lequel Jésus allonge une main. Sainte Élisabeth, agenouillée à droite, tient son fils par le corps. La Vierge, un genou en terre, nous regarde. Beau visage, plein. Jolie toile, encore fraîche.

TOMBERG (Guillaume) : Jésus à Emmaüs. Le Christ, à notre droite, coupant le pain, et ses deux disciples, sont attablés et éclairés par une chandelle. Traits vulgaires de Jésus.

TORENVLIET (Jacques) : Groupe de six hommes vus de buste. Quatre d'entre eux tiennent chacun un livre ouvert; trois montrent un passage de leur livre (petite dimension). Un capucin se regarde en souriant dans un miroir ; ses petits yeux sont presque fermés. Le sixième tient un pot. Assez bonne peinture ; mais poses et airs de visages maniérés, prétentieux.

TOUILLI (T.) : Portrait d'un maréchal de France avec la per-ruque à la Louis XIV. Assez bon.

TURCHI (Alex.), dit *l'Orbetto* : 1° Mars et Vénus s'embrassant.

* 2° Sainte Famille. Marie assise, ayant au giron l'Enfant qui se penche vers saint Jean, se penche elle-même vers saint François agenouillé à sa gauche et lui pose une main sur le dos. On peut ne pas aimer la pose nonchalante de la Vierge et le profil trop trivial du saint : mais les Bambini attirés l'un par l'autre et les quatre anges dansant en rond dans l'espace, ailes déployées, sont vraiment délicieux. Les corps d'enfants sont d'un excellent modelé, rendu plus agréable par des effets de clair-obscur.

3º Les trois Grâces assises et se tenant par les épaules, celle du milieu nous tournant le dos. Faible, noirci.

VALENTIN (Moïse) : Concert (demi-figures) : Vieillard chauve jouant du sistre. Un jeune homme, en manteau brun, une épaule nue, chante, son cahier de musique à la main. Entre eux, une jeune femme, couronnée de lierre, les seins demi-nus, chante aussi, en regardant le même cahier. Têtes vivement éclairées, le reste fortement ombré. Le profil assez beau de la femme est trop caché par le vieillard ; le jeune chanteur, la tête levée, la bouche trop ouverte et les sourcils froncés, semble bâiller d'ennui.

VANNI (le chevalier François) : Baptême de Jésus-Christ, avec deux grands anges à droite qu'on devrait bien supprimer. Douce et belle physionomie de Jésus. Il a un genou sur une pierre et l'autre jambe dans l'eau ; saint Jean est debout.

VANNUCCHI (André), dit *del Sarto* : 1º Très-belle tête de saint Jean-Baptiste déposée dans un plat ; mais non achevée, surtout quant aux cheveux — ou altérée.

2º Jeune saint Jean-Baptiste. Le bas de son corps nu est couvert d'un manteau rouge posé sur une peau d'animal tenue par une lanière. Il se retourne vers nous, l'index de la main droite tendu. Joli petit visage, trop féminin ; sourcils relevés. Belle lumière, bons reliefs.

* 3º Sainte Famille. La Vierge tient chacun des Bambini par un bras. Le petit saint Jean, un genou sur le berceau, semble vouloir monter aussi sur elle. Jésus a saisi la petite croix du précurseur et se retourne vers sa mère qui regarde saint Jean. Saint Joseph médite, à droite, dans l'ombre. Le visage de Marie, un peu plus que de profil, est charmant : long nez, jolie bouche un peu entr'ouverte, cavité des yeux dans l'ombre. Les cheveux, d'un blond foncé, sont arrondis en bandeaux sur le devant de la tête, tressés et roulés par derrière. Son sourire, empreint d'une joie maternelle, est délicieux. Belle lumière, beau coloris, un peu plus rouge pourtant que d'ordinaire.

VANNUCCHI (école d'André), dit *del Sarto* : 1º Femme nue avec une toute petite gaze (jusqu'aux genoux). Elle semble assise sur le bord d'une rivière, lui tournant le dos ; elle est entourée de fleurs de la famille des lis. Au fond, eau, édifice. Son nez long, un peu fort du bout, annonce un portrait. Elle nous fait face. L'ombre du bras sur le corps est d'un heureux effet. La poitrine est trop dans l'ombre.

2º Auto-da-fé de livres auquel assiste un évêque tenant un crucifix près du foyer.

* VANNUCCI (Pierre), dit *le Pérugin* : Crèche. Marie, aux yeux baissés et somnolents, aux cheveux tombant en petites mèches le long des joues, est agenouillée, mains jointes, devant son fils qui la regarde. Au fond, à droite, vache couchée, moutons, chèvres au repos et trois bergers dont deux dansent en se tenant par la main ; le troisième, assis sur une pierre, joue de la musette. Paysage. Tableau parfaitement conservé.

VASARI (Georges) : Sainte Famille. Faible·

VECELLIO (Tiziano), dit *le Titien* : 1º Bataille de cavalerie. Esquisse. Deux fantassins à gauche font feu avec leurs arquebuses. Costumes du moyen âge.

2º Portrait d'homme maigre avec moustache et cheveux noirs, et large mouche blanche. Son habit noir est orné d'une fourrure.

* 3º Deux grands paysages encore frais, surtout dans les derniers plans. 1. Sur le devant, à gauche, montagne dans l'ombre occupant les deux tiers de la toile, avec personnages, arbres, pont rustique, arche naturelle dans le roc. Après ce repoussoir éclate, à droite, une vive lumière sur un lac où l'on voit une barque. De ce côté, monticule terminant le paysage et berger assis près de son troupeau au pied d'un arbre ; puis campagne éclairée à l'extrémité de laquelle on découvre un village et un pont dans l'ombre. Au delà, la lumière reparaît et met en évidence une ville. Enfin de hautes montagnes bornent l'horizon. 2. A gauche, arbre, colline que surmonte une forteresse reliée à la montagne voisine par un pont d'une seule arche. Au bas de la colline se repose un berger ayant près de lui son troupeau ; plus loin, gens assis sur le sol, comme en partie de campagne. La colline dans l'ombre fait mieux ressortir une pièce d'eau à droite avec barque, et au delà un village et une montagne. Au premier plan, de ce côté, petites éclaircies avec personnages et bestiaux. Belles toiles.

4º Madone et saints (demi-figures — demi-nature). A gauche, sainte Catherine, au petit profil anguleux. Au milieu, saint Jean-Baptiste. A droite, la Vierge avec l'Enfant. Derrière elle, grand rideau cramoisi. Belle tête du saint. Altéré.

5º Saint Sébastien attaché, par chaque bras plié, à un tronc d'arbe. Sa tête tombe sur la poitrine ; ses longs cheveux se répandent sur son visage. Une flèche est entrée dans son corps. Sa pose trop tourmentée sort du style magistral du Titien. Ce corps est bien éclairé et bien dessiné ; mais le coloris en est si éclatant, qu'il faut croire à une restauration. En bas, à notre gauche, un ange, vêtu de blanc et éclairé, panse la cuisse de saint Roch placé dans l'ombre.

6° Hercule enfant étouffe des serpents dans son berceau (demi-nature). Sa mère, toute nue et vue de profil, est sur le bord de son lit et regarde avec effroi cette lutte. Toile bien conservée, surtout quant à Alcmène.

VELDE (Adrien van der) : Joli paysage très-frais. Au premier plan, une femme, en manches de chemise, les seins demi-nus et montée sur un cheval, s'entretient avec un berger assis près de ses moutons. A droite, une paysanne relevant ses jupons, passe dans l'eau, les jambes nues ; elle est suivie de son chien. A gauche, tour en ruine ; à droite, arbres, montagnes.

* VERNET (Joseph) : 1° Port de mer. Forteresse à l'extrémité d'une jetée s'avançant à gauche dans la mer. A droite, eau et barque. Par devant, sur une roche, deux hommes debout se détachent en silhouettes sur la mer. Pêcheurs dans une barque qui aborde. Bel effet de lumière.

2° Tempête. Vaisseau en mer, sur le flanc. A gauche, haute roche et ciel vivement éclairé ; à droite, ciel très-obscur. Noirci.

* 3° Deux jolies marines bien conservées : 1. Effet de soleil couchant. A gauche et dans l'ombre, au bord de la mer, large tour dont l'extrémité garnie d'une balustrade en fer est éclairée. On y voit des personnages microscopiques. A droite, vaisseau en mer et fond de montagnes. Dans le lointain, à gauche, jetée avec pont se terminant par des bâtiments et une tour. — 2. Entrée d'un port, phare au milieu. Tempête ; barque remplie de passagers poussée par le flot contre le rivage rocailleux.

VERSCHUNRING (Henri) : Chasse au cerf. Femme sur un gros cheval blanc et piqueur sonnant du cor, tous deux au galop et se détachant sur le fond. Cavalier renversé. Cheval noir ayant sur le museau une tache blanche qui se confond avec le ciel, ce qui rend cette tête comme échancrée.

VINCI (Léonard de) : Buste du Christ portant sa croix et nous regardant. Belle tête, aux longs cheveux ; mains bien dessinées. Coloris bistre, qui n'est pas celui de Léonard.

VITI ou DELLA VITE (Timothée) : Mariage de sainte Catherine (petite nature, figures jusqu'aux genoux). Maniéré.

VLIEGER (Simon de) : Grand paysage. Arbres de chaque côté. Au milieu et au fond, eau. Noirci.

Vos (Martin de) : 1° Résurrection de Lazare (grande demi-nature).
Il sort du tombeau coquettement coiffé d'un turban blanc, et se
tourne vers le Christ qu'il regarde d'un air reconnaissant. Jésus
debout ouvre les bras et regarde le ciel à l'horizon. Son visage
long, avec un front bas, est dépourvu d'intelligence. Joli profil
d'une jeune fille agenouillée. Au fond, route par laquelle on découvre la ville. Assez bon, mais trop de personnages.

2° Jeune seigneur, tenant par le corps une femme peu avenante,
et lui présentant une pièce d'or, et cela en présence de témoins.
C'est calomnier notre sexe. Un joli garçon comme celui-ci se
cacherait s'il voulait séduire une maritorne comme celle-là.

VOSTERMANS (Jean) : Joli paysage. A droite et sur le devant, mon-
ticules avec pâtres et bestiaux. A gauche, eau et pont. Fond de
m ontagnes.

* VRIES (R. de) : Très-beau paysage. Eau avec trois langues de
terre s'avançant en pointes. Sur la deuxième, ville dont les édifices
se détachent en silhouettes sur l'eau vivement éclairée, ce qui produit un fort bel effet. Au premier plan, chasseurs, chien, barque
que ramène vers le bord un autre chasseur. A droite, oiseaux
blancs qui s'envolent.

WERF (le chevalier Adrien van der) : 1° Vénus couchée et deux
amours (grandeur naturelle). Maniéré, noirci.

2° Déposition du Christ (quart de nature) : Corps mort d'un
blanc d'ivoire. Les autres personnages, vus à mi-corps, ont des
poses et des airs prétentieux.

WOLF (Jacques de) : Hommes et femmes au bain (quart de
nature). L'un des baigneurs, par trop nu, a fait reléguer le tableau
près du plafond.

WOHLGEMUTH (Michel) : 1° Jésus et les docteurs (quart de
nature). Grotesque.

2° Circoncision. Mauvais.

WOUWERMANS (Philippe) : 1° Combat de cavalerie. Drapeau
pris à un cavalier renversé. Au premier plan, général au galop.

2° Brigands attaquant des voyageurs et deux voitures. Un bandit à cheval tire un coup de pistolet sur le conducteur de la première de ces voitures. Cavalier poursuivi et faisant feu. Dame à la
portière criant : au secours! Tués gisant à terre.

3° Homme en habit rouge sur un cheval blanc, éclairés de façon
à produire une grande illusion, quoique de très-petites dimensions. Cet homme regarde un jeune garçon tenant au bout d'un
cordeau un oiseau qui cherche à prendre son vol, et attire deux
autres volatiles en liberté.

4º Petit paysage. Pont rustique que traverse un homme en nous regardant. En bas, personnage sur un cheval blanc qui boit. Au fond, édifice de forme ronde.

* 5º Autre paysage du même genre, plus joli et plus fini que le précédent. Au premier plan, un cavalier tient par la bride un cheval qui se cabre. Ils sortent de l'eau où boivent d'autres chevaux, dans l'ombre. Au-dessus d'eux, pont grossier sur lequel s'engagent deux paysans, dont l'un conduit un âne chargé de sacs.

6º Cavaliers arrêtés près d'une rivière où se baignent des hommes et des enfants. L'un tient son cheval blanc par la bride. Derrière eux, maisons rustiques; plus loin, éminence avec château-fort; puis église, village. Dans le fond, vers la gauche, deux autres tours. Au delà, montagnes. Perspective profonde, excellente.

7º Cuirassiers arrêtés devant une petite auberge de village. L'un sonne le rappel; un autre assis a la main posée sur l'épaule d'une jeune et jolie paysanne tenant un pot et regardant timidement la terre. Le cheval blanc, attaché près de la maison, va sans doute emporter le galant et avec lui le cœur de la pauvrette. Bon, mais altéré.

WYNANTS (Jean) : Petit paysage, noirci.

ZAMPIERI (Dominique), dit *le Dominiquin :* 1º Petite sainte en robe blanche et manteau rouge, tenant une palme et nous regardant d'un air très-éveillé. Un ange lui apporte des fruits. Un peu noirci.

* 2º Belle sibylle valant pour le moins celle de Rome (*Musées d'Italie*, p. 335). Son joli turban laisse voir ses cheveux arrondis sur le devant; seins demi-nus. Elle tient un papier d'une main; l'autre est posée sur sa table, un doigt levé, et regarde le ciel.

3º Jeune saint en costume d'église, la tête nue. Suivi de seigneurs, il fait donner des secours et des soins à des malades déposés dans un temple antique au fond duquel est la statue de Jupiter.

4º Les Arts. A gauche, la Peinture montrant son dos nu et son profil dans l'ombre. Au milieu, la Musique, un chalumeau dans une main, un papier de musique dans l'autre. Sa tête, les yeux levés, la bouche ouverte, est peu gracieuse. La Littérature ou l'Histoire, les seins entourés par le bas d'un voile blanc, tient une tablette et un stylet. Son profil est éclairé. Belle lumière, bon coloris, composition froide.

* 5º La toilette de Vénus dans un jardin (quart de nature). La déesse, drapée, les seins couverts, se regarde dans une glace que tient l'Amour. L'une des Grâces, servant de femme de chambre, lui pose sur la tête une couronne de fleurs. Une autre tient un grand plat rempli de bijoux, et la troisième lève une large coupe dans laquelle un second amour dépose un collier de perles. Amours près d'une corbeille de bijoux et de vases remplis de fleurs. Plus loin, bassin, avec tasse et jet d'eau, soutenu par des statues rangées en cercle. Amours dans les airs. A gauche, arbres, paysage. Très-jolie toile, peu noircie.

ZANCHI (Antoine) : Barque et deux femmes richement vêtues retirées de l'eau. C'est, dit l'inventaire, Agrippine et l'une de ses suivantes qu'on avait jetées à la mer par ordre de Néron. Le dos du batelier debout dans sa barque est bien éclairé et bien dessiné.

ZELOTTI (Jean-Baptiste) : Grosse Vénus assise à terre, les jambes repliées. Elle tient levé l'arc de Cupidon qui se dresse sur la pointe des pieds pour le reprendre. Sujet imité de l'antique et souvent traité. Ce tableau est dans le style de Véronèse.

ARTICLE IV. — SCHONBORN-BUCHEIM (GALERIE DU COMTE DE)

AMERIGHI (Michel-Ange), dit *le Caravage* : Joueur de luth (demi-figure).

BALEN (Henri van) : 1° Repas des dieux.

2° Offrande à Flore (petite dimension). Trop de fleurs. Altéré.

BARBIERI (Jean-François), dit *le Guerchin:* Triomphe de Galathée. Elle est assise dans un char et lève son manteau rouge comme pour en faire un voile. Cette draperie vient cacher le bas du torse ; c'est son seul vêtement. Deux tritons tirent avec des lanières ce char sur l'eau, et sonnent de la conque. Cette nymphe, ordinairement enjouée, est ici moins belle et plus maussade.

BERRETTINI (Pierre) da Cortona : Hercule reçoit des mains de Cupidon la quenouille d'Omphale. Un autre amour lui décoche, en volant, l'une de ses flèches. Derrière la nymphe, toute jeune fille en robe bleue, les yeux levés vers le ciel.

BLOEMAERT (Abraham) : Passage de la mer Rouge (petite dimension). Les Hébreux ayant passé à pied sec, sont installés paisiblement d'un côté, tandis que de l'autre les cavaliers de Pharaon sont enveloppés par les flots.

CANAL (Antoine da), dit *Canaletto* : Maison au bord de l'eau. Joli. Un peu sec.

* CIGNANI (Charles) : Vénus nue, couchée, le haut du corps un peu relevé et se retournant à notre droite vers Cupidon qui lui prend le menton. Belle lumière, conservation parfaite.

CORNELIS (Corneille), dit *de Harlem* : Les quatre Évangélistes tenant chacun un livre ouvert : les uns écrivant, les autres nous regardant. L'un de ces derniers a, sous un bras, un petit ange debout ; accessoires mal rendus ; mauvaise perspective.

CRANACH (Lucas), le vieux : Deux portraits, l'un d'un homme déjà âgé, en pèlerine noire avec fourrure et petite barrette noire. Visage carré et dur ; il regarde à notre droite. Le second est si mal dessiné que je ne le crois pas de Cranach.

CUYP (Albert) : 1° Combat. Les costumes indiqueraient une bataille livrée aux Flamands. Eau à droite.

2° Joli petit paysage avec eau et roche.

DOLCI (Charles) : Jolie sainte Catherine, tête nue, de profil. Elle est assise et lit près d'une table où nous voyons sa couronne de reine sur un coussin rouge (demi-figure). Coloris moins bleu que d'ordinaire.

DURER (Albert) : *Ecce homo* (buste). Le visage du Christ est large, ses yeux sont rouges. Altéré.

DYCK (Antoine van) : 1° L'Amour désolé. C'est un bel adolescent debout, le corps en partie drapé ; il tient son arc et lève au ciel un regard affligé. Tête à demi éclairée ; noirci.

2° Madone avec l'Enfant. La Vierge présente le sein à Jésus, qui regarde à notre droite, d'un air distrait. De petits rayons lumineux lui forment une auréole. Toile un peu altérée.

FLINCK (Govaert) : Jésus et les docteurs. Un homme jeune et sans barbe, placé derrière le Sauveur, se retourne vers lui. Au premier plan, à gauche, deux vieillards font face à Jésus ; l'un d'eux porte à son bonnet une espèce d'écriteau. Ces têtes de vieux sont bien peintes et bien éclairées ; le reste est faible et noirci.

FRANCK (Franz), le jeune : La pêche miraculeuse (demi-nature). Saint Pierre est prosterné devant le Christ. Un peu plus loin, barques avec des pêcheurs.

GOYEN (Jean van) : Deux jolis petits paysages. Dans le premier, sur le devant, chariot rempli de paysans des deux sexes, nous tournant le dos ; eau, campagne. La voiture, dans l'ombre, fait repoussoir à l'eau vivement éclairée. Dans le second, rivière avec barques ; ville au fond.

HOET (Gérard : 1° Adonis partant pour la chasse. Vénus saisit sa hallebarde et cherche à le retenir ; chiens.

2° Vénus, descendue de son char attelé de deux cygnes, contemple son cher Adonis étendu mort.

Tableaux froids, le dernier surtout.

HOLBEIN (Jean), le jeune : 1° Portrait d'un homme ayant un œil plus grand que l'autre. Barbe courte, nez large ; physionomie tudesque.

2° Portrait d'un jeune homme imberbe. Nez gros, rond et ararqué ; menton énergique. Dans les deux, coloris sec, bon dessin.

HONDEKOETER (Melchior) : Cinq poules. Bon.

HONTHORST (Gérard), dit *Delle Notti :* Deux hommes, l'un, vieux, jouant très-sérieusement du flageolet; l'autre, plus jeune, joue, en riant, du sistre. Tous deux nous regardent (demi-figures). Effet de lampe.

HUGTENBURG (Jean van) : Deux batailles ; noircies.

HUYSUM (Jean van) : Deux tableaux de fleurs.

JORDAENS (Jean) et Es (Jacques van) : Tritons, néréides. Au premier plan, amas de poissons. Mercure allonge son caducée vers Cupidon qui pêche à la ligne. Un vieux triton et une néréide aux formes flamandes tiennent chacun des poissons au bout d'une perche levée : le tout assez bien peint, mais d'un aspect peu agréable.

LUTI (le chevalier Benoît) : Jolie Vierge lisant près du berceau de son fils endormi (petite dimension). A gauche, plus au fond, sainte Elisabeth se dirigeant vers Marie et tenant par la main le petit saint Jean.

MARATTE (le chevalier Charles) : Madone (demi-figure) regardant l'Enfant qu'elle tient couché sur ses bras. Derrière elle, anges. Jésus et le visage de Marie sont vivement éclairés comme par un effet de lampe ; mais ce visage est dépourvu de beauté et je ne puis l'attribuer à Maratte.

METZU (Gabriel) : Jeune femme écrivant une lettre qu'un homme vient lire par-dessus son épaule. On tremble pour elle ; l'indiscret n'est-il pas un mari trompé ? Elle a la tête empaquetée d'une façon disgracieuse dans une draperie blanche.

NEEFFS (Pierre), dit *le Vieux :* Trois intérieurs d'églises : un moyen et deux petits. Bons, un peu noircis.

PAUDITZ (Christophe) : Un ange, les ailes relevées — on ne sait pourquoi, puisqu'il est sur ses jambes comme un simple mortel — tient par un bras et par l'épaule un vieillard qui marche tête

baissée, en s'appuyant sur un bâton (grandes demi-figures). On
pris pour modèle de l'ange un jeune homme aux traits bien
communs.

POELEMBURG (Cornelis) : Femme nue à genoux, appuyée d'une
main sur une roche et tirant à elle une personne placée plus bas et
dont on n'aperçoit que les mains. Joli corps de cette femme nous
tournant presque le dos. Singulier tableau, bien éclairé.

REMBRANDT (van Ryn Paul) : 1° Trois anges apparaissant à
Abraham (petite dimension) ; noirci.

*2° Samson renversé, garrotté par des soldats, éborgné par un
poignard et menacé d'un coup de hallebarde ; l'héroïque Samson,
le visage en sang, crie en se débattant et faisant une horrible grimace. Sa perfide amante le regarde en emportant triomphalement
sa toison et les ciseaux qui l'ont détachée. Beaux effets de lumière ;
illusion complète, mais physionomies ignobles.

3° Descente de croix à peu près comme celle de Munich (p. 254).
Seulement elle est de dimension plus grande et moins éclairée, ce
qui me la ferait prendre pour une copie.

4° Jésus et la Samaritaine. Cette femme assise, les bras appuyés sur une vieille branche d'arbre, fixe la terre et réfléchit.
Jésus, debout, assez mal drapé, nous regarde, et semble nous
montrer celle à qui il parle. Sans le rayon lumineux entourant
sa tête, on n'eût pas deviné que ce visage vulgaire, au nez rond,
fût celui de Dieu. La femme est une servante d'auberge.

RENI (Guido), dit le Guide : 1° Buste de Diane. Visage trop
long du haut.

2° Ecce homo. Buste souvent répété.

ROOS (Jean-Henri) : Deux bustes de taureaux bruns, avec le devant de la tête blanc. Beau tableau ; un peu noirci.

ROTTENHAMMER (Jean) : Péché de nos premiers parents (petite dimension). Adam tient une pomme ; Eve en a une dans chaque
main. Corps d'Adam bien dessiné. La femme est plus blanche ;
son profil, au nez court, annonce la force.

RUBENS (Pierre-Paul) : 1° Satyre avec deux petites cornes au
front. Il tient une corbeille de fruits et nous regarde en riant. Près
de lui, bacchante d'Anvers. Le satyre est bien dessiné et bien
éclairé. Bonne toile.

* 2° Neptune et Amphitrite. Celle-ci debout près de son vieil
époux assis, lui pose une main sur l'épaule et tend l'autre à une
néréide qui lui attache un bracelet de perles. Elle est bien jolie,
avec ses cheveux blonds, les sourcils relevés, les yeux baissés et
la bouche entr'ouverte. Son corps nu, à la ceinture près, est en

pleine lumière ; le visage est à demi éclairé et le cou dans l'ombre. A gauche, tritons, néréides et monstre marin. Ensemble d'un charmant effet. Ce tableau est la pièce capitale de la galerie.

RUGENDAS (Georges-Philippe) : Combat de cavalerie. Au premier plan, cavalier renversé de cheval par un coup de pistolet. Morts.

RUYSDAEL (Jacques) : Deux petits paysages sans importance.

TÉNIERS (David), le jeune : 1° Toute petite tentation de Jésus. 2° Jolie petite scène devant un cabaret. Couple dansant. Deux maisons à gauche, éclaircie à droite, campagne.

* TÉNIERS (David), le vieux : Homme vêtu de noir, assis devant une table, un livre ouvert à la main et nous regardant (quart de nature). Un domestique entre dans la pièce servant de bibliothèque et lui apporte un papier. Portrait bien peint.

WEENIX (Jean) : Trois tableaux de gibier tué. On voit dans l'un son éternel lièvre accroché par une patte et montrant son ventre blanc.

WOUWERMAMS (Philippe) : Petit paysage. Cheval blanc que tient un valet par la bride et dont la selle rouge va recevoir une belle dame s'avançant à droite, conduite par un cavalier.

ZAMPIERI (Dominique), dit *le Dominiquin* : Portrait d'un général encore jeune, portant une petite moustache, la tête chauve. Il a une main sur son casque et tient de l'autre le bâton de commandement.

BIBLIOTHÈQUE IMPÉRIALE

FIN.

TABLE

des sculptures et peintures

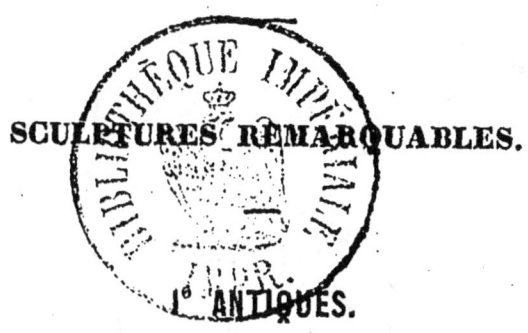

SCULPTURES REMARQUABLES.

I. ANTIQUES.

2° MODERNES.

PEINTURES.

www.ingramcontent.com/pod-product-compliance
Lightning Source LLC
Chambersburg PA
CBHW051339220526
45469CB00001B/32